川藏交通廊道山地灾害演化规律与工程风险

崔鹏 邹强 等 著

科学出版社

北京

内 容 简 介

本书以川藏交通廊道山地灾害研究为重点，较为系统地论述了川藏交通廊道孕灾环境条件与工程地质分区、灾害类型与分布规律、成灾模式与危险性分区、形成机理与发展趋势；在区域规律论述的基础上，阐明了强震条件下山区道路斜坡灾变机理、山地灾害动力学特性与道路工程风险，并提出了复杂脆弱环境铁路工程低频大灾风险调控减灾选线策略、道路灾害防治对策与关键技术。

本书可供防灾减灾、交通工程、国土资源、水利水电、地质、地理等相关领域的科研、工程技术人员和高等院校相关专业师生参考，也希望对减灾管理专家有所裨益。

图书在版编目(CIP)数据

川藏交通廊道山地灾害演化规律与工程风险／崔鹏等著. —北京：科学出版社，2021.5

ISBN 978-7-03-068764-7

Ⅰ. ①川⋯ Ⅱ. ①崔⋯ Ⅲ. ①山区道路-山地灾害-灾害防治-西南地区 Ⅳ. ①U421

中国版本图书馆 CIP 数据核字（2021）第 088173 号

责任编辑：韦　沁／责任校对：王　瑞
责任印制：肖　兴／封面设计：北京图阅盛世

科学出版社 出版
北京东黄城根北街 16 号
邮政编码：100717
http://www.sciencep.com

北京汇瑞嘉合文化发展有限公司 印刷
科学出版社发行　各地新华书店经销
*
2021 年 5 月第 一 版　　开本：787×1092　1/16
2021 年 5 月第一次印刷　印张：27 1/2　插页：2
字数：652 000

定价：388.00 元
（如有印装质量问题，我社负责调换）

前　言

川藏交通廊道地跨我国第一级阶梯与第二级阶梯，这里地质构造和岩性复杂，新构造运动活跃，山体抬升和河流下切作用强烈，地势高差和气候差异显著，山地灾害形成的地形能量条件、松散物质条件和水源条件容易满足，特殊的"四高"（高陡、高寒、高烈度、高地应力）孕灾环境导致灾害的高易发性，滑坡、崩塌、泥石流等极为发育。廊道山地灾害类型齐全、分布密度大、发生频率高、形成规模大、危害程度高、影响范围广，为国内外所罕见，被称为"山地灾害的天然博物馆"。大规模灾害往往形成灾害链，对线路工程造成毁灭性危害。

廊道穿越12条主要活动断裂，其中1.2万年以来的全新世活动断裂7条、12万年以来的晚更新世活动断裂5条。还穿过龙门山地震带、康定-甘孜地震带、雅鲁藏布江地震带等活跃地震带，地震烈度大多在Ⅷ度以上，如位于青藏高原南部的帕隆藏布流域，地震烈度为Ⅸ度。这些地震带近百年来均有特大地震发生，例如，西藏察隅地区1950年发生8.5级特大地震（N28.4°，E96.7°），激发大量滑坡；2008年汶川 M_S 8.0级地震触发了约3万处崩塌滑坡，其中大规模滑坡、崩塌堵河形成堰塞湖（如唐家山滑坡2400万 m^3，形成堰塞湖库容达3亿 m^3）。地震及其次生灾害毁坏了大量交通设施，并破坏了岩体的完整性，降低了山坡的稳定性，产生丰富的松散碎屑物质，使得后续各种地表灾害在较长时期内处于活跃状态。

交通干线作为一种线状构造物，在空间上具有延展性和跨越性，穿越不同的地貌单元。而不同区段的灾害具有不同的发育背景、分布规律、活动特性和破坏能力。灾害对铁路、公路的危害主要表现为直接淤埋、冲击、淹没、冲刷工程设施等，对串联系统的交通干线危害极大，往往造成一处断道，全线瘫痪，严重影响交通安全。例如，1985年6月18日，川藏公路波密段的培龙沟泥石流，致使80辆汽车全部被淤埋，G318线中断交通达7个月；2009年7月，天魔沟发生大型泥石流，阻断帕隆藏布江，溃决洪水冲刷、掏蚀河流右岸阶地，导致路基所在的近1km台地垮塌，G318线被迫改道；2018年11月14日，金沙江白格堰塞湖在主动泄流大大减小风险的条件下，还冲毁了下游180km的G318线竹巴笼金沙江大桥。

川藏交通廊道的山地灾害不仅对既有线路（G317、G318线）造成危害，还严重影响新建线路（川藏铁路和川藏高速公路）的线路展布、场站设置、路基和边坡稳定、桥位选择和设计、隧道进出口以及进场道路和附属设施安全等，给新建线路的选线设计和工程建设带来极大的困难。由于显著的地形高差、强烈的板块构造、频发的山地灾害、敏感的生态环境这四大不利因素，川藏铁路被认为是全球迄今科技问题最突出、最为艰巨的重大工程，"川藏铁路建设难点"被中国科学技术协会遴选为近期我国亟须解决的60个重大科学问题与重大工程技术难题之一。习近平主持召开中央财经委员会第三次会议强调，要科学规划、技术支撑、保护生态、安全可靠，高起点高标准高质量推进川藏铁路建设。这就为川藏交通廊道山地灾害研究及其服务川藏铁路这一世纪工程的高质量建设和安全运营提出了更高的要求。

针对国家高等级长大干线——川藏铁路和川藏高速这类穿越活动断裂密布、地震频发、山地灾害活跃的地貌单元过渡带所面临的灾害防治和工程安全问题，我们团队在国家自然科学基金重点项目"川藏交通干线环境灾害演化规律与工程风险"（2011~2014年，批准号：41030742）、国家自然科学基金国际合作与交流项目"气候变化条件下高山区特大泥石流灾害链动力过程与风险分析"（2016~2020年，批准号：41520104002）、中国科学院前沿科学重点研究项目"气候变化条件下山地灾害链形成机理与演化过程"（2016~2020年，批准号：QYZDY-SSW-DQC006）、国家自然科学基金项目"西部山区重大道路工程与环境的相互作用机制"（2003~2005年，批准号：90202007）、中国科学院知识创新工程项目"进藏公路铁路典型路段工程灾害减灾理论与对策研究"（2000~2002年，批准号：KZCX2-306）等的资助下，历时20年，在川藏交通廊道开展了系统的考察研究，认识了山地灾害的分布规律、活动特征、成灾机理、运动规律、成灾模式；完成了沿线工程地质分区，建立了线路工程灾害危险性、易损性和风险评估指标体系与评估方法，并分析了灾害对线路工程选线、工程选型和工点设计的影响，开展了廊道灾害风险评估；研究了气候变化与强震激发条件下山地灾害的形成机理与形成条件，预测了道路工程的潜在危害，提出了线路工程避灾选线对策和灾害风险防控技术，从工程设计源头防控灾害风险，为川藏铁路和川藏高速工程建设的避灾减灾选线、工程减灾设计、施工安全管理提供科学与技术支撑。

本书是项目组共同研究的成果。全书共9章，第1章由邹强、伍纯昊、易树健、靳文、郭晓军编写，第2章由崔鹏、杨伟和伍纯昊编写，第3章由苏凤环、邹强、崔鹏编写，第4章由邹强和崔鹏编写，第5章由贾洋、崔鹏、葛永刚（5.5节）、陈华勇（5.4.3节）、周家文（5.4.1节）、张建强（5.1.3节）编写，第6章由张建经（6.4节）、刘传正（6.2节）、江兴元（6.3节）、郭亚勇（6.5节）、邹强和李尧编写，第7章由邹强、周公旦（7.1节）、欧阳朝军（7.2节）编写，第8章由崔鹏、姚玲侃（8.5节和8.3.3节）、苏凤环、雷雨、王姣、刘定竺编写，第9章由崔鹏、陈晓清（9.3节和9.5节）、何思明（9.4节）、郭晓军（9.6节）、陈剑刚（9.5节）、刘定竺（9.5.4节）编写。全书由崔鹏和邹强统稿、审阅并修改；西南科技大学陈兴长审阅全稿并提出了修改意见。

本书涉及川藏交通廊道滑坡崩塌、泥石流、溜砂坡、山洪、冰雪灾害、堰塞湖等自然灾害，统称为山地灾害。考虑到部门管理的范围，书中工程地质分区部分，按自然资源部习惯把与道路工程相关的滑坡、崩塌、泥石流、溜砂坡等灾害统称为地质灾害，按水利部门习惯把堰塞湖、洪水等灾害统称为水文灾害。本书中关于川藏铁路初步规划方案资料由中铁二院工程集团有限责任公司和中铁第一勘察设计院集团有限公司提供。书中部分成果已经在 G318 线和 G317 线运维灾害防治中应用,通过与中铁二院和中铁一院的合作服务川藏铁路建设的前期工作,一些理论认识还有待实践的检验。今后的研究工作将聚焦川藏铁路工程风险防控需求,以期更好地服务川藏铁路建设。

作者衷心希望本书的出版能为川藏交通工程建设,特别是川藏铁路建设提供参考,更希望得到相关专业专家学者、工程技术人员、灾害管理人员和读者的批评指教,并将和大家一起继续深化川藏交通廊道灾害演化规律与线路工程风险方面的研究,为交通干线减灾防灾厉行我们的科技职责。在拙著即将付梓之时,谨向项目支持单位基金委员会、中国科学院、项目协作单位、所有作者、提供支持的单位和个人表示衷心的感谢!

崔 鹏

2020 年 1 月 21 日

目 录

前言
第1章 川藏交通廊道孕灾环境 ... 1
　1.1 地理位置 ... 1
　1.2 地形地貌 ... 2
　1.3 地质条件 ... 6
　1.4 气象水文 ... 21
　1.5 植被土壤 ... 27
　1.6 人类活动 ... 32
　参考文献 ... 35
第2章 川藏交通廊道工程地质分区 ... 38
　2.1 概述 ... 38
　2.2 工程地质分区原则与指标体系 ... 38
　2.3 工程地质分区方法 ... 41
　2.4 典型区段工程地质分区与评价 ... 43
　2.5 川藏交通廊道工程地质分区特征 ... 54
　参考文献 ... 60
第3章 川藏交通廊道山地灾害类型与分布规律 ... 62
　3.1 山地灾害类型 ... 62
　3.2 山地灾害分布现状 ... 69
　3.3 山地灾害分布规律 ... 74
　参考文献 ... 81
第4章 川藏交通干线山地灾害特征与危险性分区 ... 83
　4.1 山地灾害活动特征 ... 83
　4.2 线路工程成灾模式 ... 91
　4.3 线路工程山地灾害危险性分区 ... 102
　参考文献 ... 107
第5章 气候变化下高寒区山地灾害形成机理与灾势预估 ... 109
　5.1 高寒区气候与孕灾环境变化特征 ... 109
　5.2 气候变化条件下山地灾害活动特征 ... 117
　5.3 山地灾害形成的气候条件 ... 124
　5.4 高寒区山地灾害形成特点与机理 ... 140
　5.5 川藏交通干线山地灾害趋势分析 ... 168
　参考文献 ... 175

第6章 强震条件下山区道路斜坡灾变机理 ... 178
- 6.1 川藏交通廊道地震斜坡灾害对线路工程的影响 ... 178
- 6.2 地震作用下道路斜坡动力响应特征与灾变机理 ... 179
- 6.3 地震激发岩质斜坡破坏机理与稳定性分析 ... 192
- 6.4 地震作用下基覆型斜坡成灾机理与稳定性分析 ... 242
- 6.5 地震作用下土质斜坡失稳机理与稳定性分析 ... 259
- 参考文献 ... 272

第7章 山地灾害动力学特性与道路工程风险评估 ... 276
- 7.1 滑坡-碎屑流动力学特性与数值模拟 ... 276
- 7.2 泥石流运动特性与数值模拟 ... 284
- 7.3 基于山地灾害运动过程的道路工程风险定量评估 ... 295
- 7.4 不同空间尺度川藏交通廊道灾害风险分析与风险制图 ... 305
- 参考文献 ... 314

第8章 川藏铁路风险调控减灾选线 ... 317
- 8.1 川藏铁路减灾选线概述 ... 317
- 8.2 川藏铁路减灾选线原理 ... 318
- 8.3 堰塞湖灾害链易发区线路工程减灾选线策略 ... 322
- 8.4 冰雪活动区铁路减灾选线策略 ... 342
- 8.5 近场区大地形变预测及线路工程对策 ... 357
- 参考文献 ... 379

第9章 道路灾害防治对策与关键技术 ... 384
- 9.1 交通廊道山地灾害防治关键问题 ... 384
- 9.2 道路山地灾害防治对策 ... 385
- 9.3 特大泥石流防治关键技术 ... 388
- 9.4 道路滑坡超前诊断与处置技术 ... 395
- 9.5 堰塞湖防治关键技术 ... 402
- 9.6 山地灾害监测预警关键技术 ... 419
- 参考文献 ... 431

附图

第1章　川藏交通廊道孕灾环境

川藏交通廊道自然地理环境复杂，构造运动活跃，地壳隆升与河流下切作用强烈，地势高，气候差异显著，地貌类型多样。区域内滑坡崩塌、泥石流、山洪、冰湖溃决等山地灾害发育典型、广泛分布，对交通工程影响严重。本章从地理位置、地形地貌、地质条件、气象水文、植被土壤、人类活动等方面论述川藏交通廊道的孕灾环境条件。

1.1　地　理　位　置

川藏交通廊道东起四川成都，西止西藏拉萨，横跨我国地貌的第一级与第二级阶梯，是国家西部深度开发战略的重要经济和交通廊道。区内的交通干线（如已建的川藏公路、拟建和在建的川藏铁路和川藏高速公路）是西藏连接内地的交通命脉（图1.1），在促进地区经济发展、维护国家统一、加强民族团结等方面，占有重要的地位。

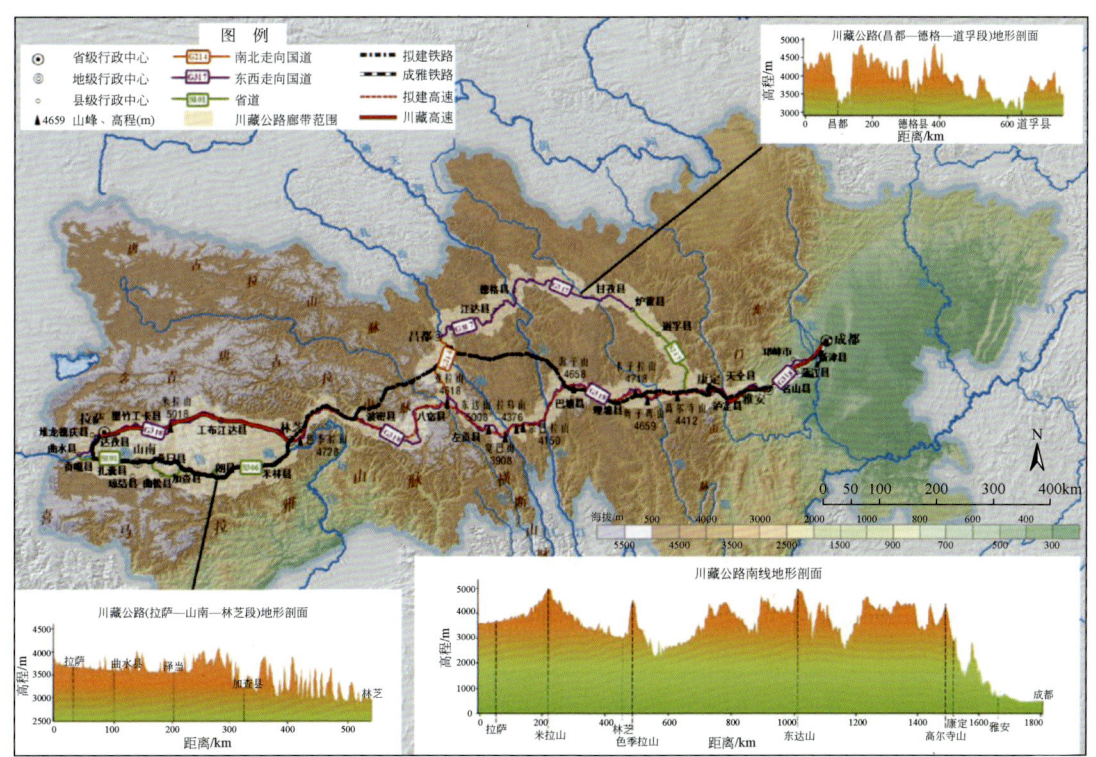

图1.1　川藏交通廊道地理位置图

川藏铁路东起成都，经雅安、康定、昌都、林芝至拉萨，全长1543km，其中成都—雅安段已于2018年12月建成通车，拉萨—林芝段已于2014年开工，计划于2020年建成。新建的川藏铁路雅安至林芝段2018年年底推荐线路（优化正线）长约967km，新建车站20个。川藏高速公路即四川成都至西藏拉萨的高速公路，已列入国家发展改革委员会会同交通运输部编制的《国家公路网规划（2013～2030年）》。根据国家高速公路网路线方案，川藏高速公路南线（雅安—康定—巴塘—芒康—左贡—林芝—拉萨）全程约1530km，其中四川段647km，西藏段883km。此外，建成于20世纪50年代的川藏公路有南、北两条线，南线全长2155km，属G318线的一部分，是连接西藏与我国西南地区其他城市的主要交通干线，由四川成都经雅安、新都桥、雅江、理塘、巴塘，进入西藏芒康，再经八宿、波密、林芝、工布江达、墨竹工卡到拉萨；北线全长2414km，是G317线的一部分，在新都桥与南线分开北上，经炉霍、甘孜、德格，进入西藏妥坝、昌都，至邦达后又与南线重合，直至拉萨。

1.2 地 形 地 貌

地形地貌是主导山地灾害分布的控制因素之一，地形高差为松散固体物质沿斜坡运动提供了基本的能量条件。从丘陵、低山、中山、中高山、高山到极高山区，地形为山洪、泥石流形成提供的能量依次增大。一般而言，起动时拥有较大能量的致灾体，也具有较大的破坏能力。川藏交通廊道横跨我国第一与第二级地势阶梯，地形地貌极其复杂，尤其在阶梯的过渡地带，山高、坡陡、谷深，滑坡、崩塌、泥石流分布极为密集。

1. 主要地貌类型

受青藏高原强烈隆升的影响，川藏交通廊道地势西高东低（附图1），自东向西跨越不同的地貌单元，主要包括四川盆地及青藏高原两大地貌单元，地貌形态以盆地丘陵和高原山地峡谷为主（中国科学院青藏高原综合科学考察队，1983）。依据《中国地貌区划图》（李炳元等，2013）与《中国自然地理总论》（郑度等，2017）中的地貌划分方案，川藏交通廊道主要地貌类型的分布与特征如下：

1）成都平原及盆缘低山丘陵区

成都平原属于四川盆地西南缘，地处龙门山、邛崃山与龙泉山之间，系断裂下陷后由岷江水系的河流冲积而成，是我国西南地区最大的平原。平原内部地形平坦开阔，地势由西北向东南倾斜，南北长约200km，东西宽近90km，海拔在460~750m。平原主体是由自龙门山流入的绵远河、石亭江、湔江等八条主要河流的冲积扇群联合而成，主要为松散砂砾石、砂土和粉砂质黏土。成都平原水系格局较为特殊，呈纺锤状，河流出山口后，在平原之上分支交错，河渠纵横，到金堂和新津后又汇合成沱江、岷江两大干流。平原周边断续分布一系列低起伏丘陵，海拔在800m左右，起伏度在100~200m。丘陵主要由中生代沉积的紫红色砂岩、泥岩和页岩组成，岩层近于水平且软硬相间，在流水的长期侵蚀切割作用下，形成台阶状的方山丘陵。该区由于地形起伏度小，总体上山地灾害发育并不强烈，仅在红层丘陵中零星发育小型-中型崩塌或滑坡。

2) 横断山高山峡谷区

横断山高山峡谷区东起四川盆地边缘的邛崃山,西抵伯舒拉岭,由一系列近南北向的高山纵贯本区,山岭之间大河奔流,切入高山之中形成深切峡谷。近南北向山川并列,地势起伏大,是其最基本的地貌特征。从宏观上看,横断山高山峡谷区是一个巨大的山原,包括伯舒拉岭-高黎贡山、他念他翁山-怒山、宁静山-云岭、沙鲁里山(雀儿山、玉龙雪山等)、大雪山、邛崃山和岷山等七列山脉。山脉顶部有宽缓的夷平面,以及耸立其上的高山和极高山(李炳元,1989)。该区地势总体呈现西北高、东南低的态势,山岭连绵,山脊多呈锯齿状,险峰突兀,海拔为3000~6000m,著名的大雪山主峰贡嘎山(海拔为7556m)就位于大渡河西侧。高山地区古冰川遗迹、现代冰川和冰缘地貌分布较广。该区自东向西依次分布大渡河、雅砻江、金沙江、澜沧江和怒江,河谷狭长幽深,呈"V"型峡谷,岭谷高差达1500~3000m。在山地与河谷谷底之间,高差较大,许多地层新老交错,呈层状叠置,现代河流仍继续切割,地貌过程迅速。由于河谷狭窄,谷坡陡峻,岸坡的岩体在该地极其活跃的构造运动与强烈的风化剥蚀作用下裂隙密集,整体强度明显降低,加上降雨集中,崩塌、滑坡、泥石流等灾害十分发育。

3) 江河上游高山河谷区

江河上游高山河谷区位于横断山高山峡谷区上游,大致为江达—昌都—边坝一线,西部以念青唐古拉山脉为界与喜马拉雅高山、极高山区域分开,南部以伯舒拉岭为界与横断山高山峡谷区分开。本区地势依然高峻,但起伏远比横断山脉区要小,山岭海拔在5000m左右,自北向南逐渐降低。长江、黄河、澜沧江和怒江上游均贯穿本区,在高原面上下切成为河谷,切割深度约500m,另有一些较宽的河段相间分布,两旁有河流阶地发育。该区寒冻风化作用十分强烈,使大量岩体崩解破坏,在雪线以上岩石裸露地段,岩屑堆积地貌最为普遍。在雪线以下融冻作用占主导地位,地表草皮和泥土顺斜坡滑动,大面积的滑动常常形成泥流或泥石流。

4) 喜马拉雅高山、极高山区

喜马拉雅高山、极高山区北麓与羌塘高原相邻,东界为伯舒拉岭,南抵国界。本区主要地貌特征为两山夹一谷。南侧的喜马拉雅山由若干条平行的山带组成,西北-东南延伸近2500km,宽50~90km,平均海拔6000m以上。喜马拉雅山脉南北地形不对称,南翼地势陡峻,由于雨量充沛,流水侵蚀强烈,干流常形成许多深切峡谷;山脉北翼地势比较平缓,降水较少,河流侵蚀切割能力弱,堆积地貌发育(杨勤业和郑度,2002)。北面的念青唐古拉山脉,海拔一般为5500~6000m,主峰念青唐古拉海拔为7162m,高海拔的山地地形比南侧的喜马拉雅山更显得宽厚和完整。念青唐古拉山雪盖面积较大,是高原上现代冰川的发育中心之一,分布有中国最长的海洋性现代冰川。夹在两条巨型山脉之间狭长条状的雅鲁藏布江谷地,河谷宽峡相间。宽谷段发育在浅变质岩带上,河流坡降仅为千分之一左右,河漫滩广泛分布,尤其是在枯水季节,出露的河漫滩可达数千米宽。宽谷两侧的谷坡坡度在30°左右,河流谷地到谷肩相对高度为500~1000m,坡面物质受到风化,稳定性差,地表多砂砾层,并有较普遍的风沙堆积(杨勤业和郑度,2002)。在峡谷段,水流切穿坚硬的岩浆岩或变质岩,谷坡陡峭,坡度达50°~70°,在南迦巴瓦峰(7782m)附近形成马蹄形大拐弯,发育长达504.6km

的雅鲁藏布大峡谷。该区现代冰川十分发育，在全球气候变暖的影响下，冰川对温度的响应尤其敏感，与之关联的山地灾害频繁发生。

2. 地表起伏巨大，山地灾害频发

川藏交通廊道地形起伏较大，河流发育，切割强烈，高山深谷地貌分布广泛。川藏公路南线地形剖面图如图 1.2 所示，公路所经区域最低点成都（海拔为 512m）到最高点米拉山山口（海拔为 5013m），垂直落差超过 4000m。公路沿线跨越 16 座海拔超过 4000m 的高山，横跨岷江、大渡河、雅砻江、金沙江、澜沧江、怒江、雅鲁藏布江等大江大河，以及穿过龙门山脉、横断山脉、念青唐古拉山、冈底斯山脉及喜马拉雅山脉等山系。沿线山系及主要山岭垭口海拔统计见表 1.1。大起伏高山区山高坡陡谷深，在构造运动、寒冻风化、地震、流水侵蚀等的作用下，斜坡岩体劣化易于失稳，为滑坡、泥石流的活动及其堵塞河道形成堰塞湖提供了物质条件。沿沟河两岸山坡中、下部坡度大多介于 $21°\sim35°$，是滑坡形成和发生的最佳坡度；且相当一部分峡谷深切段坡度大于 $60°$，易形成崩塌。大起伏高山区由于下垫面作用，常常是局地性暴雨最为活跃的地方。山体破碎、极端暴雨事件、强烈侵蚀及人类活动等综合作用，使得山洪和泥石流在峡谷区成群分布（崔鹏等，2018）。1953 年 9 月，古乡沟暴发泥石流，堆积扇面积达 $5.1km^2$，总堆积方量达 2 亿 m^3，随后多次暴发泥石流，影响公路运行近 30 年（游勇等，1997）。1985 年，波密地区的培龙沟泥石流，使 80 辆满载货物的汽车全部被淤埋，数人死亡，中断交通长达 7 个月之久，经济损失上亿元（朱平一等，2000）。2000 年 4 月 9 日晚，西藏林芝地区波密县易贡藏布河发生巨型高速滑坡，形成体积约 2.8 亿～3.0 亿 m^3 的滑坡堰塞湖，严重威胁湖区 4000 多人的生命安全，并冲毁通麦大桥，中断 318 国道（殷跃平，2000）。

3. 冰川作用强烈，动力地貌发育

由于各种内外动力作用的共同影响，川藏交通廊道地区地貌不断演变，区内地貌类型发育齐全。在高寒山区，冰川作用明显，冰碛台地、冰碛湖与冰川冰缘地貌分布广泛。由于气温及降水的相态变化，冰碛物发生冻胀、热融，基岩或土体发生膨胀，致使基岩沿裂隙破碎崩解，为山地灾害的发生提供了充足的物源。特别在现今气候变暖的背景之下，高寒山区气温升高趋势明显，现代冰川活动更加剧烈。廊道地区分布有数量众多的冰碛湖，在冰舌断裂、冰湖岸坡崩塌等因素的触发下，形成的涌浪会对冰碛坝产生强烈的冲击破坏作用，常常导致冰碛坝溃决。自 20 世纪 30 年代以来，西藏地区共有 18 处冰碛湖发生了 27 次溃决，大部分冰湖都属于瞬时部分溃决或全部溃决，峰值流量大部分超过了 $1000m^3/s$。冰湖溃决后，常常形成山洪、泥石流、滑坡等次生山地灾害。1988 年 7 月，米堆沟光谢错终碛湖溃决，形成大规模泥石流，席卷沟内村落及农田，堵塞帕隆藏布，冲毁川藏公路，毁坏 72 辆车，影响波及波密县城，断道堵车一年之久（李德基和游勇，1992）。

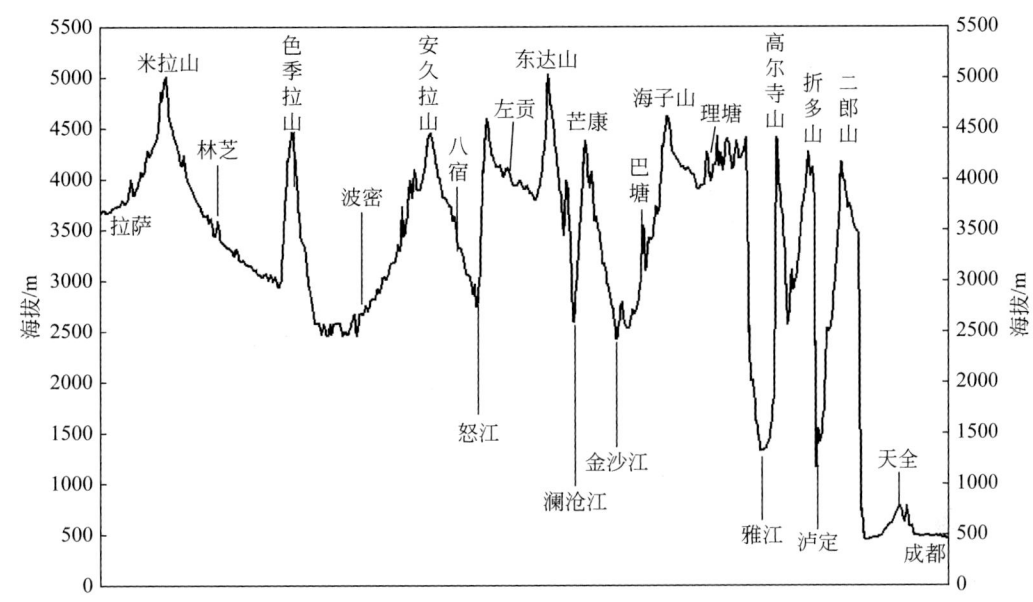

图 1.2 川藏公路南线地形起伏示意图

表 1.1 川藏公路沿线（由东至西）山系及主要山岭垭口统计表

山系	走向	山脉	山岭	垭口海拔/m
横断山	近南北向	大雪山	折多山（G318 线）	4298
			高尔寺山（G318 线）	4412
			剪子弯山（G318 线）	4659
			卡子拉山（G318 线）	4718
		沙鲁里山	海子山（G318 线）	4685
			雀儿山（G317 线）	5050
		芒康山	雪季拉山（G317 线）	4412
		宁静山	埃拉山（G317 线）	4260
			宗拉山（G318 线）	4139
			拉乌山（G318 线）	4338
		他念他翁山	觉巴山（G318 线）	3908
			东达山（G318 线）	5130
			业拉山（G318 线）	4618
		伯舒拉岭	安久拉山（G318 线）	4468
喜马拉雅山	近东西向	色季拉山（G318 线）		4720
念青唐古拉山	近东西向	米拉山（G318 线）		5013

1.3 地 质 条 件

川藏交通廊道地处印度板块与欧亚板块相互碰撞的汇聚带附近。新生代以来，受印度板块向北东强烈推挤与青藏高原地壳物质向南南东强力楔入的叠加作用，该区整体产生强烈的垂直差异运动，块体边界断裂发生强烈的水平剪切错动，形成了复杂的构造格架（尹安，2001；Tapponnier，2001）。该区是我国现代地壳最为活跃的地区，同时横跨南北地震带与青藏高原地震区，地震活动十分频繁，烈度高，不良地质现象呈片状分布。

1.3.1 大地构造与区域构造单元

川藏交通廊道区域处于印度板块与欧亚板块相互碰撞的接触带北东侧。相对刚性的印度板块持续往北北东方向强力推挤，使得北侧的大洋地壳相继消减闭合、大陆地壳相互碰撞结合，形成复杂的陆壳地块汇聚-嵌合构造。与此同时，板块碰撞带北侧相对塑性的青藏地区强烈受压隆起。在碰撞接触带东西两端的南迦巴瓦和帕米尔地区，印度板块向北强力楔入欧亚板块，形成两个向北凸出的"构造结"（许志琴等，2011）。在这两个受挤压最为强烈的特殊构造部位附近，地壳物质以断块移动的形式向东、西两侧挤出（图1.3）。川藏交通廊道的西段就位于东构造结北侧，受到板块构造活动的强烈影响。

川藏交通廊道穿越川西-藏东广阔地域，这是中国乃至世界上地形起伏最大、地质构造最为复杂的地区。在这个复杂的构造域中，若干陆壳地块因印度与欧亚两大板块的强烈碰撞、挤压作用而相互结合在一起，造就了极为壮观的由陆壳地块与板块碰撞结合带构成的地质构造景观。区内分布着错综复杂的断裂体系，将地壳切分为一系列差异极大的地块及断块构造，包括扬子地块、巴颜喀拉-松潘地块、川滇地块、北羌塘-昌都-思茅地块、南羌塘-左贡-保山地块、冈底斯-念青唐古拉地块、喜马拉雅造山带等构造单元（高延林，1985；陈炳蔚等，1991；潘桂棠等，2004；李才，2008；李渝生等，2016a，2016b；刘凯等，2018）。

1）扬子地块

扬子地块是青藏高原东部一个重要且稳定的大地构造单元。川藏交通廊道所涉及区域主要为上扬子克拉通西北侧的川中地块。川中地块是位于四川盆地中部蒲江-巴中、华蓥山深大断裂之间的坚硬块体，一直被认为是扬子克拉通最古老、最稳定的核心，基底均一、硬化程度高。由于受到周缘造山带的围限，该地块呈菱形；西和北西以松潘-甘孜褶皱带及其东侧的龙门山冲断带为界，北和北东以秦岭造山带及其南缘的米仓山冲断带和大巴山冲断带为界，东和南东侧毗邻雪峰山陆内构造系统的鄂湘渝黔断褶带（齐耀山断褶带），南缘毗连大娄山-大凉山褶皱带。

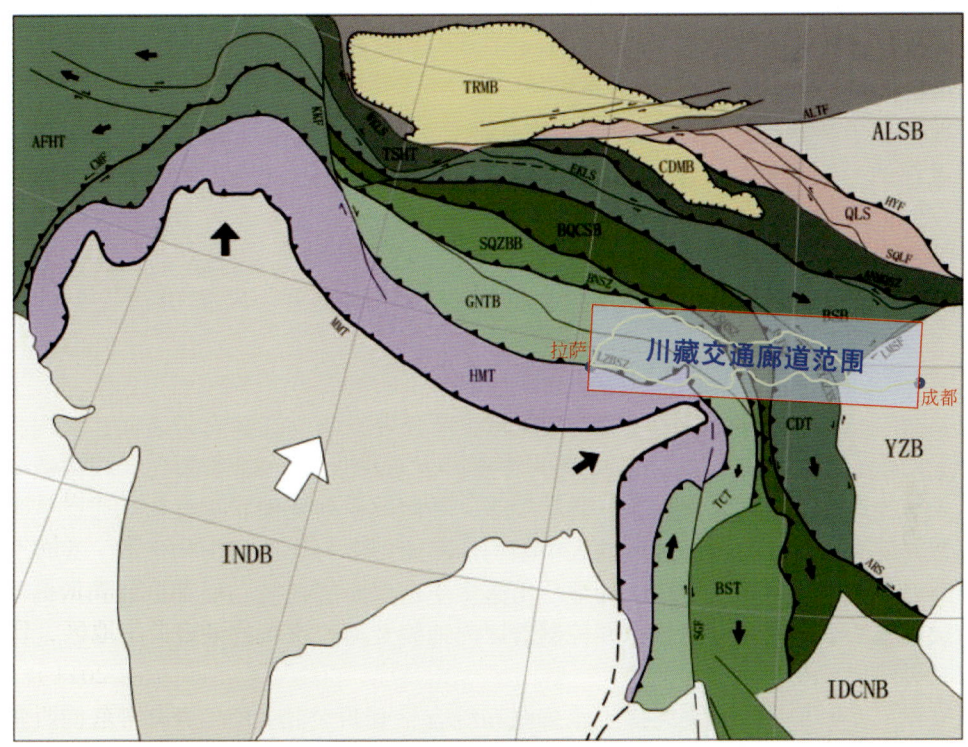

图 1.3　青藏高原大地构造环境示意图（据许志琴等，2011）

INDB. 印度地块；YZB. 扬子地块；ALSB. 阿拉善地块；IDCNB. 印支地块；TRMB. 塔里木地块；CDMB. 柴达木地块；BSB. 巴颜喀拉-松潘地块；NQCSB. 北羌塘-昌都-思茅地块；SQZBB. 南羌塘-左贡-保山地块；GNTB. 冈底斯-念青唐古拉地块；HMT. 喜马拉雅造山带；ANMQSZ. 阿尼玛卿缝合带；JSJSZ. 金沙江缝合带；LSHSZ. 澜沧江-双湖缝合带；BNSZ. 班公湖-怒江缝合带；YLZBSZ. 雅鲁藏布缝合带；WKLS. 西昆仑挤压转换带；KKF. 喀喇昆仑断裂；CMF. 恰曼断裂；ALJF. 阿尔金断裂带；QLS. 祁连山构造挤压带；HYF. 海原断裂；SQLF. 南祁连断裂；EKLS. 东昆仑断裂；LMSF. 龙门山断裂带；YXAZXS. 玉树-鲜水河-安宁河-则木河-小江断裂带；ARS. 哀牢山-红河断裂带；SGF. 沙盖断裂；CDT. 川滇挤出体；AFHT. 阿富汗挤出体；TCT. 腾冲挤出体；BST. 保山挤出体；TSHT. 甜水海挤出体；MMT. 主幔冲断裂

2）巴颜喀拉-松潘地块

巴颜喀拉-松潘地块属青藏地块北部可可西里-巴颜喀拉构造带东部在印支期地槽褶皱带基础上发展起来的断块构造。其北侧以托索湖-玛沁-文县断裂带与西秦岭地槽褶皱造山带为界；南东侧以龙门山断裂带与川中断块为界；南西侧以鲜水河断裂带与川滇断块为界。该地块内部地壳岩体的突出特点在于以巨厚的地槽型海相沉积建造为主，表现出较明显的塑性特征。基底极有可能是由古扬子地台分裂出来的结晶基底，具刚性特征。这种"上软下硬"的地壳二元结构是该断块的地壳结构特征。

3）川滇地块

川滇地块位于金沙江缝合带东侧，在交通廊道内的次级构造单元为其北部的甘孜断块，以海相碎屑岩建造为主，厚度达 10km 以上，具有明显的塑性特征。甘孜断块内部以甘孜-理塘断裂及锦屏山-丽江断裂带为界分为东、西两个次级断块，东部的雅江断块为巨厚的陆缘海盆相碎屑岩沉积建造，其内部构造多为褶皱体系，断裂不发育，塑性变形特征较强；西部稻城断块仍以较厚的海相沉积建造为主，但内部构造以断裂为主，褶皱不发育，略带脆性破裂特征。

4）北羌塘-昌都-思茅地块

该地块位于金沙江缝合带与澜沧江缝合带之间，川藏交通廊道涉及区域由昌都-芒康盆地及江达-德钦构造岩浆岩带两个次级构造单元组成。江达-德钦构造岩浆岩带处于昌都-思茅中生界凹陷地块的东部，区内上古生界—中生界发育齐全。昌都-芒康盆地夹于澜沧江缝合带和江达-德钦岩浆弧之间，以稳定的盆地演化为主，具有"双层三盖"特征。地块内褶皱较发育，复向斜和复背斜相间排列；断裂构造较少，多为逆断层。

5）南羌塘-左贡-保山地块

南羌塘-左贡-保山地块夹持于班公错-怒江缝合带与澜沧江缝合带之间，区内构造混杂岩带中构造变形具有多层次、多机制的特点。岩石中发育早期深部变形相构造变形序列，形成一些掩卧褶皱、无根褶皱、肠状褶皱、鞘褶皱系列及面状韧性剪切带，变形构造均以小型的露头尺度为主。而区域内大中型构造形迹则多为逆冲推覆构造线，表现为大大小小的断层，多呈北西向，地块内的地层出露多受这些断层控制；而部分北西西向与北东向的断层则错断了北西向的断层，并控制着区内地貌及河流水系的发育。

6）冈底斯-念青唐古拉地块

冈底斯-念青唐古拉地块夹持于雅鲁藏布缝合带和班公错-怒江缝合带之间，地块主体为中—新生代大陆边缘岛弧岩浆岩构造带。可大致划分为前震旦系基底变质岩系（以念青唐古拉群为主）、上古生界石炭系—二叠系古特提斯多岛弧盆体系、中生界侏罗系—白垩系中特提斯多岛弧盆体系（包括岛弧、弧前、弧间、弧后盆地沉积组合）和新生界碰撞后陆内岩浆弧-前陆盆地-山间盆地沉积4个构造层。地块内消减型花岗岩及碰撞型花岗岩十分发育，构造变形具多层次、多机制、多尺度的特点，但总体构造线方向为北西。

7）喜马拉雅造山带

喜马拉雅造山带位于印度陆块北缘，大面积出露印度板块前寒武系变质基底岩系与从奥陶系到新近系的海相地层，是印度板块卷入碰撞后的挤压造山部分。构造带处于印度板块向北俯冲的前缘部位，受新生代强烈的挤压作用控制，形成一系列向南倾斜的叠瓦状逆冲推覆构造岩片。川藏交通廊道区主要涉及北喜马拉雅带和高喜马拉雅带两个次级构造单元。北喜马拉雅带位于雅鲁藏布江缝合带以南的喜马拉雅山系北坡，南侧以藏南拆离断层系（STDS）为界。高喜马拉雅带夹持于北部的藏南拆离断层系和南部的主中央逆冲断裂之间，构成喜马拉雅山脉主脊。南部的主中央逆冲断层表现为大规模向南逆冲为一巨型逆冲推覆构造，北部藏南拆离系表现为向北滑脱的正断层。

1.3.2 地层岩性

川藏交通廊道跨域多个地层分区，各个时代的地层均有出露，地层岩性十分复杂

(见附图2)。受板块及缝合带控制，各个地层分区岩性特征有所差异。根据《西藏自治区区域地质志》《四川省区域地质志》《四川省岩石地层》《西南区区域地层》《中南区区域地层》及相关的"1∶25万区域地质图幅及报告"① 等前人资料（四川省地质矿产局，1991；西藏自治区地质矿产局，1993），在现场地质调查与实地对比分析的基础上，综合分析区域地层岩性可知，川藏交通廊道涉及高喜马拉雅地层分区、拉孜-曲松地层分区、拉萨-察隅地层分区、雅鲁藏布江地层分区、八宿-古拉地层分区、嘉玉桥-察瓦龙地层分区、类乌齐-左贡地层分区、北澜沧江地层分区、昌都-芒康地层分区、江达-德钦地层分区、金沙江地层分区、玉树-中甸地层分区、玛多-马尔康地层分区及上扬子地层分区等14个地层分区，地层岩性的分布受地质构造的控制作用明显（图1.4）。

1) 上扬子地层分区

上扬子地层分区位于龙门山断裂带以东，区内震旦纪以来的沉积盖层覆盖面积很大，仅在周边（龙门山、九顶山、宝兴等地）零散出露前震旦系基底岩系。震旦系则主要分布在龙门山中北部地区，包括下统（Z_1）木座组与上统（Z_2）水晶组、蜈蚣口组，岩石以变质砂岩、结晶灰岩和绢云石英千枚岩为主。古生界以志留系分布最广，主要为龙马溪群（$S_1 ln$）黑色碳质板岩、薄层硅质岩，茂县群（$S_{2-3} mx$）千枚岩、灰岩及砂岩、板岩等。寒武系清平组（$\epsilon_1 c$）砂岩、硅质岩，奥陶系宝塔组（$O_2 b$）灰岩，泥盆系平驿铺群（$D_1 pn$）、白石铺群（$D_2 b$）、唐王寨群（$D_3 tn$）砂岩、灰岩，石炭系总长沟群（$C_1 zn$）灰岩、页岩等在区域也有所分布。中生界广泛分布，主要为砂岩、泥岩、页岩、灰岩等沉积岩类，包括三叠系飞仙关组（$T_1 f$）、嘉陵江组（$T_2 j$）、雷口坡组（$T_2 l$）、天井山组（$T_2 t$）、须家河组（$T_3 x$）；侏罗系白田坝组（$J_1 b$）、沙溪庙组（$J_2 s$）、遂宁组（$J_2 sn$）；白垩系夹关组（$K_1 j$）、灌口组（$K_2 g$）等。成都平原广泛分布第四系冲洪积物。

2) 玛多-马尔康地层分区

该分区中生界三叠系广泛分布，包括菠茨沟组（$T_1 b$）、扎尕山组（$T_2 zg$）、杂谷脑组（$T_3 z$）、侏倭组（$T_3 zh$）、新都桥组（$T_3 x$）、两河口组（$T_3 ln$）和雅江组（$T_3 y$）等，主要为一套以灰黑色砂岩、板岩组成的砂-泥复理石，沉积韵律频繁，几乎不含火山岩。侏罗系至新近系在本区不太发育，第四系以冲洪积物为主。

下古生界仅分布于康定、茂县等地，自下而上由寒武系（ϵ）渭门组浅灰色酸性-偏碱性火山角砾岩、火山凝灰质砂岩与变质碎屑岩；奥陶系（O）大河边组石英岩、片岩、白云质大理岩、结晶灰岩、千枚岩等；以及志留系（S）通化群碳质绢云千枚岩、石英千枚岩、细砂岩夹少量薄层状结晶灰岩组成。上古生界主要出露泥盆系危关群（Dwg）碳硅质板岩、结晶灰岩和石英砂岩；二叠系大石包组（$P_2 d$）玄武岩夹结晶灰岩、板岩；石炭系不太发育，零星出露结晶灰岩夹硅质岩。

3) 玉树-中甸地层分区

玉树-中甸地层分区在川藏交通廊道区主要发育三叠系与古近系。由下而上划为曲嘎寺组（$T_3 q$）结晶灰岩、砂岩、板岩等；图姆沟组（$T_3 t$）砂岩、板岩、绢云石英片岩，夹

---

① 中国地质调查局，2005～2007，1∶25万区域地质图及区域地质调查报告。

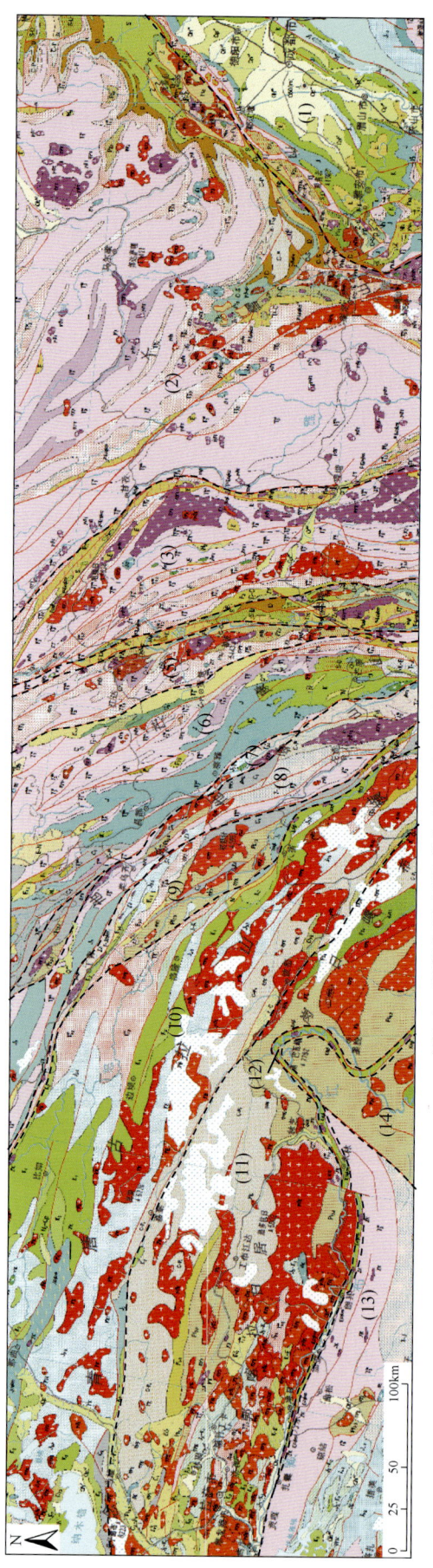

图1.4 川藏交通廊道区域地层区划图（据叶天竺等，2017）
(1) 上扬子地层分区；(2) 玛多-马尔康地层分区；(3) 玉树-中甸地层分区；(4) 金沙江地层分区；(5) 江达-德钦地层分区；(6) 昌都-芒康地层分区；(7) 北澜沧江地层分区；(8) 类乌齐-左贡地层分区；(9) 嘉玉桥-察瓦龙地层分区；(10) 八宿-古拉地层分区；(11) 拉萨-察隅地层分区；(12) 雅鲁藏布江地层分区；(13) 拉孜-曲松地层分区；(14) 高喜马拉雅地层分区

中-酸性火山岩、砾岩等；拉纳山组（T_3l）深灰色板岩、千枚岩、钙质片岩、砂岩、灰岩等海相复理石沉积；英珠娘阿组（T_3yz）深灰色砾岩、砂岩、页岩、泥灰岩等组成滨-浅海相沉积；古近系热鲁组（Er）以紫红色粗砾岩夹砂岩为主，砾岩中成分多为变质砂岩、绢云板岩，属山间断陷盆地红色磨拉石建造。

下古生界呈南北向条带出露于白玉、巴塘等地，包括寒武系中—下统（ϵ_{1-2}）小坝冲组、寒武系上统（ϵ_3）额顶组、颂达沟组及志留系（S）然西组，岩性以千枚岩、板岩和灰岩为主，夹基性熔岩和火山碎屑岩。上古生界则主要发育泥盆系格绒组（D_1g）浅黄色白云岩、白云质灰岩，穿错组（D_2q）灰色泥质结晶灰岩、大理岩，苍纳组（D_2c）和塔利坡组（D_3t）灰白色结晶灰岩、大理岩；二叠系额阿钦群（P_1eq）片岩、绢云千枚岩和结晶灰岩等，妥坝组（P_2t）灰褐色砂岩、黏土页岩及灰岩。

4) 金沙江地层分区

金沙江地层分区是金沙江缝合带的主体，包括二叠系—上三叠统克南岩群（$P—T_3K$）和二叠系-下三叠统嘎金雪山岩群（$P—T_1G$）两个构造岩片。克南岩群（$P—T_3K$）可划分白通岩组（$P—T_3b$）、加日埃岩组（$P—T_3j$）和得打日阿岩组（$P—T_3d$），基质成分为变质砂岩、板岩等，岩块则为超基性岩、基性岩、灰岩等，各岩组之间均为断层接触；嘎金雪山岩群（$P—T_1G$）仅出露岗托岩组（$P—T_1g$），基质主要为绢云石英片岩、绿泥片岩、千枚岩、板岩等，岩块成分有超基性岩、辉长岩、大理岩等。区域内变质基性火山岩呈构造岩块或夹层产于千枚岩、板岩、砂岩中，主要有绿帘钠长阳起片岩、钠长绿帘绿泥阳起片岩、绿帘阳起片岩等。

5) 江达-德钦地层分区

该分区内出露古—中元古界宁多岩群（$Pt_{1-2}Nd$）深变质岩系，原岩为一套碎屑岩夹火山岩建造。新元古界草曲群（Pt_3C）则为变质砾岩、变质砂岩、黏土板岩、含砾绿泥片岩、绢云绿泥片岩、变质橄榄玄武岩、变质安山岩等，原岩为一套陆源碎屑岩夹火山岩建造。

下古生界缺失较多，大陆边缘沉积主要出露奥陶系曾子顶组（Oz），为一套陆源碎屑岩夹碳酸盐岩建造。上古生界地层发育较齐全，出露下泥盆统多吉版组（D_1dj）、中泥盆统森扎组（D_2s）、上泥盆统冬拉组（D_3d）、下石炭统董雀组（C_1d）、上石炭统汪果组（C_2w）、下二叠统吉东龙组（P_1j）及上二叠统沙木组（P_3s）。大陆边缘沉积泥盆系为碳酸盐岩建造，石炭系为碳酸盐岩夹碎屑岩、火山岩建造，二叠系为陆源碎屑岩夹煤层，火山岩建造。

中生界发育一套$T_3—J—K_1$河湖相-海相-海陆交互相-湖相碎屑岩-碳酸盐岩-碎屑岩夹煤层-红色碎屑岩建造。主要有三叠系普水桥组（T_1p）、色容寺组（T_1s）、瓦拉寺组（T_2w）、东独组（T_3dd）、公也弄组（T_3g）、洞卡组（T_3dk）、甲丕拉组（T_3j）、波里拉组（T_3b）、阿堵拉组（T_3a）、夺盖拉组（T_3d），侏罗系汪布组（J_1w）、东大桥组（J_2d）及小索卡组（J_3x），白垩系仅出露下白垩统景星组（K_1j）。新生界古近系贡觉组（Eg）仍在本地层区出露，表现为红色碎屑岩沉积。

6) 昌都-芒康地层分区

昌都-芒康地层分区上古生界—中生界发育齐全，最古老的结晶基底岩系是古—中元古界宁多岩群（$Pt_{1-2}Nd$）中深变质岩系，主要为片麻岩、变粒岩、片岩及大理岩等。

区内下古生界仅出露下奥陶统青泥洞组（O_1q），以砂岩与板岩为主，属浅海陆棚向外陆棚过渡至被动大陆边缘沉积。上古生界地层发育较齐全，出露下泥盆统海通组（D_1h）、中泥盆统丁宗隆组（D_2d）及上泥盆统卓戈洞组（D_3z），下石炭统乌青纳组（C_1w）、马查拉组（C_1m）及中石炭统鹜曲组（C_2a），下二叠统里查组（P_1l）、中二叠统莽错组（P_2mc）、交嘎组（P_2j）及上二叠统妥坝组（P_3t）、夏牙村组（P_3x）。岩石以灰岩、砂岩、泥岩和板岩等为主，属浅海陆棚碳酸盐岩、砂泥质岩夹火山碎屑岩沉积。

中生界较完整，三叠系发育有下—中三叠统马拉松多组（$T_{1-2}m$）、上三叠统甲丕拉组（T_3j）、波里拉组（T_3b）、阿堵拉组（T_3a）、夺盖拉组（T_3d），属河流-滨浅海相砂泥质碎屑岩沉积。下侏罗统汪布组（J_1w）、中侏罗统东大桥组（J_2d）及上侏罗统小索卡组（J_3x）等则主要由砂岩、泥岩、页岩等组成，为河湖相-浅海相沉积。白垩系出露下白垩统景星组（K_1j），为细粒石英砂岩、粉砂岩，夹泥岩及砂质砾屑灰岩等。

新生界仅出露古近系贡觉组（Eg）以砾岩、砂岩、泥页岩为主，夹泥灰岩、灰岩、石膏等。

7）北澜沧江地层分区

该地层分区作为一个典型的构造地层单元，构成澜沧江缝合带的主体地质建造。区域内仅发育下石炭统卡贡岩组（C_1k）及古近系贡觉组（Eg）。卡贡岩组（C_1k）由一套变质较浅、变形强烈的暗色复理石碎屑岩组成，呈构造岩片状夹于缝合带内，主要岩性为灰紫、紫绿灰色绢云千枚岩夹变质砂岩，浅灰色变质砂岩与深灰、灰绿色千枚岩不等厚互层，偶见砂屑灰岩的地层体。贡觉组（Eg）则为陆相红色粗碎屑磨拉石沉积建造，以紫红色、砖红色、灰紫色砾岩、砂岩、粉砂岩、泥页岩为主，夹泥灰岩、灰岩，含盐及石膏等，局部夹火山岩，厚度变化大。

8）类乌齐-左贡地层分区

类乌齐-左贡地层分区发育古—中元古界吉塘岩群（$Pt_{1-2}J$）结晶基底，新元古界西西群（Pt_3Y）褶皱基底及中生界盖层。

结晶基底吉塘岩群（$Pt_{1-2}J$）为一套深变质岩，岩性组合为黑云斜长片麻岩、黑云钾长片麻岩、夹少许黑云斜长二辉片麻岩等，其间有元古宇片麻状花岗岩侵入，变质程度达角闪岩相，其原岩可能为一套泥砂质岩夹基性火山岩建造。

褶皱基底西西群（Pt_3Y）为一套浅变质岩，岩性组合有钠长二云石英片岩、钠长二云片岩、绢云绿泥片岩、钠长绿帘阳起片岩、钠长片岩等，其原岩为一套活动大陆边缘火山岩夹碎屑岩建造。

中生界盖层总体反映为河湖相-海相-海陆交互相-湖相沉积建造序列。其中甲丕拉组（T_3j）为一套紫红色碎屑岩建造，波里拉组（T_3b）为一套碳酸盐岩建造，阿堵拉组（T_3a）、夺盖拉组（T_3d）为一套深灰色碎屑岩夹黏土岩海陆交互相建造，下侏罗统汪布组（J_1w）、中侏罗统东大桥组（J_2d）为一套紫红色碎屑岩、碳酸盐岩建造。

9）嘉玉桥-察瓦龙地层分区

该地层分区大致沿怒江两岸分布，是怒江缝合带的主体地质建造。区内出露的最老地层为古—中元古界卡穷岩群（$Pt_{1-2}K$）。晚古生界（D—C—P）嘉玉桥岩群（Pz_2J）

包括怒江岩组（Pz_2n）、惜机卡岩组（Pz_2xj）、瞎绒曲岩组（Pz_2x），石炭系错绒沟岩组（C_1c）、邦达岩组（C_1b），石炭系—二叠系俄学岩组（C—Pe）。缝合带内岩性复杂，岩石变形强烈，主要为变质较浅的具深海相沉积的构造混杂岩（怒江古特提斯蛇绿岩带的北延部分）。

三叠系地层划分为丁青蛇绿岩群（TD）、晚三叠世孟阿雄群（T_3M）、上三叠统—下侏罗统罗冬岩群（T_3—J_1L）及瓦达岩组（T_3—J_1w），多呈构造岩块夹于怒江结合带中。其中，丁青蛇绿岩群（TD）为班公湖-怒江结合带蛇绿混杂岩的重要组成部分，是一个特殊的构造岩石地层单位；孟阿雄群（T_3M）为班公湖-怒江结合带中的滑塌岩块。古近系地层仅发育始新统宗白群（E_2Z）造山期后的红色粗碎屑-泥质沉积。

10）八宿-古拉地层分区

八宿-古拉地层分区，主要发育中生界，缺失古生界，导致中生界直接超覆于古元古界结晶基底"林芝岩群"（Pt_1L）之上。林芝岩群是一套以片麻岩、变粒岩、斜长角闪岩及大理岩为主的中深变质岩系。

中生界地层缺失三叠系中—下三叠统（T_{1-2}）、下侏罗统、下白垩统。三叠系仅发育有上三叠统确哈拉群（T_3Q），呈北西-南东向断续展布于班公湖-怒江结合带西边缘，为岩浆弧弧前盆地沉积。据其岩石组合、古生物化石等特征，自下而上划分为上三叠统古竹同组（T_3gz）、普拉曲组（T_3p）、目本组（T_3mb）、古拉组（T_3gl）4个岩石地层单位，主要为砂岩、板岩及灰岩等。侏罗系断续出露，有中侏罗统马里组（J_2m）、桑卡拉佣组（J_2s），上侏罗统拉贡塘组（J_3l），岩石以砂页岩、板岩、千枚岩、灰岩、白云岩为主。白垩系发育不全，仅有下白垩统多尼组（K_1d）和朱村组（K_1z），主要为石英砂岩、凝灰岩和角砾岩等。古近系仅发育始新统宗白群（E_2Z）造山期后的红色粗碎屑-泥质沉积。

11）拉萨-察隅地层分区

拉萨-察隅地层分区，地层发育较为齐全，仅发生局部时段的沉积间断。古—中元古界念青唐古拉岩群（AnZNq）是研究区出露的最老地层，进一步划分古元古界林芝岩群（Pt_1L）、古—中元古界冈底斯岩群（$Pt_{1-2}G$）两个亚群。岩石变质程度达主体为高角闪岩相，局部达麻粒岩相。岩石中多见石榴子石、夕线石、十字石等变质泥质矿物，原岩主要为一套砂泥质-火山岩的变质表壳岩岩系。新元古界—寒武系波密群（Pt_3—$\textcircled{\in} B$）为一套变形强烈、变质达绿片岩相之由浅变质的活动大陆边缘浊积岩和碰撞型岛弧中酸性火山岩组成。

古生界基本上为连续沉积，缺失志留系，属于冈瓦纳大陆北部复杂大陆边缘沉积体系。下古生界包括寒武系松多岩群（AnOs）、岔萨岗岩组（AnOĉ）、奥陶系桑曲组（O_1s）、古玉组（O_2g）及拉久弄巴组（O_3l）；上古生界发育有泥盆系龙果扎普组（D_1l）、布玉组（D_2b）和松宗组（$D_{2-3}s$），石炭系诺错组（C_1nc）、松多岩组（C—Pz）及来姑组（C_2—P_1l），二叠系洛巴堆组（P_2l）、列龙沟组（P_3l）及蒙拉组（P_3m）。

中生代和新生代是冈底斯-念青唐古拉岩浆岩带大地构造特性的突显时期。中生界发育较齐全，包括三叠系曲浦组（$T_{1-2}q$）、麦隆岗组（T_3m），侏罗系叶巴组（$J_{1-2}y$）、甲拉蒲组（J_1j）、林布宗组（J_3—K_1l）、马里组（J_2m）、多底沟组（J_3d）、却桑温泉组

(J_3q) 及桑日群 (J_3S), 下白垩统楚木龙组 (K_1c)、塔克那组 (K_1t) 及上白垩统设兴组 (K_2s)。新生界从老到新发育有古新统典中组 (E_1d)、始新统年波组 (E_2n)、帕那组 (E_2p) 火山岩地层，渐新统—中新统大竹卡组 (E_3N_1d) 及上新统乌郁群 (N_2W) 沉积岩地层。

12) 雅鲁藏布江地层分区

雅鲁藏布地层分区位于雅鲁藏布江南、北界断裂带之间，大致沿雅鲁藏布江两岸分布。区域内岩石建造特征较为复杂，为一些不同时代、不同类型建造的构造块体拼合而成的构造混杂带，即由雅鲁藏布江蛇绿岩带、混杂堆积、复理石建造和高压变质带等组成。可划分为3个构造岩群：侏罗系—白垩系泽当岩群（J—KZ）、罗布莎蛇绿岩群（J—KL）和嘎学岩群（J—KG），均为蛇绿岩及相关构造混杂岩。泽当岩群（J—KZ）由泽当蛇绿岩群演变而来，其中地幔岩由新鲜的粗粒-碎斑状糜棱岩化二辉橄榄岩和斜辉橄榄岩组成；罗布莎蛇绿岩群（J—KL）分别与泽当岩群及嘎学岩群断层接触，属较典型的蛇绿岩套组合，为洋中脊扩张之产物，可能混入三叠系岩块；嘎学岩群（J—KG）主要为侏罗系—白垩系，混杂有少量三叠系岩块。

13) 拉孜-曲松地层分区

拉孜-曲松地层分区主要出露上三叠统，包括以绿泥片岩、绢云粉砂质板岩、杂砂岩、岩屑凝灰岩等为主的修康岩群（T_3x）构造混杂岩和以石英砂岩、粉砂质绢云母板岩、千枚岩及基性火山岩为主的朗杰学岩群（T_3L）构造地层体。缺失古生界、中生界中上部及新生界（古近系及新近系）。

14) 高喜马拉雅地层分区

高喜马拉雅地层分区内大面积剥露印度板块前寒武系结晶基底岩系（由各种片麻岩、片岩夹石英岩、大理岩组成）。该地区仅出露一套分布于喜马拉雅山脉南迦巴瓦峰一带的元古宇南迦巴瓦岩群（$Pt_{2-3}Nj$）中-深度变质杂岩基底结晶岩系，可划分为直白岩组（$Pt_{2-3}Zh$）、多雄拉岩组（$Pt_{2-3}d$）和派乡岩组（$Pt_{2-3}P$），主要为片麻岩、变粒岩、钙硅酸盐岩、斜长角闪（片）岩及少量大理岩。缺失古生界、中生界及新生界。

1.3.3 主要活动断裂

川藏交通廊道内部构造活动极其强烈。区域地质构造的形成和发展与板块的碰撞结合有着十分密切的关系。板块缝合带、地壳拼接带等深大活动断裂组成了川藏交通廊道的构造格架，并与其他活动断裂一起，控制着区域地质建造、地震活动及地质灾害的发育分布等。廊道区主要有12条活动断裂，对区域工程建设和灾害发育等有较大影响，其基本特征如下。

1) 龙门山断裂带

龙门山断裂带起于泸定、天全，向北东延伸经灌县、江油、广元进入陕西勉县一带，全长约500km，宽40~50km。区内发育有数量众多、大小不一的飞来峰构造，主要是由印支-燕山期形成的褶皱和叠瓦式断裂组成。主干断裂主要由三条（束）组成，即前山断裂（灌县-江油断裂）、中央断裂（映秀-北川断裂）、后山断裂（汶川-茂县断裂），呈铲式叠瓦状向四川盆地推覆，并伴有显著的右旋走滑分量，总体走向北东，倾向北西（李勇等，2009）。该断裂带历史地震频发，如2008年汶川 M_S 8.0级地震、2013年芦山 M_S 7.0级地震等。

2）鲜水河断裂带

鲜水河断裂北起甘孜附近与甘孜-玉树断裂带右行斜列，南抵石棉附近与安宁河断裂北端相接，全长约400km，影响带宽10~20km。该断裂为川西北断块与川滇菱形断块的边界断裂，总体呈北西向，略呈向北东突出的弧形弯曲，倾向主要为北东，小部分为南西，倾角一般约70°。第四纪以来炉霍段表现出偏张性的左旋走滑活动性，道孚段表现为偏压性的左旋走滑运动，磨西段以张性的左旋走滑运动为主。炉霍段与道孚段在虾拉沱地区右阶斜列，形成虾拉沱拉分盆地。以康定为界，晚更新世以来北西段平均左旋走滑速率为14±2mm/a，南东段平均左旋走滑速率为9.6±1.7mm/a，由GPS观测得出的现代左旋走滑速率为9.3±2.8mm/a。

本断裂带在航、卫片上的线性影像十分醒目，状如刀切。沿断裂带多发育后成河谷，两侧为北东-南西向支沟，通过北西向断层时，均发生突然的弯折。断裂带上有强烈的挤压破碎现象，表现为密集的断层带、劈理带、挤压片理带、破碎褶皱带。板岩常碳化、石墨化，砂岩、砾岩多被碾搓成碎块或构造透镜体，玄武岩多已片理化且片理又遭揉皱，花岗岩常形成碎裂岩，这些现象都反映了断裂带具地壳表层的脆性变形特征。晚近期，沿断裂带有频繁的破坏性地震发生，有记录的6级以上强震就达16次（熊探宇等，2010）。

3）甘孜-理塘断裂带

甘孜-理塘断裂带是一个复杂的地质构造单元，北端交汇于甘孜-玉树断裂带，南端交汇于理塘-德巫断裂带，自青海玉树治多延入四川省，向南东经邓柯、马尼干戈、甘孜、理塘、木拉至木里，绵延八百余千米，走向北北西—近南北向，斜贯川西高原，倾角较大。甘孜-理塘构造带为区域性左旋走滑断裂，与鲜水河断裂带呈左阶斜列（阶区宽约22km），一起构成巴颜喀拉活动块体的南边界。

甘孜-理塘断裂南段（查龙-毛垭坝）由数条断层呈右阶羽列而成，断层平直，断面陡立。表现为断裂两侧三叠系尤其是晚三叠世早期沉积各具不同的特点。其东侧为西康群碎屑岩冒地槽组合；其西侧为义墩群火山岩-碳酸岩-碎屑岩优地槽组合，并有印支期基性超基性岩沿断裂侵入。

此断裂带在印支期活动强烈，燕山期、喜马拉雅期至今以继承性活动为主，并控制着一系列的串珠状盆地，地震活动性相对较弱，历史地震资料显示发生于该带地震均为弱微地震，几乎未发生 M_S 4.0级以上地震。甘孜-理塘断裂的晚第四纪活动十分强烈。玉树至甘孜之间曾发生过包括2010年玉树 M_S 7.1级地震在内的多次地表破裂型大地震，沿主断裂各种断错地貌现象十分发育，且保存较完整（徐锡伟等，2005；马丹等，2014）。

4）德格-乡城断裂带

德格-乡城断裂带北西起自德格以南，呈约330°走向延至昌台，之后转为近南北向，延至乡城附近，长约400km。

以理塘断裂带为界,断裂分为南、北两段。南段断裂控制了一些第四纪小型盆地的发育,局部线性影像特征清晰。沿断裂有中小地震活动,推测该段断裂为晚更新世活动断裂。

5) 巴塘断裂

巴塘断裂位于川藏交界地带,北东起于巴塘县松多乡莫西村附近,向南经松多、巴塘、水磨沟、金沙江、莽岭至澜沧江附近消失,全长约200km,总体呈北东30°方向延伸,倾向北西,倾角较陡。巴塘断裂以右旋走滑运动为主,斜切金沙江构造带约20~30km,在交汇部位易诱发$M_S 6.0$级以上地震(周荣军等,2005)。断裂在全新世活动有分段差异,由南西向北东减弱。

6) 金沙江断裂带

金沙江断裂带西起龙木错,经玉树,然后弧形拐折转而顺金沙江沿岸南北向延伸至德钦东侧,被德钦-中甸断裂所截,长达1250km,宽约80km。该断裂属川滇菱形断块的西北边界,呈南北向弧形展布,略向东突出,弧顶位于巴塘附近,总体倾向北西,倾角约70°。金沙江断裂带是松潘-甘孜褶皱系与唐古拉-兰坪-思茅地槽褶皱系的界线。形成于加里东期,海西期、印支期、喜马拉雅期多次活动。它是切割岩石圈的深大断裂,沿线有基性枕状熔岩和超基性岩成带成群出现。据航磁与重力资料,该断裂带是切穿整个地壳深入地幔的巨型深断裂带。晚第四纪以来主要表现为挤压逆冲,在断裂转折为北北西向时表现左旋走滑,转折为北北东向时表现为右旋走滑,南北向以挤压逆冲为主。最新错断地层为晚更新世晚期—全新世洪积扇,平均逆倾滑速率为2~3mm/a(陈炳蔚等,1991;周荣军等,2005;李渝生等,2016a)。

7) 字嘎寺-羊拉断裂

字嘎寺-羊拉断裂呈北西向斜穿廊道区,是昌都-芒康盆地与江达-德钦岩浆弧之分界断裂。其宏观地质特征清晰,在卫片影像上,主要表现为断续状的线性构造和束状、带状构造的复合,地貌上主要表现为沟谷、垭口及河流方向突变、山脊不连续等。沿断裂带发育有宽100~300m的构造破碎带及糜棱岩带,断裂带及两侧发育石英脉。在下拉秀、贡觉等地沿断裂侵位有始新世英安流纹斑岩体,断裂两盘地层沿走向中断缺失,两侧岩层产状紊乱,牵引褶皱强烈,节理、劈理发育。断裂面倾向北东,倾角30°~55°,北东盘向南西逆冲,为一逆断层。

8) 澜沧江断裂带

澜沧江断裂带属三江断裂系中支,以昌都为界,南部基本上沿澜沧江流域分布,北部沿类乌齐、格拉丹东、雪莲湖一线分布,总体走向为北西向,长1900km。昌都以南主要沿澜沧江河谷分布,北起梅里雪山,南抵景洪附近进入缅甸境内,长度约800km。自北向南,其走向由南北向转为北西向,在云县西北形成明显的大拐弯,总体呈"S"型展布,为超岩石圈断裂。北段断面西倾,倾角60°~80°,南段断面近直立(李才,2008;李渝生等,2016b)。目前学界对澜沧江断裂现今的走滑运动学方向分歧较大,胡瑞忠等认为20Ma至今都为左旋走滑(胡瑞忠和王国芝,2001),而钟康惠等(2004)认为中新世至第四纪都为右旋走滑。程佳等(2009)根据GPS及水准反演得到该断裂的左旋走滑速率为0.2±0.7mm/a。

9）怒江断裂带

怒江断裂带西起班公错，东经改则、东巧，然后在丁青转向东南经八宿，继而沿滇西怒江谷地，一直延伸到国外，长约1800km，是一条岩石圈断裂。西藏八宿一带，可见一套以大理岩、绿泥石片岩及千枚岩为主的沉积变质岩和变质中基性火山岩逆冲于上三叠统—下侏罗统的泥质硅质复理石和绿泥石石英片岩之上。下盘岩石遭受强烈剪切塑性变形，其中混杂有蛇纹石化辉橄岩、辉长辉绿岩及大理岩的外来岩块。这些外来岩块大小不一，一般长几百米，长轴的定向方位与断裂走向近于一致，为北西向。构成宽约2km的混杂岩带。混杂岩又向南西逆冲到古近系红色砂砾岩、泥岩之上，红层已褶皱。从左行斜列的向斜的组合型式看，八宿一带班公错-怒江断裂带既具逆冲挤压性质，又兼有右旋性质（潘桂棠等，2004）。冷曲附近怒江断裂带剖面如图1.5所示。

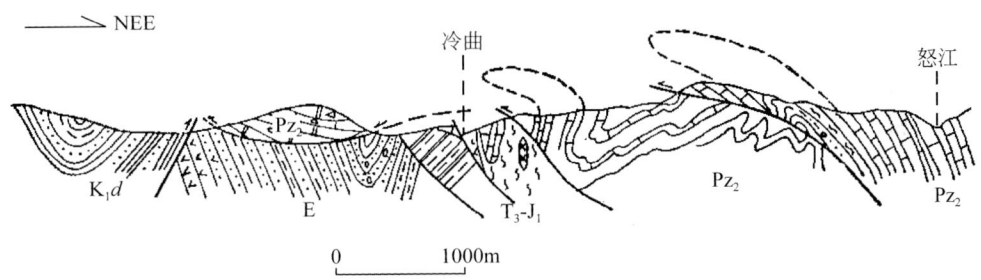

图1.5　西藏八宿班公错-怒江断裂带剖面结构（据潘桂棠等，2004）

在深部地球物理特征方面，怒江与澜沧江断裂带在藏南地区相距不远，前者在八宿附近，后者在昌都以南。怒江表现为负磁异常，而澜沧江表现为正磁异常。重力异常特征也变得很明显，怒江带为相对低的重力异常，而澜沧江带为相对高的异常（刘宏兵等，2001）。前者是一个破碎沉积的断裂带，而后者可能是由基性岩-超基性岩侵入而形成的。

10）狮泉河-申扎断裂

狮泉河-申扎断裂位于雅鲁藏布江北部，自西向东沿噶尔、措勤北、申扎、边坝南一线分布，走向北西西向，长约1800km，它构成了青藏高原中央巨型东西向走滑断裂。在构造上它控制着中、新生界的分布，断裂北侧侏罗系、白垩系广泛分布，而南侧古近系十分发育。岩浆岩大部分侵入位于下白垩统，部分侵入位于上古生界。从断裂东西两端的白垩纪超基性岩体及西部大规模的花岗闪长岩的带状展布情况看，说明此断裂在白垩纪已产生，后期由于受冈底斯造山运动影响，新生代岩浆活动更加强烈，因此造成大量新生代花岗闪长岩的侵入（熊盛青等，2014）。

11）嘉黎-然乌断裂

嘉黎-然乌断裂是所谓"喀喇昆仑-嘉黎断裂带"最东端的一条断层，嘉黎以东其形迹沿易贡藏布和帕隆藏布河谷展布，总体走向近东西，呈向北凸出的弧形，全长约500km。该断裂是青藏高原主体向东挤出的南部构造边界，具有强烈的右旋走滑活动。断裂带西段控制了中生界的发育与分布，控制了燕山晚期-喜马拉雅早期侵入岩分布（任金卫等，2000）。

嘉黎-然乌断裂属晚第四纪强烈活动断裂，其晚第四纪活动性质在不同构造位置明显不同。野外实地调查资料表明嘉黎断裂大体可以东构造结为界分为3段，东构造结西北的那曲—嘉黎段为西段，东构造结顶端易贡—通麦段为中段，东构造结东南波密到察隅为东南段。嘉黎断裂带西段以右旋走滑为主，兼有挤压运动，走滑速率达到了 3.2~3.7mm/a；中段活动不明显，野外未见断层错断第四系的剖面，在通麦大桥附近，仅见Ⅱ级阶地的砂砾层受到断层扰动；嘉黎断裂的东南段可以分为南北两支，北支断裂活动不明显，沿帕隆藏布到然乌湖地区野外没有发现明显的晚第四纪活动迹象，南支断裂主要表现为左旋走滑运动，在波密嘎龙寺附近左旋走滑速率为 3.8mm/a 左右（宋键等，2013）。

12）雅鲁藏布江断裂带

雅鲁藏布江断裂带主要沿拉萨—林芝段分布。断裂带总体呈东西展布，东段（米林以东）急剧偏转为北东向；中段呈东西，但波状起伏特征明显；西段（拉孜以西）逐渐偏转为北西西向。雅鲁藏布江断裂总体向南倾斜，倾角较陡（60°~70°）；东段（朗县以东）倾向北北西，不同产状断裂代表不同的构造作用。

断裂变形性质复杂多样：从脆性、韧脆性、脆韧性到韧性均有。总体来看，东段以韧性和脆韧性为主；中西段以脆性、韧脆性为主。一般断面北倾断裂韧性变形较强；而断面南倾断裂脆性特征较明显。究其原因，前者为形成于板块俯冲作用，形成深度较深；后者为板块仰冲作用，形成深度较浅；断裂力学性质早期（第四纪以前）主要显示为以挤压作用为主；断裂位移性质无论断面是北倾还是南倾，均表现为以逆断层或逆冲断层的位移性质。雅鲁藏布江断裂的最新活动表现为以正断或右行平移-正断为主，米林以东活动性较强，为全新世活动断裂；米林以西断裂活动性较弱，最新活动时代主要为中—晚更新世（彭小龙和王道永，2013）。

1.3.4　新构造运动与地震

新构造运动表现为地壳的水平与垂直运动、断裂活动、火山活动和地震等（曹伯勋，1995）。新生代以来，由于持续受到印度板块向北东强烈推挤与青藏高原地壳物质向南南东强力楔入的叠加作用，川藏公路交通廊道沿线新构造运动十分强烈。在高原的边缘，由于河流的强烈切割，夷平面已经支离破碎，但零星可见，且分布高度接近，说明了第四纪以来的大幅度隆起是一种大范围的整体性上升。中新世以来，除区域强烈上升外，还有差异性升降及水平挤压，这在断裂带上表现更加明显，如东西向主要活动构造带波密-然乌线状断裂谷地带形成于中新世晚期，早期主要以冲断作用为主，第四纪以来主要以垂直断陷为主。

川藏交通廊道新构造活动表现出的主要特征为：①以大面积整体间歇性快速抬升为主。地壳强烈上升，根据重复水准测量，其量值达每年平均 3.2~12.7mm，廊道区至今仍保持着上升隆起趋势。②水系发育速率加快，河流下切和高原侵蚀十分强烈，澜沧江和怒江等上新世末还游荡在宽谷中的河流，由于大面积的隆起引起强烈的下切，在澜沧江最多有八级阶地出现（朱汉华等，2004）。③以大断裂为边界的断块之间的差异与水平运动显著。近十余年的 GPS 测量结果表明,藏东块体向东方向的运动速率约在 17~18mm/a。受块体运动这一总体态势的控制,廊道区构造应力场的主压应力总体为近东西向。因而北西向的断层表现为左旋剪切,北东向的断层表现为右旋剪切,而近南北向的断层主要表现为东西向的挤压缩短,并具一定的水平剪切运动(周荣军等,2005)。④冰川谷下切强烈,沿线大型沟谷普遍有古冰川活动的历史,古冰碛分布广泛。⑤断裂活动强烈,地热异常区广布,沿线温泉、热泉出露甚多(朱汉华等,2004)。

根据《中国地震动参数区划图》(GB 18306—2015)(中华人民共和国国家质量监督检验检疫总局和中国国家标准化管理委员会,2015)的划分方案,川藏交通廊道主要涉及的地震带(区)有鲜水河-滇东地震带、喜马拉雅山地震带与藏中地震带。自公元 1791 年以来本区共发生 $M_S \geq 4.0$ 级地震 1163 次,7.0 级以上地震 10 次,6.0~6.9 级地震 42 次,5.0~5.9 级地震 168 次,4.0~4.9 级地震 943 次(图 1.6)。

成都至康定段经过的平原及丘陵区地震活动性较弱。但天全至康定段海拔急剧上升,又位于鲜水河断裂、龙门山断裂和安宁河断裂三大断裂交汇地带,地震活动的频度和强度陡升。近场区多次发生 6.0 级以上地震,交通干线总体位于高烈度区,基本抗震设防参数高,峰值加速度为 0.2~0.4g。

康定至昌都段的鲜水河地震活动带、金沙江地震活动带、理塘地震活动带对交通干线的影响不容忽视。区内有 6 次 7 级以上地震发生在该段,1870 年巴塘 M_S 7.3 级地震,1904 年道孚 M_S 7.0 级地震,1923 年炉霍、道孚 M_S 7.2 级地震,1948 年理塘 M_S 7.3 级地震,1955 年康定折多山 M_S 7.5 级地震及 1973 年炉霍 M_S 7.9 级地震,上述强震活动的极震区烈度都大于等于Ⅸ。特别是鲜水河地震活动带为四川省最为活跃的地震带,强震频发;金沙江地震活动带的巴塘县境内曾于 1989 年发生 M_S 6.7 级强震群,且距交通干线较近。因此高频度与高烈度强震将是交通干线全生命周期都需要格外重视的问题。

昌都至波密段的所涉及区域可统归为"三江地震活动带"。该区地震活动频度中等,强度较低。其中地震活动多以 M_S 6.0 以下为主,主要受北西向和北北东向两组断裂带控制。

波密至米林段可划为嘉黎-墨脱地震活动带,该带地震主要受嘉黎-然乌断裂带与雅鲁藏布江缝合带控制,在雅鲁藏布江大拐弯处地震最为密集。该区地震活动频度与强度均较高。帕隆藏布流域内的察隅-墨脱地区仅在 1950~1996 年间就发生了 $M_S>4.0$ 级的地震 124 次,其中 1950 年就多达 62 次,1950 年 8 月察隅还发生了 $M_S=8.6$ 级的强烈地震(朱平一等,1999)。交通干线总体位于高烈度区,基本抗震设防参数较高,峰值加速度一般为 0.15~0.30g。

米林至拉萨段的地震活动主要受雅鲁藏布江断裂带控制,沿线历史地震发生频度和强度均较低,是整个川藏交通廊道地震活动相对较弱的区段。

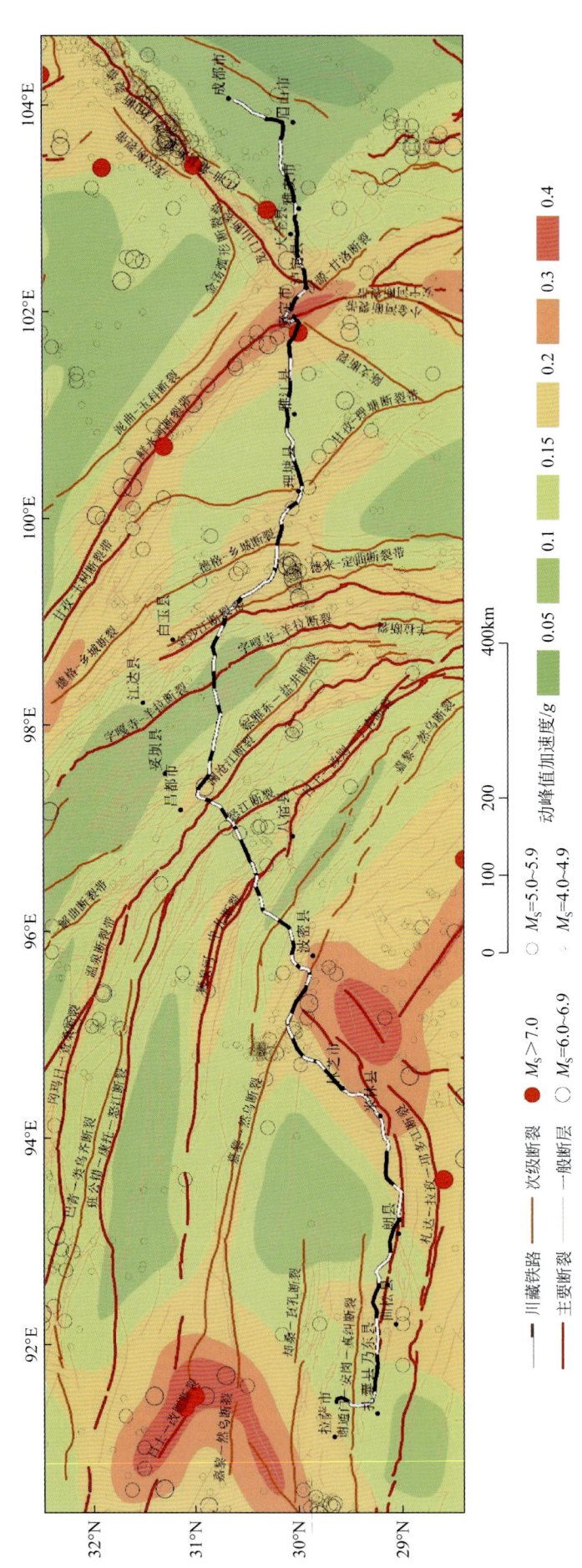

图 1.6 川藏交通廊道沿线地震动峰值加速度与历史地震分布图

1.4 气象水文

川藏交通廊道垂直落差超过4000m，东西跨越多个地貌单元，复杂的地形直接影响着廊道区域内的气候、气象水文因素的变化，造成较大的区域差异。恶劣的气候、气象和水文条件严重影响廊道内交通干线的道路工程建设，并为地表灾害的形成提供良好的条件。

1.4.1 气候气象

青藏高原气候的主要特点有：气温低冷，空气稀薄，大气干洁，辐射强烈和地势为控制因素（叶笃正和高由禧，1979）。川藏交通廊道位于西藏东南部和四川省西部，地形复杂，山高谷深，海拔相差较大，地势的控制程度更加明显。由于地理因素和环流条件的不同，温度随高度的递减率有明显的地域性差异，在三江谷地和帕隆藏布一带最大，西段偏小。

降水变化受西南季风的控制，在西南季风强盛年，雨水往往比较充沛；而在西南季风萎缩年，雨期短促，降水量减少；总趋势是东部大，西部小，沿线有两个多雨中心，分别为成都—康定段的川西暴雨区和波密地区（图1.7）。降水的季节分配不均匀，雨、旱季十分明显，雨季降水量占全年总量的90%左右。雨量非常集中，降水的日变化大，一般夜间多于白昼，夜降雨率都在60%以上。其中高原地区夜雨主要受局布地形影响，在宽阔河谷，山谷风强烈，夜间山坡冷空气沿坡下沉，抬升谷地暖湿空气，为降水提供有利条件，另外也与白天辐射强烈，云层吸热蒸发有关（戴加洗，1990）。

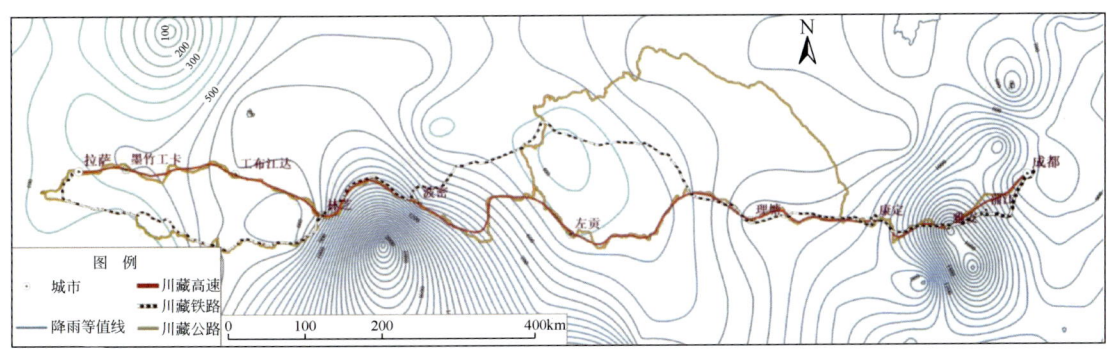

图1.7 川藏交通廊道沿线降水量分布图

川藏交通廊道东部为太平洋与印度洋气流影响的海洋性气候，西部为西北环流影响的大陆性气候，但由于地形的控制性影响，气候差异很大。通过地形、年降水、年温度、年蒸发及气流运动的变化趋势分析，可将廊道分为8个气候段，分别为成都平原多雨区、西南盆缘山地多雨区、川西高原气候区、横断山地干热河谷区、念青唐古拉山干旱区、藏东南湿润气候区、尼洋河湿润-半干旱过渡区、拉萨河半干旱季风气候区，各区段的气候特征摘自《中国气候丛书》（张家诚等，1990~1991），分述如下：

1) 成都平原多雨区

川藏廊道成都平原段东起成都市，西至邛崃山脉东侧。成都平原是位于四川盆地西部的冲积平原，总面积1.88万 km²，平原内四季分明，日照少、气候温和、降雨充沛，属暖湿亚热带太平洋东南季风气候。该区全年温暖湿润，年均温16~18℃，日温≥10℃的持续期240~280天，积温达到4000~6000℃，气温日较差小，年较差大，冬暖夏热，无霜期230~340天。云量多，晴天少，雨量充沛，年降水量达1000~1200mm。因位处各大流域中下游，地势平坦，历史上曾发生多次洪涝灾害，近年来随着防洪水平的提高，基本无大型洪害发生。

2) 西南盆缘山地多雨区

为四川盆地与青藏高原的过渡地带，东起邛崃山、西至大雪山，以大渡河流域为主。区内以海拔1500~3000m的中低山地为主，川藏廊道主要跨越西北和西南缘的龙门山、邛崃山、大相岭等山脉，属亚热带山地季风气候。海拔3000m以上属全年少雨的高原山地气候，年降水量为500~750mm，其余大部分地区具冬暖夏热、湿润多雨的特征，年降水量为1000~1500mm，部分地区可达到1400~1900mm。暴雨多集中于5~9月，7、8两个月尤为突出。由于降水充沛，该区是滑坡、泥石流等山地灾害集中发育的地区。

3) 川西高原气候区

主要指大雪山以西至金沙江川藏交界段，气候属高原型季风气候，复杂多样，地域差异显著。海拔高差大，气候立体变化明显，从河谷到山脊依次出现亚热带、暖温带、中温带、寒温带、亚寒带、寒带和永冻带。从总体来看，以寒温带气候为主。总的气候特征是河谷干暖，山地湿冷，光照丰富，降水量少。在高山峡谷地区，山脚和山顶高差较大，气候也随着高度变化，相差20~30℃。各县城所在地年均气温1.6~15.4℃。年均气温多数地区在8℃以下，最低气温（主要在丘状高原地区和中部高山原地区）在-14℃以下，其中北部大部分地区及南部理塘等高海拔地区低于-20℃。常年降水量在325~920mm。常年日照时数1900~2600小时，年总辐射量一般在120~160kcal/cm²。历年平均霜日为18~228天，无绝对无霜期。

4) 横断山地干热河谷区

包括金沙江以西到怒江山以东，也称横断山地段。本段主要山脉有芒康山、觉巴山和怒江山，主要江河有金沙江、澜沧江。地形高程为2500~3000m，为深切峡谷高山地貌，气候主要受由东向西太平洋暖湿气流的影响，季节性降水明显，集中在6~9月，占全年降水的85%左右，多年平均降水量为430~470mm，最高气温为36.0℃，最低气温为-24.6℃，多年平均温度为4.0~10.0℃，1日最大降水量为30~43mm，多年平均蒸发量为1500~1700mm，由于气流下沉，经常产生强烈的焚风效应，出现干热河谷。

区内气候垂直变化明显：3600m以下的河谷地区为干热河谷，终年无积雪，年平均温度12℃左右；3500~4000m地区为暖温山地带，偶尔有积雪，年降水量为450mm左右，年平均温度为6℃左右；4000m以上地区为亚寒高原带，季节性积雪，年降水量为430mm左右，年平均温度为0℃左右。

5) 念青唐古拉山干旱区

包括怒江山以西到安久拉山以东地段，也称伯舒拉岭或念青唐古拉山地段，本段含怒江西岸流域山地，高差约为2600m，为典型的高山峡谷地貌。该段同时受太平洋和印度洋气流的影响，且由于东西两侧大山的屏障，暖湿气流影响较小，季节干湿分明，雨季为6~9月，降水量占全年81%左右，焚风作用极为明显，年平均降水量只有210mm左右，年平均蒸发量为2635mm，年平均温度为10.2℃，最高气温为27.0℃，最低气温为-16.9℃。

6) 藏东南湿润气候区

包括安久拉山以西到色季拉山以东地带，以波密地区为主。本区为印度洋海洋性西南季风气候，受印度洋气流作用影响强烈，属西部高原潮湿地区，一般地区年降水量为650~850mm，其中通麦、东久气流入口处可高达1127mm，为多雨、暴雨区段，干湿分明，雨季为3~10月，降水量占全年95%左右，年平均气温为7.2℃，最高气温为32.3℃，最低气温为-14.50℃，年平均蒸发量为1435mm。由于气候湿润，干湿季温度、降雨差别较大，冻融作用强烈，是冰川泥石流等山地灾害多发地段。

7) 尼洋河湿润-半干旱过渡区

包括色季拉山以西到米拉山以东地段，也称冈底斯山地段，本区段主要是为尼洋河沿岸，为深切峡谷高山地貌。受印度洋海洋性西南季风气候和北方寒流的共同影响，形成了特殊的热带、亚热带、温带、寒带、湿润和半湿润并存的多种气候带，印度洋气流由于受东侧色季拉山的阻挡而逐渐减弱，年降水量为650mm左右，年平均气温为8.8℃，最高气温为30.4℃，最低气温为-16.5℃，年蒸发量为1745mm。

8) 拉萨河半干旱季风气候区

包括米拉山以西到拉萨地段，也称冈底斯山与念青唐古拉山槽谷段，主要为拉萨河沿岸的宽谷高原地貌。印度洋气流由于受色季拉山和米拉山的拦挡作用，对本区影响较小，在大气候环境上，主要受西北气流的影响，属海洋性气候和大陆性气候的过渡区段。全年多晴朗天气，降雨稀少，冬无严寒，夏无酷暑，属高原温带半干旱季风气候。降水量和蒸发量都呈区域性变化，年平均降水量为450~500mm，年蒸发量为2350~2400mm，年平均温度为6.6℃，最高气温为28.8℃，最低气温为-23.1℃（宋善允和王鹏祥，2013）。

总而言之，高山峡谷区由于地形抬升作用，使得局地性暴雨频发，提供了有利于泥石流和洪水发育的条件，例如，川藏廊道穿越的横断山高山峡谷区和帕隆藏布流域，沿线山地灾害非常发育，成为影响交通的主要灾害类型。另外，频繁、极端的冻融循环和干湿循环对冰原体的影响作用不可忽视，加剧了岩土体的脆弱性，也增加了流域源头岩体浅表裂隙等，促进滑坡的发生；高原冰川退缩之后留下丰富的松散冰碛物，为泥石流等山地灾害的发生提供了大量的物源，春、夏季温度升高，冰川融雪极易形成灾害性洪水，又为泥石流等山地灾害提供了有利的水源条件。

过去50余年，青藏高原极端气温（极端高温、极端低温）和极端降水事件发生频率呈现不同程度的上升趋势（崔鹏，2015）。且在未来的100年内，青藏高原的气温和降水将呈现持续增加的基本趋势（陈德亮等，2015）。随着气候变暖，青藏高原多年冻土活动层正逐年增厚，同时冻土层上限温度也以约0.3℃/10a的幅度升高，导致部分地区冻土严重退化。在高山峡谷区，高温天气加速冰雪消融，增加地表径流；增大冰雪融水与高强度降雨的叠加概率，改变局地水文条件，更易造成松散土体（冰碛物）破坏和冰湖溃决，形成山地灾害。

1.4.2 水文

川藏交通廊道跨越岷江、大渡河、雅砻江、金沙江、澜沧江、怒江、帕隆藏布、尼洋曲、拉萨河多条水系干流（图1.8）。其中，西藏境内年均径流量为4482亿 m^3，有20多条河流的流域面积大于1万 km^2，流域面积大于2000km^2的河流则有100条以上。

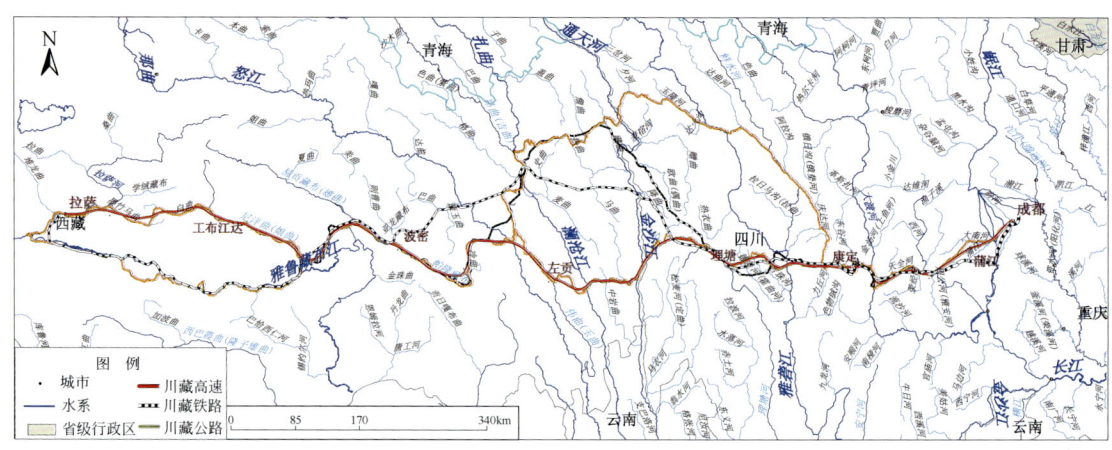

图1.8　川藏交通廊道水系分布图

由于川藏交通廊道跨越地貌单元多，河流复杂，水文气象状况悬殊，根据其各区特征，可分为六段，自东往西分别为：岷江水系、大渡河水系、雅砻江水系、三江并流区、帕隆藏布水系、尼洋-拉萨河水系。

1）岷江水系

该段包括成都平原及川西北岷山邛崃山高山区，主要为岷江上游水系。即自岷江源至紫坪铺段，河长341km，流域面积2.3万 km^2，主要支流有黑水河、杂谷脑河、渔子溪等，年平均径流量约为480m^3/s。横穿高山峡谷区，地形复杂、水流湍急，除地震形成的堰塞湖（如叠溪海子）之外，河宽均不超过150m。年内径流季节变化与降雨季节相应，雨季时大面积暴雨发生或随洪峰传播，干支流洪峰重叠遭遇，则造成干流峰高量大，严重威胁中下游安全。2008年5月12日，岷江上游发生 M_S 8.0级特大地震导致的大型滑坡、泥石流曾致使岷江河流部分河段改道，之后干流及主要支流的山地灾害频发，严重堵塞河道、抬升河床，并形成多个堰塞湖（Cui et al., 2011）。

岷江经紫坪铺后分成许多支流奔向成都平原，水流随之分散。平原平均海拔为600m，水系格局特殊，呈纺锤形，河流分枝交错，河渠纵横，地势平坦，基本无山地灾害。

2）大渡河水系

大渡河为岷江最大支流，发源于青海省玉树藏族自治州境内阿尼玛卿山脉，全长

1062km，流域面积 7.77 万 km^2，支流较多，流域面积在 $1000km^2$ 以上的有 28 条，河网密度为 0.39。流域内地形复杂，包括川西北高原、横断山地东北部和四川盆地西缘山地。川藏廊道主要穿越流域上游下段，即泸定县以上区域。河谷束狭，河流下切，岭谷高差在 500m 以上，谷宽 100m 左右，谷坡陡峻，河中巨石梗阻，险滩密布。水系呈羽毛状分布，径流主要由降雨形成，部分为融雪补给。由于流域面积大，植被良好，上游第四纪覆盖层利于下渗和滞流，且干流修建多座水电站，导致径流年际变化不大，年内分配比较均匀，洪枯水量差别不大。

大渡河流域为中国地质灾害高易发区，目前已发现地质灾害隐患点 2212 余处，以滑坡和泥石流为主（巴仁基等，2011）。

3）雅砻江水系

雅砻江是金沙江的最大支流，是中国水能资源最富集的河流之一。发源于巴颜喀拉山南麓，经青海流入四川。河长 1535km，流域面积 12.8 万 km^2，河口流量 $1810m^3/s$，总落差 3192m。自石渠以下，主河从山原地貌逐渐进入高山峡谷地带，为横断山区北南向的主要河系之一。流域形状略呈柳叶状，受地貌影响，多羽状水系分布。短小支沟众多，大支流多与干流平行发育，且集中于甘孜以下的中下游段，形成一种特殊的水系结构。水网密度上游为 $0.3km/km^2$，中游为 $0.2\sim0.3km/km^2$，下游为 $0.25\sim0.4km/km^2$。川藏廊道主要横穿雅砻江中游，中游段河长 581km，连续穿行于高山区，多险滩急流。其中甘孜县城至雅江县鲜水河口 261km 河段，行于高山峡谷中，河宽 $40\sim60m$，最宽处不过 80m，谷坡陡达 $40°\sim60°$，平均比降 2.74‰，落差达 714m。

雅砻江流域属川西高原气候区，降水量大致自北向南递增，且东侧多于西侧，中游区降水量为 $1000\sim1400mm$。径流的一半由降水形成，其余为地下水和融雪（冰）补给，径流年际变化不大，丰沛而稳定，河口多年平均流量 $1890m^3/s$。丰水期（$6\sim10$ 月）径流量占全年的 77%。

4）三江并流区

该段为横断山脉区，属三江河谷半干旱气候地带。该区横跨金沙江、澜沧江与怒江三大水系干流，自北向南并行奔流 170 多千米，穿越担当力卡山、高黎贡山、怒山和云岭等山脉，其间澜沧江与金沙江最短直线距离为 66km，澜沧江与怒江的最短直线距离不到 19km。三江河流源远流长，水量以雨水补给为主，大部分集中在夏季，多年变化不大，水力资源十分丰富（表 1.2）。三江并流区是特提斯大洋演化和消亡，印度板块与欧亚板块碰撞，两个大陆发生陆-陆碰撞，造山运动致使喜马拉雅隆升、横断山脉形成的地质演化历史的典型代表区域和关键地段，河流均下切强烈，岭谷高差达 3000m 左右。在干流和支流西侧，支沟十分发育，形成羽状排列的峡谷，两岸支流大多垂直入江。沟床狭窄、纵坡大，除在支流河口处因分布着洪积冲积锥，河谷稍宽外，大部分谷坡陡峻，坡度一般在 $35°\sim45°$，不少河段为悬崖峭壁，坡度达 $60°\sim70°$ 以上，呈幼年期"V"型峡谷地貌（刘昌明等，2018）。两岸山体十分破碎，平均植被覆盖率在 $20\%\sim30\%$。

现有公路基本上沿一、二级支流而行，廊道沿线坡面重力侵蚀十分强烈，滑坡、泥石流等山地灾害分布广泛，活动频繁，常常毁坏公路、各种建筑设施、森林、农田，淹埋村舍、城镇，造成严重的生命财产损失。

表1.2 三江流域水文特征概况表（据中华人民共和国水利部，1987）

河流名称	汇水面积/km²	河道长/km	平均流量/(m³/s)
金沙江	187873	3481	924
澜沧江	167400	2115	2070
怒江	124830	2013	1810

5）帕隆藏布水系

帕隆藏布流域北侧为念青唐古拉山，西侧是喜马拉雅山，东侧为伯舒拉岭，受西北西-东南东向断裂带控制，流向顺直，反向流入雅鲁藏布江大拐弯。它的三大支流曲宗藏布、波堆藏布和易贡藏布亦受断裂控制十分明显。帕隆藏布发源于阿扎贡拉的现代冰川，随后以悬河汇入然乌湖，地处高原东南边缘的斜面上，面对印度洋，直接受到西南季风的作用，平均气温较高，降水较充沛，高山带冰雪作用强烈，现代冰川十分发育。流域内位于易贡错以北的长青冰川，长为33km，冰舌末端海拔为2530m，是迄今所知西藏最大、最低的海洋性冰川，雪线仅为4500～5200m。帕隆藏布河流长度为260km，平均流量为990m³/s，山岭海拔一般在5500～6000m，中段达6000～6500m；支流众多，除右岸几条源远流长的支流外，其余多是源自西侧雪山，沟谷短而陡，受构造制约呈格状水系。在峡谷河段，短小支沟高差较大，一般纵坡达300‰～500‰，沟床多基岩及巨砾形成的多级跌水，高度一般在20m之内，横断面一般呈"Y"字形，利于雨洪的集流和冰雪运移。森林线以下，几乎全被植被覆盖，平均植被覆盖率达61.5%左右。河谷为宽窄相间的峡谷，窄谷多成"V"型侵蚀峡谷，一般宽在60～80m，比降为11‰左右；宽谷段多为"U"型侵蚀谷，宽谷段河床略具游荡性（刘国纬，1992；程根伟和王小丹，2016）。

特殊的地质构造导致帕隆藏布流域内岩层直立或倒转，断层节理密布，且是强震频发区，加之气候湿润，降雨丰富，使得该段的公路沿线成为山地灾害发育齐全、规模大、危害严重的地区，堪称"山地灾害博物馆"（吕儒仁等，1999）。

6）尼洋-拉萨河水系

东部沿尼洋河逆流而上展布，翻越米拉山后，沿拉萨河顺流延伸。该区段以宽谷地貌为主，地势较为平坦开阔，漫滩阶地发育。河谷北侧为念青唐古拉山脉，南侧为冈底斯山脉，山岭海拔为5000～5700m，谷底海拔为2900～3400m，切割深度达1200～2000m。干流河床上游较窄，多在500m左右；中下游较宽，一般达1～4km。两岸平均植被覆盖率在17.5%左右。

尼洋河是雅鲁藏布江中段左岸的一级支流，流域面积为17732km²，东西流向，长约230km，南北宽约110km。东北靠帕隆藏布流域，西及西北近拉萨河流域，往南汇入雅鲁藏布江干流流域。尼洋河发源于闯拉、俄拉等一系列山峰环绕的湖盆带，源地海拔约为5000m，雅鲁藏布江入江口海拔约为2920m，平均比降为7.53‰。流域内地形复杂，大小山脉纵横交织，形成许多沟谷峡川，源头广泛分布第四纪古冰迹，如角峰、槽谷、冰斗、冰碛垄和冰川台地，不少地方还发育有现代冰川。由于冰川多次进退，上游残留大量冰碛湖，中下游谷宽坡陡，形成高原高山宽谷地貌。尼洋河干流河谷海拔一般在3000～4000m，西侧逐渐抬升，山峰海拔多在4500～5000m，流域平均海拔为4000m

左右，总趋势为西高东低。尼洋河流域水系发达，沿途支流、支沟众多，侵蚀比为约 0.22 条/km。根据元巴水文站观测，尼洋河平均流量为 439m³/s，径流深 889mm，径流模数为 28.18m³/(s·km²)。

拉萨河发源于唐古拉山北侧的罗布如拉，流经拉萨市，于曲水附近汇入雅鲁藏布江。全长 568km，为雅鲁藏布江最大的一条支流，总落差 1580m，平均比降为 2.8‰。拉萨河上游长 202km，展布于海拔为 4800~5100m 的盆地内，四周山地海拔为 5000~5800m，盆地内古冰川和冰湖广布，河道迂回曲折。中游段长 62km，流经海拔在 1502~4230m，河谷以窄谷为主，间有峡谷，谷底宽一般在 0.5km 左右。下游段长 301km，落差 655m，平均比降为 2.2‰，谷底宽度由上向下逐渐展宽，公路所经地段，一般宽为 2~5km，在墨竹工卡以下河床多分叉，多心滩，成为典型辫状水系，河床几乎占满整个谷底。在拉萨附近，第四纪沉积达 400m 左右厚，拉萨以下河谷中风沙较为发育，从谷底海拔 3600m 左右到 4000m 以上的谷坡上都有沙丘分布，主要分布在河谷东侧。

总体而言，沿线主干河流受区域构造格架控制，如尼洋河与拉萨河的走向为正东西向，河道穿行于丘状高原和原间盆地，地势和缓，类型为高原宽浅游荡型河流，辫状水系发育，流量变化大，河谷宽浅。其他主干河流均为北西向南东或北向南，各流域历史上均出现构造抬升和河谷强烈侵蚀下降期，河道多次出现"宽谷"变"峡谷"的现象，到目前为止，多为深切峡谷，纵横坡度高、枯洪水位落差大，且水流湍急，弯多水深，河道狭窄，沿江险滩、潜石、漂砾遍布。这种强烈的河床侵蚀作用极易导致岸坡前缘失稳，进而形成高陡临空面，为滑坡泥石流等山地灾害的发生提供有利条件，是滑坡等灾害发生的主要诱发因素。因而，沿线大渡河、雅砻江、金沙江、澜沧江、怒江等流域沿岸广泛分布大型古滑坡和古泥石流。

大型滑坡和泥石流的发生往往也对水系河道的演变、发展产生重要影响。大型滑坡、泥石流往往壅塞主河，挤压河道，改变河谷地貌；或堵塞河道，形成堰塞湖，导致上游水位整体抬升，河面变宽，又出现"峡谷"变"宽谷"的情况，甚至改道；若堰塞湖短期溃决，形成的大规模洪水又对下游河床造成强烈侵蚀，导致河谷进一步下切，灾害进一步发育。

1.5 植被土壤

川藏交通廊道水热状况的区域差异明显，致使廊道地区的植被、土壤具有明显的水平和垂直分异特征。

1.5.1 植被

1. 植被分布

川藏交通廊道地区南北跨度较大，由于热量条件的差异，植被水平分布的纬度地带性明显，植被种类丰富，沿线的植被种属大体可分为 5 个大类：

(1) 森林类，是指以乔木为群落建群种，群落结构比较复杂，一般林冠层由乔木组成，郁闭度在0.3以上，林冠层一般还可以划分出两个及以上的亚层，林冠下通常还有灌木层。森林对温度、水分比较敏感，随着湿热向干旱变化。川藏交通廊道附近的森林主要包括6个植被类型，大体上出现热带雨林—季雨林—常绿阔叶林—落叶阔叶林—针阔混交林—针叶林的更迭，廊道附近的阔叶林主要是四川盆地栽培植被，包括润楠、柏木、青冈栎林等，针叶林主要分为常绿针叶林与落叶针叶林两种。常绿针叶林有松林、铁杉林、云杉林、冷杉林、柏林等。落叶针叶林主要为落叶松林。

(2) 灌丛类，是以中生和中旱生灌木为群落建群种，高度一般在5m以下，盖度一般大于30%的植被类型，群落结构比较简单。该类植被面积不大，但类型众多，主要有常绿针叶灌丛和常绿革叶灌丛等类型。

(3) 草甸类，是以中生或湿生草本植物为群落建群种的植被类型，该类植被由适宜低温中生多年生草本植物为主组成，主要分布在森林带外缘、干旱区山地和不适合木本植物生长的寒冷湿润的高原上，多在海拔4000m以上。

(4) 草原类，是以旱生多年生草本植物和半灌木为主组成的植被，川藏交通廊道地区的植被多属于中温性或寒温性草原，群落类型很多，物种组成和群落结构也有一定的变化。

(5) 高山植被类，是特指发育在高山带寒冷气候条件下，主要以一些适应高寒气候和土壤特点的植物，特别是适冰雪植物为群落优势成分的植被类型，包括高山垫状植被、高山冻原和高山稀疏植被（武吉华和张绅，2015；郑度等，2017）。

川藏交通廊道东西跨度大，受到距离海洋远近和季风活动的影响，植被水平分布的经度变化规律明显。经向分布自然带的结构类型大体上可归纳为：海洋性湿润、亚润湿型，以及大陆性半干旱、干旱和极干旱型两大系统。前者以山地森林带为主体，其上有高寒灌丛草甸带，主要见于高原的东南部，包括四川盆地及藏东南等区域；后者以各类草原和荒漠占优势，广布于高原腹地和西北部，包括林芝—拉萨段等区域（郑度等，1979）。廊道内植被覆盖率从低海拔地区到高海拔地区呈现出由高覆盖率到低覆盖率的变化，海拔越高植被覆盖率越低，裸土面积越大，沿线斜坡受到的风化和侵蚀越严重，斜坡体越不稳定。

廊道内植被垂直地带差异明显，基带植被的分布受控于植被水平分布的差异，其垂直带谱可以分为湿润和干旱两大类型，如色季拉山和米拉山的垂直带谱分布分别代表湿润和干旱两种类型（图1.9）。

2. 植被分区

地带性规律是植被分区的自然基础。在进行植被区划时，首先按照反映热量和水分条件的植被水平地带性划分出高级的区划单位，在各区域内再进一步根据热量或水分的分异所引起的植被差异划分出地带或亚地带，进而在各地带内根据垂直地带性或其他非地带性因素（如地貌和地质构造）的影响，将植被划分为不同的植被区。根据中国科学院资源环境科学数据中心提供的中国植被区划结果，川藏交通廊道主要经过4个植被区和9个植被小区（图1.10）：①北热带季节雨林、半常绿季雨林地带（VBi），主要分布在喜马拉雅山脉南麓区域；②亚热带植被类型，主要包括常绿阔叶林（IVAiia、IVBi）、常绿阔叶-落叶

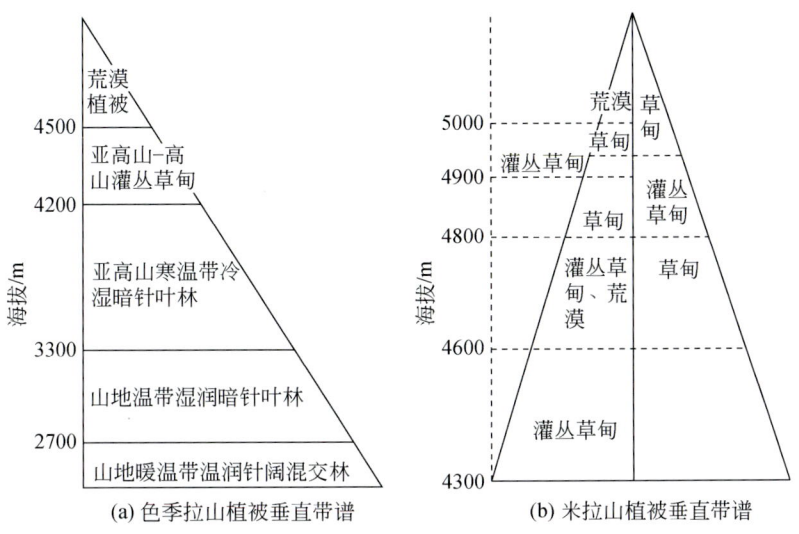

图 1.9　川藏交通廊道植被垂直带谱——以色季拉山和米拉山为例（据拉多等，2015）

阔叶混交林（IVAi）和山地寒温性针叶林（IVBiii），其中常绿阔叶林、落叶阔叶混交林主要分布于成都平原及盆缘低山丘陵区；亚热带山地寒温性针叶林基本上占据了川藏交通廊道的大部分地区；③温性草原地带（VIIIBii），主要分布在川藏廊道米拉山以西地区；④寒带植被类型，主要包括高寒灌丛、草甸地带（VIIIAi）、高寒草原地带（VIIIBi）和高寒草甸地带（VIIIAii），主要分布在念青唐古拉山脉附近。

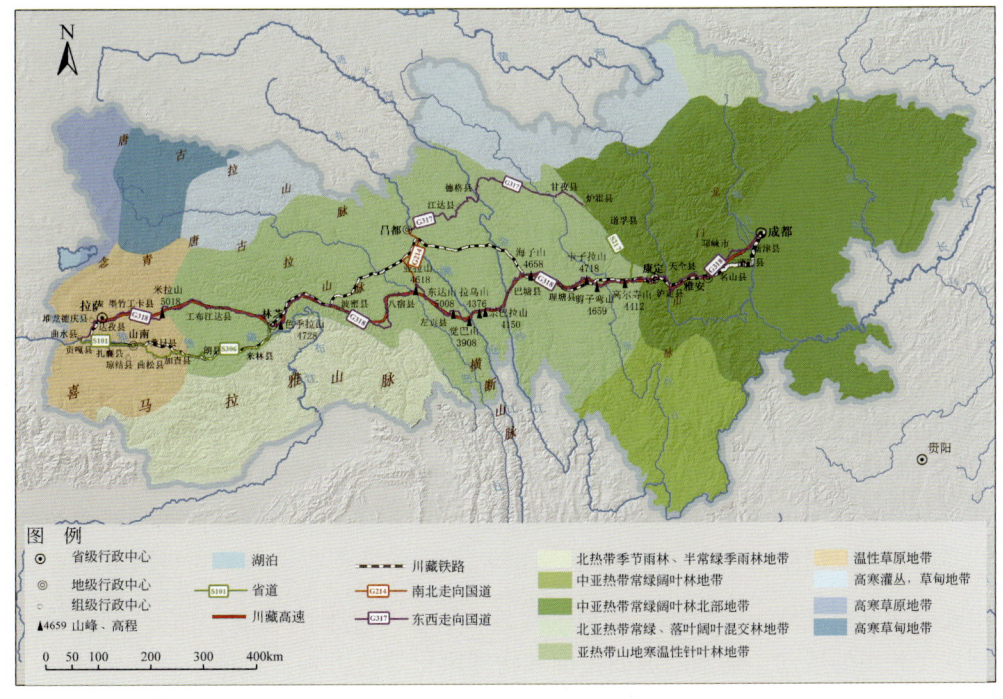

图 1.10　川藏交通廊道植被分区图（数据来源于中国科学院资源环境科学数据中心）

1.5.2 土壤

1. 土壤类型

土壤学存在多种分类方法，本书采用的是全国第二次土壤普查办公室为汇总第二次全国土壤普查成果编撰《中国土壤》而拟定的分类系统。川藏交通廊道共有11个土纲，分别为：①淋溶土，包括棕色针叶林土、漂灰土、黄棕壤、黄褐土、棕壤、暗棕壤6个土类；②半淋溶土，包括燥红土、褐土、灰褐土3个土类；③初育土，包括新积土、风沙土、石灰（岩）土、紫色土、石质土、粗骨土6个土类；④半水成土，包括草甸土、山地草甸土、潮土3个土类；⑤水成土，包括沼泽土和泥炭土两个土类；⑥人为土，主要为分布于四川盆地内部的水稻土；⑦高山土，包括草毡土、黑毡土、寒钙土、冷钙土、棕冷钙土、寒冻土6个土类；⑧铁铝土，主要包括砖红壤、赤红壤、红壤、黄壤4个土类；⑨岩石；⑩水系；⑪冰川雪被。图1.11为川藏交通廊道土壤类型及其空间分布。

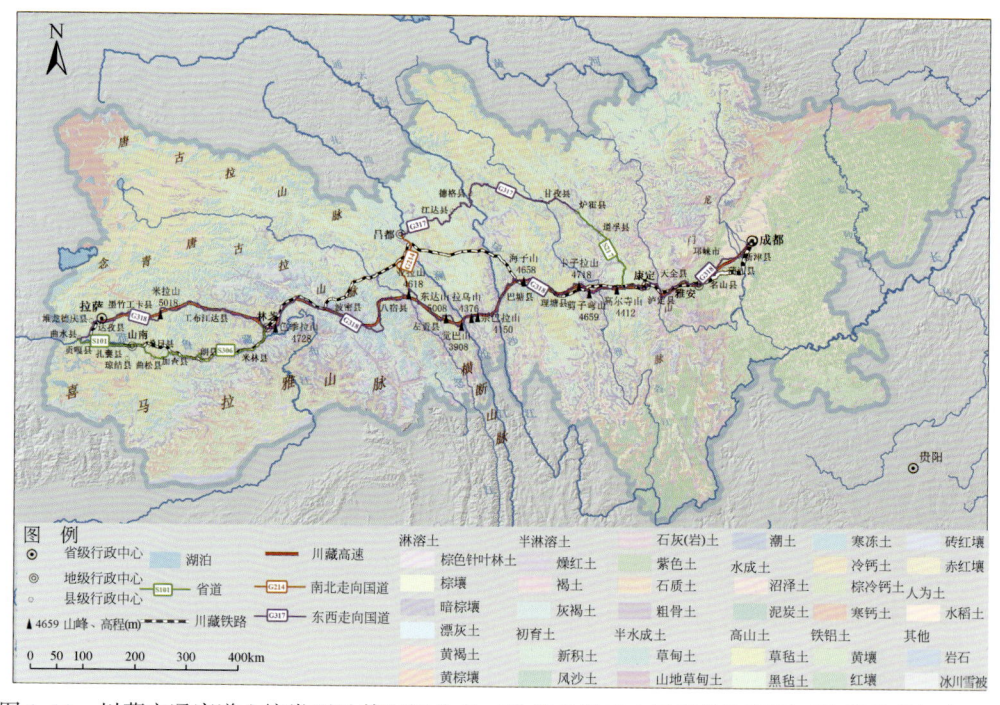

图1.11 川藏交通廊道土壤类型及其空间分布（数据来源于中国科学院资源环境科学数据中心）

2. 土壤分布规律

川藏交通廊道区域土壤的形成受控于气候、岩性与地形的影响，加上区域的独特性，还受到现代冰川的活动、强烈的坡面侵蚀和物理风化等的影响，致使土壤形成缓慢。除四川盆地部分以外，其他区段土壤有机质含量不高，土层薄，砂石化严重，团粒结构较差。

廊道内土壤类型众多，具有我国绝大部分土壤类型，既有显域性土壤，受气候条件影响，具有明显的地带性特征；也有隐域性土壤，在特殊地形和母质的影响下，以斑点分布，同时存在三维（纬度、经度、垂直）分异特征。

土壤的纬度地带性分异规律是指土壤的分布主要受控于海洋性气候，即太平洋副高压暖湿气流影响的湿润森林土壤的南北变化，在一定的生物气候条件下，银灰化过程、淋溶黏化过程、残积黏化过程、富硅铁铝化过程和富铁铝化等一系列成土过程存在差异，在川藏交通廊道区域呈现出黄壤—黄棕壤—棕壤—暗棕壤逐渐过渡的地带性分布规律。

土壤的经度地带性分异规律主要受控于湿度，川藏交通廊道区域自东向西大陆性干旱气候逐渐增强，植被的覆盖度和高度逐渐减小，使成土过程中腐殖质积累过程逐渐减弱，碱土金属和碱金属盐类在土体中逐渐增加，形成积钙和积盐过程，导致存在着黄壤—山地棕壤—高山草甸土逐渐过渡的经度地带性分异规律。西部高原高山地区地势高差变化大，土壤的纬度地带性分异和经度地带性分异互相交织，使土壤的分布格局变得更为复杂。从东南向西北，海拔由低至高，地带性土壤由山地黄壤逐渐过渡为山地棕壤至高山草甸土，其中，高山草甸土的分布范围最为广泛。

随着山体海拔的增加，在一定高程范围内，温度随之下降，湿度随之增加，生物气候类型也发生相应改变，而生物气候带的分异会带来土壤类型的变化，使得土壤分布在垂直方向存在明显的垂向分异特征。一般山体越高，相对高差越大，土壤的垂直带谱越丰富。廊道内高山峡谷区土壤类型最多，是我国境内山地土壤垂直带谱最完整的地域，如横断山脉北纬30°附近土壤垂直带谱（图1.12），从海拔1300m的河谷至山巅，依次为灰褐土、石灰性褐土、褐土及淋溶褐土、山地棕壤、山地暗棕壤、棕黑毡土及黑毡土、草毡土及寒冻土直至永久冰雪带。

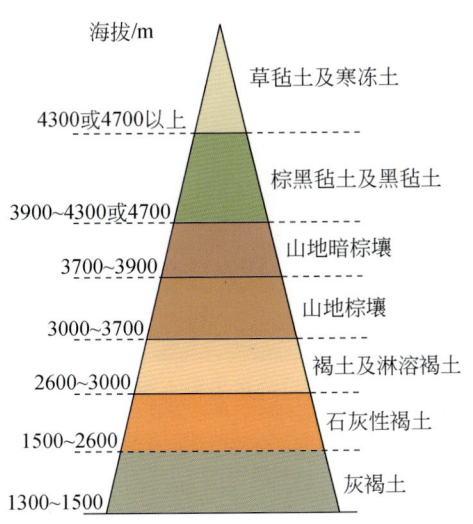

图1.12 横断山区土壤垂直分带示意（据崔鹏，2015）

川藏交通廊道内受到特殊母岩的影响，在发育黄壤的局部地区发育以紫色砂页岩为母岩的紫色土，是川藏廊道内的隐域性土壤，主要分布在廊道内四川盆地区域。

1.6 人类活动

川藏交通廊道沿线山地灾害的形成与发生除了受自然条件的影响之外，人类活动的影响也极为重要。人类社会生产和生活，尤其工程活动，在不恰当或未预测到不良后果的部分，往往引发各种山地灾害。森林过伐、盘山渠道修建而不加浆砌、露天或挖隧道弃渣堆放不当、陡坡垦殖、修路削坡或不适当的工程爆破等，皆有可能导致崩塌、滑坡及泥石流的发生。川藏公路建成通车以来，沿线部分地区的经济活动日益加剧，不合理的人类活动对川藏交通廊道内山地生态环境产生扰动，使得孕灾环境进一步恶化。

1. 植被破坏与垦殖开荒

由于森林过量采伐，川藏交通廊道部分区段林区变成荒山。森林植被被破坏后，坡面土层失去保护，年降水量蓄存大幅度减少，形成了十年九旱，地面裸露，风化增强的现象，不仅旱灾频繁发生，而且局地暴雨增多，坡面和沟谷侵蚀作用增强。每逢暴雨，山坡径流倾泻，形成急湍水流，剧烈侵蚀地表土层，沟谷溯源侵蚀，沟床下切迅速，不断引发滑坡灾害。在泥石流沟形成区，松散固体物质和水源增多导致泥石流的频繁发生（图1.13），此现象在芒康—左贡段及邦达—八宿段尤为严重（谢洪等，2001）。

图1.13 八宿县波玉村过量采伐森林造成侵蚀作用加强

川藏交通廊道内一些地区由于人口的增长，人们把开垦陡坡地作为增加粮食的主要途径。陡坡开荒增加了坡面土壤侵蚀，加速了水土流失，如在山地灾害非常活跃的林芝市波密县，1999年第4次人口普查时，全县总人口24798人，到2010年第6次人口普查时全县总人口增加到33500人。有些地方还因自然或人为原因引发山火，形成大片林火迹地。陡坡垦殖与火烧迹地表土疏松，在强降雨作用下，坡面侵蚀和沟道侵蚀强烈，甚至造成溯源侵蚀和切沟的快速发展，进而导致滑坡和泥石流等灾害的发生。

2. 农耕和建房

在川藏交通廊道下切侵蚀强烈的高山峡谷区，受地形条件限制，很难找到开阔平坦的地方修房建屋，而位于山谷底部缓坡地带的老滑坡堆积体或老泥石流堆积扇地势较为平坦开阔，依山傍水，气候和交通条件相对较好，成为人们修筑房屋、建设城镇较好的选择（图1.14），尤其是大规模泥石流堆积扇或多条泥石流沟的联合堆积扇，往往修建有大量房屋建筑。如八宿县旺比村、尼巴村及朱巴村等均修建于老滑坡体上（图1.15），波密县的新县城位于噶弄沟和桑登沟两条大型冰川泥石流的堆积扇上。但这些堆积扇是由过去历次泥石流堆积物逐步形成的，根据泥石流发育的准周期性（程根伟，2002），在条件适宜时，今后仍然有发生大规模泥石流的可能性。一旦发生大规模泥石流，位于堆积扇上的道路、建筑、城镇就会成为危害对象。

图1.14 八宿县朱巴村滑坡

图1.15 修建于泥石流堆积扇上的村镇

3. 道路、水利等工程活动

近年来，随着经济发展，道路建设、城乡基础设施及水利水电设施等工程建设活动逐渐增多，对环境产生的影响也越来越大。人类在山区修筑铁路、公路、管道、水电水利工程及城镇、村庄建设时，由于空间条件所限必须开挖山坡，增大开挖部位上方山坡的有效临空面，或形成新的有效临空面。坡体因下部被挖而失去支撑，成为危险边坡，经过一定时间的孕育而演化为崩塌、滑坡及溜砂坡等。因此，边坡开挖形成临空面，为崩塌、滑坡、溜砂坡等提供了地形条件。川藏交通廊道沿线因公路切坡所形成的崩塌多发生在松宗—然乌段、八宿—业拉山段及宗拉山—金沙江沿江路段（图1.16）；溜砂坡主要集中在八宿—中坝段（图1.17）。切坡形成的裸露岩土坡面和开挖的堆填土坡也为泥石流提供松

图1.16　金沙江左岸道路上方砂板岩崩塌

图1.17　波密县然乌—中坝段道路旁溜砂坡

散固体物质。另外,一些坡面引水渠道修建不合理而造成渗水,形成坡面泥石流,危害公路交通;道路修建产生的废土弃渣不合理堆放,在暴雨径流作用下也会形成泥石流,造成严重的危害。

参 考 文 献

巴仁基,王丽,郑万模,等.2011.大渡河流域地质灾害特征与分布规律.成都理工大学学报(自然科学版),38(5):529~537

曹伯勋.1995.地貌学及第四纪地质学.北京:中国地质大学出版社

陈炳蔚,李永森,符振康.1991.金沙江构造带及邻区的构造变形特征.青藏高原地质文集,21(1):223~233

陈德亮,徐柏青,姚檀栋,等.2015.青藏高原环境变化科学评估:过去,现在与未来.科学通报,60(32):3025~3035

程根伟.2002.暴雨泥石流暴发的准周期性探讨.自然灾害学报,11(4):49~54

程根伟,王小丹.2016.西藏高原水文特征及其数学模拟.北京:科学出版社

程佳,刘杰,甘卫军,等.2009.汶川地震同震形变场对川滇地区主要活动断裂地震发生趋势的影响.地震学报,31(5):477~490

崔鹏.2015.长江上游山地灾害与水土流失地图集.北京:科学出版社

崔鹏,邓宏艳,王成华.2018.山地灾害.北京:高等教育出版社

戴加洗.1990.青藏高原气候.北京:气象出版社

高延林.1985.西藏南部雅鲁藏布江缝合带的板块构造标志与演化.西北大学学报(自然科学版),4:89~106

辜学达,刘啸虎,等.1997.四川省岩石地层.武汉:中国地质大学出版社

郝子文.1999.西南区区域地层.武汉:中国地质大学出版社

胡瑞忠,王国芝.2001.澜沧江断裂带走滑变形及临沧锗矿的关系.矿物学报,21(4):695~698

拉多,张燕杰,庞有智,崔玲玲,刘杰,索ână措.2015.米拉山植物群落数量及海拔梯度与物种丰富度变化格局分析.西藏大学学报(自然科学版),30(1):12~20

李炳元.1989.横断山区地貌区划.山地学报,(1):13~20

李炳元,潘保田,程维明,等.2013.中国地貌区划新论.地理学报,68(3):291~306

李才.2008.青藏高原龙木错-双湖-澜沧江板块缝合带研究二十年.地质论评,1:105~119

李德基,游勇.1992.西藏波密米堆冰湖溃决浅议.山地研究,(4):219~224

李勇,黄润秋,Alexander D,等.2009.汶川8.0级地震的基本特征及其研究进展.工程科学与技术,41(3):7~25

李渝生,黄超,蒋良文,等.2016a.川藏铁路金沙江结合带地壳构造动力学效应.铁道工程学报,33(11):1~5,11

李渝生,易树健,蒋良文,等.2016b.川藏铁路澜沧江断裂应力形变及工程效应研究.铁道工程学报,33(5):6~10,17

刘昌明,周成虎,于静洁,等.2018.中国水文地理.北京:科学出版社

刘国纬.1992.西藏高原的水文特征.水利学报,5:1~8

刘宏兵,孔祥儒,马晓冰,等.2001.青藏高原东南地区地壳物性结构特征.中国科学,(S1):61~65

刘凯,李渝生,蒋良文,等.2018.川藏铁路昌都—然乌段班公湖-怒江结合带的工程效应研究.科学技术与工程,18(2):42~48

吕儒仁,何子文,孙恩智.1999.川藏公路典型山地灾害研究.成都:成都科技大学出版社

马丹,吴中海,李家存,等.2014.川西理塘断裂带的空间展布与第四纪左旋走滑活动的遥感影像标志.地质

学报,88(8):1417~1435

潘桂棠.1999.青藏高原新生代构造演化.北京:地质出版社

潘桂棠,朱弟成,王立全,等.2004.班公湖-怒江缝合带作为冈瓦纳大陆北界的地质地球物理证据.地学前缘,11(4):371~382

彭小龙,王道永.2013.雅鲁藏布江断裂带活动构造特征与活动性分析.长江大学学报(自科版),26:41~44

全国土壤普查办公室.1998.中国土壤.北京:中国农业出版社

任金卫,沈军,曹忠权,等.2000.西藏东南部嘉黎断裂新知.地震地质,22(4):344~350

四川省地质矿产局.1991.四川省区域地质志.北京:地质出版社

宋键,唐方头,邓志辉,等.2013.青藏高原嘉黎断裂晚第四纪运动特征.北京大学学报(自然科学版),49(6):973~980

宋善允,王鹏祥.2013.西藏气候.北京:气象出版社

武吉华,张绅.2015.植物地理学.北京:高等教育出版社

西藏自治区地质矿产局.1993.西藏自治区区域地质志.北京:地质出版社

谢洪,刘世建,钟敦伦,等.2001.西部开发中的泥石流问题.自然灾害学报,10(3):44~50

熊盛青,丁燕云,李占奎.2014.西藏及西南三江深断裂构造格局新认识.地球物理学报,57(12):4097~4109

熊探宇,姚鑫,张永双.2010.鲜水河断裂带全新世活动性研究进展综述.地质力学学报,16(2):176~188

徐锡伟,闻学泽,于贵华,等.2005.川西理塘断裂带平均滑动速率、地震破裂分段与复发特征.中国科学:地球科学,35(6):540~551

许志琴,杨经绥,李海兵,等.2011.印度-亚洲碰撞大地构造.地质学报,85(1):1~33

杨勤业,郑度.2002.西藏地理(自然卷).北京:五洲传播出版社

叶笃正,高由禧.1979.青藏高原气象学.北京:科学出版社

叶天竺,黄崇轲,邓志奇.2017.1:250万中华人民共和国数字地质图空间数据库.中国地质,44(S1):19~24

殷跃平.2000.西藏波密易贡高速巨型滑坡特征及减灾研究.水文地质工程地质,(4):8~11

尹安.2001.喜马拉雅-青藏高原造山带地质演化——显生宙亚洲大陆生长.地球学报,22(3):193~230

游勇,程尊兰,胡平华,等.1997.西藏古乡沟泥石流模型试验研究.自然灾害学报,6(1):52~58

张家诚,等.1990~1991.中国气候丛书.北京:气象出版社

赵自强,丁启秀.1996.中南区区域地层.武汉:中国地质大学出版社

郑度,等.2017.中国自然地理总论.北京:科学出版社

郑度,张荣祖,杨勤业.1979.试论青藏高原的自然地带.地理学报,(1):1~11

中国科学院,水利部成都山地灾害与环境研究所.1995.川藏公路南线(西藏境内)山地灾害及防治对策.北京:科学出版社

中国科学院青藏高原综合科学考察队.1982.西藏自然地理.北京:科学出版社

中国科学院青藏高原综合科学考察队.1983.西藏地貌.北京:科学出版社

中国科学院中国植被图编辑委员会.2007.中华人民共和国植被图.北京:地质出版社

中华人民共和国国家质量监督检验检疫总局,中国国家标准化管理委员会.2015.中国地震动参数区划图(GB 18306—2015).北京:中国标准出版社

中华人民共和国水利部.1987.中华人民共和国水文年鉴.北京:水利电力出版社

钟康惠,刘肇昌,舒良树,等.2004.澜沧江断裂带的新生代走滑运动学特点.地质论评,50(1):1~8

周荣军,陈国星,李勇,等.2005.四川西部理塘-巴塘地区的活动断裂与1989年巴塘6.7级震群发震构造研究.地震地质,(1):31~43

朱汉华,尚岳全,金仁祥.2004.川藏公路西藏境内典型病害防治技术.北京:人民交通出版社

朱平一,程尊兰,等.2000.川藏公路培龙沟泥石流输砂堵江成因探讨.自然灾害学报,9(1):80~83
朱平一,何子文,汪阳春,等.1999.川藏公路典型山地灾害研究.成都:成都科技大学出版社
Cui P,Chen X Q,Zhu Y Y,Su F H,Wei F Q,Han Y S,Liu H J,Zhuang J Q. 2011. The Wenchuan Earthquake (May 12,2008),Sichuan Province,China,and resulting geohazards. Natural Hazards,56:19~36
Tapponnier P. 2001. Oblique stepwise rise and growth of the Tibet Plateau. Science,294(5547):1671~1677

第 2 章 川藏交通廊道工程地质分区

川藏交通廊道工程地质条件复杂，山地灾害频发，严重影响行车安全、公路改建扩建、铁路与高速公路工程建设，因此，廊道范围内工程建设和交通安全需要开展工程地质条件研究。本章在工程地质条件分析的基础上，依据工程地质条件的差异进行工程地质分区与评价，服务于川藏交通干线工程（即已建公路整治、新建铁路和公路工程）建设及其防灾减灾。

2.1 概 述

川藏交通廊道穿越不同类型的地质地貌单元，沿线广泛出露各类岩石，岩浆侵入活动强、断裂发育、新构造运动活跃、岩层风化作用强、工程地质条件复杂、地质灾害频繁发生，对线路工程形成较大的危害。

工程地质分区主要从线路工程的角度来考虑，立足于工程地质条件分析与评价，针对沿线工程地质条件的差异及其对线路工程的影响做出分区，可以为工程设计及灾害防治提供基础。大多数学者主要根据工程地质条件的异同进行工程地质分区（许兵等，1985；郭长宝等，2009）；成昆铁路技术总结委员会（1980）根据工程地质条件的稳定性及地质问题的差异对成昆铁路进行了工程地质分区；张倬元（2000）通过综合考虑相关工程地质条件的组合来进行工程地质分区，为工程地质综合分区奠定了基础；王思敬等以工程地质条件的层次性和工程地质条件之间的相互关系为基础，建立了一种基于统计分析的工程地质分区方法，为今后的工程地质条件层次分析指明了方向（王思敬和黄鼎成，1990）；Shang 等（2000）重点考虑了工程地质条件的相互作用，以 Hudson 关系矩阵方法为基础提出了一种半定量的工程地质综合集成分区法，给工程地质分区提供了一种新的方法。丁继新等（2005）在上述分区方法的基础上对关系矩阵定权方法进行了改进，并提出了"负影响"的概念来进行工程地质分区。以上研究不断推进工程地质分区的发展，使得我国工程地质分区理论和方法不断完善。以往工作大多是针对大区域的工程地质分区与评价，针对交通廊道特别是一个区段廊道的工程地质分区还比较少，对于山地灾害频发、灾害损失巨大、交通安全形势严峻的川藏交通廊道，其廊道工程地质分区与评价具有重要意义。

本章构建了工程地质分区的指标体系，利用多种方法对工程地质进行分区，为川藏交通廊道线路工程建设及灾害危险性评价提供基础。

2.2 工程地质分区原则与指标体系

分区指标是分区的核心内容，指标不仅是分区目的、原则和依据的具体体现，也是不同区域之间分区对象特征差别的体现,不仅反映了各评价区段之间差别,而且体现了线路工程地质背景在区域不同层次的分布特征与变化规律,同时又充分考虑了服务对象——线路工程的特点。因而,指标体系的建立对科学的工程地质分区有着举足轻重的作用。

2.2.1 工程地质分区原则

工程地质分区是依据工程地质条件相似或相近的基本原则进行的区域划分,每一个工程地质区还可划分亚区或次亚区,最终编制出工程地质分区图,并配以表格形式说明各区的工程地质特征和评价。工程地质分区主要以"区内相似、区外相异"为指导思想来进行的,尤其是对于长距离的线路工程而言,由于跨越不同的地形地貌单元,工程地质条件非常复杂,更应该按照这个原则进行一级或多级工程地质分区。但进行工程地质分区的区域尺度不同,侧重点将会有所差异,分区指标的选择与获取亦不同。本章主要基于川藏交通廊道内地质条件的异同进行综合分析来获得工程地质分区方案与结果。

川藏交通廊道工程地质分区应遵循以下 3 个原则:

(1) 综合性原则:全面分析评估区背景条件对线路工程及灾害形成的影响,而不是考虑极少数的形成因素,分区应是多种因素综合作用的结果,将工程地质分区与灾害敏感性分区结果进行综合。

(2) 主导因素原则:在复杂且长距离线路工程地质分区中,应该找出起主要作用的因素作为分区的依据,在主导因素的基础上综合其余因素进行分析。

(3) 实用性原则:工程地质分区是为已建线路工程整治、拟建线路工程(如川藏铁路)的可行性研究提供依据与参考。因此,分区应简便实用,不宜过于复杂。

总体来说,工程地质分区主要以工程地质条件的异同为依据。但影响线路工程的工程地质条件很多,而且各工程地质条件对线路工程的影响各不相同,工程地质分区应在主要工程地质条件的框架下,结合各类相关环境条件,进行综合分析来确定。

2.2.2 工程地质评价指标体系

影响线路工程的工程地质因素较多,包括地形地貌、地质构造、地层岩性、外动力地质作用及水文地质条件等。这些指标对线路工程的影响各有差异,因而应根据实际工程特点做出合理的判断与选择。

一级评价指标:在充分对比各有关工程地质条件的基础上,结合数据的可获得性,主要选取地形地貌、地层岩性、地质构造、地震、新构造运动及外动力地质作用 6 个工程地质条件为一级评价指标。地形地貌反映了地表高低起伏状况、山坡陡缓程度与沟谷宽窄及形态特征,直接影响到建设场地和路线的选择。岩性反映了工程场地岩体的基本性质,对工程地基的稳定性具有重要影响;地质构造特别是形成时代新、规模大的活动断裂,对地质灾害等具有控制作用;地震及新构造运动反映了地壳的活跃程度,是地壳稳定性的重要影响因素;外动力地质作用对预测工程地质条件的变化具有重大的意义。

二级评价指标：为了更好地对各区段中的工程地质情况进行评价，选取坡度、起伏度、岩石的抗剪强度指标（内摩擦角与黏聚力）、断层密度、地震烈度、地形变及岩体的风化程度等作为二级指标（图 2.1）。由于川藏交通廊道线路较长，地貌条件中坡度及起伏度不仅对斜坡的稳定性有重要影响，而且较大的坡度和起伏度具有高位能的特点，容易诱发崩塌、滑坡灾害，直接影响着工程的稳定性。川藏交通廊道各类岩石出露广泛且复杂，区域断裂活动较强，岩石的抗剪强度能较好地体现构造活跃区岩性对工程建设的影响。川藏交通廊道断裂构造非常发育，断裂密度反映了工程场地受到活动构造的切割程度，断裂密度越大，场地受到构造的切割与扰动越大，影响着工程的稳定性。地震烈度反映了地震对工程场地造成的实际影响，表明了地表在地震作用下的破坏程度及对场地稳定性的影响程度，地震烈度越大，场地受到地震的破坏越强烈，场地稳定性越差。地形变体现了活动构造的活跃程度，反映了构造对地壳稳定性的影响程度，地形变越大，地壳越活跃。岩体的风化程度反映了外动力地质作用的强弱，表明了岩体的破碎程度，对边坡和工程地基稳定性有重要影响。

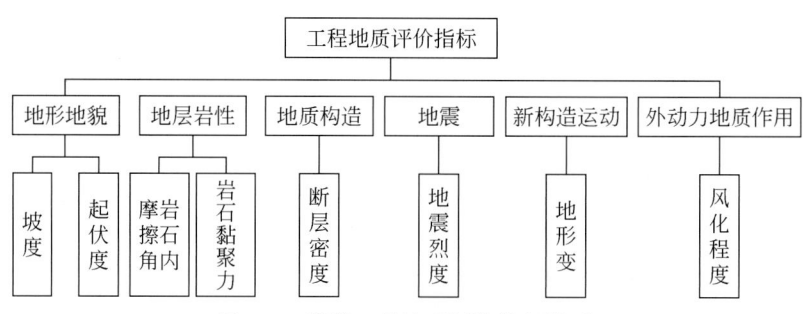

图 2.1 廊道工程地质评价指标体系

典型区段评价指标：以上是针对川藏交通廊道内较长路段而言，对于局部较短路段并不完全适用。例如，川藏公路冷曲河段线路距离较短，在同一个流域内，受到地震因素及新构造运动的影响差别不大，可以看成是大致相同的。因此，主要选取局部微地貌、岩性、地质构造、外动力地质作用及水文地质条件来进行冷曲河路段工程地质分区。大区的评价采用一级指标，亚区的评价选取二级指标，其具体情况如图 2.2 所示。

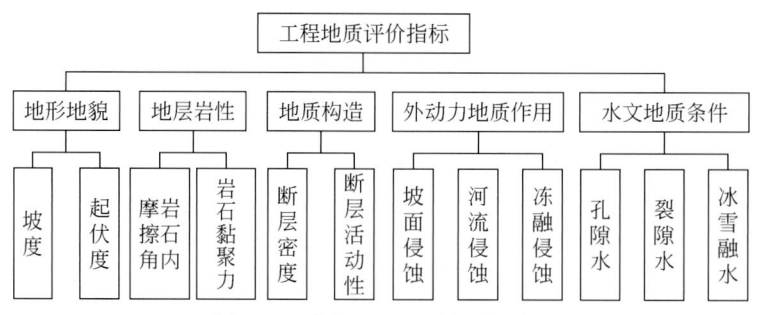

图 2.2 路段工程地质评价指标

2.3 工程地质分区方法

工程地质分区主要是针对工程地质条件对线路工程的影响而言。工程地质条件方面的信息多具有不确定性及模糊性,量化及取值有时偏于主观,造成综合评价具有一定难度。因此,为了更好地综合分析川藏交通廊道沿线工程地质情况,采用基于层次分析法的模糊综合评价。利用层次分析法确定评价指标的权重,减少了专家打分法的主观性和经验性,通过判断矩阵的检验来提高与客观实际的接近度,增加了评价的合理性与客观性;同时结合模糊综合评价,发挥了两种方法的优点,使评价结果更加合理化。对于典型路段的工程地质评价,确定工程地质区主要采用基于层次分析法的工程地质指数模型,而亚区采用基于层次分析法的集对分析方法来进行,期望更加合理地对工程地质条件做出综合评价。

2.3.1 层次分析法

层次分析法(analytic hierarchy process,AHP)由美国著名的运筹学家Saaty于20世纪70年代提出,是一种定性分析与定量分析相结合的系统分析方法(Saaty,1980),将人的主观判断用数量形式表达和处理,目前广泛应用于各领域的系统分析。它把复杂系统中的各种因素划分为相互联系的有序层次,并使之条理化,通过各层次因素的两两比较把专家意见和分析者的客观判断结果直接而有效地结合起来,对每个层次元素两两比较的重要性进行定量描述。然后,计算反映每一层次元素的相对重要性次序的权值,通过层次之间的总排序计算所有元素的相对权重并进行综合分析。主要分为以下几个步骤:

(1) 建立评价系统的递阶层次结构模型;
(2) 通过评价指标之间的重要性两两比较构造判断矩阵;
(3) 层次单排序及其一致性检验;
(4) 层次总排序及其综合分析。

2.3.2 模糊评价法

模糊评价法主要是用模糊变换原理和最大隶属度原则来进行综合评价(洪海春等,2005;陈新建等,2011;马丽丽等,2013)。它应用模糊数学的理论和方法来解决评价系统中的模糊性与不确定性问题,综合判断各个指标对被评价事物的隶属等级,适用于解决各类多层次的复杂问题。

模糊评价的基本原理:设评价因素集为 $u=\{u_1, u_2, \cdots, u_p\}$,其中 $u_1, u_2, \cdots, u_p$ 为评价因素,$v=\{v_1, v_2, \cdots, v_p\}$ 为评价结果等级的评语集,其中 $v_1, v_2, \cdots, v_p$ 为 v 相应的评价标准集合。用模糊关系矩阵将评价因素集合和评价结果评语集联系起来。在模糊关系矩阵中,r_{ij} 表示评价因素 u_i 被评为评价标准 v_j 的隶属度。通过权重确定方法确定评判因素集的模糊权重系数 w_1、w_2、$\cdots$、w_p,当满足 $w_1+w_2+\cdots+w_p=1$ 时,权重向量 $\boldsymbol{A}=\{w_1, w_2, \cdots, w_p\}$,然后根据模糊关系矩阵 $\boldsymbol{R}$,由 $\boldsymbol{B}=\boldsymbol{A}*\boldsymbol{R}$ 可得到模糊综合评价结果 $\boldsymbol{B}=\{b_1, b_2, \cdots, b_p\}$,根据最大隶属度原则即可以进行评价。

2.3.3 集对分析法

集对分析法源于哲学中的对立统一观点(赵克勤,2000),将其用于评价的基本思想是把具有关联的集合评价指标 $\{A_j, j=1, 2, 3, \cdots, m\}$ 与评价标准 $\{B_k, k=1, 2, 3, \cdots, n\}$ 构造成一个集对,进行同一性、差异性、对立性的定量分析,集对之间的关系主要用联系度来表示,计算公式如下:

$$u_{A \sim B} = a + bi + cj \qquad (2.1)$$

式中,a、b 和 c 分别为同一度、差异度和对立度,都为非负值且 $a+b+c=1$;i 为差异度系数,根据实际情况在 $(-1, 1)$ 取值;j 为对立系数,且 $j=-1$。可将式(2.1)拓展为

$$u_{A_j \sim B_k} = a_j + b_{j,1}i_1 + b_{j,2}i_2 + b_{j,3}i_3 + \cdots + b_{j,k-2}i_{k-2} + c_j j \qquad (2.2)$$

式中,a_j, $b_{j,1}$, $b_{j,2}$, $\cdots$, $b_{j,k-2}$, c_j 等参数的意义可以分别理解为指标值 x_j 隶属于 1, 2, 3, $\cdots$, $k-1$, k 级标准的可能程度。由于 $u_{A_j \sim B_1}$ 信息量最全,只需要计算 $u_{A_j \sim B_1}$ 即可。集对的 k 元联系度可表示如下(王文圣等,2009):

$$u_{A_j \sim B_k} = \sum_{j=1}^{m} w_j u_{A_j \sim B_1} = \sum_{j=1}^{m} w_j a_j + \sum_{j=1}^{m} w_j b_{j,1} i_1 + \sum_{j=1}^{m} w_j b_{j,2} i_2 + \cdots + \sum_{j=1}^{m} w_j b_{j,k-2} i_{k-2}$$
$$+ \sum_{j=1}^{m} w_j c_j j = \sum_{j=1}^{m} f_1 + \sum_{j=1}^{m} f_2 i_1 + \sum_{j=1}^{m} f_3 i_2 + \cdots + \sum_{j=1}^{m} f_{k-1} i_{k-2} + \sum_{j=1}^{m} f_k j \qquad (2.3)$$

式中,w_j 为评价指标 A_j 的权重;$f_1 = \sum_{j=1}^{m} w_j a_j$,$f_2 = \sum_{j=1}^{m} w_j b_{j,1}$,$f_3 = \sum_{j=1}^{m} w_j b_{j,2}$,$\cdots$,$f_{k-1} = \sum_{j=1}^{m} w_j b_{j,k-2}$,$f_k = \sum_{j=1}^{m} w_j c_j$。判断评价样本的好差等级主要采用置信度准则(程乾生,1997):

$$h_k = (f_1 + f_2 + f_3 + \cdots + f_k) \geq \lambda, \quad k = 1, 2, 3, \cdots, k \qquad (2.4)$$

式中,λ 为置信度,一般在 $[0.5, 0.7]$ 间取值。将 k 级好差评价等级标准的临界值设为 d_1, d_2, d_3, $\cdots$, d_{k-1},则评价等级标准如表 2.1 所示。

表 2.1 评价指标等级标准

分级标准	1	2	3	$\cdots$	$k-1$	k
等级标准值	$<d_1$	$d_1 \sim d_2$	$d_2 \sim d_3$	$\cdots$	$d_{k-2} \sim d_{k-1}$	$>d_{k-1}$

将工程地质等级标准分为 5 级,即 1 为好、2 为较好、3 为中等、4 为较差、5 为差。

根据评价指标与评价等级的关系而采用不同的计算公式,对于大则优的指标而言,则 μ_{jk} 计算公式如下(Wang et al.,2009):

$$u_{A_l \sim B_1} = \begin{cases} 1, & x_j \geqslant d_1 \\ \dfrac{2x_j - d_1 - d_2}{d_1 - d_2} + \dfrac{2d_1 - 2x_j}{d_1 - d_2}i_1, & \dfrac{d_1 + d_2}{2} \leqslant x_j < d_1 \\ \dfrac{2x_j - d_2 - d_3}{d_1 - d_3}i_1 + \dfrac{d_1 + d_2 - 2x_j}{d_1 - d_3}i_2, & \dfrac{d_2 + d_3}{2} \leqslant x_j < \dfrac{d_1 + d_2}{2} \\ \dfrac{2x_j - d_3 - d_4}{d_2 - d_4}i_2 + \dfrac{d_2 + d_3 - 2x_j}{d_2 - d_4}i_3, & \dfrac{d_3 + d_4}{2} \leqslant x_j < \dfrac{d_2 + d_3}{2} \\ \dfrac{2x_j - 2d_4}{d_3 - d_4}i_3 + \dfrac{d_3 + d_4 - 2x_j}{d_3 - d_4}j, & d_4 \leqslant x_j < \dfrac{d_3 + d_4}{2} \\ 1_j, & x_j < d_4 \end{cases} \quad (2.5)$$

式中，$d_1 \geqslant d_2 \geqslant \cdots \geqslant d_4$。

对于小则优的指标，则 μ_{jk} 计算公式如下：

$$u_{A_l \sim B_1} = \begin{cases} 1, & x_j \leqslant d_1 \\ \dfrac{d_1 + d_2 - 2x_j}{d_2 - d_1} + \dfrac{2x_j - 2d_1}{d_2 - d_1}i_1, & d_1 < x_j \leqslant \dfrac{d_1 + d_2}{2} \\ \dfrac{d_2 + d_3 - 2x_j}{d_3 - d_1}i_1 + \dfrac{2x_j - d_1 - d_2}{d_3 - d_1}i_2, & \dfrac{d_1 + d_2}{2} < x_j \leqslant \dfrac{d_2 + d_3}{2} \\ \dfrac{d_3 + d_4 - 2x_j}{d_4 - d_2}i_2 + \dfrac{2x_j - d_2 - d_3}{d_4 - d_2}i_3, & \dfrac{d_2 + d_3}{2} < x_j \leqslant \dfrac{d_3 + d_4}{2} \\ \dfrac{2d_4 - 2x_j}{d_4 - d_3}i_3 + \dfrac{2x_j - d_3 - d_4}{d_4 - d_3}j, & \dfrac{d_3 + d_4}{2} < x_j \leqslant d_4 \\ 1_j, & x_j > d_4 \end{cases} \quad (2.6)$$

式中，$d_1 \leqslant d_2 \leqslant \cdots \leqslant d_4$。

2.3.4 工程地质指数模型

工程地质评价的关键在于确定各工程地质条件的好坏及其对工程的影响权重。因此，可以采用工程地质指数（EGCI）来衡量工程地质条件的综合情况。首先采用层次分析法确定各工程地质条件的权重，然后针对实际工程地质条件进行赋值，最后计算出工程地质指数，其计算公式如下：

$$\text{EGCI}_j = \sum_{i=1}^{n} \alpha_i A_{ij} \quad (2.7)$$

式中，EGCI_j 为第 j 区的工程地质指数；i 为主要影响因素，$i = 1 \sim n$；α_i 为 i 因素权重值，A_{ij} 为第 j 区 i 因素的值。

2.4 典型区段工程地质分区与评价

本节选取川藏交通廊道的典型的区段（冷曲河段）进行工程地质分区与评价。冷曲河段工程地质条件差，地质灾害频发，严重影响行车安全和公路改扩建工程。首先，在工程地质条件分析的基础上，依据工程地质条件的差异进行定性的工程地质分区与评价。然后采用工程地质指数与集对分析模型分别对工程地质区及亚区进行定量评价。最后，将定量评价结果与定性评价结果进行对比，并用公路灾害线密度进行验证，得出了较为合理的工程地质分区与评价结果。

2.4.1 冷曲河路段工程地质概况

1. 地貌特征

冷曲河流域位于藏东横断山区，为怒江一级支流，全长为110km，流域面积为3230km^2。冷曲河在怒江的入汇口海拔为2646m，分水岭海拔为5899m，相对高差为3253m。区域海拔相差较大，河流下切作用强烈，形成独特的高山峡谷地貌，吉达至69道班地段，河流深切，地形坡度大，尤其是与怒江交汇处至69道班之间表现得更显著；吉达以南，河流切割幅度变小，地形坡度变缓。Ⅰ级河流阶地在冷曲河两岸断续分布，阶地海拔为4000m左右，总体呈现出上游高、下游低的特点，阶地主要由全新统河流冲积物构成，多为内叠阶地，堆积厚10~60m不等。

2. 地质构造

冷曲河流域大部分位于班公湖-怒江缝合带与狮泉河-嘉黎构造带之间的冈底斯-念青唐古拉陆块，少量位于班公湖-怒江缝合带与双湖-澜沧江缝合带之间的南羌塘-左贡陆块（刘凯等，2018）。受印度板块向欧亚板块俯冲的影响，该区构造变形较复杂，褶皱和断裂均很发育，构造线方向与班公湖-怒江缝合带方向基本一致。冷曲河流域处于喜马拉雅山脉、横断山脉和念青唐古拉山脉三大山脉的交汇处，受多期次构造变形作用，岩体挤压强烈，断层节理发育。据1:25万区域地质调查报告（八宿幅）[①]，区内主要发育有三大逆冲断层：拉不学断层、洛隆-八宿断裂及向巴断裂，其他断裂也比较发育，对区域稳定性有一定的影响。根据1:25万区域地质调查报告（八宿幅）中断层的分布情况，绘制了冷曲河流域的断层分布图（图2.3）。

3. 岩土体类型

川藏公路冷曲河段沿线出露的岩石主要有以砂岩为主的沉积岩、以花岗闪长岩和二长花岗岩为主的火成岩、以板岩为主的变质岩及多种成因的第四系松散堆积物。其中，砂岩主要分布于69道班—73道班，岩体多呈层状，风化强烈，在降雨的冲刷下坡面侵蚀较严重；花岗岩、闪长岩和二长花岗岩主要出露于73道班—75道班，冻融风化作用明显，岩石中节理裂隙发育，岩体主要呈块状；板岩主要发育于怒江—69道班和77道班—79道班之间，呈层状分布，易风化。冷曲河流域自第四纪以来发生过冰川作用，流域第四系松散

---

① 西藏自治区地质调查院一分院，2007，1:25万区域地质调查报告（八宿幅）。

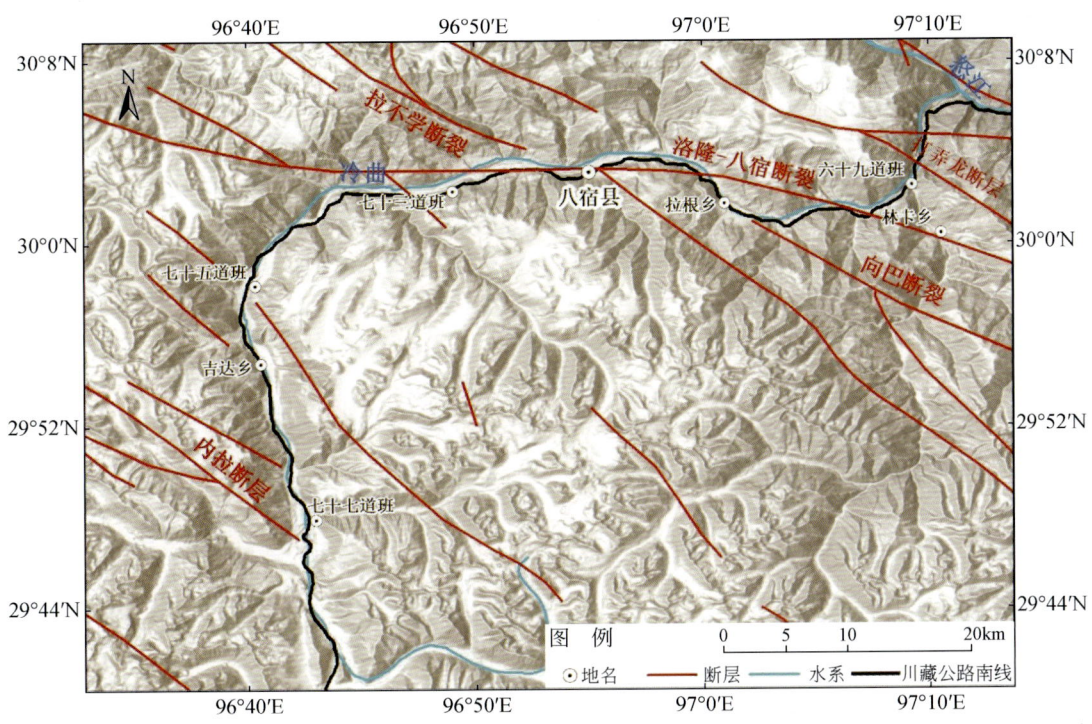

图 2.3 冷曲河流域断层分布图

堆积物较发育，为地质灾害的形成提供了大量松散物源。

4. 新构造运动

上白垩统与古近系朱村组岩性主要为中酸性火山岩和火山碎屑，与下白垩统呈不整合接触，可以推断晚白垩世—古近纪之间，雅鲁藏布江板块向北俯冲、碰撞，并伴有火山活动，该次碰撞造山作用形成了一系列北西向展布的拗陷带①。

区内的新构造运动是在古近纪构造运动上继承和发展的。随着雅鲁藏布江板块向北碰撞与挤压，地层发生了强烈的褶皱与变形，在拗陷带沉积了新近系拉屋拉组，并伴随有喜马拉雅期酸性岩浆侵入活动，较老地层超覆于拉屋拉组上，说明了区域内新构造运动以挤压碰撞为主②。

5. 地震

区内地震作用频繁，主要是以老断裂的继承性活动为主。受通麦-林芝地震带影响，地震烈度为Ⅶ度。据《喜马拉雅-冈底斯造山带新构造图》③，本区及周边历史上曾发生 6.0~6.9 级地震 4 次，5.0~5.9 级地震 17 次，4.0~4.9 级地震 36 次，属地震频发区。

---

① 西藏自治区地质调查院一分院，2007，1:25 万区域地质调查报告（八宿幅）。
② 四川省广汉地质工程勘察院，2003，西藏自治区八宿县地质灾害调查与区划报告，24~25。
③ 成都地质矿产研究所，2005，喜马拉雅-冈底斯造山带新构造图。

6. 外动力地质作用

该流域冬春季气候干燥寒冷，昼夜温差较大，风化作用及冻融侵蚀强烈；夏秋季温暖且降雨集中，坡面冲刷、河流侵蚀较严重，尤其是坡度较大的峡谷路段，外动力地质作用表现更加强烈。

7. 水文地质条件

冷曲河流域处于半干旱季风气候区，降水量少、蒸发量大，地表水比较匮乏；上游高海拔地区有少量冰雪覆盖，能够提供冰雪融水。流域内地下水按岩土体介质、储藏条件及水力性质，主要可分为松散岩类孔隙水和基岩裂隙水两大类。孔隙水主要分布于冲积、冲洪积、冰碛、残坡积等松散堆积层，主要由降雨、冰雪融水和地表水补给；基岩裂隙水主要分布于节理、裂隙较多的板岩、千枚岩、二长花岗岩等基岩中。在寒冻气候下岩土体易于产生冻胀，加速节理与裂隙的扩张，风化作用也因而加强，降低岩土体的稳定性。

2.4.2 工程地质定性分区

参考野外调查及查阅资料①②（杨志法等，2006；李孝攀等，2017），编制了研究区的工程地质条件概况表（表2.2）。根据地质构造活跃程度及河谷宽阔程度，初步将川藏公路冷曲河段划分为3个大区；依据地层岩性及公路两岸斜坡的坡度，共划分为6个亚区；又据各大区、亚区的实际工程地质情况（表2.2），进行工程地质评价，结果见表2.3。

表2.2 各分区工程地质条件概况

区号	工程地质条件	地形地貌	工程地质岩组	地质构造	水文地质条件	外动力作用
I	I_1	峡谷地貌，坡度很陡	千枚岩岩组	北西西向断裂发育且密度大，活动性强	基岩裂隙水	河流侵蚀
I	I_2	峡谷地貌，坡度较陡	砂岩、砾岩组	北西西向断裂发育	孔隙水	河流侵蚀 物理风化
II		中等宽度河谷地貌	砂岩、砾岩岩组，冲洪积物岩组	红色盆地	冲洪积物含孔隙水	河流侧蚀

---

① 西藏自治区地质调查院一分院，2007，1∶25万区域地质调查报告（八宿幅）。
② 四川省广汉地质工程勘察院，2003，西藏自治区八宿县地质灾害调查与区划报告，24~25。

续表

区号	工程地质条件	地形地貌	工程地质岩组	地质构造	水文地质条件	外动力作用
Ⅲ	Ⅲ₁	冷曲上游,中等宽度河谷地貌,近高原夷平面	花岗闪长岩岩组	康玉-扎西则陆源火山-岩浆弧	以冰雪融水为主	物理风化为主
	Ⅲ₂	较开阔河谷地貌,近高原夷平面	板岩岩组	北西向白拉断层	地下水埋深大,以冰雪融水为主,孔隙水较丰富	物理风化为主
	Ⅲ₃	开阔河谷、高原夷平面	板岩岩组,大理岩岩组	松宗-巴弧背斜隆北翼	冰雪丰富、基岩裂隙水	冻融风化

表 2.3 川藏公路冷曲河段初步工程地质分区与评价

区号	Ⅰ		Ⅱ	Ⅲ		
	Ⅰ₁	Ⅰ₂		Ⅲ₁	Ⅲ₂	Ⅲ₃
范围	怒江—69道班	69道班—八宿县城	八宿县城—73道班	73道班—75道班	75道班—77道班	77道班—安久拉
工程地质评价	差	差	较差	较差	较差	中等
	差		较差	中等		

2.4.3 工程地质定量分区及其评价

1. 指标选择

川藏公路 G318 线冷曲河段位于同一河谷区,该路段在大的地貌单元上为青藏高原东南缘的高山峡谷地貌,但局部地貌仍具有较大的差别,河谷的宽阔程度影响着局部公路工程的布设。峡谷两岸山坡坡度与起伏度影响着斜坡的稳定性,坡度与起伏度较大利于崩塌、滑坡灾害的发育,进而影响到工程的安全,地貌因子应综合考虑坡度及起伏度对道路工程的影响。内摩擦角与黏聚力反映了岩土体的抗剪强度,对路基的稳定性有重要影响,松散岩土体上的路基易发生不均匀沉降。断层的密度与活动性影响着公路的局部走向,对斜坡稳定性也有重要影响。外动力作用综合考虑了坡面侵蚀、河流侵蚀及冻融侵蚀等不同程度地对公路路基的影响,且为灾害的发生提供了松散固体物质条件。水文地质条件反映了水文特征,影响着岩土体的稳定性。

因此,根据差异性原则,主要选取地形地貌、地层岩性、地质构造、外动力作用及水文地质条件为工程地质评价指标,并详细划分一级指标及二级指标,评价工程地质区及亚区,评价指标详见图 2.2。

2. 指标权重与分级

各工程地质区中起主导作用的因素不同，各个因素对工程地质条件的贡献也不同。在高山峡谷区，地形条件直接影响灾害发育的松散碎屑物的分布和聚集；地层岩性和地质构造决定着岩体的力学性质和抗风化能力，是崩塌、滑坡、泥石流等灾害的发生的主要影响因素；水文地质条件是诱发地质灾害发生的因素之一；外动力地质作用是一个长期的地质作用过程，其影响较小。

采用层次分析法通过对工程地质条件影响的重要性进行两两比较，然后按 9 分位比率排定各评价指标的相对优劣顺序，依次构造出评价指标的判断矩阵 A。

$$A = \begin{bmatrix} 1 & a_{12} & \cdots & a_{1n} \\ a_{21} & 1 & \cdots & a_{2n} \\ \vdots & \vdots & 1 & \vdots \\ a_{n1} & a_{n2} & \cdots & a_{nn} \end{bmatrix} \quad (2.8)$$

a_{ij} 为要素 i 与要素 j 重要性比较结果，并且有如下关系：

$$a_{ij} = \frac{1}{a_{ji}} \quad (2.9)$$

a_{ij} 有 9 种取值，分别为 1/9、1/7、1/5、1/3、1/1、3/1、5/1、7/1、9/1，分别表示 i 要素对于 j 要素的重要程度由轻到重。

按照式（2.8）、式（2.9）计算矩阵的权重向量，最后进行一致性检验，获得工程地质条件相关要素的权重值分别为地质构造 0.239、地形地貌 0.297、工程地质岩组 0.255、外动力作用 0.084、水文地质条件 0.126，具体见表 2.4。

表 2.4 层次分析法判断矩阵及权重计算值

工程地质条件	地质构造	地形地貌	工程地质岩组	外动力作用	水文地质条件	权重
地质构造	1	1	1	2	2	0.239
地形地貌	1	1	1	4	3	0.297
工程地质岩组	1	1	1	3	2	0.255
外动力作用	0.5	0.25	0.33	1	0.5	0.084
水文地质条件	0.5	0.33	0.5	2	1	0.126

工程地质条件一致性比例 0.016<0.1，满足一致性检验；对"工程地质条件"的权重 1.00，最大特征值 $\lambda_{\max}=5.07$。根据各分区中工程地质条件的实际情况，对各区影响因素进行赋值，由于河谷越狭窄，越不利于公路工程，灾害发生时对公路影响也更严重；岩性越软弱，公路路基的稳定性越差；地质构造越复杂与活跃、外动力作用越强，岩土体越破碎；水文地质条件越差，岩土体的稳定性越差。因而，根据河谷的宽阔程度、岩性的坚硬程度、地质构造的复杂与活跃程度、外动力作用的强弱程度及岩层的含水类型，分别对各因素进行赋值，值越大表明工程地质条件越差。如表 2.5 所示，其中 0 代表该因素在该区不存在或影响很小，1 代表有一定影响，2 代表有强烈影响。

表 2.5　工程地质评价指标及其赋值

地形地貌	工程地质岩组	地质构造	外动力作用	水文地质条件	赋值
宽谷地貌，坡度平缓	花岗闪长岩	简单–不活跃	弱	孔隙水	0
中等宽谷，坡度中等	砂岩、砾岩	中等–中等活跃	中等	冰雪融水	1
峡谷地貌，坡度较大	板岩、千枚岩	复杂–活跃	强烈	基岩裂隙水	2

对于工程地质亚区而言，采用坡度、起伏度、断裂密度的平均值来表示各亚区的工程地质实际情况；岩石的黏聚力和内摩擦角则主要通过查阅 1∶25 万区域地质调查报告（八宿幅）① 中岩性资料，并类比其余岩性类似的工程资料，根据岩石的实际抗剪强度值和实际风化程度来进行取值。同时，研究区地形高差巨大，外动力作用差异显著，且在同一亚区可能同时有多种应力作用，因而综合考虑外动力作用的强弱；水文地质条件以占优势的水分作用形式区分；断裂的活动性依据其强弱进行取值。取值时，首先分析这 3 个工程地质指标的性质，根据其在研究区的现状与指标对工程的影响程度，以 0.2 的间距将其分为从强到弱的 4 级，影响最弱定为 0.4，由于断层无活动对工程影响很小，可赋值为 0，具体赋值见表 2.6。

表 2.6　工程地质条件赋值

外动力作用	赋值	断层活动性	赋值	岩层含水条件	赋值
强	1	强	0.8	基岩裂隙水	1
较强	0.8	中	0.6	基岩裂隙水、冰雪融水	0.8
中	0.6	弱	0.4	冰雪融水	0.6
弱	0.4	无	0	孔隙水	0.4

3. 指标量化

为了较好地体现公路廊道内工程地质条件对公路工程的影响，以公路两侧各 5km 为缓冲区进行数据的量化，量化结果见表 2.7。

表 2.7　各亚区工程地质条件指标值

区号	路段	平均坡度（X1）/(°)	平均起伏度（X2）/m	断裂密度（X3）/(km/km²)	断层活动性（X4）	内摩擦角（X5）/(°)	黏聚力（X6）/MPa	水文地质条件（X7）	外动力作用（X8）
I₁	怒江—69 道班	31.621	212.532	0.121	0.6	45.0	10.0	1.0	1.0
I₂	69 道班—八宿县城	26.158	164.475	0.205	0.8	48.5	10.5	0.4	0.8
II	八宿县城—73 道班	24.616	153.741	0.044	0.8	33.6	19.2	0.4	0.8

---

① 西藏自治区地质调查院一分院，2007，1∶25 万区域地质调查报告（八宿幅）。

续表

区号	路段	平均坡度(X1)/(°)	平均起伏度(X2)/m	断裂密度(X3)/(km/km²)	断层活动性(X4)	内摩擦角(X5)/(°)	黏聚力(X6)/MPa	水文地质条件(X7)	外动力作用(X8)
Ⅲ₁	73道班—75道班	24.999	156.057	0.000	0	52.0	32.0	0.6	0.6
Ⅲ₂	75道班—77道班	24.945	156.051	0.052	0.4	47.0	17.5	0.6	0.6
Ⅲ₃	77道班—安久拉	21.149	128.986	0.013	0.4	41.6	8.8	0.8	0.4

指标的分级标准采用距平百分率 d 来表示，d 的计算公式如下：

$$d = \frac{\text{指标值} - \text{平均值}}{\text{平均值}} \times 100\% \tag{2.10}$$

坡度、起伏度、断裂密度及活动性等指标值越大，工程地质条件越差，但岩石的内摩擦角与黏聚力却相反，计算时统一评价趋势为指标值越大、工程地质条件越差，在内摩擦角与黏聚力计算时将分子改为平均值减去指标值来代替。因此将各指标的好坏分为5个等级，$d<-20\%$ 时工程地质条件为好，$-20\% \leq d<-10\%$ 时工程地质条件为较好，$-10\% \leq d<10\%$ 时工程地质条件为中等，$10\% \leq d<20\%$ 时工程地质条件为较差，$d \geq 20\%$ 时工程地质条件为差，通过计算得到各指标分级标准（表2.8）。

表2.8 评价结果分级标准

类别	平均值	好	较好	中等	较差	差
X1	25.581	<20.465	20.465~23.023	23.023~28.139	28.139~30.697	>30.697
X2	161.974	<129.579	129.579~145.776	145.776~178.171	178.171~194.369	>194.369
X3	0.072	<0.058	0.058~0.065	0.065~0.080	0.080~0.087	>0.087
X4	0.500	<0.400	0.400~0.450	0.450~0.550	0.550~0.600	>0.600
X5	32.083	>53.540	49.078~53.540	40.155~49.078	35.693~40.155	<35.693
X6	11.667	>19.600	17.967~19.600	14.700~17.967	13.067~14.700	<13.067
X7	0.683	<0.507	0.507~0.570	0.570~0.697	0.697~0.760	>0.760
X8	0.633	<0.560	0.560~0.630	0.630~0.770	0.770~0.840	>0.840

4. 工程地质评价

1) 工程地质指数的计算

工程地质指数的计算主要包括两个方面，工程地质条件的权重及实际值。运用层次分析法计算出各影响因素的权重值；结合主要因素指标赋值，运用工程地质指数公式 [式(2.7)] 计算出各工程地质区的工程地质指数值，并以此进行工程地质评价。根据上述研究区工程地质条件量化结果及权重可知，$0 \leq \alpha_i \leq 1$，$0 \leq A_{ij} \leq 2$，因此，$0 \leq \mathrm{EGCI}_j \leq 2$，且 A_{ij} 均取值为1时，$\mathrm{EGCI}_j = 1$，此时工程地质条件评价为中等。由于评价结果分为5级，因此以均值0.4为间隔进行分级表示工程地质评价结果的好坏，具体分级结果如下：当

$EGCI_j \geqslant 1.6$ 时,工程地质条件为差;$1.2 \leqslant EGCI_j < 1.6$ 时,工程地质条件为较差;$0.8 \leqslant EGCI_j < 1.2$ 时,工程地质条件为中等;$0.4 \leqslant EGCI_j < 0.8$ 时,工程地质条件为较好;$0 < EGCI_j < 0.4$ 时,工程地质条件为好。评价结果见表2.9。

表 2.9 工程地质区工程地质评价

工程地质条件	地形地貌	地质构造	工程地质岩组	外动力地质作用	水文地质条件	EGCI	评价结果
权重值	0.297	0.239	0.255	0.084	0.126		
Ⅰ	2	2	2	2	1	1.88	差
Ⅱ	2	2	1	2	0	1.50	较差
Ⅲ	1	1	1	2	2	1.21	较差

2)联系度的计算

通过层次分析法确定出各亚区指标权重,$W_{X1-平均坡度} = 0.177$,$W_{X2-平均起伏度} = 0.119$,$W_{X3-断裂密度} = 0.101$,$W_{X4-断层活动性} = 0.151$,$W_{X5-内摩擦角} = 0.128$,$W_{X6-黏聚力} = 0.105$,$W_{X7-水文地质条件} = 0.097$,$W_{X8-外动力作用} = 0.123$。依据集对分析法,根据式(2.5)与式(2.6)计算指标之间的联系度,计算结果见表2.10、表2.11。

表 2.10 联系度 μ_{A-B} 计算

联系度	Ⅰ₁					Ⅰ₂					Ⅱ				
	a_j	$b_{j,1}$	$b_{j,2}$	$b_{j,3}$	c_j	a_j	$b_{j,1}$	$b_{j,2}$	$b_{j,3}$	c_j	a_j	$b_{j,1}$	$b_{j,2}$	$b_{j,3}$	c_j
μ_{A1-B1}	0	0	0	0	1	0	0	0.85	0.15	0	0	0	0.748	0.252	0
μ_{A2-B1}	0	0	0	0	1	0	0	0.897	0.103	0	0	0.252	0.748	0	0
μ_{A3-B1}	0	0	0	0	1	0	0	0	0	1	1	0	0	0	0
μ_{A4-B1}	0	0	0	0	1	0	0	0	0	1	0	0	0	0	1
μ_{A5-B1}	0	0.057	0.943	0	0	0	0.58	0.42	0	0	0	0	0	0	1
μ_{A6-B1}	0	0	0	0	1	0	0	0	0	1	0.51	0.49	0	0	0
μ_{A7-B1}	0	0	0	0	1	1	0	0	0	0	1	0	0	0	0
μ_{A8-B1}	0	0	0	0	1	0	0	0.048	0.952	0	0	0	0.048	0.952	0
联系度	Ⅲ₁					Ⅲ₂					Ⅲ₃				
	a_j	$b_{j,1}$	$b_{j,2}$	$b_{j,3}$	c_j	a_j	$b_{j,1}$	$b_{j,2}$	$b_{j,3}$	c_j	a_j	$b_{j,1}$	$b_{j,2}$	$b_{j,3}$	c_j
μ_{A1-B1}	0	0.152	0.848	0	0	0	0.166	0.649	0	0	0.465	0.535	0	0	0
μ_{A2-B1}	0	0.244	0.756	0	0	0	0.244	0.756	0	0	1	0	0	0	0
μ_{A3-B1}	1	0	0	0	0	1	0	0	0	0	1	0	0	0	0
μ_{A4-B1}	1	0	0	0	0	1	0	0	0	0	1	0	0	0	0
μ_{A5-B1}	0.31	0.69	0	0	0	0	0.356	0.644	0	0	0	0.549	0.451	0	0
μ_{A6-B1}	1	0	0	0	0	0	0.476	0.524	0	0	0	0	0	0	1
μ_{A7-B1}	0	0.351	0.649	0	0	0	0.351	0.649	0	0	0	0	0	0	1
μ_{A8-B1}	0	0.952	0.048	0	0	0	0.952	0.048	0	0	1	0	0	0	0

表 2.11 联系度 $\mu_{A\text{-}B}$ 计算结果

类别	I_1	I_2	II	III_1	III_2	III_3
f_1	0	0.097	0.251	0.397	0.252	0.494
f_2	0.0073	0.074	0.081	0.295	0.305	0.095
f_3	0.1207	0.317	0.227	0.309	0.411	0.07
f_4	0	0.156	0.161	0	0	0.058
f_5	0.8719	0.357	0.279	0	0	0.201

根据联系度计算结果及置信度（$\lambda=0.6$），可判别出工程地质的好坏。如 I_1 中 $h_4 = f_1 + f_2 + f_3 + f_4 = 0.128 < 0.6$，而 $h_5 = f_1 + f_2 + f_3 + f_4 + f_5 = 0.128 + 0.8719 > 0.6$，则 I_1 区工程地质可评价为差，同理获得其余工程地质亚区评价结果。

2.4.4 评价结果验证

为了检验工程地质评价结果及其客观性，将工程地质定量评价结果与定性评价结果进行了对比。通过对比发现，二者结果基本相吻合，极少量区域存在差别，如大区 III 及亚区 III_1、III_2（表 2.12、表 2.13），在 II 区由于工程地质条件差别不大，没有进行细分，既为大区也视为亚区进行分析。

表 2.12 工程地质区的定性评价与定量评价结果对比

区号	定性工程地质评价	定量工程地质评价	滑坡、泥石流密度/（处/km）	最终评价结果
I	差	差	1.35	差
II	较差	较差	1.1	较差
III	中等	较差	0.68	中等

表 2.13 工程地质亚区的定性评价与定量评价结果对比

亚区号	定性工程地质评价	定量工程地质评价	滑坡、泥石流密度/（处/km）	最终评价结果
I_1	差	差	0.4	差
I_2	差	差	1.67	差
II	较差	较差	1.1	较差
III_1	较差	较好	0.9	较差
III_2	较差	中等	0.8	较差
III_3	中等	中等	0.35	中等

为了进一步验证定性与定量工程地质评价的结果，统计了冷曲河段各工程地质区及亚区的滑坡、泥石流的灾害线密度，进一步分析工程地质评价结果的合理性（表 2.12、表 2.13）。结果显示，工程地质评价结果与滑坡、泥石流的灾害线密度基本相一致，即工程地质条件差，灾害线密度大；只是在 III_1 及 III_2 处，滑坡、泥石流密度较大，工程地质较

差,最终评价结果修正为较差(杨伟等,2017)。通过研究,最终确定了工程地质分区结果,即 I_1 为差、I_2 为差、Ⅱ为较差、$Ⅲ_1$ 为较差、$Ⅲ_2$ 为较差、$Ⅲ_3$ 为中等(表2.13),并依据最终评价结果编制出工程地质分区图(图2.4)。

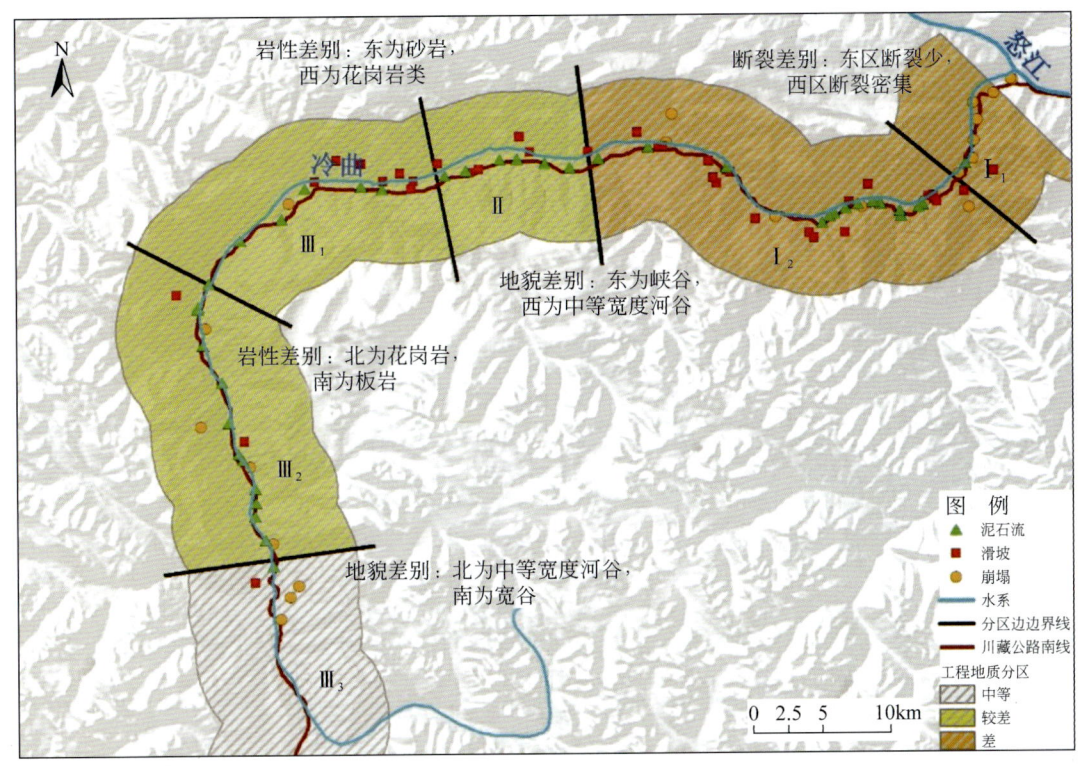

图2.4 工程地质评价与分区结果

以工程地质条件分析为基础,根据工程地质条件的差异对冷曲河路段进行了定性的工程地质评价,然后针对工程地质区及亚区分别选取了一级指标和二级指标,采用工程地质指数模型及集对分析模型进行了工程地质定量评价。将定性与定量评价结果进行对比分析,评价结果基本相吻合,说明了工程地质指数与集对分析方法是具有较好的合理性与实用性的一种定量方法,可用于工程地质评价中。最后用滑坡泥石流灾害的线密度进行验证,得到了较好的工程地质评价结果:将川藏公路冷曲河段分为3个区及6个亚区,并做出了工程地质分区图。

冷曲河段公路廊道的工程地质评价,能够较好地体现工程地质条件对公路的影响,可为川藏公路灾害整治及公路改扩建工程局部定线提供参考。而廊道以外的情况复杂且变化较大,未做反映。由于川藏公路冷曲河段工程地质条件差,且相关研究较少,资料有限,对其工程地质分区与评价研究仍较粗浅,有待今后的进一步深化。例如,由于资料的局限,只选取了断裂密度与活动性来反映地质构造对工程地质的影响,尚未考虑褶皱与节理的发育情况。在资料充裕的条件下,可进一步考虑褶皱与节理进行更为详细的研究。另外,在结果验证方面,只用了灾害密度,如果资料更丰富的话,还应该考虑灾害的活跃程度。

2.5 川藏交通廊道工程地质分区特征

川藏交通廊道工程地质分区是基于廊道范围内工程地质条件对线路的影响来进行分析。目前,交通廊道工程地质分区在指标的选择方面研究较多,主要从地形地貌、地层岩性、地质构造及气象水文等方面来选择(柴明堂等,2015;兰恒星,2016)。

2.5.1 工程地质定性评价

根据川藏交通廊道沿线大地貌单元、山系及微地貌的差异、将川藏交通廊道划分为6个工程地质区、27个工程地质亚区,然后根据各工程地质亚区的工程地质条件好坏,初步定性地进行了评价(表2.14)。

表 2.14 川藏交通廊道工程地质分区与初步评价

工程地质区	流域	工程地质亚区	工程地质特征	定性评价	
龙门山-大雪山系(Ⅰ)	岷江流域	成都-雅安($Ⅰ_A$)	地貌类型多样,有平原、丘陵、山地及峡谷;岩性以砂砾岩、花岗岩、闪长岩为主,地质构造受龙门山断裂带及鲜水河断裂带的影响,断层活动中等,大地形变中等偏弱,外动力作用较弱	好	较差
	大渡河流域	泸定-甘孜($Ⅰ_B$)		差	
横断山系(Ⅱ)	雅砻江流域	雅江-雀儿山($Ⅱ_A$)	地形比较开阔,表现为高原夷平面和鲜水河断裂带错动形成的断陷河谷;岩性以砂板岩为主,沿断裂带分布千枚岩、糜棱岩等动力变质作用形成的岩类。为川滇菱形地块的北东部边界鲜水河断裂带所在区域,断层活动性强烈,大地形变较大,风化、侵蚀等外动力作用较弱	较差	较差
	三江流域	海子山-德格($Ⅱ_B$)	北段地形以河流下切形成的"V"型谷为主,金沙江、澜沧江上游为宽窄相间河谷段和中起伏高山区;地质构造主要受金沙江缝合带和澜沧江缝合带的影响。断层活动性中等,大地形变较大,河流侵蚀外动力作用强烈。南段河流下切强烈,河谷主要为峡谷,地面起伏大,坡度较陡,为高原深切峡谷地貌与河谷地貌,沿线以砂板岩、千枚岩为主,花岗岩与闪长岩较多,地质构造主要受金沙江断裂、澜沧江断裂和怒江断裂控制,断层比较活跃,大地形变较大,外动力作用比较强烈	较好	
		巴塘-江达($Ⅱ_C$)		差	
		芒康-贡觉($Ⅱ_D$)		较好	
		觉巴山-昌都($Ⅱ_E$)		较差	
		左贡-类乌齐($Ⅱ_F$)		较好	
		邦达-怒江($Ⅱ_G$)		较差	
		怒江-八宿($Ⅱ_H$)		差	

续表

工程地质区	流域	工程地质亚区	工程地质特征	定性评价	
念青唐古拉山系-喜马拉雅山（Ⅲ）	帕隆藏布流域-雅鲁藏布江流域	然乌-洛隆（Ⅲ$_A$）	以高山深切峡谷和河谷地貌为主，以板岩、砂岩为主，花岗岩与闪长岩发育广泛，地质构造受嘉黎断裂影响，大地变形较强烈，外动力作用强烈	较好	较差
		波密-山南（Ⅲ$_B$）		差	
		林芝-工布江达（Ⅲ$_C$）		较差	
念青唐古拉山-冈底斯山系（Ⅳ）	拉萨河流域	松多-拉萨（Ⅳ$_A$）	地形开阔平坦，高原河谷与高山地貌，以侏罗系、白垩系硅质岩与中酸性火山岩为主，地质构造主要受雅鲁藏布江断裂的影响，断层活动性较弱，大地形变较大，外动力作用较弱	较好	较好

2.5.2 定量评价指标及分级

1. 地形地貌

（1）坡度：坡度反映斜坡物质的应力状态，位于不同坡度岩土体内部应力状态分布也不同，当坡度增大时，坡肩张应力及坡脚剪应力都会增大，超过岩土体的强度后将发生变形破坏，而且坡度越大，岩土体的稳定性越差，越易发生坡体滑塌，不利于工程的建设（张广泽等，2016）。因此坡度越大，工程地质条件越差。坡度主要利用 ArcGIS 软件对 25m 分辨率的 DEM 进行坡度分析获得，然后求各工程地质亚区或次亚区中坡度的平均值（Brabb，1986；Lee et al.，2000）。

（2）起伏度：是指在一个特定的区域内，最高点海拔与最低点海拔的差值，这一单位面积相对高差指标反映了物质的位能条件。起伏度越大，高度变异越大，为崩塌、滑坡灾害提供的势能也越大，岩土体越不稳定；而且地形起伏大，线路工程的设计与布设也很困难。因此起伏度越大，对道路工程越不利，工程地质条件越差。起伏度的获取首先利用 ArcGIS 软件的 Spatial Analysis 功能下的栅格邻域计算工具 Neighborhood Statistics，分别计算出单位面积内的最大高程值与最低高程值，然后在 Spatial Analysis 下使用栅格计算器 Calculator 将最大高程值与最小高程值相减获得，最后取各工程地质亚区或次亚区中地形起伏度的平均值来表示（韦威，2008）。

坡度及起伏度越大，工程地质条件越差，根据这一原则，将其分为 5 级（表 2.15）。

表 2.15 地貌指标分级表

指标＼等级	好	较好	中等	较差	差
坡度/(°)	≤10	10~15	15~20	20~28	>28
起伏度/m	≤70	70~100	100~130	130~180	>180

2. 岩性

不同类型的岩石具有不同的抗风化与破坏能力。坚硬岩石抵抗破坏的能力强，软弱岩石较差，较坚硬岩石居中，在工程地质评价中，岩石的力学性质常被用来作为评价指标（易树健，2018）。由于川藏交通廊道所经地区构造活动强烈，岩石受到剪切和挤压破坏作用很强，其力学性质主要可以体现在两个指标上，即岩石的内摩擦角及黏聚力。岩石的内摩擦角和黏聚力越小，抵抗破坏的能力越差；另外，岩层的强度指标也能反映其软弱程度，修筑在软岩或者软土上的路基可能发生不均匀沉降，因而软弱的岩土体工程地质条件差。选取岩石内摩擦角和黏聚力这两个强度指标作为评价因素，在区域评价方面可以体现岩性参数的工程意义。新出露岩石的内摩擦角与黏聚力都是在一定的区间范围内取其平均值，作为各类岩石的抗剪强度指标值。在各工程地质亚区或次亚区中，岩性非常复杂，选取主要的岩性，按其在评估区中出露的面积比例进行加权取值，这样能更好地反映该评估区的岩性情况。参考工程地质手册及岩石力学参数手册中不同岩石抗剪强度指标值对工程地质的影响，将内摩擦角及黏聚力分为5级（表2.16）。

表 2.16　岩性指标分级表

指标＼等级	好	较好	中等	较差	差
内摩擦角/(°)	≥50	45～50	40～45	35～40	<35
黏聚力/MPa	≥30	20～30	15～20	10～15	<10

3. 地质构造

断裂密度反映了研究区地质构造发育的复杂程度，断裂密度越大，研究区受到断裂活动的影响越大，岩体更破碎，而且断裂密度大，路基易被活动断层破坏，工程地质条件因而更差。断裂密度主要是通过统计各工程地质区间的断裂总长度，然后除以相对应的区间面积而获得。通过对断裂密度数据及其对工程地质的影响分析，以 $0.05\text{km}/\text{km}^2$ 为间距将断裂密度分为5级（表2.17）。

表 2.17　地质构造指标分级表

指标＼等级	好	较好	中等	较差	差
断裂密度/(km/km^2)	≤0.05	0.05～0.10	0.10～0.15	0.15～0.20	>0.20

4. 地震

主要采用地震烈度来反映地震对工程的影响。地震烈度越大，地表受到地震的破坏越大，因而工程地质条件越差。地震烈度值主要按照2015版的《中国地震动参数区划图》来获取,根据不同地震烈度大小对工程场地的影响,以 1 为间距将地震烈度分为 5 级,如表 2.18 所示。

表 2.18 地震烈度分级表

指标＼等级	好	较好	中等	较差	差
地震烈度	<Ⅵ	Ⅵ~Ⅶ	Ⅶ~Ⅷ	Ⅷ~Ⅸ	≥Ⅸ

5. 新构造运动

新构造运动是指新近纪和第四纪时期内发生的构造运动,包括地壳的隆升、水平运动等。川藏交通廊道位于青藏高原地区,由于受到印度板块的推挤,地壳发生不同程度的形变,主要采用地形变来反应研究区新构造运动的实际情况。地形变越大,岩土体受到的推挤也越大,当地形变达到一定程度时,岩土体脆弱而极易破坏,因此,地形变越大,工程地质条件越差(李渝生等,2016a,2016b)。地形变数据主要是通过参考四川地矿局成都地质矿产研究所对青藏高原地形变的 GPS 监测数据获得。对于各工程地质次亚区中的地形变值,直接采用实际值来代表,对于没有 GPS 监测点的区段,通过对陆块内地形变数据进行插值或者参考附近的监测点推算而得(党亚民和李毓麟,1996;唐文清,2006;陈智梁等,2015)。若工程地质区跨度比较大,地形变数据主要以陆块的运动速度来代表区间内的速度,对于跨越两个陆块的工程地质区,则采用取两者的平均值来代替。最后根据地形变的不同大小对工程地质条件的影响即"地形变越大,工程地质条件越差"这一原则将其分为 5 级,如表 2.19 所示。

表 2.19 新构造运动指标分级

指标＼等级	好	较好	中等	较差	差
地形变/(mm/a)	≤10	10~15	15~18	18~20	>20

6. 外动力地质作用

外动力地质作用主要采用岩体的风化程度来衡量。岩体的风化程度越大,岩体越破碎,节理裂隙越发育,越易于形成崩塌、滑坡灾害,同时也为泥石流的形成提供了更多的松散物质(李郎平等,2017;祝建等,2018)。岩体的风化程度主要根据地层年代及岩体的破碎程度来划分。三叠纪之前形成的,暴露地表时间较长且岩块节理裂隙较发育的地层划分为强风化;三叠纪之后形成的,暴露地表时间较短且岩体裂隙发育微弱的地层划分为弱风化;地层出露完整且广泛、没有岩浆侵入活动且节理裂隙发育较少的认为中等风化。弱风化、中等风化及强风化分别取值为 0.2、0.5、0.8,为了便于模型计算,根据风化程度的赋值以 0.2 为间距将结果进行分级,如表 2.20 所示。

表 2.20　外动力地质作用指标分级

指标＼等级	好	较好	中等	较差	差
风化程度	<0.2	0.2~0.4	0.4~0.6	0.6~0.8	≥0.8

为了更好地统计及量化各次亚区的工程地质条件，对已有公路以5km建立缓冲区，根据上述指标取值方法对各工程地质次亚区的工程地质条件数据进行了统计。拟建铁路也可以采用本方法沿规划线路建缓冲区计算工程地质分区指标。

2.5.3　工程地质定量评价与分区

定量评价与分区主要采取基于层次分析的模糊综合评判法。根据工程地质条件好坏，分为4个等级：好、较好、较差、差；然后按照各评价指标对工程地质条件好坏的影响进行分级，确定单因素指标的隶属函数，获得各因素隶属于某个等级的隶属度；再利用层次分析法确定各因素的权重值，运用模糊变换算子进行模糊运算，得到一级模糊集合；再结合二级评价权重值进行模糊运算，获得二级模糊集合；最后根据最大隶属度原则，得到最终的评价结果。

为了更好地统计和量化各亚区的工程地质条件，沿公路两边以5km为界建立缓冲区，根据2.5.2节的指标取值方法，结合川藏交通廊道各区段的工程地质条件，对各工程地质亚区的工程地质条件数据进行了统计。通过以上指标的量化，得到了20个工程地质次亚区的评价指标数据（表2.21）。

表 2.21　工程地质次亚区指标值

分区段	平均坡度/(°)	起伏度/m	内摩擦角/(°)	黏聚力/MPa	地震烈度	断裂密度/(km/km²)	地形变/(mm/a)	风化程度
成都—雅安	4.59	23.26	42.50	26.50	Ⅶ	0.025	8.20	0.2
雅安—天全	16.87	98.45	45.00	30.00	Ⅶ	0.122	8.91	0.5
天全—甘谷地	28.62	180.82	47.50	29.80	Ⅶ	0.246	10.13	0.8
甘谷地—康定	32.77	219.71	52.65	31.80	Ⅷ	0.180	9.34	0.8
康定—新都桥	22.14	133.23	52.50	15.20	Ⅸ	0.206	18.77	0.8
新都桥—雅江	26.31	164.71	47.50	17.50	Ⅶ	0.125	18.30	0.8
雅江—红龙	23.09	139.84	46.50	18.80	Ⅷ	0.100	17.82	0.8
红龙—海子山	14.32	81.57	52.50	13.10	Ⅷ	0.103	17.93	0.2
海子山—巴塘	22.70	141.17	47.40	16.55	Ⅷ	0.231	17.93	0.8
巴塘—加色顶	28.32	179.87	45.20	23.15	Ⅷ	0.250	19.78	0.8

续表

分区段	平均坡度/(°)	起伏度/m	内摩擦角/(°)	黏聚力/MPa	地震烈度	断裂密度/(km/km²)	地形变/(mm/a)	风化程度
加色顶—左贡	24.36	150.58	47.00	26.70	Ⅷ	0.131	18.16	0.8
左贡—邦达	24.53	149.04	32.25	17.75	Ⅷ	0.143	16.53	0.5
邦达—怒江	23.85	147.38	43.70	20.70	Ⅷ	0.122	16.53	0.8
怒江—八宿	28.83	186.68	47.04	16.37	Ⅷ	0.175	19.73	0.8
八宿—然乌	23.86	148.14	49.23	21.55	Ⅸ	0.028	19.73	0.8
然乌—鲁朗	31.47	215.61	47.50	25.60	Ⅸ	0.074	19.58	0.8
鲁朗—林芝	25.22	156.60	42.80	9.20	Ⅸ	0.197	21.59	0.8
林芝—松多	27.20	175.98	48.13	10.69	Ⅸ	0.114	22.12	0.8
松多—墨竹工卡	21.54	130.34	45.10	18.70	Ⅶ	0.090	24.30	0.5
墨竹工卡—拉萨	15.41	92.69	47.50	16.50	Ⅶ	0.051	25.85	0.2

利用表2.21的指标数据，采取基于层次分析的模糊综合评判法，根据最大隶属度原则，得到工程地质评价结果（表2.22）。

表2.22 川藏交通廊道工程地质评价结果

工程地质次亚区	隶属度值	评价结果	工程地质次亚区	隶属度值	评价结果
成都—雅安	(0.72,0.12,0.16,0,0)	好	加色顶—左贡	(0.04,0.18,0.23,0.48,0.07)	较差
雅安—天全	(0.25,0.20,0.55,0,0)	中等	左贡—邦达	(0,0,0.44,0.41,0.15)	中等
天全—甘谷地	(0.24,0.17,0.04,0,0.55)	差	邦达—怒江	(0,0.08,0.49,0.38,0.05)	较差
甘谷地—康定	(0.37,0,0.04,0.15,0.45)	差	怒江—八宿	(0,0.10,0.14,0.24,0.52)	差
康定—新都桥	(0.12,0,0.2,0.42,0.27)	较差	八宿—然乌	(0.22,0.10,0.08,0.38,0.23)	较差
新都桥—雅江	(0,0.16,0.34,0.22,0.29)	中等	然乌—鲁朗	(0.02,0.35,0,0.06,0.58)	差
雅江—红龙	(0,0.18,0.37,0.40,0.05)	较差	鲁朗—林芝	(0,0.01,0.11,0.30,0.58)	较差
红龙—海子山	(0.19,0.31,0.28,0.22,0)	较好	林芝—松多	(0.03,0.12,0.16,0.10,0.60)	较差
海子山—巴塘	(0,0.11,0.29,0.41,0.19)	较差	松多—墨竹工卡	(0,0.29,0.38,0.20,0.14)	中等
巴塘—加色顶	(0,0.15,0.12,0.07,0.66)	差	墨竹工卡—拉萨	(0.18,0.35,0.31,0.02,0.14)	较好

把运用模糊综合评价法得出的工程地质评价结果与初步定性评价结果进行对照，两个结果比较吻合。这也说明了评价方法选择的合理性与科学性。根据上述工程地质评价结果做出川藏交通廊道工程地质分区图，如图2.5所示。

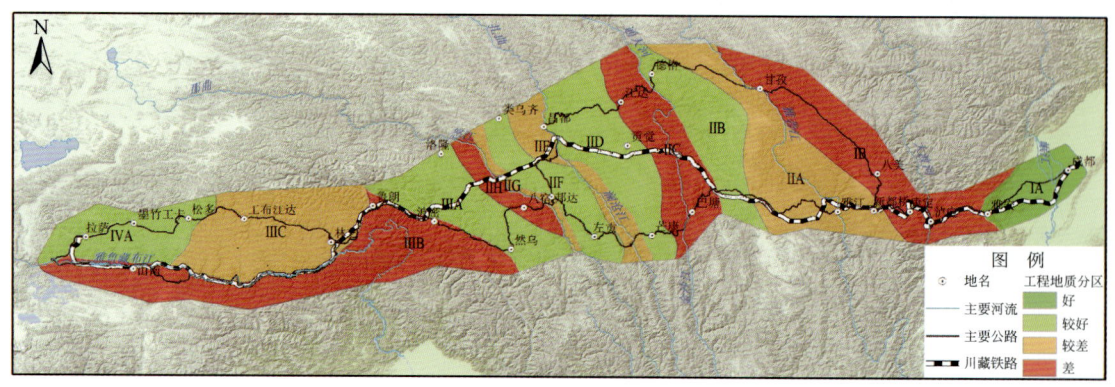

图 2.5 川藏公路沿线工程地质分区示意图

本章讨论了川藏交通廊道工程地质评价方法，并以川藏公路为例做了案例研究和结果检验，说明其方法可行并可用于拟建的川藏铁路、川藏高速或其他线性工程廊道的工程地质评价。

参 考 文 献

柴明堂等. 2015. 基于 FCM 和 AHP 的青藏工程走廊冻土工程地质条件评价//中国地质学会工程地质专业委员会. 2015 年全国工程地质学术年会论文集. 工程地质学报, 8:49~56

陈新建, 段钊, 赵法锁, 等. 2011. 基于模糊数学的地质灾害危险性评价. 中国地质灾害与防治学报, 22(3):90~94

陈智梁, 刘宇平, 张选阳, 等. 2015. 青藏高原东部 GPS 监测与地壳形变及动力学. 广州:广东科技出版社

成昆铁路技术总结委员会. 1980. 成昆铁路(第一册综合总结). 北京:人民铁道出版社

程乾生. 1997. 属性识别理论模型及其应用. 北京大学学报:自然科学版, 33(1):12~20

党亚民, 李毓麟. 1996. 川滇 GPS 地壳形变监测网的观测与数据处理. 地壳形变与地震, 16(4):31~36

丁继新, 周圣华, 杨志法, 等. 2005. 川藏公路南线然乌—鲁朗段工程地质分区. 自然灾害学报, 14(5):154~161

郭长宝, 张永双, 蒋良文, 等. 2009. 基于 GIS 的滇藏铁路丽江—香格里拉段工程地质条件分区研究. 现代地质, 23(3):545~552

洪海春, 徐卫亚, 叶明亮. 2005. 基于模糊综合评判的边坡稳定性分析. 河海大学学报(自然科学版), 5:557~562

兰恒星. 2016. 川藏联网工程地质条件分析//中国地质学会工程地质专业委员会. 2016 年全国工程地质学术年会论文集. 工程地质学报, 11

李郎平, 兰恒星, 郭长宝, 等. 2017. 基于改进频率比法的川藏铁路沿线及邻区地质灾害易发性分区评价. 现代地质, 31(5):911~929

李孝攀, 李远富, 周先虎, 等. 2017. 川藏铁路康定至昌都段地质灾害区域危险性评价. 铁道标准设计, 61(6):58~62

李渝生, 黄超, 蒋良文, 等. 2016a. 川藏铁路金沙江结合带地壳构造动力学效应. 铁道工程学报, 33(11):1~5,11

李渝生, 易树健, 蒋良文, 等. 2016b. 川藏铁路澜沧江断裂应力形变及工程效应研究. 铁道工程学报, 33(5):6~10,17

刘凯,李渝生,蒋良文,等.2018.川藏铁路昌都—然乌段班公湖-怒江结合带的工程效应研究.科学技术与工程,18(2):42~48

马丽丽,田淑芳,王娜.2013.基于层次分析与模糊数学综合评判法的矿区生态环境评价.国土资源遥感,25(3):165~170

唐文清.2006.基于GPS监测的青藏高原东部及邻区地壳运动形变特征研究.成都:西南交通大学博士研究生学位论文

王思敬,黄鼎成.1990.攀西地区环境工程地质.北京:海洋出版社:11~13,85~94

王文圣,金菊良,李跃清.2009.基于集对分析的自然灾害风险度综合评价研究,41(6):6~12

韦威.2008.基于GIS的公路地质灾害分区研究.西安:长安大学硕士研究生学位论文

许兵,李毓瑞,张汝源.1985.金川露天矿边坡稳定性的岩体工程地质力学研究.岩体工程地质力学问题(六)

杨伟,崔鹏,邹强.2017.川藏公路冷曲河段工程地质评价与分区.山地学报,35(1):57~67

杨志法,尚彦军,张路青,等.2006.川藏公路地质灾害及其防治对策研究——以八宿至林芝路段为例.北京:科学出版社:90~101

易树健.2018.川藏铁路跨板块结合带区段基于GIS的工程地质分区研究.成都:成都理工大学硕士研究生学位论文

张广泽,蒋良文,宋章,等.2016.横断山区川藏线山地灾害和地质选线原则研究.铁道工程学报,33(2):21~24,33

张倬元.2000.工程地质条件的形成//王思敬.中国工程地质学.北京:科学出版社:14~33

赵克勤.2000.集对分析及其初步应用.杭州:浙江科技出版社

中国国家标准管理委员会.2015.中国地震动参数区划图.北京:中国标准出版社

祝建,朱冬春,刘卫民.2018.川藏公路(西藏境)地质灾害类型与分布规律研究.灾害学,33(S1):18~24

Brabb E E. 1986. Prediction of the occurrence of slope instability phenomena through GIS-based hazard zonation. Environmental Geology,5:404~414

Lee S,Ryu J,Min K. 2000. Development and application of landslides susceptibility analysis techniques using Geographic Information System(GIS). IEEE,319~321

Saaty T L. 1980. The analytic Hierarchy Process. New York:McGraw-Hill

Shang Y J,Wang S J,Li G C,et al. 2000. Retrospective case example using a comprehensive suitability index(CSI) for siting the Shisan-Ling powerstation,China. International Journal of Rock Mechanics and Mining Sciences,37:839~853

Wang W S,Jin J L,Ding J,et al. 2009. A new approach to water resources system assessment—set pair analysis method. Sci China Series E:Technological Sciences,52(10):3017~3023

第 3 章　川藏交通廊道山地灾害类型与分布规律

川藏交通廊道跨越横断山区，地质构造活跃，地形起伏巨大，内外应力作用强烈，孕灾及成灾环境条件充分。廊道内山地灾害极为发育，山地灾害类型全、分布广、规模大、危害重，对道路工程和人民生命财产造成严重威胁。本章在综合分析川藏交通廊道山地灾害类型及其分布现状的基础上，总结了泥石流、滑坡崩塌、堰塞湖等的分布规律。

3.1　山地灾害类型

川藏交通廊道特殊的地质、地貌、水文、气候等环境条件孕育了类型多样的山地灾害，其中，对线路工程造成威胁的灾害类型主要包括滑坡崩塌、泥石流、溜砂坡、山洪、冰雪灾害、堰塞湖等。

3.1.1　滑坡崩塌

在地壳的内、外动力地质作用下，斜坡具有变形、发展、破坏的演化历程，可形成滑坡和崩塌。滑坡是指构成斜坡的部分岩土体在重力作用下失稳，并沿着坡体内部的一个（或几个）软弱面（带）发生剪切破坏而产生整体性下滑的现象。崩塌则是指陡峻的斜坡上部分岩土体，在长期的重力作用下，向临空面方向弯曲、倾倒，最终发生断裂、碎裂，并向坡下快速运动的现象（张倬元等，2009；崔鹏等，2018）。滑坡崩塌主要由斜坡地貌特点、地层岩性、地质构造及水文地质条件等基本要素控制，而降雨、河岸掏蚀、库水位升降、地震及人类活动等诱发因素则会加速灾害的发生。

滑坡崩塌会造成路面、路基损毁，交通中断与阻塞；大型、特大型崩塌、滑坡的发生还会造成局部路段路基完全损毁，迫使道路改线，甚至形成堰塞湖影响更长路段等重大影响。川藏交通廊道崩塌、滑坡非常发育，主要分布于活动断层密集区与深切峡谷侵蚀区，其中通麦天险段、冷曲河谷段、左贡—芒康段、鲜水河干支流河段、雅鲁藏布江干流朗县—曲松段为崩塌、滑坡集中发育的区段（图3.1、图3.2）。

图 3.1　S306 线加查路段的滑坡

图 3.2　G214 线昌都段崩塌威胁道路安全

3.1.2　泥石流

泥石流是山区常见的含大到巨石小到黏粒的固体物质、水体及少量空气,具有多种流态和运动形式的多相流,是一种形成过程复杂、破坏力极强的山地灾害。泥石流形成的基本要素包括固体物源、水源和地形条件,其分布明显受地貌格局、气候特征、地质构造等控制,集中发育在地形陡峻、松散物质丰富、水动力条件充足的沟谷。

泥石流危害道路的方式主要包括淤埋路基与路面、冲毁路基、冲淤损毁桥梁、淤积涵洞等方式（图3.3），特大型、大型泥石流堵江形成堰塞湖淹没上游道路，溃决洪水又会冲毁下游路基（图3.4）。川藏交通廊道泥石流分布广泛，每年雨季都会造成交通中断，其中G318线和G317线除成都—雅安段、拉萨—那曲段、甘孜—雀儿山段外，其他路段都有大量泥石流分布。川藏交通廊道泥石流类型多样，根据水源可以将泥石流分为降雨型泥石流、冰水混合型泥石流（冰雪融水与降雨径流共同作用下形成的泥石流，也可称为冰雨型泥石流）、冰雪融水型泥石流、冰湖溃决型泥石流四大类，通常把冰水混合型泥石流、冰雪融水型泥石流等其成因与冰川活动有关的泥石流称为冰川泥石流；依据泥石流暴发频率可分为高频、中频、低频泥石流；根据泥石流的流态可分为黏性、过渡性、稀性泥石流（崔鹏等，2018）。降雨型泥石流主要分布于岷江流域和横断山区怒江、金沙江、澜沧江河谷，冰雪融水型泥石流主要分布于高山区与高原区，冰湖溃决型泥石流主要分布于西藏境内雅鲁藏布江干支流。

图3.3 川藏公路G318线西曲河泥石流淤埋损毁公路

图3.4 天魔沟泥石流堵江造成对岸大规模路基垮塌

3.1.3 溜砂坡

溜砂坡是指高陡斜坡在风化作用下形成的砂粒和碎屑，在重力及风力作用下沿坡面发生滑动、溜动，并在坡脚堆积形成锥状斜坡（王成华等，2007a，2007b）。溜砂坡的形成是一个长期演化的过程，其发生具有随机性和突然性，易发育在花岗岩寒冻风化作用强烈的陡峻坡面上。

溜砂坡会威胁通过坡脚道路上的人员、车辆安全，造成路基、路面淤埋。大型溜砂坡淤塞主河，可造成局部河段形成壅水，河水淹没或冲刷路基，损毁道路。溜砂坡是川藏交通廊道发育的一种特殊山地灾害类型，主要分布在 G318 线金沙江河谷、然乌—波密段、怒江（冷曲）河谷，在省道 S306 线米林—加查段的干旱河谷段也有分布（图 3.5、图 3.6）。

图 3.5　G318 线帕隆藏布河段的溜砂坡

图 3.6　G318 线金沙江沿岸的溜砂坡

3.1.4 山洪

山洪是发生在山丘区小流域（流域面积一般小于200km²），由短历时大强度降雨、长历时小强度降雨、融雪、垮坝、决堤或这些情况的组合所引发的，且会受地震、滑坡、河流封冻或开冻、风暴潮等因素影响而加重的，突发性、暴涨暴落的地表径流（崔鹏等，2018）。根据成因，可将山洪分为暴雨山洪、冰雪山洪、溃坝山洪。其中暴雨山洪是分布最广，暴发频率最高，危害也最严重的一种类型，具有突发性强、成灾迅速、破坏力大、区域性强的特征。

山洪对沿线道路与交通的影响主要为冲毁路基、路面，中断交通，发生大洪水可能造成局部路段路基完全损毁，长时间中断交通（图3.7、图3.8）。受东亚季风及南亚

图3.7　S306线米林段山洪淹没路基

图3.8　G318线雅江段洪水损毁道路

季风的控制与影响，川藏交通廊道有明显的雨季与旱季之分。雨季为每年的 5~10 月，其中 7~9 月是降雨最为集中的时段，同时也是每年气温最高、冰雪融化强度最大的时段。在强降雨与冰雪融化的单独或共同作用下，每年雨季多数路段的沟谷都会发生山洪。

3.1.5 冰雪灾害

冰雪灾害由冰川引起的灾害和积雪、降雪引起的雪灾两个部分组成，包括冰雪洪水、冰川泥石流、暴风雪、冰湖溃决、雪崩、风吹雪等造成的灾害。冰雪灾害是一种常见的较为严重的灾害，多发生在山区和高纬度地区，对工程设施、交通运输和人民生命财产造成直接破坏。

冰雪灾害往往是威胁穿越高山和高原路段交通安全的重要因素，冰雪冻融容易损毁路面、路基，严重影响道路交通。川藏交通廊道受冰雪灾害影响较为严重，如川藏公路多数路段地处高寒山区，即使在夏季，海拔 4000m 以上的高寒地区也常常遭受冰雪冻融等灾害影响，致使路面、路基损毁，造成交通阻塞。其中通过米拉山、浪拉山、雀儿山、业拉山等十余个高海拔山地的路段（图 3.9、图 3.10），受到冰冻灾害的威胁较大（张祥松和施雅风，1996）。冬季，青藏高原气温降低，进一步导致川藏交通廊道冰雪灾害的影响范围扩大。

图 3.9 G317 线雀儿山冻融路段

图 3.10 G318 线业拉山雪封路段

3.1.6 堰塞湖

堰塞湖是由崩塌、滑坡、泥石流、火山熔岩流、冰川等产生的固体物质堵截河道（沟道）所形成的具有一定蓄水能力的水体。根据堰塞湖的形成原因，将其分为滑坡（崩塌）堰塞湖、泥石流堰塞湖、冰碛堰塞湖、火山熔岩堰塞湖四个大类。不同成因类型的堰塞湖具有不同的发展和演化特征，其危害特征和危险程度有所不同，相应的处置对策也有所区别（Dang et al., 2009；刘宁等，2013）。

堰塞湖对沿线道路的影响主要表现为直接淹没公路造成交通长时间中断，或堰塞湖溃决形成大规模山洪、泥石流等，引发链式灾害，破坏下游的道路、桥梁及附属设施等。川藏交通廊道分布着大量堰塞湖，包括冰碛湖、冰湖、滑坡（崩塌）堰塞湖和泥石流堰塞湖等（图 3.11、图 3.12）。冰碛湖主要发育在海拔较高的高山地区，冰川将冰碛物携带到其

图 3.11 窄康错堰塞湖

图 3.12 光谢错堰塞湖

末端连续堆积，逐渐加厚增高形成弧状堆积堤坝，冰川退缩后冰雪融水储积在堤后便形成堰塞湖。此外，冰川或冰崩堵塞沟道，或者河谷后可能形成湖泊，冰川上的底凹地段积水也可形成冰湖。在高山峡谷区，滑坡和泥石流发育，常常暴发大规模滑坡、崩塌和泥石流，堵断江河形成滑坡（崩塌）堰塞湖和泥石流堰塞湖。相比于冰碛堰塞湖，滑坡、崩塌和泥石流形成堰塞湖的过程具有快速和突然发生的特点。

3.2 山地灾害分布现状

川藏交通廊道内，川藏公路全线共计有各类崩塌、滑坡、溜砂坡灾害389处，滑坡崩塌体积总量超过 $7.5×10^7 m^3$。其中在雅砻江鲜水河流域路段（G317线）、金沙江流域的宗曲段（G318线）、澜沧江流域觉巴山路段（G318线）、怒江流域冷曲河路段（G318线）、雅鲁藏布江流域帕隆藏布峡谷段（G318线）和米林—加查峡谷段内集中分布。雅鲁藏布江流域的然乌—鲁朗段崩塌、滑坡、溜砂坡发育最为集中，该段中有1966年暴发的拉月滑坡、1991年暴发的加马其美滑坡、102滑坡带、东久滑坡群，频发的路边塌方和随时都在运动的中坝溜砂坡群。其次是竹卡段和白马段，有崩塌147处，滑坡6处，危害长度为16.6km。再次是百巴段，有崩塌36处，危害长度6.26km，墨竹工卡至拉萨段坡面块体运动较为少见。

拟建川藏铁路廊道共有崩塌、滑坡、溜砂坡灾害747处，规模总体以中、小型为主。灾害数量昌都至八宿段最多，数量为112处；白玉至江达段次之，数量为108处；雅江至理塘、鲁朗至林芝段最少，数量仅有两处。

川藏公路G318沿线泥石流在各大流域干支流也广泛发育，根据野外调查和遥感解译结果，各个流域内泥石流数量和空间分布线密度见表3.1。拟建川藏铁路廊道泥石流沟共612条，总体线密度0.34条/km。其中，康定—昌都铁路（629km）沿线泥石流沟

295 条，密度为 0.46 条/km；昌都—林芝铁路（552km）沿线泥石流沟 244 条，线密度为 0.43 条/km。全线的山地灾害分布见图 3.13（附图 3；邹强，2014）。

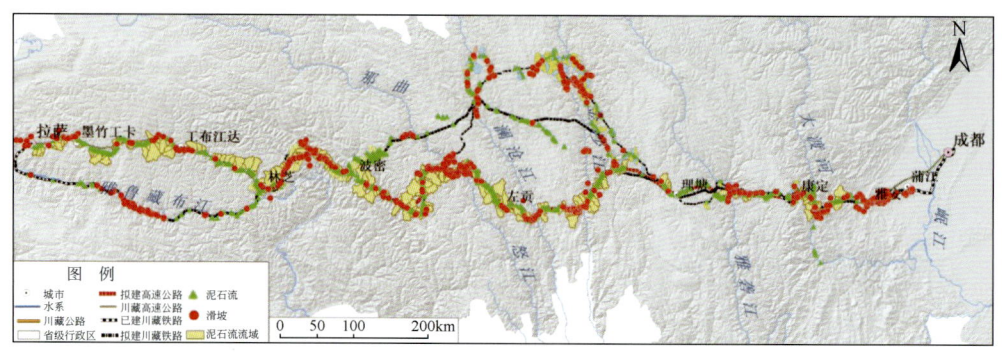

图 3.13 川藏交通干线滑坡、泥石流分布

表 3.1 G318 沿线主要流域滑坡崩塌、泥石流数量统计

流域、路段名称	岷江	雅砻江	金沙江	澜沧江	怒江	雅鲁藏布江		公路全线
						帕隆藏布	全流域	
滑坡崩塌数量/处	50	20	50	29	47	49	82	278
滑坡崩塌点密度/(个/km)	0.24	0.06	0.26	0.34	0.17	0.18	0.11	0.14
泥石流沟谷数量/个	94	116	130	58	243	140	293	934
泥石流沟谷密度/(条/km)	0.46	0.36	0.67	0.67	0.90	0.51	0.38	0.47

3.2.1 岷江区段

川藏交通干线经过岷江流域中游的部分支流，包括成都西行经过的雅安、康定、林芝等地区，属于四川盆地到青藏高原的过渡地带。区内山高坡陡，沟谷发育，沟床陡峭、狭窄，地势起伏大，沟谷总体呈典型"V"型，侵蚀切割强烈，为泥石流发育提供了充足的动能条件，同时也增加了泥石流运动和演化的复杂性（唐邦兴，2000）。拟建川藏铁路除成都—雅安段、始羊站—天全站为明线外，其他线路主要为隧道。

山地灾害在此区段的分布情况见表 3.2。区内有滑坡崩塌 130 处，其中天全河和瓦斯沟（雅拉河流域）分布较为集中；泥石流沟 99 条，主要分布在天全河流域、大渡河主河段、瓦斯沟（雅拉河）流域。岷江流域区段典型泥石流沟有：磨房沟、瓦窑坪沟、通南坪沟、小鱼溪沟、大鱼溪沟、雄黄溪沟、猫子溪沟、何家山沟等。

山地灾害发育的地质环境特征主要体现在灾害分布与地层岩性和构造之间的关系。据野外调查及地质图分析，区内地层除寒武系缺失外，从震旦系到第四系均有不同程度的发育，岩性以花岗岩、千枚岩、板岩、石灰岩、砂岩等为主。从泥石流分布可以看出泥石流在碎屑岩类和岩浆岩类地层中发育较多，而在碳酸盐岩类地层和松散岩层相对较少。区内构造复杂，断裂纵横交错，北东向断裂构造与北西向的断裂构造构成"V"型。总体上来看，泥石流的分布也构成了"V"型，说明断裂带的发育与活动对泥石流的分布起控制作用。

表 3.2 岷江区段滑坡崩塌与泥石流统计

流域名称	天全河流域	大渡河主河段	瓦斯沟（雅拉河）流域
滑坡崩塌数量/处	62	24	44
滑坡百分比/%	47.7	18.5	33.8
泥石流沟数/条	49	19	31
百分比/%	49.5	19.2	31.3

3.2.2 雅砻江区段

雅砻江区段范围内，拟建川藏铁路除光明车站—新都桥、雅江车站附近为明线外，其他线路为隧道。进入理塘县后，铁路远离 G318 线，理塘—毛垭坝为明线，之后以隧道形式进入巴塘县。拟建川藏铁路沿线典型的滑坡如理塘县毛垭坝滑坡，该滑坡位于理塘县境内的雅砻江右岸一级支流理塘河（无量河）左岸，东距理塘县城区约 50km，估算滑坡体积约 3500 万 m³，拟建川藏铁路从本滑坡堆积体上穿越。本区段，G318 线向西依次穿过力丘河、雅砻江干流、吉珠沟至理塘，后沿无量河至海子山。雅砻江支流力丘河流域内滑坡崩塌、泥石流发育较少，沿公路发育有泥石流沟 19 条，滑坡崩塌两处。翻过高尔寺山，进入雅砻江一级支流，公路沿岸植被以草甸为主，也有部分为灌木或针叶林，岩体表层风化产生小规模崩塌，碎屑物质堆积于道路两侧沟道内，为泥石流的发生提供了物源。雅砻江干流发育滑坡崩塌 18 处，泥石流沟 50 条。过雅江县城雅砻江右岸发育有两条大型的泥石流沟，麻格沟主沟、支沟曾经在 2011 年 7 月 12~13 日暴发群发性泥石流，造成道路全面损毁，交通中断 7 天。翻越卡子拉山至理塘，向西北至海子山，皆为高原低山地貌，泥石流发育较少。

据统计，雅砻江流域国道沿线泥石流分布较少，泥石流密度为 0.29 条/km，但雅江县城附近雅砻江左右岸的一级支沟内泥石流发育较为密集。滑坡崩塌为 37 处，滑坡崩塌密度为 0.24 处/km。

3.2.3 金沙江区段

金沙江区段范围内，川藏铁路经理塘河，主要以隧道形式穿越金沙江干流，再穿过金沙江一级支流马曲，进入贡觉县。本区段以高山峡谷地貌为主，河流下切侵蚀严重，崩塌、滑坡、泥石流分布较为密集。其中金沙江干流分布泥石流沟 33 条，滑坡崩塌 76 处。本区段，G318 线途经行政区巴塘县、芒康县，公路沿线山地灾害主要分布在巴曲、金沙江干流、西曲河。金沙江干流及支流路段位于高山峡谷地形区，河谷侵蚀下切强烈，为干旱河谷气候区。金沙江一级支流巴曲河，河谷两岸地形陡峭，植被以草甸、灌丛为主，阳坡分布有柏树等针叶林，公路沿线发育有滑坡崩塌 11 处，泥石流 55 条。过巴塘后公路沿金沙江干流南行，两岸植被发育较差，沿河坡面及支沟流域内分布有大量的浅层崩塌，该段内共分布有泥石流沟 30 条，其中公路同侧（金沙江左岸）的泥石流沟为 20 条，公路异侧的泥石流沟为 10 条，且公路同侧的泥石流沟流域面积较大。金沙江的西曲河、灵芝河及其支沟海通沟属于西曲流域，流域内公路沿线冻融侵蚀严重，在沟道内赋存固体碎屑物质，滑坡、泥石流广泛发育，分布有滑坡崩塌 29 处，泥石流沟 45 条。宗拉山经芒康至拉乌山段海拔在 4000m 以上，为起伏度较低的高原面，滑坡、泥石流发育较少。

各个流域山地灾害分布情况见表 3.3。

表 3.3　金沙江区段山地灾害统计

流域名称	巴曲	西曲	G318 线-金沙江干流
滑坡崩塌数量/处	11	29	10
滑坡百分比/%	22.0	58.0	20.0
泥石流沟数/条	55	45	30
百分比/%	42.3	34.6	23.1

3.2.4　澜沧江区段

澜沧江区段范围内，拟建川藏铁路主要以隧道形式穿越史曲，过昌都车站后，仍以隧道形式穿过澜沧江一级支流格曲。本区段，G318 沿线分布滑坡 54 处，泥石流 58 条，其中澜沧江左侧一级支流如美沟灾害尤为集中。如美沟内地层以砂岩、泥岩、砂板岩等软岩为主，风化严重，形成大量的溜砂坡、崩塌等（图 3.14）。流域内物源极为丰富，发育有大量的支沟（图 3.15），这些支沟的流域面积一般较小，泥石流规模不大。流域内公路沿线发育有泥石流 22 条，主要集中在流域的中下游段。G318 线沿澜沧江干流两岸坡体坡度较大，岩体风化较为严重，尽管该段公路较短，也发育有数条泥石流，流域面积相对较小。

图 3.14　如美沟主沟沿岸坡体

图 3.15　如美沟内支沟泥石流

3.2.5 怒江区段

怒江区段范围内川藏公路及拟建铁路沿线发育有滑坡、崩塌 136 处，泥石流 243 条，泥石流线密度达到 0.90 条/km，是川藏公路沿线分布最为密集的流域。G318 线主要沿怒江的两条一级支流玉曲和冷曲延展。其中玉曲左贡县城至中游段，海拔相对较高，公路沿线高程在 3800m 以上，向上游高程逐渐升高。该段地层主要为巴贡组的灰色-深灰色长石石英砂岩、页岩、泥岩及煤层。公路沿线共发育有泥石流 138 条，主要为降雨型与冰雪消融型；滑坡崩塌 33 处，以小规模滑坡崩塌为主。

冷曲流域内地层较为复杂，流域上游主要为第四系冲洪积砾石、沙砾、砂质黏土等，下部含有冰水堆积；中游出露地层包括白垩系的紫红色砂岩、粉砂岩及砂砾岩，花岗闪长岩、石英闪长岩，及下白垩统班戈-八宿多尼组和郎山组的板岩、砂岩、粉砂岩等；下游主要为侏罗系的砾岩、砂岩、页岩等和泥盆系拉萨-茶隅松宗群的灰岩、泥质灰岩、白云岩及硅质岩。受干旱河谷气候的控制与影响，公路沿线植被发育较差，多为裸露的坡面或有少量灌丛或草甸。冷曲流域 G318 沿线共发育各类泥石流沟谷 91 条，其中冲沟型泥石流在冷曲流域下游较为发育。泥石流类型包括降雨型、冰雪融水型、冰水混合型及冰湖溃决型。

怒江河谷段发育滑坡 18 处，崩塌 10 处，大型滑坡发育较多，如嘎玛沟滑坡群等；冷曲河口段发育滑坡 51 处，崩塌 24 处，该段大型滑坡密集发育，如旺比村滑坡、朱巴村滑坡、林卡乡滑坡等。

3.2.6 雅鲁藏布江区段

雅鲁藏布江区段内 G318 线及在建川藏铁路沿线共分布滑坡 200 处，其中 64 处分布在帕隆藏布流域、18 处分布在白曲-尼洋河、14 处分布在拉萨河、104 处分布在拉林铁路沿线（雅鲁藏布江干流的加查—曲松段尤为发育）；共发育泥石流 333 条，集中分布在帕隆藏布流域、白曲-尼洋河、拉萨河等流域，其中帕隆藏布流域山地灾害类型多样、分布密集、暴发频繁、成灾严重。本小节以帕隆藏布流域为典型区段，重点介绍山地灾害分布特征。

从空间分布上看，帕隆藏布流域滑坡崩塌集中于下游及拉月曲两峡谷段，中上游段较少；泥石流沟数则按拉月曲峡谷段、帕隆藏布下游峡谷段、中游宽谷和宽峡相间谷段、上游峡谷段的顺序减少。综合泥石流与滑坡崩塌的两岸分布，下游和拉月曲两峡谷段极多，中游宽谷和宽峡相间谷段多，上游峡谷段较多。按照山地灾害沿程分布的特征，可以将帕隆藏布路段划分以下四段：①上游泥石流、雪崩、溜砂、水毁灾害严重路段（G318 线 81 道班—87 道班）：本区段包括帕隆藏布源头的然乌沟段和然乌至中坝西的上游峡谷段，长约 70km。该路段灾害特点是类型齐全，泥石流密度大，雪崩、溜砂坡集中。该区段内分布大小泥石流沟 27 条，密度达 0.39 条/km；雪崩点 26 处，密度达 0.38 处/km；溜砂坡 18 处，共长 9470m，集中分布于米堆—中坝段（G318 线 84 道班—86 道班）的 26km 长范围内（K3906～K3932）（王成华，2001）。此外，有水毁灾点 9 处，累计长 3km 以上。②中上游泥石流灾害较严重路段（G318 线 87 道班—98 道班）：本区段为中坝西至古乡的帕隆藏布辫状河谷、宽谷段，长约 110km。主要灾害类型为泥石流，分布泥石流沟 28 条，密度为 0.25 条/km，具有泥石流密度小但规模大的特点。③中游泥石流、滑坡灾害严重路段（G318 线 98 道班—102 道班）：本段为古乡至 102 道班的帕隆藏布下游峡谷段的上段，长约 40km。该路段主要灾害类型为泥石流，其次为滑坡。该路段分布泥石流沟 10 条，密度为 0.25 条/km，具有密度较小但活动强烈的特点。较著名的泥石流沟有赛龙卡曲、茶龙弄巴、加龙坝沟、索通沟、比通曲、达打弄巴等。分布崩塌滑坡 16 个，密度为 0.40 个/km，其特点是崩塌滑坡分布密集但规模不大。④下游和拉月曲滑坡、泥石流灾害极严重路段（G318 线 102 道班—108 道班）：本段包括 102 道班至帕隆乡的帕隆藏布下游峡谷段的中段和支流拉月曲—鲁朗河峡谷段，长约 60km。该路段灾害的特点是类型较多，密集分布，崩塌滑坡规模巨大。主要灾害类型为崩塌滑坡，其次为泥石流，再次为水毁。本路段分布崩塌、滑坡 24 个，密度为 0.40 个/km，特点是分布密集且规模巨大。本路段分布泥石流沟 28 条，密度为 0.47 条/km，具有分布密集，活动频繁的特点，最著名的是培龙沟冰川泥石流和加马其美沟降雨型泥石流。

3.3 山地灾害分布规律

通过野外调查，获取川藏交通廊道山地灾害空间分布，包括滑坡崩塌、堰塞湖、泥石流等数据；分析不同类型山地灾害的发生特征和环境影响因子，总结廊道范围内山地灾害的分布规律。

3.3.1 泥石流分布规律

通过分析泥石流发育与地形、岩性、地质构造等孕灾条件之间的关系，提出川藏交通廊道泥石流分布规律，服务川藏交通干线的选线、建设、运行与防灾减灾。

1）泥石流沿着深切割的高山峡谷区成带状分布

川藏交通廊道泥石流灾害表现出空间上的相对集中性，主要分布在线路工程的峡谷区。高山峡谷区由于山高坡陡，在地质构造、寒冻风化、地震等的作用下，山体破碎，为泥石流的活动提供良好条件。另外，高山峡谷区也是局地性暴雨最为活跃的地方。山体破碎、降雨丰富以及强烈的人类活动等综合因素，使得泥石流在峡谷区成群分布。依据川藏公路泥石流的调查数据与遥感解译数据和统计数据（表 3.1），沿河路段泥石流数量为 739 条，占泥石流总数的 79%。野外调查发现，道路沿线的大河中上游宽谷段和冰川发育地段多分布大规模泥石流，如帕隆藏布流域的古乡沟、米堆沟、冬茹弄巴，尼洋河流域的唐布朗沟，冷曲河流域的森格宗沟等。这些区段的冰川规模较大，冰川位置低，冰川消退后形成的地形条件和固体物质条件对泥石流的形成极为有利（Cui et al., 2010）。泥石流在相对宽阔的地段停淤，形成规模巨大的堆积扇，常堵塞主河形成堰塞湖，淹没上游段的沿江道路设施。而道路沿线大河中下游峡谷地段的泥石流规模小、流域发育不完整。这些区段泥石流主要受暴雨或春末夏初冰雪融水的影响，泥石流顺沟而下至主河，被主河带走，对道路的危害主要为淹没、淤桥和堵涵等。

2) 不同类型泥石流沿川藏交通干线呈区段性分布

受青藏高原强烈隆升的影响，川藏交通廊道泥石流自东向西在空间上表现出明显的区段性分布特征。从成都到雅安段主要为成都平原及低山丘陵，泥石流分布极少，而绝大部分泥石流分布在雅安往西翻越二郎山后的青藏高原区。川藏交通廊道泥石流发育区段主要包括川西-藏东横断山区、藏东南高山峡谷区、藏南高原河谷区。图3.16展示了川藏公路南线沿线泥石流类型的分布特征。

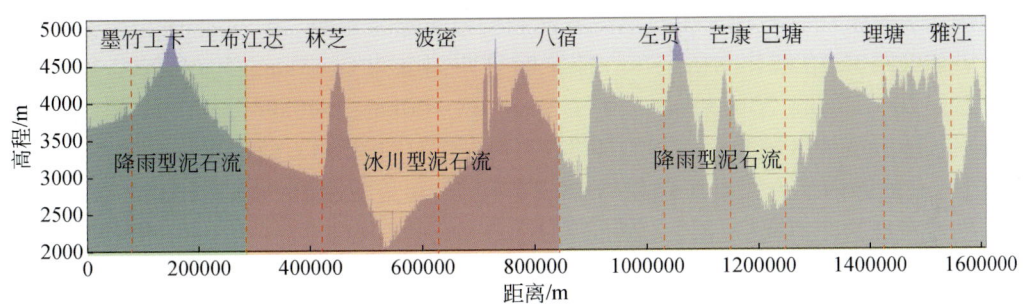

图 3.16 川藏交通廊道 G318 公路沿线泥石流类型分布

(1) 在川西-藏东横断山区，以降雨型泥石流分布为主，包括雅安—康定—巴塘—芒康—八宿等路段。由于受三江河谷干热气候环境的控制和季风的影响，该区域除了少数冰川泥石流外，基本以降雨型泥石流为主。区内新构造运动强烈，地形起伏明显，地质条件复杂，岩层极为松散破碎，冰碛物和古泥石流堆积物丰富，为泥石流的形成提供了极为有利的条件。金沙江的西曲支流、澜沧江的脚巴沟支流及玉曲等公路段泥石流分布尤为密集，其中，嘎玛沟、瓦达沟等为典型降雨型泥石流沟。

(2) 在藏东高山峡谷区，降雨型、冰雪融水型、冰水混合型、冰湖溃决型4种泥石流类型均有发育。公路所经的藏东南山地地区，主要包括八宿—波密—林芝—工布江达等路段，是我国现代季风海洋性冰川的集中分布区，其中以帕隆藏布路段分布最为密集，规模也最大（罗德富等，1995）。该路段古代冰川和现代冰川在前进和退缩过程中对地表强烈侵蚀，冰川泥石流广泛发育，并以冰雪消融型、冰水混合型两种类型占主导地位。其中，较典型的大型、特大型冰川泥石流包括古乡沟、培龙沟、冬茹弄巴、拉月东沟、索通沟泥石流。冰水混合型泥石流主要分布在八宿以西的安久拉山顶至墨竹工卡（米拉山以东）之间。其中，冷曲流域路段最为典型，在既有冰川积雪又有大量降雨补给的集水区，上游的冰雪融水与中下游的暴雨径流叠加会产生特大的混合型泥石流。冰湖溃决型泥石流主要分布在安久拉山—东久地段的高山峡谷区，以及一些冰川流域的中上游地区。由于冰川积雪的发育，与之紧密相连的冰湖溃决型泥石流在该段也时有发生，如1988年米堆沟的冰湖溃决泥石流。

(3) 在西藏高原河谷区，以降雨型泥石流为主。该区段主要指拉萨河河谷区，拉萨河流域的泥石流灾害较少。该区段尽管沟谷坡面上的第四系风化物丰富，但由于色季拉山及米拉山的阻挡,印度洋气流对该区域影响较小,受西北向大陆性气流的影响,气候干燥,降水量有限(年均降水量约为400~500mm),夏季暴雨强度不足,难以激发流域面积较大的沟谷型泥石流,而易于引发流域面积较小的沟谷形成泥石流。如1989年墨竹工卡县城以东的怕热西沟在暴雨作用下形成泥石流灾害。

3) 泥石流沿断裂构造带密集分布

川藏交通廊道地质构造复杂,沿线地区大型断裂带及褶皱带分布广泛。断裂及褶皱带控制着地形地貌的发育及展布,且这些构造带内部及边缘又存在大量原生及次生断裂带。在断裂带及其附近应力集中,岩体受强烈挤压而破坏,岩层破碎,河流强烈下切,引发规模不等的滑坡崩塌,为泥石流活动提供了丰富的松散固体物质。川藏交通干线泥石流分布与构造活动关系密切,表现为泥石流沿着断裂构造带密集分布。

以川藏公路G318线作为研究区,按距断裂距离分为0~5km、5~10km、10~15km、15~20km、20~25km、25~30km、30~35km、35~40km、>40km等9个等级,把区内泥石流与主次断层缓冲区域叠加,得到图3.17。由图3.17可知,公路沿线泥石流多集中在距断裂15km范围内,占泥石流总数的88.97%,尤其是距断裂5km范围内,泥石流分布最广。总体表现为距离断层越远,泥石流分布越少。

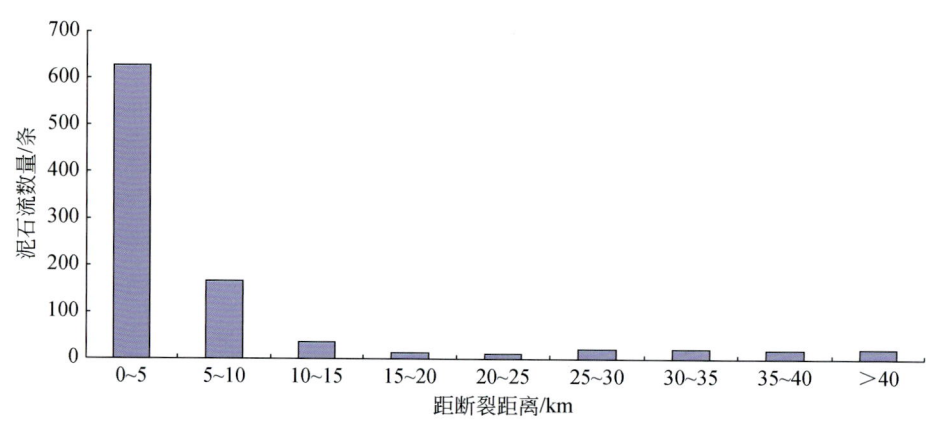

图3.17　川藏交通廊道G318公路泥石流数量与距断裂距离的关系

4) 泥石流在地震活动带集中分布

在强地震的作用下,岩体的强度和完整性降低,土体的稳定性降低,滑坡崩塌发育,为泥石流的形成提供了丰富的固体物质来源,或直接转化为泥石流。

由于受多期次多旋回的构造运动作用,尤其是新构造运动的影响,川藏交通廊道范围内构造极其复杂,构造活动强烈,地震活动频繁,控制着公路沿线泥石流分布。根据国家地震烈度分布图,川藏交通廊道G318公路沿线地震烈度分为<Ⅵ、Ⅵ、Ⅶ、Ⅷ、Ⅸ。统计各级地震烈度区内的泥石流(图3.18),结果表明,泥石流主要分布在Ⅶ~Ⅸ度区内,占泥石流总数的92.29%,在Ⅶ度地震烈度区,泥石流占到总数的45.29%。

统计拟建铁路沿线泥石流与地震动加速度间的关系,结果表明:在0.20g区域分布数量最多,共有253条泥石流沟,占泥石流总数的41.82%;其次是0.15g区和0.30g区,分别有 163 条和 109 条。

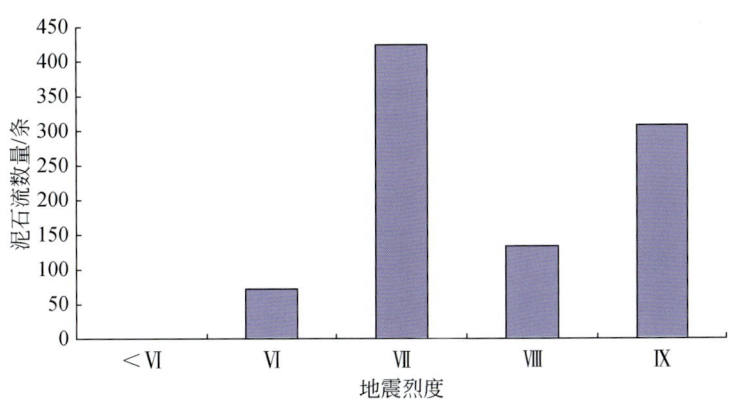

图 3.18　川藏交通廊道 G318 公路沿线泥石流数量与地震烈度的关系

5）泥石流在软弱岩层和软硬相间岩层区成片状集中分布

地层岩性是泥石流形成的主要影响因素。岩体是斜坡组成的物质基础，岩石的类型、软硬程度及层间结构决定斜坡岩体的力学性质和抗风化能力，影响坡体稳定性和地表侵蚀的难易程度，进而影响松散固体物质的分布，与泥石流分布的关系十分密切。川藏交通廊道 G318 公路沿线地层岩性分布复杂，综合地层年代、岩性特点，共分为 32 类不同的地层岩性组合（表 3.4），各类地层岩性分布如图 3.19 所示。

表 3.4　地层岩性组合类型及编号

地层岩性组合类型	类型编号
第四系，冲洪积砂、砾、黏土，冰碛物	1
第四系，雪被区、高山常年冰雪覆盖区	2
新近系，二长花岗岩、花岗岩	3
古近系，花岗岩、闪长岩、正长岩	4
古近系，砂砾岩、砂岩、页岩	5
古近系，泥灰岩、泥岩、酸性火山岩	6
上白垩统，砾岩、砂岩、粉砂岩、泥灰岩	7
白垩系，花岗岩、闪长岩、超基性岩、辉石岩	8
下白垩统，砂岩、粉砂岩、泥岩	9
上侏罗统—下白垩统，砂岩、粉砂岩、页岩、碳质泥岩	10
侏罗系，花岗岩、花岗闪长岩、石英闪长岩	11

续表

地层岩性组合类型	类型编号
侏罗系，砾岩、砂岩、粉砂岩、灰岩、白云岩	12
三叠系，页岩、泥岩、煤层	13
三叠系，花岗岩、闪长岩、辉绿岩	14
二叠-三叠系，蛇绿混杂岩、基性熔岩、火山角砾凝灰岩	15
二叠系，花岗岩、辉绿岩、超基性岩、英云闪长岩	16
二叠系，粉砂岩、页岩夹薄煤层	17
二叠系，玄武岩、灰岩、砾岩	18
二叠系，页岩、泥岩、粉砂岩、生物屑灰岩	19
石炭-二叠系，砂砾岩、板岩、灰岩	20
石炭系，辉绿岩、花岗闪长岩、鲕状灰岩	21
石炭系，千枚岩、板岩夹变质砂岩、大理岩	22
泥盆系，泥砂岩、碳质硅岩、碳酸盐岩	23
泥盆系，灰岩、云灰岩、硅质岩	24
志留系，泥灰岩、页岩、千枚岩	25
奥陶系，碳酸盐岩、碎屑岩、粉砂岩	26
寒武系，变砂岩、片岩碎屑岩、碳酸盐岩、大理岩	27
震旦系，砂岩、页岩、白云岩	28
震旦系，变质含砾砂岩、砂岩、千枚岩、结晶白云岩	29
元古宇，粉砂岩、凝灰岩、砂砾岩	30
元古宇，辉石岩、二长花岗岩、大理岩	31
元古宇，角闪片岩、板岩、千枚岩	32

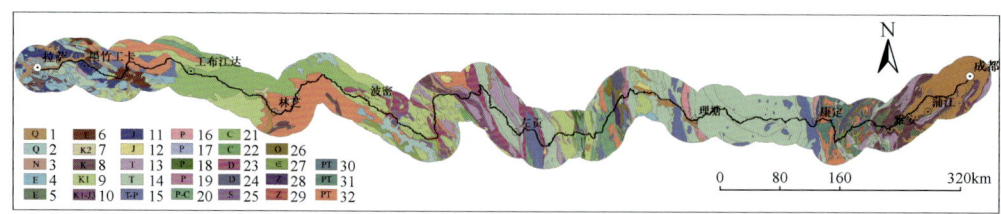

图 3.19　川藏交通廊道 G318 公路沿线地层岩性分布图

1~32. 地层岩性组合类型编号

泥石流多集中在第1、8、9、13、19、20、32类地层岩性组合上（图3.20），尤其是第13类地层岩性组合发育的泥石流占全线总数的29.98%。这些组合的岩性普遍偏软，抗风化侵蚀能力弱，易于风化和被水软化，特别是松散堆积的残积物、坡积物、洪积物、冲积物等，内部易出现破裂面或遭受强烈侵蚀，直接导致泥石流的发生。可见，在坚硬岩石分布区泥石流分布密度小，在软弱岩石和软硬相间岩石分布区泥石流沟密度大，且成片状集中分布。

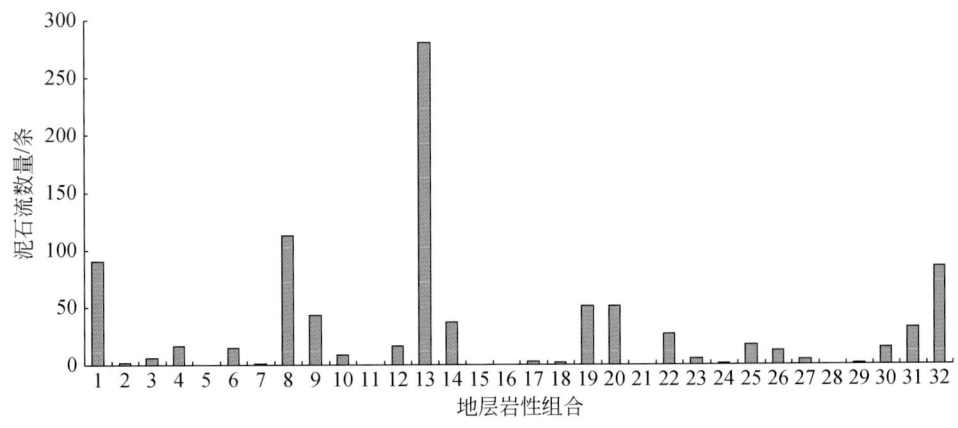

图3.20 川藏交通廊道不同地层岩性组合区泥石流分布特征

3.3.2 滑坡崩塌分布规律

川藏交通廊道所处的地层岩性、地貌环境及气候状况和地下水的活动特点，决定和控制着滑坡崩塌的分布规律（崔鹏等，2014），主要表现为以下几点。

1）滑坡崩塌沿河道与道路呈带状分布

山区线路工程呈带状延伸，多沿河谷行进，峡谷区的滑坡崩塌多沿道路呈带状发育。因此，滑坡崩塌具有沿河谷区段密集分布、山腰线分布相对较少、山脊线和越岭线分布最少的规律（崔鹏等，2007）。滑坡崩塌灾害分布与水系密度相关性明显，灾害数量随着水系密度的增加而增加，主要分布在怒江、雅鲁藏布江、澜沧江及其支流区域。由于峡谷区线路展布余地小，道路易受滑坡崩塌的危害，如冷曲沿河线，拉乌山—林芝河沿河一线，帕隆藏布沿河线等。

2）滑坡崩塌在深切割的高山峡谷地区密集分布

高山峡谷段多位于新构造运动的强烈上升区，或河流强烈侵蚀切割背斜构造区。峡谷段地势险峻、坡陡流急、岩石裸露，滑坡崩塌一般都在深切峡谷的中下部形成。川藏交通干线公路除翻山越岭段外，大部分都沿溪而行，特别是色季拉山以东至金沙江一线的深切沟谷，是发育大型滑坡的有利地段。此外，滑坡崩塌在帕隆藏布下游峡谷段及其支流拉月曲峡谷也呈密集分布。

3）滑坡崩塌多沿地质构造断裂带及强烈褶皱带发育

滑坡崩塌集中分布在构造线交叉复合部位，活动性断裂破碎带及新构造运动相对集中地区。例如，帕隆藏布强震区、松宗-嘎达断裂带控制区和错高-易贡断层控制区，形成了1966年的拉月大塌方、20世纪80年代末至90年代初的102滑坡群、加马其美滑坡带、东久滑坡群（张晓刚等，1998；孔纪名等，2003），以及线路内的崩塌和垮落等。滑坡崩塌分布与断裂带关系密切，随着距断裂距离的增加灾害点呈现出显著的减少。统计结果表明，74%的灾害发育于断层20km以内，30km之外仅占16%（图3.21）。

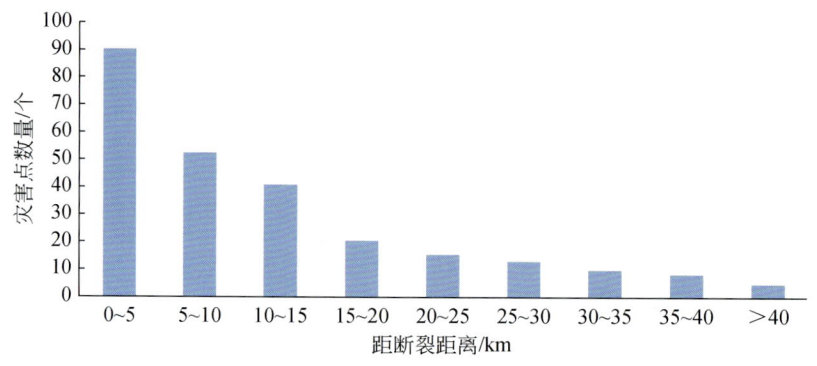

图3.21 滑坡崩塌分布与断裂带的关系

4）滑坡崩塌集中分布在地震动加速度 0.15~0.20g 区域

选择地震动峰值加速度作为地震烈度的表征变量，分析滑坡崩塌分布与地震烈度的关系。将不同地震动峰值加速度范围的滑坡崩塌灾害的分布按 0.1g、0.15g、0.2g、0.3g、0.4g 等5个等级分别进行统计（图3.22）。结果表明，灾害集中分布在 0.1g、0.15g、0.2g 等3个峰值加速度段，数量在 0.2g 分布最多，占43.58%；0.15g 分布数量次之，占34.87%；0.1g 分布数量占15.01%；统计范围内 0.3g 和 0.4g 灾害点较少。灾害分布密度与地震峰值加速度紧密相关，受地震峰值加速度影响最明显的路段为古乡至拉月段，其地震峰值加速度为 0.2g。

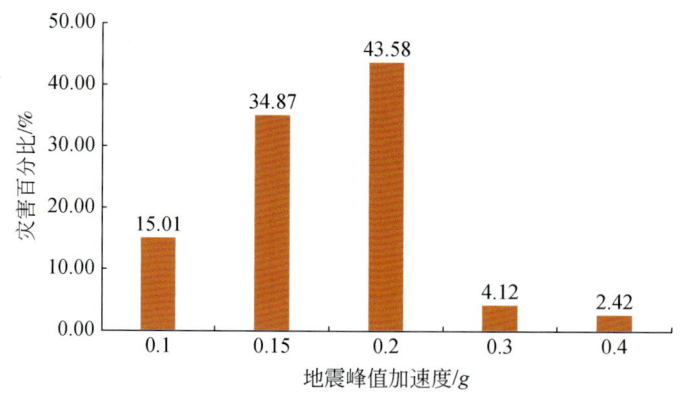

图3.22 滑坡崩塌分布与地震峰值加速度的关系

5）崩塌在硬质岩组中较为发育，滑坡在中硬软岩与软岩组中较为发育

对不同地层岩性按硬岩组、中软硬岩组、中硬软岩组、软岩组、松散岩组5个等级进

行划分,分别统计不同岩组中滑坡崩塌灾害数量,发现滑坡崩塌以中硬软岩组最多,占到 45.72%;其次为软岩组和中软硬岩组,均占 17.10%,硬岩组占 13.38%;松散岩组最少,占 6.69%。崩塌在花岗岩、大理岩、灰岩、厚层石英砂岩等硬质岩层中较为发育;滑坡则在砂板岩、泥岩、千枚岩、片麻岩等中硬软岩或软弱岩层中较为发育。

3.3.3 堰塞湖分布规律

通过遥感解译,并结合野外调查数据和地形分析,确定川藏交通廊道堰塞湖的空间分布特点和规律:

1) 滑坡、泥石流形成的堰塞湖主要分布在高山峡谷区

高山峡谷区地形切割强烈,新构造活动活跃,是滑坡泥石流的多发区。峡谷区河道狭窄,一旦发生大规模的滑坡、泥石流,很容易堵断主河形成堰塞湖。

2) 在强烈地震扰动区段,滑坡泥石流形成的堰塞湖集中分布,线密度大

地震堰塞湖是地震期间形成的次生灾害之一,由地震诱发的滑坡、泥石流堵塞河道形成。地震形成的堰塞湖主要沿地震主断裂带呈带状分布,超过 80% 的堰塞湖分布在距离断裂带 10km 的范围内(Chen et al.,2007;党超,2009)。

3) 冰湖集中分布在藏东南海洋性冰川活动区

结合遥感解译、野外调查,判定区域内冰湖有 3 种类型,即侧碛湖、终碛湖和冰斗湖(陈晓清等,2005)。其中终碛湖最多,共 136 个,占比 56.4%;侧碛湖 30 个,占 12.4%;冰斗湖 75 个,占 31.2%。帕隆藏布流域然乌—培龙段是西藏冰湖分布最密集的地区,区内共有大小冰湖 241 个,其中面积大于 $0.01km^2$ 的有 223 个,面积大于 $0.1km^2$ 的有 46 个,面积最大的冰湖位于然乌湖上游,面积为 $2.856km^2$。

帕隆藏布流域的冰川属于典型海洋性冰川,雪线在 4500~4700m,冰湖分布的高程比大陆性冰川及过渡性冰川低。超过 50% 的冰湖都分布于 4500~5000m 的范围内,与雪线高程基本重合。在这个海拔高度冰川的积累和消融都比较强烈,冰川运动速度较快,导致大量冰湖出现;而小于 3500m 和大于 5000m 都很少有冰湖出现。从不同类型冰湖分布的高程来看,冰碛湖和冰斗湖绝大部分都在 5000m 以下,而冰川堰塞湖都在海拔 5000m 以上。这主要是因为,海拔 5000m 以上,现代冰川的活动性大大降低,由冰川侵蚀地貌形成的冰湖的数量很少(施雅风,2006);而在雪线附近,冰温较高,降水相对充沛,冰川积累和消融年内变化比较剧烈,冰川活动性强,形成了大量的冰斗、终碛或侧碛垄,冰川堵塞水流通道等地貌现象较多;海拔低于 3500m 时,由于冰湖距离现代冰川较远,或已经发生了溃决,许多冰湖不断萎缩以至消失,因此很少有冰湖出现。

参 考 文 献

陈晓清,崔鹏,杨忠,齐永青.2005.近 15a 喜马拉雅山中段波曲流域冰川和冰湖变化.冰川冻土,(6):793~800

崔鹏,陈容,向灵芝,苏凤环.2014.气候变暖背景下青藏高原山地灾害及其风险分析.气候变化研究进展,10(2):103~109

崔鹏,邓宏艳,王成华.2018.山地灾害.北京:科学出版社
崔鹏,林勇明,蒋忠信.2007.山区道路泥石流滑坡活动特征与分布规律.公路,6:77~82
党超.2009.藏东南冰湖溃决泥石流形成机制.成都:中国科学院、水利部成都山地灾害与环境研究所博士研究生学位论文
孔纪名,张小刚,强巴.2003.川藏公路拉月滑坡的块状破坏特征.山地学报,21(2):228~233
刘宁,程尊兰,崔鹏,等.2013.堰塞湖及其风险控制.北京:科学出版社
罗德富,朱平一,陈瑞,等.1995.川藏公路南线(西藏境内)山地灾害及防治对策.北京:科学出版社
施雅风.2006.中国第四纪冰川与环境变化.地理科学,27(3):333
唐邦兴.2000.中国泥石流.北京:商务印书馆
王成华,陈永波.朱平一,等.2001.溜砂坡的形成演化规律与防治对策——川藏公路西藏境内中坝段为例//中国水土保持学会.海峡两岸山地灾害与环境保育研究(三).第三届海峡两岸山地灾害与环境保育学术研讨会,282~289
王成华,阙云,李新坡,等.2007a.粒状碎屑溜砂坡运动特征与动力数值分析——溜砂坡系列研究之二.岩土力学,28(2):219~223
王成华,张小刚,阙云,等.2007b.粒状碎屑溜砂坡的形成和基本特征研究——溜砂坡系列研究之一.岩土力学,28(1):29~35
张祥松,施雅风.1996.中国的冰雪灾害及其发展趋势.自然灾害学报,(2):76~85
张晓刚,王成华,孔纪名,等.1998.川藏公路"102"滑坡群的基本特征.山地学报,16(2):151~155
张倬元,王士天,王兰生,等.2009.工程地质分析原理.北京:地质出版社
邹强.2014.川藏公路泥石流灾害风险分析.成都:中国科学院、水利部成都山地灾害与环境研究所博士研究生学位论文
Chen X Q,Cui P,Li Y,et al. 2007. Changes in glacial lakes and glaciers of post-1986 in the Poiqu River Basin, Nyalam,Xizang(Tibet). Geomorphology,88:298~311
Cui P,Dang C,Cheng Z L,et al. 2010. Debris flows resulting from glacial-lake outburst floods in Tibet,China. Physical Geography,31(6):508~527
Dang C,Cui P,Cheng Z L. 2009. The formation and failure of debris flow dams,background,key factors and model tests:case studies from China. Environmental Geology,57(8):1901~1910

第4章 川藏交通干线山地灾害特征与危险性分区

川藏交通干线山地灾害广泛分布，对路面、路基、桥梁、涵洞、隧道、明洞等道路设施造成不同类型危害，严重影响道路交通安全。本章以川藏交通干线山地灾害调查数据为基础，分析山地灾害对线路工程的成灾模式，总结山地灾害活动特征及其对交通安全的影响，实现山地灾害危险性分区。

4.1 山地灾害活动特征

川藏交通干线沿线特殊的地质、地形、气候、植被等环境条件，使沿线各种山地灾害广泛发育，成为我国乃至全球山地灾害种类最多的地区之一。滑坡、崩塌、泥石流、溜砂坡、山洪、冰湖溃决、冰崩等灾害尤为发育。

4.1.1 类型多样、区域差异明显

除成都平原路段外，川藏交通干线沿线地区发育不同类型的山地灾害。由于环境因素的不同，山地灾害在沿线各流域及路段的空间分布及活动特征具有明显差异。

在横断山区由于其地质构造复杂，地形破碎，风化强烈，松散固体物质较多，降雨十分丰富且集中于雨季，道路沿线发生的泥石流主要为降雨型泥石流，且易出现一场暴雨多沟群发泥石流的现象。在高山峡谷区，由于青藏高原气候寒冷，冰川发育，山区的寒冻风化作用强烈，多产生大规模岩质滑坡和崩塌，道路沿线冰川型泥石流最为发育。在高山和高原区，受冻融作用影响，多发育岩质滑坡；在低山丘陵区，主要形成中小规模滑坡。

例如，在川藏公路的帕隆藏布高山峡谷区路段山地灾害沿河流呈带状分布，类型多样，泥石流类型包括冰雪融水型和降雨型；滑坡崩塌主要发育于古滑坡体、断层破碎带及巨厚的第四系松散层中，多为牵引式动力类型，在通麦—东久段发育最多，其中拉月大塌方和102滑坡群规模最为巨大，对然乌—松宗和通麦—鲁朗路段造成的危害最大；溜砂坡集中分布于流域北岸米堆—中坝段（84道班—86道班）的26km范围内（K3906~K3932）。

4.1.2 密度大、暴发频繁

川藏交通干线沿线山地灾害分布密集，对道路与交通安全造成重大威胁，如西藏境内

G318 沿线现有各类泥石流 430 处，滑坡崩塌和小型滑坡、崩塌群 483 处。并且在部分路段山地灾害密度更大，如川藏公路 102 道班—加马其美沟 3km 范围内有大小滑坡、崩塌 22 处，平均超过 7 处/km；海通沟中游从宗曲入口—加素顶 25km 范围内有路基水毁 43 处，平均达 1.7 处/km。在川藏公路帕隆藏布流域段，山地灾害最为集中，在 271.4km 路段中有泥石流沟 125 条（北岸 80 条，南岸 45 条），滑坡 140 处（其中较大的滑坡和崩塌 63 处），溜砂坡 18 处，其灾害类型众多、分布密集、危害巨大，成为四川、云南进藏道路的"盲肠"路段，严重制约了川藏公路的畅通和滇藏铁路的建设（罗德富等，1995；朱平一等，1999；何易平等，2001）。著名的规模巨大的古乡沟泥石流、102 滑坡群和拉月大塌方均位于这一路段。

此外川藏交通干线沿线山地灾害暴发频繁，严重影响道路交通和生命财产安全，造成大量经济损失，例如西藏山南地区每年都要发生不同规模的泥石流约 35~50 次。帕隆藏布流域的泥石流、滑坡崩塌、溜砂坡等灾害每年都会造成交通中断，如西藏波密县古乡沟泥石流，自 1953 年察隅地震，每年都发生山洪泥石流，近年来更为频繁，毁坏道路和村庄，造成极严重的经济损失（施雅风等，1964）。每到雨季，川藏公路因为山地灾害频繁发生导致断道，古乡沟、米堆沟、天魔沟、培龙沟、扎木弄沟、兴空沟、拉月滑坡、102 滑坡等山地灾害都曾造成整个川藏交通不同时间的中断。

4.1.3 灾害链效应突出

受特殊的环境背景条件影响，川藏交通干线沿线山地灾害类型多样、发生频率高、规模大，同时线路大部分路段穿行于高山峡谷区，陡峻的地形条件为灾害转化提供了有利条件。当一种灾害规模超过一定阈值，往往转化成另一种灾害，形成灾害链，进而在时间和空间上延展，加剧灾害损失（Cui et al., 2003；钟敦伦等，2013）。通过分析归纳川藏交通干线大型山地灾害的演进过程，对沿线典型灾害链总结如下：

1. 崩塌滑坡—泥石流

降雨或冰雪融水作用下，崩塌滑坡转化为泥石流灾害链包括两种形式：一是崩塌滑坡形成后直接转化成泥石流，二是堆积于坡面或沟道内的崩滑体在水力条件下形成泥石流。第二种灾害链形成过程主要表现为堆积于陡坡上（>30°）的不稳定崩滑体在冰雪融水、降雨、地表径流作用下逐渐液化，缓慢下滑，导致堆积体整体失稳、液化、流动，形成泥石流。泥石流形成后顺坡或顺沟快速下滑堆积于路面，阻断交通；而较大规模的泥石流具有更加强烈的冲刷和下切侵蚀力，易冲刷路基，造成路基损毁。

在大型、特大型崩滑区域，由于堆积体结构较为松散，稳定性低，受冻融作用、强降雨作用、地表径流汇集冲刷作用，产生下切侵蚀、侧向侵蚀和溯源侵蚀等多种侵蚀模式，导致泥石流形成概率增大。例如，102 滑坡群在降雨和冻融作用下，滑坡体起动形成冲沟型泥石流，泥石流堆积于路面造成道路淤埋和局部路基损毁，交通中断（图 4.1）。

图 4.1　102 滑坡群滑体上发育泥石流造成路基冲毁

2. 溜砂坡—泥石流

持续强降雨作用下，雨水或地表径流快速下渗，导致溜砂坡表层松散物液化，在坡体前部起动，通过坡面侵蚀、下切侵蚀与溯源侵蚀等方式，形成一定规模的泥石流，造成坡体下方道路被淤埋或受到冲刷，路基遭到破坏，进而威胁交通安全。同时大型泥石流还会造成江河壅塞，河流水位抬高，威胁路基安全。

3. 冰崩—滑坡—碎屑流（泥石流）—堰塞湖—溃决洪水

受地震、冰崩、冰川跃动作用，发生于高山峡谷地区的大型、特大型崩塌、滑坡体高速运动，形成碎屑流或泥石流，堆积于主河，阻断河流，形成堰塞湖。相对于崩塌、滑坡堰塞坝而言，泥石流堰塞坝具有坝高较低（5~30m）、物质组成松散且饱和、易溃决等特点（Dang et al., 2009）。堰塞湖形成后，水位快速上涨，导致坝体溃决，形成溃决洪水。由于泥石流由两相结构组成，泥石流堰塞坝以部分溃决为主要形式。此类灾害链是川藏交通廊道构造活跃峡谷地段危害线路工程安全的重要灾害链类型。

2018 年 10 月 17 日 5 时左右，西藏米林县派镇加拉村下游 6km 处雅鲁藏布江左岸色东普沟（流域面积 67.3km^2，主沟长 8.5km）发生大规模冰川泥石流灾害，阻塞雅鲁藏布江。堵江坝体宽度约 310~620m，顺河长度约为 2.3km，坝体约 90m 高，估算约体积 3100 万 m^3（刘传正等，2019），堰塞湖来流量 800 万 m^3/h，最大库容约 6.05 亿 m^3，尾水接近相距 42km 处的派镇。10 月 19 日 13：30，堰塞坝右岸自然漫顶，溃决洪水洪峰流量约 3 万 m^3/s，冲毁下游村庄、桥梁、道路、耕田及电力设施等。堵江前后的遥感影像表明，色东普流域的 SDP-1 号冰川的冰舌区域在堵江事件后有明显的凹陷，形成长约 4.2km 凹槽。一开始，冰川前端发生垮塌，在崩落过程中迅速解体并铲刮沟底与两侧冰碛物，破碎冰体裹挟冰碛物经高速远程运动，并在中部平坦区域沿程放大，最后至雅鲁藏布江撞击右岸后形成堰塞堆积体（刘传正等，2019；图4.2、图4.3）。

图 4.2　泥石流堆积体堵塞河道

图 4.3　堰塞湖回水造成的道路淹没

4. 泥石流—堰塞湖—溃决洪水

大型、特大型泥石流暴发后，泥石流物质快速进入主河，阻断主河，形成堰塞湖。泥石流坝体松散的结构组成、特殊的堆积形态、较低的坝体高度，使得堰塞湖迅速漫顶并沿泥石流扇缘发生部分溃决，形成洪水（Cui et al., 2010）。溃口处河道明显压缩，坡降增大、流速加大，对河岸的冲刷、掏蚀作用大大增加，往往造成路基损毁，交通中断。位于帕隆藏布左岸的天魔沟分别于 2007 年 9 月 4 日和 2010 年 7 月 25 日、9 月 4 日发生大型泥石流，泥石流沿沟道冲入帕隆藏布，冲上河流对岸岸滩，阻断主河形成堰塞湖。堰塞湖很快沿堆积扇前缘溃决，溃决洪水不断冲刷、掏蚀河流右岸高度达 90m 的阶地底部，造成台地垮塌 900m 左右，从而导致路基垮塌，交通中断（Ge et al., 2014；图 4.4）。

图 4.4 天魔沟泥石流泥堵江事件

5. （冰崩—）冰湖溃决—泥石流—堰塞湖—洪水

川藏线通过的高海拔地区，是海洋性冰川广泛发育与活动的区域，沿线冰川和冰湖集中分布。受全球变暖与区域气候变化的影响，气温升高、降雨增加导致冰川以消融、后退为主，冰湖水量快速增加，冰湖溃决的风险明显增加。冰湖溃决后，搬运冰碛物形成大型、特大型泥石流沿沟道流动，在沟谷出口阻断河流形成堰塞湖，堰塞湖溃决形成大洪水，给道路交通造成重大威胁。1988 年 7 月 15 日，米堆冰川突发冰崩，冰舌进入冰川终碛湖，导致冰湖溃决，形成大规模泥石流，阻断帕隆藏布，溃决洪水强烈冲刷下游河岸，损毁道路数十千米，中断交通半年以上（图 4.5）。1964 年 9 月 26 日，工布江达县境内唐不朗沟达门拉咳冰湖溃决暴发大型泥石流，堵断尼洋河，形成堰塞湖，也造成川藏公路交通中断（游勇和程尊兰，2005；Chen et al.，2007）。

图 4.5 溃决后的米堆沟冰湖

6. 冰崩—堵塞溃决—泥石流—堰塞湖—洪水

受区域地震和气候变化的影响，大型冰崩可堵塞主沟沟道形成堰塞湖，进而形成灾害链。帕隆藏布右岸培龙沟于1983年7月28日发生冰崩形成堰塞湖，并溃决形成特大泥石流，泥石流堵塞帕隆藏布，形成长达6.5km的湖泊，最大宽度达220m以上，最大水深14.3m，回水淹没公路近7.0km，80多台汽车遭灾，数人死亡，经济损失上亿元（程尊兰和吴积善，2011；图4.6、图4.7）。

图4.6 培龙沟泥石流损毁沟口川藏线过沟大桥（据杨逸畴，1984）

图4.7 培龙沟泥石流—堰塞湖—溃决洪水灾后沟口全貌

4.1.4 河谷段灾害群发性明显

受到区域性、局地性极端气候（极端干旱、极端降雨、极端冰冻）和强烈地震事件的影响，川藏线交通廊道内不同区域同时暴发大型滑坡崩塌、泥石流、山洪等灾害，加大灾害损失与人员伤亡，造成川藏交通干线大面积损毁。如 2011 年 7 月 13 日川藏公路雅江段发生强降雨，激发崩塌、滑坡数十处，泥石流 30 余条，造成沿线数十处路基被毁，交通中断长达 7 天。汶川地震后，G317 线都江堰—理县段，崩塌、滑坡、泥石流群发性特征明显，具有灾害活动频率高、危害大、公路中断时间长等特点，是威胁交通安全的重要影响因素。2013 年汶川地震灾区"7·10"群发性泥石流造成 G317 线、G213 线多处损毁。川藏公路帕隆藏布流域崩塌、滑坡、泥石流群发性特点特别明显，往往造成交通多点受损和中断，加重灾害损失。河谷段灾害体冲入河流后形成壅塞体，使河床淤积抬高，河流中轴线发生变化，形成曲流，对桥墩、路基等强烈冲刷（图 4.8）。此外，高含沙河流使得下游河床逐年淤高，削弱了防洪能力（崔鹏等，2006）。当发生超标准洪水时，则必然被破坏，造成洪水泛滥，加剧灾害损失，损毁交通设施，威胁交通安全。

图 4.8 G318 线西曲河路段（海通沟）群发性泥石流损毁道路，淤高河床导致河水冲刷沿岸路基

4.1.5 强震区次生山地灾害活跃

强烈地震往往会造成次生山地灾害异常活跃，如 2008 年的四川汶川 8.0 级特大地震、1973 年四川炉霍 7.6 级地震、1950 年西藏察隅 8.5 级地震都造成崩塌、滑坡、泥石流、堰塞湖等山地灾害大面积爆发，并在一定时期内持续活跃。受察隅地震影响，古乡沟泥石流自 1953 年以来一直处于活跃期；炉霍地震造成鲜水河两岸崩塌、滑坡、泥石流广泛发育，活跃期持续 10~15 年，对川藏线北线（G317 线）造成重大威胁；2008 年汶川地震、2013 年芦山地震次生山地灾害目前还处于活跃期，分别对 G317 线和 G318 线造成重大威胁。

受到地震荷载作用时，斜坡失稳发生崩塌、滑坡，道路的路基随同崩塌、滑坡体一同垮塌或滑移运动，使得道路被拉剪折断、相关结构遭到破坏。这种破坏模式主要发生于沿中高位布线的路段或盘山路段的不稳定坡体上，特别是对于峡谷区高陡土质、岩土质坡体上的路段。对于路基而言，路基外侧发生部分垮塌，往往是由于道路外侧边坡发生相对较小规模滑坡或崩塌所致；而路基发生整体折断或下错，往往是发生较深层滑坡或滑塌，道路处于滑体之中随滑体一同下错所致。图 4.9（a）为位于彭州银厂沟的路堤边坡，因软弱地基在地震中发生震陷，造成路堤边坡失稳使路面发生严重破坏，一侧的路面向下滑移；图 4.9（b）为彭州山区的一个公路桥梁，桥台边坡发生严重滑移致使整个桥梁破坏，该桥桥台的锥体边坡位于破碎岩体中，坡面采用浆砌片石加固，边坡坡脚地层水位高且属于砂质土，由于地震荷载致使整个坡体失稳，从而造成桥梁毁坏。

(a) 低矮路堤因震陷失稳　　　　　　　(b) 桥台边坡失稳破坏

图 4.9　斜坡失稳引起道路、桥梁破坏

4.1.6　不合理的人类活动导致灾害加剧

随着我国西部开发力度的不断加强，水电开发、道路工程改扩建对川藏交通干线沿线的地质环境、生态环境形成新的扰动，支流小水电的开发、道路施工过程形成的高陡边坡，为山地灾害的发生提供条件。雅鲁藏布江、怒江、澜沧江、金沙江、岷江等都是水电开发的重点流域，工程施工强烈扰动流域环境，目前还在继续进行的川藏干线改扩建工程及在建的川藏铁路、川藏高速公路也是区域环境重要的扰动因子。工程扰动加剧川藏交通廊道崩塌滑坡、泥石流、山洪等灾害发生的频率、规模，加大灾害损失，成为交通安全的重大威胁因素（陈廷方等，2006）。例如，2011 年 7 月 12 日局地降雨引起 G318 线雅江—康定段发生群发性特大泥石流，致使川藏线南线中断 1 周左右，并造成重大损失，其中川藏线改建施工过程中峡谷区弃渣随意堆放及高陡边坡失稳是造成此次重大泥石流灾害的主要因素之一。

4.2 线路工程成灾模式

以受山地灾害威胁的路面、路基、桥梁、涵洞、隧道、明洞等线路工程设施为主要研究对象,分析川藏交通廊道滑坡崩塌、泥石流、堰塞湖灾害的成灾模式。

4.2.1 滑坡崩塌危害线路工程模式

1. 砸损破坏路面

川藏交通干线大多路段穿越高山峡谷区,崩塌、滑坡广泛发育。当崩塌、滑坡体直接落在路面上时,导致路面损毁,给道路和交通安全造成直接威胁,同时阻塞或中断交通。川藏交通干线除高原区少数路段外,大部分路段都受崩塌、滑坡、滚石的威胁(图 4.10),尤其在地震的作用下,会加剧崩塌、滑坡灾害发育。2009 年 7 月 25 日凌晨 4 时 40 分,都汶公路 44km+200m 处因持续降雨发生崩塌,垮塌量达 1.5 万 m^3。垮塌的山体夹带大量巨石,其中一块重达 200t 左右的巨石击断彻底关大桥第三根桥墩,导致两跨 60m 桥面坍塌,正行驶在桥面上的 6 辆车辆(其中,货车 5 辆、微型面包车 1 辆)坠落桥底,1 辆车悬挂桥面断裂处(崔鹏等,2011;图 4.11)。本次事件导致 6 人死亡、12 人受伤。

图 4.10 嘎玛沟沿线崩塌损毁路面

图 4.11 震后被巨石砸断的彻底关大桥

2. 掩埋路面、路基

线路工程上方的斜坡发生崩塌、滑坡，崩滑体顺坡体或滑移面运动并堆积于坡脚及道路上，造成道路被崩滑堆积体淤埋，隧道口掩埋，中断交通，但不会对线路工程主体结构造成损毁。由于运动岩土体的动能相对较小，一般不会造成大量的道路主要结构损毁，通过及时清理与抢险，可以尽快恢复交通。图 4.12 为汶川地震中都映公路一处的滑移崩塌，崩塌体在山体中上部沿坡表发生滑移崩塌，方量约 5000m^3，地震时完全掩埋公路。图 4.13 为都汶高速公路毛家湾隧道洞口附近坡体发生垮塌，阻塞洞口和路面（邹强等，2014）。

图 4.12 崩塌堆积体掩埋公路

图 4.13 崩塌体掩埋道路阻塞隧道洞口

3. 崩滑致路基垮塌损毁

道路经过的坡体局部处于不稳定状态,受外力作用(地震、降雨、河水掏蚀)发生崩塌、滑坡,崩塌滑坡体运动造成路基垮塌,交通中断。这种成灾方式主要发生于沿中高位布线的路段或盘山路段的不稳定坡体上,是一种威胁严重的成灾模式,特别是对于展布于峡谷区高陡土质、岩土质坡体上的路段。道路路基垮塌后需要在已经发生崩塌、滑坡灾害的不稳定坡体处实施土木工程稳固坡体,同时再造路基,才能恢复交通,所需要的时间少则十数天,多则几个月。102 滑坡群对川藏公路的危害方式就是这种危害模式的典型案例(张晓刚等,1998),见图 4.14。

图 4.14 治理前的 102 滑坡体下滑致路基损毁(据祝介旺等,2010)

4. 滑移致道路变形与移位

道路斜坡由于受到地震、地形、局部地质不均匀等因素的影响，不同部位的最终累积位移并不一致，从而导致变形斜坡影响范围内的道路和相关设施结构发生扭曲变形、结构开裂等现象。道路因斜坡变形造成交通道路损毁是较为常见的道路灾害类型，与斜坡失稳造成的道路损毁不同，斜坡变形引起的道路损毁以有限的变形与开裂位移为主，使道路安全性或通过性降低甚至失去交通功能。图4.15（a）为地震时因路基土体产生不均匀变形使路面混凝土板受到严重挤压，并使其从伸缩缝处隆起架空，隆起高度约50cm；图4.15（b）为彭州银厂沟附近路基由于下边坡位于软质黏土地层，地震造成软弱黏土地基震陷导致路基严重损害，破坏的路面板向下边坡滑移。

(a) 路面隆起　　　　　　　　　　　(b) 路面发生滑移破坏

图4.15　公路路面开裂损毁

5. 崩滑致桥涵变形破坏

由于地震、降雨作用，距离桥梁、涵洞较近的不稳定斜坡发生崩塌、滑坡，对桥梁、涵洞的威胁主要表现为：一是崩滑体运动过程中冲击桥梁、涵洞，可造成桥涵变形，甚至造成桥梁损毁；二是崩塌滑坡体在桥梁、涵洞处堆积，桥梁、涵洞自身超负荷承重，可能发生变形和破坏，同时堆积物还可能造成过流断面面积减小，过流量降低，导致桥涵防洪能力降低，威胁交通安全。图4.16为地震桥台边坡的不均匀变形引起公路路桥过渡段大变形，造成交通受阻。

4.2.2　泥石流危害线路工程模式

泥石流对川藏交通廊道线路工程设施造成威胁与破坏的主要危害模式包括冲毁、淤埋、淤塞、冲刷侵蚀、弯道超高、漫流改道等。

图 4.16　崩滑导致路桥结合部沉降变形破坏（张建经提供）

1. 冲毁路基、桥梁、涵洞

泥石流在运动过程中，强烈冲刷道路路基，往往会造成路基损毁。泥石流发生时，受两岸坡体失稳影响及下切侵蚀的作用，易造成处于泥石流流通区或侵蚀补给区路段的路基损毁。泥石流冲毁路基主要成灾方式包括：①沟谷泥石流运动冲刷流通区路段或沟口泥石流通道上的路基，导致路基损毁，交通中断（图 4.17）；②跌坎型冲沟泥石流流速高、冲击力大，冲刷沟口下方的道路路面与路基，造成路基损毁，交通中断；③泥石流冲击桥拱、桥面、桥墩，造成桥梁工程部分或全部受损，威胁交通安全，此类成灾方式在川藏线沿线广泛发育；④泥石流直接冲击涵洞，造成涵洞与路面损毁，交通中断。

图 4.17　G318 线雅江段麻格沟泥石流冲毁路基及路面

2. 淤埋路基、路面

泥石流淤埋路面、路基为常见的破坏道路方式。泥石流沿沟道或者坡面运动至缓坡或沟口后受地形开阔、坡度变缓的影响,停止运动并堆积,造成路面与路基被泥石流淤埋,路基升高,中断交通。川藏线上泥石流淤埋路面、路基主要分为三类:①沟谷泥石流停积于沟口堆积扇,淤埋通过扇形地的道路,是最常见的成灾方式,如川藏公路 G318 线然乌段发生冰川融化引发的泥石流灾害,使得近 300m 路基被堆积物完全覆盖(图 4.18);②泥石流缓慢运动,淤积在道路路基上,造成交通中断;③发生于道路沿线的河流阶地、高台地上的泥石流沿沟道下泄,淤埋局部路段。

图 4.18　川藏公路 G318 线然乌—波密段泥石流淤埋损毁公路路面

3. 淤塞桥梁、涵洞

桥涵是道路通过泥石流沟道的主要工程类型。泥石流发生后能否顺利通过桥涵除了与泥石流流量、流速有关外,还与桥涵净空、防洪标准及桥涵所处的相对位置密切相关。如果泥石流流速不大,沟道坡降较小,泥石流会在沟道与桥涵共同淤积,造成桥涵过流能力降低,防洪能力下降,威胁交通安全。此类危害方式在 G318 线巴塘—芒康段较为典型(图 4.19、图 4.20)。此外,大型泥石流还可能将桥梁完全淤积,漫过桥面。冲沟型泥石流在涵洞过流量小于其瞬时流量时会快速淤积涵洞,泥石流漫过路面下泄。

4. 冲刷侵蚀路基

泥石流具有强烈冲刷能力,导致沟岸路基被掏蚀,路面悬空、变形,在重力或泥石流堆压作用下,路基塌陷,阻断交通。泥石流冲入河流后形成壅塞体,挤压河道,使河流中轴线发生变化,形成曲流,对河岸路基形成强烈冲刷(Cui et al., 2013)。川藏公路 G318

线海通沟段泥石流掏蚀路基，导致公路路面悬空，威胁公路安全（图 4.21），其中，西曲河段 K3404 处 2012 年发生大型泥石流，泥石流冲毁 G318 线路基超过 200m，约 500m 路面遭受泥沙、洪水冲刷危害（Ge et al., 2016；图 4.22）。

图 4.19　G318 线海通沟段泥石流淤高河床，桥梁净空被淤塞

图 4.20　G318 线藏东南段泥石流淤塞桥梁

图 4.21 泥石流掏蚀路基,导致路面悬空

图 4.22 泥石流堵江,冲毁公路

5. 弯道超高和漫流改道危害

泥石流具有大于洪水的直进性和冲击力,在流通段和堆积段上部的弯道处直进爬高,给公路构筑物造成强烈的冲击破坏;泥石流在堆积段中下部漫流改道,绕过桥孔,冲毁路面路基(崔鹏等,2007)。泥石流超高或漫流改道,对公路危害极大,主要表现在:①桥梁工程直接被泥石流冲毁;②泥石流流体所携带的巨石撞击桥墩、公路构筑物,造成桥梁的整体损毁或局部破坏。2009 年 7 月 27 日,川藏公路波密境内 K3975+360 处突发大型泥

石流，泥石流漫流改道，淤塞桥孔，冲毁桥头路面，巨石冲毁公路护栏，造成川藏公路中断（图 4.23）。

图 4.23　泥石流漫流改道堵断川藏公路，巨石冲毁公路路面及护栏设施（引自人民网）

6. 压顶磨蚀危害

隧道、明洞洞口被泥石流压顶磨蚀是泥石流活跃区道路破坏的常见方式之一。洞口墙体受泥石流流体推移和巨石撞击发生破坏，并引起衬砌支护结构破坏（主要包括衬砌开裂变形，二次衬砌掉块、错台，局部垮塌，钢筋扭曲变形等）[图 4.24（a）]。此外，泥石流或危岩体冲压并磨蚀洞顶，引起隧道、明洞衬砌支护结构破坏。如川藏公路高尔寺山隧道出口距离旁边的溪沟水平距离只有 50m，高差为 4m，发生大型山洪泥石流时，隧道洞口面临被冲刷、磨蚀破坏的风险 [图 4.24（b）]。

(a) 都汶公路皂角湾隧道洞口被泥石流压顶破坏　　(b) G318 线高尔寺山隧道面临山洪泥石流冲淤风险

图 4.24　泥石流冲淤磨蚀隧道口

4.2.3 堰塞湖危害线路工程模式

川藏交通廊道大型山地灾害的灾害链特征突出，多种灾害链过程都涉及堵河、形成堰塞湖和溃决洪水，造成河谷地带灾害在时空尺度上的延展，加剧灾害损失。堰塞湖灾害链对线路工程的破坏模式主要包括：堰塞湖的淹没和溃决洪水冲刷。

1. 堰塞湖淹没破坏

无论泥石流还是滑坡堵江形成的堰塞湖，在溃决前上游水位持续升高，造成高度低于堰塞湖水位的线路工程被堰塞湖回水淹没。1953 年古乡沟泥石流阻断帕隆藏布，形成坝高 20~30m 的堰塞湖，导致上游道路全部被淹没。2000 年的易贡堰塞湖造成易贡滑坡上游至出山口的道路全部淹没。2012 年 6 月 23 日海通沟大型泥石流堵河形成堰塞湖，造成水位抬升约 10m，导致上游约 150m 的路基被淹没（图 4.25）。而 2013 年 7 月 10 日汶川境内的群发性特大泥石流在岷江上游形成梯级堰塞湖，沿途数十千米路基和 3 座桥梁被堰塞湖淹没。

图 4.25 海通沟"6·23"泥石流堰塞湖淹没川藏公路 G318 线

2. 河岸路基冲刷破坏

堰塞湖溃决过程中，上游水流快速下泄，使不稳定的岸坡发生侵蚀和垮塌，造成路基垮塌与损毁。溃决洪水对线路工程破坏最典型的例子是 2000 年易贡湖发生溃决，形成超大规模洪水，造成川藏公路及支线公路设施几乎全部被毁，交通完全中断。另一典型例子为都汶公路沿线七盘沟大型泥石流，泥石流冲入主河后形成壅塞体，挤占河道，强烈冲刷对岸路基，导致都汶公路 400m 路基被冲毁，路面垮塌 264m（图 4.26）。

图 4.26　七盘沟泥石流挤压岷江导致都汶公路路基被冲毁

3. 溃决洪水冲刷破坏

堰塞湖溃决洪水，不仅对河（沟）两岸不稳定岸坡发生侵蚀和垮塌，造成路基垮塌与损毁，也对跨河（沟）的桥梁造成冲击或冲毁危害。2018 年 10 月 11 日西藏自治区昌都市江达县波罗乡白格村金沙江右岸发生山体滑坡，滑坡阻断金沙江干流形成堰塞湖。堰塞湖溃决过程后形成了超过万年一遇的溃决洪水，溃口处的峰值流量达 31000m³/s。洪水具备超快流速及超高的流深，金沙江沿岸的多座桥梁被冲毁，多座在建的水电站受洪水及河

图 4.27　白格堰塞湖溃决造成竹巴笼大桥 7 跨桥梁被冲毁

床剧烈变化的影响甚至直接影响施工。当峰值洪水演进到竹巴笼时，该大桥所在的断面通过了 21000m³/s 的流量，整座桥 7 跨桥梁被冲毁（图 4.27）。由于洪水超强的侧部冲刷能力，破坏沿岸多处电线杆、路基（图 4.28）。

图 4.28　云南省境内被冲毁的路基及倒塌的电线杆

4.3　线路工程山地灾害危险性分区

线路工程山地灾害危险性分析主要在于判断山地灾害潜在危害的大小，可从山地灾害特征出发综合分析其危险程度。本节建立了线路工程山地灾害危险性评价指标体系与评价方法，并对川藏公路 G318 线进行了山地灾害危险性评估与分区。

4.3.1　指标选取

川藏交通干线跨越不同的地貌单元，沿线岩石类型多样，地质构造活动强烈，气象水文条件非常复杂。在充分分析地质、地貌、气象、水文条件的基础上，选取地貌、地层岩性、地质构造、地震、外动力地质作用、气象水文条件、人类活动七类因素作为线路工程山地灾害危险性评价的 I 级评价指标。

川藏交通干线线路较长，地形条件中坡度及地表起伏度不仅是控制斜坡稳定性的最重要因素，而且直接影响形成泥石流的松散碎屑物的分布和聚集。川藏交通干线沿线各类岩石出露广泛且复杂，岩石的类型、软硬程度及层间结构决定岩体的力学性质和抗风化能力，进而影响坡体的稳定性和地表侵蚀的难易程度。川藏交通干线断裂构造非常发育，距离断裂越近，岩体裂隙密度越大，线路工程场地受到活动构造的切割程度与扰动越大，影响着工程的稳定性。地震烈度反映了地震对工程场地造成的实际影响，表明了地表在地震下的破坏程度及对岩土层稳定性的影响程度，地震烈度越大，地表受到地震的破坏越强烈，岩土层稳定越差。降雨尤其是局地性、短历时暴雨，是降雨型山地灾害的激发因素，中尺度到大尺度的长历时强降雨过程，通常导致大面积群发性滑坡泥石流。气温变化不仅影响岩石风化程度，而且对高寒地区冰雪冻融均有影响，间接促使山地灾害的形成。土地利用类型反映地表覆被变化情况,也从一定程度上反映人类活动和环境变化对山地灾害形成的影响。因此,为了全面分析交通干线全线山地灾害危险性,进一步表征一级评价指标,选取坡度、地表起伏度、岩石抗剪强度指标(内摩擦角与黏聚力)、距断裂距离、地震烈度、岩层风化程度、最大24h降雨量、年平均气温、土地利用类型等10项指标作为 II 级评价因子(图 4.29)。

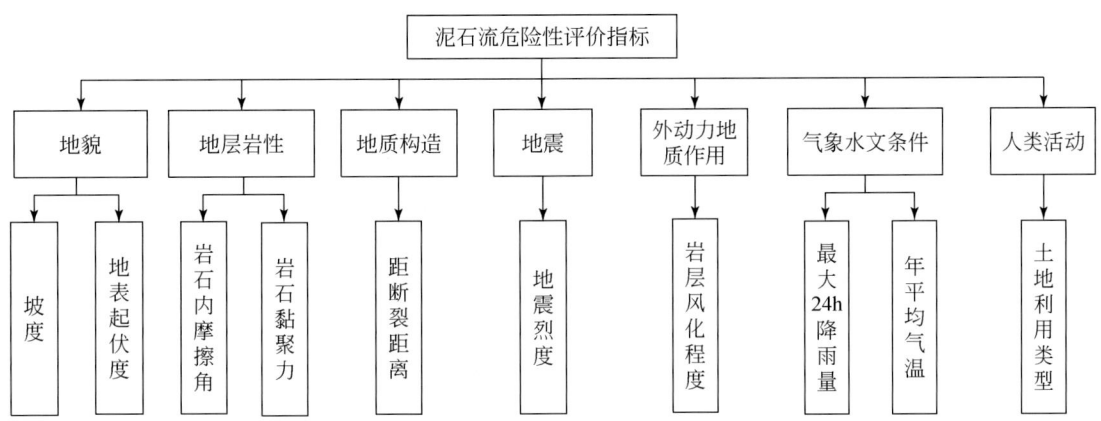

图 4.29　川藏交通干线山地灾害危险性评价指标体系(据邹强等,2013)

4.3.2　评价方法

信息量法是通过现有信息,把区域稳定性的各种影响因素的实测值转化为反映区域稳定性的信息量,表征影响因素对研究对象的"贡献"大小,进而评价研究对象的稳定程度(阮沈勇和黄润秋,2001;高克昌等,2006)。信息预测是用信息量来衡量的(Clerici et al.,2002;邹强等,2013),即

$$I(Y,\ x_1x_2\cdots x_n) = \ln\frac{P(Y\mid x_1x_2\cdots x_n)}{P(Y)} \tag{4.1}$$

根据条件概率运算,式(4.1)可进一步写成:

$$I(Y,\ x_1x_2\cdots x_n) = I(Y,\ x_1) + I_{x_1}(Y,\ x_2) + \cdots + I_{x_1x_2\cdots x_{n-1}}(Y,\ x_n) \tag{4.2}$$

式中,$I(Y,\ x_1x_2\cdots x_n)$ 为因素组合 $x_1x_2\cdots x_n$ 对山地灾害提供的信息量;$P(Y\mid x_1x_2\cdots x_n)$ 为因素 $x_1x_2\cdots x_n$ 组合条件下山地灾害发生的概率;$P(Y)$ 为山地灾害发生的概率;$I_{x_1}(Y,\ x_2)$ 为因素 x_1 存在时,因素 x_2 对山地灾害提供的信息量。

制约和影响山地灾害发生的环境因子较多且各种环境因子所起作用的大小、性质有所差异,故采用简化的单因素信息量方法来评价山地灾害危险性。信息量模型可表示为

$$I = \sum_{i=1}^{n} I(y,\ x_i) = \sum_{i=1}^{n} \ln\left[\frac{A_i/A}{S_i/S}\right] \tag{4.3}$$

式中，I 为研究区评价单元总的信息量值；n 为参评因子数；$I(y, x_i)$ 为山地灾害发生条件下出现 x_i 的概率；S 为研究区评价单元总面积；A 为研究区含有山地灾害的单元总面积；S_i 为研究区内含有评价因素 x_i 的单元面积之和；A_i 为分布在因素 x_i 内特定类别的山地灾害单元面积之和。

在 GIS 技术支持下，山地灾害危险性评价可归纳为如下基本步骤：①单独计算各因素对山地灾害发生提供的信息量；②计算单个评价单元的总信息量；③用总信息量作为判别山地灾害发生的综合指标，其值越大越有利于山地灾害的发生，山地灾害危险度越高；④对全部单元的信息量值划分不同危险等级，完成山地灾害危险性评价与分区。山地灾害危险性分析过程中研究区采用相同大小的栅格评价单元，因此，式（4.3）中的单元面积计算可以转化为单元个数计算。

4.3.3 川藏公路 G318 沿线山地灾害危险性评价

1. 因子量化处理

充分考虑资料的可获取性、研究尺度及评价精度的要求，GIS 数据处理以栅格形式进行，将每个栅格大小为 25m×25m。利用川藏公路 G318 沿线地区 1∶5 万 DEM 数据，提取坡度和地表起伏度；采用 1∶25 万地质图提取研究区的地层岩性、断层等地质信息；依据地层岩性特征及岩石力学参数手册（叶金汉，1991）中岩石抗剪强度指标值确定岩石的内摩擦角与黏聚力；岩体的风化程度主要根据地层年代、岩性及岩体碎裂程度来划分（详细划分见 2.4.1）；地震烈度值是根据 2015 年的《中国地震烈度区划图》获取；最大 24h 降雨量与年平均气温数据均由公路沿线气象站点数据利用空间插值方法获得；研究区内土地利用类型是依据国家 2000 年的 1km×1km 土地利用数据进行重采样，共分为：常绿林、灌丛、稀树林、坡草地、平原草地、荒漠草原、河流湖泊、冰川、裸岩砾石、城镇用地、农田等 11 类。在野外考察的基础上，整理公路沿线山地灾害的空间与属性信息，并在此基础上开展进一步的研究工作。

2. 指标分级与信息量计算

指标分级旨在建立评价因子的主次关系，次级指标是对上一级指标的进一步细化。结合研究区的孕灾环境条件，将评价因子的分级指标作为信息量计算的判别指标。利用 GIS 软件，首先获取每个判别指标的面积，然后依据上述信息量计算方法，获得各个指标段上的信息量。各评价因子的分级与信息量值如表 4.1 所示。

表 4.1 评价因子的分级与信息量值

因子	因子分级类别	信息量值	因子	因子分级类别	信息量值	因子	因子分级类别	信息量值
坡度/(°)	0~5	-4.1328	黏聚力/MPa	<20	0.0165	距断裂距离/km	0~5	1.8794
	5~10	-3.4142		20~25	0.4889		5~10	0.6052
	10~15	-1.7821		≥25	-0.1959		10~15	-1.0317
	15~20	-0.3243	土地利用类型	常绿林	-0.0019		15~20	-2.2088
	20~25	0.6855		灌丛	-2.4924		20~25	-2.3148
	25~30	1.026		稀树林	0		25~30	-1.6686
	30~35	0.8574		坡草地	0.0294		30~35	-1.5362
	35~40	-0.1291		平原草地	-0.1083		35~40	-1.5022
	40~45	-1.5896		荒漠草原	0.4896		>40	-0.5586
	>45	-3.5914		河流湖泊	-0.7702	地震烈度	<Ⅵ	0
地表起伏度/m	<100	-0.4529		冰川	0.5048		Ⅵ	-0.494
	100~200	0.5581		裸岩、砾石	0.334		Ⅶ	0.13
	200~300	0.0483		城镇用地	0		Ⅷ	0.0246
	300~400	-0.7566		农田	-1.7655		Ⅸ	0.1435
	400~500	-0.6914	最大24h降雨量/mm	<20	0.9626	风化程度	<0.4	-1.1289
	≥500	-1.2854		20~40	-0.1305		0.4~0.8	0.1294
内摩擦角/(°)	<35	0.9197		40~60	0.0066		≥0.8	0.1684
	35~40	0		60~80	0.5541	年平均气温/℃	<8	0.1163
	40~45	-1.4607		80~100	1.1259		8~10	-0.1082
	45~50	0.0748		>100	0.0917		10~12	0.2804
	≥50	-0.2286					≥12	-1.0059

3. 山地灾害危险性分析

依据山地灾害各影响因素的单因子信息量图层，运用 GIS 软件的空间分析功能，叠加运算各个因子分析结果，获得整个研究区域的综合信息量，量值范围为（-34.0~8.0431）。每个网格值代表了各因素及其状态对山地灾害影响程度的信息量值，信息量数值越大，反映因素对山地灾害形成的贡献值越大，发生山地灾害的危险性越大。依据自然断点法（natural break）将山地灾害危险性指数进行重新分类，划分为 4 级：微度危险（-34.0~-3.995）、低度危险（-3.995~-2.102）、中度危险（-2.102~0.608）、高度危险（0.608~8.043）。通过合并相同等级的栅格单元，用不同颜色表示各个危险等级，实现川藏公路全线山地灾害危险性分级图，分析结果见图 4.30。分别统计危险等级的公路长度可知，高度危险路段公路长度为 934.14km；中度危险路段公路长度为 553.88km；低度危险路段公路长度为 364.42km；微度危险路段公路长度为 141.71km。山地灾害危险路段及山地灾害统计结果见表 4.2。

图 4.30　川藏公路 G318 线山地灾害危险性分析结果图

表 4.2　山地灾害危险路段及山地灾害统计结果

危险等级	长度/km	占总面积百分比/%	山地灾害数量/条
微度危险路段	141.71	7.11	0
低度危险路段	364.42	18.27	95
中度危险路段	553.88	27.78	236
高度危险路段	934.14	46.84	603

由表 4.2 可知研究区域大部分处于中度危险以上，中度危险与高度危险路段占全线总长度的 74.62%，范围较大，在公路改扩建和重新规划建设中应注意该区域发生山地灾害的可能性。低度危险路段占全线总长度的 18.27%，微度危险路段范围最小，占全线总长度的 7.11%。

由图 4.30 可知，研究区的山地灾害危险性分布具有如下特征：从地貌单元看，山地灾害在大渡河、澜沧江、金沙江、怒江、帕隆藏布等大江大河的深切峡谷区危险性高，而成都平原及高原面上灾害危险性低；从公路分段看，二郎山—泸定—康定、莫多乡—芒康—左贡—八宿、冷曲、帕隆藏布流域山地灾害危险性高，天全—二郎山、高尔寺山—雅江—剪子弯山、工布江达—米拉山—墨竹工卡段山地灾害危险性为中等，鲁朗—色季拉山—林芝、剪子弯山—理塘—海子山、达孜—拉萨段的山地灾害危险性相对较低，成都—蒲江—雅安段山地灾害危险性最低。

对比分析山地灾害野外考察和遥感解译资料，评价结果中的中度、高度危险路段内分布 89.83% 的已知山地灾害，说明评价结果与川藏公路山地灾害分布比较一致。

4.3.4　川藏铁路沿线山地灾害危险性评价

采用 4.2 节的指标、模型，结合川藏铁路 2017 年初步规划方案，对拟建川藏铁路廊道（成都—拉萨）的山地灾害进行危险性评价，并对研究区范围内的铁路线路穿越的不同危险等级的区域进行统计。从危险区分布图（图 4.31）可以看出，研究区的高危险区主要集中在帕隆藏布流域，其次为泸定—康定段、白玉—江达段。

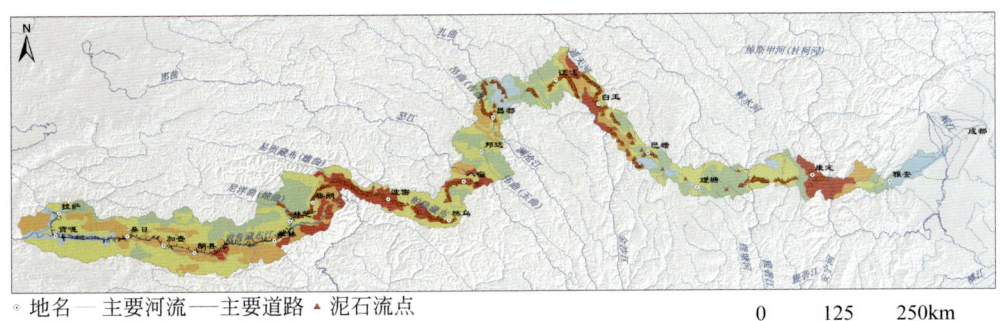

图 4.31　川藏铁路廊道山地灾害危险性分区图

评估结果（表 4.3）显示，低危险区线路长 429.78km，占川藏铁路总长度的 22.71%，主要位于地表起伏相对较小的宽谷区，线路以明线为主，主要位于成都—雅安、新都桥附近、理塘、贡嘎—拉萨等路段；较低危险区线路长度为 335.77km，占川藏铁路总长度的 17.75%，主要位于雅安—天全、光明—新都桥、雅江—理塘、米林—乃东等路段；中危险区线路长度为 396.82km，占川藏铁路总长度的 20.97%，主要位于康定—光明、基泥沟—雅江、阿日夏—白玉、卡贡—玉龙等路段；较高危险区线路长度为 482.90km，占川藏铁路总长度的 25.52%，主要位于紫石乡—泸定站、金沙江大桥—江达—卡贡、芒康—昌都、八宿、然乌—学格、雨普乡—波密等路段；高危险区线路长度为 246.85km，占川藏铁路总长度的 13.05%，主要位于泸定—康定、欧曲—白玉—藏曲、怒江大桥—八宿、波密—曲松—拉月等路段。评估结果为川藏铁路金沙江段（欧曲—白玉—藏曲段）、冷曲—帕隆藏布区段选线优化和避灾提供依据。

表 4.3　不同危险区面积及线路长度统计表

级别	面积/km²	面积百分比/%	不同危险区线路长度/km	不同危险区线路长度百分比/%
低危险区	75528	13.4	429.78	22.71
较低危险区	149319	26.4	335.77	17.75
中危险区	166212	29.4	396.82	20.97
较高危险区	128844	22.8	482.9	25.52
高危险区	45657	8.1	246.85	13.05

参 考 文 献

陈廷方,崔鹏,姚令侃. 2006. 西南山区公路工程建设对地质环境的影响——模糊综合评价. 自然灾害学报, 15(3):8~13

程尊兰,吴积善. 2011. 西藏东南部培龙沟泥石流堵塞坝的形成机理//中国水土保持学会. 第八届海峡两岸山地灾害与环境保育学术研讨会论文集. 第八届海峡两岸山地灾害与环境保育学术研讨会

崔鹏,何思明,姚令侃,王兆印,陈晓清,等. 2011. 汶川地震山地灾害形成机理与风险控制. 北京:科学出版社

崔鹏,何易平,陈杰,等. 2006. 泥石流输沙及其对山区河道的影响. 山地学报,24(5):539~549

崔鹏,林勇明,蒋忠信.2007.山区道路泥石流滑坡活动特征与分布规律.公路,6:77~82

高克昌,崔鹏,赵纯勇,等.2006.基于地理信息系统和信息量模型的滑坡危险性评价——以重庆万州为例.岩石力学与工程学,25(5):991~996

何易平,胡凯衡,韦方强,等.2001.川藏公路迫隆藏布流域段泥石流活动特征.水土保持学报,15(3):76~80

刘传正,吕杰堂,童立强,陈红旗,刘秋强,肖锐铧,涂杰楠.2019.雅鲁藏布江色东普沟崩滑-碎屑流堵江灾害初步研究.中国地质,46(2):219~234

罗德富,朱平一,陈瑞,等.1995.川藏公路南线(西藏境内)山地灾害及防治对策.北京:科学出版社

阮沈勇,黄润秋.2001.基于GIS的信息量法模型在地质灾害危险性区划中的应用.成都理工学院学报,28(1):89~92

施雅风,杨宗辉,谢自楚,等.1964.西藏古乡地区的冰川泥石流.科学通报,15(6):542~544

杨逸畴.1984.再记南迦巴瓦峰科学考察.山地研究,2(1):43~48,65~68

叶金汉.1991.岩石力学参数手册.北京:水利电力出版社

游勇,程尊兰.2005.西藏波密米堆沟泥石流堵河模型试验.山地学报,23(3):288~293

张晓刚,王成华,孔纪名,等.1998.川藏公路"102"滑坡群的基本特征.山地学报,16(2):151~155

钟敦伦,谢洪,韦方强,等.2013.论山地灾害链.山地学报,31(3):314~326

朱平一,何子文,汪阳春,等.1999.川藏公路典型山地灾害研究.成都:成都科技大学出版社

祝介旺,苏天明,张路青,杨志法.2010.川藏公路102滑坡失稳因素与治理方案研究.水文地质工程地质,37(3):43~47

邹强,崔鹏,杨伟.2013.G318川藏公路段泥石流危险性评价.山地学报,31(3):342~348

邹强,郭晓军,朱兴华,孔应德.2014.岷江上游"7·10"泥石流灾害对公路的危害方式及成因分析.山地学报,(32)6:747~753

Chen X Q,Cui P,Chen N S,et al. 2007. Calculation of discharge of debris flows caused by moraine-dam failure at Midui Gully,Tibet,China. Iran J of Sci & Tec,31(B2):195~207

Clerici A,Perego S,Tellini C,et al. 2002. A procedure for landslide susceptibility zonation by the conditional analysis method. Geomorphology,48(4):349~364

Cui P,Chen N S,He Y P,et al. 2003. Characteristics of debris-flow activity and strategy of hazards mitigation along highways in Tibet(Xizang Autonomous Region). Proceedings of 3rd International Conference on Debris-flow Hazards Mitigation:Mechanics,Prediction,and Assessment,Davos,Switzerland,1281~1289

Cui P,Dang C,Cheng Z,et al. 2010. Debris flows resulting from glacial-lake outburst floods in Tibet,China. Physical Geography,31(6):508~527

Cui P,Xiang L Z,Zou Q. 2013. Risk assessment of highways affected by debris flows in Wenchuan earthquake area. Journal of Mountain Science,10(2):173~189

Dang C,Cui P,Cheng Z L. 2009. The formation and failure of debris flow dams,background,key factors and model tests:case studies from China. Environmental Geology,57(8):1901~1910

Ge Y G,Cui P,Su F H,Zhang J Q,Chen X Z. 2014. Case history of the disastrous debris flows of Tianmo watershed in Bomi County,Tibet,China:some mitigation suggestions. Journal of Mountain Science,11(5):1253~1265

Ge Y G,Cui P,Zou Q,Zhang J Q,Guo X J. 2016. Causes,hazards and risk of the large-scale debris flows onJune 23 2012 at Haitong Basin,Tibet,China. World Landslide Forum,581~592

第5章 气候变化下高寒区山地灾害形成机理与灾势预估

以青藏高原为代表的高寒山区是全球对气候变化最为敏感的区域之一。气候变化导致高寒山区孕灾环境、成灾条件显著变化,明显影响高寒山区山地灾害形成机理、活动特征及成灾模式。本章主要研究近50年来气候变暖条件下青藏高原东部川藏交通廊道孕灾环境及成灾气候的变化规律,阐述滑坡、冰川泥石流、冰湖溃决等灾害的活动特征与形成机理,分析典型灾害事件的气候波动特征,确定大规模山地灾害形成的气候条件,并结合区域气候变化趋势预测分析,预估典型灾害多发区帕隆藏布流域的山地灾害活动趋势。

5.1 高寒区气候与孕灾环境变化特征

在全球气候变暖背景下,冰川和冰湖作为高寒山区特殊的孕灾环境因素,其活动直接影响甚至控制高寒山区山地灾害的暴发。本节重点阐述1960年至今,西藏高寒山区气温和降雨变化规律,以及受其影响的川藏交通沿线冰川和冰湖变化情况。

5.1.1 气温变化

全球气候变化带来一系列的环境和灾害问题,严重影响人类社会的各个领域。观测数据表明,工业革命以来,由于温室气体的大量排放,全球气候快速变暖,升温速率远远大于工业革命之前,且具有加速的趋向。联合国政府间气候变化专门委员会(Intergovemental Panel on Climate Change,IPCC)第五次评估报告(IPCC,2013)显示,1880~2012年全球海陆表面平均温度呈线性上升趋势,期间升高0.85℃。其中,2003~2012年平均温度比1850~1900年平均气温升高0.78℃。过去50年(1964年以来),全球距平气温升高0.4~0.6℃,尤其是20世纪70年代中后期,气温呈直线上升趋势。青藏高原被称为"第三极",是地球陆地表层气候变化最为敏感的地区之一,也是全球变化关注的重要区域。观测数据显示,1960年以来,青藏高原年均距平温度上升约1.0~1.5℃,升温幅度约为全球海陆均温增幅的两倍(图5.1)。

气候变暖不仅在全球尺度表现区域差异,在区域尺度也表现出明显的差异。青藏高原喜马拉雅山北坡的升温速率为0.33~0.57℃/10a,明显大于南坡的0.09~0.31℃/10a,这与南坡面向印度洋方向,降雨量明显大于北坡,湿润程度大于北坡紧密相关。平均而言,喜马拉雅山系中段和东段的升温速率相近,约0.37℃/10a,而西段的平均升温仅有0.25℃/10a。究其原因,喜马拉雅山系复杂的地形条件和不同的水气通道控制了不同区域的水热条件,进而影响了各区域的升温幅度(张东启等,2012)。

根据藏东南区域9个国家气象观测站1960~2016年的观测数据显示,自20世纪60年

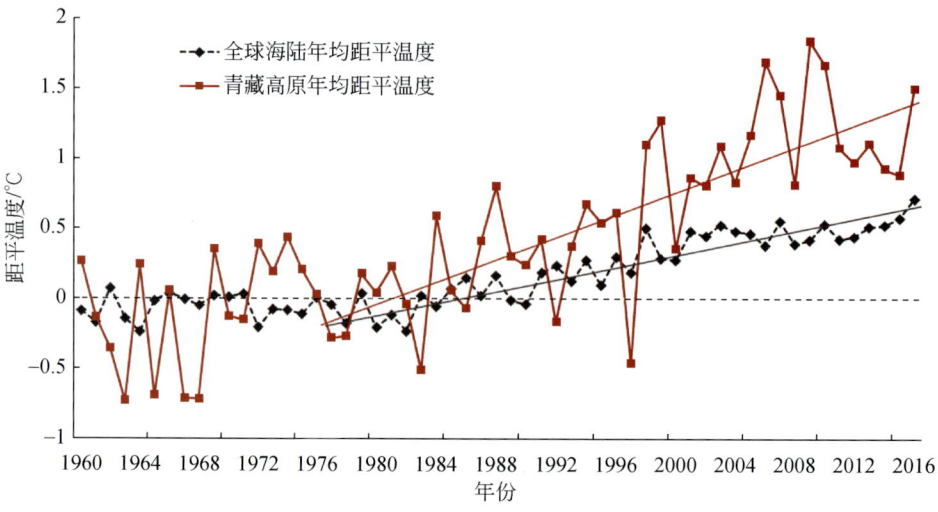

图 5.1　全球海陆与青藏高原 1960~2016 年年均距平温度变化（距 1961~1990 年平均值；WMO，2017）

代以来，藏东南地区年均气温在波动变化中整体呈现快速升温的趋势（图 5.2）。丁青、索县、昌都、嘉黎、波密、林芝、左贡、察隅和洛隆站升温幅度分别为 1.4℃、1.6℃、1.0℃、1.8℃、1.0℃、1.3℃、1.1℃、0.9℃和 1.1℃。此外，以波密站为代表的藏东南地区极端高温呈上升趋势，近 10 年日最高气温极大值超过 31℃（图 5.3），在高寒地区实属罕见。

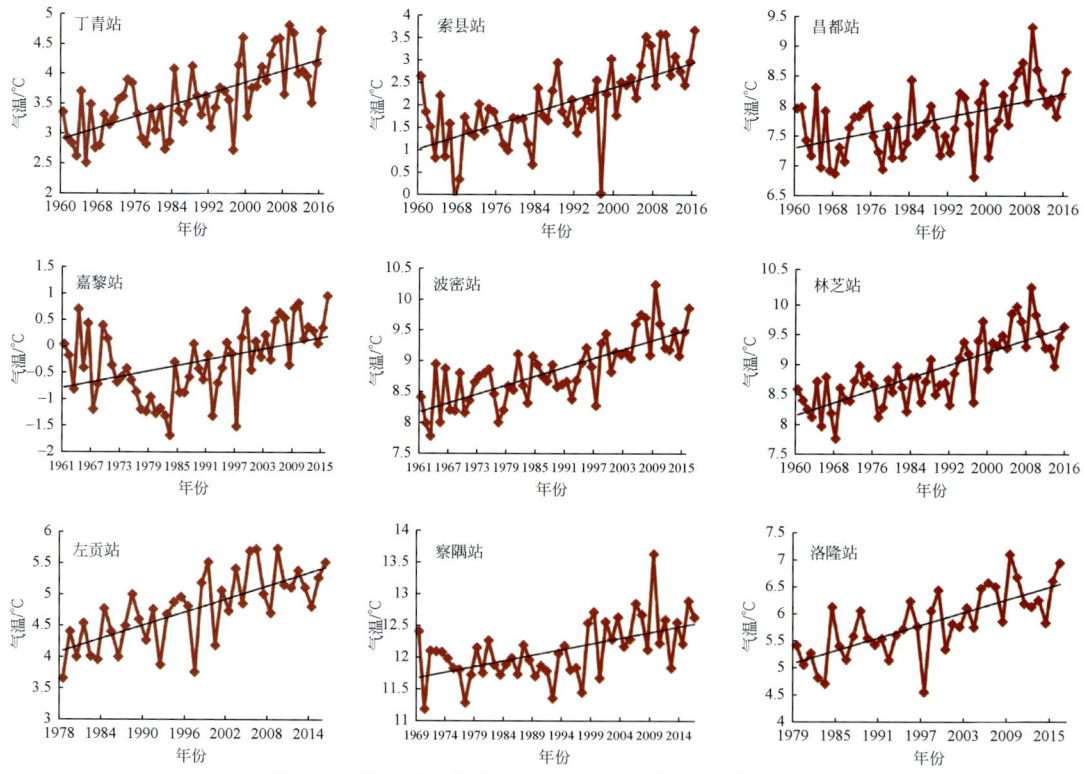

图 5.2　藏东南气象台站 1960~2016 年气温观测数据

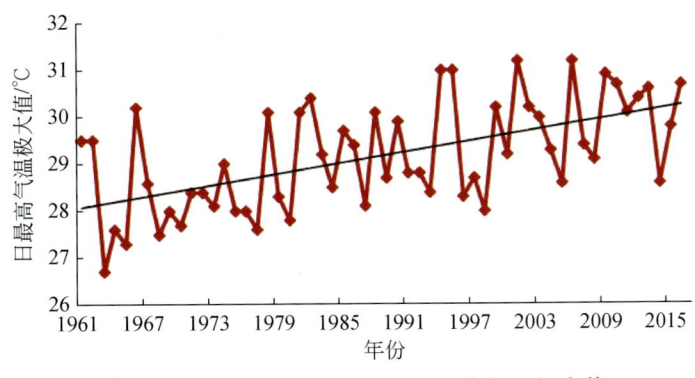

图 5.3　波密站 1961~2016 年日最高气温极大值

5.1.2　降雨变化

IPCC（2013）报告及我国气候变化研究成果表明，气候变暖引起降雨在不同区域、不同空间尺度的差异性变化。观测数据显示，过去 50 多年来，随着气温升高，西藏地区及喜马拉雅山区降雨总体呈现增加趋势，但在不同区域降雨变化存在差异。其中，喜马拉雅山区西段呈减少趋势，中段、东段均呈增加趋势。对于南北坡而言，喜马拉雅山北坡降雨呈增加趋势，而南坡表现为减少趋势（张东启等，2012）。

根据藏东南国家气象观测站过去 50 多年的数据显示，20 世纪 60 年代以来，藏东南地区年降雨量变化分布不均（图 5.4）。其中，昌都、嘉黎、左贡和察隅波动变化不大，洛隆站的年降雨量呈现波动下降趋势。川藏交通干线 G317 所经丁青和索县，G318 沿线波密和林芝站年降雨量均呈现波动增大趋势。在全球变暖背景下，以波密为代表的川藏交通枢纽的日最大降雨量自 90 年代至今增加明显（图 5.5），表明极端降雨事件出现的概率在这一地区呈现增加趋势。

气温升高、降雨波动增加引起区域内水热组合明显改变，一方面，引起区内冰川、积雪、冰湖的快速变化，造成孕灾环境的改变；另一方面，水热组合条件的变化会直接影响崩塌滑坡、泥石流、冰湖溃决等灾害的形成。其中，暖湿气候是造成该地区山地灾害发生最有利的气候条件。

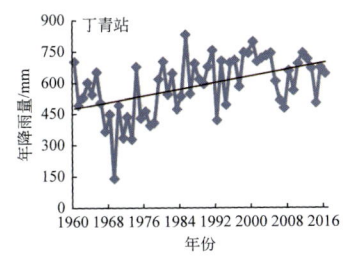 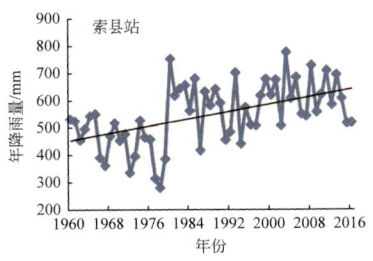 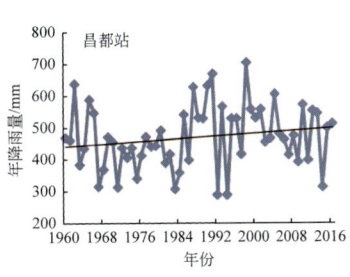

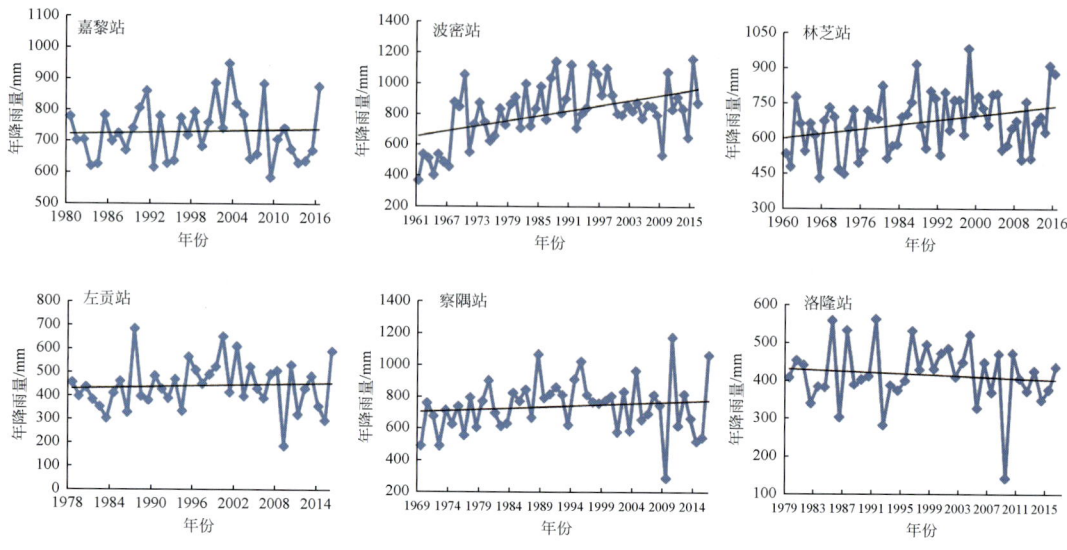

图 5.4 藏东南气象台站 1960～2016 年年降雨量观测数据

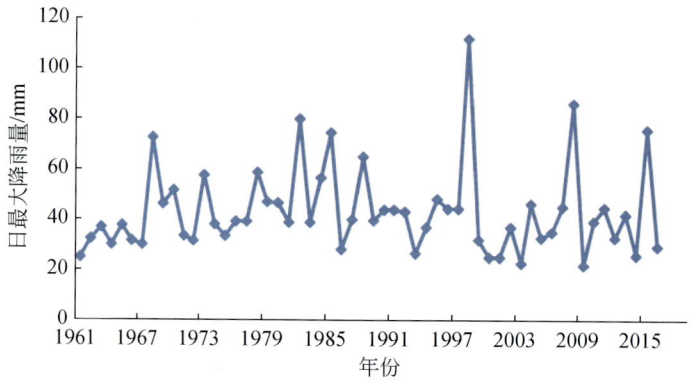

图 5.5 波密站 1961～2016 年日最大降雨量

5.1.3 冰川与冰湖变化

冰川、冰湖是高寒山区对气候变化响应最为敏感的环境因子。气温升高和降雨变化引起川藏交通沿线冰川和冰湖发生明显变化，直接影响该地区山地灾害的形成与发育。

1. 冰川、冰湖变化概况

冰川进退、冰湖增减与区域气候变化密切相关，气温和降雨变化是影响冰川、冰湖变化的关键气象条件。随着全球气候持续变暖，全球陆地冰川持续退缩，且有不断加剧的趋势，成为气候变化带来的重大威胁之一。受气候变暖影响，我国陆地冰川过去60余年来总体呈现萎缩态势，冰川面积不断减少。根据第二次冰川编目数据的最新成果，20世纪

50 年代中后期以来，我国西部冰川面积缩小了 18% 左右，年均面积缩小 243.7km²，过去 30 年喜马拉雅山、唐古拉山、横断山、念青唐古拉山，冰川面积缩小 21%~27.2%，其中喜马拉雅山为 22%（王欣等，2011）。

气候变暖引起冰川、冰湖蒸散量的变化，冰川消融与退缩引起冰川径流与冰湖来水量的变化，进而引起冰湖数量及规模的变化。气候变暖引起冰川消融加剧，冰湖来水量增加，造成单个冰湖蓄水量增加、水位升高；同时，由于若干冰湖面积扩张可能连通形成更大的冰湖，造成冰湖数量减少，单个冰湖规模增加。相关学者研究成果显示，目前喜马拉雅山区共有 1680 个冰湖，总面积 215.28km²，其中，1970~2000 年间，有 1456 个冰湖一直存在，294 个冰湖消失，新增 224 个冰湖。由于存在冰湖面积扩张现象及出现新增冰湖，喜马拉雅山区冰湖面积扩张了 58.96km²，其中已有冰湖面积的扩张贡献了 67%，新增冰湖贡献了 33%；不同高度带冰湖面积多呈扩张态势，在 5000~5300m 范围内出现扩张峰值；2000 年冰川与湖面相连的冰湖扩张数量占扩张冰湖总数的 19%，而冰湖面积增量占总面积增量的 60%，为冰湖扩张的主体（王欣等，2010，2011）。总体而言，过去几十年里，西藏地区冰湖面积变化较冰湖数量变化明显，单个冰湖面积扩张显著；在川藏交通廊道冰雪活动区也存在类似的变化特征。

2. 典型流域冰川、冰湖变化

帕隆藏布和冷曲流域是川藏交通沿线山地灾害最为发育、危害最为严重的路段，区内冰川、冰湖的变化是影响泥石流、崩塌滑坡灾害活动的关键环境因子。通过对比分析 2000 年和 2014 年的 Landsat TM、Landsat ETM 遥感影像数据，获取帕隆藏布流域、冷曲流域冰川、冰湖的分布与变化情况。

1）冰川变化

利用遥感影像对帕隆藏布和冷曲流域的冰川进行解译，其中，帕隆藏布流域解译出冰川 816 条（图 5.6），冷曲流域冰川 84 条。帕隆藏布流域现有冰川总面积为 1537.93km²，其中，分布在海拔 5000~6000m 高山区的冰川面积为 1509.63km²，占冰川总面积的 98.16%。2000~2014 年间冰川整体呈退缩趋势，冰川面积由 2000 年的 1668.72km² 减少至 2014 年的 1537.93km²，共退缩了 130.79km²，退缩面积占冰川面积的 7.84%。相对于帕隆藏布流域，冷曲流域的冰川面积和数量较少，冰川的规模较小。统计发现，冷曲流域冰川退化更为严重，冰川面积在 2000 年为 92.97km²，而到 2014 年冰川面积缩减为 65.70km²，共缩减 27.27km²，占冰川面积的 29.33%。

从冰川变化的空间分布上来讲，帕隆藏布流域的东南部地区，冰川消融较快，冰川退缩严重；流域西北部支流易贡藏布流域，冰川消融相对较缓。而冷曲流域冰川退缩严重的区域主要位于流域的西北侧支流，该区域内的小型冰川基本消失。

2）冰湖分布与变化

利用 2014 年遥感影像解译，初步判定帕隆藏布流域内共有大小冰湖 241 个，较 2000 年新增冰湖 12 个，海拔在 4500m 以下的冰湖总面积减小明显，4500m 以上冰湖面积增大趋势明显。其中面积大于 0.01km² 的有 223 个，面积大于 0.1km² 的有 46 个，面积最大的冰湖位于然乌湖上游，面积为 2.856km²。同样，利用 2014 年遥感影像对冷曲河流域内的

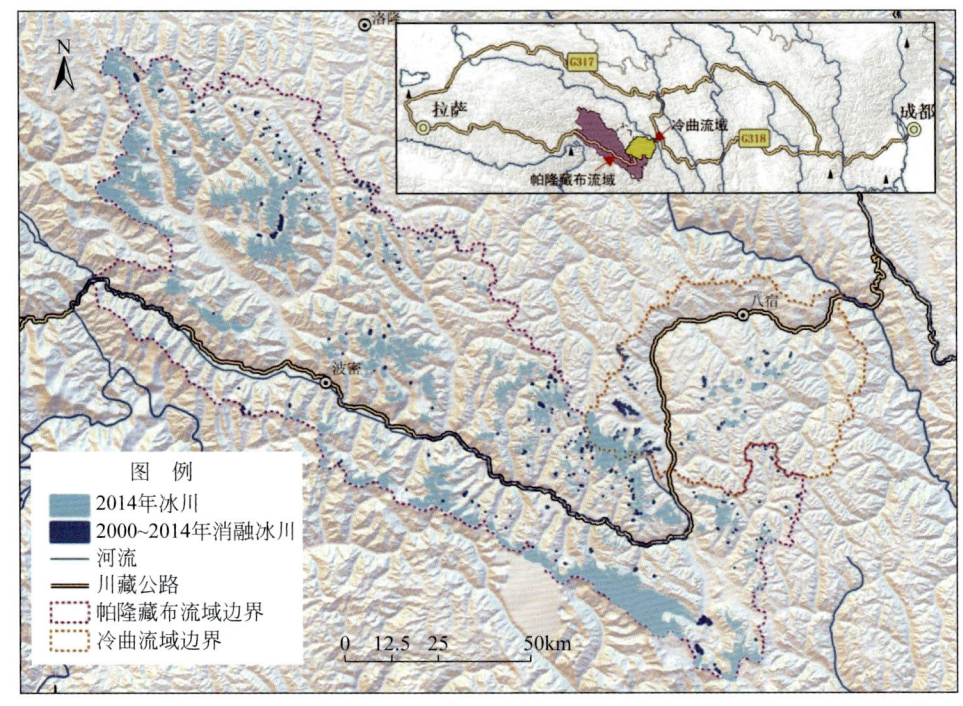

图 5.6 典型流域 2000～2014 年冰川变化图

冰湖进行解译,共发现大小冰湖 175 个,相比 2000 年增加 35 个。其中,面积大于 0.01km² 的冰湖有 109 个;面积大于 0.1km² 的有 14 个。面积最大的冰湖位于冷曲河上游支流,面积为 0.748km²。

通过遥感解译,并结合野外调查数据和地形图分析,判定区域内冰湖有 3 种类型,即终碛湖、侧碛湖和冰斗湖。在帕隆藏布流域,从冰湖的面积上来看,面积小于 0.1km² 的冰湖有 195 个,约占冰湖总数的 80.9%,面积小于 0.05km² 的冰湖有 152 个,占总数 63.1%。从不同类型冰湖的面积来看,终碛湖和侧碛湖的面积较大,冰斗湖的面积则相对较小,帕隆藏布流域的冰湖以终碛湖数量最多(表 5.1),占总数量的 56.4%,侧碛湖和冰斗湖数量比例分别为 12.5% 和 31.1%,而面积大于 0.5km² 冰斗湖的几乎没有。帕隆藏布流域的冰川属于典型海洋性冰川,雪线在 4500～4700m,冰湖分布的高程比大陆性冰川及过渡性冰川低。帕隆藏布流域中,19.21% 的冰湖分布于 4000～4500m 地带,44.54% 的冰湖分布于 4500～5000m,32.31% 的冰湖分布在 5000m 以上的地带,而 3.94% 的冰湖分布于 4000m 以下的地带。

在冷曲流域分布的冰湖中(表 5.1),冰斗湖的数量最多,占总数量的 65.7%,终碛湖和侧碛湖数量相对较少,分别占冰湖总数的 33.7% 和 0.6%。同样对不同面积的冰湖数量进行统计,面积小于 0.1km² 的冰湖有 161 个,约占冰湖总数的 92.0%;面积小于 0.05km² 的冰湖为 146 个,约占冰湖总数的 83.4%。

表 5.1 冰湖类型和数量统计表

面积/km²	终碛湖/个		侧碛湖/个		冰斗湖/个	
	帕隆藏布	冷曲	帕隆藏布	冷曲	帕隆藏布	冷曲
<0.01	10	22	3	0	5	44
0.01~0.03	47	22	10	1	31	42
0.03~0.05	22	2	6	0	18	13
0.05~0.1	22	8	6	0	15	7
0.1~0.5	30	3	3	0	6	8
>0.5	5	2	2	0	0	1
合计	136	59	30	1	75	115

受水源供给的影响，冰湖面积不断变化。冰川融水及降水为冰湖提供了水源，加上近年来气候变化对冰川活动及降雨的影响，致使不断有新的冰湖出现，造成了部分冰湖面积增加；而部分地区水源供给减少或中断及冰湖溃决事件的发生，导致冰湖面积的减少。

2000 年帕隆藏布和冷曲流域内冰湖的总面积为 30.63km²，2014 年为 31.84km²，冰湖的总面积增加 3.95%（图 5.7）。其中 2000 年帕隆藏布流域内的冰湖总面积为 24.09km²，2014 年为 24.75km²，冰湖总面积增加 2.74%，其中，终碛湖面积增加 0.54km²，面积变

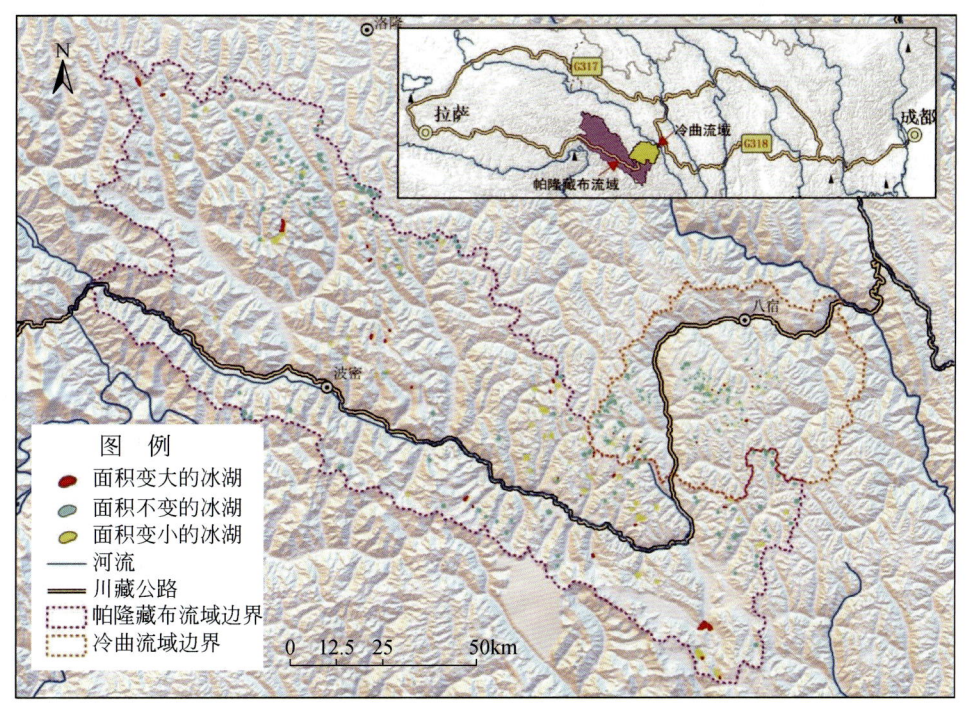

图 5.7 典型流域 2000~2014 年冰湖变化图

化率为 3.13%；侧碛湖面积增加 0.30km^2，面积变化率为 9.49%；冰斗湖面积则呈现出整体减少的趋势。2000 年冷曲流域内的冰湖总面积为 6.54km^2，2014 年为 7.09km^2，总面积增加 8.41%，其中，终碛湖和侧碛湖的面积均呈现出增加的趋势，2000 年终碛湖和侧碛湖总面积约为 2.73km^2，到 2014 年面积增长为 3.17km^2，面积变化率为 16.12%；冰斗湖面积在 2000 年为 3.81km^2，到 2014 年增加为 3.92km^2，面积增长率为 2.89%。

不同流域、不同类型冰湖面积变化统计数据显示（表 5.2、表 5.3），帕隆藏布流域冰湖总面积增加主要来自于终碛湖和侧碛湖面积的增加，而冰斗湖面积略有减少。帕隆藏布流域冰湖面积增加主要源于大型冰湖，单个冰湖面积、水量的增加，这加大了冰湖溃决的危害和风险。从帕隆藏布流域冰湖的分布及冰湖变化的研究结果来看，帕隆藏布流域冰湖溃决危害主要集中于中坝乡以上大型冰湖分布较为密集的地区。与帕隆藏布流域冰湖面积变化略有不同，冷曲流域内终碛湖、侧碛湖和冰斗湖面积均有所增加，且终碛湖面积增加的幅度大于帕隆藏布流域，其增长比例达到 15.02%，冰斗湖面积虽有增加，但是增加的比率相对较小，仅为 2.89%。

表 5.2　不同类型冰湖的面积变化统计表

冰湖类型	2000 年面积/km^2		2014 年面积/km^2		面积变化率/%	
	帕隆藏布	冷曲	帕隆藏布	冷曲	帕隆藏布	冷曲
终碛湖	17.24	2.73	17.78	3.14	3.13	15.02
侧碛湖	3.16	0	3.46	0.03	9.49	—
冰斗湖	3.69	3.81	3.51	3.92	-4.88	2.89
合计	24.09	6.54	24.75	7.09	2.74	8.41

表 5.3　不同大小冰湖的面积变化

面积/km^2	2000 年面积/km^2		2014 年面积/km^2		面积变化率/%	
	帕隆藏布	冷曲	帕隆藏布	冷曲	帕隆藏布	冷曲
<0.01	0.11	0.23	0.13	0.35	18.18	52.2
0.01~0.03	1.71	0.94	1.69	1.19	-1.17	26.60
0.03~0.05	1.65	0.59	1.80	0.59	9.09	0
0.05~0.1	3.06	0.76	3.16	1.05	3.27	38.16
0.1~0.5	8.52	2.59	8.28	2.48	-2.82	-4.4
>0.5	9.04	1.43	9.69	1.43	7.19	0
合计	24.09	6.54	24.75	7.09	2.74	8.41

5.2 气候变化条件下山地灾害活动特征

近年来,气温升高和降雨增多的气候特点导致西藏高寒山区山地灾害(滑坡、泥石流及冰湖溃决)的发生频率有所增加,灾害的发生也表现出显著的活动特征。本节主要从区域气候特点及变化规律的角度,分别对高寒山区滑坡、泥石流、冰湖溃决及灾害链近年来的活动特征进行描述。

5.2.1 滑坡活动特征

滑坡活动与全球气候变化有着密不可分的关系。气候变化引起了地球表层系统结构调整,是滑坡灾害发生的重要外强迫因子。中更新世中期(0.5Ma B.P.)以来滑坡的主要发育期与气候变化密切相关,滑坡主要集中在气候波动的相对暖湿期和强降雨期,大区域滑坡的运动规律与全球气候的间冰期之间呈现一致性关系(刘芸芸,2013)。

滑坡的发育受控于区域内特定的地质、地貌、水文、岩土、植被条件及人为活动等组合因素的演绎和变化,在全球气候变暖背景下表现出以下特点:

1)滑坡激发水源多样

滑坡活动受水的影响,一般在大气降水充沛,地下水活动加强的夏秋季节发育较多。在高寒气候条件下,青藏高原滑坡发育除受降雨条件影响以外,还受冰雪融水和土壤夹层冰体融水的影响。在高寒山区,既有低海拔山区常见的由降雨激发形成的滑坡,又有高寒山区特有的由冻融作用形成的滑坡。在春季3~4月,天气变暖,不断升高的气温加剧冰雪消融,为滑坡的发育提供了充足的水源,导致高寒山区滑坡的发生时间比一般低海拔山区暴雨型滑坡的发生时间提前。例如,发生在2000年的易贡巨型滑坡,在春季4月,气温开始上升,快速的升温和持续的高温使大量的冰雪融水流入岩体裂隙中,加速了裂隙发育,促使滑坡的发生。因此,春夏交替的冰雪消融造成岩土体变形失稳破坏是高寒山区滑坡发生的重要激发条件。

2)冻融循环和气候变暖利于大规模滑坡发育

对于高寒山区土质滑坡来说,冻融循环的长期作用会改变土体的结构、降低土体的强度,导致坡体失稳形成滑坡,如川藏公路沿线的102滑坡。高寒山区岩质滑坡源区一般位于现代雪线之上或接近于现代雪线(郭长宝等,2016),对于高寒山区岩质滑坡来说,断裂活动造成滑坡源区岩体节理裂隙发育,在冻融循环的作用下,裂隙水在固体和液体间循环转变,使得节理裂隙加宽加深,劣化岩石(体)的强度,从而引发巨型岩质滑坡的发生,这种滑坡往往具有高速远程的运动特性,如易贡巨型滑坡、乱石包高速远程滑坡等。此外,川藏交通沿线大型滑坡与气候变暖的关系也极为密切。在全球气候变暖背景下,高度敏感的冰川和冰缘区正在发生巨大的变化。特别是近30年,西藏极端高温频繁出现,冰川和积雪变化加剧,导致川藏交通沿线滑坡灾害频繁发生,且规模较大。如林芝地区较为典型的东久滑坡、八一电站滑坡、加马其美滑坡等,均发生在1990~2000年间相对偏暖的年份中。

3）滑坡发育具有继发性与群发性

青藏高原滑坡灾害的活动特征通常还表现出继发性和群发性。继发性是指滑坡灾害的发生具有典型的继承性重复活动特征，且这种继承性重复活动往往不具有周期性。例如，1900 年和 2000 年扎木弄沟发生的两次大型滑坡堵江事件；新滑坡孕育在古滑坡体上也是西藏滑坡的重要特征，如角不弄滑坡坡脚发育的次级滑坡等。

受区域性环境及气候条件的综合影响，滑坡灾害可能会在某一区域成群出现，滑坡群较易出现在土质斜坡区域。如川藏公路 102 滑坡群规模巨大，1991～1994 年由 102 滑坡群引起的每年断道天数分别为 179 天、116 天、101 天和 97 天，1994～2000 年间每年断道也都在 50 天以上，严重制约着川藏公路交通运输的通畅（祝介旺等，2010）。

4）冰湖溃决洪水成为滑坡发生诱因之一

近年来全球气候变化导致冰湖溃决增多也成为高寒山区大型滑坡灾害发生的诱发和触发因素之一（黄润秋，2007）。冰湖溃决后形成的水动力条件变化幅度很大，流速与水位的急剧波动会对岸坡造成强烈冲蚀，使岸坡坡脚不断退缩，改变了边坡的外形和应力状态，造成岸坡坡脚的支撑减弱最终诱发坡体的滑动。以聂拉木县曲乡—友谊桥段为例，1981 年章藏布流域次仁玛错冰湖溃决灾害发生之后，大量侵蚀导致许多牵引式滑坡的发生。公路沿线共 4 处滑坡群（707 滑坡、樟木滑坡、扎木拉山滑坡、友谊桥滑坡），1982 年以后，年年滑动，对该地区交通运输造成严重威胁（胡桂胜等，2012）。

5.2.2 泥石流活动特征

降水和冰雪消融是影响高寒山区泥石流形成与活动的重要因素，伴随着气温升高，冰雪融水的供给量也会增加，冰川区泥石流形成的水源条件向着利于激发泥石流的方向变化，冰川泥石流趋于活跃（崔鹏等，2014），泥石流活动具有以下特征：

1）地域集中，暴发频率高

以帕隆藏布流域为例，20 世纪以来在该流域的 4 个地段，以四条沟为中心经历了 4 次泥石流灾害高发期。第一个高发期以扎木弄沟为中心：20 世纪初至 20 世纪中叶，在易贡藏布下游地段，先后有若干条沟连续暴发数次泥石流，形成一个泥石流活动高潮。第二个高发期以波都藏布右岸的古乡沟为中心：1953～1975 年间，古乡沟集中暴发泥石流高达百余次。其中，1963 年古乡沟发生 70 多次泥石流；在 1964 年从 5 月 30 日至 9 月 24 日的 118 天中，先后暴发共 85 次泥石流；此后的十余年间，该沟又多次暴发泥石流。第三个高发期以通麦至拉月地段的培龙沟为中心：1983 年、1984 年和 1985 年 3 年间，培龙沟连续暴发大规模泥石流，给临近城镇和道路造成巨大损失。同期，在通麦至东久的拉月地段，还有许多沟谷暴发规模不等的泥石流，造成不同程度的灾害损失。第四个高发期以帕隆藏布主河左岸的天魔沟为中心：2007 年和 2010 年集中暴发三次大规模泥石流，泥石流曾堵塞主河道，造成严重损失。

2）突发性和群发性

川藏交通沿线泥石流类型多样，降雨型泥石流、冰雪融水型泥石流、冰湖溃决型泥石流和冰水混合型泥石流广泛发育，强降雨、冰川消融、冰湖溃决、地震等环境因子的耦合都可能引发泥石流。其发生、演进过程具有突发性、短历时等特征，往往瞬间引起局布地形改变，造成重大危害。如米堆沟冰湖溃决型泥石流从冰湖溃决到泥石流结束历时半个小时，1953 年古乡沟巨型泥石流暴发后顺江堵塞帕隆藏布，整个泥石流历时也仅 4 个小时左右，而输出沟口的固体物质却高达 1000 余万 m^3。同时，泥石流受到区域性、局地性极端气候（极端干旱、极端降雨、极端高温）、强地震事件的影响，在不同区域同时激发形成群发性的大型泥石流灾害，加大灾害损失与人员伤亡。如 2007 年 9 月天魔沟暴发特大泥石流时，其周边的比通曲、古乡沟、索通沟等沟谷同时暴发规模大小不等的泥石流；2015 年 8 月通麦–易贡地区的持续降雨与高温气候则引发沿线数十条沟谷不同程度暴发规模大小不等的泥石流，其中培龙沟和扎木弄沟堆积方量均超过 100 万 m^3。

3）雨热同期利于形成大规模泥石流

对于青藏高原山区不同类型的泥石流而言，强降雨、高温条件都是泥石流暴发的有利条件，而高温和强降雨同时出现的暖湿气候更是有利于大规模泥石流的形成。对古乡沟泥石流形成条件的分析表明，1971～2010 年泥石流的发生与高温和强降雨具有较好对应关系，在统计的 9 次大规模泥石流中，有两次发生在降雨高值年（1972 年、1979 年），有 3 次发生在气温高值年（1993 年、2005 年、2008 年），有 4 次发生在降雨高值且气温相对较高的年份（1982 年、1995 年、1998 年和 2010 年）（图 5.8；崔鹏等，2014）。此外，如培龙沟 1983～1985 年的特大泥石流、天魔沟 2007 年和 2010 年的特大泥石流灾害事件，以及 1988 年的米堆冰湖溃决事件的发生都与暖湿气候条件有关。

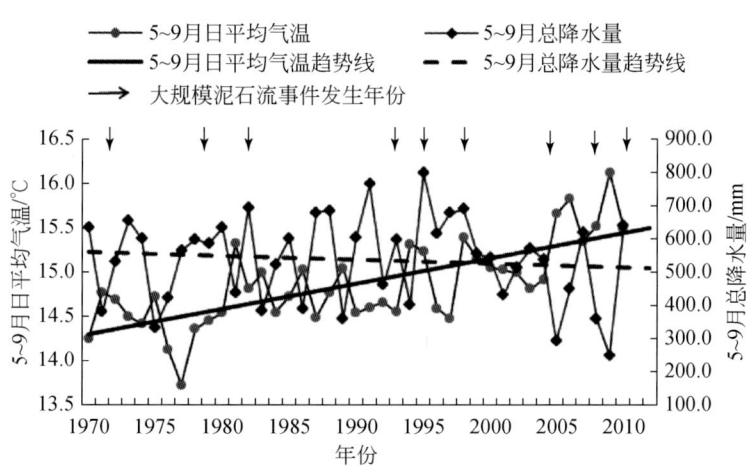

图 5.8 古乡沟大规模泥石流暴发与波密站雨季日平均气温和总降水量的对应关系

4）冰川泥石流趋于活跃

20 世纪 80 年代至今，受青藏高原气候变暖和降雨增加的影响，一些典型冰川泥石流流域（如古乡沟、培龙沟、天魔沟）的泥石流活动频繁。特别是近 15 年，极端高温天气频发，加剧了冰雪消融，伴随着极端降雨，这些流域多次暴发特大泥石流。其中，有资料记载的泥石流事件就多达十余次，几乎年年暴发，且规模巨大，如 2004 年、2005 年、2010 年和 2015 年古乡沟特大泥石流，2007 年和 2010 年天魔沟特大泥石流，2016 年培龙沟特大泥石流。在全球气候变暖，极端气温和极端降雨多发的背景下，受水热条件影响敏感的冰川泥石流活动趋于活跃。

5.2.3 冰湖溃决活动特征

冰湖溃决主要由冰崩、冰滑坡或冰川跃动等突发性事件造成冰碛坝失稳破坏引起，少数是由冰崩与冰湖水量增加引起的管涌共同诱发引起。区域气候持续变暖，导致冰川消融加剧、地表径流增加、入湖水量增加、冰湖蓄水量增加、面积增大、冰湖溃决风险增大，表现出如下活动特征：

1）多发生于气候过渡年份和气温异常偏暖年份

从湿冷气候转向湿热或干热（暖）气候的过渡年份和气温异常偏暖年份最有利冰湖溃决的发生。20世纪30年代以来，西藏地区共有23处冰碛湖发生了35次大规模溃决事件，已发生溃决的冰湖主要分布于喜马拉雅山区和藏东南地区。对50年代至今冰湖溃决事件与气候的关系进行分析发现，大多数冰湖溃决事件发生在湿冷气候向湿热或干热（暖）气候的过渡年份和气温异常偏暖年份（刘晶晶等，2008）。湿冷气候有利于冰川的积累和前进，气温异常升高使冰川强烈消融、变薄乃至退缩。20世纪60年代初期，西藏各地普遍出现湿冷气候，特别是1960~1963年最为明显，在西藏高原上不少冰川积累增加，出现前进现象（杜军等，2000）。1964年气候转暖，气温升高加剧冰川消融，冰崩和冰滑坡等灾害相继发生，进而诱发冰湖溃决，如吉莱错、达门拉咳错和隆达错等冰湖溃决事件都是在该年发生。20世纪80年代相对于70年代多为异常偏暖年，高温使前期积累冰川快速消融，伴随着80年代丰富的降水，大量湖水补给和冰崩冰滑坡易造成冰湖溃决。资料记载（表5.4），1980~1989年间，共发生4次大型冰湖溃决事件，分别是1981年6月的扎日错冰湖溃决、1981年7月的次仁玛错冰湖溃决、1982年8月的金错冰湖溃决和1988年7月的光谢错冰湖溃决。随着气温快速升高，2000~2010年间，共有7个年份为异常偏暖年，异常高温共造成9次冰湖溃决事件发生。

表5.4 20世纪以来西藏冰湖溃决洪水（泥石流）事件（数据来源：姚晓军等，2014）

编号	名称	坐标 (°E, °N)	所在县区	溃决日期 （年/月/日）	面积 /km²	溃决水量 /10⁶m³	海拔 /m	成因
1	塔阿错	28.29, 86.13	聂拉木	1935/8/28	0.23	6.3	5245	冰滑坡、管涌
2	穷比吓玛错	27.85, 88.92	亚东	1940/7/10	0.06	12.4	4660	冰崩
3	桑旺错	28.24, 90.10	康马	1954/7/16	5.9	300	5150	冰崩
4	鲁苕错	28.27, 90.59	洛扎	20世纪50年代	0.45	—	5420	—
5	次仁玛错	28.07, 86.06	聂拉木	1964年 1981/7/11	0.35	18.9	4660	冰崩、管涌
6	隆达错	28.62, 85.35	吉隆	1964/8/25	0	10.8	5460	冰崩、冰滑坡

续表

编号	名称	坐标 (°E,°N)	所在县区	溃决日期 (年/月/日)	面积 /km²	溃决水量 /10⁶m³	海拔 /m	成因
7	吉莱错	27.96,87.81	定结	1964/9/21	0.43	23.4	5271	冰滑坡
8	达门拉咳错	29.87,93.04	工布江达	1964/9/26	0.1	3.7	5210	冰崩、冰滑坡
9	阿亚错	28.35,86.49	定日	1968/8/15 1969/8/17 1970/8/18	0.32	90	5560	冰滑坡
10	班戈错	31.73,94.73	索县	1968/8 1972/7/23 1991/6/12	0.9	—	4332	冰崩、冰滑坡
11	波戈冰川湖	31.86,94.76	丁青	1974/7/6	0.7	—	4328	冰崩
12	扎日错	28.30,90.61	洛扎	1981/6/24	0.2	—	5420	冰崩、冰滑坡
13	印达普错	27.95,87.91	定结	1982/8/27	0.65	27.5	5175	终碛堤渗透变形
14	光谢错	29.46,96.50	波密	1988/7/15	0.24	5.4	3816	冰崩、冰滑坡、管涌
15	夏嘎湖	28.80,91.94	乃东	1995/5/26	0.14	81	5212	冰崩、冰滑坡
16	扎那泊	28.66,85.37	吉隆	1995/6/7	0.05	—	4745	冰滑坡
17	龙纠错	28.24,89.69	康马	2000/8/6	0.78	—	4698	—
18	嘉龙错	28.21,85.85	聂拉木	2002/5/23 2002/6/29	0.61	23.6	4410	冰川融水与降水增多
19	得嘎错	28.33,90.67	洛扎	2002/9/18	0.13	—	5316	雪崩
20	浪措	27.83,91.81	错那	2007/8/10	0.06	—	4300	强降水
21	折麦错	28.01,92.34	错那	2009/7/3	0.03	—	5300	冰川融水增加
22	错嘎	30.83,94.00	边坝	2009/7/29	0.29	—	4781	冰川融水增加
23	给曲冰湖	27.95,87.99	定结	2010/6/24— 2010/7/28	0	—	5510	强降水或上游冰湖湖水外溢

2) 溃决流量变化大、危险高

与暴雨或融雪洪水不同，冰湖溃决洪水具有洪峰高、流量过程暴涨暴落、破坏力强、灾害波及范围广等特点（张祥松和田希尧，1989；刘晶晶等，2008）。从已发冰湖溃决事件来看，大部分冰湖都属于瞬时部分溃决或全部溃决，峰值流量大部分超过了 $1000\text{m}^3/\text{s}$，瞬时溃决的流量过程线一般呈单峰型，溃决后，流量变化突然，最大溃决峰值流量出现在溃坝后很短时间内。例如，1988 年米堆冰川光谢错冰湖的溃决，属于瞬时溃决类型，洪峰值在 10s 便出现，超过 $1200\text{m}^3/\text{s}$，峰值流量持续 1min 便急剧下降，2min 后的流量值变化趋于平稳（图 5.9）。冰湖突然溃决，湖中蓄积的数以百万乃至上亿立方米的水体瞬时倾泻而下，裹挟大量泥沙石块，形成规模巨大的泥石流，来势凶猛，席卷沟内村落及农田，对下游地区人们生命财产和基础设施带来极大破坏。

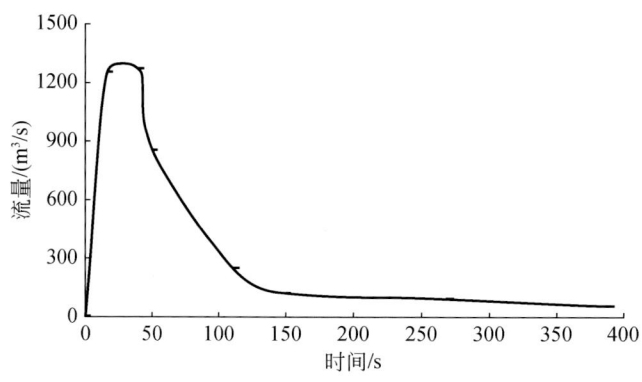

图 5.9　光谢错冰湖溃决流量过程演化

3）冰湖溃决易引发链生灾害

由于高寒山区高山峡谷的地貌特点，冰湖溃决产生的巨大流量容易形成洪水，为沟床内松散物质的起动提供了强大的水动力条件，在松散物质丰富的沟道，溃决洪水直接演化成泥石流。例如，1964 年隆达错泥石流，1968 年、1969 年和 1970 年连续 3 年阿亚错泥石流，1982 年金错泥石流，1995 年扎那泊泥石流和 2002 年嘉龙错和得嘎错泥石流等。在气候变暖背景下，近年来冰湖溃决事件频发，由溃决洪水引发的大规模泥石流链生灾害也时有发生，冰湖库容越大，泥石流持续时间越长，泥石流总量越大，危害越严重。此外，冰湖溃决形成的泥石流或洪水在运动过程中不断掏蚀沟道、冲刷沟谷坡脚，引起坡脚失稳，进而诱发滑坡崩塌事件，加大了灾害规模和破坏能力，如 1981 年次仁玛错冰湖溃决后引发的聂拉木 707 滑坡、樟木滑坡和友谊桥滑坡等。

4）冰湖再生构成新的风险

在全球气候变暖的背景下，剧烈的冰川消融和高强度的降雨为冰湖面积的扩张提供丰富的水源补给，冰湖面积的持续增加为冰湖再次溃决提供有利条件。位于聂拉木县境内章藏布次仁玛错冰湖分别于 1964 年、1981 年和 1983 年发生 3 次大规模冰湖溃决事件（程尊兰等，2003；刘晶晶等，2008；姚晓军等，2014），对当地经济发展和居民生活造成严重危害。同一个冰湖连续发生 3 次溃决，说明该冰湖具有再生且再溃的条件。次仁玛错在 1980~2014 年的 34 年间冰湖面积经历了增大到溃决缩小再到增大的过程（赵万玉等，2015）。在 1981 年和 1983 年两次溃决后，次仁玛错冰湖面积缩小 0.267km^2。1988 年至今，次仁玛错的面积整体呈逐渐增加趋势，特别是 2005~2014 年的 9 年间增加迅速，到 2014 年冰湖面积增加至 0.368km^2，比 1988 年增加了 0.253km^2，平均增加速率为 1.58%。

在此期间，次仁玛错冰湖临近的冰川末端退缩十分明显，冰湖面积的快速扩张为冰湖再次溃决创造有利条件，酝酿新的灾害风险。

5.2.4 灾害链特征

1) 灾害链生特征明显，灾情时空延拓显著

在高山区，高陡地形为物质运移提供了巨大位能，物质运移沿程的能量汇聚和消散过程变化多样，具有形成灾害链的良好能量条件；由于侵蚀作用强烈且松散物质类型多样，上游寒区寒冻侵蚀与冰川作用堆积体、中游坡面的风化产物与不稳定斜坡、沟道内分选与未分选的堆积物等，这些不同物理性质和不同赋存条件的岩土体，为不同灾害的时空演化和性质转化提供了丰富的物质基础。

川藏交通廊道具有高陡地形、高寒气候和高地震烈度的区域自然环境特点，具有形成复杂灾害链的条件。例如，冰雪融水导致滑坡或崩塌的形成，崩塌、滑坡进入沟道与沟道流水作用形成泥石流；泥石流不仅破坏下游村镇、农田和道路，大规模泥石流还会堵塞主河形成堰塞湖；堰塞湖壅水在上游会造成淹没灾害，溃决后又会造成巨大的溃决洪水，危害下游更大的范围。灾害链的形成会使灾害在空间上大大拓宽危害范围，在时间上造成多次灾害的延续，延长了危险时段。

2) 大规模灾害链频度增加

在青藏高原升温的背景下，水热同期和极端气候（极端气温或极端降雨）促使特大灾害频繁出现，特殊的地形地貌增大衍生灾害链造成重大损失的风险。以 2000 年发生在扎木弄沟的大规模灾害链为例：2000 年 4 月 9 日，西藏波密县易贡乡发生巨大山体崩滑，在向下运动的过程中转化为碎屑流（泥石流），铲刮携带沿程沟道与谷坡的松散堆积物，使得堆积物体积不断增大，最后约 3 亿 m^3 的堆积物形成堰塞坝堵塞易贡藏布。两个月后堰塞湖溃决形成规模巨大的洪水，水位高出常水位 50 多米，流量达 12.4 万 m^3/s，下游几十千米的道路被冲毁；大峡谷下游的印度境内有 30 人死亡，100 多人失踪，5 万人无家可归，20 多座桥梁被毁（韩金良等，2007）。易贡滑坡和溃决洪水还对生态环境造成毁灭性损害，滑坡的高速运动摧毁了扎木弄沟中下游岸坡上的森林，溃决洪水破坏了易贡藏布和帕隆藏布两岸约 120km 长的岸坡植被带，破坏面积约 10km^2。易贡滑坡是川藏交通沿线最为典型的灾害链实例，同时也是全球近期发生规模最大、危害范围最广、对生态环境影响最严重的山地灾害之一。

3) 灾害链演化过程复杂，类型多样

青藏高原特殊的环境背景和复杂的地形地貌，使得不同灾害间相互转换及演化过程十分复杂，造就了多种链生过程和不同的灾害链类型。例如，川藏公路沿线 1953 年古乡沟特大泥石流、1964 年唐布朗沟冰湖溃决泥石流、20 世纪 80 年代培龙沟冰崩湖溃决泥石流、1988 年米堆沟冰湖溃决泥石流、2000 年易贡滑坡堵江溃决洪水、2007 年 9 月 4 日天魔沟泥石流堵江堰塞湖溃决洪水、2009 年康定境内的响水沟特大泥石流等大规模山地灾害事件形成的不同类型灾害链，造成灾害在时空尺度的延展与放大，加剧灾害损失。

通过分析川藏交通廊道沿线的大型山地灾害发生过程，总结出了如图 5.10 所示的沿线典型山地灾害链过程与类型。

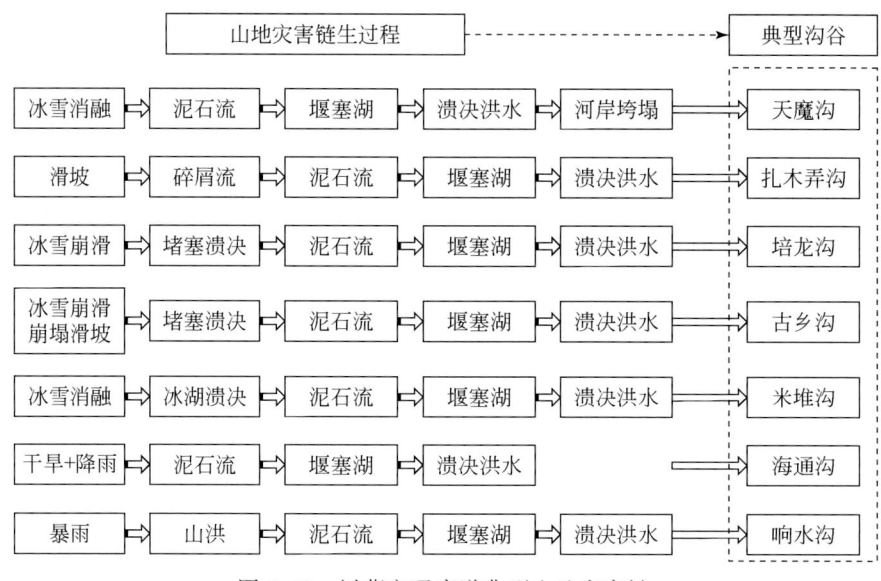

图 5.10 川藏交通廊道典型山地灾害链

5.3 山地灾害形成的气候条件

川藏交通干线雅江至林芝段地处欧亚板块与印度洋板块的缝合带上，又处于雅鲁藏布水汽通道之上，是川藏公路沿线山地灾害类型最全、危害最为严重的地区，同时又是气候变化响应极为敏感的区域。本节以川藏交通沿线典型灾害事件为基础，从气温及降水变化的角度分析大规模山地灾害形成的气候成因。

5.3.1 无资料区气候变化参数提取

气候条件是影响滑坡、泥石流等山地灾害形成的重要条件，其中，降雨和气温的变化对于高寒山区山地灾害的形成至关重要。目前，我国西南高寒山区由于气象观测站点分布较为稀疏，且山区地形起伏较大，地形条件对局地气候影响明显，现有的观测设施难以获得灾害形成区的降雨和气温数据，而卫星反演获得的气象产品分辨率较低，气象数据的缺乏极大地限制山地灾害形成条件的确定及灾害预警和预测。为解决这一技术难题，本节利用基于地面观测修正的 Tropical Rainfall Measuring Mission（TRMM）遥感降水反演产品获得典型灾害发生时灾害点的降雨数据，利用 Anusplin 插值获取灾害点的气温数据，以此分析气候变化对川藏交通沿线山地灾害的影响。

1. 基于地面观测修正的 TRMM 降水数据

目前，对缺乏气象观测数据区域降雨数据多采用临近气象站点或者临时安装的雨量观测系统获得研究区的降水数据。这一方法存在两个弊端：①气象观测站点距灾害暴发点的距离决定了降水资料的准确性，同时山区局地气候变化较大、地形雨决定临近气象站点的数据与灾害点的实际降雨差异较大；②雨量观测系统的位置选择主要依靠专家知识和经验，且成本较高，并不针对具体灾害点，且难于应用于多个灾点观测的数据获取。目前，地基雷达雨量监测及 GPS 对于可降水率的反演也已用于山地灾害监测预警与形成条件的研究中，但是地基雷达信号传输距离会受到地形起伏遮挡的限制，而利用 GPS 观测系统反演的可降水率和实际的降水情况出入较大，难以满足具体灾害点研究的需求。

川藏公路 G318 沿线部分典型泥石流沟与邻近气象观测站点距离较远，以往的研究多数依据临近气象站点降雨数据推测灾点的降雨情况。本章研究的降水数据来源于气象观测站和 TRMM 3B42 Daily V7 降水数据。TRMM 降水数据的空间分辨率为 0.25°，要高于一些典型灾点与气象观测站点的空间距离。经过 TRMM 数据与藏东南部分气象观测站点降雨数据比对分析发现，TRMM 降水结果与站点观测数据的变化趋势相吻合。以 2011 年夏季林芝站观测雨量验证结果来看（图 5.11），当地面观测降雨较小时，TRMM 在时间序列上也表现出较小值，当地面站点观测到较多雨量的天气出现时，TRMM 降水产品的雨量值也相应增加。

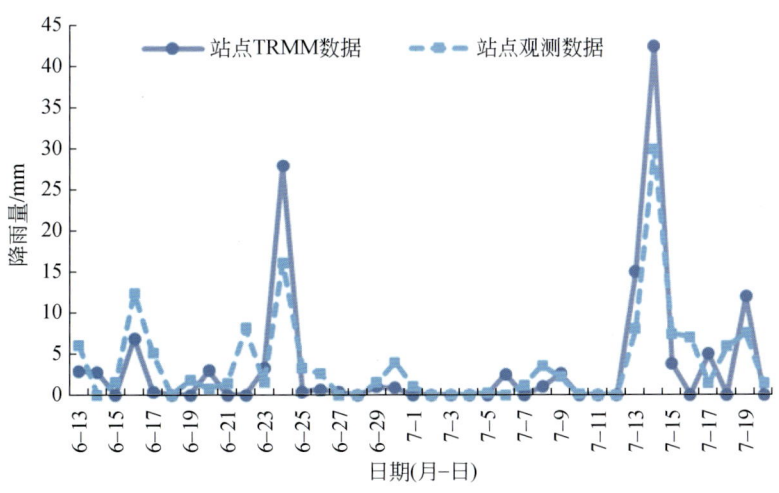

图 5.11　林芝气象站点 2011 年 6~7 月观测数据与站点 TRMM 数据对比

从日序列的雨量变化来看，TRMM 降水产品的雨量振荡变化特征与站点观测降雨数据基本吻合，说明遥感降水产品 TRMM 数据在降雨日变化特征方面能够与地面气象站点所观测的降雨数据的降雨日变化较好的匹配，但就绝对雨量来看，TRMM 卫星降水产品要普遍高于站点气象观测数据，这是由于观测站点大多布设在河谷较低海拔区域，而 TRMM 降水数据一个栅格所代表的是 0.25°×0.25°面积大小的区域，区域内包括降水相对较少的低海拔河谷区，也同样涵盖降水较多的高海拔流域上游地区，因此在绝对雨量方面要高于站点观测数据。另外,高山区地面气象站点分布稀疏为 TRMM V7 数据集的误差校正带来了一定困难,致使 TRMM V7 数据集在发布之前虽已与地面站点进行误差校正,但校正效果毕竟有限,高山区 TRMM V7 产品精度相对于平原区来说较差,具有更大的误差。为了减小 TRMM 数据对地面实际降水量值表达的绝对误差,提高 TRMM 卫星降水产品在高山区的绝对精度,本章进行气候分析的降雨数据是在 TRMM V7 数据集的基础上,采用基于地面气象站点日时间序列的降雨数据对卫星遥感降水产品进行精细化误差纠正,进而提高遥感反演降水产品在高寒山区的数据精度。

基于西藏地质环境监测站在藏东南布设的 3 个气象站点(表 5.5)2012~2013 年的逐日降雨监测数据,对校正后的 TRMM 数据进行精度验证。

表 5.5 西藏地环站气象站点(数据来源:西藏地环站)

编号	站名	位置	数据类别
1	古乡站	波密县古乡古村	降雨
2	米堆站	波密县玉普乡	降雨
3	温泉宾馆	察隅县竹瓦根镇	降雨

精度验证结果表明,经过实测数据校正后的 TRMM 数据在日降水量及 30 日累积降水量精度方面表现较好,其中,3 个站点所在位置 2012 年和 2013 年的遥感融合数据单日降水量数值平均误差低于 3.00mm(表 5.6),说明基于气象站点的单日降水数据所修正的 TRMM 遥感降水融合数据能够满足灾害形成的降水数据精度需求;30 日累积降水量误差方面,除米堆站在 2012 年 30 日遥感累积降水量误差为 26.6mm 外,其余站点在平均误差均低于 15mm(表 5.7),表明基于气象站点的单日降雨数据所修正的 TRMM 遥感降水融合数据提取的 30 日累积降水量能够满足山地灾害暴发前期累积降水量计算分析的数据精度需求。

表 5.6 2012~2013 年各站点日降水量平均误差

日降水量	古乡站	米堆站	温泉宾馆
2012 年平均误差/mm	2.59	2.72	2.17
2013 年平均误差/mm	2.35	2.02	2.18

表 5.7 2012~2013 年各站点 30 日累积降水量平均误差

30 日累积降水量	古乡站	米堆站	温泉宾馆
2012 年平均误差/mm	14.79	26.60	9.87
2013 年平均误差/mm	13.84	12.33	14.01

2. 基于 Anusplin 的高寒山区气温插值数据

Anusplin 插值是基于普通薄盘和局部薄盘样条函数插值理论。局部薄盘光滑样条法是对薄盘光滑样条原型的扩展,除普通的样条自变量外允许引入线性协变量子模型,如温度与海拔、降水与海岸线之间的相关关系。它能同时进行多个表面的空间插值,对于时间序列的气象数据尤其适合(刘志红等,2008;Hutchinson and Xu,2013)。

局部薄盘光滑样条的理论统计模型为

$$Z_i = f(x_i) + b^T y_i + e_i \quad (i = 1, \cdots, N) \tag{5.1}$$

式中,Z_i 是位于空间 i 点的因变量;$f(x_i)$ 是要估算关于 x_i 的未知光滑函数,x_i 是独立变量;y_i 为 p 维独立协变量;b 为 y_i 的 p 维系数。

分别采用 Kriging 插值和 Anusplin 气象插值方法对西藏东南地区及川西地区气象站点的 2010 年 4 月 6 日观测气温进行插值分析,结果显示(表 5.8,图 5.12),Anusplin 气象插值方法依靠 DEM 作为协变量能够对藏东南及川西区域的气温从水平及垂直梯度上有效表达,而空间插值中常用的 Kriging 插值方法对于海拔高差较大的高山地区细部气温变化表达不完整;在插值精度方面,Anusplin 气象插值的精度大约是 Kriging 插值精度的 2 倍;在时间序列变化中,Anusplin 气象插值结果能够与实测气温变化情况相吻合,且 30 日均温误差 1℃ 左右(图 5.13)。

表 5.8 Kriging 插值与 Anusplin 气象插值精度对比

平均误差/℃ 时间尺度 插值方法	日均温	月均温	年均温
Kriging 插值	2.70	2.30	2.01
Anusplin 气象插值	1.36	1.09	0.96

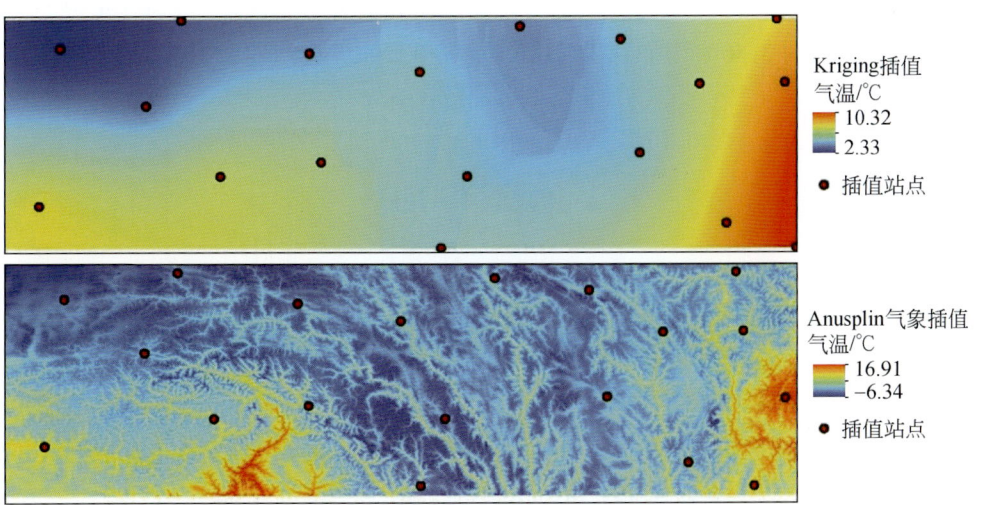

图 5.12 Kriging 插值与 Anusplin 气象插值结果对比

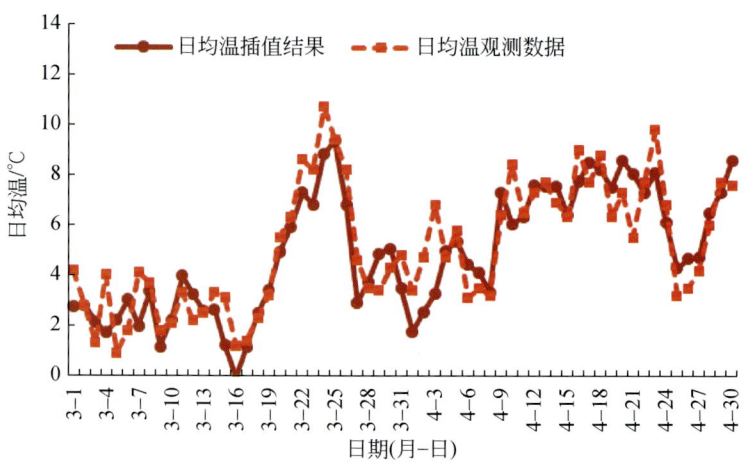

图 5.13　洛隆气象站点 2010 年 3~4 月日均温观测数据与洛隆站点日均温插值结果

5.3.2　典型灾害气象条件分析

1. 易贡巨型滑坡及灾害链

易贡滑坡是 2000 年 4 月 9 日发生在波密县易贡乡扎木弄沟的巨型滑坡—泥石流—堰塞湖—溃决洪水灾害链。扎木弄沟所处区域特殊的地质、地貌条件为巨型滑坡形成提供了十分有利的环境条件,其中气候条件是滑坡形成的关键激发因子。波密的观测数据表明(图 5.14),20 世纪 90 年代,波密地区年均气温年际变化上升明显,大于 0℃年内积温波动增加,10 年间从约 3150℃增加到 3450℃,大于 0℃的天数约增加 10~15 天。

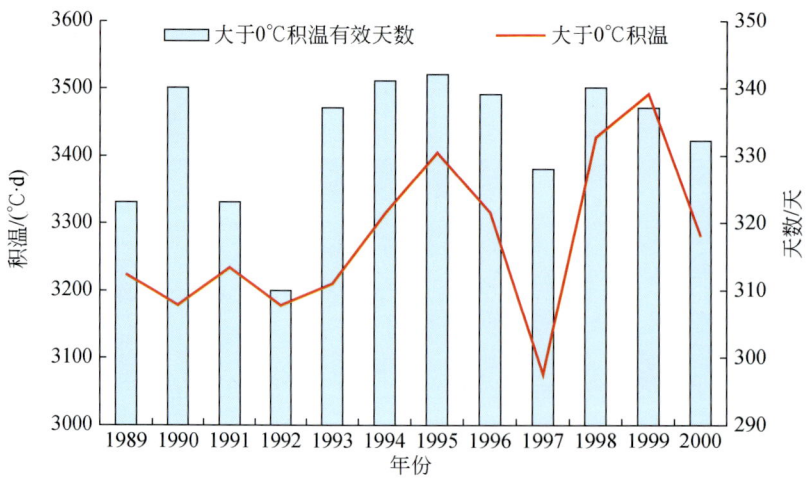

图 5.14　1989~2000 年波密站大于 0℃的年积温和天数统计年际变化

易贡滑坡发生于春季,处于气温升高、冰雪消融的季节,气温变化引起的冻融作用是滑坡发生的重要激发因素。波密站气象观测数据显示,滑坡发生前近20天内,气温保持波动升高,日均最高气温、最低气温变化波动范围10~15℃,3月31日后最低气温稳定保持在0℃以上的升温过程中。

扎木弄沟4100~4800m为季节性冰冻区,也是冬季冰雪覆盖区,春节气温回升导致冰雪消融。利用Anusplin方法插值计算易贡滑坡区海拔4100~4800m区域的气温数据,图5.15为扎木弄沟冻融区4月平均气温年际变化情况,可以看出20世纪90年代末期4月平均气温年际间都出现较大幅度的升高,2000年3月至4月平均气温增量高达约6.53℃(图5.16),达到多年气温增量的最高值。

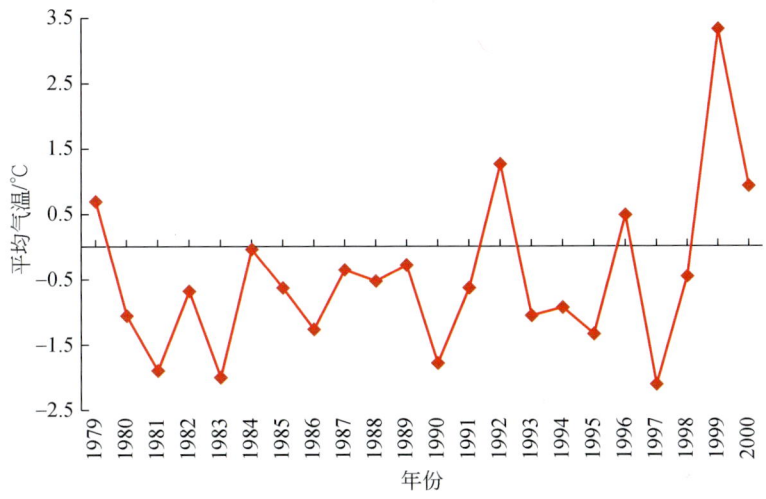

图5.15 扎木弄沟冻融区4月平均气温年际变化

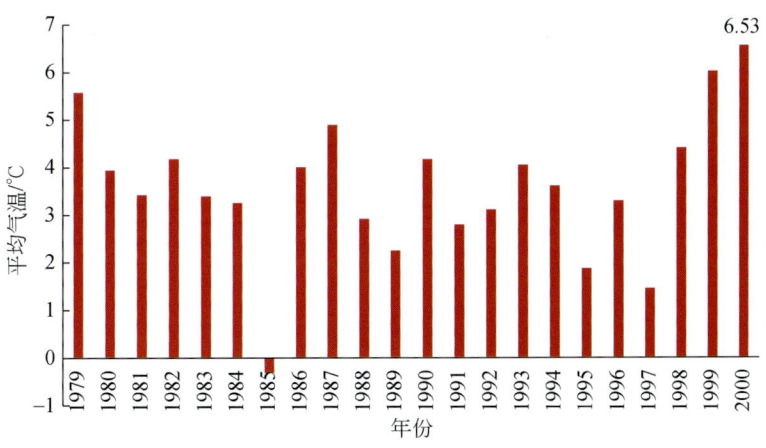

图5.16 扎木弄沟冻融区3~4月增温幅度变化

2000年3月平均气温整体区间基本保持在-7℃到-2℃,26日后,日最高气温快速回升,7天时间从-2.97℃快速升高至11.82℃,日最低温度从-10.90℃升高至-1.05℃,日平均温度从-5.47℃升高至3.70℃,冰雪消融加速。4月2日至4月9日(灾害暴发日)

期间，日平均温度保持在 0.55℃ 到 3.23℃。滑坡发生前，4100m 至 4800m 海拔区域内，日最高气温高于 5℃ 的有效天数为 14 天，日平均气温高于 0℃ 的有效天数为 9 天，大于 0℃ 活动积温达到 19.28℃·d，分别高于 1998 年同期 0℃·d 的活动积温和 1999 年同期 13.39℃·d 的活动积温。此外，由于日极端高温的快速上升，使得冰雪冻融区日最高气温连续多日接近或超过 10℃，导致 3 月 20 日至 4 月 9 日累积日温差高达 271℃，分别高于 1998 年和 1999 年同期累积日温差（241℃ 和 242℃；图 5.17）。

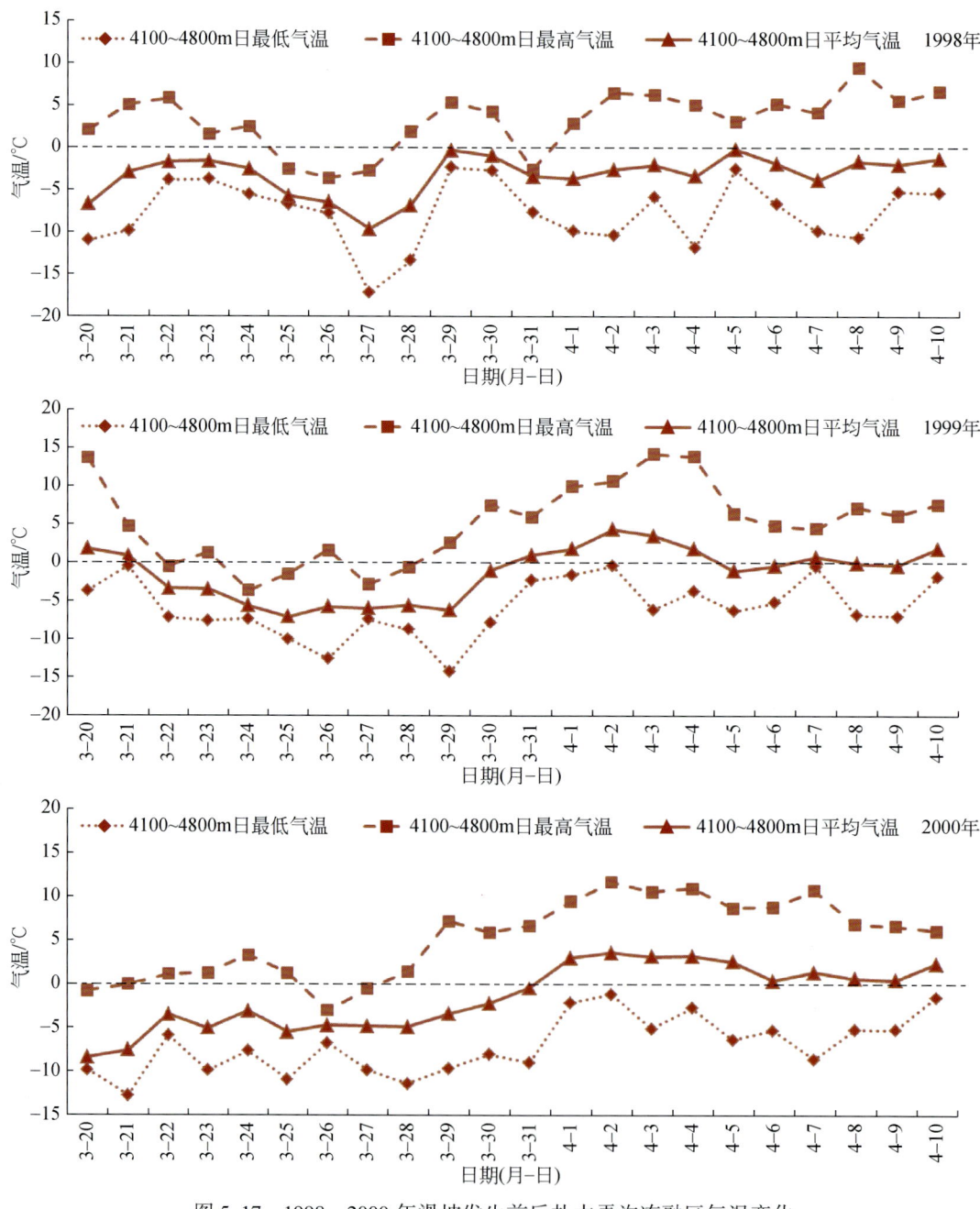

图 5.17　1998~2000 年滑坡发生前后扎木弄沟冻融区气温变化

此外，根据波密和林芝站点观测雨量和 TRMM 反演雨量，滑坡发生时期降雨较往年同期并无明显变化，灾害当年该区域年总降水量小于历史年总降水量，表现为干暖年份。

2. 天魔沟冰川泥石流

天魔沟于 2007 年 9 月 4 日、2010 年 7 月 25 日和 2010 年 9 月 4 日发生 3 次特大泥石流。野外调查发现，冰川消融和降雨作用下主沟冰碛物土体破坏起动形成泥石流，泥石流容重约为 $2.0t/m^3$，3 次泥石流规模在 50 万～130 万 m^3，泥石流冲入帕隆藏布形成堰塞湖—溃决洪水灾害链，导致 G318 线交通中断。

据波密县观测数据，天魔沟 3 次泥石流发生时的 30 日平均气温分别为 17.7℃（14.9～20.4℃）、17.8℃（16.1～20.1℃）和 17.5℃（14.6～19.8℃），较同期多年平均温度高出约 2℃。帕隆藏布流域温度垂直变化速率约为 0.6℃/100m，因此 3 次泥石流发生时天魔沟沟口平均温度约为 19.5℃、19.6℃和 19.3℃，冰川前缘平均温度约为 11.1℃、11.2℃和 10.9℃。利用 Anusplin 气象插值获得的天魔沟泥石流形成区（3500～4100m 冰川前缘）的 30 日平均气温分别是 13.1℃、14.3℃和 13.11℃，比利用气象观测数据推算的值高 2℃，如果考虑到局地水汽差异，插值方法估算的数值应该更接近实际值。3 次泥石流发生的当天冰川前缘平均气温分别为 9.7℃、12.5℃和 11℃，前 5 日平均气温分别为 11.1℃、14.7℃和 10.9℃，反映泥石流是在持续高温加剧冰川消融后发生的。根据 TRMM 遥感数据反演的降雨数据（图 5.18～图 5.20），3 次泥石流当日激发雨量分别为 11.5mm（前一日 26.3mm）、33.3mm 和 15.4mm，灾害暴发前 10 天累积降雨量分别为 81.8mm、102.7mm 和 65.1mm，30 日累积降雨量分别为 93.4mm、108.2mm 和 103.4mm。据此推断，冰川前缘（泥石流形成区）气温在灾变前 30 日保持在 12℃以上，30 日累积降雨量大于 90mm，且当日降雨超过 11mm 的气候条件下，天魔沟易发生大型泥石流。

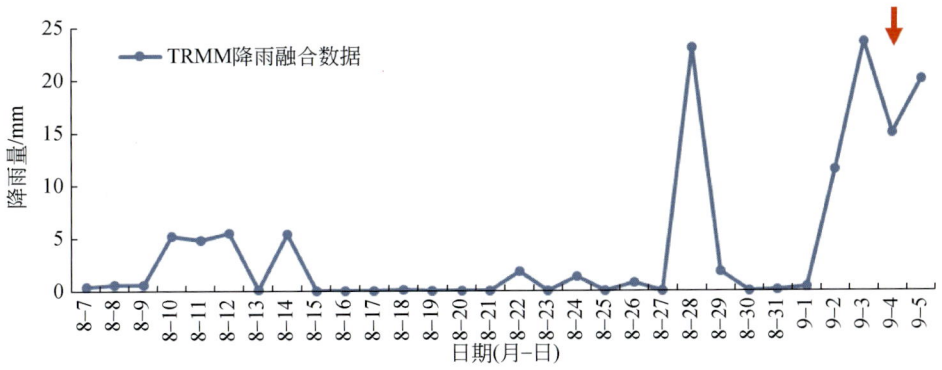

图 5.18　2007 年 9 月 4 日天魔沟泥石流灾害暴发前期降雨过程

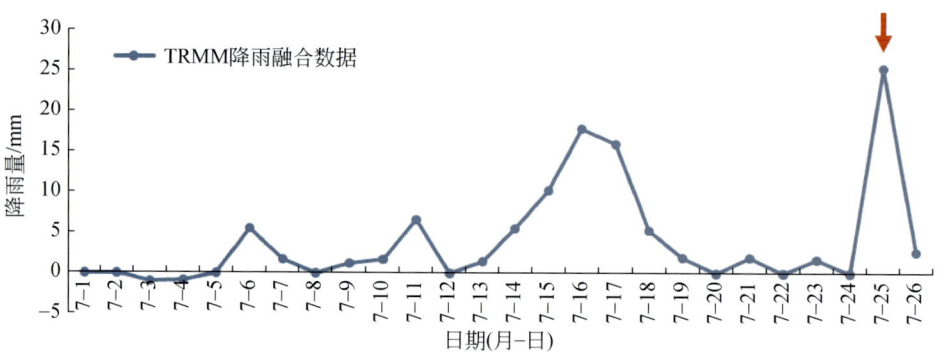

图 5.19 2010 年 7 月 25 日天魔沟特大泥石流灾害降雨过程

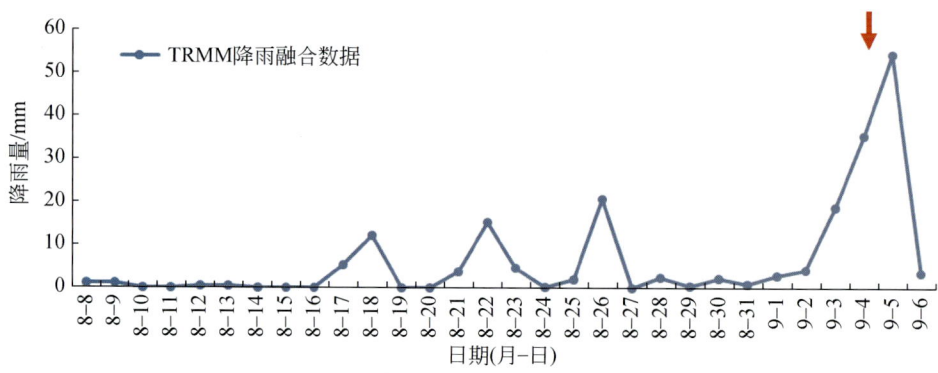

图 5.20 2010 年 9 月 4 日天魔沟泥石流降雨过程

3. 古乡沟冰川泥石流

自 1950 年察隅 8.5 级地震以来，古乡沟先后发生泥石流 1000 余次，是川藏公路 G318 线上最典型的泥石流灾害点。为剔除察隅地震对古乡沟泥石流形成的影响，且考虑到强震后泥石流保持 10~15 年活跃期（崔鹏等，2010），因此主要分析 1970 年后大型泥石流事件。

对古乡沟 2004 年 9 月 7 日、2005 年 7 月 30 日和 2005 年 8 月 6 日和 3 次泥石流事件的气温插值表明，泥石流形成区（3500~4100m）的灾前 30 天均温分别保持在 13.2℃、14.0℃和 13.5℃，3 次泥石流事件的 TRMM 降雨数反演数据显示（图 5.21、图 5.22），10 日累积降雨量分别为 38.79mm、30.98mm 和 32.40mm，20 日累积降雨量和 30 日累积降雨量都分别超过 50mm 和 80mm。充足的前期降雨和冰雪融水导致土体饱和，是古乡沟泥石流发生的充分条件。

夏季暖湿气候条件下，当古乡沟泥冰舌前缘气温持续保持在 13℃以上，并伴随当日强降雨和充足的前期降雨条件（10 日累积降雨量超过 30mm，30 日累积降雨量大于 80mm），易暴发大规模泥石流。

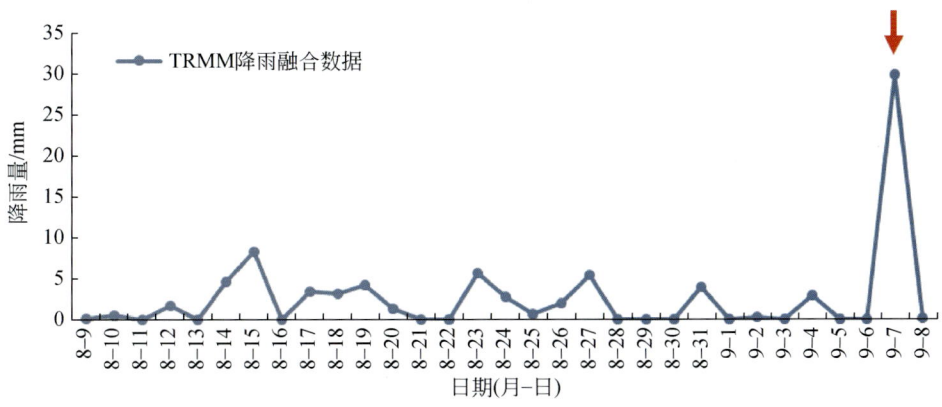

图 5.21　2004 年 9 月 7 日古乡沟泥石流灾害降雨过程

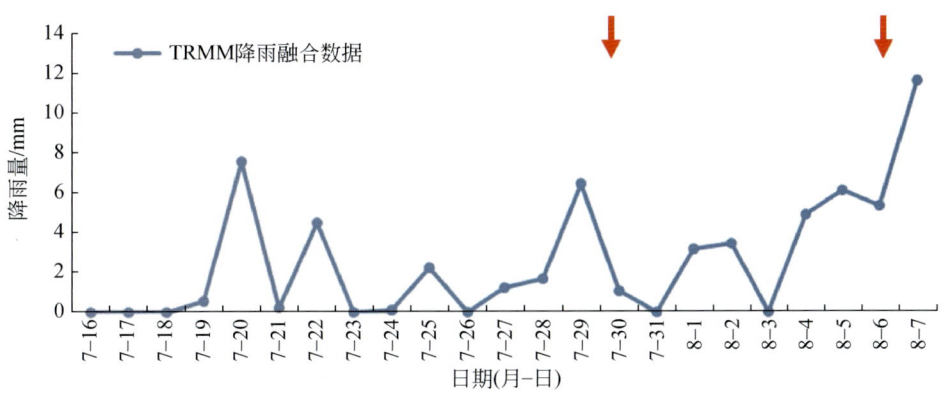

图 5.22　2005 年 7 月 30 日和 8 月 6 日古乡沟泥石流灾害降雨过程

4. 培龙沟冰川泥石流

培龙沟受 20 世纪 80 年代初（1981～1985 年）多次地震影响和极端气候的影响，分别于 1983 年 7 月 28 日、1984 年 8 月 23 日和 1985 年 6 月 18～20 日发生特大泥石流，3 次泥石流的峰值流量分别为 2950m³/s、5425m³/s 和 8195m³/s。培龙沟泥石流是由于气候变暖导致冰川前缘发生冰崩堵塞沟道，形成堰塞湖，随后发生溃决形成的大型泥石流。泥石流冲出沟口，阻断帕隆藏布，形成大型堰塞湖，堰塞湖溃决后在主河上形成大型洪水，目前主河道泥石流残留堆积物约 230 万 m³。

培龙沟冰川沿主沟分布在大约海拔 3500m 以上，利用 Anusplin 插值法获得冰川前缘（3500～4000m）气温变化情况后发现，在 1983 年泥石流暴发前 30 日温度急速上升，平均气温高达 13.36℃，灾变当天的气温为 13.9℃（图 5.23）。高温加剧冰川消融，导致大规模冰崩，进而激发形成冰川泥石流。

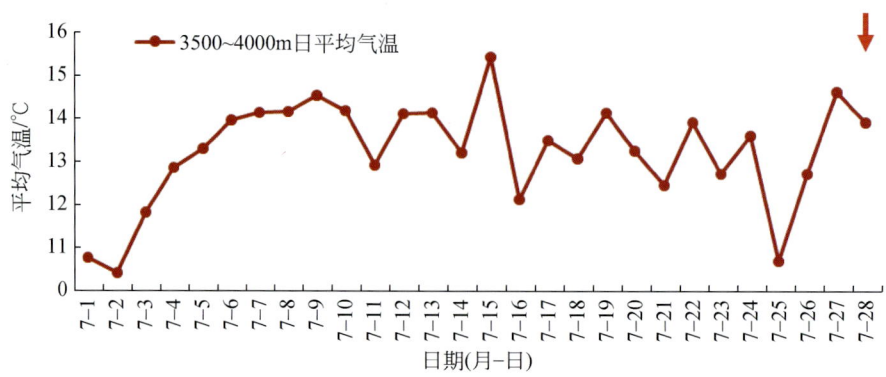

图 5.23 1983 年 7 月 28 日培龙沟泥石流暴发前气温变化过程

1984 年泥石流发生前培龙沟流域冰舌前缘 20 日平均气温保持约 11.2℃ 以上，30 日平均气温为 11.76℃，灾变前 10 日气温波动变化幅度近 5℃，泥石流暴发前 5 天持续升温约 3.6℃，至泥石流暴发当天气温升至 12.9℃ （图 5.24），在此期间降雨不断（波密林芝 30 日累积平均降雨量为 132.45mm），持续高温与降雨共同激发了这次泥石流。

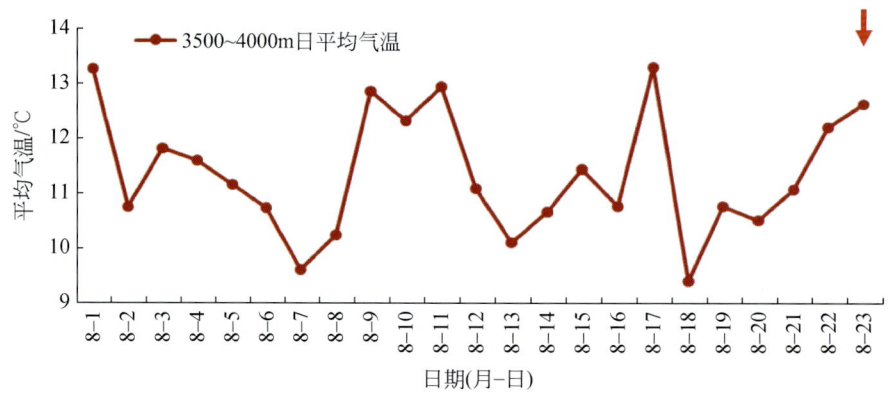

图 5.24 1984 年 8 月 23 日培龙沟泥石流暴发前气温变化过程

1985 年泥石流发生前，培龙沟流域冰舌前缘 20 日平均气温为 10.3℃，前 10 日气温波动变化幅度近 6℃，持续发生泥石流的 3 天（18 日、19 日和 20 日）内，气温从 7.8℃ 升至 11.4℃、11.7℃ 和 12.2℃（图 5.25），气温波动变化和快速升温冰雪消融。此外，据波密气象站历史观测资料显示，培龙沟泥石流发生前的 10 日、20 日和 30 日的林芝及波密县平均累积降雨量分别为 72.0mm、172.1mm 和 193.7mm，可以推测培龙沟形成区或主沟在灾变前期也伴随大量降雨。冰雪融水和前期降雨使得冰川沿主沟冰碛物土体饱和，不稳定性加剧，造成固体物质失稳和崩塌，形成大型泥石流。

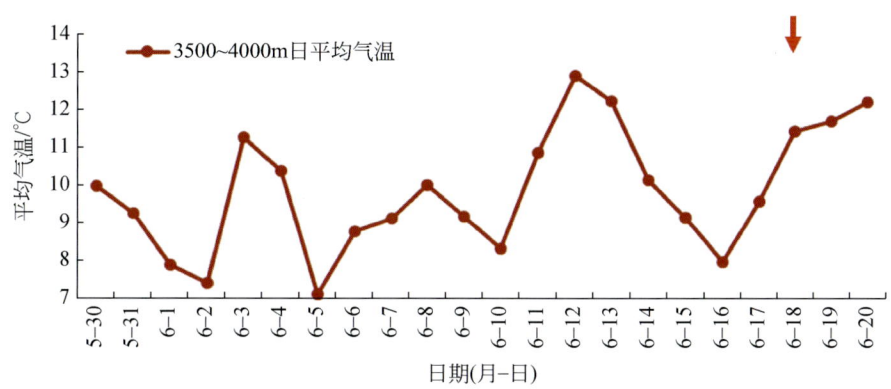

图 5.25　1985 年 "6·18" "6·19" "6·20" 培龙沟泥石流暴发前气温变化过程

5. 海通沟降雨型泥石流

2012 年，西藏芒康县玉曲河流域（海通沟）发生 "6·23" 群发性泥石流，其形成与区域内长期干旱后的持续降雨密切相关。据芒康、巴塘两个气象观测站的数据显示 2011 年 11 月—2012 年 5 月降雨比多年均值分别减少 31.5% 和 68.4%。泥石流发生前，区内处于一种极端干旱的环境中，造成沟谷中的松散土体孔隙增大，遇水容易失稳起动形成泥石流。由于灾害发生地没有气象观测站点布设，这里用 TRMM 遥感数据反演区域降水（图 5.26），分析泥石流降雨激发条件，结果显示：区内降雨开始于 6 月 12 日，至 6 月 17 日区内不断有小型泥石流发生，前期累积降雨量约 37mm。13～17 日每天都有泥石流发生，这段时间日降雨量变动在 4～19mm，至 22 日累积降雨量为 78.3mm，23 日当天降雨量 26.3mm，导致区域沿线 30 余处发生泥石流。通常条件下 5 年一遇降雨量在该地区不会激发大型泥石流，但在长期干旱土体长期缺水情况下，超渗产流作用触发了此次群发性泥石流。

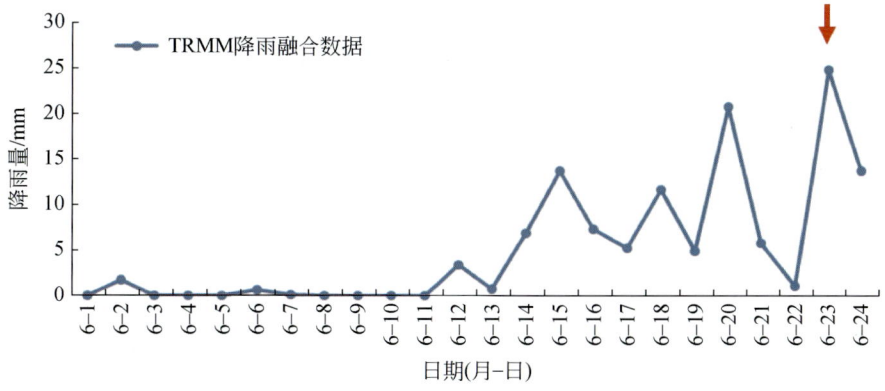

图 5.26　2012 年 6 月 23 日海通沟群发性泥石流的降雨过程

6. 雅江降雨型群发性泥石流

2011年7月12~13日，川藏公路东俄洛改建段K27—K95段（四川省雅江县境内G318线的一段）暴发群发性降雨型山洪泥石流，造成68km路段20余处路基被毁，中断交通7天。灾害发生后，通过G318线进出西藏的车辆不得不绕道云南或绕道G317线通行。

雅江县多个气象观测站显示，12日8：00—13日8：00降雨量为46.4~59.4mm，达到了接近50年一遇的降雨强度，同时5日和10日前期降雨量分别为59.71m和103.5mm，表明前期持续强降雨和50年一遇的暴雨强度激发了本次群发性泥石流。利用TRMM反演的降雨数据（图5.27）表明12日的区域降雨约为61.8mm，5日和10日前期累积降雨量为61.7mm和95.1mm。气象站观测数据和反演数据较为一致，TRMM反演的降雨数据真实反映山区降雨数据，有助于区域性灾害的预测与预报。

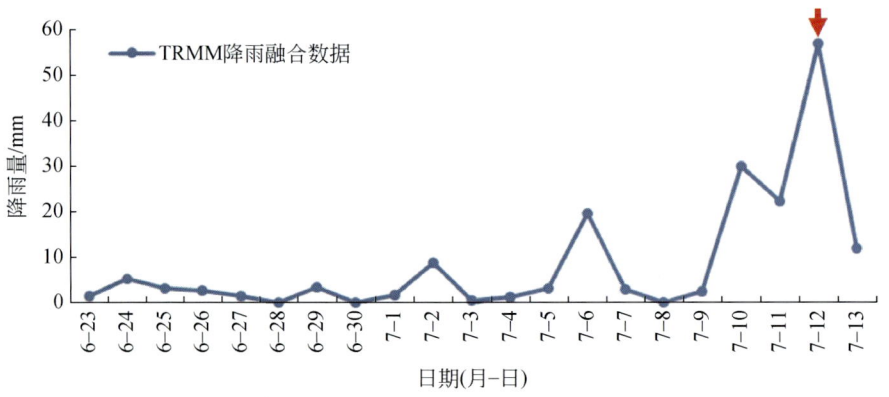

图5.27　2011年7月12~13日雅江群发性泥石流的降雨过程

7. 米堆沟冰湖溃决泥石流

米堆沟冰湖溃决泥石流是在气候持续变暖条件下，冰川快速消融，加上降雨增加导致冰湖水量持续增加和冰崩共同作用导致的大型冰湖溃决泥石流灾害。波密站观测数据表明：1964~1988年期间，年均气温变化来看呈现持续增长态势。1979~1988年10年间气温升高约0.6℃，10年间均温大于0℃的天数从330天波动增加到冰湖溃决当年的349天，对波密站大于0℃年内积温呈现波动增加的趋势，从最低约3150℃·d冰湖溃决当年接近3300℃·d（图5.28）。持续增温导致贡扎冰川消融量增加，冰湖面积和水量持续增加。

采用Anusplin气象插值方法，利用西藏东南13个气象观测站点气温观测数据对波密地区进行插值处理，得到米堆冰川区域3500~4100m、4100~5000m、5000~5400m 3个不同海拔区间的气温数据。3个不同海拔气温在冰湖溃决前30天平均气温分别为12.1℃、10.2℃和8.3℃，而溃决当天日平均气温分别为13.7℃、12.1℃和10.4℃。

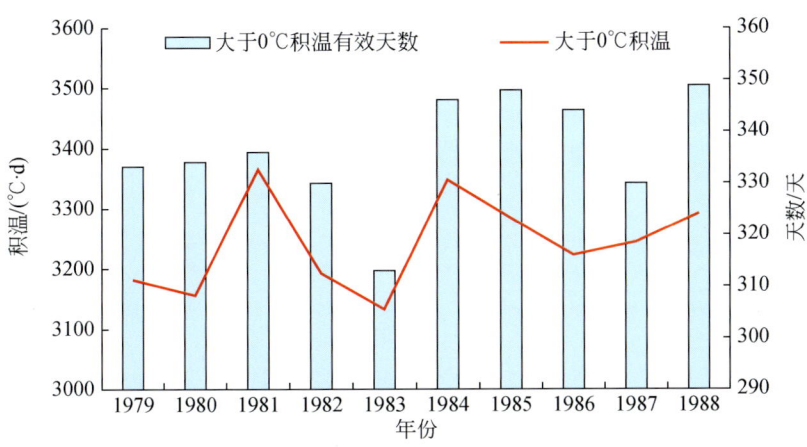

图 5.28 1979~1988 年波密站大于 0℃ 天数和积温变化趋势

米堆冰川海拔 3500~4000m 区间 1979 年至 1988 年 6、7 月平均气温、最高均温和最低均温数据显示（图 5.29），1983 年至 1985 年 6、7 月最高均温和 1984 年至 1986 年 6、7 月最高、最低均温有较大幅度下降，1986~1988 年 3 年间，该区域 6、7 月平均气温升高近 2℃，1986 年至 1988 年 7 月最低均温升高约 3.2℃。

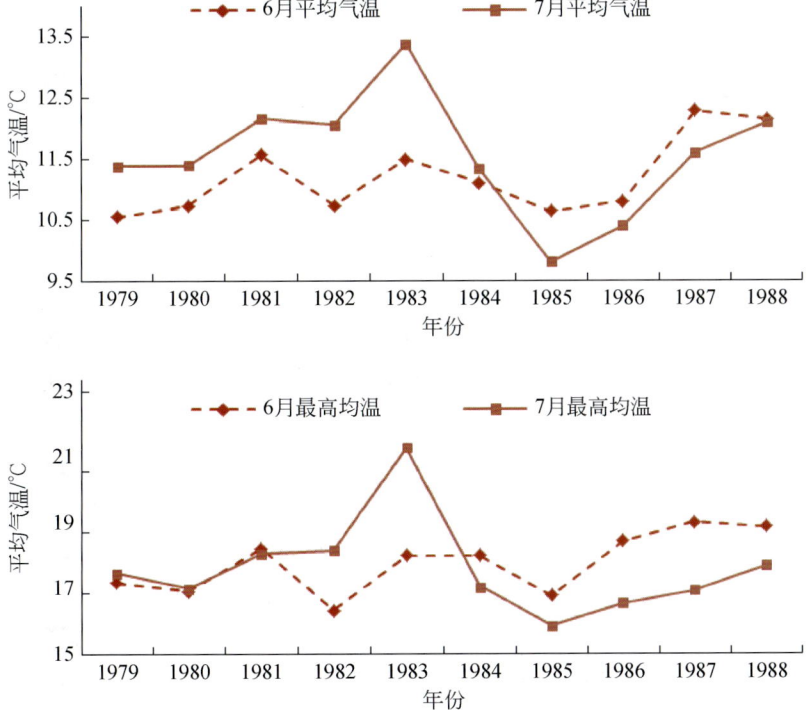

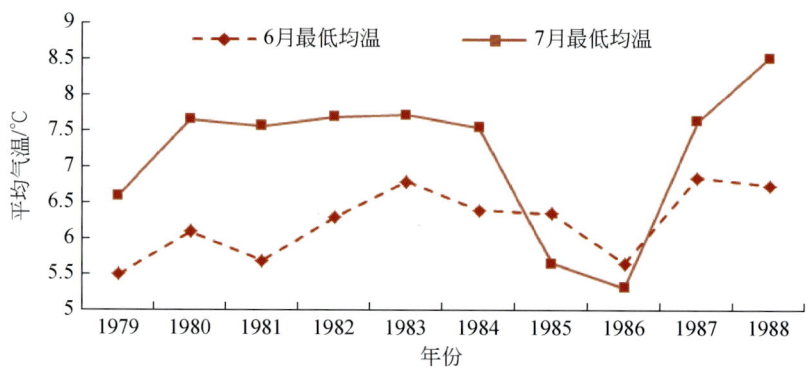

图 5.29 米堆冰川海拔 3500～4000m 处气温年际变化曲线

图 5.30 为利用 Anusplin 气象插值方法得到的米堆冰川海拔 3500～4000m 区间灾害暴发日（1988 年 7 月 15 日）前后气温变化情况。数据显示，冰湖溃决前，该区域气温变化剧烈，从 1988 年 6 月 3 日至 1988 年 7 月 15 日期间，气温变化经历 3 次持续升高，2 次气温连续回落，日最低气温持续 40 天超过 5℃。此外，期间日最高气温持续升高，从 12.9℃ 上升到 22.4℃，14 天气温增幅量约 9.5℃。6 月 17 日至 7 月 3 日期间，最高气温从 22.4℃ 持续下降到 14.0℃。从 7 月 8 日至 7 月 15 日灾害暴发前夕，日最高温度和日最低温度震荡剧烈，气温呈现先下降后抬升趋势。7 天时间里，日均气温单日变化量超过 2℃ 的有 5 天，日最高气温单日变化量超过 2℃ 的有 5 天，日最低气温单日变化量超过 4℃ 的有 2 天。其中，1988 年 7 月 13 日至 7 月 14 日日最高温度增长 4.1℃，日均温增长 3.3℃，日最低温度增长高达 9.0℃。显著的气温波动变化加剧了冰雪消融过程。

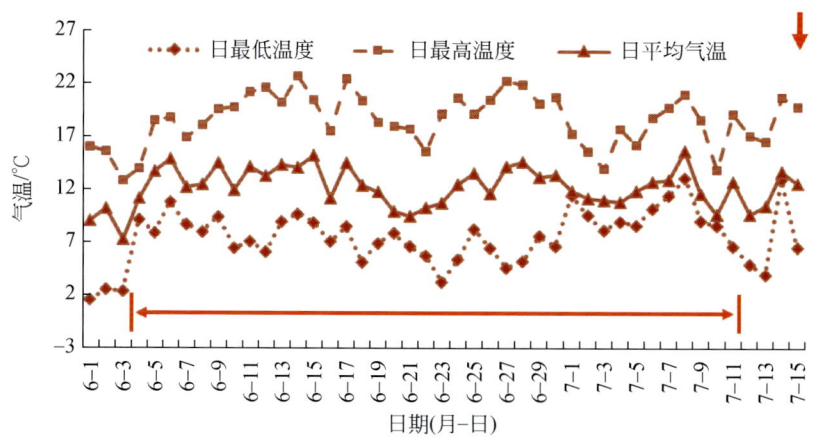

图 5.30 1988 年 7 月 15 日米堆冰川海拔 3500～4000m 光谢错溃决前期气温变化

波密气象站点降雨观测数据显示，从 20 世纪 60 年代至 20 世纪末年总降雨量呈现波动增加的趋势。冰湖溃决的 1986 年降雨量较多年平均值低，仅有 768.7mm，1987 年则增加到 1045.9mm，比正常年份多 22%，而冰湖溃决当年的降雨量更是达到 1152.6mm，表现为温暖湿润的气候条件。1988 年 1～6 月共降雨 609mm，较比同期平均降雨量 493mm 多

24%；1988年5~7月，降雨量较同期增加41%，灾变当月（7月）降雨145mm，较上一年增加32%。

波密地区1988年7月的主要降雨集中在灾害暴发（7月15日）前期，7月1日至7月15日波密站观测累计降雨132.6mm。在暖湿气候条件下，冰湖水量持续增加，冰湖水位达到最高的3818m。

分析米堆沟冰湖溃决事件气候指标可知，冰湖溃决前的1987年大于0℃的天数及积温较多年平均略低，降雨量大于多年平均值，气候条件为温湿组合。1988年6、7月气温波动变化较为剧烈，降雨量较多年平均值偏大，7月快速增温形成暖湿气候条件，冰川消融和降雨造成冰湖水量持续增加，冰舌断裂产生冰崩，形成涌浪冲击破坏冰坝稳定性，导致冰湖溃决的发生。

5.3.3 山地灾害形成的气候特征

综合分析帕隆藏布流域典型灾害灾变气候条件发现，不同的气温和降雨组合条件激发不同类型的泥石流。高温或快速升温导致冰川消融加剧、融水增加、冰碛物饱和程度升高，进而导致冰碛物失稳起动形成泥石流；强降雨和暴雨可直接、快速形成地表径流激发不稳定岩土体形成泥石流，也可以与冰川融水共同作用，起动不稳定岩土体形成泥石流。观测数据统计分析表明，温湿气候多诱发降雨型泥石流，干暖气候和暖湿气候下易形成冰雪消融泥石流和冰水混合泥石流，并利用帕隆藏布流域1980年以来典型冰川泥石流灾害事件得到帕隆藏布流域泥石流形成的气温（冰舌前缘）和降雨组合关系（图5.31）。在暖湿气候年份，当帕隆藏布流域沟谷冰舌前缘30日平均气温大于10℃时，且雨热条件若满足$T_{\text{D-day}} > 155287$（$T_{\text{D-day}} = P_{\text{Acc30}} \times T_{\text{Ave30}}^{2.903}$，$P_{\text{Acc30}}$为灾变前期30日累积降雨量，$T_{\text{Ave30}}$为灾变前期30日均温），则该流域极易暴发冰川泥石流灾害。

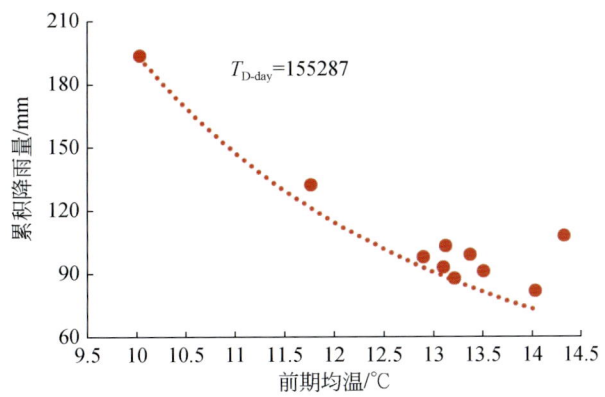

图5.31 帕隆藏布流域冰川泥石流形成雨热组合关系

研究表明，青藏高原已有的冰湖溃决事件与气候条件关系密切。结合前期（溃决年以前1年或多年）降水异常增加与当期高温容易激发冰湖溃决，对大型冰湖溃决事件的分析结果表明，不同的气候条件对冰湖溃决影响程度依次为：前期暖湿+当期暖湿>前期冷湿+

当期暖湿>前期温冷+当期暖干。对西藏境内冰湖溃决事件的调查发现，冰湖溃决是气温剧烈波动后高寒山区的重大灾害响应事件，局地气温波动变化越大，发生冰湖溃决的可能性越大，其主要原因是气温的剧烈波动变化，造成冰川冻融过程的快速调整，容易发生冰崩，同时还造成冰碛坝体冻融过程和结构的变化，形成冰湖溃决发生的条件。区域气候突变年份，尤其是由冷年向暖年快速转入的年份，相邻年年均温和季节均温差异大时，发生冰湖溃决的可能性将增大，主要原因是快速增温导致冰雪消融量明显增加，发生冰崩的可能性也增大，加上冰碛坝结构的明显变化，容易发生溢流和管涌，为冰湖溃决提供极为有利的条件。对西藏地区典型冰湖溃决事件的分析表明，冰湖溃决事件当年的积温值和指数都较前一年大，溃决事件的积温和积温指数几乎都在曲线 $T=1686.4a^{-5.4401}$ 以上（图 5.32；刘晶晶等，2011），可以认为，年积温和积温指数满足 $T=1686.4a^{-5.4401}$ 可作为冰湖溃决的积温临界条件。

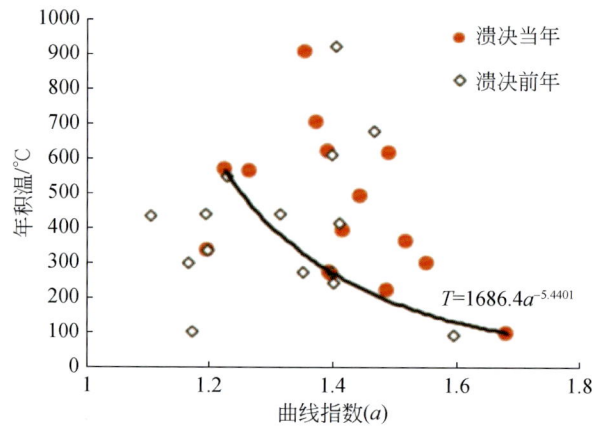

图 5.32　冰湖溃决与年积温的关系（据刘晶晶等，2011）

在气候变暖背景下，高山区巨型滑坡灾变主要发生在气候偏暖年份，而短期的极端气候事件则是激发灾害发生的直接因素。以易贡滑坡为例：滑坡发生当年气候偏暖。灾害前期，冻融区（4100~4800m）均温从最低温度 -8.36℃，经过短短 10 天，快速上升至 0℃，并持续 10 日冻融区平均气温保持在 0℃以上。由于日极端高温快速上升，导致多日累积日温差明显高于往年同期，此外，灾害当月与前月温差高达 6.53℃，达到历史最高月均温差值。短期强升温加剧冰川消融，导致冰川前缘失稳形成冰雪崩塌，快速的冻胀消融加速岩石节理裂隙发育，二者结合引发巨型滑坡。

5.4　高寒区山地灾害形成特点与机理

我国高寒山区地质环境复杂、构造活跃、地震频发、地形陡峻、气候环境恶劣、山地灾害类型多样。本节基于已发生典型灾害历史资料，结合地质地貌及气候因素，分别对高寒区滑坡、泥石流和冰湖溃决灾害的灾变机理及运动模式进行剖析总结。

5.4.1 高寒区滑坡形成特点

1. 影响因素

由于高寒山区独特的地形地质及气候环境,滑坡形成受到以下几个方面的影响较为显著:

1) 气候变化

气候变化对滑坡形成的影响主要体现在两个方面:气候变暖及极端天气频发。高寒地区是全球气候变化最为敏感的地区,气候变暖引发高寒山区冰川消融、永久冻土层融化等问题,导致地表裸露程度、不稳定坡体数量增加,导致滑坡越来越频繁。全球各地的观测数据表明,气候变化导致极端气候和天气事件活动频繁,而超低频率的降雨、干旱和持续高温等极端气候事件,往往恶化了高寒山区的水文地质与生态环境,加大了滑坡发生的概率。

2) 冻融循环对岩土体物质结构及力学特性的影响

高寒地区冻融循环主要表现为两种模式,长期(多年、季节性)冻融循环及短期(昼夜)冻融循环,两种冻融循环模式皆表现出明显的周期性特征。两者的共同作用不断劣化岩土体物理力学特性,从而造成斜坡稳定性不断降低导致滑坡灾害的发生。对土质滑坡来说,冻融循环的长期作用会改变土体的结构、降低土体的强度。土颗粒质点在持续冻融循环作用下,引起颗粒质点之间的相对位移,从而导致土体内部裂隙逐渐扩张、贯通,土体体积膨胀的时效响应特征。此外,土体内滞水的存在不仅造成了土体力学性质降低,也会导致土体处于饱和或过饱和状态,产生孔隙水压的浮托作用,从而降低了土体的有效应力(齐吉琳等,2004)。对于岩质滑坡来说,由于岩石的非均质特性(表现在内部存在胶状物、节理、微孔隙及裂隙),在冻融循环的作用下,当其中水冻结成冰时,体积膨胀并产生冻胀力,造成内部结构微裂隙不断扩展并贯通,从而引起缺陷处产生应力集中效应。当冰雪融化时,岩体中的冰逐渐相变成水,孔隙面积减小,冻胀力得到释放,导致岩体变的较为松软。同时在岩体节理、裂隙之间产生的冻融循环作用将使其受到"冰劈"作用,在两侧产生挤压剪切变形。持续的冻融循环会逐渐劣化岩石(体)强度、形成更多的节理裂隙,从而引发岩质滑坡的发生。

3) 多年冻土退化

青藏高原地区冻土分布面积达 150 万 km^2,近半个世纪以来,由于全球气温的总体升高,高原地区冻土呈现冻结持续天数缩短、最大冻土深度减小等现象(苏谦等,2008)。气候变暖,加之人类活动的日益频繁,导致多年冻土温度逐渐升高、厚度和分布范围的逐渐缩小或完全消失(吴玮江,2009)。多年冻土在冻结状态时,由于冰晶的胶结作用导致其结构完整性较好,不易发生破坏;而当多年冻土退化之后,冻土颗粒之间的胶结力大幅度降低,导致结构松散、自稳定性差,同时极易受到雨水、冰雪融水等的影响,如土体饱和导致的强度降低和孔隙水压力增大、细颗粒流失等问题,加剧了在多年冻土退化层中滑坡灾害发生的概率。

2. 高寒区滑坡灾变特征

与中低山区发育的滑坡相比，高寒区具有截然不同的孕灾条件，滑坡的孕育、形成及演化过程具有鲜明的区域特征。高寒山区存在大量的冰川及多年冻土，岩土体受冻融循环及温度升高的影响显著，同时伴随着全球气候变暖、极端天气事件频发，冰川消融、多年冻土退化等现象日益加重，导致高寒地区滑坡灾害频发。岩土体受冻融循环作用，岩土体及孔隙含水处于低温冻结和暖温融解的循环过程，微裂隙不断的萌生、扩展和贯通，岩土体破裂程度加强且承载能力下降。随着冻融损伤的不断累积，岩土体的整体性、强度、稳定性不断降低，进而引起滑坡灾害（胡明鉴等，2009）。

除了冻融循环对斜坡岩土体的长期作用以外，地震、强降雨、人工开挖、表层植被退化及雪崩等外力的耦合作用同样会增加滑坡发生的可能性，甚至引发巨型滑坡（黄润秋，2004）。地震作用除了直接导致岩土体滑塌外，还会引发岩体破碎、节理裂隙扩展，在冻融循环及地下水的耦合作用下，增大了滑坡发生的概率和规模。同时工程扰动强度的增加会引发冻融深度的改变、稳定渗流场的破坏等，为滑坡孕育、发生提供了基础条件（陈柏生和胡时胜，2005）。良好的植被覆盖能有效降低降雨入渗的影响，根系的固土作用有助于提高斜坡浅层的稳定性，但是由于高寒（海拔）地区一般植被覆盖稀少，降水及冰雪消融水的下渗对斜坡的稳定造成了极大的影响；而稀疏的植被覆盖造成高强度的水土流失，也加大了滑坡发生的概率。另外在高寒地区，山体常年有冰川或冰雪覆盖，很多滑坡是伴随着雪崩而存在的，雪崩向山下移动时，在巨大的能量及气浪的冲击下，受到裹挟和剪切作用，岩土体被强烈的铲刮效应夹带向下滑动，从而引发灾难性滑坡的发生（黄勇，2012）。

高寒区滑坡与中低海拔区滑坡的典型差异对比情况如表5.9所示。从高寒区滑坡与中低海拔区滑坡的典型差异对比情况来看，不仅在斜坡体的地形地貌、岩土体特征及植被覆盖情况存在较大的区别，同时在滑坡的触发因素及斜坡体受地震的影响也有明显的不同。高寒地区脆弱的地质环境、极端的气候条件及受全球气候变化的影响下，导致滑坡灾害发生频繁，同时极易触发规模巨大的灾难性滑坡，给人民的财产及生命安全带来了潜在隐患。

表5.9 高寒区滑坡与中低海拔区滑坡的典型差异对比情况

主要方面	中低海拔区滑坡	高寒区滑坡
岩土体特征	滑坡易发生在堆积层、破碎岩体及受结构面切割明显的斜坡中	高寒地区岩土体受风化卸荷及长期冻融循环的影响较大，浅表层岩土体强度普遍较低，同时岩土体中有结冰现象存在的话，极易受到气温变化的影响
地形地貌	中低海拔地区地形地貌多变，平原地区地形平缓，滑坡发生概率较低；而在西南山区尤其是深切河谷地形区域，斜坡地形坡度较大，滑坡发生概率急剧增大	高寒（海拔）地区斜坡地形坡度一般较陡，给滑坡的发生提供了有利的地形条件，同时山体高位常见有厚层冰川覆盖，下覆岩土体承受着巨大的压力

续表

主要方面	中低海拔区滑坡	高寒区滑坡
水文地质	中低海拔地区地下水常以流体的形成存在，土体及软岩遇水弱化、细颗粒流失等对斜坡稳定造成不利影响；同时降雨及地下水会造成斜坡内部孔隙水压的增大从而降低斜坡的稳定性	高寒地区地下水常以结冰（固体）的形成存在，水结冰后对结构面及土体产生冻胀作用，而融化之后岩土体结构解体或细颗粒的流失，同时在气温周期变化的条件下，岩土体长期处于冻胀消融的循环作用，从而劣化斜坡的稳定性；降雨对高寒区滑坡的贡献相对中低海拔区滑坡来说贡献要小
植被覆盖	平原地区植被覆盖普遍较好，植被能有效降低降雨入渗的影响，同时有助于提高斜坡浅层的稳定性，而西南山区的植被覆盖情况则多变，在植被稀少的区域滑坡发生的概率急剧增大	高寒（海拔）地区植被覆盖一般较少，斜坡体受降雨入渗、冰雪消融的影响更为明显，水的下渗对斜坡的体影响更大，同时由于植被稀少，水土流失也更加明显，加大了滑坡发生的概率
触发因素	中低海拔地区滑坡的主要触发因素有降雨、地震及人工扰动	除降雨、地震及人工扰动以外，气候变暖导致的冻土退化、长期冻融循环、季节性气温骤升也是滑坡发生的关键触发因素
地震影响	平原地区一般受地震影响较小，而西南山区则受地震影响较大，尤其是近年来地震频发，触发了大量滑坡灾害	高寒（海拔）地区地震多发，不仅地震会直接触发大量滑坡的发生，同时地震对斜坡体的扰动及滑坡产生的堆积物也为后续滑坡的发生提供了有利条件，加之恶劣的气候条件，相对中低海拔地区来说地震对高寒地区滑坡灾害的影响更为明显

3. 典型案例——2000 年易贡滑坡

2000 年易贡特大滑坡发生在西藏波密的扎木弄沟（殷跃平，2000；刘伟，2002；许强等，2007；Kang et al.，2016），位于 4000～5600m 部位，属典型的岩质滑坡，划痕较为明显，该部位常年冰川覆盖，且多年平均降水量超过 1500mm，雨水及冰川融水丰富，4500m 以上常年覆盖冰川，如图 5.33（a）所示。

流域内地形陡峻，为滑坡的形成和运动提供了有利的地形条件。2000 年易贡滑坡的滑源方量约为 1 亿 m^3，滑坡堆积物方量约为 3 亿 m^3，堆积范围约 $6\times10^6 m^2$，平均堆积厚度在 50m 左右。易贡滑坡体积巨大，滑源区为楔形体岩质滑坡，高速滑下之后冲击、刮产两岸及沟床的松散堆积物，在运动过程中有明显的体积放大效应（图 5.33）。

此外，区内气温呈显著的周期性变化［图 5.34（a）］，岩土体长期受到冻融循环的影响。在长期冻融循环的作用下，岩土体不断裂化且浅部岩体破碎，尤其对结构面的影响更大。同时由于易贡位于高海拔地区，昼夜温差大，因此对岩土体来说还存在一个小冻融循环，以 2000 年灾变前期温度变化为例，连续近半个月的快速升温（温差 10～15℃）形成较大的温差变化环境，对高位岩体的力学特性影响很大。冻融循环作用是一个长期的过程，具有明显的时间效应。同时，根据区内多年降雨数据显示：2000 年的降雨数据相对其他年份较低［图 5.34（b）］，同时在 3～4 月的降雨强度也并未远超历史同期水平。因此，

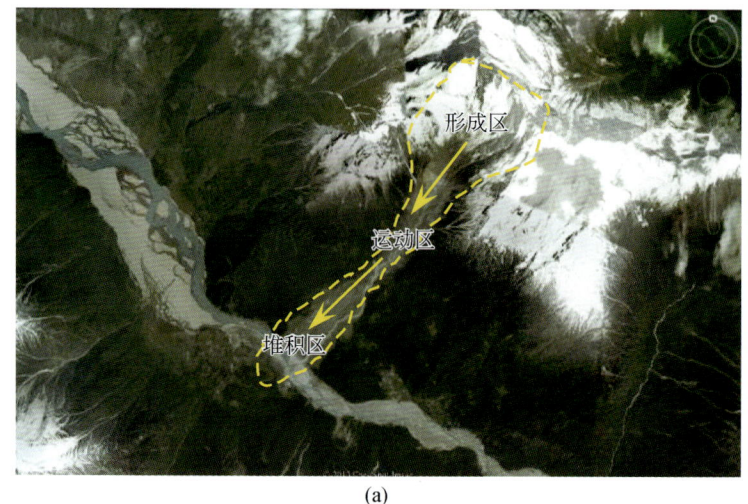

(a)

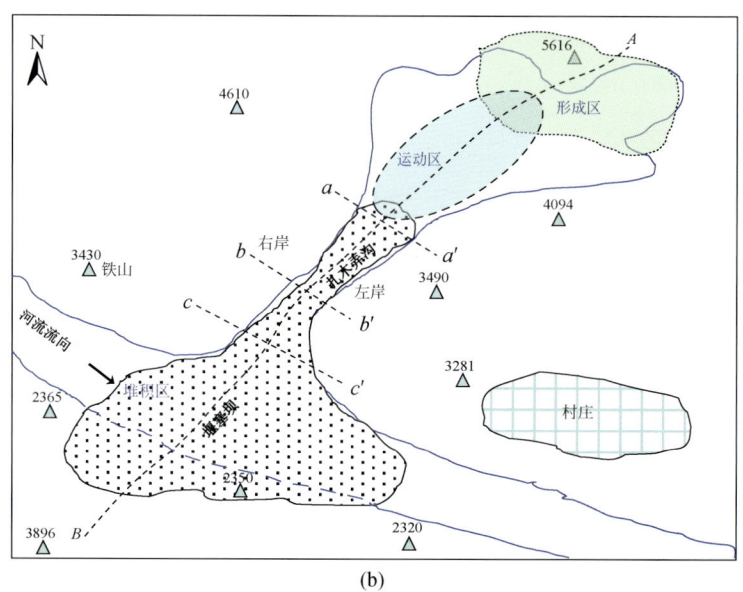

(b)

图 5.33　2000 年西藏易贡特大滑坡

(a) 遥感影像（Google Earth，2006 年 4 月）；(b) 滑坡运动堆积过程（单位：m）

易贡滑坡的形成原因不能仅从单一因素来分析，这是气候与地质长期演化作用及短历时触发因素共同作用而导致的结果（Zhou et al., 2016）。

2000 年易贡滑坡的形成是长期作用与短期触发的耦合产物，从长期作用来看主要包含两个方面：①上覆冰川周期消融-冻结对下覆岩体和结构面产生长期的加卸载循环；②持续的季节性及短周期冻融循环不断裂化岩土体和结构面的抗剪强度。同时长期的风化卸荷以及节理裂隙水冻胀消融也为斜坡稳定的不断劣化产生了影响，使得高位斜坡体逐渐进入到极限状态。从短期触发因子来看，高寒地区春季温度加速升高导致冰雪融化加剧，同时在同期降雨的共同作用下，岩土体的饱水程度普遍偏高，内部孔隙水压力的增大、岩土体遇水软化、细颗粒被水流带走等短期因素诱发了最终灾难性滑坡的发生。

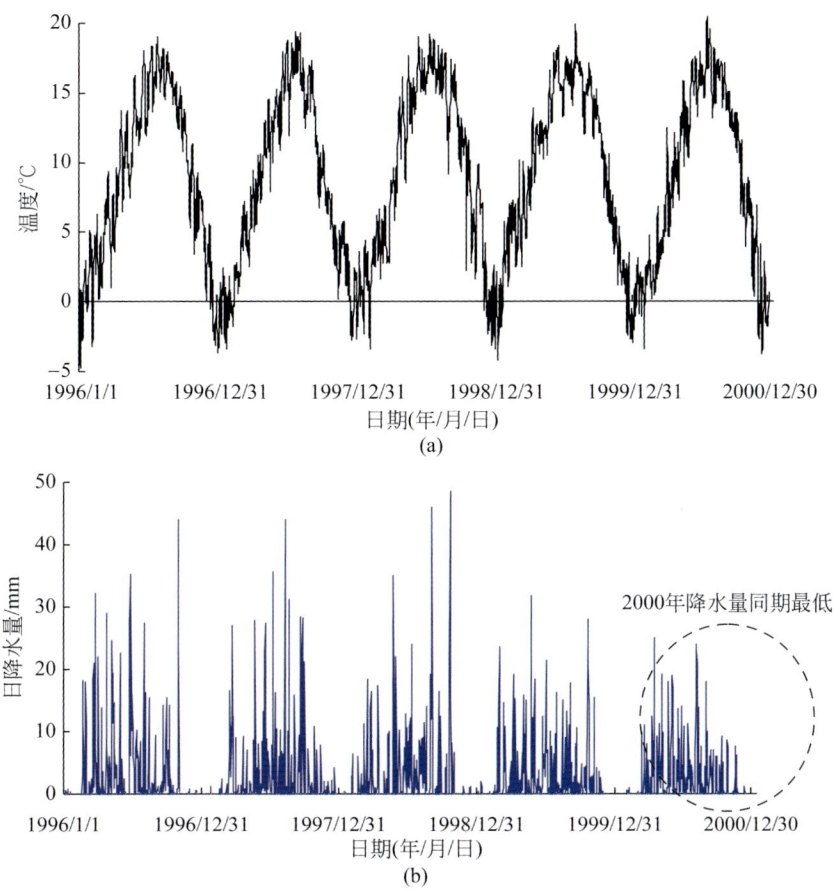

图 5.34 易贡滑坡区内多年气候变化数据
(a) 多年气温变化;(b) 多年降水数据

5.4.2 高寒区泥石流形成机理

1. 影响因素

在特殊的气候环境与地形地貌(高寒山区典型沟谷条件见图 5.35)条件下,高寒山区泥石流的形成受到以下几个方面的影响较为显著:

1)水热效应

气候变暖会导致冰川发生 3 个明显的变化,并与冰川泥石流的形成密切相关:一是气候变暖使得冰川消融,大量冰碛的产生为冰川泥石流的发生提供了物源条件;二是气候变暖使得冰川体活动层的厚度增加,为大规模冰块的崩塌和冰湖溃决提供了重要条件;三是气候变暖引起冰川侧面岩石的压力环境产生变化,容易发生冰崩而引起冰湖溃决,进而诱发冰川泥石流(Huggel et al., 2003)。

另外,温度和降水是与冰川泥石流发生直接相关的两个气象因素,二者的变化构成水

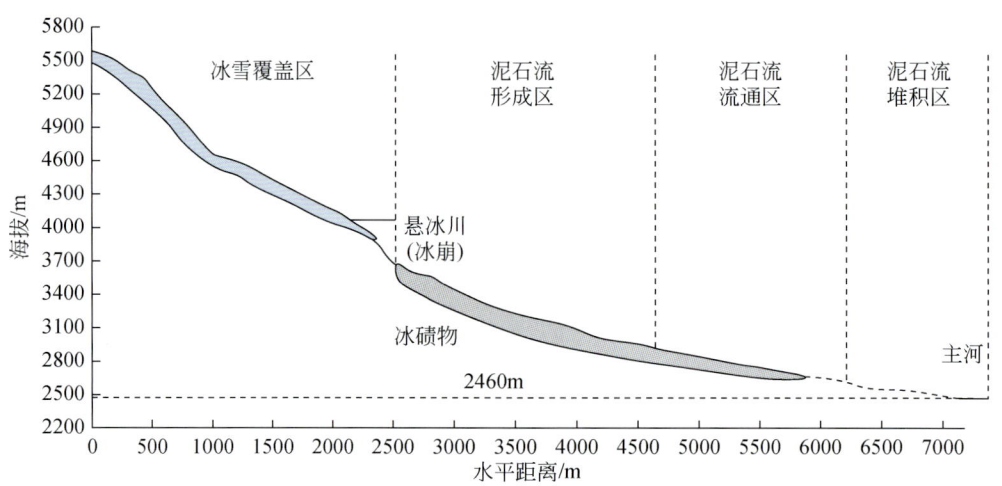

图 5.35 典型冰川泥石流沟谷的成灾环境

热组合的不同形式[湿热、湿冷、干热(暖)和干冷]。对于冰川泥石流暴发来说,最有利的水热组合是湿热气候。在海洋性冰川地区,相对湿热的气候不仅有利于冰川积累,也有利于冰雪消融。在湿热气候组合出现的年代,冬春季节积雪深厚,促使下部粒雪转化为冰川冰。盛夏海拔 4500m 以上的高寒山区雨雪丰沛,与此同时,高温加剧消融,利于冰川泥石流暴发。湿冷气候特别有利于冰雪积累,伴随其夏季出现短暂晴和天气,低水平暖湿甚至干暖气候,仍有可能发生冰川泥石流。干热(暖)气候对冰雪消融最为有利,一般来说最有利于冰川泥石流暴发。但是前提是前期有较为充沛的降水或相当数量的冰雪积累。干冷气候既不利于冰雪积累,也不利于冰雪消融,很少暴发冰川泥石流。无论从年际,还是年内来看,由湿冷气候转为湿热或干热(暖)气候,都特别有利于冰川泥石流暴发。即前期(前一年至数年、前数月)低温、降雨丰沛、冰雪积累量大,后期降水骤然减少,伴随着强烈升温过程,冰雪消融加剧,冰雪崩滑频繁,形成冰川泥石流。

过去的 50 年,喜马拉雅山脉中部和东部表现出气温升高和降雨增加同步的趋势(张东启等,2012)。随着气温升高,冰雪融水的供给量也会增加,冰川区泥石流形成的水源条件就向着利于激发泥石流的方向变化。升温增加的冰雪消融水量可能和降雨径流叠加,从而加强了水量供给强度,易于激发形成大规模泥石流。此外,气候变化导致西藏极端降雨的频率有所增加,高强度的降水会对地表松散土体进行强烈冲刷,往往直接激发形成降雨型泥石流(崔鹏等,2014;Cui and Jia,2015)。

2)地形条件

地形条件是泥石流发育与形成的必备条件。以帕隆藏布流域为例,快速隆升和强烈侵蚀塑造了流域内的深切峡谷地貌,大多数沟谷高差都在 2000~3000m,主沟坡降大于 20%,多处于地貌发育的幼年期或壮年期,为泥石流的发育提供了充足的动力条件。对帕隆藏布流域培龙沟、古乡沟、扎木弄沟、天魔沟、索通沟、比通曲等沟谷的分析表明,泥石流形成区的沟道形态也是泥石流形成的主要影响因素。厚层松散堆积物在地表径流作用下发育形成"V"型沟道后,受降雨径流和冰川融水作用,沟谷两侧陡坡(冰碛物)因坡脚侵蚀极易失稳、垮塌、液化形成泥石流。在适合的水热组合条件下,溯源侵蚀将持续发展直至延伸到主沟后缘的基岩控制面上，这一时期泥石流多处于活跃状态，沟道逐渐展宽，在地形容许的条件下向"U"型沟谷发展，泥石流暴发频率逐渐降低。

沟道的连通程度和堵塞程度在很大程度上决定了泥石流起动的难易程度和泥石流规模的大小。沟谷地表径流汇流后，在支沟、主沟中能够形成稳定的流通路径，同时径流与支沟、主沟冰碛物深切沟道一致的情况下，饱和冰碛物受径流冲刷更易起动形成泥石流，反之，不易起动泥石流。冰碛物垮塌形成的沟道堵塞体往往造成泥石流在沟道中短暂拥堵，随后发生溃决放大，泥石流流速瞬间增大，沟道侵蚀增强，流量放大；梯级堵塞体还可能形成级联堵溃，形成大规模泥石流。沟谷中基岩卡口形成的堵塞，多数情况下限制泥石流的流动和发展，应与松散堆积体形成的堆积区别分析。

3）冰川分布及悬冰川发育程度

冰川融水是冰川泥石流重要的水源，因此，沟谷冰川分布及分布状态是决定泥石流起动难易程度重要指标。冰川面积大小、规模一定程度上决定了沟谷冰雪融水径流量的大小，冰川空间分布则决定了径流汇流程度，影响冰碛物饱和程度和土体强度的变化，进而影响泥石流的起动。总体而言，沟谷上游冰川在空间上成片、连续发育（呈围谷形态），有利于主支沟冰川融水，更易泥石流启动。

悬冰川（冰舌分布于冰斗前缘或高陡基岩跌坎）的发育程度对泥石流活动具有重要影响。一方面，冰川融水沿冰舌前缘向主支沟汇流时可以在局部沟段获得更大流速和动能，强烈冲刷沟道中的冰碛物和松散土体，造成土体失稳起动泥石流；另一方面，悬冰川在冰川前进或消融后退过程中，容易发生质量失衡，发生冰崩，激发冰碛物形成泥石流。培龙沟、扎木弄沟、古乡沟、天魔沟冰舌前缘都曾发生冰崩，导致下游泥石流更为活跃。

4）冰碛物性质及分布

以藏东南地区为例，该区冰川泥石流物源主要来自古冰碛堆积物、现代冰碛堆积物及残坡积物，其物理力学性质及物质组成对泥石流发生有很大影响。区域受印度洋季风气候控制，为典型的海洋性冰川发育区，受地质构造作用控制，地质岩性主要为古生代深变质的花岗片麻岩、各种片岩和花岗岩等。在这种地质-气候背景条件下，岩土体的粗颗粒含量高，尤其是岩土体中长径3~13m的大漂砾较多，而细颗粒，尤其小于黏土细粒含量低，一般仅2%~5%。区内典型岩土体的物理力学性质具有如下特点：黏聚力不高，塑限为103~107kPa，液限迅速降至23~30kPa；摩擦角大，一般在23°~42°；孔隙率高，一般在28%~34%以上；含水量高，塑限在14%~18%，液限在18%~26%。每年雨季泥石流形成区海拔大、降水量大，加上冰雪融水下渗，岩土体经常处于饱水状态，对泥石流形成十分有利（吕儒仁等，1999）。对于冰川泥石流而言，主沟、支沟沟道内分布的新、老冰碛物是泥石流的最主要物源。藏东南帕隆藏布流域曾经发育多期冰进事件，沟道内冰碛物空间分布和规模，是决定泥石流活动强度与规模的重要指标。

2. 泥石流形成机理

由于高寒区特殊的气候背景，导致高寒山区形成的泥石流与中低山区形成的泥石流在激发水源方面存在差异。根据泥石流水体来源的类别和形成方式，本节阐述高寒区如下4类泥石流的形成过程与机理：

1) 降雨型泥石流

根据目前国内外学者的普遍观点，大多数关于降雨型泥石流的起动机理可解释为：由暴雨或持续降雨入渗导致非饱和土体中空隙被水充填，细颗粒随着土体优先流动而运移，在一定部位富集，形成局部不透水层并形成水膜，从而降低土体强度，形成局部破坏。这些局部破坏在空间和时间上的耦合和累积，导致坡体整体失稳，形成泥石浆。泥石浆体受重力作用沿着坡面或沟道向下产生加速运动，与地表水汇流及雨水会合，使浆体含水量增大，流动性增强，在运动的过程中对沿途沟道和坡体进一步侵蚀，规模不断放大，直至能量消耗殆尽，最后在缓坡（通常在沟道出口）处停止运动、堆积（崔鹏等，2011）。

加马其美沟是川藏交通廊道沿线一条典型的降雨型泥石流，其频繁爆发的原因与流域降雨特征密切相关。这类泥石流的暴发是由某一时段降水量和降雨强度所控制。吕儒仁等（1999）的研究发现，1977年6月18日加马其美沟泥石流暴发当日，从10点到15点半陆续降雨，期间降雨强度不断增大。到16点5分，出现头阵泥石流。加马其美沟泥石流形成中的10min最大降雨量，浮动在0.4~4.2mm，其中2/3场次集中于0.6~1.0mm。泥石流形成的3h最大降雨量变动于1.4~22.7mm，其中3/5的降雨量超过全日降雨量的50%，84%的降雨出现在夜晚。不同时段最大降雨量为沟内泥石流暴发的重要激发条件。它们集中出现在夜晚，决定着泥石流的始发时间。

造成加马其美沟泥石流发生的因素除了与当日降雨量有关外，还与泥石流源地前期土体含水量有关，而泥石流源地前期土体含水量又与前期降雨补给有关。如1977年，日降雨量大于10mm的8月5日、12日未暴发泥石流，而日降雨量较小的8月19日、20日，均出现泥石流。其原因在于前期降雨量的差别。前期降雨量小，土体含水量低，土层饱和就需要较大的降雨量；前期降雨量大，土体前期含水量高，仅需较小雨量便达到饱和状态。由于流域内降雨丰，雨日多（一年雨日达169~196天）、空气湿度大（相对湿度大于70%）、森林茂密等条件，因此有利于土体前期含水量保持在较高水平。1977年8月14日，当日降雨量达33.8mm，激发了泥石流，并为15~27日（16日除外）连续暴发泥石流提供了较高的土体前期含水量（吕儒仁等，1999）。前期累计降雨与当日激发降雨共同作用，造成加马其美沟源区土壤含水量快速饱和，土体细颗粒运移形成局部不透水层并导致水膜形成，从而降低土体强度，形成土体破坏，进而形成泥石流。

2) 冰雪融水型泥石流

冰雪融水型泥石流的形成是外力作用（水动力作用、冻融作用）和内力作用（土体稳定性破坏作用）的共同结果。由于气温快速上升，加剧冰雪消融，导致高位冰川冰体内部产生裂隙形成崩塌，低位冰川由于底部融水的托浮作用造成冰体断裂，崩塌断裂的冰体高速运动一段距离后停息再起动，或直接连续运动不断转化成泥石流，这就是冰雪消融型冰川泥石流的形成过程，以1983年培龙沟特大泥石流事件为典型代表。1983年7月持续高温，培龙沟冰雪覆盖区冰体碎裂，发生巨型冰雪崩塌，进而形成大规模泥石流。据资料记载（中国科学院登山科学考察队，1996），灾害发生当日，崩滑冰量达到$3.69 \times 10^7 m^3$，瞬间降低高度为1045m，巨大的势能使崩塌体滑速高达79.7m/s，运动冲击力达到$646.2 t/m^2$（吕儒仁等，1999）。在势-动-热能的能量转化作用下，冰雪崩滑碎裂体在运动中转化成流体,产生大量冰雪崩滑体融水,且伴随着沿程边坡崩滑岩土体和沟床下切揭底土体含水的参与,多种水源迅速汇集弥补了因降水不足导致的水源欠缺。大量水体在运动过程中夹杂着沟道堆积及边坡崩塌堆积的松散固体物质(岩屑、碎石、泥砂等)形成泥石浆体,随着不断掏蚀沟床的砂砾层,浆体规模逐渐放大,形成大规模泥石流,滚滚流下,在沟谷宽阔处,边岸部分因阻力大,流速减小落淤,但主流部分继续前进,在弯道或峡口地段壅塞叠加,又造成新的溃流,进而发生多次堵溃,形成特大规模泥石流。

3)冰水混合型泥石流

冰水混合型泥石流由冰川和降雨共同作用,需要长期冰雪融水补给,并向稳定结构已遭破坏的岩土体渗透,使岩土体逐渐饱和,雨季来临后冰雪融水和雨水汇流洪峰叠加,造成沟道堆积物和不稳定坡体失稳破坏,并在沟道堵塞段迅速抬高水位,造成堆积土体管涌形成,导致堵塞体溃决,泥石流流量、规模迅速放大,形成大规模泥石流,即冰川融水-降雨混合型泥石流(图5.36)。此类泥石流以古乡沟泥石流为典型代表。

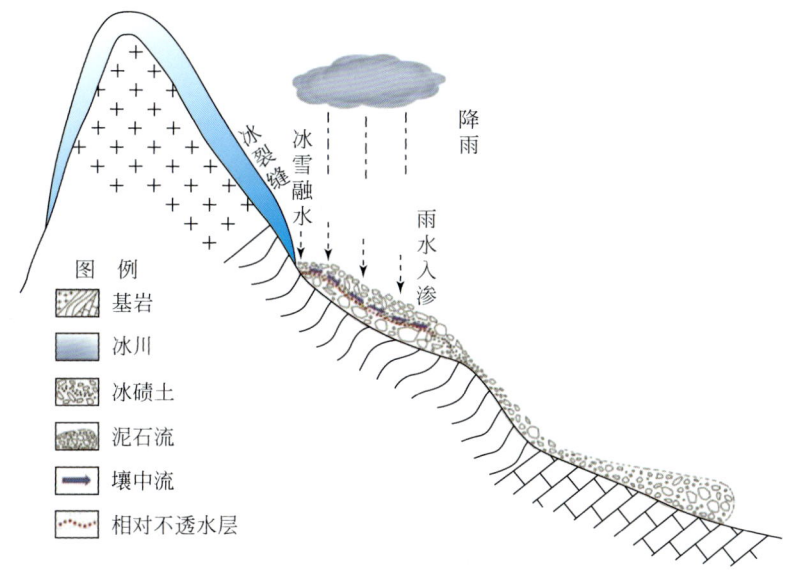

图 5.36 冰川泥石流形成原理示意图

古乡沟流域的水源条件主要为降雨和冰雪融水,泥石流的暴发与以降雨和气温为表征的气象条件关系密切。因此其形成机制为:气温升高使冰川积雪消融或冰崩雪崩融水汇流达到一定水力条件时,与降雨形成的地表径流叠加,使得堆积于冰川末端的冰碛物及沟道中的松散物质达到饱和后失稳形成泥石流。2005 年 7 月下旬至 8 月中上旬,气温 3 次升温,比历年同期高 1~2℃。发生泥石流前 3 日的气温较高,并于 7 月 29 日的冰川前缘气温高达 16℃。根据波密县历史气温监测数据显示(鲁安新等,2006),2005 年的 6~8 月气温明显高于往年同期气温,与此同时,2005 年 7 月 1 日至 8 月底期间波密连续降雨,且降雨量较大。在冰雪快速消融与强降雨水源补给的共同作用下,形成此次泥石流,为典型的冰川融水-降雨型冰川泥石流。

目前，关于降雨型泥石流形成机理已开展大量研究工作，较为成熟，而关于冰川泥石流形成机理的研究工作相对较少，且多为定性或统计分析研究（陈杰等，2003；铁永波和李宗亮，2010；邓明枫等，2013；崔鹏等，2014；屈永平等，2015）。对于冰川泥石流的研究，需要加强理论分析和模型实验，研究不同类型物源的物理力学特性，找出在冰川泥石流形成过程中其稳定性受破坏而启动的机制，并探讨其在冰雪融水、冻融作用、地下水和下渗作用等共同作用下的失稳动力学过程和机理。

4）冰湖溃决泥石流

（1）冰湖溃决泥石流的形成条件。

冰湖溃决是否会演变成泥石流与沟床形态与固体物质补给关系密切。沟床比降、横断面变化和沟道中，沿途物质的数量、堆积方式和易蚀性决定了冰湖溃决洪水能否演化为泥石流及所形成泥石流的性质和规模（崔鹏等，2003）。

①沟床形态。

当平均沟床比降小于30‰，粗大颗粒起动的水动力条件不足，不会形成泥石流，而会形成溃决洪水；平均沟床比降在30‰~50‰范围内，如沿途沟道内松散固体物质较丰富，溃决洪水会演变成为稀性泥石流；当平均沟床比降大于50‰时，在沿程松散固体物质丰富情况下，则会形成黏性泥石流。

沟床比降的沿程变化对冰湖溃决泥石流的形成也有很大影响。沟床上有迭水和陡坎，则有利于泥石流的形成，特别是有利于大规模泥石流的形成。沟床比降的突然变缓，会使黏性泥石流产生淤积，当平均沟床比降小于50‰时，黏性泥石流就开始出现堆积。陡缓相间的沟床，在水源和固体物质供给充足的情况下，会孕育出大规模泥石流；在物质供给不足条件下，不利于泥石流形成。

沟床的横断面变化是冰湖溃决泥石流形成的又一个影响因素。沟床的宽度变化，会影响到泥石流容重变化，沟道变宽，流速减小，泥沙淤积，泥石流容重减小；沟道变窄，流速增大，侵蚀能力和输沙能力加强，泥石流容重增加。

②固体物质补给。

若沟床物质多为洪积物，沟床两侧分布有众多的崩塌滑坡，沟道物质容易侵蚀，岸坡容易冲蚀失稳，则洪水不断挟带固体物质，增大其容重而演变为泥石流；否则，沿途固体物质不易侵蚀汇入，难以形成泥石流。如果沿途物质补给多或局部地段有滑坡、崩塌体堵塞沟道，补给相对集中，则会形成黏性或大规模泥石流；沿途物质补给少，会形成稀性泥石流或一般山洪。

（2）冰湖溃决泥石流演化的特征与模式。

冰湖溃决泥石流的沿程演化与由降雨和冰川融水激发的泥石流的演化特征有较大差异。前者往往由暴雨或冰川融水导致崩塌、滑坡或其他松散堆积物破坏失稳而先在源区形成，沿程不断侵蚀裹挟固体物质，接纳支流汇入，达到峰值流量后规模逐渐减小，流速的沿程变化与流量变化趋势相似。而冰湖溃决泥石流的水源主要为冰湖溃决洪水，固体物质来源多样，受冰湖溃决洪水洪峰流量和持续时间、松散固体物质补给方式和数量，以及沟床特征等因素的影响，冰湖溃决泥石流的流速、流量、性质和颗粒组成等的沿程演化较前者复杂。受冰湖溃决洪水、松散固体物质和沟床特征的影响，冰湖溃决泥石流沿程演化可概括为以下 6 种模式：

①溃决洪水—稀性泥石流：一般是在大规模溃决洪水或沟床相对稳定条件下形成的。冰湖规模较大，溃决时大量水体突然释放，快速冲蚀冰碛物，在溃决口附近形成稀性泥石流。在沟床稳定，纵坡均一，沟道较宽且顺直，沿程岸坡和沟床物质补给相对分散，且较为均匀，沟道中没有卡口、滑坡和崩塌堵塞体的情况下，稀性泥石流沿沟道顺流而下，沿程流量、流速、性质和颗粒组成变化较小。

②溃决洪水—黏性泥石流：这种模式一般在溃决洪水相对较小，固体物质补给相对丰富的条件下形成，多发生在规模较小的冰川沟谷内。当溃决水体较少，而可被冲蚀的冰碛物相对丰富时，洪水在溃决口附近冲蚀冰碛物形成黏性泥石流。沿途沟床和沟岸多为基岩，沟道较为狭窄顺直，沟床比降较大，没有大规模降水和冰雪融水及支流水体补给，流体性质改变不大，一直保持着黏性泥石流性质直至沟口或汇入主河。

③溃决洪水—稀性泥石流—黏性泥石流：该类泥石流多发生在规模中等、沟床及岸坡堆积物丰富、沟床比降大的冰川沟谷内。冰湖溃决水量较大，溃决水体冲蚀冰碛物迅速形成稀性泥石流。中下游沟床堆积物质地松散，两侧岸坡不稳定或堆积物松散，可蚀性强，沟道狭窄，沿程固体物质补给充分，而没有大规模支流水体汇入，泥石流容重和流量逐渐增大，流体由稀性逐渐过渡到黏性。

④溃决洪水—黏性泥石流—稀性泥石流：在溃决洪水较溃决之初有所发展，且固体物质补给速率小于洪水增加速率的情况下形成这种演化模式。由于溃决口位置较高，起始时溃决洪水流量小，在溃口附近先形成容重较高、规模较小的黏性泥石流。随着溃口的扩大和下切，溃决水体逐渐加大，形成更大的洪峰并冲蚀沟床和岸坡松散堆积物，而洪水流量的增加大于固体物质的补给量，黏性泥石流被稀释，逐渐演变为稀性泥石流。

⑤溃决洪水—稀性泥石流—黏性泥石流—稀性泥石流：该类泥石流初期的形成和演化同模式③。由于溃决水量的增加、降雨或冰雪融水补给、冰面湖和冰下湖的溃决、支流洪水的汇入等，使后期洪水流量增加，大量洪水在冲蚀沟床松散堆积物的同时，稀释先期形成的黏性泥石流，在洪水流量增加速率大于固体物质补给速率时，沟道中下游流体逐渐演变为规模更大的稀性泥石流。

⑥溃决洪水—黏性泥石流—稀性泥石流—洪水：该类泥石流初期的形成和演化同模式④。由于溃决水量的增加、降雨或冰雪融水补给、冰面湖和冰下湖的溃决、支流较大洪水的汇入等因素，洪水流量迅速增加。而中下游沟床和岸坡较为稳定，松散堆积物少，固体物质补给少，洪水稀释稀性泥石流，逐渐演变为一般的挟沙洪水。这种演化模式的沟谷一般规模较大。

冰湖溃决泥石流的水动力条件源自冰湖溃决，关于冰湖溃决机理详见 5.4.3 节。

5.4.3 冰湖溃决机理

1. 冰湖溃决成因

冰湖溃决是高山区常见的山地灾害之一。根据冰湖溃决诱发因素的不同，可以分为以下几类：强震作用导致的冰湖溃决（包括地震的直接作用及地震波产生的地震涌浪作用）、埋藏冰融导致冰湖溃决及冰崩涌浪导致的冰湖溃决。其中，强震作用为冰碛坝在动力条件下发生的溃决，而埋藏冰融和冰崩涌浪为冰碛坝在静力条件下发生的溃决，如图5.37所示。

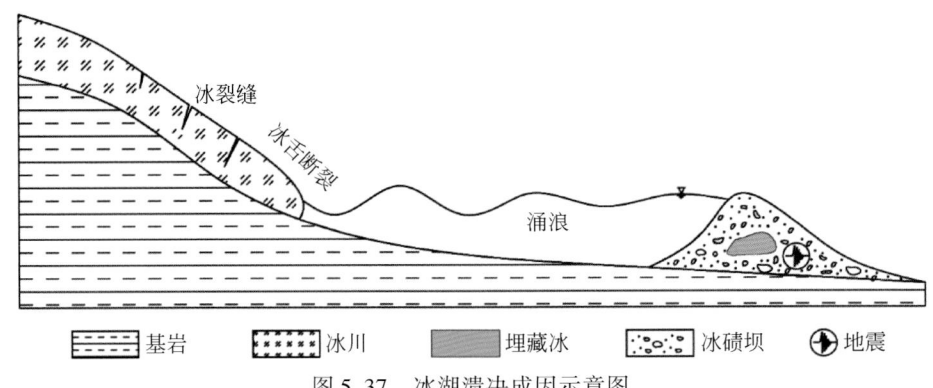

图 5.37　冰湖溃决成因示意图

1）强震作用导致的冰湖溃决

青藏高原地区现代冰川发育，在全球气候变暖的大背景下，多数冰川呈加速消融及退缩的态势，冰湖的数量与冰湖面积不断增加，从而增大了冰湖溃决的风险。同时，青藏高原又是我国现代构造活动和地震活动最强烈的地区，自有地震记录以来，在高原内记录到多达 18 次 8 级以上巨大地震和 100 余次 7~7.9 级地震（邓起东等，2014）。与人工坝体不同，高震级地震不会导致冰碛坝整体变形、破坏。但是在地震波扰动作用下，冰碛物颗粒之间会产生相互滑移，冰碛坝中较小的颗粒物质会沿着坝体内部缝隙向下运动，使得原本较为松散的冰碛坝变得密实，进而导致坝体发生沉陷，降低坝体的整体高度，增加溢流口的溢流水头，增强水流的侵蚀、冲刷能力，从而导致冰碛坝溃决。

高震级地震导致冰碛坝沉陷，破坏坝体稳定性，对坝体造成直接的影响；同时，在地震波反复作用下，原本处于静止的冰湖还会产生地震涌浪，当涌浪波到达冰碛坝时，同样可以增加坝前溢流水头，从而加速了冰碛坝的溃决进程。由于地震作用下的涌浪高度不及冰滑坡、冰崩作用下的涌浪高度，所以地震涌浪波对冰碛坝的破坏作用相对较小。

2）埋藏冰融化与管涌导致冰湖溃决

冰碛坝表层大多为季节性的冻土，通常内部存在一定量的埋藏冰。全球气候暖化条件下冰碛坝体内部埋藏冰会不断融化，埋藏冰消融对冰碛坝的影响作用主要体现在两个方面：一方面，原本由埋藏冰占据的部分变成空隙，在重力作用下上部冰碛物不断填充下部空隙，冰碛坝发生沉陷，降低冰碛坝高度，增大了溢流水头，导致冰碛坝发生溢流溃决；另一方面，如果埋藏冰位于大块冰碛物形成的骨架之间，埋藏冰融化后在坝体内形成连续贯通的过流通道，水流作用下坝体内部细小颗粒随着水流运移，使得渗流通道不断发展，过流流量增加，进而增大了水流的侵蚀、搬运能力，使得通道内大量的冰碛物质被水流带走，形成管涌，并最终导致冰碛坝失稳溃决。

3) 冰崩涌浪与溢流冲刷导致冰湖溃决

全球气候暖化条件下,在冰川的前缘可能出现冰裂缝,冰舌前端出现冰崩(冰滑坡)。如果冰崩发生点离湖区较近,则冰崩体会直接进入冰湖形成冰崩涌浪。如果冰崩发生点距离湖面较高,且冰崩体体积较大,则会形成较高的冰崩涌浪。当涌浪波传递到坝前,受坝体的阻挡,涌浪会沿冰碛坝爬升,随后形成较高的溢流水头,进而破坏原有的溢流平衡条件,导致冰碛坝的溃决。冰崩涌浪主要引起坝前溢流水头增加,从而导致冰碛坝发生溢流溃决。如 1988 年 7 月 15 日发生于西藏波密县的米堆沟冰湖溃决事件。据有关报道,体积至少为 $3.60 \times 10^5 \text{m}^3$、长度至少为 136m 的冰舌滑入光谢错形成冰崩涌浪,涌浪波传递到坝前,使得水位上涨超过 3m,溢流口处大量冰碛物质被水流带走,溃口不断加深、扩大,并最终导致光谢错完全溃决(蒋忠信等,2004)。

2. 冰湖溃决的条件

1) 气候条件

气候通过影响冰川的积累和消融,前进和后退而影响冰湖溃决的形成。在气候条件中,温度和降水是两个最重要的因素。湿冷的气候条件有利于冰川的积累和前进,湿热和干热的气候条件则使冰川强烈消融以至退缩。从湿冷气候转向湿热或干热气候的过渡年份最有利于冰湖溃决发生。在湿冷气候条件下冰雪积累,当气候变暖时冰雪消融。大量融水会集中到冰川前部,当冰内水位升高到冰体总厚度的 0.9 倍时,就达到冰舌运动的临界平衡状态,冰舌将出现运动的跃变,以快速运动的冰崩或冰滑坡形式瞬间将数量庞大的冰块拥入或抛入湖内,击起涌浪和冲击波,冲蚀终碛堤并在其薄弱部位产生强烈冲刷,导致冰湖溃决。

2) 水文条件

局部瞬时溃决的临界水文条件是冰湖溃决的关键。冰滑坡入湖导致的静水位上涨值为 H_1,它对一般规模的冰湖是相对稳定的。如图 5.38 所示,在 H_1 大于临界溢流水头高度 H_0 情形下,当溢流口处的流速达到终碛堤物质的起动流速时,产生冲刷下切,冰湖开始溃口。因此,H_1 大于 H_0 是冰碛湖溢流型溃决的充分条件,即 $H_1 > H_0$ 必定发生溢流型溃决。当 $H_1 < H_0$ 但 $H_1 + H_2$(涌浪衰减至溃口处的高度)$> H_0$ 且 H_2 持续作用时,冰湖可能发生溃决;否则,冰湖可能发生也可能不发生溢流型溃决。这是因为传至溢流口的涌浪高度 H_2 若瞬间即逝,H_2 与 H_1 的叠加虽大于 H_0,但瞬间的冲击不一定使溢流口产生持续下切。当 $(H_1 + H_2) < H_0$ 时,冰湖不会发生溢流型溃决。

综上所述,冰碛湖溢流型溃决的临界水文条件为:$H_1 > H_0$,一定溃决;$H_1 < H_0$ 且 $(H_1 + H_2) > H_0$,可能溃决;$(H_1 + H_2) < H_0$,不会溃决。

3. 冰湖溃决的过程

冰湖溃决过程一般是指一定条件下冰碛坝发生失稳破坏,大量冰碛物被水流起动、侵蚀、搬运,并最终导致冰碛坝完全溃决或者形成稳定的残留体。由于冰湖通常分布于人烟稀少、人迹罕至的高寒山区,且冰湖溃决事件本身具有一定的偶然性,能够目睹冰湖溃决过程的人少之又少,所以有关冰湖溃决过程的研究资料颇为缺乏。

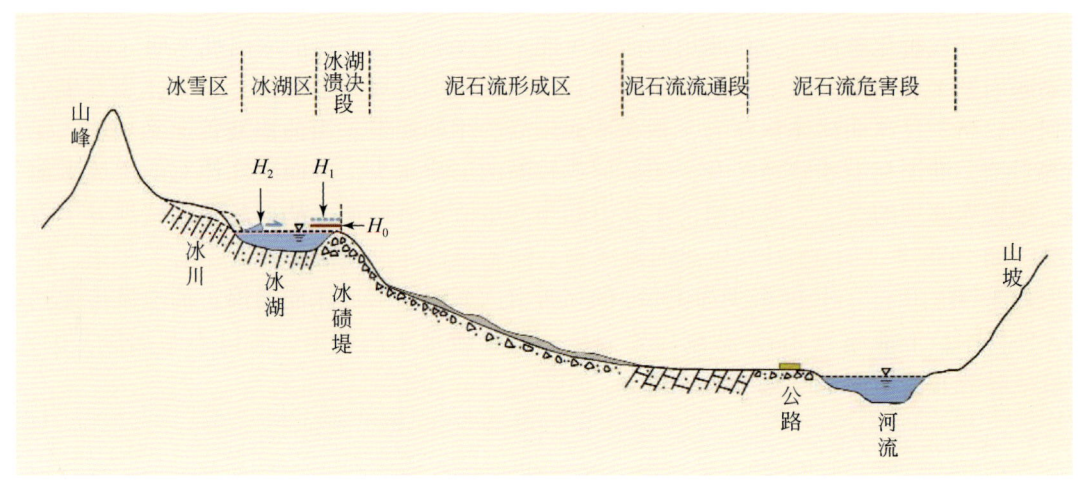

图 5.38 冰湖溃决水文条件

H_0. 临界溃决水位;H_1. 可能出现的水位;H_2. 冰滑坡入湖后产生的涌浪传递到溢流口时的水位

通常情况下,冰湖处于溢流平衡状态。在某些特定条件下(如地震、埋藏冰消融、冰崩涌浪等),冰碛坝的稳定性遭到破坏,从而导致冰湖溃决。冰湖溃决过程主要包括了溃口的下切侵蚀、溯源侵蚀、横向展宽、溃口稳定 4 个阶段:

1)下切侵蚀阶段

与滑坡、泥石流堵江形成的堰塞坝类似,冰碛坝也是由大量的松散物质堆积而成,因此坝顶高程不会像人工坝那样处处相同,冰碛坝坝顶处有高有低。溢流水体从冰碛坝坝顶最低处开始,沿冰碛坝背水面形成溢流通道。在冰湖溢流平衡破坏前,上游来流水量与冰碛坝溢流(泄流)量相当,过流通道内形成的粗化层能够很好地保护底部的坝体细颗粒物质不被水流带走。因受某种因素(或者多种因素的叠加作用)的影响,冰湖的溢流水头突然增加,原有的冰湖溢流平衡被打破,床面粗化层被破坏,底床原本静止的粗颗粒被水流起动、搬运,受粗化层保护的细颗粒被后续水流带走。因此,冰湖溃决过程中首先表现出冰碛坝背水面的溢流通道不断下切,如图 5.39(a)所示。

2)溯源侵蚀阶段

冰碛坝由于其自身物质组成与结构特点,坝体表面颗粒往往处于临界稳定状态,背水面坡度比降较大。当水流经过坝顶向冰碛坝背水面运动时,势必加速向下游运动,水流速度在下游坝脚处达到最大。因此,坝脚处的冰碛物首先被带走,形成不连续的跌坎,水流不断冲刷跌坎后壁,导致陡坎后壁不断向上游前进(即溯源侵蚀过程),如图 5.39(b)所示。

3)横向展宽阶段

由于冰碛具有颗粒级配差、结构松散等特点,同时水流在通过冰碛坝时波动大、紊动强烈。水流在下切侵蚀过程中不断掏刷溢流通道两侧坡脚物质,使得通道两侧岸坡坡度不断增加。当岸坡坡度大于松散土体的临界休止角时,两侧岸坡会因失稳而不断滑塌,大量坝体物质失稳进入水中,坡岸线后退,溃口展宽,增大了溢流通道的过流面积,下泄流量不断增大,如图 5.39(c)所示。

4）溃口稳定阶段

当溃决流量增大到一定程度后，上游水位下降的速率快于溃口下切侵蚀速率，溢流水头减小，水流速度降低，无法破坏既有粗化层，下切侵蚀逐渐停止。水流下切侵蚀作用一旦停止，冰碛土的岸坡坡度也就无法进一步增加，溃口的横向展宽过程也宣告结束，溃口逐渐趋于稳定。随后冰湖水位进一步下降，流量不断减小，并最终保持与上游来流量一致，过程如图 5.39（d）所示。

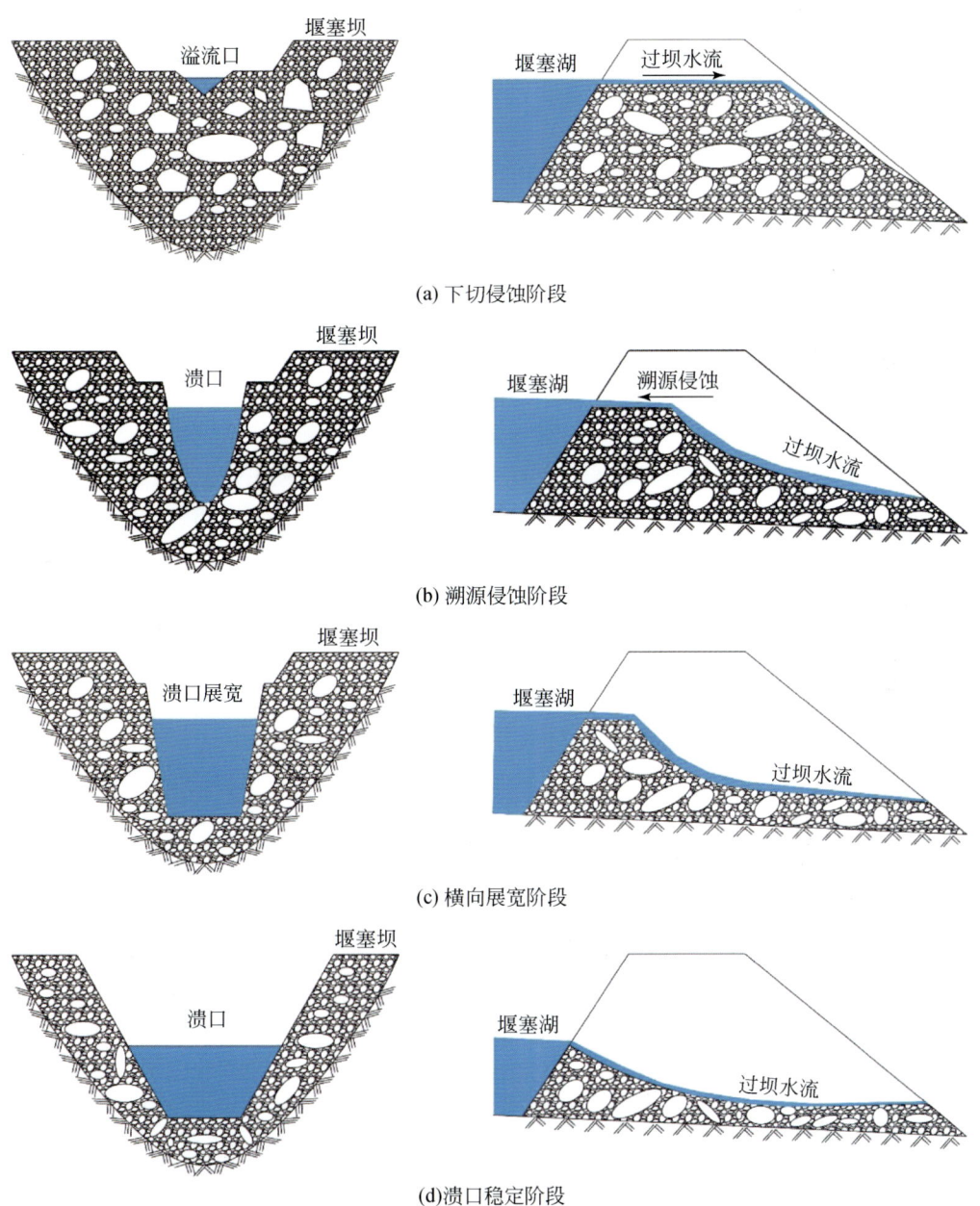

图 5.39　冰湖溃决过程示意图

4. 冰湖溃决的力学机理

冰湖溃决涉及复杂的水-土两相间相互作用,导致坝体颗粒物质的运动、输移,溃口不断发展,最终造成整个冰碛坝溃决(Chen et al., 2015)。相关研究表明:在三类典型的冰湖溃决中,由溢流冲刷侵蚀引起的冰碛坝溃决占所有冰碛坝溃决事件的70%~80%,下面以溢流侵蚀型冰湖溃决为例分析冰碛坝溃决的力学机理。

1) 土体颗粒受力与起动

水流中的土体颗粒主要受到以下几种作用力:土体自身的重力、水体浮力、拖曳力、上举力及渗透压力等,在多个作用力的作用下,土体颗粒表现出或起动迁移,或者沉降淤积。

(1) 颗粒所受重力(G)。

若将颗粒看成球体,其直径为$D(m)$则颗粒所受重力为(郭国和,2009)

$$G=(\gamma_s-\gamma_w)g\frac{\pi}{6}D^3 \tag{5.2}$$

式中,γ_s、γ_w分别为颗粒和水的容重,N/m³;g为重力加速度。

(2) 拖曳力(F_D)和上举力(F_L)。

拖曳力和上举力为液相流对固体颗粒的作用力。水流与土颗粒接触将产生摩擦力F_1,当坝坡面水流雷诺数较大时,颗粒顶部流线发生分离,并在土颗粒背水面产生涡流,从而在土颗粒前后产生压力差,形成形状阻力F_2。F_1和F_2的合力即为拖曳力(F_D)。坡面水流流动时,土颗粒顶部的流速显著大于底部土颗粒间渗透水流的流速,根据伯努利原理,将产生水力差并产生与空气上升力类似的上举力(F_L)。

$$F_D=C_D\frac{\pi D^2}{4}\frac{\rho U^2}{2} \tag{5.3}$$

$$F_L=C_L\frac{\pi D^2}{4}\frac{\rho U^2}{2} \tag{5.4}$$

式中,C_D和C_L分别为拖曳力和上举力的阻力系数,无量纲;ρ为水的密度,g/cm³;U为水流流速,m/s。

(3) 渗透压力(F_s)。

当坡面表层渗透条件较好,入渗率较大时,坡面流入渗会产生与入渗方向一致的渗透压力为

$$F_s=\gamma J_s\frac{\pi D^3}{6} \tag{5.5}$$

式中,J_s为土中渗透水流的水力坡度,无量纲。

土体颗粒所受合力为

$$F=\sqrt{(G+F_S\sin\theta)^2+F_D^2} \tag{5.6}$$

式中,θ为坡面与水平方向夹角,(°)。

则土体颗粒的起动条件为

$$\eta=\frac{\sqrt{(G+F_S)^2\sin^2\theta+F_D^2}}{(G+F_S)\cos\theta-F_L} \tag{5.7}$$

当 $\varphi=1$ 时，土体颗粒处于临界起动条件；当 $\varphi>1$ 时，土体颗粒起动。

2) 溢流溃决的侵蚀速率

当土体颗粒满足水流起动临界条件时，大量的土体颗粒起动、输移，形成溢流冲刷渠道。在此过程中，根据起动土体颗粒粒径大小和颗粒在水流中运动方式的不同，可以将其划分为推移质和悬移质两部分。对于推移质冲刷，可以假定单宽推移质挟沙能力为 g_b，水流搬运推移质的效率为 e_b，则有（柴贺军和陈谦应，2002）

$$g_b = W'_b \bar{u}_b \tag{5.8}$$

$$W'_b \bar{u}_b \mathrm{tg}\alpha = \tau_0 U e_b \tag{5.9}$$

式中，W'_b 为单位面积上推移质水下重量，N；$\bar{u}_b$ 为推移质垂线平均运动速度，m/s；α 为土的内摩擦角，(°)；τ_0 为剪切应力，Pa；U 为水流的速度，m/s。

由此可以得出单宽推移质挟沙能力 g_b，g_b 为具有功率的量纲（N·m/s）

$$g_b = k \frac{\tau_0 U e_b}{\mathrm{tg}\alpha} \tag{5.10}$$

式中，k 为校正系数，无量纲。

对于悬移质冲刷，可以假定单宽悬移质输沙率为 g_s，则有

$$g_s = W'_s \bar{u}_s \tag{5.11}$$

式中，$\bar{u}_s$ 为悬移质垂线平均运动速度，m/s。

水流输沙过程中悬移质效率为 e_s，则有

$$W'_s v = \tau_0 U (1-e_b) e_s \tag{5.12}$$

将式（5.12）代入式（5.11），则有

$$g_s = \frac{\tau_0 U (1-e_b) e_s}{v} \bar{u}_s \tag{5.13}$$

由于悬移质运动速度与水流速度接近，有

$$\bar{u}_s = \frac{1}{h-a} \int_a^h S_y u \mathrm{d}y \tag{5.14}$$

式中，h 为平均水深，m；a 为悬移区下限距坡面距离，m；S_y 为距坡面 y 处悬移质含量，无量纲。

并得到

$$g_s = \frac{\tau_0 U^2 (1-e_b) e_s}{v} c \tag{5.15}$$

根据 Bagnold 对河流泥沙的试验成果，$e_s(1-e_b)c=0.01$，由此可以得到悬移质挟沙能力在坡面上为

$$g_s = 0.01 \frac{\tau_0 U^2}{v} \tag{5.16}$$

因此，溢流对坝体物质的冲刷率为

$$G_s = 0.01 \frac{\tau_0 U^2}{v} + k \frac{\tau_0 U e_b}{\mathrm{tg}\alpha} \tag{5.17}$$

3) 溃口边坡破坏

随着溢流通道床面土体物质的冲刷、输移，溃口不断下切，导致原有稳定的溃口岸坡逐渐失去平衡。根据溃口岸坡土体的受力分析如图 5.40 所示，滑动面上驱动力 F_d 可以表示为

$$F_d = W\sin\beta \tag{5.18}$$

式中，W 为岸坡土体重力，N；β 为滑动面和水平面的夹角，(°)。

滑动面上的阻力 F_r 可以表示为

$$F_r = cL + (W - u_w)\cos\beta\mathrm{tg}\theta \tag{5.19}$$

式中，c 为土体的黏聚力，N；L 为滑面长度，m；u_w 为孔隙水压力，N；θ 为土体的内摩擦角，(°)。

通过岸坡滑动面上驱动力与滑动面上阻力比值 φ 的大小，判定溃口边坡稳定性，即

$$\varphi = \frac{W\sin\beta}{cL + (W - u_w)\cos\beta\mathrm{tg}\theta} > 1 \tag{5.20}$$

当 $\varphi = 1$ 时，溃口边坡处于临界稳定状态；当 $\varphi > 1$ 时，溃口边坡失稳破坏。H 为溃口处水流深度（m）。

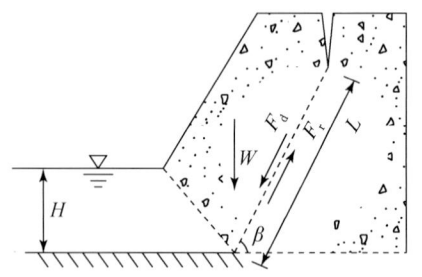

图 5.40　溃口边坡受力分析（据张建国，2010）

5. 冰湖溃决实验研究

高寒山区冰湖溃决形式主要包括冰崩涌浪引起的溢流溃决和埋藏冰消融引起的管涌溃决，而冰崩涌浪引起的溢流溃决是高寒山区冰湖最为常见的一种溃决方式。由于目前对冰崩激发条件下涌浪的形成、演进、衰减规律，以及涌浪作用下坝体的溃决过程与机理研究并不深入，本节主要针对冰崩涌浪水力特征及涌浪作用下导致的溢流溃决开展模拟实验研究，进一步揭示溢流侵蚀条件下冰碛坝的溃决机制。

1）实验设计

为模拟冰崩（冰滑坡）作用下涌浪的形成、演进与衰减，设计了如下模拟实验。实验模型主要由以下几个部分组成：模拟冰崩涌浪的滑块、滑板、冰湖及下游坝体（图 5.41）。滑板总长为 3.50m，根据滑板固定于支架上不同高度，可以在较大范围内调整滑板与水平面的夹角（30°~46°）。模拟冰湖几何形态主要根据高山区典型冰湖遥感影像（图 5.42），设计成椭圆形，实验模型冰湖：长度为 4.10m，最大宽度为 2.30m。为监测冰崩入水后涌浪高度的变化，在冰湖底部布置多个压力传感器（1#~6#，图 5.41）。激发涌浪的滑块体积 0.24m³。外壳由薄铁皮构成，内部加入两种密度不同的轻质液体（柴油和汽油，密度

分别为0.83g/cm³和0.73g/cm³），用以模拟天然条件下冰块（密度0.90g/cm³）。

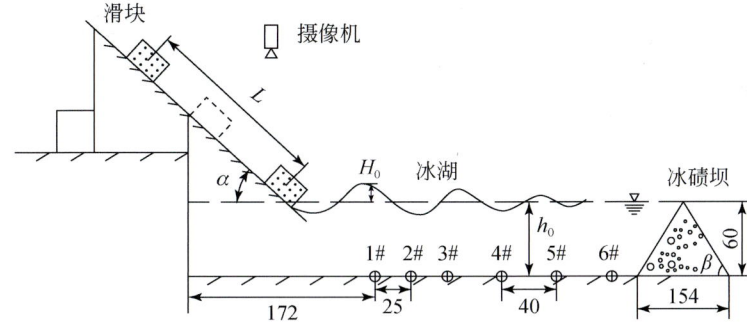

图5.41 冰崩涌浪整体布置图及尺寸（单位：cm）

图5.42 冰湖影像资料

(a) 2001年光谢错图像，影像来自Google Earth；(b) 2005年次仁玛错图像，影像来自Google Earth

2）冰崩涌浪及其计算模型

（1）冰崩涌浪的形成与演进过程。

冰崩涌浪形成时，滑坡体以较大的速度冲入冰湖内，冰崩首先沿滑动方向上推动水体运动，此时形成第一阵涌浪；在惯性作用下冰崩继续向湖底运动，并在冰崩体背面排开一定量水体，滑坡体运动带动周围水体快速向该区域汇集，并形成第二阵涌浪（图5.43）。涌浪波以入水点为中心，向四周演进。当涌浪波到达岸边时，经反射作用向湖区运动，并与后面的涌浪波叠加，随着时间的推移逐渐衰减（Chen et al., 2017；图5.44）。

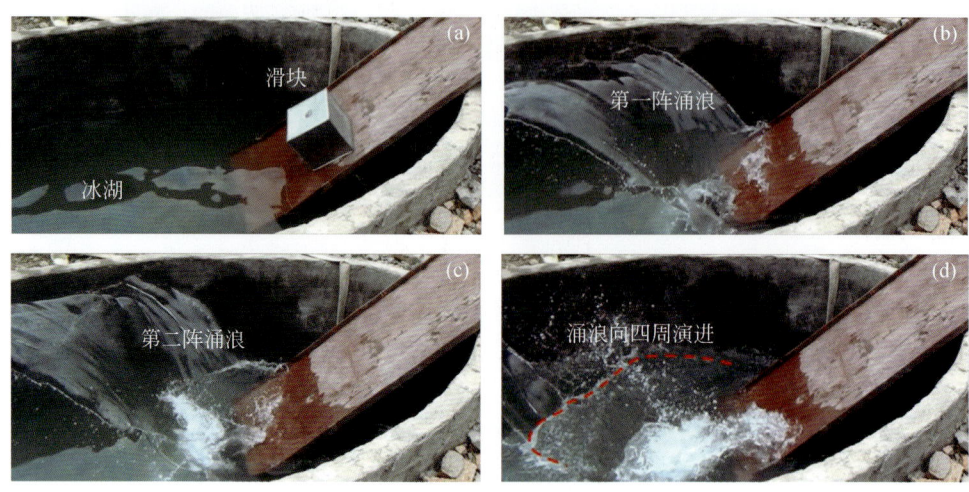

图5.43　冰崩入水形成涌浪过程

图5.44　涌浪演进过程

（2）冰崩涌浪高度计算。

本研究以模拟实验为基础，通过无量纲分析建立适用于冰崩涌浪高度，并利用实验数据对其进行验证，研究成果可为深入分析冰崩涌浪形成、运动规律提供参考。

实验中利用摄像机捕捉滑块入水前的速度及入水后涌浪的发展变化过程。在湖底中心线上布置多个传感器探头用于监测涌浪高度的变化过程，通过研究分析认为影响冰崩涌浪高度的因素包括：滑块体积（m³）、滑动角度（°）、湖区水深（m）、滑块几何形状及入水瞬时速度（m/s）等，即

$$H_s^0 = f(V, \alpha, S, h_0, v_t, g \cdots) \tag{5.21}$$

通过无量纲分析获得无量纲参数

$$\frac{H_s^0}{h_0} = f\left(\frac{V}{Sh_0}, \frac{v_t}{\sqrt{gh_0}}, \alpha'\right) \tag{5.22}$$

建立涌浪无量纲公式表达式

$$\frac{H_s^0}{h_0} = K \left(\frac{V}{Sh_0}\right)^a \left(\frac{v_t}{\sqrt{gh_0}}\right)^b \alpha'^c \tag{5.23}$$

借助于已有的实验数据率定式（5.23）中的参数，可以得到

$$\frac{H_s^0}{h_0} = 0.0121 \left(\frac{V}{Sh_0}\right)^{-0.1705} \left(\frac{v_t}{\sqrt{gh_0}}\right)^{1.3486} \alpha'^{-1.2097} \tag{5.24}$$

式中，V 为滑块体积，m^3；α' 为无量纲滑动角度（滑动角度 α）；h_0 为湖区水深，m；S 为迎水面面积，m^2；v_t 为入水瞬时速度，m/s；g 为重力加速度，m/s^2。

由于冰崩涌浪多发生于人迹罕至的高寒山区，所以有关冰崩涌浪高度原型观测数据很难获取，无法借助于原型实测资料对上述回归模型进行验证，只有通过实验资料进行验证。由图 5.45 可知，不同工况下，涌浪高度实验结果与回归模型计算值基本位于 45°线上，绝大多数误差小于 20%，计算值与实测值吻合良好。

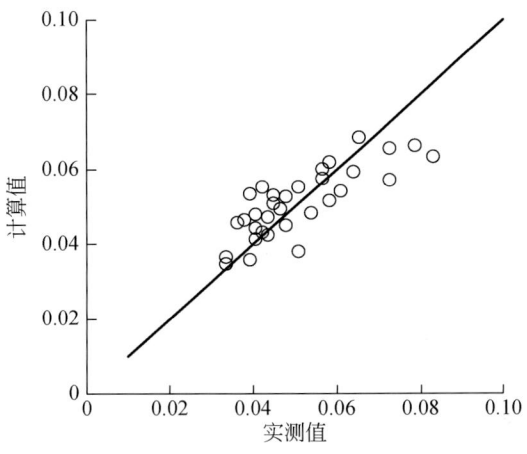

图 5.45　波高计算值与实测值比较

（3）冰崩涌浪沿程衰减规律。

无论从原型观测还是模拟实验分析，都可以发现涌浪演进过程中波高衰减速度沿程差异显著，离滑坡入水点近涌浪衰减迅速，而远离滑坡入水点的地方涌浪衰减则非常缓慢，如图 5.46 所示，由于不同坡度条件下涌浪高度存在一定差异，通过算术平均得到无量纲涌浪高度沿程衰减规律（表 5.10）。

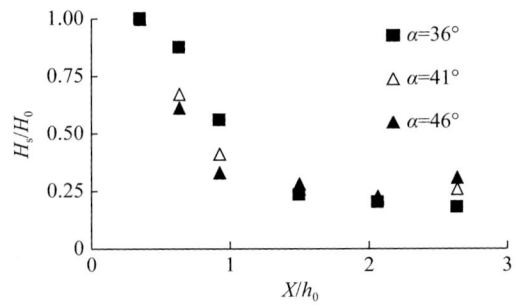

图 5.46　涌浪高度沿程变化

表 5.10　无量纲涌浪高度沿程衰减规律

相对距离 L/h_0	$\alpha=36°$	$\alpha=41°$	$\alpha=46°$	平均值
0.36	0.64	0.63	0.71	0.66
0.64	0.43	0.59	0.53	0.52
0.93	0.19	0.33	0.60	0.37
1.50	0.13	0.31	0.54	0.33
2.07	0.15	0.29	0.56	0.33

以无量纲的幂函数作为涌浪衰减模型的一般形式：

$$\frac{H_s^{\text{Ice}}}{H_s^0}=a\left(\frac{L}{h_0}\right)^b \tag{5.25}$$

根据表 5.10 数据确定式（5.25）中参数 a 和 b，即

$$\frac{H_s^{\text{Ice}}}{H_s^0}=0.5168\left(\frac{L}{h_0}\right)^{-0.579}\quad 0.36\leqslant L/h_0\leqslant 2.07 \tag{5.26}$$

式（5.26）即冰崩涌浪高度沿程演进计算公式（$R_2=0.9674$）。

有关岩质滑坡体事件的报道较多，对滑坡涌浪沿程高度的记载也很详细，而鲜见有关冰崩涌浪事件的报道。在涌浪变化规律研究中，Slingerland-Voight 法考虑了滑体密度对涌浪高度的影响，利用该方法可以建立冰崩涌浪与岩质滑坡体涌浪关系，从而通过岩质滑坡体涌浪演进规律变化推求冰崩涌浪沿程演进规律。

Slingerland-Voight（S-V）法中考虑密度变化条件下涌浪高度计算表示为（Slingerland and Voight，1979）

$$\log\left(\frac{H_s}{h_0}\right)=-1.25+0.71\log KE \tag{5.27}$$

式中，$KE=0.5(l\cdot s\cdot b/h^3)(\rho/\rho_w)[u^2/(gh)]$，$l$ 为滑块长度，m，s 为滑块厚度，m，b 为滑块宽度，m，ρ 为滑块密度，g/cm³，ρ_w 为水体密度，g/cm³；H_s 为涌浪高度，m；h_0 为水深，g/cm³。

岩质滑坡体与冰体涌浪高度之比进一步化简得到

$$\frac{H_s^{\text{Rock}}}{H_s^{\text{Ice}}}=\left(\frac{\rho_{\text{Rock}}}{\rho_{\text{Ice}}}\right)^{0.71}=\left(\frac{2.65}{0.90}\right)^{0.71}=2.15 \tag{5.28}$$

即按照 S-V 法计算得到岩质滑坡体涌浪高度是冰崩体涌浪高度的 2.15 倍。

根据几个滑坡实例［1961 年 3 月柘溪滑坡（杜伯辉，2006）、1985 年 6 月新滩滑坡（汪定扬和刘世凯，1986）、2008 年 11 月龚家方滑坡（黄波林等，2012）］，给出了岩质滑坡体涌浪沿程衰减函数拟合关系（图 5.47 中虚线②）。由图 5.47 可知：在相同的 L/h_0 条件下，岩质滑坡涌浪波高大于冰崩涌浪波高，这种现象主要是由于两种滑坡体的密度差异导致的，岩质滑坡体密度远大于冰崩体密度，密度越大滑坡体惯性强，动能也越大。当高速运动的滑坡体与静止水体相互作用时，传递给水体的能量就越多，使涌浪能够维持较高的浪头向下游演进；从涌浪高度的衰减速度看，由于冰体的密度小于岩质体滑坡体密度，冰崩体入水后，如果冰体的厚度小于水深，会再次浮出水面，从而加剧了水体的震荡，同

时涌浪的反射波到达冰崩所在位置时，又带动了滑块震动，这种滑坡体与水体的相互作用能够持续很长时间，可以看到离滑坡入水点越远，冰崩涌浪较岩质滑坡体衰减更慢。

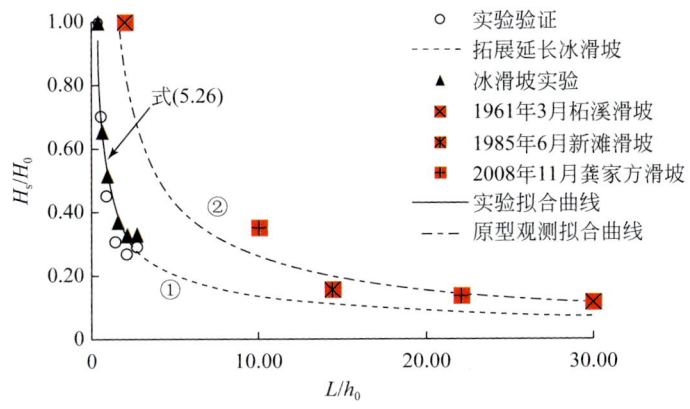

图 5.47 岩质滑坡与冰崩涌浪比较

3）冰崩涌浪条件下坝体的溃决过程与机理

（1）坝体物质级配特征。

冰碛坝的溃决与坝体物质密切相关。实验原料取自于蒋家沟泥石流堆积物，用网筛剔除 2cm 以上的粗颗粒，通过与米堆沟（冰碛坝溃口处）现场采样结果比较可知：冰碛坝中各级颗粒粒径（小于 2cm 部分）所占比例与实验用土中各级颗粒粒径基本一致，只是在小于 0.1mm 的细颗粒存在明显差异，主要由于蒋家沟是黏性泥石流沟，泥石流堆积体中含有大量黏粒，而冰碛体中黏粒含量很少，用蒋家沟泥石流堆积物来近似代替米堆沟天然条件下坝体颗粒是基本可行，实验土样与米堆沟颗粒级配曲线如图 5.48 所示。

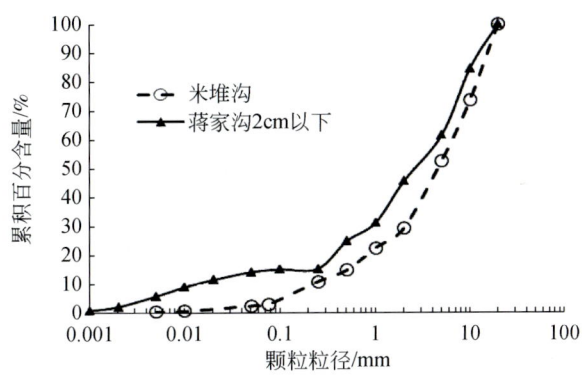

图 5.48 实验土样与冰碛坝坝体颗粒级配曲线

（2）不同初始条件下冰碛坝溃决过程。

实验模拟了冰碛坝无溢流和溢流条件下，冰崩涌浪对冰碛坝溃决过程的影响规律。在非溢流条件下，涌浪演进中受冰碛坝的阻挡作用，当湖区水位与坝顶高程之差小于涌浪沿坝面的爬高时，涌浪将翻越冰碛坝，多阵涌浪过坝后，部分固体颗粒被起动、搬运，冰碛坝坝顶形成上下游贯通的冲沟 [图 5.49（a）~（c）]。冲沟在小水头溢流作用下不断扩大，溢流流量不断增大,由于冲沟下切速度大于湖区水位下降速度,导致溢流速度进一步增大。同时,坝体的存在集中了上下游水位落差,水流沿坝体背水面加速运动,对背水面坡脚生产强烈的冲刷破坏作用,大量的松散物质被带走,冲沟进一步扩大,并向冰碛坝上游发展［图 5.49（d）］,冲沟下切破坏了两侧土体的临界平衡条件,岸坡土体失稳,溃口进一步扩宽［图 5.49（e）］。随着湖水位的下降,水流切应力不足以起动坝体物质形成残留体,整个溃决过程结束［图 5.49（f）］。

对于相同的坝体高度而言,冰碛坝发生溢流,说明此时湖区水位高于非溢流条件下的水位,因此,涌浪到达冰碛坝时,涌浪不仅可以直接沿溢流通道过流,还可以沿坝体其他部位翻坝过流,如图 5.50（a）、（b）所示。多次涌浪作用下整个坝顶出现溢流。该过程与非溢流条件下坝体溃决过程最大区别是:非溢流条件下,坝体的溃决从坝后冲沟开始,坝体顶部仅通过冲沟过流,水流带冲沟内部分细颗粒,有利于冲沟的不断发展;而溢流条件下,涌浪过坝时的水头高,冲刷能力强,涌浪对坝顶物质的冲刷速度快,坝顶高程迅速下降,溢流洪水沿坝体顶部倾泻而下,整个过程中坝顶和冰碛坝背水面物质被冲刷带走,坝体高度和厚度减小［图 5.50（c）~（e）］,随着湖水位的下降形成残留体,整个溃决过程结束［图 5.50（f）］。

图 5.49 无溢流条件下冰碛坝溃决过程

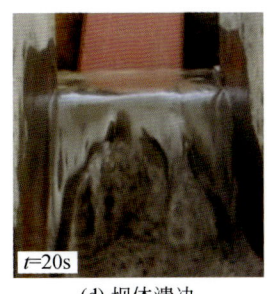 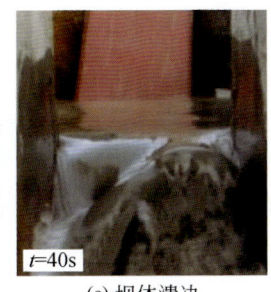 

(d) 坝体溃决　　　　　　　(e) 坝体溃决　　　　　　　(f) 残留坝体

图 5.50　溢流条件下冰碛坝溃决过程

（3）溃口发展过程及溃决流量变化规律。

实验中通过摄像机记录坝体溃决过程中溃口宽度的变化规律，通过观察溃口形态变化及扩展速率可进一步分析坝体溃决动力过程和机理。图 5.51 给出了溢流和非溢流条件下坝体溃口宽度随时间变化的关系，由图可知：溢流条件下与非溢流条件下，溃口扩展过程差异显著。溢流条件下，涌浪过坝时的坝上水头较大，侵蚀能力强，溃口宽度很快发展到整个坝顶宽度；非溢流条件下，涌浪到达坝前时，经"V"型开口处溢流，并带走部分细颗粒，多阵涌浪后坝顶出现上下游贯通的过流通道（冲沟形成），由于冲沟过流能力有限，水流的侵蚀能力弱，所以冲沟发展过程缓慢。只有当冲沟下切到一定深度后，两侧岸坡失稳坍塌，溃口宽度才会迅速增加，并很快发展到整个坝顶宽度。

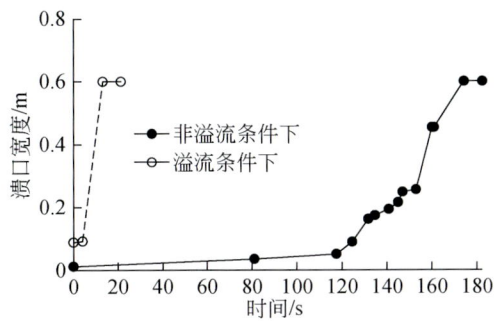

图 5.51　冰碛坝溃口变化过程

由于冰崩涌溃口流量由湖区内水量平衡关系得

$$\frac{dV}{dt} = Q_1 - Q_2 \tag{5.29}$$

式（5.29）的差分形式可以表示为

$$\frac{\Delta V}{\Delta t} = Q_1 - Q_2 \tag{5.30}$$

式中，V 为湖水体积，m^3；t 为时间，s；Q_1、Q_2 分别为湖区上游来流和溃口处下泄流量，m^3/s；ΔV 为时间间隔 Δt 内冰碛湖水体变化量，m^3。

根据模型的几何尺寸及水位变化关系，式（5.30）可以表示为

$$Q_2 = \frac{(H_1 - H_2)(A_1 + A_2)}{2(t_2 - t_1)} + Q_1 \tag{5.31}$$

式中，H_1、A_1 为 t_1 时刻冰碛湖水位及湖面面积，m^2；H_2、A_2 为 t_2 时刻冰碛湖水位及湖面面积，m^2；在非溢流条件下，不考虑上游来流，$Q_1 = 0$，溢流条件下，$Q_1 = 0.0001 m^3/s$。

涌浪作用下，坝体的溃决方式不同，所以溃决流量差异显著。从整个溃决过程来看，非溢流条件下，涌浪过坝形成非连续水流，需要经过较长的时间才能形成贯通的冲沟，并形成连续的过坝水流，此过程持续时间较长 [图 5.52（a）]，而溢流条件下，坝体下切速度快，溃决峰值流量大，溃决过程历时短暂 [图 5.52（b）]。

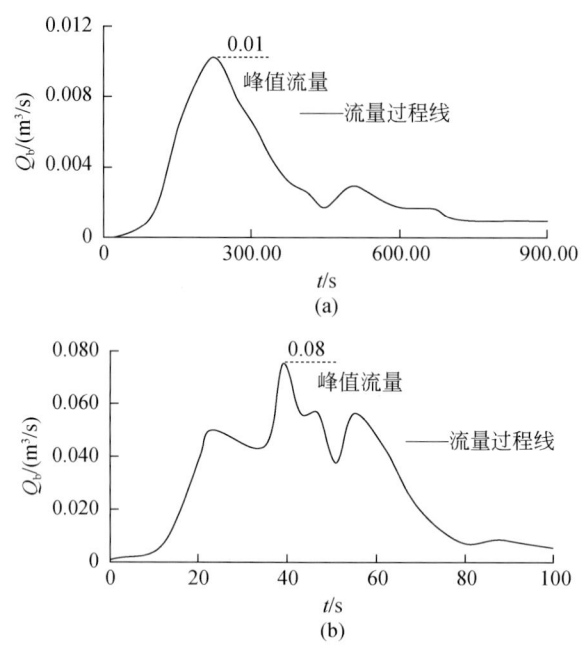

图 5.52 不同工况下溃口流量变化过程线

(a) 非溢流条件下，溃口流量变化过程；(b) 溢流条件下，溃口流量变化过程

（4）不同初始条件下坝体溃决机理。

不同初始条件下，坝体的溃决过程和机理存在明显差异。非溢流条件下，坝后溃口的发展从细小的冲沟开始，再由冲沟的不断发展，导致坝体的溃决。在这种模式下，许多学者都注意到坝体背水面有"陡坎"出现及溯源侵蚀过程。但是很少有研究成果分析陡坎形成机理。本研究认为坝后陡坎的形成主要原因在于：①溢流洪水起动粒径大小不等的颗粒，沿流路形成凹坑，出现涡旋水流，增大了坑内边壁紊动应力，使得凹坑边壁颗粒更容易起动，进而形成不连续的跌坎 [图 5.53（a）]。②跌坎形成后，主流（底层水流可能沿陡坎壁面运动）脱离底床以"舌状"水流作用于下游坝面，水流与底床的相互作用由剪切作用（摩擦阻力）变为冲击作用。水流直接作用于底床时，水流的冲击力远大于水流与底床面剪切应力，同时受水流脉动压力的影响，增加了水流的侵蚀破坏能力，水流冲刷跌坎后壁，导致陡坎后壁不断向上游前进（溯源侵蚀）。③溯源侵蚀达坝顶时，溢流水头迅速增加，溃口进一步发展，并最终导致坝体溃决 [图 5.53（b）]。

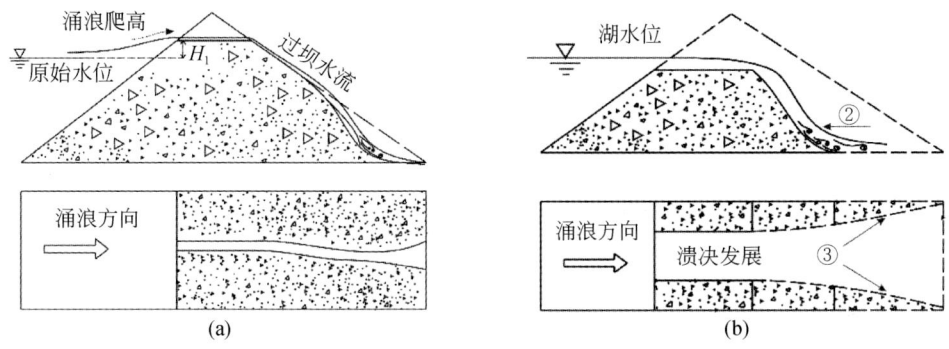

图 5.53 非溢流条件下坝体溃决
(a) 涌浪爬升及过坝瞬间；(b) 冰碛坝溃决过程

溢流条件下，湖区水位较高，坝顶高程与湖区水位高差较小。涌浪到达冰碛坝时，以较高的水头翻坝，在剪切应力作用下，水流不断削切坝顶，坝顶高度不断降低，增大了溢流水头，进一步增强了水流的侵蚀能力。水流以"层层削切"的方式侵蚀坝体物质（图 5.54 中①和②），坝体的高度和厚度不断减小，坝体溃决历时较非溢流条件下溃决过程短。

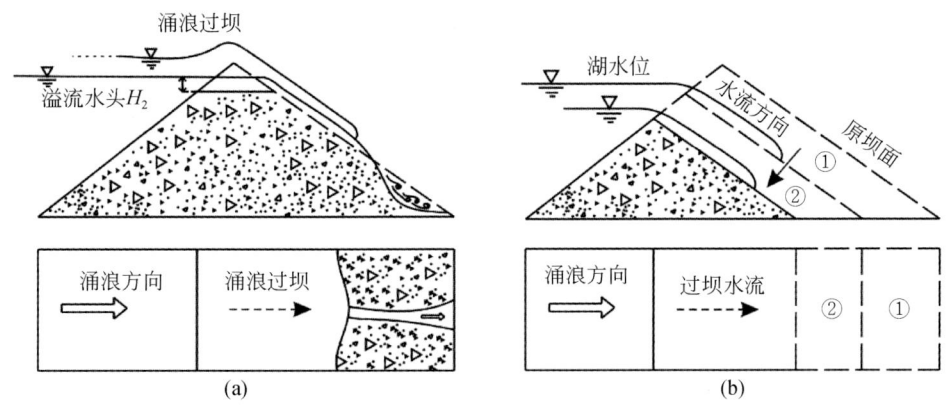

图 5.54 溢流条件下坝体溃决
(a) 涌浪过坝瞬间；(b) 冰碛坝溃决过程

(5) 实验结果验证。

米堆冰湖溃决后形成的溃口顶部宽度 35.6m，底部宽度 8m，整个溃口高度约为 17.4m，溃口平均宽度约为 21.8m（蒋忠信等，2004），野外考察测量结果与文献数据基本一致（图 5.55）。实验中由于冰碛坝两端均为固体边壁，冰碛湖在蓄水与溢流溃决过程中坝体发生沉降，固体边壁与冰碛坝结合处容易分离，形成渗流的优势通道。虽然经过处理，但是溃口仍然发展到固体边壁，所以实验中的溃决口基本呈矩形而非"倒梯形"。从实验结果看，溃口的深度约为 35cm，宽度为 60cm，原型尺寸与模型实验尺寸的比值约为 45。实验中峰值流量约为 0.075 [图 5.52 (b)]，按流量比尺换算则原型中的流量约为 1018.8m³/s。米堆冰湖溃决时的峰值流量约为 1538m³/s，误差约为 33.8%（蒋忠信等，

2004）。造成测量值与实验值之间误差的主要原因有以下几点：①受模型实验条件的限制，实验中溃口形态与原型中溃口形态有差异，在确定模型比尺时存在误差；②实验中坝体物质颗粒级配与原型存在差异；③坝体的固结程度差异，导致原型与模型中坝体物质的侵蚀速度与溃口发展速度不同。

图 5.55　米堆沟冰湖溃口形态

5.5　川藏交通干线山地灾害趋势分析

山地灾害预测是防灾减灾的重要手段之一。长期以来，高寒山区山地灾害是众多灾害学者十分关注的研究课题。但是由于地理环境的特殊性，高寒山区的观测资料十分有限，给灾害的预测工作带来了巨大的困难。本节基于现有的较为翔实的川藏交通沿线灾害调查资料，从西藏气候变化特征及趋势着手，结合本章 5.3、5.4 节的研究成果，对交通沿线分布的山地灾害灾变趋势进行评估预测，对高寒山区社会经济科技发展中长期规划的制定，特别是高寒山区山地灾害应急预案的制定提供科学依据。

5.5.1　气候变化趋势

根据 IPCC 第 5 次评估报告（IPCC，2013），过去 130 年来全球地表持续升温，根据不同的情景模式，2081~2100 年全球地表平均温度相比 1986~2005 年可能升温 0.3~4.8℃，整体而言在 21 世纪，全球气温整体表现为升温变暖（沈永平和王国亚，2013）。气温升高造成降雨也发生变化，全球范围总体呈现"干者愈干，湿者愈湿"的变化趋势，局地表现自身特点。世界各地的观测数据与资料还表明，气候变暖引发极端气候灾害和诸如干旱、暴雨、洪水、冰雪、泥石流、滑坡等灾害的加剧，在全球范围带来巨大的财产损失与人员伤亡（胡宜昌等，2007；Korup and Clague，2009）。

青藏高原作为全球气候变化的敏感地区，升温速率应高于全球升温速率，降雨随着气温的升高整体表现为增加趋势。Su 等（2013）给出了由 24 个模式集合平均得到的 21 世纪青藏高原年平均地面温度和降水量的预估（图 5.56），可以看出。在 RCP2.6 情景下，青藏高原在近期（2020~2035 年）有较弱增温，但在远期（2036~2099 年）出现了较弱的降温趋势，总体增温幅度相对于 1961~2005 年基准期低 3.0℃，根据青藏高原平均气温增幅是全球海陆均温增幅约 2 倍的关系，青藏高原 RCP2.6 情景气温预测结果满足 2015 年《巴黎协定》关于将全球气温升幅控制在 1.5℃之内的约定；对于青藏高原降水而言，在 RCP2.6 情景下，青藏高原在近期（2020~2035 年）年平均降水相对于基准期（1961~2005 年）将增加 3.2%，而远期（2036~2099 年）相对于基准期年均降水增加 6%~12%。

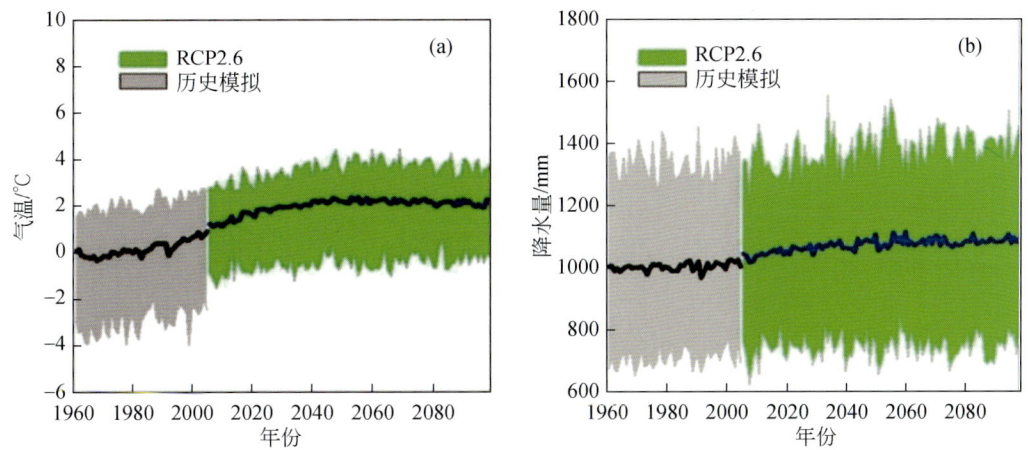

图 5.56　在 RCP2.6 情景下，由 24 个全球气候模式预估结果平均的基准期（1961~2005 年）和 21 世纪青藏高原平均地面气温（a）和降水量（b）随时间的变化（据 Su et al., 2013）

施雅风等根据冰川面积变化与气温变化的关系，以及未来青藏高原的增幅趋势，预估了 21 世纪中国不同类型冰川在气候变暖背景下的变化情况（施雅风和刘时银，2000；表 5.11）。由表 5.11 可以看出，在未来青藏高原气候持续变暖的情况下，分布于藏东南的海洋性冰川将会大面积退缩，加剧消融的冰川不仅增加了藏东南山地灾害形成的水源补给，同时会新生大面积松散冰碛物，利于藏东南山地灾害的暴发。

表 5.11　21 世纪中国青藏高原冰川变化趋势估计（据施雅风和刘时银，2000）

冰川类型	主要分布区	比现代升温/K			冰川面积或体积减小/%		
		2030 年	2070 年	2100 年	2030 年	2070 年	2100 年
海洋性冰川	西藏东南部及横断山系	0.4	1.2	2.1	-14	-43	-75
亚大陆性冰川	天山、青藏高原东北部与南缘	0.9	2	3	-15	-32	-48
极大陆性冰川	青藏高原西部	1.2	2.7	4	-6	-13	-20
总计或平均		0.8	2	3	-12	-28	-45

根据藏东南气象站点 1961~2016 年观测资料，大多数站点年均气温和降水均呈现增加的趋势，整体气候环境变暖变湿。与此同时，西藏地区极端气候指数（极端气温指数和极端降水指数）与西藏平均气温和年降水量呈现较好的正相关关系（图 5.57），表明在

RCP2.6情景下，当西藏平均气温或年降水量呈现不断上升的趋势时，西藏的极端气温事件和极端降雨事件也会随之不断增多。

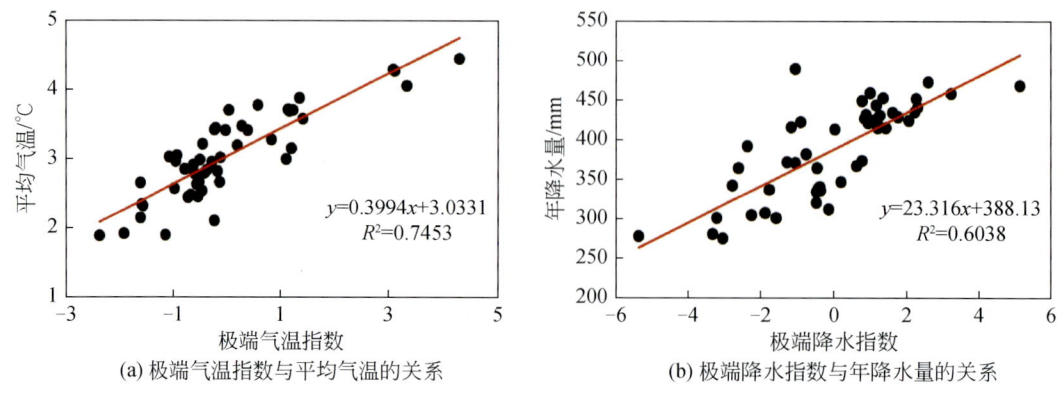

(a) 极端气温指数与平均气温的关系　　　　(b) 极端降水指数与年降水量的关系

图 5.57　西藏极端气候指数与西藏平均气温和年降水量的相关性分析

5.5.2　气候变化条件下山地灾害活动趋势

以青藏高原山地灾害多发区帕隆藏布流域为研究区，结合灾害形成判定条件和区域地形地貌，基于 RCP2.6 情景下青藏高原未来气温和降雨的变化情况，分析了帕隆藏布流域典型山地灾害未来活动趋势。

1. 泥石流活动趋势

根据 RCP2.6 未来气温变化预测，当青藏高原年均温增幅达到最大增幅 3.0℃时，藏东南的海洋性冰川面积总体将减少 75%（表 5.11），帕隆藏布流域多数冰川泥石流沟谷内冰舌将退缩至约海拔 5100m 处，部分沟谷内冰川退缩明显，如培龙沟、古乡沟、天魔沟和尼足弄巴等，有些沟谷内冰川甚至完全消退，如秋珠弄巴和扎塔多沟（图 5.58）。

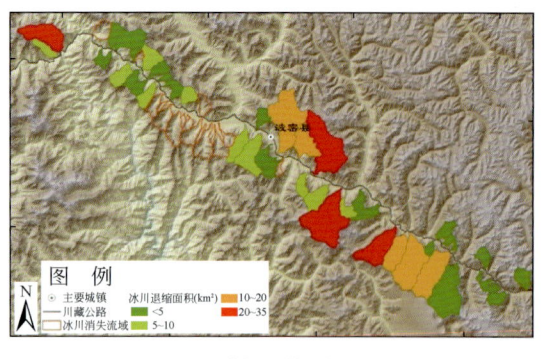

(a) 冰川退缩面积　　　　　　　　　　　　(b) 冰川退缩面积比例

图 5.58　帕隆藏布流域波密至鲁朗段泥石流流域冰川变化预测

分析帕隆藏布段泥石流沟谷特征发现，泥石流活跃的沟谷具备以下特点：地形陡峻、沟谷上游冰川连续成片分布、悬冰川发育、主支沟覆盖厚层冰碛物、冰碛物发育"V"型深切沟道、冰碛物局部形成堵塞、沟谷径流路径通畅、大部分沟谷周边有活断层通过。在区域气候持续变暖背景条件下，冰川消融加剧，冰川退缩将形成新鲜的冰碛物，为泥石流灾害发生提供新的物源。

在 RCP2.6 情景气温预测趋势下，2022~2024 年、2031~2035 年、2038~2039 年、2047~2049 年、2055~2056 年、2069~2070 年、2083~2084 年均为暖湿年。当帕隆藏布流域沟谷冰舌前缘 30 日平均气温大于 10℃ 时，且雨热条件若满足 $T_{\text{D-day}} > 155287$（$T_{\text{D-day}} = P_{\text{Acc30}} \times T_{\text{Ave30}}^{2.903}$，$P_{\text{Acc30}}$ 为灾变前期 30 日累积降雨量，T_{Ave30} 为灾变前期 30 均温）时，综合分析冰川发育、冰碛物分布、沟谷地形地貌等影响大规模泥石流灾害暴发的关键指标，判定帕隆藏布流域内培龙沟、天魔沟、古乡沟、比通曲等 7 条沟谷在上述年份较大概率将暴发特大型泥石流，需要重点关注（表 5.12，图 5.59）。

表 5.12 RCP2.6 情景下帕隆藏布流域未来暴发特大泥石流灾害的高危险沟谷

序号	沟名	主沟纵比	流域面积/km²	冰川退缩面积/km²	悬冰川（冰崩）发育程度	冰碛物分布	"V"型沟道发育	沟道连通与堵塞	规模与活动趋势
1	龙冲曲	0.3	38.39	8.13	发育	主支沟分布式	发育	局部堵塞	特大、活跃
2	天魔沟	0.38	17.73	3.16	发育	主沟	发育	局部堵塞	特大、活跃
3	角弄巴	0.32	21.47	3.3	充分发育	主支沟分布式	发育	堵塞明显	特大、活跃
4	古乡沟	0.4	24.98	9.28	充分发育	主支沟分布式	发育	堵塞明显	特大、活跃
5	比通曲	0.32	23.49	4.96	发育	主沟	发育	局部堵塞	特大、活跃
6	嘎弄沟	0.16	66.26	8.43	充分发育	主支沟分布式	发育	局部堵塞	特大、活跃
7	培龙沟	0.2	86.28	21.87	发育	主沟	发育	局部堵塞	特大、活跃

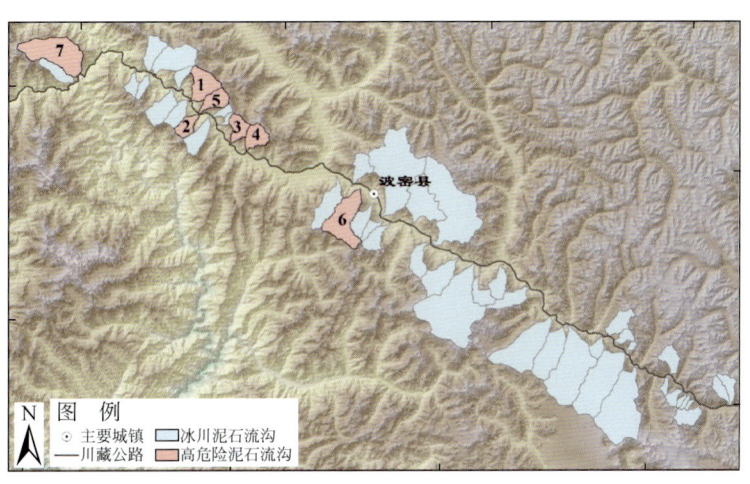

图 5.59 帕隆藏布泥石流活动趋势预测
1~7. 同表 5.12 中序号 1~7

野外实地调查和数据分析结果显示，尽管帕隆藏布流域大多数沟谷都具备泥石流发生的条件，但规模较大且较为活跃泥石流沟谷主要分布于帕隆藏布右岸，即阳坡。如图 5.59

所示，在 7 条高危险泥石流沟谷中，只有天魔沟、嘎弄沟等个别沟谷地处帕隆藏布左岸（阴坡），所占比例较少。造成此种现象的原因可能包括以下几条：①阳坡山体受的太阳辐射强度大于阴坡山体，日均温差较阴坡大，同等水汽补充条件下，阳坡的蒸腾量和冰雪消融速率较阴坡山体大，导致松散固体物质的暴露程度大于阴坡沟谷，易于泥石流的暴发；②比较而言，阴坡湿度较阳坡山体大，植被覆盖较阳坡沟谷高，具有良好的保水、保土作用，不易形成地表径流，冲刷、侵蚀冰碛物形成"V"型沟谷，不利于泥石流的发生；③帕隆藏布流域内人类的经济活动（交通、旅游、农牧业）主要集中于阳坡一侧，人类扰动强度明显大于对阴坡的扰动，在一定程度上降低了对阴坡沟谷的破坏，降低了泥石流发生的概率。

2. 冰湖溃决活动趋势

西藏地区冰湖溃决形成条件研究表明，冰湖溃决受气候变化影响明显。在冷湿（多雨）向暖湿气候或暖干（少雨）转变的年际气候波动变化环境背景下，在雨季出现高温，形成雨热同期的气候组合，在高温多雨的条件下出现冰崩、雪崩，在冰湖中形成涌浪，导致冰湖水位快速增加，使得堰塞坝失稳溃决形成泥石流，成为川藏交通廊道大规模泥石流灾害。

帕隆藏布流域内冰湖类型主要分为终碛湖、侧碛湖、冰斗湖三大类型，其中终碛湖123 个，占大于 0.01km^2 以上冰湖数量的 55.2%，且终碛湖溃决后洪水、泥石流顺主沟下泄，风险最大。相对而言，侧碛湖、冰斗湖由于其所处位置、溃决难度等因素的影响，溃决风险依次减小。

总体而言，当冰湖水量补给（冰雪消融+降雨径流）速率大于水量损失（蒸散损失+水量流失）时，冰湖将呈现面积增大、水量增加的趋势，水面扩大、水位上升、湖水量不断增加随之引起冰湖溃决风险的增大。反之，冰湖面积减小、水位降低、水量减少，发生溃决的可能持续降低。对某个具体的冰湖而言，在水量补给与水量损失达到平衡之前，在区域气候暖湿程度增加环境背景条件下，冰湖溃决风险呈增大的趋势；水量平衡之后，冰湖溃决风险则不断降低。帕隆藏布流域小型冰湖随着气候变暖大多数呈现面积增加的趋势，尤其是面积 $0.03\sim0.05\text{km}^2$ 和大于 0.51km^2 的冰湖面积增大较为显著。流域中冰湖的位置在一定程度上也影响冰湖溃决的风险，在支沟中分散分布的冰湖，相互之间影响不大，而沿沟道串珠状（梯级分布）的冰湖，相互之间的影响较大，上游冰湖溃决可能导致下游冰湖溃决，甚至发生级联溃决，放大溃决洪水和泥石流规模，距离较近的下游冰湖溃决也可能影响相邻上游堆积坝的稳定，加剧冰湖溃决的风险。

基于 RCP2.6 情景下青藏高原未来气温和降雨变化情况发现：2028 年、2038~2039 年、2047~2049 年，2083~2084 年及 2090 年为湿冷向湿热气候转变年份，为冰湖溃决活跃年份；2062~2065 年、2068 年、2074~2075 年、2098~2100 年为湿冷向干暖气候转变年份，是冰湖溃决较活跃年份。以帕隆藏布流域为例，帕隆藏布流域冰湖集中分布在海拔3800~5300m 的冰雪覆盖区，将海拔区间划分为 4 个等级，并计算获得不同海拔冰湖积温随着青藏高原均温升高的变化情况（表 5.13）。此外，利用冰湖溃决历史资料，分析获得溃决冰湖积温日均温与青藏高原年均温关系（图 5.60）。结果表明，在青藏高原气候变暖背景下,帕隆藏布流域不同海拔冰湖随着区域气温升高,积温不同程度增加,且积温日均温呈上升趋势,即在判定公式 $T=1686.4a^{-5.4401}$ 条件下,未来气候条件利于冰湖溃决发生。

表 5.13 青藏高原每升高 1℃ 帕隆藏布流域不同海拔年积温增幅

海拔/m	3800	4300	4800	5300
积温增量/(℃·d)	148.24	112.08	84.516	58.95

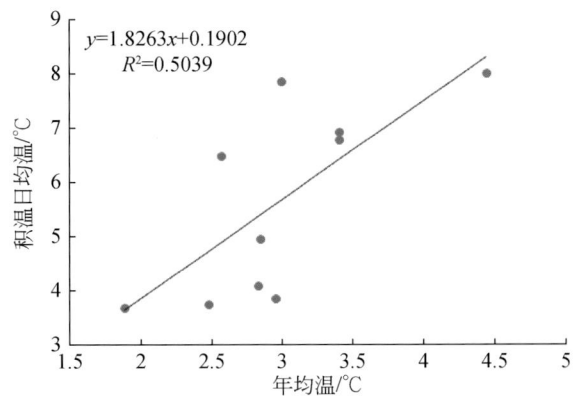

图 5.60 溃决冰湖积温日均温与年均温关系

在上述气候背景下,结合两期遥感解译数据,分析每个冰湖面积的变化,考虑较大型冰湖($>0.01\text{km}^2$)变化特点,以冰湖面积大于 0.1km^2 的大中型冰湖及其空间分布为关键指标,根据面积增加比例,结合沟谷中冰湖数量和位置关系,分析帕隆藏布流域冰湖溃决发生的可能性,确定整个流域冰湖溃决风险。分析结果表明,在满足 5.3.3 节冰湖溃决气候判定条件下,帕隆藏布流域内曲都弄巴冰湖、拉普弄巴冰湖、日拢弄巴冰湖在上述年份具有溃决高风险,郭奶弄巴冰湖具有较高溃决风险(表 5.14)。

表 5.14 帕隆藏布流域高危险性溃决冰湖的特征参数

沟谷名称	冰湖名称	冰湖类型	海拔/m	面积/km²	面积变化%	冰湖分布形式	单体溃决风险	沟谷风险
曲都弄巴	1	终碛湖	5140	0.0458	53.69	支沟分散、主沟串珠分布	高	高
	2	侧碛湖	4780	0.1297	-4.55		一般	
	3	终碛湖	4900	0.1502	14.48		高	
拉普弄巴	1	终碛湖	4696	0.2021	8.36	支沟分散串珠或分散分布	高	高
	2	终碛湖	4463	0.1844	-1.23		一般	
	3	终碛湖	5123	0.0801	56.06		高	
	4	终碛湖	5065	0.0790	新增		高	
	5	终碛湖	4647	0.0707	新增		高	
郭奶弄巴	1	终碛湖	4016	0.4999	0.20	主沟	较高	较高

续表

沟谷名称	冰湖名称	冰湖类型	海拔/m	面积/km²	面积变化%	冰湖分布形式	单体溃决风险	沟谷风险
日拢弄巴	1	终碛湖	4122	0.1720	−10.65	支沟串珠或分散分布	一般	高
	2	终碛湖	4762	0.1611	28.87		高	
	3	终碛湖	4692	0.2542	−6.07		一般	
	4	侧碛湖	4681	0.2514	1.74		高	

3. 滑坡活动趋势

本节根据易贡滑坡形成主要由于春季短时间气候陡升导致冰雪崩塌和岩石节理裂隙发育，最终形成滑坡的气候判定条件（5.3.3 节），利用春季 10 日最大温差与年均温的拟合关系（图 5.61），结合 RCP2.6 未来预测气温数据，来判断该区域未来春季最大温差的变化趋势。

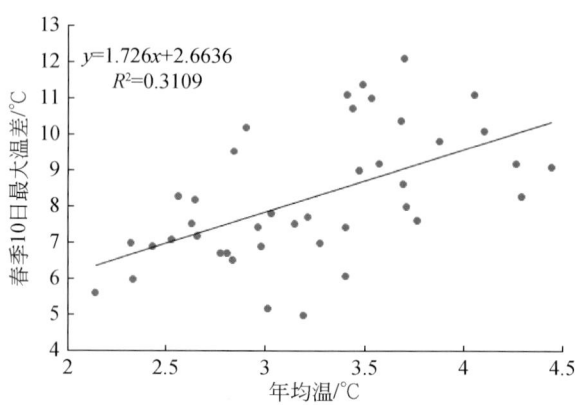

图 5.61　帕隆藏布流域春季 10 日最大温差与年均温关系

由图 5.61 可以看出，春季 10 日最大温差和年均温呈现正相关关系。在 RCP2.6 情景下，青藏高原在近期（2020~2035 年）年均温呈增长趋势（图 5.56），意味着春季最大温差在这个阶段继续保持增长趋势，也就是说随着青藏高原的气温升高，未来该区域春季的短期气温升幅将会增大，会增大冰雪崩塌事件发生，并且快速的冻胀消融会加剧帕隆藏布流域岩质边坡节理裂隙发育。在 2020~2035 年间，除了 2020 年、2012 年和 2026 年外，其他年份都是气候偏暖年，川藏交通廊道帕隆藏布流域在这些年份里存在较高滑坡暴发概率。

研究表明，在全球升温的大背景下，极端气温和极端降水暴发频率不断增多，导致高寒山区地表环境发生剧烈变化，冰川迅速后退，冰川"U"型谷两侧的临空面增加，增加了滑坡崩塌的发生概率；冰雪消融增大冰湖蓄水量，不仅增加了冰湖溃决风险，而且使得溃决洪水的规模增大；水热同期增大了泥石流和洪水的激发水量。这些因素均有利于大规模滑坡、泥石流和洪水的形成，由特大灾害形成灾害链的极端事件出现概率也将呈增加的趋势。

参 考 文 献

柴贺军,陈谦应.2002.滑坡坝坝顶溢流冲刷的基本理论.地质灾害与环境保护,13(2):10~13
陈柏生,胡时胜.2005.冻土动态力学性能的实验研究.力学学报,37(6):724~728
陈杰,崔鹏,韦方强,等.2003.基于模糊关系理论的冰川泥石流活动性评价方法.水土保持研究,10(2):1~4
程谦恭,张倬元,黄润秋.2007.高速远程崩滑动力学的研究现状及发展趋势.山地学报,25(1):72~84
程尊兰,朱平一,宫怡文.2003.典型冰湖溃决型泥石流形成机制分析.山地学报,21(6):716~720
崔鹏,陈容,向灵芝,等.2014.气候变暖背景下青藏高原山地灾害及其风险分析.气候变化研究进展,10(2):103~109
崔鹏,何思明,姚令侃,等.2011.汶川地震山地灾害形成机理与风险控制.北京:科学出版社
崔鹏,马东涛,陈宁生,等.2003.冰湖溃决泥石流的形成、演化与减灾对策.第四纪研究,23(6):621~628
崔鹏,庄建琦,陈兴长,等.2010.汶川地震区震后泥石流活动特征与防治对策.四川大学学报(工程科学版),42(5):10~19
邓明枫,陈宁生,丁海涛,等.2013.2007年西藏东南部群发性泥石流的水热条件及其形成机制.自然灾害学报,22(4):128~134
邓起东,程绍平,马冀,等.2014.青藏高原地震活动特征及当前地震活动形势.地球物理学报,57(7):2025~2042
杜伯辉.2006.柘溪水库塘岩光滑坡——我国首例水库蓄水初期诱发的大型滑坡//《第二届全国岩土与工程学术大会论文集》编辑委员会.第二届全国岩土与工程学术大会论文集(上册).北京:科学出版社
杜军,周顺武,唐叔乙.2000.西藏近40年气温变化的气候特征分析.应用气象学报,11(2):221~227
郭长宝,杜宇本,佟元清,等.2016.青藏高原东缘理塘乱石包高速远程滑坡发育特征与形成机理.地质通报,35(8):1332~1345
郭国和.2009.川藏公路南线泥石流堵塞坝溃决机理与洪水特征研究.重庆:重庆交通大学硕士研究生学位论文
韩金良,吴树仁,汪华斌.2007.地质灾害链.地学前缘,14(6):11~23
胡桂胜,陈宁生,Narendra K,等.2012.科西河跨境流域水旱灾害与防治.地球科学进展,27(8):908~915
胡明鉴,汪发武,程谦恭.2009.基于高速环剪试验易贡巨型滑坡形成原因试验探索.岩土工程学报,31(10):1602~1606
胡宜昌,董文杰,何勇.2007.21世纪初极端天气气候事件研究.地球科学进展,22(10):1066~1075
黄波林,陈小婷,殷跃平,张衡.2012.滑坡崩塌涌浪计算方法研究.工程地质学报,20(6):909~915
黄润秋.2004.中国西部地区典型岩质滑坡机理研究.地球科学进展,19(3):443~450
黄润秋.2007.20世纪以来中国的大型滑坡及其发生机制.岩石力学与工程学报,26(3):433~454
黄勇.2012.高寒山区岩体冻融力学行为及崩塌机制研究——以天山公路边坡为例.成都:成都理工大学博士研究生学位论文
蒋忠信,崔鹏,蒋良潍.2004.冰碛湖漫溢型溃决临界水文条件.铁道工程学报,(4):21~26
刘晶晶,程尊兰,李泳,等.2008.西藏冰湖溃决主要特征.灾害学,23(1):55~60
刘晶晶,唐川,程尊兰,等.2011.气温对西藏冰湖溃决事件的影响.吉林大学学报,41(4):1121~1129
刘伟.2002.西藏易贡巨型超高速远程滑坡地质灾害链特征研析.中国地质灾害与防治学报,13(3):9~18
刘芸芸.2013.国外滑坡活动与气候变化关系研究进展评述.气象科技进展,(z1):30~33
刘志红,杨勤科,李锐,等.2008.基于ANUSPLIN的时间序列气象要素空间插值.西北农林科技大学学报(自然科学版),36(10):227~234
鲁安新,邓晓峰,赵尚学,等.2006.2005年西藏波密古乡沟泥石流暴发成因分析.冰川冻土,(6):164~168

吕儒仁等.1999.西藏泥石流与环境.成都:成都科技大学出版社

齐吉琳,张建明,朱元林.2004.冻融作用对土结构性影响的土力学意义.岩石力学与工程学报,23(S2):2690~2694

屈永平,唐川,刘洋,等.2015.西藏林芝地区冰川降雨型泥石流调查分析.岩石力学与工程学报,(s2):4013~4022

沈永平,王国亚.2013.IPCC第一工作组第五次评估报告对全球气候变化认知的最新科学要点.冰川冻土,35(5):1068~1076

施雅风,刘时银.2000.中国冰川对21世纪全球变暖响应的预估.科学通报,45(4):434~438

苏谦,唐第甲,刘深.2008.青藏斜坡黏土冻融循环物理力学性质试验.岩石力学与工程学报,27(s1):2990~2994

铁永波,李宗亮.2010.冰川泥石流形成机理研究进展.水科学进展,21(6):861~866

汪定扬,刘世凯.1986.长江新滩滑坡(1985年6月)涌浪调查研究.人民长江,(10):24~27

王欣,刘时银,莫宏伟,等.2011.我国喜马拉雅山区冰湖扩张特征及其气候意义.地理学报,66(7):895~904

王欣,刘时银,姚晓军,等.2010.我国喜马拉雅山区冰湖遥感调查与编目.地理学报,65(1):29~36

吴玮江.2009.季节性冻融作用与斜坡整体变形破坏.岩石力学与工程学报,28(1):138~143

许强,王士天,柴贺军,等.2007.西藏易贡特大山体崩塌滑坡事件//中国岩石力学与工程学会工程实例专业委员会.中国岩石力学与工程实例第一届学术会议论文集.中国岩石力学与工程实例学术会议

姚晓军,刘时银,孙美平,等.2014.20世纪以来西藏冰湖溃决灾害事件梳理.自然资源学报,29(8):1377~1390

殷跃平.2000.西藏波密易贡高速巨型滑坡特征及减灾研究.水文地质工程地质,4:8~11

张东启,效存德,刘伟刚.2012.喜马拉雅山区1951~2010年气候变化事实分析.气候变化研究进展,8(2):110~118

张建国.2010.岸坡失稳-土石坝溃决机理研究及溃口洪水的数值模拟.武汉:华中科技大学硕士研究生学位论文

张祥松,田希尧.1989.新疆叶尔羌河冰川湖突发洪水研究.中国科学化学,19(11):1197~1204

赵万玉,陈晓清,刘建康,等.2015.冰川终碛湖溃决-再生特征与机理.山地学报,33(6):703~712

中国科学院登山科学考察队.1996.南伽巴瓦峰地区自然地理与自然资源.北京:科学出版社:112~134

祝介旺,苏天明,张路青,等.2010.川藏公路102滑坡失稳因素与治理方案研究.水文地质工程地质,37(3):43~47

Chen H Y,Cui P,Chen X Q,Tang J B. 2017. Study on the surge wave induced by glacier avalanche and its effects on dam failure process. International Journal of Erosion Control Engineering,10(1):9~15

Chen H Y,Cui P,Chen X Q,Zhu X H,Gordon G D Z. 2015. Surge pressure loads acting on downstream dam caused by glacier avalanches. Landslides,12(6):1131~1138

Cui P,Jia Y. 2015. Status and prospect of study on mountain hazards in Tibetan Plateau. National Science Review,2(4):397~399

Huggel C,Kääb A,Haeberli W,et al. 2003. Regional-scale GIS-models for assessment of hazards from glacier lake outbursts:evaluation and application in the Swiss Alps. Natural Hazards and Earth System Science,3(6):647~662

Hutchinson M F,Xu T. 2013. Anusplin version 4.4 user guide. Canberra:The Australian National University

IPCC (Intergovernmental Panel on Climate Change). 2013. The Physical Science Basis. Contribution of Working Group I to the Fifth Assessment Report of the Intergovernmental Panel on Climate Change. Cambridge University Press,Cambridge,United Kingdom and New York,NY,USA,1535

Kang C, Chan D, Su F H, Cui P. 2016. Runout and entrainment analysis of an extremely large rock avalanche—a case study of Yigong, Tibet, China. Landslides, 14(1):123~139

Korup O, Clague J J. 2009. Natural hazards, extreme events, and mountain topography. Quaternary Science Reviews, 28(11):977~990

Slingerland R L, Voight B. 1979. Occurrences, properties and predictive models of landslide generated impulse waves. Rockslides and Avalanches, 2:317~397

Su F, Duan X, Chen D, et al. 2013. Evaluation of the global climate models in the CMIP5 over the Tibetan Plateau. Journal of Climate, 26(10):3187~3208

WMO (World Meteorological Organization). 2017. WMO Statement on the State of the Global Climate in 2016. No. 1189

Zhou J W, Cui P, Hao M H. 2016. Comprehensive analyses of the initiation and entrainment processes of the 2000 Yigong catastrophic landslide in Tibet, China. Landslides, 13:39~54

第6章 强震条件下山区道路斜坡灾变机理

川藏交通廊道工程地质条件差，在强震作用下高陡边坡的稳定性受到较大的影响，对桥梁、隧道出口造成重大威胁。针对川藏交通干线工程建设需求，地震斜坡灾变机理研究具有重要意义。地震斜坡灾害机理研究是涉及岩土动力学、地质学、地震学、数值方法等多学科综合的复杂研究课题，其难点主要体现在岩土材料的复杂性及地震动载荷频谱特性、强度、持时的随机性两个方面。本章基于斜坡灾变关键科学问题及最新研究成果，对地震道路斜坡灾变机理进行阐述。

6.1 川藏交通廊道地震斜坡灾害对线路工程的影响

川藏交通廊道位于我国现代地壳最为活跃的地区，沿线地质环境复杂，新构造运动十分强烈。近百年来，川藏交通廊道强震活动频繁，曾发生6.0~6.9级地震73次，7.0~7.9级地震13次，8.0级以上的地震3次。这些地震主要沿雅鲁藏布江断裂带、怒江断裂带、澜沧江断裂带、金沙江断裂带、嘉黎断裂、鲜水河断裂、龙门山断裂等活动性深大断裂带分布（表6.1）。

表6.1 川藏交通廊道穿越主要断裂带及地震概况

名称	长度/km	重大历史地震概况
雅鲁藏布江断裂	1500	仅有小于5.0级的弱震发生
怒江断裂	1800	1642年洛隆西北7级地震
澜沧江断裂	250	1921年6.5级地震、1951年6.0级地震、2013年左贡6.1级地震
金沙江断裂	1200	1870年巴塘7.2级地震、多次6.0~6.9级地震
巴塘断裂	90	1870年巴塘7.2级地震
甘孜-理塘断裂	400	未发生过4.0级以上地震
理塘断裂	50~65	1948年7.3级地震
鲜水河断裂	400	1816年炉霍7.5级、1893年乾宁7.0级地震、1904年道孚7.0级地震、1923年道孚7.3级地震、1973年炉霍7.6级地震
玉龙希断裂	250	1975年康定、九龙间6.2级地震
龙门山断裂	500	1933年叠溪7.5级地震、2008年汶川8.0级地震

强震不仅直接破坏线性工程构筑物，而且会破坏岩体的稳定性，致使岩土体发生倾倒、崩塌、滑移等，形成斜坡灾害，危及川藏交通干线（如川藏公路、川藏铁路、川藏高速）工程安全（图6.1）。1973年2月6日，G317线炉霍段发生M_S7.9级地震，诱发道路边坡塌方40~50处，公路有17处遭严重破坏（姚令侃等，2012）。2008年5月12日，汶川地震（M_S8.0级）直接触发了超过4万~5万个崩塌、滑坡（黄润秋，2009），共造成

都汶高速等24条高速公路受到影响，G317线、G213线、S303线等161条国省级干线公路受损，8618条乡村公路受损，受损公路总里程达31412km。此外，2013年芦山 M_S 7.0级地震触发的同震滑坡崩塌为3883个，灾区受损国道和省道432km、县道及以下公路3689km、汽车场站86个，直接经济损失约63亿元（许冲等，2013）。

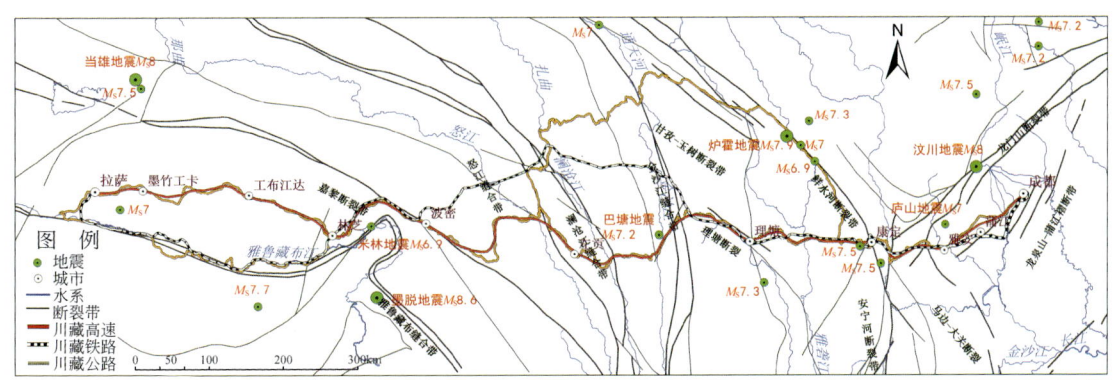

图6.1　川藏交通廊道主要线路与地震分布图

川藏交通干线具有大尺度空间延展性和跨越性。由于川藏交通干线穿越青藏高原东缘地形急变带，特别是高等级线路穿越峡（沟）谷的设计中，不可避免要面临高陡斜坡问题。然而，在地震作用下高陡斜坡极易产生岩土体的倾倒、崩塌、滑移等破坏，形成斜坡灾害，可能对路基、路面、桥梁与隧道出口造成潜在的重大安全隐患，危及道路工程安全。川藏交通廊道山地灾害野外调查结果显示，川藏公路沿线存在大量不稳定斜坡，在强震作用下工程面临较高的斜坡灾害风险；川藏铁路仅在横断山区将穿越1088条沟谷，桥隧与路基工程遇到大量斜坡防灾问题，仅隧道进出口高陡边坡多达200余处，在强地震作用下斜坡破坏风险不容忽视。因此，针对川藏交通廊道活动断裂密集发育、孕震条件好、地震烈度大、强地震扰动激发斜坡破坏潜在风险高的工程建设环境背景，亟须深入研究适应川藏交通干线工程建设需求的地震斜坡灾变机理。

6.2　地震作用下道路斜坡动力响应特征与灾变机理

地震斜坡灾害的成灾因素与致灾形式多样。对于土质斜坡，斜坡的失稳破坏与地震荷载特性、斜坡的地形地貌、土体性质和地下水的赋存状态等具有密切的关系；而对岩质斜坡，除了以上因素，岩体的结构特征会对斜坡的失稳破坏产生很大影响。尽管不同类型斜坡的地震破坏的因素有所区别，但是岩土斜坡在地震动作用下的灾害机理研究与灾害风险评估，均需要地震作用下斜坡响应特征、斜坡灾变机理、斜坡灾害分析方法、滑坡崩塌危害范围预测等方面的理论与方法的支撑。本节简要介绍这4个方面的内容。

6.2.1　斜坡地震响应特征

地震波时频特征、坡体岩土材料性质、坡体外形与坡体地质结构特征等都是影响斜坡地震响应的主要因素。地震斜坡的动力响应对于研究地震斜坡的失稳机理、斜坡稳定性分析、斜坡的抗震设计具有重要作用。目前，关于斜坡地震响应的相关规律主要表现在如下两个方面：

1. 运动三量的响应规律

坡体的运动响应三量包括位移响应、速度响应、加速度响应，在地震荷载作用下，坡体中质点的振动在空间和时间上具有独特的分布规律，这些规律在时频域上体现出岩土坡体自身的动力学性质，如图 6.2 所示。

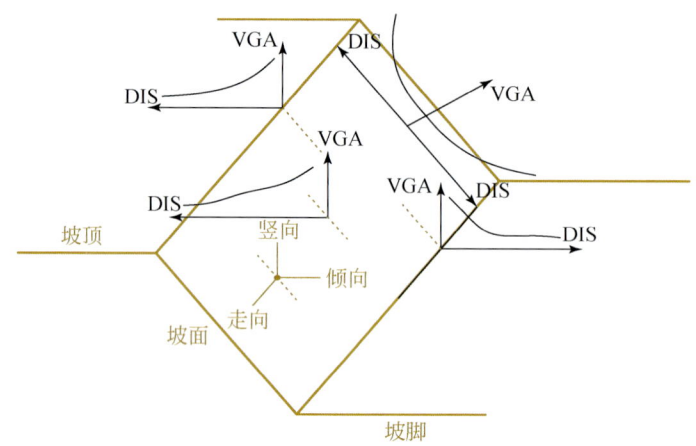

图 6.2　单面坡峰值加速度响应空间分布的一般规律

VGA. 峰值加速度；DIS. 空间距离

加速度放大效应是地震工程的研究重心，也是我国抗震设计规律中边坡工程抗震设计的核心内容，规范中的加速度放大系数是根据大量的岩土体地震反映分析计算的结果进行总结得到的。从地震反应分析及大量的边坡震害实例大致反映出如下规律：

（1）高凸地形部位岩土体距离斜坡的平均轮廓面的高度越大，凸出岩土体的运动三量反应就越剧烈，这一规律对于质点空间位置为坡面的倾向方向、走向方向还是铅垂方向上时都存在。

（2）对于地震作用下的斜坡，坡面加速度响应峰值由大到小的顺序为：坡面倾向方向>坡面走向方向>竖直方向。

（3）高凸地形的自由表面积越大，则岩土体的地震反应就越剧烈，因此，一般来说，单面坡的响应小于双面坡的响应。

（4）随着输入地震动的峰值地震动增大，坡面倾向方向、坡面走向方向与竖直方向上的峰值加速度的高程放大效应逐渐减小，表现出"量级饱和"特性。

（5）在坡体的卓越周期（卓越频率）附近，边坡临空面倾向加速度反应谱的放大现象比边坡走向方向的更为强烈，竖直方向加速度反应谱的放大现象最弱。

（6）离斜坡和斜坡顶部边缘的距离越大反应相对就越小。特别是越靠近临空面，峰值加速度响应越剧烈。

（7）从岩土构成方面看，在相同的地形条件下地表土体的动力反应比岩体大。

(8) 高凸地形坡顶面积越开阔、越远离坡肩边缘的部位,岩土体反应就明显减小。

(9) 随着坡面倾角增大,边坡倾向方向、竖直方向上的加速度高程放大效应逐渐增强;但是坡面走向方向上的加速度高程放大系数基本不变。

(10) 坡顶部的局部形态对地震动响应具有明显的影响,如图 6.3 所示,对于峰值加速度响应,具体表现为:三锋型坡顶>双峰型坡顶>单峰型坡顶>平台型坡顶;且高频成分随着坡顶性状态的复杂而增大,且逐渐表现出第二阶频率(杨长卫等,2015)。

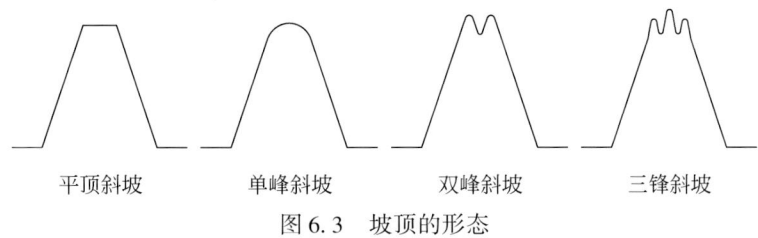

图 6.3 坡顶的形态

坡体中速度与位移的响应规律与加速度的响应基本类似,一般情形下,运动三量的时频特征值在空间中的分布与变化规律都不是线性变化的,因而,其具体分布形式受多种因素控制。

2. 坡体应力响应规律

简谐振动作用下岩土体中的应力分量往往也是以接近简谐波的形式进行波动变化。而对于斜坡体,由于应力波在边界和非连续面上的折反射现象、岩土材料的非线性等,斜坡内部应力波波场异常复杂,仅仅依靠理论解析的方法是非常局限的,因此,结合数值方法与物理模型实验来研究坡体的动力响应规律是目前使用较多、较广的技术手段。斜坡失稳多数是因岩土体剪切破坏而导致的,同时坡体内局部区域可能会因拉应力而破坏,因此,研究边坡岩土体的应力场在空间和时间上的变化规律十分重要。目前,关于岩土体在地震作用下内部应力场的动力响应研究,大多数研究者认为:

(1) 最大剪应力 τ_{max} 的等值线往往是与坡面呈平行势态分布,且最大剪应力的方向往往指向坡面倾向并向上,如图 6.4 所示,这与一般坡面破坏的剪出口的方向是一致的。最大拉应力分布往往在坡肩部位,导致滑坡后缘形成拉裂破坏区域。

(2) 坡体中的应力场在空间中的分布往往会表现出一定区域化、周期化(节律化)特征(祁生文等,2007),虽然这种现象并没有获得成熟的物理机理解释,但是这种规律随着坡体尺寸的增大而越发显著。

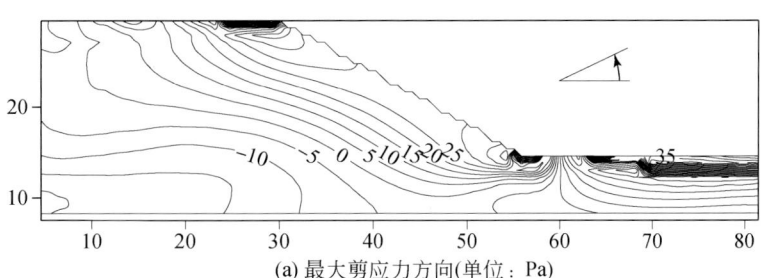

(a) 最大剪应力方向(单位:Pa)

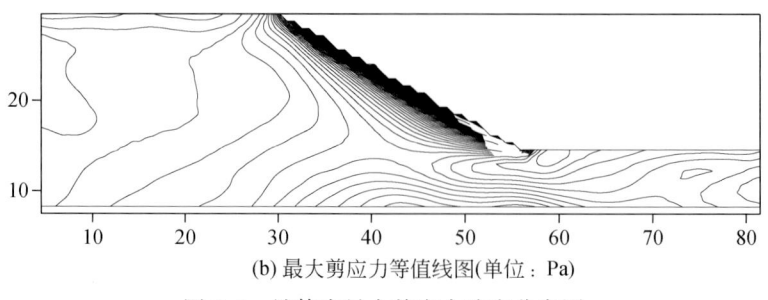

(b) 最大剪应力等值线图(单位：Pa)

图6.4　坡体内最大剪应力响应分布图

6.2.2　地震作用下道路斜坡灾变机理

道路斜坡的破坏形式主要分为坡体变形和坡体失稳两种。坡体变形往往是坡体失稳前的必经过程，当斜坡的累积变形（或岩土体材料的累积劣化、损伤量）超过一定的阈值时，坡体本身不再能够支撑自身的稳定性，坡体发生失稳破坏。坡体的变形与失稳并不是相互独立的关系，地震道路斜坡灾害不仅需要分析研究斜坡的失稳灾变机理，还需要对地震道路斜坡的变形—破坏—失稳的过程进行深入研究。

1. 地震道路斜坡变形破坏机理

地震道路斜坡变形对道路能够造成破坏意味着道路的工程结构体往往直接与斜坡岩土体发生接触，如道路的路基斜坡变形导致道路变形、开裂，路堑斜坡变形导致挡墙开裂，桥头斜坡变形导致桥面抬升等，因此，地震道路斜坡变形致灾机理研究不可忽略道路工程结构与斜坡岩土体的动力相互作用。地震道路斜坡变形的主要破坏能量来源是岩土斜坡重力势能，相对人工构筑物而言，天然岩土体本身的强度较低，结构稳定性较差，地震动力作用会导致岩土体发生变形。因此，岩土体本身的动力性质与动力过程是分析岩土斜坡变形的前提。地震作用下斜坡的变形类型主要包括：地震作用过程中的往复振动变形与坡体产生的永久变形，这两者产生的机理不同，分析和计算方法也不同。往复振动变形可以通过动力分析模型进行分析和预测，坡体的永久变形则是岩土体的塑性变形或相对滑动产生。滑块模型是分析斜坡变形的基础，如图6.5所示的Newmark累积位移原理，是刚体永久位移的分析计算方法（Newmark，1965）。

岩体动力变形：一般情况下的采用黏弹塑性本构模型描述岩体的变形性质，但是岩体等效黏滞性系数非常大，地震作用时间较短而不足以产生可观的黏性形变。真正使得岩体产生永久变形的是岩体的塑性形变和岩体结构面相对运动。对于小型岩质斜坡，岩体永久变形主要是由结构面的变形和裂纹扩展产生；对于中大型斜坡，岩体中应力较大，岩体能够在拉剪应力的作用下产生较为可观的塑性变形。因此岩质斜坡永久变形可认为是由岩体塑性变形与结构面变形叠加产生的。而当变形岩体对道路工程结构产生作用力大于结构自身的抵抗力时，结构即发生了破坏。

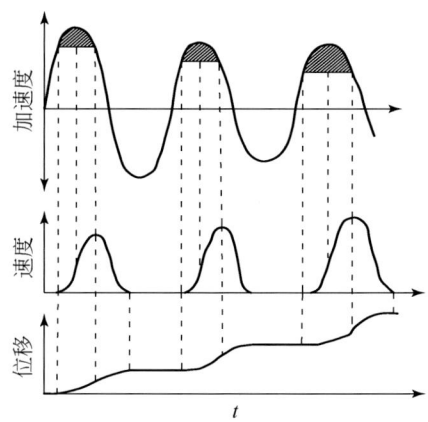

图 6.5 坡体位移计算的 Newmark 方法

土体的动力变形：土体与岩体最大区别为土体由松散颗粒物组成，可认为不具有抗拉强度。在地震荷载的作用下，土体变形主要包含：

（1）土体颗粒之间旧的接触断裂，新的接触不断发生，使得土颗粒的排列结构形式发生改变。

（2）土体中气体与液体含量发生改变，从而引起土体体积变化。

（3）地震作用下土颗粒在液体中发生悬浮作用，抗剪强度降低，一定情形下发生沙土液化变形。相对岩体而言，土体本身力学性质较弱，且孔隙中充填有气体或液体，因此地震作用下，土体变形更容易发生，且变形量更大，土质路基更容易发生变形破坏。土体对地震波的阻尼作用相对岩体较大，在一定的情形下，土体的黏性流动变形是重要影响因素。

2. 地震道路斜坡失稳破坏机理

地震道路斜坡失稳对道路的破坏中，岩土体可不与道路工程结构发生接触，但其产生的运动物质同样能够对道路造成破坏。斜坡的地震破坏与失稳机理取决于坡体物质组成。

1）岩质斜坡失稳机理

岩质斜坡在长期地质过程中不可避免会形成大量的结构面，在地震荷载作用下岩体中的节理、裂隙快速发展变化，导致斜坡失稳破坏。大量学者研究表明（毛彦龙等，1998；李海波等，2003；许强等，2009；郑颖人，2010；李宁等，2012），岩质斜坡的地震失稳与破坏主要表现在：①地震作用下，岩体中的节理结构面在往复荷载作用下力学性质发生退化，自身力学强度发生弱化；②大量裂隙在地震惯性力作用下逐渐扩展和延伸，显著减低岩体强度，裂隙可能会相互贯通形成破坏面。

以岩质斜坡的崩塌为例，长期地质作用导致坡面岩体后缘形成了大量节理、裂缝等微结构，这些结构通常发展缓慢，相对稳定。但在特定外力如地震荷载作用下，裂缝便开始扩展贯通，最终导致崩塌发生（何思明等，2010）。如图 6.6 所示，地震波在基岩中以波动形式向外围扩散过程中，因受倾角为 90°−θ 的裂缝阻隔作用而不能传播到危岩体内，使得危岩体与母岩的响应不同步，继而在危岩上表现出惯性地震力作用。地震力 D 的方向角

ω（逆时针与垂直方向的夹角）因坡体相对震源的位置不同及震波入射方位的差异而不同，可在 [0°, 360°] 区间内任意取值，使得不同位置处的坡体裂缝所受到的地震破坏类型是不同的。如图 6.6（a）所示，当力方向与裂缝夹角 $\beta = (\omega - \theta) \in [0, \pi]$ 时，岩体裂缝处于拉剪破坏状态，而当 $\beta = (\omega - \theta) \in [0, 2\pi]$ 时，岩体裂缝处于压剪状态 [图 6.6 (b)]。当与裂缝垂直或平行的震波时对裂缝产生纯粹的张拉和剪切作用。

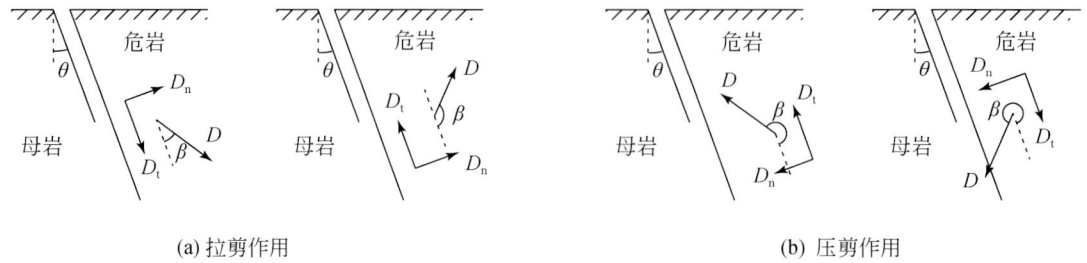

图 6.6　地震力对危岩体的两种作用模式

地震作用下岩质斜坡的失稳往往是由于裂隙的扩展贯通而导致。基于上述参数可以计算出斜坡危岩体的裂隙发生扩展时的临界惯性力，进而获得临界加速度，再通过地震波能量的消耗可以推算出裂隙的扩展延伸长度。

2）土质斜坡的失稳机理

土质斜坡的失稳机理可能会涉及 3 个方面：①地震惯性力作用下土体颗粒原结构与接触遭到破坏，而新的颗粒接触力又来不及形成，表现为土体抗剪强度的下降；②地震惯性力作用下土体本身强度不足以维持稳定，尤其是水平地震力的作用使得坡体本身平衡状态被打破；③往复荷载作用下土体发生液化，如图 6.7 所示。

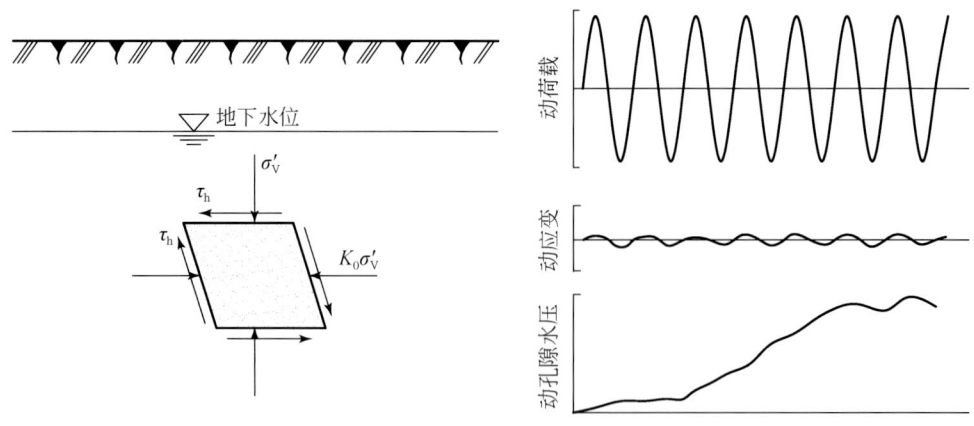

图 6.7　地震作用下土体单元受力状态与动孔隙水压变化

6.2.3　地震作用下道路斜坡灾害分析方法

地震斜坡灾变机理研究涉及多因素、多学科、多理论体系，利用工程地质学、测绘学、岩土物理化学、岩土动力学、地震学、道路工程学、环境科学的理论和方法研究固、液、气物质在坡体内部的组成方式、分布规律及变化规律，分析坡体内岩土材料变形与破坏规律，进而对道路斜坡灾变机理进行研究。同多数岩土工程问题一样，地震斜坡灾变问题的研究需要科学实验、理论分析与工程实践紧密结合。其中，工程实践环节是必不可少的，也是所有研究方法的基础，而各种实验和测试是将边坡动态变化现象定量化描述的基本手段，其研究的示意框架图见图6.8。

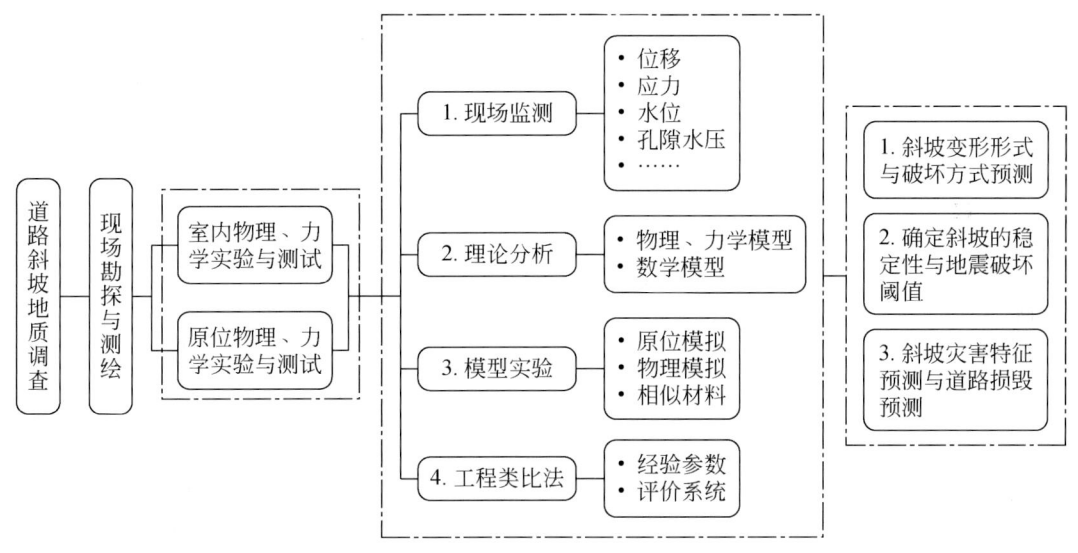

图6.8 斜坡灾害研究方法与步骤

地震作用下道路斜坡灾害机理研究的关键是岩土坡体与道路工程结构动力耦合作用机制分析。道路地震斜坡灾害与一般山体斜坡地震灾害分析的不同之处是：分析道路斜坡地震灾害往往需要考虑坡体与工程结构的相互作用。

强震条件下道路斜坡灾害评价与预测的核心是斜坡地震稳定性分析。从岩土工程问题本身所具有的非确定性、非线性、空间多变性等出发，岩土斜坡的地震稳定性评价方法可以分为现场监测预警、理论分析方法、物理模型实验、经验方法等。

1. 道路斜坡的原位监测

因为动态监测可以提供坡体变化的定量数据，是评价斜坡稳定性及灾害预报的重要依据，所以国内外都十分重视监测工作。我国斜坡监测预警技术在道路交通部门有广泛而深入的应用，如国内铁道部门较早地开始了对斜坡系统监测，对宝成线、宝天线和鹰厦线沿线的大型滑坡连续监测十余年，为滑坡防治提供了宝贵资料。根据监测斜坡的不同，监测内容的侧重点、监测方式、方法和手段也有所不同，常见的监测方法如表6.2所示。

表 6.2 滑坡观测常规方法（据张倬元等，2009）

地表位移观测	地下变形观测	影响因素观测	宏观地质现象调查观测
大地测量法； 空间定位系统（GPS）观测法； 遥感（RS）法； 位移测缝法（包括各种位移计、伸缩计等）； 光纤、光栅传感器； 排桩观测； 地质巡视调查； 建筑物变形	钻孔倾斜法； 钻孔光纤、光栅传感器观测	地应力监测； 地下水监测； 地表水监测； 气象监测； 孔隙水压监测； 地声监测； 地温监测； 地震监测； 地电磁监测	地质巡视调查

道路斜坡监测往往不能直接给出地震时的安全性评价和预测，需要根据一定数学模型或算法来预测、评价斜坡稳定性。在观测数据的基础上采用统计分析，模糊数学、灰色理论等数学方法，分析不同数据与坡体变形、坡体岩土体强度储备、斜坡的物理安定性等相关的关系，找出最能反映斜坡安全性能的数据量，并根据地震动参数、地震烈度等数据预报斜坡灾害的发生。

2. 道路斜坡灾害理论分析方法

地震道路斜坡灾害的计算分析，是将多学科的分析计算方法综合应用于斜坡灾害相关问题的定量评价和预测。其分析过程如下：

（1）力学模型与数学模型：根据地质和演变机制模式建模，通过变形破坏机制分析并确定潜在破坏面的位置和形态特征、坡体中的变形破裂迹象及水动力学模式等。

（2）主导因素和敏感因素：根据斜坡形成演化全过程与环境动力因素的相关分析加以确定。它们不仅是建立单体斜坡稳定性计算动力作用模型的依据，而且是群体斜坡稳定性评价时确定权值和隶属度等有关参数的重要信息。

（3）计算参数的选取：坡体岩土体强度参数和物理、水理等参数，在斜坡动力演化过程中都是变量。例如，进入滑移面贯通阶段的变形体，滑移面强度已接近残余值；缓慢变形的蠕变体，可通过流变力学实验确定有关参数。

（4）计算方法的选择：可分为物理模型和数学模型两种。物理模型一般依据岩土力学参数、斜坡参数之间的关系构建，能够一定程度反映出地震斜坡真实性质与过程，具有较为明确的物理意义，主要包括拟静力法、动力时程分析法、永久位移法等。按照具体的计算手段又可以分为：理论解析法和计算机数值模拟法。通常数学模型与斜坡的监测数据相结合，通过合理的数学推算来预测预报斜坡稳定性，主要有概率分析法、系统分析评价方法、灰色系统理论评价法、模糊综合评价法、神经网络预报法等。地震稳定性理论分析方法体系如图 6.9 所示。

实践证明，任何计算方法的成功应用都必须建立在深入查明斜坡原型基本特征和做出符合实际情况的演化机理分析的基础之上。

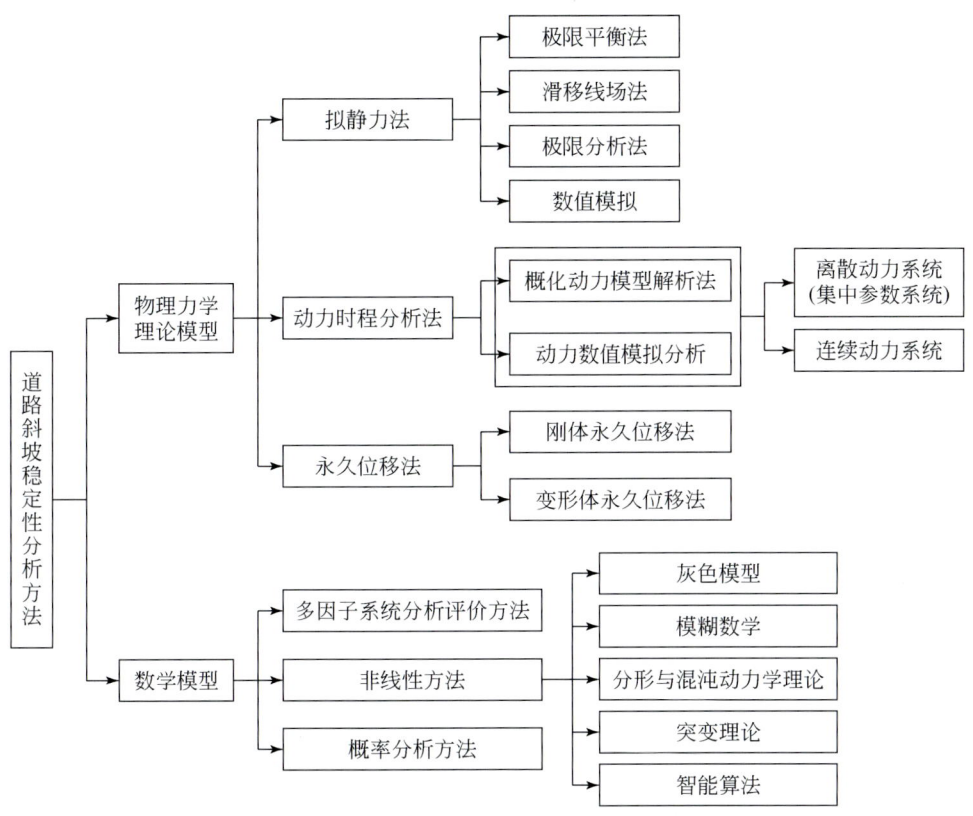

图 6.9　道路斜坡地震稳定性理论分析方法

3. 斜坡物理模型实验研究方法

地震岩土工程常用的实验手段包括室内实验和原位实验。物理模型实验是目前地震斜坡常用的研究手段之一，离心振动台实验和地震振动台实验是研究地震斜坡主要物理模型的实验类型，如图 6.10 所示。其中离心振动台实验是为了严格满足相似比而设计的人工

图 6.10　多自由度振动台与离心振动台试验机

重力与动力实验平台。地震振动台实验和地震振动台模拟技术是研究结构物抗震性能、岩土体动力特性以及地质灾害成因机理等科学问题的重要、直接的手段，研究者能够深入认识地震中出现的表观现象并把握其规律性。地震模拟振动台技术涉及土建、振动、电子、机械液压传动、自动控制和计算机技术在内的多学科综合性技术。就驱动方式而言分为电液伺服方法和电动式，由于电液伺服方式具有低频时推力大、位移大、重量轻、体积小、易于搬运安装等特点，目前被广泛应用。

对于岩土斜坡的振动模拟实验而言，保持模型与原型之间的相似性至关重要。但是由于试验材料和实验技术上的困难，大多数振动台模型实验只能采用缩尺模型来进行实验，试验原型涉及的参数比较繁多，如地震诱发的滑坡、崩塌灾害等地形多较为复杂，规模也较大，因此在实验中难以做到模型与原型之间完全一致。因此，抓住影响现象内在规律的主要因素，即：使主要准则得到满足，而忽略一些次要准则，是近似模化常采用的一种手段。当然在省略相似准则时，一定要慎重，保证被忽略的准则确实对现象的变化规律影响甚小。

4. 地震斜坡的工程类比法

工程类比法的实质是把已有的天然斜坡或人工边坡的研究或设计经验应用到条件相似的斜坡或人工边坡的研究或设计中去，包括斜坡外形特征、斜坡地质结构、变形破坏形式、发展变化规律及斜坡整治工程的经验等。在进行类比时，不但要考虑斜坡结构特征的相似性，还要考虑斜坡所处自然环境，以及促使斜坡演变的主导因素和斜坡发展阶段的相似性。

工程类比法很大程度上受到人为经验和知识体系的影响，随着类比依据和方法的不断丰富与积累，分析方法的不断发展与完善，借助信息技术，通过建立数据库，制定一套评价预测系统（如诊断系统、管理控制系统或专家系统等），是目前一个重要发展方向。图 6.11 概括了评价预测系统的总体思路。

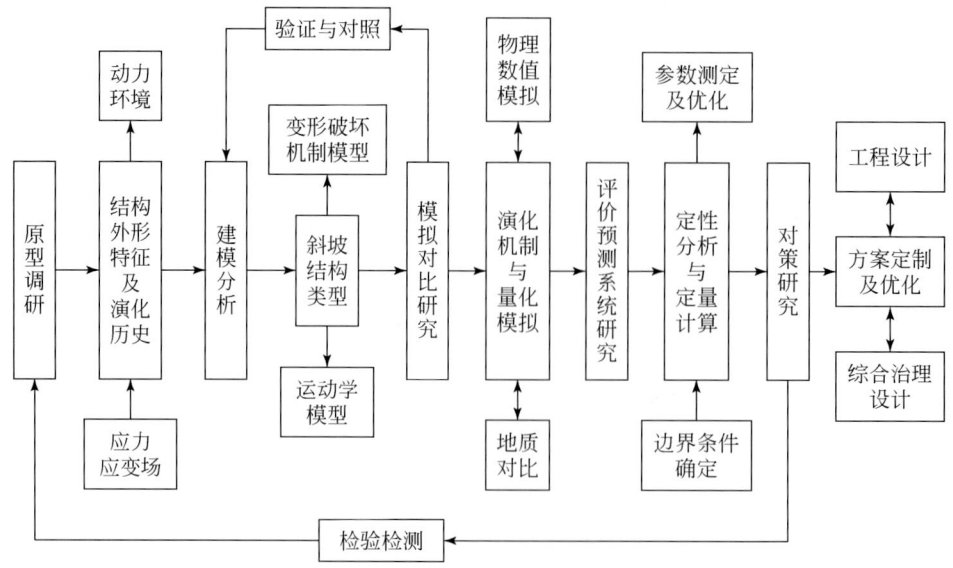

图 6.11　斜坡稳定性评价预测系统程序框图（据张倬元等，2009）

6.2.4 地震激发滑坡危害范围预测模型

目前常用的地震激发滑坡水平运动距离（L）预测模型主要考虑了滑坡体积（V）、滑坡的最大垂直滑动距离（H）及等效摩擦系数（$f=H/L$）3个影响因素，很少有模型包含峰值地震动、山体几何尺寸等影响因素。然而，滑坡分布与地震动峰值加速度的分布、山体的坡度均具有较好的相关性（王秀英等，2010）。据汶川地震震害调查，边坡震害最为普遍。因此，本节基于汶川地震滑坡的现场调查结果，重点搜集、整理了边坡灾害情况，利用基于汶川地震实测数据修正的地震动衰减模型估算了各个滑坡灾害点的地震动峰值加速度（peak ground acceleration，PGA），之后综合考虑山体影响因素 [山体高度（H_L）、坡角（θ）]、地震动影响因素 PGA 及滑塌体积（V）共4个影响因素，通过四元非线性回归分析建立了汶川地震诱发滑坡水平运动距离的预测模型，进而为地震滑坡的防灾减灾提供有效的技术支持。

1. 地震激发滑坡水平运动距离控制因素选择

虽然影响滑坡水平运动距离（L）的因素众多，但是山体影响因素 [山体高度（H_L）、坡角（θ）]、地震动影响因素 PGA [可用震级（M）、震中距（R）表示] 及滑塌体积（V）是影响滑坡水平运动距离 L 的主控因素（森协·宽，1989；王念秦等，2003；卢育霞等，2006；李秀珍和孔纪名，2010）。基于此，确定地震诱发滑坡的控制因素为山体高度（H_L）、坡角（θ）、PGA 及滑塌体积（V），具体见图6.12。

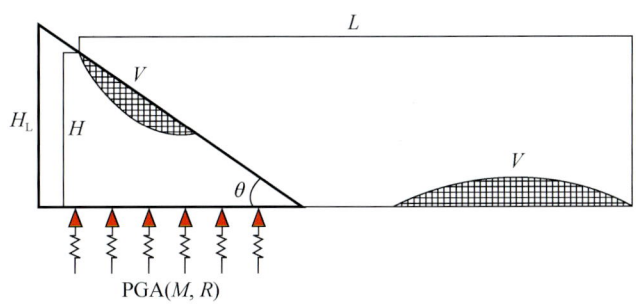

图 6.12 滑坡水平运动距离影响要素示意图

H_L. 山体高度；V. 滑塌体积；L. 滑塌后滑体前缘与滑塌前滑体后缘间的水平距离，即滑坡的水平运动距离；
θ. 滑坡发生前斜坡坡角；H. 滑坡的垂直滑动距离

2. 控制因素之间的关系

针对地震诱发滑坡的控制因素，利用汶川地震诱发滑坡的现场勘查资料，并结合国内外其他同类滑坡的震害资料，对控制因素之间及其与地震地质灾害危害范围的相关关系开展研究。

1）滑塌体积（V）与水平运动距离（L）、垂直滑动距离（H）间的相关关系

关于滑塌体积对滑坡水平运动距离的影响，国内外研究者已进行了广泛深入的探索和

研究，如 Budetta 和 De Riso（2004）对意大利南部 25 个滑坡的滑距和体积进行了统计分析，结果表明滑坡的水平运动距离与滑坡体积有较好的正相关关系。Devoli 等（2009）对中美洲 33 个滑坡的统计结果表明滑坡的水平运动距离与滑动体积具有较好的正相关关系。李秀珍和孔纪名（2010）对"5·12"汶川地震诱发的 46 处典型滑坡的统计结果表明滑坡的水平、垂直滑动距离与滑塌体积呈指数函数增长的关系。本节利用收集的汶川地震引起的 65 处滑坡，对滑坡体积（V）与水平运动距离（L）、垂直滑动距离（H）间的相关关系进行了统计分析，发现 $\log V$-L、$\log V$-H 间均具有指数函数的正相关关系，见图 6.13 和图 6.14。

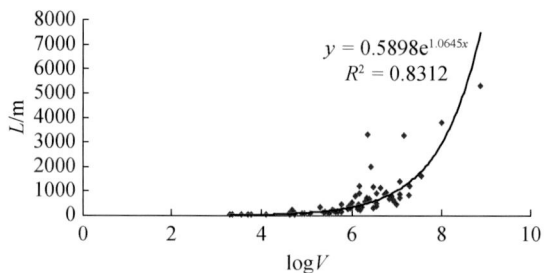

图 6.13 水平运动距离与滑坡体积间的关系

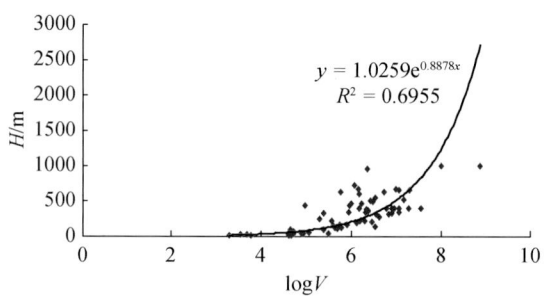

图 6.14 垂直滑动距离与滑坡体积间的关系

2）$\tan\theta$ 与等效摩擦系数（f）的相关关系

关于山体自身因素对滑坡水平运动距离的影响，国内外专家学者已开展了部分研究和探索。Okura 等（2000）通过数值模拟证实了等效摩擦系数（f）和坡角（θ）之间存在正相关关系。Hattanji 和 Moriwaki（2009）通过对日本 4 个地区 338 个滑坡的等效摩擦系数 f 和斜坡坡角 θ 的统计分析发现，二者之间存在着良好的正相关关系，而且相关系数的平方值在 0.78~0.88。上述研究表明山体自身因素对滑坡水平运动距离具有较大的影响。本节利用收集的汶川地震引起的 65 处滑坡数据，对原始坡角的正切值 $\tan\theta$ 与等效摩擦系数（f）间的相关关系进行了统计分析，发现两者之间存在较好的线性正相关关系，相关系数为 0.74，与 Hattanji 得到的相关系数接近，见图 6.15。同时，根据滑塌位置与山体高度相关性的统计分析结果可知，滑坡在距离山顶 $1/3H_L$ 处的概率为 70.8%，在 0.3~0.6H_L 范围内的概率为 15.4%，在距离坡脚处 $1/3H_L$ 范围内的概率是 13.8%，因此，大多数滑坡发生在距离山顶 $1/3H_L$ 的范围内，见图 6.16。

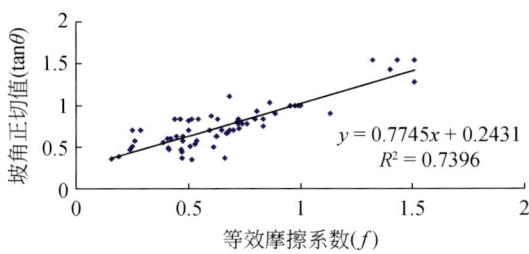

图 6.15　坡角正切值与等效摩擦系数 f 间的关系

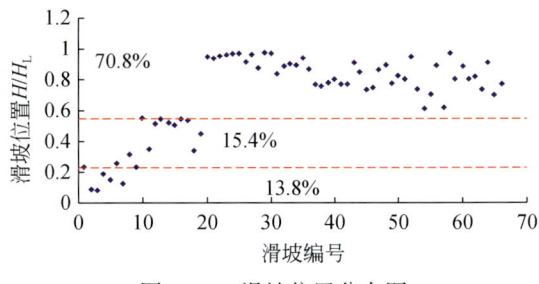

图 6.16　滑坡位置分布图

3）地震动峰值加速度（PGA）与水平运动距离间的相关关系

基于各个滑坡灾害点的经纬度坐标和断层位置，分别求出对应的最小断层距离，然后利用修正的汶川地震动衰减模型计算各个滑坡灾害点处的地震动峰值加速度（PGA），进而研究 PGA 对滑坡水平运动距离的影响，具体结果见图 6.17。分析图 6.17 可知，地震动峰值加速度与滑坡的水平运动距离 $\log L$ 之间存在正比例线性关系（$R^2 = 0.4037$），即水平运动距离随着 PGA 的增加而增大。因此，PGA 与水平运动距离之间存在指数函数关系。值得注意的是 PGA 与 $\log L$ 间的相关系数 R^2 较低，可能是由于测点较少且分布范围较广，因此数据的离散性较大造成的。

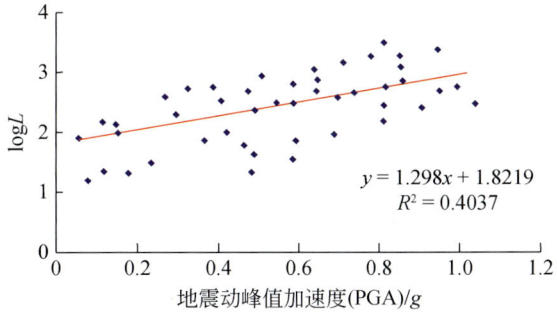

图 6.17　地震动峰值加速度与水平滑距关系图

3. 汶川地震激发滑坡滑动距离预测模型

从上述分析可知，滑坡的水平运动距离（L）与地震动峰值加速度（PGA）及滑塌体积（V）均存在较好的指数函数关系；由于水平运动距离（L）与垂直滑动距离（H）之间存在较好的指数函数关系，又由于 H 与山体高度（H_L）之间存在较好的线性关系（江晓禹和乔建平，2006），则 L 与 H_L+A 之间应存在较好的指数函数关系，其中 A 为常数项；同理，得出 $\log L$ 与 $\log(\tan\theta-B)$ 间也存在较好的线性关系，其中 B 为常数项。因此，对上述四个因素进行四元线性回归，从而得出汶川地震诱发滑坡滑距的预测模型。

$$\mathrm{Log}L = \alpha\log(H_L+A) + \beta\log V + \delta\log(\tan\theta-B) + \mu f(M,R) + \eta \tag{6.1}$$

式中，L 为水平距离即危害范围，m；V 为滑塌体积，m³；H_L 为山体高度，m；θ 为坡角，（°）；$f(M,R)$ 表示 PGA(g)；η 为常数项。其中，H_L 和 θ 表示边坡的几何因素；$f(M,R)$ 为地震动的影响因素，采用修正地震动衰减模型进行求解（Zhao et al., 2006）。

通过开展回归分析，得出 $\alpha=0.2018$、$\beta=0.3699$、$\delta=-0.1132$、$\mu=0.3598$、$\eta=-0.40922$，$A=-40$，$B=0.325$，$\log L$ 的标准差为 0.026。综合分析汶川地震诱发滑坡水平距离预测模型可知，在已知山体高度（H_L）、坡角（θ）、PGA 及滑塌体积（V）时，可以对滑坡可能滑动的水平距离进行预测，进而对滑坡危害范围的大小进行确定，对危害范围内的搬迁避让方案、工程治理及搬迁范围等的制定提供科学的参考。

6.3 地震激发岩质斜坡破坏机理与稳定性分析

川藏交通廊道崩塌、滑坡灾害的主要孕育环境为岩质斜坡。与土质斜坡相比，岩质斜坡主要特征有：斜坡坡度陡倾（河谷临空面为易发地区）、易形成高位滑坡（地震作用下的山体易发生高位崩塌、滑坡）、斜坡结构性强（斜坡岩体结构特征是影响地震作用下边坡安全性、失稳模式等因素）、形成崩滑体规模相对较大（据以往大量的现场勘测研究，大型滑坡灾害中，岩质边坡占多数）。从机理上来看，岩质斜坡的结构特征是影响地震斜坡失稳的重要因素，因此岩质斜坡中结构面特征、结构面的力学性质、结构特征的动态响应特征是研究的重点。

6.3.1 岩质斜坡坡体结构类型

基于地震激发的大量岩质滑坡灾害调查及相关文献整理，对地震条件下不同结构类型斜坡响应特征（地震波的反射和透射基本原理如图 6.18 所示）及其破坏模式差异性进行

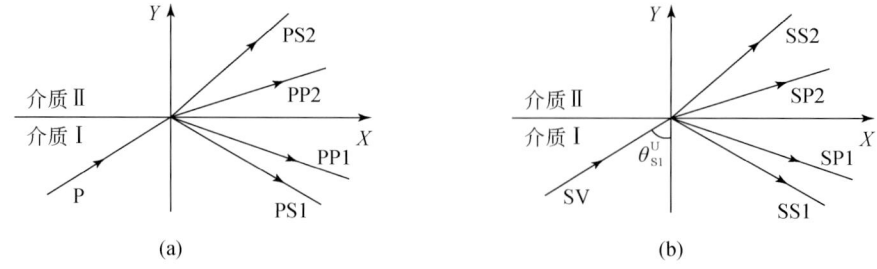

图 6.18 地震波的反射和透射基本原理示意图
(a) P 波入射界面时产生反射和透射示意图；(b) SV 波入射界面时产生反射和透射示意图

概括和总结,将坡体结构划分为 5 种类型:类均质坡体结构、层状控制型坡体结构、节理控制型坡体结构、软硬互层型坡体结构及软弱破碎带控制型坡体结构,斜坡主要特征和破坏模式见表 6.3。

表 6.3 坡体结构类型与破坏模式

坡体结构类型		主要地质特征	地震条件下破坏模式
类均质坡体结构	完整岩体结构	一般是由火成岩、厚层-巨厚层的沉积岩或者变质岩组层,斜坡岩体坚硬且较为完整,不存在岩层层面、软弱结构面或者大长型裂缝	坡体表面的随机断裂或者内部断续微节理间岩桥断裂贯通形成的阶梯状拉裂-滑移型破坏面
层状控制型	顺倾缓倾结构	互层状岩体组成,岩体倾向与临空面方向基本一致	临空面条件较好时,发生顺层走向或者倾向的拉裂-剪切-滑移型破坏
	反倾结构	互层状岩体组成,岩体倾向与临空面方向相反	弯曲-拉裂和弯曲倾倒型破坏为主
	顺层陡倾结构	互层状岩体组成,岩体陡倾倾向坡内或坡外	拉裂-倾倒型、崩塌或者板裂型,临空面较差时,常发生拉裂-滑移-弯曲溃屈型破坏
节理控制型		斜坡发育两组相互切割(垂直或者斜交)结构面或者多组结构面切割岩体呈块状或者菱形状结构	破坏模式视结构面的组合方式而定,常发生楔形破坏和阶梯形破坏
软硬互层型	上硬下软型	斜坡上部为较为坚硬的层状或块状岩体,下部为软弱岩体或者宽大的断层破碎带,结构面近水平或者缓倾斜坡内	岩层产状近水平或者缓倾坡外时,常发生塑流-拉裂型破坏;当岩层产状反倾坡内时,常发生拉裂-倾倒型破坏
	上软下硬型	斜坡上部为松软岩体,下部为较为坚硬层状或块状岩体,岩层产状近水平或者缓倾坡内	上部软弱物质沿着基岩界面的拉裂滑移破坏
软弱破碎带控制型	缓倾断层切割	由火成岩或者厚层层状岩体组成,发育一条或多条缓倾坡外的软弱结构面或者断层破碎带	拉裂-剪切滑移型破坏
	中陡倾斜断层切割	由火成岩或者厚层层状岩体组成,发育一条或多条中等倾角倾向坡外的软弱结构面或者断层破碎带	如果断层破碎带位于斜坡中前部,常表现为前缘先失稳,后缘拉裂-滑移破坏为主;如果破碎带位于后部,常表现为后缘拉裂-剪切-滑移型破坏

1. 类均质坡体结构

类均质斜坡一般是由火成岩、变质岩或厚层沉积岩组成的岩体,岩性较为单一,完整性好且较为坚硬,结构较为均匀,不发育大长型裂隙、优势裂隙带或结构面。如图 6.19 所示,当地震波 P 波和 SV 波入射时,P 波产生的惯性力使斜坡重力场发生改变,当 P 波加速度较小时,斜坡受力的合力方向仍然垂直向下。当 SV 波作用在斜坡方向向右时,合力方向向斜坡内，出现反压现象，一定程度上使斜坡稳定性得以改善（也有可能造成压碎破裂效应）。当 SV 波方向向左时，出现斜向坡下的拉应力，坡肩部位出现拉张破坏，产生垂直向下的拉张裂隙。同时，斜坡内部断续型结构面两端出现应力集中，裂隙端部岩桥破坏贯通，岩桥的贯通形式常见为剪切贯通 [图 6.19（a）]、张拉贯通 [图 6.19（b）]、张拉-剪切贯通 [图 6.19（c）] 3 种类型。当结构面贯通时，斜坡岩体将发生震裂变形、崩滑破坏或者呈阶梯形滑移-拉裂型破坏。

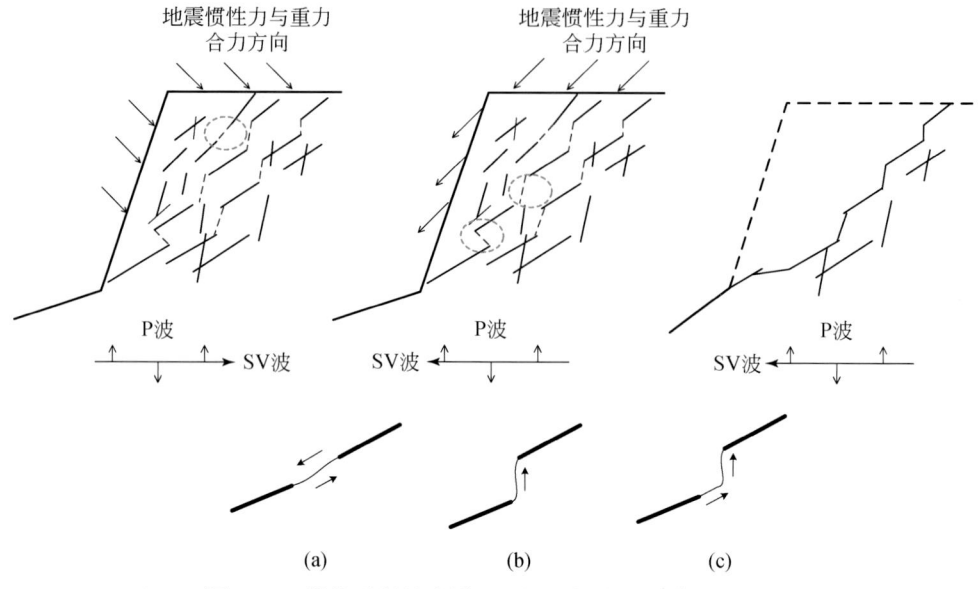

图 6.19 类均质斜坡阶梯形破坏（据岑夺丰等，2013）

2. 层状控制型结构

斜坡岩体以沉积岩、层状变质岩为主，坡体内部发育一组或者多组层面。根据岩层层面与临空面的组合关系，可进一步划分为顺层缓倾层状、顺层陡倾层状和反倾层状 3 种斜坡类型。

1）顺层缓倾层状

斜坡岩体受到层状结构面切割作用，形成薄-中厚层状结构，岩层倾向与临空面方向相同（图 6.20），倾角在 10°~20°，存在较明显的岩层层面、软硬岩接触界面或层内弱面等。当斜坡 P/SV 波入射时，岩层结构面在循环地震载荷作用下，强度发生变化，主要体现在两个方面：①震动磨损效应：由于地震荷载的循环剪切作用，结构面起伏角退化，粗糙度降低，直接导致结构面抗剪强度降低。②相对速度影响因素：在地震荷载作用下，由边坡岩体运动而产生的相对运动降低了结构面的摩擦系数。王思敬和张菊明（1982）认为岩石的动摩擦系数与相对运动速度之间存在函数关系，其中动摩擦系数是一个随着相对运动速度绝对值增加而递减的偶函数。

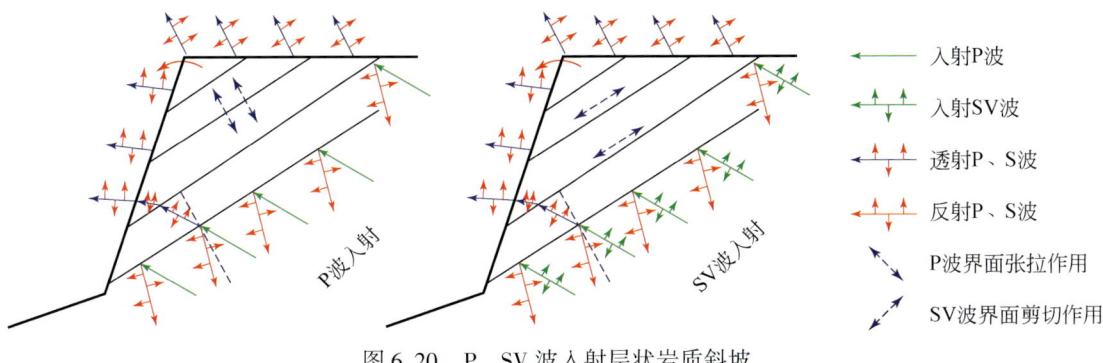

图 6.20 P、SV 波入射层状岩质斜坡

2）顺层陡倾层状

斜坡一般为中等倾角外倾层状坡体（层面倾角为 20°~45°），岩层呈长条薄层状结构，滑移控制面的倾角大于滑动面峰值摩擦角，具有下滑移动的条件，但是由于滑移面未临空，层面下滑受阻，造成坡脚处顺层板梁承受纵向压应力而发生弯曲变形，进而破裂失稳，图 6.21 为唐家山滑坡坡脚岩体鼓胀破坏。

图 6.21 唐家山河岸斜坡滑移-弯曲破坏（据 Qi et al., 2014）

3）反倾层状

斜坡主要发育在高陡的河谷地带，岩层产状倾向坡内，如图 6.22 所示。上部岩层一

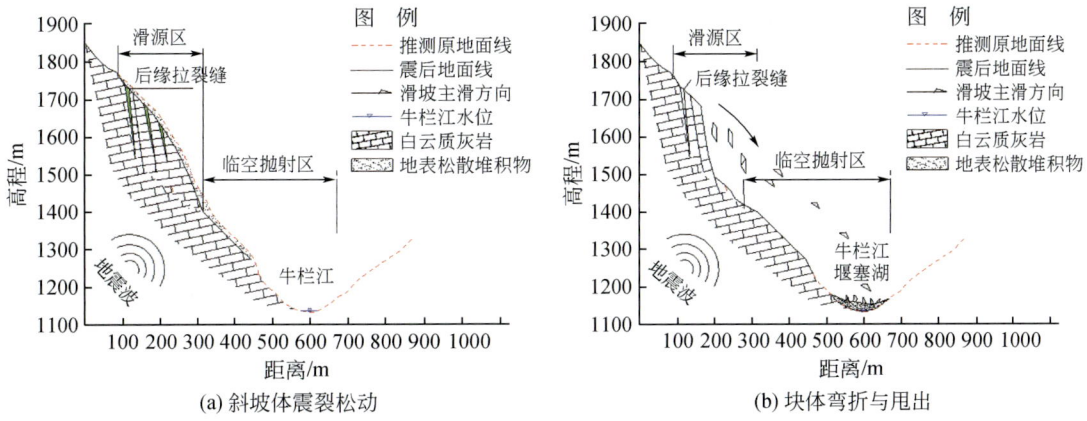

(a) 斜坡体震裂松动　　　　　　　　　(b) 块体弯折与甩出

图 6.22 陡倾岩质斜坡拉裂-剪切破坏

般较为坚硬,下部或含有软弱层面存在。在受到地震荷载作用之前,斜坡岩体上部由于强烈的卸荷回弹、风化和雨水侵蚀作用,已经形成一定规模的竖向裂隙。在地震荷载作用下,该部位的裂隙逐渐向下部延伸扩展,直至下部贯通,发生整体性失稳破坏。

3. 节理控制型结构

斜坡岩体受到层面及多组结构面的垂直或斜交切割作用,形成块状或菱形块状结构,此类斜坡的失稳和破坏模式主要取决于产状最为不利的结构面控制。在地震惯性力作用下,地震波在结构面上的传播以多种形式存在,发生波的叠加,斜坡破坏以规则滑块或者阶梯形滑面破坏为主,如图 6.23 所示。

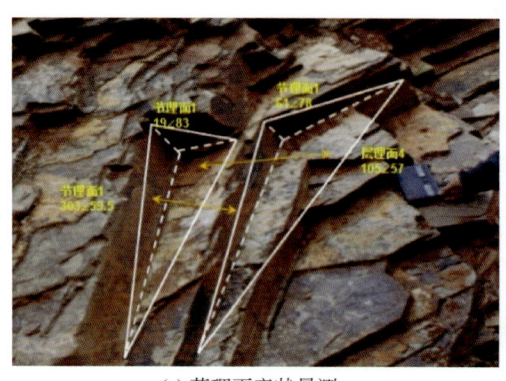 

(a) 节理面产状量测　　　　　　　　　　(b) 斜坡正视图

图 6.23　多组结构面控制型斜坡楔形破坏

4. 软硬互层型结构

斜坡主要是由两组或者两组以上软硬程度存在明显差异的岩体组成。一般常见类型为上硬下软型斜坡和上软下硬型斜坡。当地震波在传播过程中遇到介质性质突变界面时将发生反射和绕射现象,振幅发生明显改变,这种突变将引起斜坡应力调整,影响斜坡稳定性,地震波在界面处产生的这种效应称为界面动应力效应(许强等,2009)。

1) 上软下硬型结构

斜坡上部为软弱岩体,下部为较为坚硬的层状或者块状岩体,上部滑体常沿着软硬交界面发生滑移-拉裂破坏,如图 6.24 所示。当应力波从相对坚硬的岩体传入较软弱的岩层

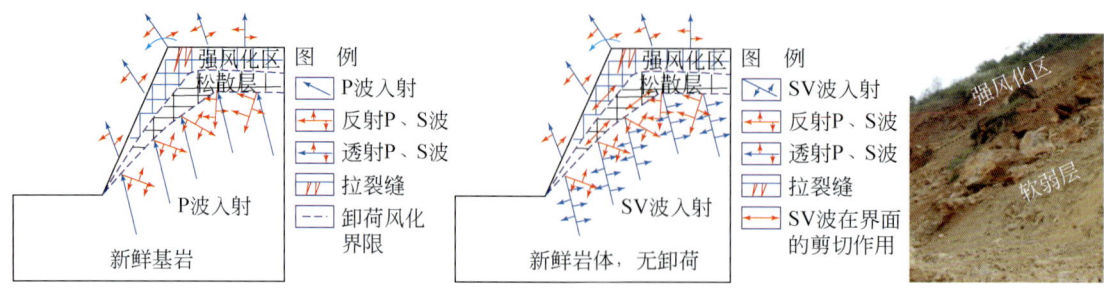

图 6.24　上软下硬斜坡 P、SV 波入射及其垮裂破坏

中，此时产生的反射波为拉伸波，则将在界面处产生拉应力，并且两介质的弹性模量（E）值相差越大，拉应力值越高。另外，针对 S 波，反射产生拉应力的同时，还产生较强的剪切作用力，对岩体稳定性是很不利的（许强等，2009）。

2）上硬下软型结构

应力波穿过软弱夹层或断层破碎带时，由于应力波的反射机制和低强度岩石吸收了大量的能量，这些软弱带成为阻挡动应力的屏障，使传入的动应力显著削弱（图6.25），覆盖层斜坡中变形失稳主要为震裂变形所致。图6.26为鲁甸地震道路两侧发生的典型的上硬下软型滑坡灾害。此类斜坡上部岩石为较为坚硬的块状或者反倾坡内结构，斜坡失稳后，下部堆积大型的散落块石。

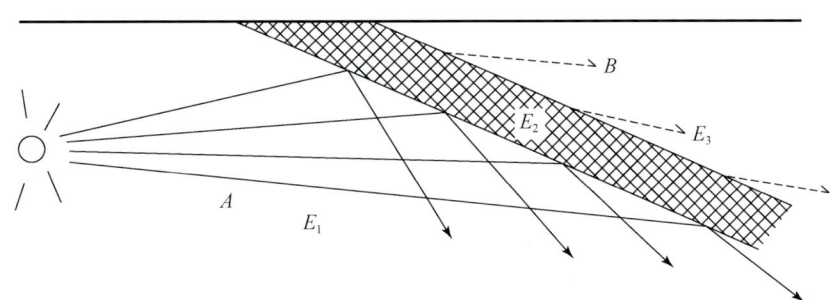

图6.25　软弱夹层对应力波传播的影响示意图（据张倬元等，1994）

图6.26　上硬下软斜坡拉裂-蠕滑破坏

5. 软弱破碎带控制型

该类型斜坡主要发生在火成岩或者厚层沉积岩组成的坡体内部，坡体稳定一方面受到原生层面控制，另一方面断层破碎带的空间展布特征对斜坡失稳和破坏模式也起至关重要作用。当断层破碎带斜穿斜坡时（如图6.27所示的罐滩滑坡），在地震荷载作用下，斜坡破碎带岩体首先发生失稳和破坏。

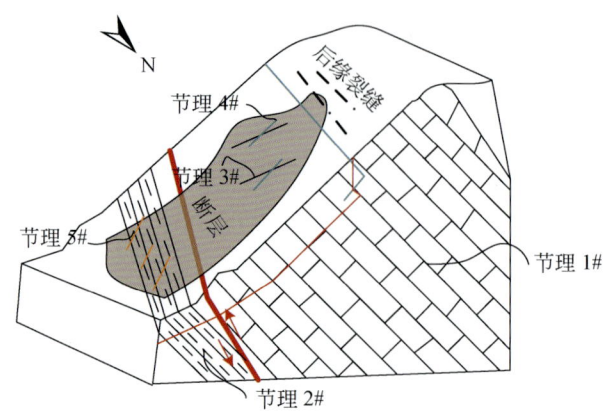

图 6.27 罐滩滑坡节理空间分布特征

6.3.2 岩质斜坡对地震波的响应特征与失稳机制

1. 顺层斜坡动力响应机制

强震作用下顺层岩质斜坡破坏对山区道路影响巨大。对顺层斜坡而言，控制性结构面就是顺层层面或裂隙。地震发生时，地震波在结构面发生透射和反射，各类波相互叠加，使岩体产生松动滑移。当控制性结构面受到的剪应力超过其抗剪强度时将发生滑移，并导致边坡失稳。因此，研究控制性结构面的动力响应是分析岩质边坡动力稳定问题的有效途径。

地震形成的 P 波（压缩波）和 S 波（剪切波），一般情况下两波到达坡面的时间不同，引起的顺层边坡动力响应特征也不同。因此需要分别研究这两种波的透射和反射行为在斜坡内部引起的应力变化，进而探讨边坡破坏机制。分析之前，对该研究的开展做两个方面的假设：

（1）顺层边坡结构面两侧的岩体为均质的各向同性岩体，岩体为理想弹塑性体；

（2）地震波假定其为平面波。

1）P 波在顺层岩质边坡结构面处的动力响应问题

如图 6.28 所示，控制型结构面倾角为 α，自然状态下斜坡内部应力 σ_x^0、σ_y^0 和 τ_{xy}^0 是坐标 x 和 y 的函数，并将坡面简化成上下两层的组合。P 波与水平面成 β 角度入射到结构面边界，并发生反射和折射，入射波与结构面法向的夹角为 $\alpha+\beta-90°$，透射角度为 γ_1，入射波与反射波之间满足斯奈尔定律。

$$\frac{\sin(\alpha+\beta-90°)}{C_P}=\frac{\sin\gamma_1}{C_P'} \tag{6.2}$$

$$C_P=\sqrt{\frac{K+4G/3}{\rho}} \tag{6.3}$$

式中，C_P 和 C_P' 分别为 P 波作用下控制型结构面下部和上部岩体质点的运动速度，m/s；K

为岩体体积模量，Pa；G 为岩体的剪切模量，Pa；ρ 为岩体密度，kg/m^3。

反射波在结构面处产生的应力 σ_{rP} 和透射波在结构面处产生的应力 σ_{tP} 分别为

$$\sigma_{rP} = \frac{1-\lambda}{1+\lambda}\sigma_P \tag{6.4}$$

$$\sigma_{tP} = \frac{2\sigma_P}{1+\lambda} \tag{6.5}$$

式中，$\sigma_P = 2\rho_1 C_P V_P$，其中，$\rho_1$、$\rho_2$、$E_1$、$E_2$、$V_P$ 和 V_P' 分别为结构面上部和下部岩体的密度（kg/m^3）、弹性模量（Pa）和 P 波传播速度（m/s）；$\lambda = \rho_1 E_1/\rho_2 E_2 = \rho_1 V_P/\rho_2 V_P'$。

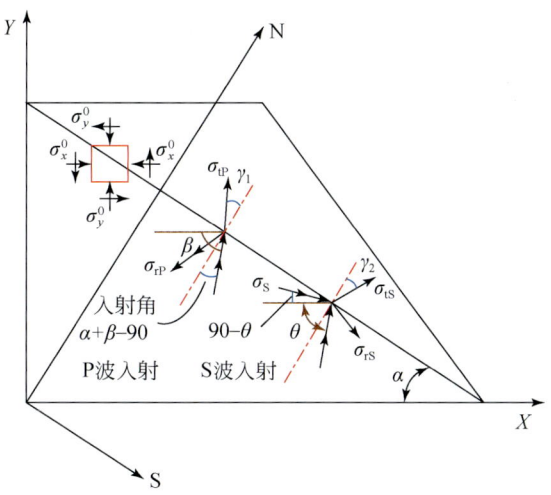

图 6.28 地震波在结构面处的传播规律

在结构面处构建法向坐标系 NS，将应力张量进行坐标转换，得到结构面上的法向应力 σ_n 和切向应力 τ_S。

$$\sigma_n = \sigma_n^0 + \sigma_{rP}\sin(\alpha+\beta) - \sigma_{tP}\cos\gamma_1 \tag{6.6}$$

$$\tau_S = \tau_S^0 + \sigma_{rP}\cos(\alpha+\beta) - \sigma_{tP}\sin\gamma_1 \tag{6.7}$$

结构面发生破坏，满足莫尔-库仑（Mohr-Coulomb，M-C）判据：

$$\tau_S \geq \sigma_n \tan\varphi + c$$

在天然状态下，坡体处于稳定状态，破坏的激发条件是地震荷载作用，忽略初始应力 σ_n^0 和 τ_S^0 的影响。在地震荷载作用下，岩石矿物分子振荡，分子结构遭到破坏，因此其黏聚力大大降低，进而忽略 c 的影响，因此可将上式变为

$$\sigma_{rP}\cos(\alpha+\beta) - \sigma_{tP}\sin\gamma_1 \geq [\sigma_{rP}\sin(\alpha+\beta) - \sigma_{tP}\cos\gamma_1]\tan\varphi \tag{6.8}$$

方程两边同时对 β 进求导，化简为

$$\tan\varphi \leq \frac{\sin(\alpha+\beta)\left(\lambda - 2\dfrac{C_P'}{C_P} - 1\right)}{\cos(\alpha+\beta)\left[\lambda - \dfrac{2C_P'}{\sqrt{C_P^2 - C_P'^2\cos^2(\alpha+\beta)}}\sin(\alpha+\beta) - 1\right]} \tag{6.9}$$

顺层边坡发生破坏的临界条件见式（6.9），分析可知，P 波入射条件下，结构面倾

角、内摩擦角、结构面两侧岩体波阻抗和地震波的入射角度等是影响顺层斜坡稳定性的重要因素。

2) S 波在顺层岩质边坡结构面处的动力响应问题

如图 6.28 所示，S 波与水平面之间成 θ 角入射到结构面，并产生反射和折射，入射角为 $\alpha+\theta-90°$，透射角为 γ_2，且入射波与透射波之间满足斯奈尔定律：

$$\frac{\sin(\alpha+\theta-90°)}{C_S} = \frac{\sin\gamma_2}{C'_S} \tag{6.10}$$

式中，C_S 和 C'_S 分别为在 S 波作用下控制型结构面下部和上部岩体介质运动速度，$C_S = \sqrt{G\rho}$。反射波在结构面处产生应力 σ_{rS}，透射波在结构面处产生应力 σ_{tS}，计算公式分别为

$$\sigma_{rS} = \frac{1-\lambda}{1+\lambda}\sigma_S \tag{6.11}$$

$$\sigma_{tS} = \frac{2\sigma_S}{1+\lambda} \tag{6.12}$$

式中，$\sigma_S = 2\rho_1 C_S V_S$；$\lambda = \rho_1 E_1/\rho_2 E_2 = \rho_1 V_S/\rho_2 V'_S$，其中 V_S 和 V'_S 分别为 S 波在结构面上部和下部岩体中的传播速度。

如果将地震波简化称为正弦剪切波，速度时程 $V_S = A_1 \sin(wt)/(\pi f)$，（$A$、$f$、$w$ 分别为剪切波的振幅、频率和角速度），$\sigma_S = 2\sqrt{G\rho}\sin(wt)/w$，其中剪切应力与波的传播方向相差 90°。在 S 波作用下，结构面上的应力为

$$\begin{aligned}\sigma_n &= \sigma_n^0 + \sigma_{rS}\cos(\alpha+\theta) - \sigma_{tS}\cos\gamma_2 \\ \tau_S &= \tau_S^0 + \sigma_{rS}\sin(\alpha+\theta) - \sigma_{tS}\sin\gamma_2\end{aligned} \tag{6.13}$$

同上 P 波一样处理，忽略 σ_n^0、τ_S^0 和 C 的影响作用，则失稳破坏判据为

$$\sigma_{rS}\sin(\alpha+\theta) - \sigma_{tS}\sin\gamma_2 \geq [\sigma_{rS}\cos(\alpha+\theta) - \sigma_{tS}\cos\gamma_2]\tan\varphi \tag{6.14}$$

方程式两边同时对 θ 进行求导，化简为

$$\tan\varphi \leq \frac{(1-\lambda)\cos(\alpha+\theta) + 2\dfrac{C'_S}{C_S}\sin(\alpha+\theta)}{\sin(\alpha+\theta)\left[\lambda + \dfrac{2C'_S}{\sqrt{C_S^2 - C'^2_S\cos^2(\alpha+\theta)}}\sin(\alpha+\theta) - 1\right]} \tag{6.15}$$

与 P 波相同，S 波入射条件下，结构面倾角、内摩擦角、结构面两侧岩体波阻抗和地震波的入射角度等是影响顺层斜坡稳定性的重要因素。不同点在于 S 波产生的是剪切作用而不是挤压作用，传播时介质的震动方向与传播方向相互垂直。S 波在坡体内产生较大的水平向地震加速度，S 波到达时，已经被 P 波震裂松动的顺层坡体受到 S 波水平方向的地震惯性力作用，稳定性进一步降低。

2. 结构面对斜坡动力响应的影响

岩质斜坡的变形和破坏主要受到岩体内部结构面的空间组合关系（尤其是多组结构面或含有软弱层面的岩质斜坡）和结构面的力学参数所控制。针对多组结构面控制的岩质斜坡，应用三维离散元方法（3DEC），开展地震载荷作用下的斜坡响应特征研究。将岩体视为岩块（连续体）和结构面（非连续体）两个基本元素的集合体。岩块可以表现为连续

介质力学行为，岩块之间通过结构面实现相互作用，结构面受力超过其承载极限时，岩块将表现为相互的剪切错动或脱离等现象。

1) 模型的构建与边界条件

为了研究结构面产状、位置、数量和间距参数对岩质斜坡动力响应的影响，构建模型如图 6.29 所示，模型尺寸 50m×100m×75m，斜坡坡高 25m，坡度 45°，单一结构面分布见图 6.30，初始结构面倾角为 40°。在动力响应模拟过程中，由于边界条件对地震波的反射作用对动力分析结果有较大影响，模型底部采用黏滞边界条件，四周采用自由无约束边界条件。

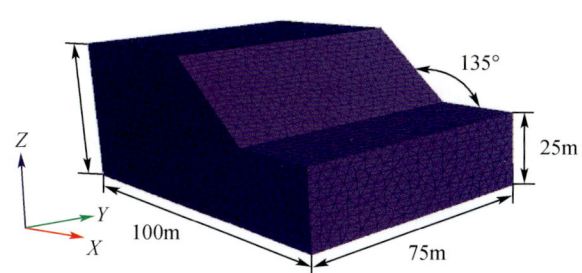

图 6.29　基于 3DEC 的岩质斜坡模型构建

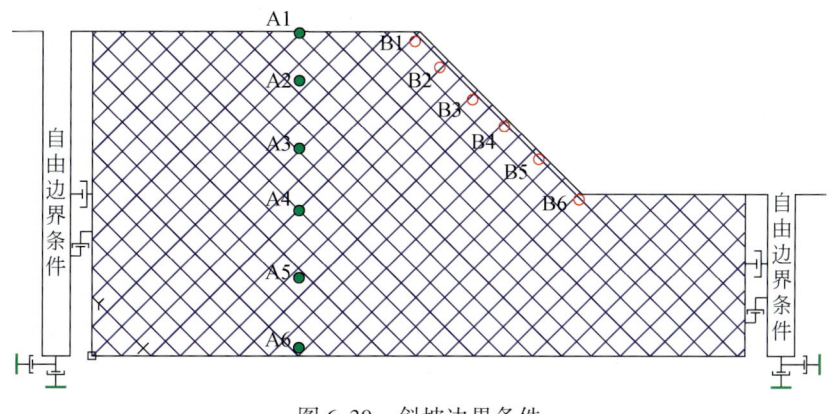

图 6.30　斜坡边界条件

2) 力学模型与参数

模型参数赋值主要包含岩体强度参数和结构面参数两部分。其中，岩石材料采用理想弹塑性模型，强度准则采用莫尔–库仑准则，岩体强度参数赋值见表 6.4 所示。层面采用面接触的库仑滑移模型，结构面的物理力学参数如表 6.5 所示。

表 6.4　岩体强度参数

岩性	密度/(kg/m³)	剪切模量/GPa	体积模量/GPa	黏聚力/MPa	内摩擦角/(°)
闪长岩	2600	10	16	25	45

表 6.5　结构面强度参数

法向刚度/(MPa/cm)	切向刚度/(MPa/cm)	黏聚力/kPa	内摩擦角/(°)
15	6	20	38

3）地震荷载输入

依据国家强震动台网中心提供的强震台站数据为基础，本次模拟采用汶川 8.0 级地震映秀-北川断裂带附近的绵竹清平（51MZQ）台站所记录到的强震加速度波形数据作为动力输入，数据包括 NS、EW、UD 三组波形数据，采样频率为 0.01s，记录时长 160s，经过基线校正后的峰值加速度分别为：6.93m/s²、-6.47m/s²、-5.22m/s²，加速度时程曲线如图 6.31 所示。选取水平 EW 方向加速度时程曲线为动力输入条件，分别监测坡面上 B1~B6 点加速度（图 6.30），模型中阻尼特征采用局部阻尼条件，系数取值 0.125。

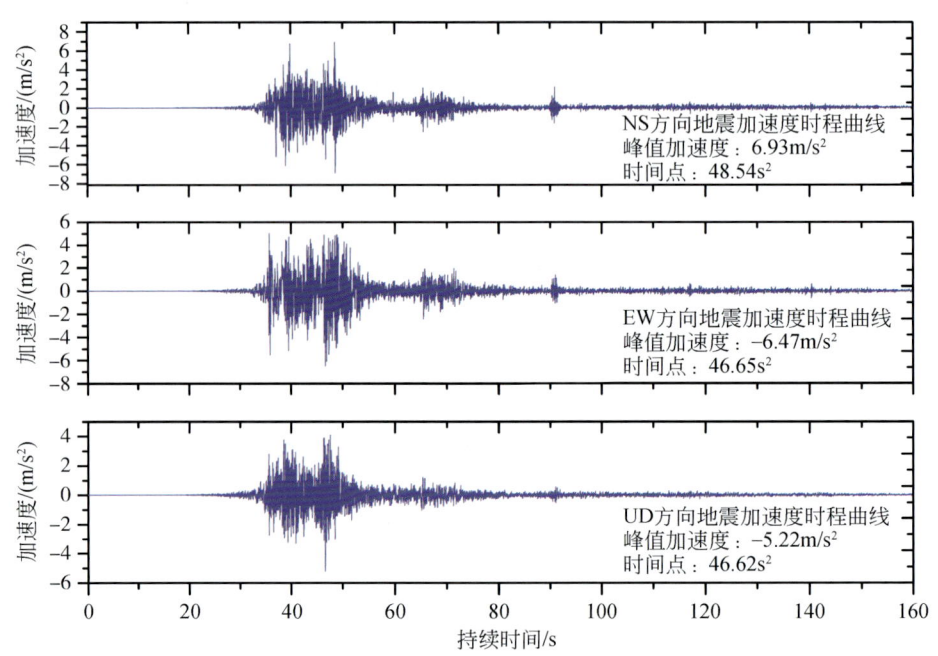

图 6.31　汶川地震绵竹清平（51MZQ）台站加速度时程曲线

4）结果分析

（1）结构面倾角对坡面加速度放大效应的影响。

为了研究单组结构面倾角对斜坡坡面加速度放大效应的影响，选取结构面倾向与斜坡倾向一致的条件下，取结构面起始位置 h 为 12.5m（斜坡面中点）（图 6.32），对结构面倾角 β 取值为 0°、10°、20°、30°、40°时分别进行动力计算，并记录坡面位置 B1~B6 等 6 个点加速度时程变化曲线，取加速度最大值与输入地震加速度最大值做商，即为加速度放大系数，记录与统计结果见图 6.33。

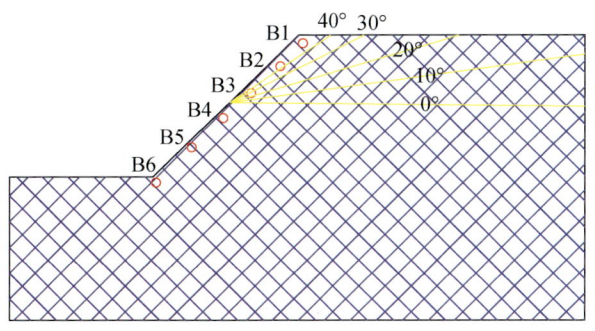

图 6.32 结构面倾角对斜坡动力响应影响监测方案

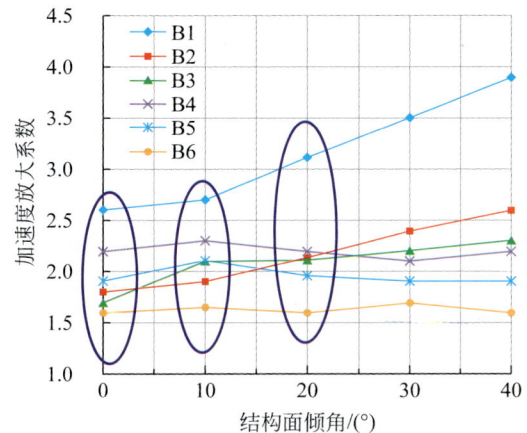

图 6.33 斜坡面监测点加速度放大系数结果统计

监测结果表明，顺倾向的结构面对边坡坡面 PGA 放大系数及其分布起到明显控制作用，沿着坡面方向，PGA 放大系数并没有呈现单调递减现象，而是先增大后减小又增加的过程。在结构面附近，PGA 放大系数开始迅速增大。随着结构面倾角的不断增大，结构面、坡顶面和临空面所包围的空间越来越狭小，PGA 放大系数的最大值也越来越大。当倾角为 0°时，放大系数最大值出现在结构面与坡面的交点位置，当倾角为 40°时，出现在坡肩位置。同时将该结果与均质边坡对比（图 6.34），发现结构面倾角较小时，PGA 放大系

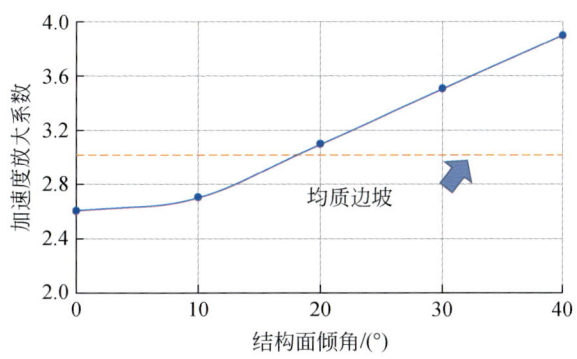

图 6.34 结构面倾角与斜坡面加速度放大系数最大值关系

数最大值也小于均质边坡最大值,说明结构面产状对地震波传播起一定的衰减作用;当结构面倾角较大时,作用正好相反,这也从侧面说明在顺层边坡中,结构面倾角越陡峭,地震波传播放大效应越明显,边坡的动力稳定性越差。

(2) 单组结构面位置对坡面加速度放大效应影响。

为研究顺层斜坡中结构面位置分布对斜坡 PGA 响应的影响,取结构面顶端到斜坡坡顶 B1 处的位置分别为 10m、15m、20m、25m、30m、35m、40m 等七类工况条件进行计算分析,计算结果见图 6.35。

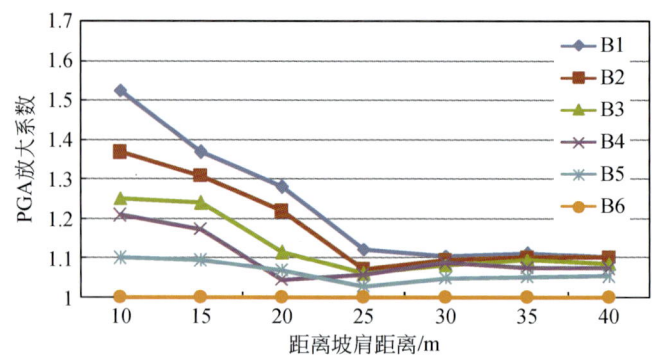

图 6.35　结构面位置对斜坡 PGA 放大效应影响

由图 6.35 计算结果可知,监测点 PGA 放大系数随着间距 B 的增加而减小,从坡顶到坡底呈现出相似的规律性,结构面距离坡面较近时,PGA 放大效应较为明显;坡顶、坡中部和坡脚监测点 B1、B3、B5 监测数据显示,坡顶的放大效应较其他位置更为明显,例如本例中坡顶的放大系数相对于坡底达到 1.52,坡面中部的放大系数减小为 1.28。

(3) 结构面数量对 PGA 放大效应影响。

为了研究结构面条数对岩质斜坡 PGA 放大效应的影响,以结构面距离坡顶 B1 处 10m 为起点,每间隔 5m 向左侧增加一条结构面 (图 6.36),分别计算结构面条数为 2~6 时,坡面各监测点加速度放大系数变化曲线见图 6.37。由图 6.37 可知,坡面各点 PGA 放大系数随着结构面条数的增多而减小,且坡顶处 PGA 放大系数呈现出明显的递减趋势,随着坡面高度降低,PGA 减小幅度越来越小。

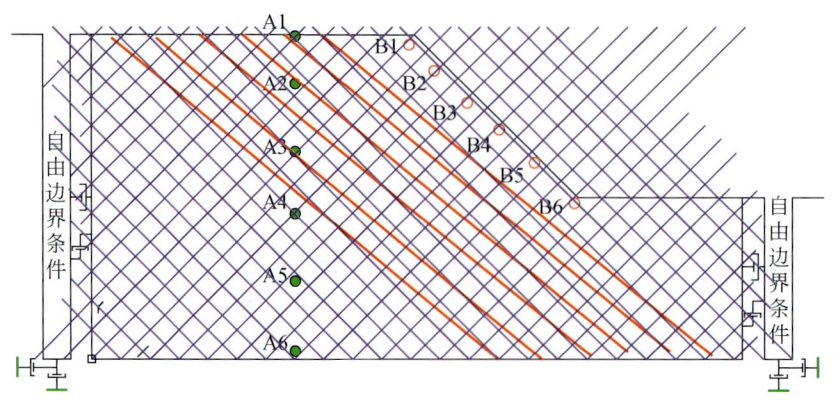

图 6.36　多组结构面分布特征

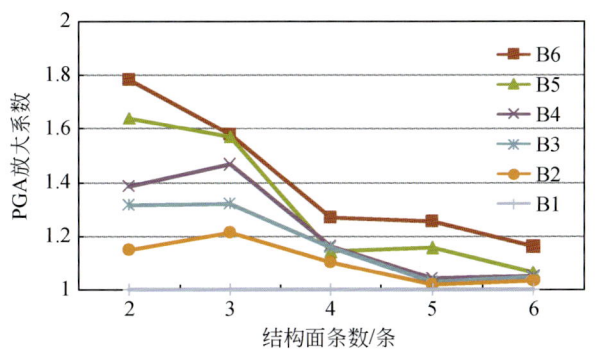

图 6.37 结构面条数对 PGA 影响效应

（4）结构面间距对 PGA 放大效应的影响。

为了研究地震作用下结构面间距对 PGA 放大效应的影响，以结构面距离坡顶 B1 处 10m 为起点，以结构面间距为 1m、2m、3m、4m、5m，在模型中设置 4 条结构面进行动力计算，监测坡面各点 PGA 放大效应变化特征见图 6.38。

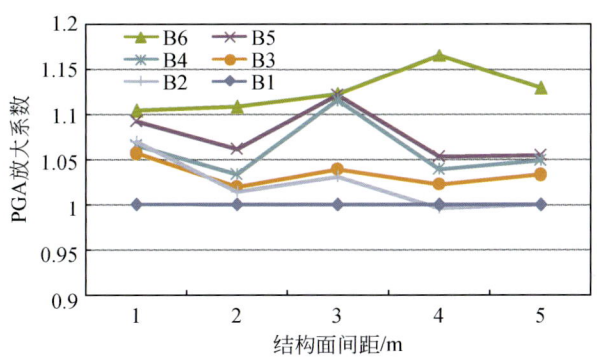

图 6.38 结构面间距对 PGA 放大效应影响

从图 6.38 中的监测数据结果发现，随着结构面间距的不断增大，各个监测点 PGA 放大系数呈现出非单调变化趋势，如坡顶 B6 点监测结果呈现先缓慢增加后减小的趋势，B5 监测点则呈现出先减小后增大再减小的变化趋势，且其变化幅度在 1.05 和 1.1 之间。由此我们可推断出在结构面条数一定的条件下，结构面间距对 PGA 放大效应影响较小。

6.3.3 地震作用下岩质斜坡破坏模式

地震作用下岩质斜坡稳定性问题的实质是结构面上的下滑力与摩擦阻力之间的相互关系。外力作用下结构面扩展并切割斜坡，形成完整的贯通裂隙是斜坡失稳的必要条件。震后现场调研表明，大多数岩质斜坡的变形和破坏都是由一系列软弱结构面或者贯穿裂隙组成的具有一定几何形态的岩体沿着结构面向临空面发生滑动的现象。岩质斜坡的失稳和破坏是岩体结构面产状及其相互组合、岩体力学参数和外载荷综合作用的结果。本节主要依据川藏交通廊道及西南地区地震（汶川地震、芦山地震）触发岩质滑坡灾害为背景，通过现场考察与文献查阅，总结了以下四类基于坡体结构特征差异性及其变形破坏过程的典型滑坡破坏模式。

1. 顺层拉裂-剪切-滑移型破坏

1) 斜坡基本特征

（1）坡体主要由缓倾斜、中等外倾斜（倾角为 10°~45°）的层状岩体组成，一般存在较明显的岩层层面、软硬岩接触界面或层内软弱面等（常为泥岩、煤层或遇水极易软化的砂页岩等软弱岩层），沿软弱夹层在自身重力和外部地震荷载作用下发生顺层滑动；

（2）坡体内发育一组与岩层走向或倾向平行层面，前缘坡面外或者斜坡的某一侧较为陡峭，具有较好的临空条件，露头岩层分层明显 [图 6.39（a）]。根据临空面与岩层产状的相互关系，可以分为走向滑移型和倾向滑移型滑坡；

（3）斜坡从变形到破坏，在空间上经历 3 个发展阶段 [图 6.39（b）]，拉裂阶段形成竖向裂缝，过渡阶段软弱层间强度减弱，剪切滑移阶段，锁固段剪断，层面贯通滑移。

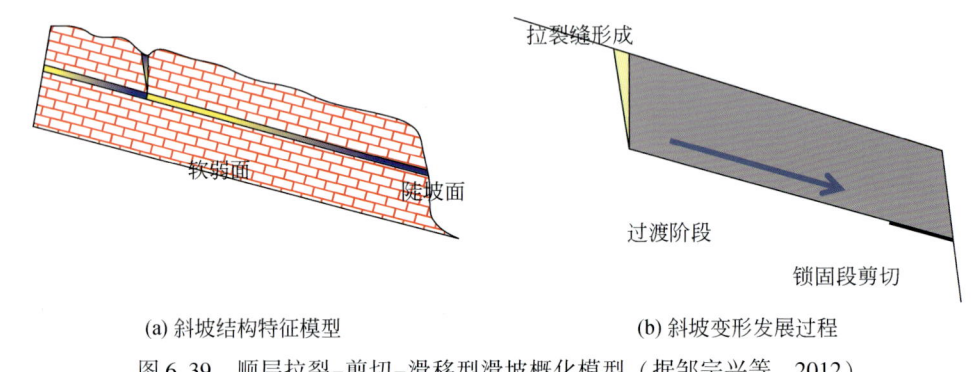

(a) 斜坡结构特征模型　　　　　　　　(b) 斜坡变形发展过程

图 6.39　顺层拉裂-剪切-滑移型滑坡概化模型（据邹宗兴等，2012）

2) 破坏过程与模式

（1）如图 6.40（a）所示，斜坡初始静止，初至波在斜坡表面发生反射，形成动态拉-压应力扰动，导致滑体内部沿层面或滑裂面形成微裂纹，使得滑裂面对上部潜在滑体的约束能力下降。

（2）随着剪切波的到来，滑裂面上部的滑体此时以水平振动为主，内部水平方向的惯性力导致滑体产生一些纵向拉裂缝，靠近临空面部位将首先出现破裂现象；随着地震波累积作用，临空面首先倾倒—滑移破坏，随之导致斜坡上部岩层失去支撑，在振动下，逐渐由下而上发生破坏。

（3）随着滑坡过程与地震持续的作用，较深部滑体物质因系统动力特性变化呈现出振幅更大的振动，层间结合力进一步降低，较弱的斜坡将会因层间岩体相互脱离而引起大面积的滑动和崩塌 [图 6.40（b）]。

（4）当不稳定岩体完成破裂—启动—滑移—堆积过程后，斜坡逐渐留下稳定坡体，斜坡完成了一次地表巨变过程。

失稳全过程如图 6.40 所示：坡肩处拉裂张开—坡面中部出现裂缝—裂缝贯通—发生整体高位滑坡—转化为碎屑流—坡脚堆积。

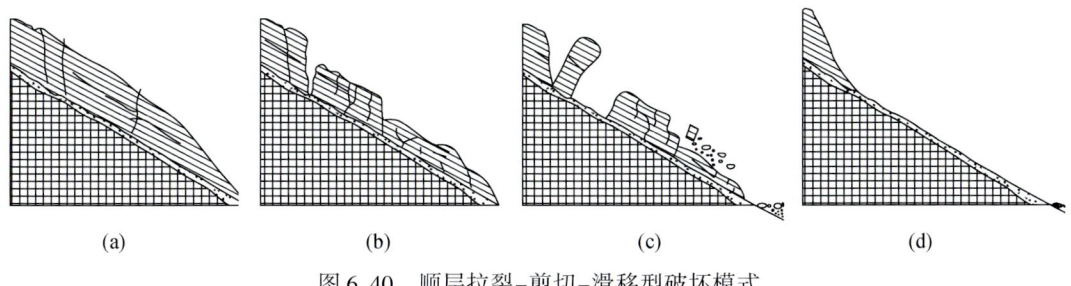

图 6.40 顺层拉裂-剪切-滑移型破坏模式

3) 失稳机制

当地震波在传播过程中遇到介质性质突变界面时将发生反射和绕射现象,振幅发生明显改变,这种突变将引起斜坡应力调整,影响斜坡稳定性。地震中体波到达时产生的拉动和剪切作用,导致斜坡出现拉张开裂和剪切滑动,是造成山体斜坡破裂的重要因素之一。地震发生时,坡体内部将产生剪应力,尤其是潜在滑动面产生剪应力集中,其作用均强于重力场单独作用情况,导致坡体稳定性大大恶化。当地震波 S 波向左时,其他条件不变,则斜坡体合力作用的方向为斜向右下方,此时右侧斜坡岩土体将发生震裂变形或崩滑破坏。

2. 顺层拉裂-弯曲-溃屈型破坏

1) 斜坡基本特征

(1) 主要发生在中等倾角外倾层状坡体(倾角 20°~45°),岩层呈长条薄层状结构,显著特征是滑移控制面的倾角已经明显大于滑动面峰值摩擦角,具有下滑移动的条件,但是由于滑移面未临空,层状岩体下滑受阻,造成坡脚附近顺层板梁承受纵向压应力而发生的弯曲变形进而破裂。

(2) 层状岩体常以板或梁的形式发生溃屈破坏,岩板或岩梁的屈曲并非代表其承载能力的完全丧失,只是岩体结构稳定性发生改变。

(3) 板梁破坏模型只针对长条薄层状岩质斜坡的破坏分析,而对厚层状顺层斜坡不具适用性,图 6.41 为基于岩板理论建立的单层岩层屈服变形模型。

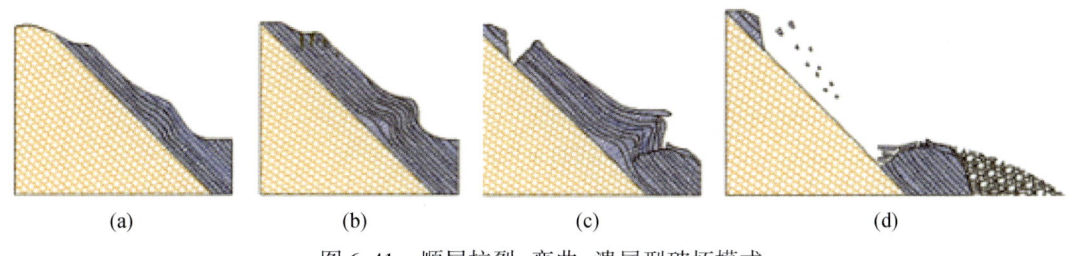

图 6.41 顺层拉裂-弯曲-溃屈型破坏模式

2) 破坏过程与模式

(1) 在受到地震荷载之前,薄层状岩层在重力作用下发生小变形,下部岩层受到岩层重力作用发生弯曲变形。

(2) 地震荷载作用下,由于岩层层间错动不均匀性,层面岩体剪应变累积,在坡体后缘出现一系列的拉裂缝。当岩层倾角较陡，临空面条件较差时，差异性的岩层层间运动受阻，坡脚处岩层出现隆起变形，局部出现岩层的架空现象。

（3）随着岩层的顺层下滑，下部岩体滑移弯曲变形进一步加剧，呈现类似褶曲的弯曲变形［图 6.41（b）］，坡脚处岩体应力集中。且浅部岩层的层间错动较为明显，后缘拉裂，并形成拉裂陷落带。

（4）弯曲部位岩体在地震往复荷载的作用下，强度进一步降低，最大主应力和剪应力达到其抗弯强度值时，坡脚处的岩体发生由弯曲变形向溃屈折断型破坏的转变。由于弯曲的岩层储存有大量的弹性变形能，岩层一旦折断，将发生剧烈的弹射和滑动现象，且由于滑动面已经贯通，滑面上部的岩体由于临空面的产生，前缘弯折岩体发生溃屈破坏而被剪出，导致斜坡的整体性失稳。

3）失稳机制分析

目前关于层状岩质斜坡的溃屈破坏力学模型的分析基本都是基于弹性受压薄板或梁理论（朱晗迗等，2004；冯君等，2010；吁燃等，2012），考虑岩层自重、层间摩擦力、黏聚力、静水压力和地震力等共同作用，本书基于能量守恒原理对层状岩体溃屈失稳进行力学分析，并推导临界失稳坡长计算公式。

层状岩质边坡的岩体长度和宽度尺寸远大于其厚度，故将层状岩体稳定性问题简化为梁的稳定性问题进行计算求解。如图 6.42 所示，L 为梁弯曲部分总长度；L_0 为上部驱动段岩体长度；P 为单位宽度内界面残余驱动力；q 为重力强度参数；K_1 和 K_2 分别代表沿滑面法向和切向地震加速度系数。根据能量守恒原理，考虑在地震荷载条件下，层状岩体稳定性解析解及滑动临界长度计算公式，具体计算过程如下：

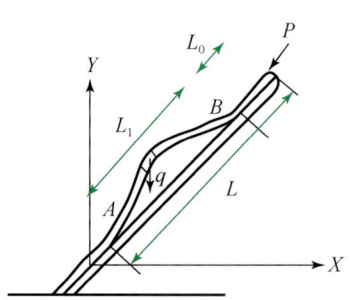

图 6.42 单层岩层的屈服变形力学模型

残余驱动力（P）做功计算公式为

$$\Delta T_1 = P\Delta \tag{6.16}$$

式中，Δ 为由于驱动力 P 作用而导致板状岩体的缩短量，其大小可用下式计算：

$$\Delta = \int_0^l \sqrt{(1+(y')^2)}\,\mathrm{d}x - l \tag{6.17}$$

式中，y 为弯曲薄板的挠曲方程，对式（6.17）进行泰勒展开式，并忽略二阶及以上项，变形量 Δ 可表示为

$$\Delta = \frac{1}{2}\int_0^l (y')^2\,\mathrm{d}x \tag{6.18}$$

将式（6.18）代入式（6.12）中，
$$\Delta T_1 = \frac{1}{2} \cdot P \cdot \int_0^l (y')^2 \mathrm{d}x \tag{6.19}$$

弯曲变形段岩体自重部分做功表达式为
$$\Delta T_2 = \frac{1}{2} \int_0^l q(l-x)(y')^2 \sin\alpha \mathrm{d}x \tag{6.20}$$

式中，α 为边坡坡度参数。

地震荷载做功表达式为
$$\Delta T_3 = \int_0^l K_1 * q * y \mathrm{d}x + \frac{1}{2} \int_0^l K_2 q(l-x)(y')^2 \mathrm{d}x \tag{6.21}$$

由于薄板弯曲，存储的变形能为
$$\Delta \mu_1 = \frac{1}{2} \int_0^l EI(y'')^2 \mathrm{d}x \tag{6.22}$$

式中，E 和 I 分别为基于弹性力学中薄板材料的弹性模量和转动惯量（惯性矩），薄板弯曲引起重力势能的增量为
$$\Delta \mu_2 = \int_0^l q \cdot y \cdot \cos\alpha \mathrm{d}x \tag{6.23}$$

基于能量守恒原理，能量方程基本表达式可表述为
$$\Delta T_1 + \Delta T_2 + \Delta T_3 = \Delta \mu_1 + \Delta \mu_2 \tag{6.24}$$

根据弹性力学基本理论，薄板弯曲段挠曲方程 y 可用如下函数进行刻画。
$$y = a_1\left(1 - \cos\frac{2\pi x}{l}\right) + a_2\left(1 - \cos\frac{4\pi x}{l}\right), 0 \le x \le l \tag{6.25}$$

式中，a_1 和 a_2 为待定系数。且如果 $l<x$ 时，薄板不发生弯曲。因此，式（6.24）左侧各项的表达式可以进一步描述为

$$\Delta T_1 = \frac{P}{2}\left(a_1^2 \frac{2\pi^2}{l} + a_2^2 \frac{8\pi^2}{l}\right) \tag{6.26}$$

$$\Delta T_2 = \frac{1}{2} q \sin\alpha (a_1^2 \pi^2 + 4 a_2^2 \pi^2) \tag{6.27}$$

$$\Delta T_3 = K_1 q(a_1 + a_2)l + \frac{1}{2} K_2 q(a_1^2 \pi^2 + 4 a_2^2 \pi^2) \tag{6.28}$$

$$\Delta \mu_1 = \frac{1}{2} EI\left(a_1^2 \frac{8\pi^4}{l^3} + a_2^2 \frac{128\pi^4}{l^3}\right) \tag{6.29}$$

$$\Delta \mu_2 = ql\cos\alpha (a_1 + a_2) \tag{6.30}$$

将式（6.23）~式（6.38）代入式（6.22）中，得到考虑地震载荷作用下顺岩质斜坡溃屈破坏临界条件：
$$2ql_0\left(K_2 + \frac{l}{2l_0}K_2 + K_1\tan\varphi\right) = 2EIA + 2cl_0 + 2ql_0\sin\left(\frac{\tan\varphi}{\tan\alpha} - 1\right) - ql\sin\alpha \tag{6.31}$$

如果岩层不发生弯曲变形，则斜坡安全系数计算公式为
$$F_S = \frac{[q(l+l_0)\cos\alpha - K_1 q(l+l_0)]\tan\varphi + c(l+l_0)}{K_2 q(l+l_0) + q(l+l_0)\sin\alpha} \tag{6.32}$$

如果结构面较为光滑平整，并且延续性较好，可以省略黏聚力项，进而式（6.32）可进一步化简为

$$F_\mathrm{S} = \frac{(\cos\alpha - K_1)\tan\varphi}{K_2 + \sin\alpha} \tag{6.33}$$

由式（6.33）发现，在拟静态条件下，得到简化的顺层斜坡安全系数是与地震惯性力系数及斜坡坡角和岩层内摩擦角相关的方程。为了分析 K_1 和 K_2 对边坡稳定性的影响，选取工况条件（$\alpha>\varphi$、$\alpha=\varphi$、$\alpha<\varphi$），绘制安全系数（F_S）与 K_1 和 K_2（取值在-0.3~0.3）的关系曲面。以唐家山滑坡为例，斜坡坡度为36°，岩体内摩擦角取值30°条件下，分析不同方向的加速度系数组合条件下斜坡稳定性结果见图6.43。从距离唐家山滑坡16km的江油含增强震台站数据分析来看（EW=0.53g，NS=0.36g，UD=0.45g）通过沿滑动方向法向与切向分解，获得 K_1 和 K_2 值为0.78和0.74，参照拟静力平衡方法中地震系数取值规则，K_1 和 K_2 均取值为0.3，此刻边坡安全系数0.33，处于非稳定状态。

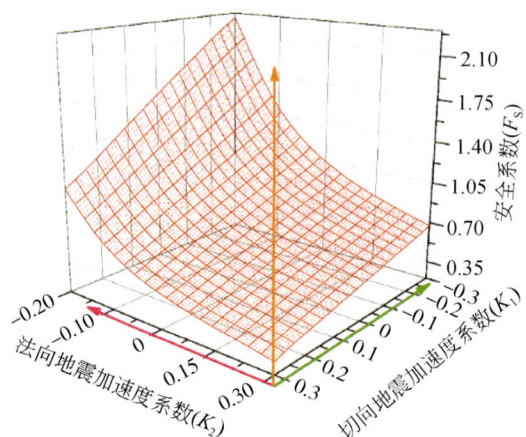

图6.43 唐家山斜坡稳定性算例分析

3. 软硬分层拉裂-塑流型破坏

1）斜坡基本特征

（1）斜坡上部陡崖为硬岩（碳酸盐岩、砂岩等）覆盖层，下部为厚度较大的软岩或软弱互层（泥岩、泥砂岩互层等），在长期的风化等侵蚀作用下形成的"帽盖"状结构，并形成上陡下缓的地貌特征，如图6.44（a）所示。

（2）上覆岩层为近水平较或缓倾斜的完整硬岩，地震作用下结构面的发育陡倾节理，降低了上部岩体整体的稳定性，下部薄层软弱岩层呈近水平状展布。

（3）剪出口位于下部软弱岩层中，为无侧限压缩条件下软岩剪切破坏形成，破坏形态呈圆弧形或圈椅状。硬岩破裂面见图6.44（b），一般沿岩体中既有构造节理发育，陡倾节理裂隙倾向临空面。

（4）坡体早期变形主要以下伏软岩压裂鼓胀、塑流挤出破坏，上部硬岩进而发生缓慢沉降及后倾变形。

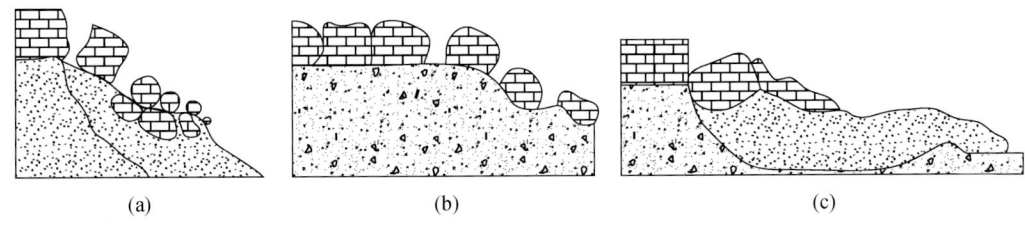

图 6.44　软硬分层拉裂-塑流型破坏的基本特征

2）破坏过程与模式

（1）水平挤压作用厚层灰岩产生陡倾构造节理；
（2）河流的下切作用和断层活动产生强烈的卸荷回弹；
（3）差异性风化形成上陡下缓的地形；
（4）重力和地震荷载作用下，下伏软岩塑流发生拉裂，形成旋转滑动、侧向扩展和倾倒崩塌等破坏模式。

这类岩质斜坡一般为层面倾角较陡峭的层状结构岩体或者块状岩体，由于流水下切或者人工开挖作用，导致下部软弱地层暴露于临空面，在地震外力作用下，上部较为坚硬岩体发生拉裂-脱离母体-崩落的破坏模式，下部软弱地层受到上部扰动岩体的重力和地震外力作用，也会产生压缩流变，进一步牵引上部坚硬岩体的下滑而导致斜坡的进一步破坏。

3）成因机制

正如前面所述，应力波在穿过某些地质界面时，由于两侧介质特性的差异，将产生反射波，因此在界面处造成反射波应力（σ_r）和透射波应力（σ_t），它们与入射波应力（σ_I）之间存在如下关系：

$$\sigma_t = 2\sigma_I/(1+n) \tag{6.34}$$

$$\sigma_r = \sigma_I(1-n)/(1+n) \tag{6.35}$$

式中，$n=(\rho_1 E_1/\rho_2 E_2)^{1/2}=\rho_1 V_{P1}/\rho_2 V_{P2}$，$\rho_1$、$\rho_2$、$E_1$、$E_2$、$V_{P1}$、$V_{P2}$ 分别为界面两侧岩体的密度、弹性模量和 P 波传播速度。

应力波的上述反射机制，使得在各类结构面附近出现了复杂的动应力分异。在自然风化侵蚀作用下，岩层呈现相对稳定状态，当受到地震荷载作用时，上部岩体在软弱层面上产生的压应力大于软弱岩层的无侧限抗压强度，软弱岩层被挤出，发生鼓胀变形，上部岩体产生下沉、滑移或者倾斜，如图 6.45 所示，夹层与围岩的强度及刚度之比对整体的稳定性具有显著影响，当夹层与围岩的强度及刚度差异较大时，整体易发生非稳定破坏，并且两者的强度差异越大，对整体的稳定破坏越不利。

4. 反倾拉裂-剪切-滑移型破坏

1）斜坡基本特征

（1）斜坡主要发育在高陡的河谷地带，且上部岩层一般较为坚硬，下部或含有软弱层面存在；
（2）在受到地震荷载作用之前，斜坡岩体上部由于强烈的卸荷回弹、风化和雨水侵蚀作用，往往已经形成一定规模的竖向裂隙；

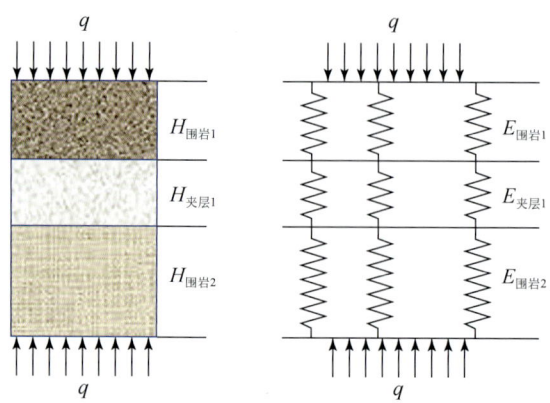

图 6.45 含夹层岩体组合系统力学模型（据张顶立等，2000）

（3）在卸荷充分发育的条件下，河谷高斜坡应力伴随着卸荷带的发育形成了典型的应力分异、分带现象。根据应力分布大小的差异，由斜坡表面到内部，分为卸荷区（应力降低区）、应力升高区（驼峰应力区）和原岩应力区。

2）破坏过程与模式

地震波 P 波首先到达坡面，产生竖直方向上的往复荷载，此阶段斜坡浅层岩体被大范围震裂松动，并在局部沿着软弱结构面向下部扩展和延伸，见图 6.46；SV 波到达坡面，在水平方向上产生较大的水平惯性作用，坡体后缘拉裂缝进一步向下部扩展和延伸，形成深长粗糙的拉裂面，进一步持续的地震动荷载作用使深大拉裂缝底部产生拉裂和剪切滑移变形，形成切层滑移面，并最终沿着滑移面滑动失稳，如图 6.46（c）、（d）所示。该类滑坡按发生的时间可以分为同震型滑坡和震后滑坡。

反倾拉裂–剪切–滑移型破坏主要发生在反倾或横向结构斜坡，较软的变质岩系和坚硬的碳酸盐系地层中均有出现，如王家岩滑坡、东河口滑坡、肖家桥滑坡和小岗剑滑坡等。其动力过程是：在强震持续作用下，斜坡发生振动溃裂，在坡体后部形成陡峻、贯通的后缘拉裂面（震裂面）；之后，坡体下部也因垂向和水平向的震动而产生张剪性破坏，从而形成贯通面，坡体随之发生整体性滑动，形成滑坡。

3）失稳机制

（1）拉裂区：伴随着河谷下切、风化雨水侵蚀等地貌演化过程，斜坡开始产生侧向卸荷，应力释放。高陡斜坡最大主应力渐变为拉应力，且由坡内向坡面、坡脚向坡顶转化。山体内部形成与陡坡面近平行的压致拉裂面（图 6.47），顶部岩体受到张拉应力作用，形成陡倾拉张裂缝。

（2）沿滑移面附近产生的压致张拉裂缝，其形成机制与压应力作用下的格里菲斯裂纹扩展规律类似。压应力作用下的裂纹顶端张拉应力随着裂纹的扩展不断减小。岩体裂隙沿平行于卸荷临空面发生，呈现"席状"节理。因此，在表生改造阶段，自坡顶向下延伸的卸荷裂隙和自滑移面向上发育的压致张拉裂缝的扩展范围有限。后期在重力长期作用下，山体沿滑移面蠕滑变形，压致张拉裂缝和卸荷裂缝间岩体形成的锁固段应力不断累积，最终发生脆性剪断。

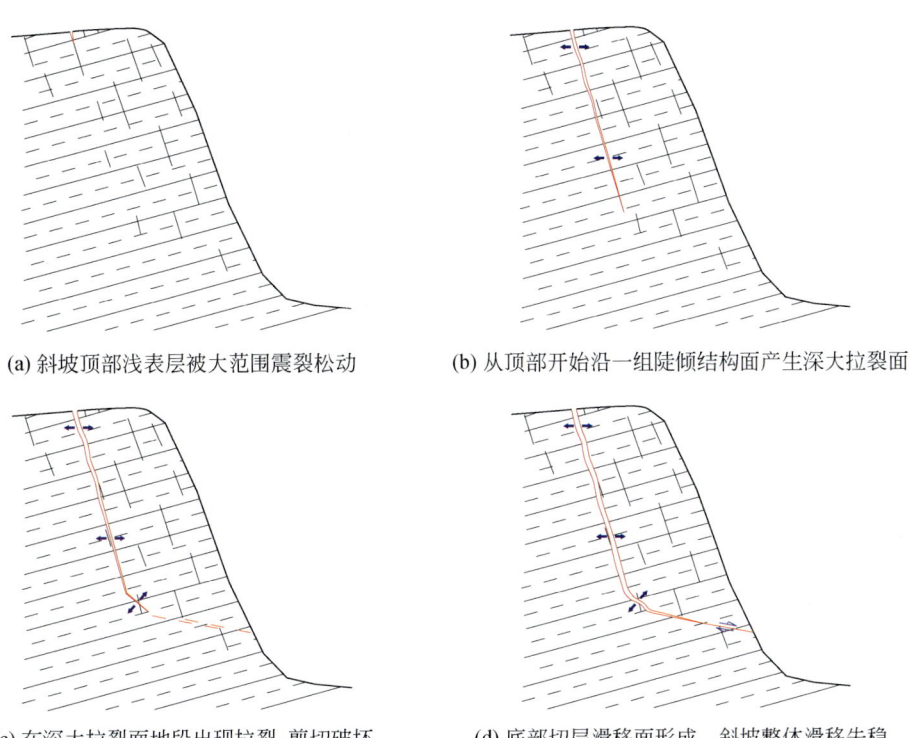

图 6.46　反倾拉裂–剪切–滑移型破坏过程

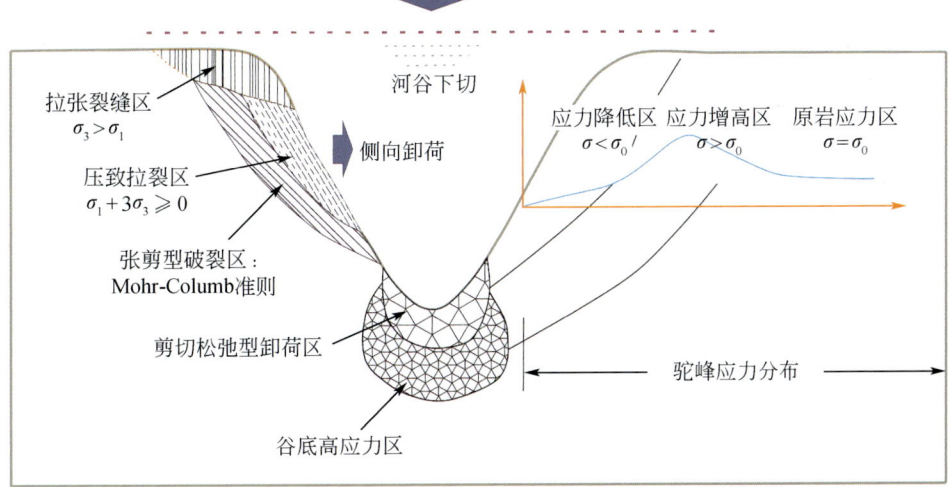

图 6.47　河谷高陡斜坡应力分布（据张倬元等，2009）

6.3.4　岩质斜坡地震动力稳定性分析

1. 岩质斜坡稳定性传统分析方法

斜坡地震动力稳定性研究的核心问题是评价方法选择与优化问题。地震作用下斜坡稳定性评价方法尚无明确的定义,但其本质实为一类能够对岩土斜坡在地震作用下的稳定性程度做出评估的方法、手段或途径。目前,拟静力分析方法、Newmark 滑块分析法、动力时程分析法、时频分析方法、数值分析方法和概率分析法等是较为常见的分析手段,用于设计和稳定性评价当中。关于斜坡失稳的临界条件或者失稳破坏判据,不同的研究者给出了各种建议,但整体上可归纳为:安全系数判据,斜坡岩体的位移、应力、位移速度判据,可靠度或破坏概率等。

1)拟静力法

拟静力方法是通过将地震惯性力简化为水平和竖直方向上不变的单一加速度值,施加于坡体质心,通过对坡体受力分析,将所有作用于滑坡上的力沿滑面切向和法线方向分解,通过计算抗滑力与下滑力之比,获取斜坡安全系数。由于该方法简单且易操作,得到众多学者的借鉴和使用。

Leshchinsky 通过数值计算方法和拟静力分析,获得斜坡潜在滑动面正应力分布,并用此正应力求解了滑面所有满足极限平衡条件的最小安全系数(Leshchinsky and Ka-Ching, 1994)。Ling 等(1997)基于拟静力法获取了沿软弱结构面滑动的岩质斜坡稳定性计算方法。为了简化复杂的迭代计算过程。Michalowski 将旋转破坏机理与拟静态分析方法相结合,绘制了三维斜坡安全系数曲线图表,实现了评价斜坡的快速评价(Michalowski and Martel, 2011)。Li 等(2009)基于岩体非线性强度准则对比分析了边坡安全系数平均值法、Tangential 法、SLIDE HB 法的差异性,提出了扰动条件下岩质斜坡快速评价图表分析方法(图 6.48),并引入扰动系数 D 的概念,取值 0~1。Shen 等(2013)引入扰动因子权重函数,进而给出了安全系数求解函数表达式。

但是拟静力分析方法也存不足之处,主要表现为:首先,地震惯性力在量级和方向上存在快速波动性,而拟静力分析方法则忽略了加速度时空分布的不均匀性,忽略了地震频率和地震动时间对斜坡稳定性的影响;其次,从斜坡介质材料出发,拟静力分析方法完全忽视了斜坡介质的动力学特性和阻尼特性对斜坡的影响;最后,拟静力分析方法对地震惯性力的简化和假设,即使是通过拟静力分析方法获取的斜坡安全系数小于 1,也并不一定代表斜坡的整体性失稳。

从科学的角度分析拟静力方法,其本身存在较多的假设和限制条件,但是在实际的工程应用中,往往受到时间、勘察费用和现场诸多条件的限制,获取严格的斜坡岩土体参数和地震动参数几乎不可实现,因此采用拟静力分析方法开展动力荷载条件下斜坡稳定性分析计算依然是分析方法的首选。

斜坡安全系数动力时程分析法是基于斜坡加速度时空变化特征提出的一种斜坡稳定性分析方法。薄景山等(2001)基于有限元方法,获取斜坡每一个时刻应力场分布,并通过对滑动面上抗滑力与下滑力的积分,获取滑动面安全系数时程曲线,取安全系数最小值作为评价斜坡稳定性指标。刘汉龙等(2003)进一步指出,用安全系数最小值评价斜坡稳定性存在其局限性,最小值往往出现在某一个瞬间,此刻斜坡并不一定处于失稳状态,并提出用平均安全系数的概念作为评价指标。杨长卫等(2013a)提出概化分析模型,将滑体结构面进行网格化,选取其中任意一点,利用 HHT 和弹性波动理论求解地震波通过该点时由于反射、透射所产生的瞬时应力分量,考虑自重应力场,利用莫尔-库仑破坏准则,探讨该点的破坏情况,依次类推求出其他网格点的应力分量,绘制出滑体结构面上各点瞬时应力的分布情况,进而求出地震作用下岩质边坡的瞬时稳定性系数。

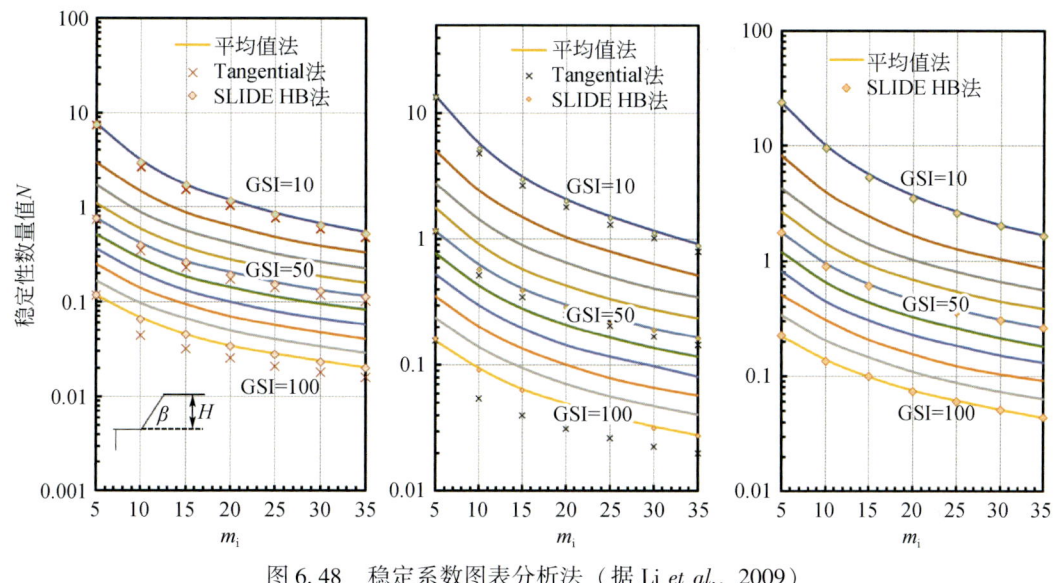

图 6.48　稳定系数图表分析法(据 Li et al., 2009)

采用单一计算方法求解边坡安全系数往往存在其局限性和计算结果的不可靠性,而采用综合评判手段,往往能够提高计算的准确性。周圆π等(2003)结合拟静力分析方法、极限平衡简化 Bishop 方法和遗传算法的优点,提出了滑坡最危险滑动面搜索方法,开发了基于遗传算法的斜坡最小安全系数数据处理和计算程序。郑颖人等(2010)提出采用基于岩体拉-剪破坏的动力时程分析方法和强度折减法,能够实现地震条件下破裂面位置的判识,为斜坡动力稳定性计算和评价提供了新思路。刘红帅等(2012)综合时程分析法和拟静力法的优点,通过建立动态安全系数与拟静力安全系数之间的定量关系表达式,提出针对重要岩质斜坡和一般岩质斜坡的地震稳定性简化评价方法。

2) 永久位移法

Newmark (1965) 在第五届朗肯讲座上首次提出坝坡永久位移的基本思想与计算方法,并认为堤坝的稳定性取决于变形而非安全系数。随后众多学者从坡体滑面材料、屈服地震系数等参数角度出发,提出了针对 Newmark 方法的修正理论或者简化模型,用于预测地震条件下斜坡的累积永久位移。Newmark 滑块分析法对计算(斜坡临界加速度参数)条件作了简化,因此其可靠性将降低,为了该计算模型的可靠性,肖克强等(2007)分别采用离散元方法和 Newmark 理论计算斜坡永久位移值。研究结果发现数值计算结果更接近于真实值,而基于 Newmark 理论计算值较真实值偏小。但 Wartman 等(2005)发现,Newmark 分析法在斜坡大变形的模型试验中,计算结果是比较可靠的。

3) 能量分析方法

Gay (2007) 提出了基于刚性块体滑移模型的能量分析法,且认为滑块移动过程中的摩擦系数的变化对稳定性起控制作用。给定斜坡滑面摩擦系数值时,斜坡的位移值可精确计算,且当地震能量较大,摩擦系数较小(≤斜坡倾角正切值)时,长距离滑坡失稳破坏将会发生。徐光兴等（2010）利用能量守恒原理，构建了滑坡体能量平衡方程，讨论了地震条件下斜坡系统中能量的传递、转化与耗散过程，认为斜坡永久位移主要受重力势能降控制，而地震对滑坡的产生主要起激发作用。

2. 基于 Hoek-Brown 强度准则的斜坡稳定性分析方法

1）Hoek-Brown 强度准则优缺点分析

霍克–布朗（Hoek-Brown，H-B）强度准则是 E. Hoek 和 E. T. Brown 根据岩体性质的理论与实践经验，利用试验法得出的半经验岩体强度准则，体现岩体在变形破坏过程中的非线性特征，并将岩体的地质条件和坡体结构特征通过地质强度指标 GSI 参数以定量的方式反映到岩体力学参数当中，从岩体结构特征的差异性角度，为岩体力学参数的确定提供了一种重要的手段。

Hoek-Brown 强度准则整体上能够反映岩体的非线性破坏特征，以及岩石强度、结构面参数、所处应力状态对岩体强度的影响，弥补了 Mohr-Coulomb（M-C）强度准则的不足，而且能解释低压应力区、拉应力区和最小主应力对强度的影响（图 6.49），可应用到破碎岩体和各向异性岩体等情况。该准则是为数不多的非线性准则之一，受到国际工程地质界的普遍应用和关注，目前使用较多的是 Hoek 在 2002 年修正后的强度准则：

$$\sigma_1 = \sigma_3 + \sigma_{ci}\left(m_b \frac{\sigma_3}{\sigma_{ci}} + S\right)^\alpha \tag{6.36}$$

式中，σ_1、σ_3 为岩体破坏时最大与最小主应力；σ_{ci} 为完整岩石单轴抗压强度；m_b、α 为与岩体结构特征有关的霍克–布朗常量；S 反映岩体破碎程度，取值范围 0.0~1.0，完整岩体 S = 1.0，并由地质强度指标 GSI 确定，如式（6.37）~式（6.39）所示。

$$m_b = m_i \exp\left(\frac{\text{GSI} - 100}{28 - 14D}\right) \tag{6.37}$$

$$S = \exp\left(\frac{\text{GSI} - 100}{9 - 3D}\right) \tag{6.38}$$

$$\alpha = 1/2 + (e^{-\text{GSI}/15} - e^{-20/3})/6 \tag{6.39}$$

式中，m_i 为经验参数，反映岩石的软硬程度，取值范围 1.0~35.0；GSI 为地质强度指标，反映了岩体的结构和表面风化程度，表面粗糙度等特性，取值范围 10~100；D 为应力扰动系数，取值范围 0~1.0，反映爆破等外力作用对岩体的破坏程度。

但是，基于 Hoek-Brown 准则的岩质斜坡安全系数计算中，至少包含 6 个变量 GSI、m_i、σ_{ci}、γ、β 和 H（不考虑外力扰动参数 D、含水量等参数），这给模型的应用和分析计算增加了一定的难度。本书尝试提出一种新方法计算地震扰动作用下岩质斜坡稳定性，归纳斜坡安全系数分布图和简化计算公式。此方法的应用能够更准确和快速地进行斜坡安全系数计算，为岩质斜坡稳定性评价和危险性预测提供新途径。

2）基于 H-B 准则的分析方法的改进

（1）理论模型构建。

基于 Balmer 提出的滑面剪应力、正应力与霍克–布朗参数之间的定量关系表达式，对该方程进行修正求解安全系数，Balmer 公式一般表达式为

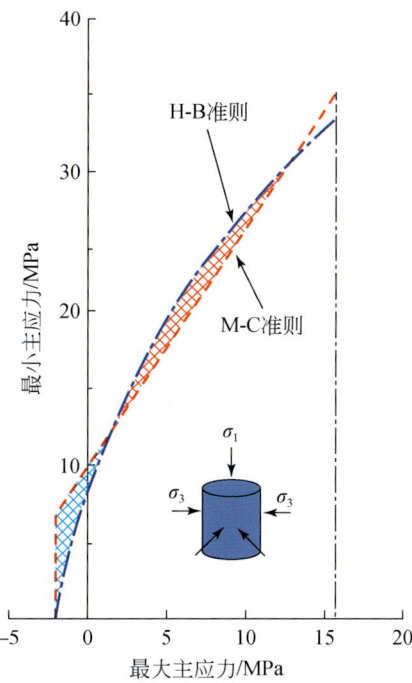

图 6.49 M-C 准则和 H-B 准则强度包络线关系

$$\frac{\sigma_\mathrm{n}}{\sigma_\mathrm{ci}}=\frac{\sigma_3}{\sigma_\mathrm{ci}}+\frac{1}{2}\left(m_\mathrm{b}\frac{\sigma_3}{\sigma_\mathrm{ci}}+S\right)^a\left[1-\frac{am_\mathrm{b}\left[m_\mathrm{b}(\sigma_3/\sigma_\mathrm{ci})+S\right]^{a-1}}{2+am_\mathrm{b}\left[m_\mathrm{b}(\sigma_3/\sigma_\mathrm{ci})+S\right]^{a-1}}\right] \tag{6.40}$$

$$\frac{\tau}{\sigma_\mathrm{ci}}=\left(m_\mathrm{b}\frac{\sigma_3}{\sigma_\mathrm{ci}}+S\right)^a\frac{\sqrt{1+am_\mathrm{b}\left[m_\mathrm{b}(\sigma_3/\sigma_\mathrm{ci})+S\right]^{a-1}}}{2+am_\mathrm{b}\left[m_\mathrm{b}(\sigma_3/\sigma_\mathrm{ci})+S\right]^{a-1}} \tag{6.41}$$

对于给定参数值 m_b、S、a、σ_ci 和 σ_n 条件下，式（6.40）、式（6.41）可分别转化为以下两种形式：

$$\frac{\sigma_3}{\sigma_\mathrm{ci}}=f_1\left(\frac{\sigma_\mathrm{n}}{\sigma_\mathrm{ci}},m_\mathrm{b},S,a\right) \tag{6.42}$$

$$\frac{\tau}{\sigma_\mathrm{ci}}=f_2\left(\frac{\sigma_\mathrm{n}}{\sigma_\mathrm{ci}},m_\mathrm{b},S,a\right) \tag{6.43}$$

对于地震扰动作用下岩质斜坡的稳定性系数 F_S 的计算，为滑块抗滑力 f_R 与下滑力 f_D 之间的比值（受力示意如图 6.50 所示），对于 f_R 和 f_D，通过对重力和水平地震惯性力的分解作用，并最终得到基于 τ 和 σ_n 的安全系数计算式（6.42）。

$$\begin{cases} f_\mathrm{D}=\gamma H\sin\beta+K_\mathrm{h}\gamma H\cos\beta \\ f_\mathrm{N}=\gamma H\cos\beta-K_\mathrm{h}\gamma H\sin\beta \end{cases}$$

$$\begin{aligned} F &=\frac{\mu f_\mathrm{N}}{f_\mathrm{D}}=\frac{\tau}{\gamma H(\sin\beta+K_\mathrm{h}\cos\beta)} \\ &=f_3\left[\frac{\tau}{\sigma_\mathrm{ci}}*\frac{\sigma_\mathrm{ci}}{\gamma H(\sin\beta+K_\mathrm{h}\cos\beta)}\right] \\ &=f_3\left[\frac{\sigma_\mathrm{ci}}{\gamma H(\sin\beta+K_\mathrm{h}\cos\beta)}f_2\left(\frac{\sigma_\mathrm{n}}{\sigma_\mathrm{ci}},m_\mathrm{b},S,a\right)\right] \end{aligned} \tag{6.44}$$

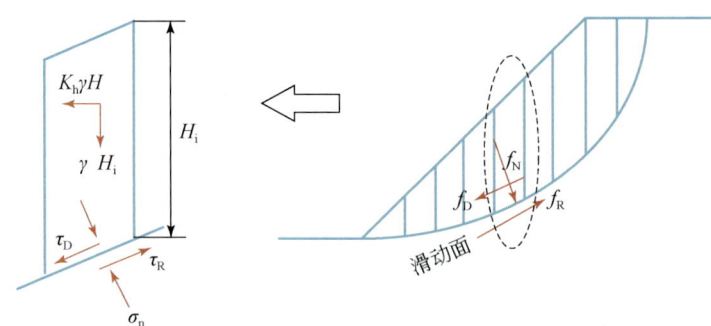

图 6.50　滑面条带受力示意图

破坏面上正应力 σ_n 是与参数 γH 和 K_h 相关的物理量，因此式（6.45）进而可以转化为

$$F_S = f_5\left[\frac{\sigma_{ci}}{\gamma H} f_4\left(\frac{\gamma H}{\sigma_{ci}}, m_b, S, a, K_h, \beta\right)\right] \quad (6.45)$$

对于参数 m_b、S、a，前面已经给出计算公式，因此，最终安全系数的计算一般表达式可用如下形式进行表达：

$$F_S = f_6\left(\frac{\sigma_{ci}}{\gamma H}, m_b, S, a, K_h, \beta\right) = f_6(SR, GSI, m_i, D, K_h, \beta) \quad (6.46)$$

由此得到的安全系数计算理论模型的一般表达式，从方程中可以看出，当参数 D、GSI、m_i、β 和 K_h 一定时，安全系数 F_S 是一个与无量纲常数 $SR[SR = \sigma_{ci}/(\gamma H)]$ 相关的表达式，跟单独的边坡参数 σ_{ci}、γ 和 H 大小无关。且当扰动因子 D 取值为 0 时，斜坡安全系数可简化为基于以下 5 个参数相关的表达式：

$$F_S = f_6(SR, GSI, m_i, K_h, \beta) \quad (6.47)$$

为了验证式（6.47）的正确性，选择 3 个例子给予说明。案例中参数 SR、GSI、m_i、K_h 和 β 为恒定值，改变 σ_{ci}、γ 和 H 的取值（表 6.6），采用 Fellenius、Bishop Simplified、Janbu Simplified、Spencer 和 Morgenstern Price 等 5 种计算方法求解安全系数。计算结果显示即使斜坡岩体（完整岩石）单轴抗压强度、岩体容重参数和斜坡高度相差较大，在参数 SR 保持相同时，计算得到的安全系数基本上是相同的。基于表 6.7 中的 3 个案例参数，通过改变 GSI 和 m_i 来进一步计算不同的参数组合条件下的安全系数，得到的 3 组斜坡安全系数几乎一致，说明推导安全系数一般表达式的正确性。

表 6.6　相同 SR 参数条件下安全系数（F_S）计算结果对比

输入参数	案例 1	案例 2	案例 3
GSI	40	40	40
m_i	10	10	10
K_h	0.1	0.1	0.1
$\beta/(°)$	45	45	45
σ_{ci}/MPa	20	50	100
$\gamma/(kN/m^3)$	23	24.6	26.5
H/m	30	70	130

续表

输入参数	案例1	案例2	案例3
SR [$\sigma_{ci}/(\gamma H)$]	28.985	28.985	28.985
F_S			
Fellenius	2.698	2.700	2.700
Bishop Simplified	2.871	2.873	2.873
Janbu Simplified	2.627	2.629	2.628
Spencer	2.882	2.884	2.883
Morgenstern Price	2.864	2.866	2.866

表6.7 不同 GSI 和 m_i 计算参数条件下安全系数对比

H-B 参数		1组	2组	3组
GSI	m_i	F_S	F_S	F_S
10	5	1.269	1.269	1.269
10	15	1.811	1.811	1.811
10	25	2.123	2.123	2.123
10	35	2.358	2.359	2.358
50	5	4.018	4.022	4.021
50	15	4.355	4.358	4.257
50	25	4.666	4.669	4.668
50	35	4.952	4.955	4.955
100	5	44.878	44.951	44.939
100	15	30.392	30.440	30.462
100	25	25.769	25.806	25.800
100	35	23.418	23.450	23.444

（2）数值模型构建与参数选取。

运用数值计算软件 Slide 6.0，研究地震作用下基于霍克－布朗准则的岩质斜坡稳定性，软件参数设置、斜坡几何特征、岩体力学参数和地震水平加速度系数取值如表 6.8 所示，构建几何模型见图 6.51。

表6.8 Slide 6.0 斜坡参数设置

模型参数设置	
模型分析方法	极限平衡法
滑面搜寻方法	网格自动搜索法
岩体强度准则	广义霍克－布朗准则
地下水作用	不考虑
地震系数	K_h=0.1、0.2、0.3

模型边界尺寸力求取较大边界尺寸值，以减少边界尺寸效应对斜坡稳定系数的影响，建立斜坡几何模型如图 6.51 所示。几何模型的建立参考郑颖人的观点（郑颖人和赵尚毅，

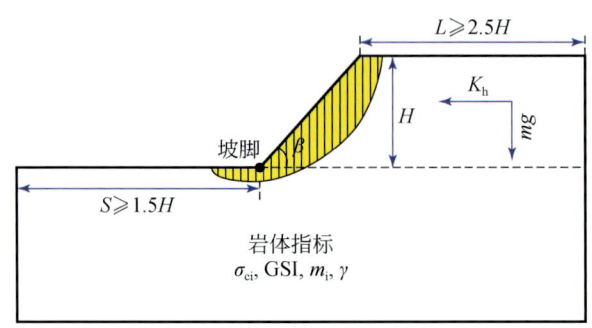

图 6.51 斜坡几何模型

2004）：坡脚到左端边界的距离为坡高的 1.5 倍，坡顶到右边界的距离为坡高的 2.5 倍，上下边界不小于 2 倍的坡高时，计算模型精度较为合理。据此观点，建立几何模型，岩质斜坡稳定性计算中采用的坡度 β 范围 30°~75°，间隔按 15°取值。

计算过程基于拟静力分析方法，主要考虑水平方向上地震惯性力对边坡稳定性的影响，并给定地震水平加速度系数 K_h，K_h 的取值根据地表地震峰值加速度峰值进行换算，参考 Hynes-Griffin 和 Franklin (1984) 提出水平地震动系数为基岩加速度值的一半，地震系数的取值不超过 0.375 的原则，因而选取的地震系数 K_h 的取值范围为 0~0.375，设计取值 0.1、0.2 和 0.3，并且不考虑岩层的高程采用 Hoek-Brown 准则估算节理化岩体强度与力学参数时，需要确定的最基本的 3 个参数为（各个参数的取值参考下表 6.9~6.11）：

①组成斜坡岩体的完整岩石的单轴抗压强度；

②岩体的地质强度指标 GSI；

③组成斜坡岩体的 Hoek-Browm 常量 m_i。

表 6.9 完整岩石单轴抗压强度（据 Hoek，1994）

分类	单轴抗压强度/MPa	点荷载强度指标(I)/MPa	现场岩石强度确定方法	岩石类型
极坚硬	>250	>10	采用地质锤重复锤击，发生表层剥落	玄武岩、辉绿岩、硅质岩、片麻岩、花岗岩、石英岩
非常坚硬	100~250	4~10	需要使用地质锤反复多次锤击，岩石试件才发生破坏	闪岩、安山岩、玄武岩、白云岩、辉长岩、片麻岩、花岗岩、花岗闪长岩、石灰石、大理石、流纹岩、凝灰岩
坚硬	50~100	2~4	手持岩石试件单次锤击即发生破坏	石灰石、大理石、千枚岩、砂岩、页岩、板岩
中等坚硬	25~50	1~2	敲击岩石表面，向内部变形 5mm，用小刀划过，仅在表面留下擦痕	黏土岩、煤炭、混凝土、片岩、页岩、粉砂岩
软弱	5~25	—	用刀可以进行材料的切割，但是不能制作成用于三轴试验的试样	白垩岩、岩盐、钾盐岩

续表

分类	单轴抗压强度/MPa	点荷载强度指标(I)/MPa	现场岩石强度确定方法	岩石类型
非常软弱	1~5	—	地质锤多次敲击发生溃散，用刀具可进行切割	高度风化或蚀变岩石
极软弱	0.25~1	—	指甲划过留下明显擦痕	断层泥

表 6.10 GSI 量化取值表

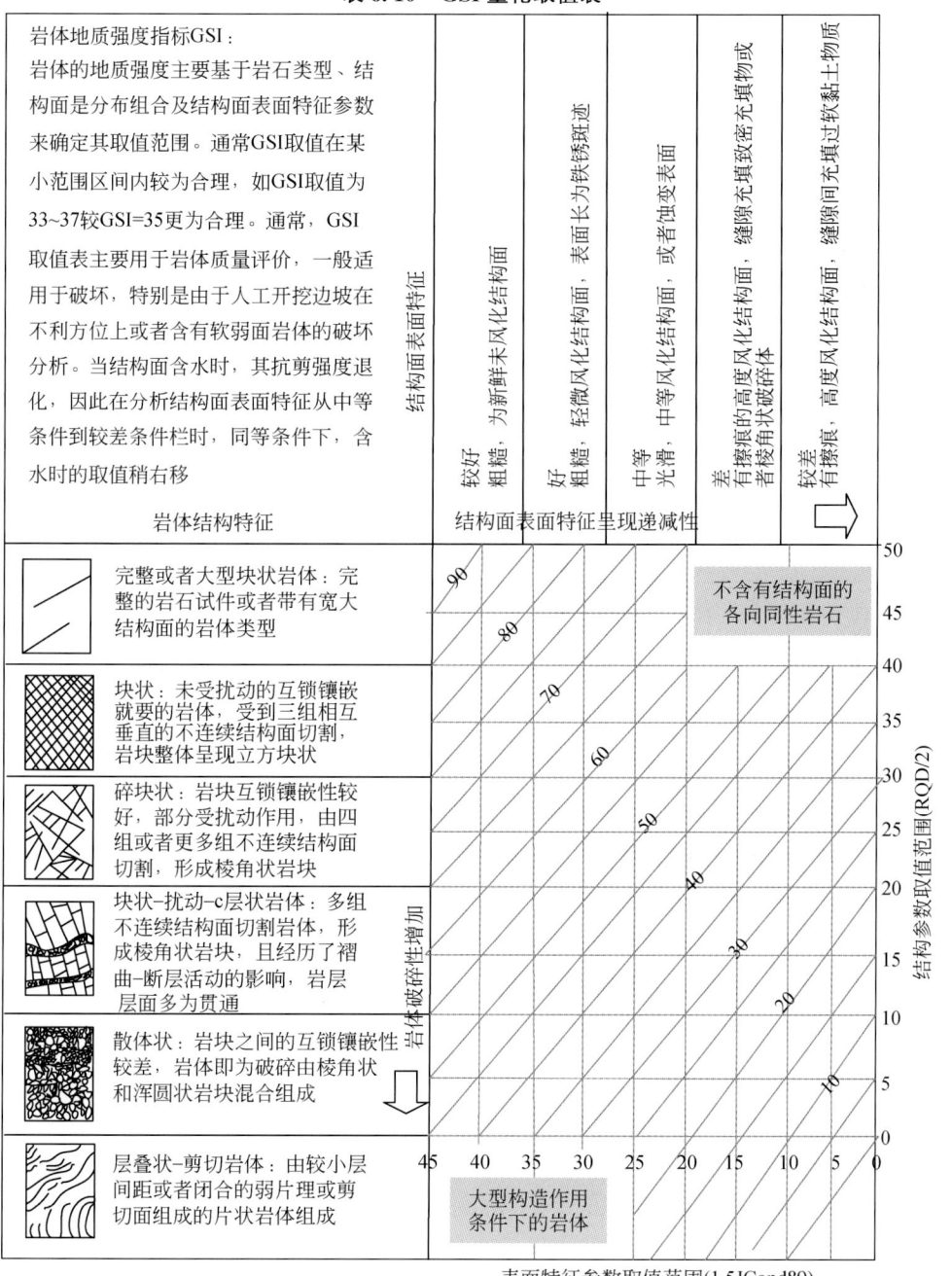

表面特征参数取值范围(1.5JCond89)

表6.11 各类岩石参数 m_i 参考值

岩石类型	分类	亚类	岩体结构特征			
			粗粒	中粒	细粒	非常精细
沉积岩	碎屑岩		砾岩（21±3）*	砂岩（17±4）	粉砂岩（7±2）	黏土岩（4±2）
			角砾（19±5）		硬砂岩（18±3）	页岩（6±2）
						泥灰岩（7±2）
	非碎屑岩	碳酸岩	结晶灰岩（12±3）	粉晶灰岩（10±2）	微晶灰岩（9±2）	白云岩（9±3）
		蒸发岩		石膏（8±2）	硬石膏（12±2）	
		有机物				
变质岩	非片理岩		大理岩（9±3）	角页岩（19±4）	石英岩（20±3）	板岩（7±4）
	轻微片理岩			变质砂岩（19±3）		
	片理岩*			闪岩（26±6）	片麻岩（28±5）	
				片岩（12±3）	千枚岩（7±3）	
火成岩	深成类	浅色	花岗岩（32±3）	闪长岩（25±5）		
			花岗闪长岩（29±3）			
		深色	辉长岩（27±5）	粗粒玄武岩（16±5）		
			苏长岩（20±5）			
	非深成类		斑岩（20±5）		辉绿岩（15±5）	橄榄岩（25±5）
	火山岩	熔岩		流纹岩（25±5）	应安岩（25±3）	
				安山岩（25±5）	玄武岩（25±5）	黑曜岩（19±3）
		火山碎屑	集块岩（19±3）	角砾岩（19±5）	凝灰岩（13±5）	

注：括号内的值为估算值，*表示该行中的值为垂直于片理层状面的岩样测试值，当沿着弱面破坏时 m_i 值将会不明显。

3. 地震作用下基于H-B准则的斜坡稳定性快速评价方法

1) 静荷载条件下斜坡稳定性分析

基于安全系数求解式（6.47），在不考虑地震水平加速度系数 K_h 的条件下，计算包含3个变量参数（SR取值0.5~40、GSI取值10~100、m_i 取值5~35）的斜坡稳定性问题，进行840个斜坡安全系数计算，得到基于参数SR、GSI、m_i 的斜坡安全系数分布如图6.52所示。

从图6.52变化曲线中不难得出，整体上斜坡安全系数 F_s 随着参数GSI和SR的增加而增加。例如，在图6.52（a）中，$m_i=5$，当SR取值为1，GSI从10到100，安全系数 F_s 值从0.614增加到3.576，增加近6倍，当SR取值为10，GSI从10到100，安全系数 F_s 值从1.037增加到18.481，增加了近18倍。其次，当GSI=10，SR=10时的安全系数为SR=1时的安全系数的1.7倍；当GSI取值100，SR=10时斜坡安全系数为SR=1时安全系数的5倍。总体上，SR的变化对安全系数的影响起重要作用，特别是在GSI取值较高时，安全系数的变化随着SR的变化更为明显。

出现这一现象的合理解释为:当 GSI 取值较低,表明岩体表面风化程度严重,岩体结构破碎且表面较粗糙,此类岩体本身的稳定性较低,斜坡的安全系数受岩体的密度、坡高和单轴抗压强度影响作用较小;反之当 GSI 取值较高,表明岩体较为新鲜完整,则此类斜坡的稳定性系数一般较高,且受到岩体本身的强度、软硬程度和斜坡形态的影响较为明显。

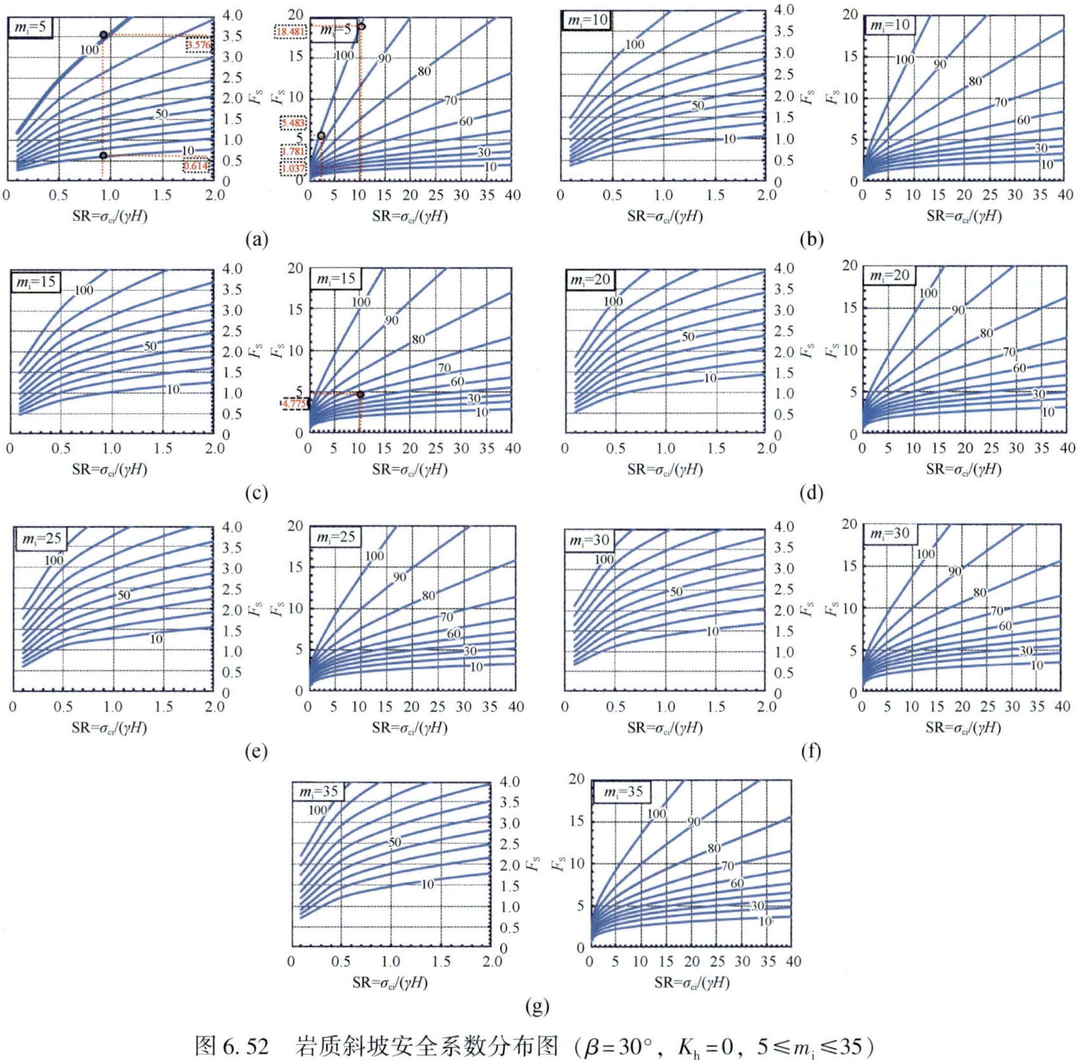

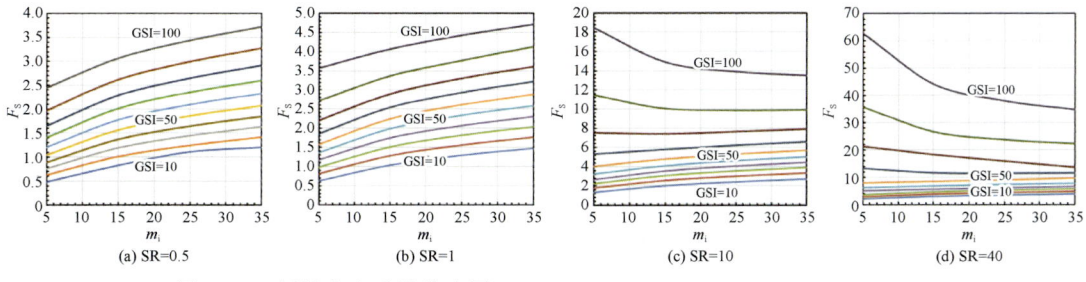

图 6.52 岩质斜坡安全系数分布图 ($\beta=30°$,$K_h=0$,$5 \leqslant m_i \leqslant 35$)

图 6.53 斜坡安全系数分布图 ($\beta=30°$,$K_h=0$,SR=0.5、1、10、40)

对图 6.52 中数据进行处理，参数 SR 分别取值 0.5、1、10 和 40，GSI 取值 10～100 条件下，安全系数 F_S 随参数 m_i 的变化规律如图 6.53 所示。整体上，安全系数 F_S 随着 m_i 的增加而增加，但参数 GSI 和 SR 数值较大时，安全系数 F_S 随着 m_i 的增加呈现较小趋势，如图 6.53（c）、（d）中 GSI 为 80～100 取值所示，原因分析将在后文部分给予解释。

2) 地震荷载作用下斜坡稳定性分析

在保持斜坡坡度为 30°条件下，研究不同的水平地震加速度系数 K_h（0、0.1、0.2、0.3）和强度比参数 SR 条件下斜坡稳定性，结果如图 6.54 所示。改变斜坡坡度条件，分别取 β 为 45°、60°和 75°条件下斜坡安全系数如图 6.55～图 6.57 所示。

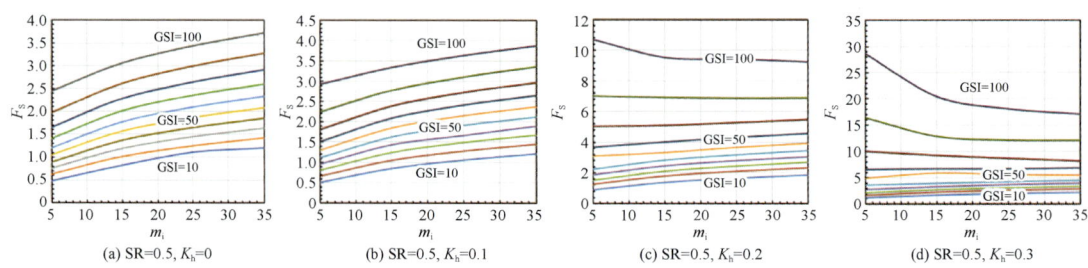

图 6.54　斜坡坡度 β = 30°，K_h = 0.1～0.3 条件下安全系数计算结果

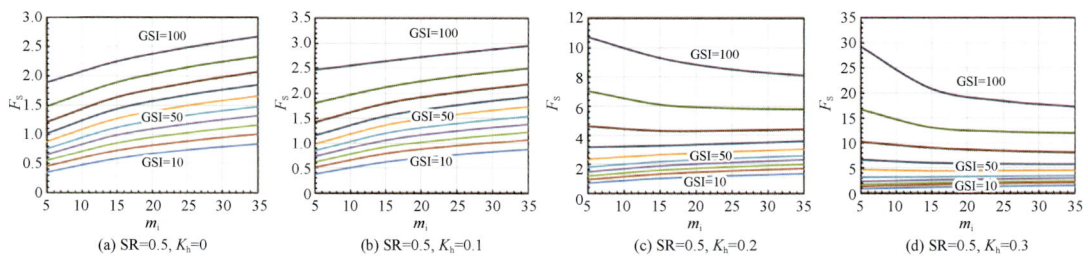

图 6.55　斜坡坡度 β = 45°，K_h = 0.1～0.3 条件下安全系数计算结果

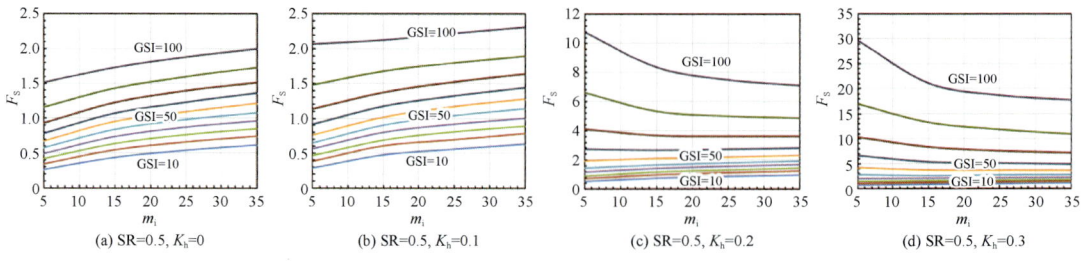

图 6.56　斜坡坡度 β = 60°，K_h = 0.1～0.3 条件下安全系数计算结果

从图 6.54～图 6.57 安全系数分布图中归纳不同坡度 β、SR、GSI 和 K_h 参数条件下安全系数变化关系如图 6.58 所示，对于地质强度指标 GSI 较大（GSI≥80）或者水平地震加速度系数较高（K_h≥0.3）的斜坡，安全系数会随着坡度 β、GSI 和 m_i 的增加呈现减小的趋势，表面上看，滑坡的稳定性似乎与岩体力学参数和几何参数无必然的联系，针对这个现象我们需要更进一步的分析。

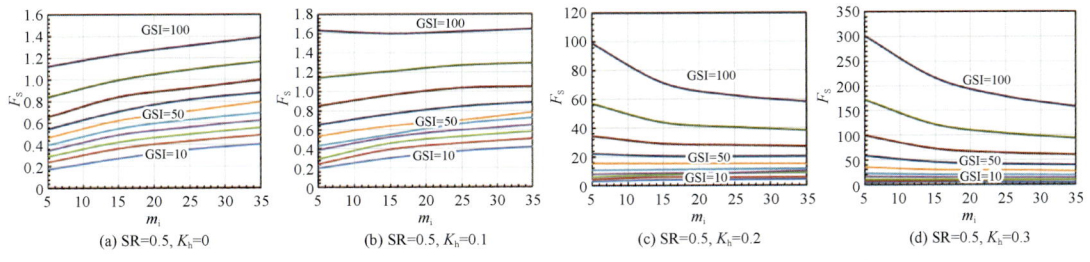

图 6.57 斜坡坡度 $\beta=75°$，$K_h=0.1\sim0.3$ 条件下安全系数计算结果

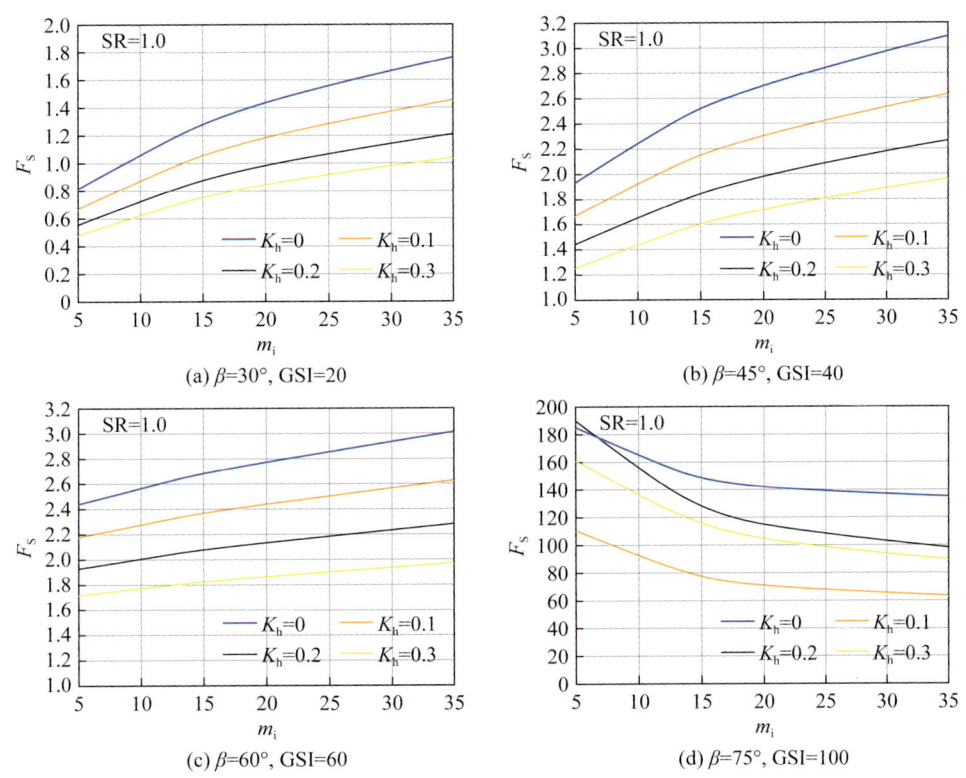

图 6.58 不同坡度 β、SR、GSI 和 K_h 参数条件下安全系数对比

首先，对计算案例进行划分条带受力分析，并对滑动面上应力状态进行判别。当 GSI=100，$m_i=35$，$K_h=0$ 时，发现滑面岩体处于受压缩状态；当 GSI=100，$m_i=35$，$K_h=0.3$，滑面各点应力值分布在和较小的区域内，对 GSI=100，$m_i=5$，$K_h=0.3$ 计算，发现斜坡滑面岩体都处于拉伸状态。根据 Li 等（2009）的观点（图 6.59），$m_i=5$ 条件下岩体的抗拉强度要大于 $m_i=35$ 条件下的抗拉强度，因此在 GSI≥80 条件下，斜坡安全系数随着 m_i 的增加而会逐渐减小的现象，此类型滑坡破坏主要原因是岩体受到拉张应力作用超过了岩体本身抗拉强度所致。

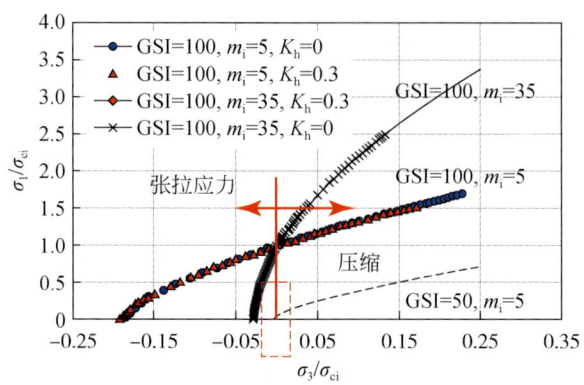

图 6.59 不同 GSI、m_i 和 K_h 参数条线下滑面应力状态分布特征（据 Li et al., 2009 修改）

3）斜坡稳定性快速评价模型

（1）地震加速度影响因子权重分析。

基于开展的 3200 组滑坡安全系数计算结果，对地震加速度影响因子权重变化规律进行归纳。首先，假定参数 GSI、m_i 和 β 不变，地震系数 K_h 取值从 0~0.3 变化，分别计算坡度为 30°~75° 的斜坡安全系数；其次，假定坡度不变，$K_h=0$ 时，地震加速度影响因子权重为 1，计算不同 K_h 条件下安全系数与因子权重为 1 时的系数比值。最后，统计坡度为 30°、45°、60° 和 75° 条件下地震加速度影响因子权重分布与变化，通过数据分析回归，得到的不同坡度条件下地震加速度影响因子权重回归曲线关系如表 6.12 所示，不同坡度条件下地震影响权重因子曲线符合指数函数关系，且具有较高的拟合度。

表 6.12 不同坡度条件下地震加速度影响因子权重拟合函数

坡度	拟合曲线方程	拟合优度 R^2
30°	$f_{K_h}=0.9912\mathrm{e}^{-1.842K_h}$	0.9981
45°	$f_{K_h}=\mathrm{e}^{-1.525K_h}$	0.9997
60°	$f_{K_h}=1.0042\mathrm{e}^{-1.406K_h}$	0.9994
75°	$f_{K_h}=1.029\mathrm{e}^{-1.742K_h}$	0.9777

对于 4 组不同坡度条件下地震加速度影响因子权重数据统计如图 6.60 所示，对不同 K_h 条件下因子权重求平均值，对平均地震因子权重的统计回归曲线符合二次函数，回归方程为

$$f_{K_h}=0.353K_h^2-1.3898K_h+0.9999 \tag{6.48}$$

（2）坡度影响因子权重分析。

对于坡度影响因子权重分析计算，首先以 $\beta=30°$，$K_h=0$ 为基本参量，求得基于变量 GSI、m_i 和 SR 条件下岩质斜坡的安全系数，安全系数分布参考图 6.60（$\beta=30°$，$K_h=0$，$5\leq m_i\leq35$）。基于 30° 条件下斜坡安全系数计算结果，在保持 GSI、m_i 和 SR 参数不变，改变 β 值，分别计算 β 为 45°、60° 和 70° 条件下斜坡安全系数，并分别求与对应 30° 条件下安

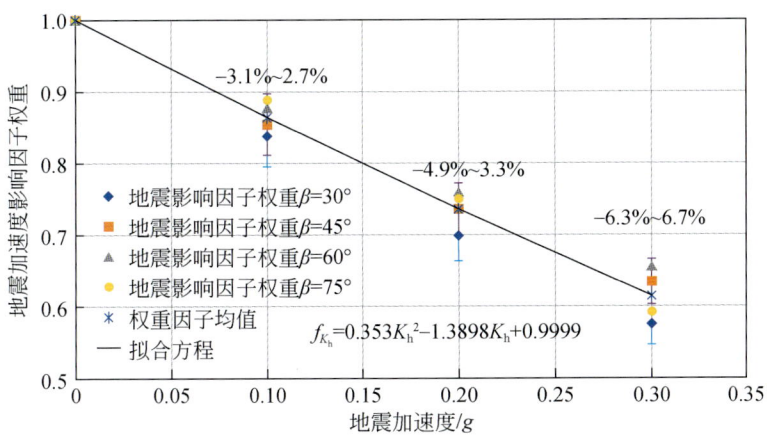

图 6.60 地震加速度影响因子权重拟合函数

全系数的比值。设置不同岩体力学参数和斜坡几何参数,通过对 3680 组地震滑坡安全系数(F_S)数据分析。求解坡度因子权重系数 f_β 与坡度 β 之间统计规律如图 6.61 和式(6.49)所示,公式的适用范围为 30°~75°。

$$f_\beta = -0.68\ln\beta + 3.323 \quad (0 \leqslant F_S \leqslant 4) \tag{6.49}$$

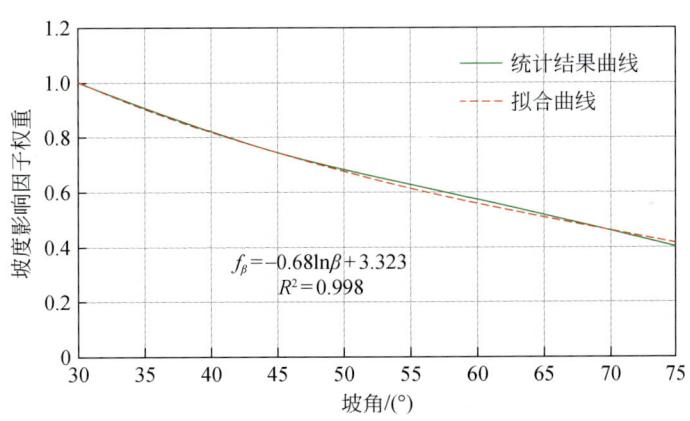

图 6.61 坡度影响因子权重规律统计

(3)稳定性快速评价模型。

关于岩质斜坡稳定性分析中,地震加速度权重因子和坡度权重因子的计算都是基于斜坡 30°和 K_h 为 0 条件下进行归纳总结,因此对于任意坡度和地震加速度系数条件下的斜坡安全系数的计算,要结合图 6.54(30°条件下斜坡安全系数分布图)和式(6.50)、式(6.51)进行参数带入计算得到如下计算公式:

$$F_S = F_{30} \times f_\beta \times f_{K_h} \tag{6.50}$$

$$F_S = F_{30} \times [-0.68\ln\beta + 3.323] \times [0.353K_h^2 - 1.3898K_h + 0.9999] \tag{6.51}$$

关于模型的应用性问题,采用表 6.9 中的案例 1 详细说明该方法的具体使用步骤如下:目标斜坡参数为 $m_i = 10$,GSI $= 40$,SR $= 29$,$K_h = 0.1$,$\beta = 45°$。首先,为了获取 $m_i =$

10，GSI=40，SR=29 条件下安全系数，通过图 5.51 查找 m_i=10，GSI=40，SR=25 和 m_i=10，GSI=40，SR=30 条件下的安全系数分别为 4.32 和 4.61；其次，通过式（6.50）和式（6.51）分别计算 K_h=0.1 和 β=45°条件下的权重因子分别为 f_β=0.73 和 f_{K_h}=0.86；最后，通过式（6.47）求解上下边界范围内斜坡安全系数值为 2.66（SR=25）和 2.89（SR=30），而采用软件计算 SR=29 条件下的安全系数为 2.87，结果基本一致。

通过对 2480 个案例数据计算，将图 6.52、图 6.60 和图 6.61 通过图表计算得到的计算结果与通过数值计算得到的结果进行对比，发现采用本方法，大约 70.63% 的误差范围在±10% 范围以内，42% 的结果误差在±5% 范围之内，通过数据分析发现误差大于±10% 的斜坡主要分布在斜坡坡度大于 60°、GSI 较小且水平方向的地震加速度系数较大的案例当中，这类斜坡的安全系数基本小于 1.0。

4）实例分析与验证

为了验证上述式（6.51）的正确性，选择都江堰到汶川公路沿线现场考察的两个岩质斜坡进行了实例分析，并将考察参数带入模型中进行稳定性分析和计算。考察边坡基础数据资料和计算结果见表 6.13 和表 6.14。其中案例 1 [紫坪铺（ZPP）斜坡；图 6.62、图 6.63] 代表风化作用较弱的硬岩斜坡，此斜坡在地震之前的稳定性效果较好。案例 2 [黄泥岗（HNG）滑坡；图 6.64] 代表中等风化程度的中等强度岩质斜坡，受到多组结构面控制作用，在地震之前的整体稳定性稍差。

（1）案例 1：紫坪铺斜坡。

紫坪铺库岸岩质边坡是位于四川省都江堰紫坪铺水库北岸 1.2km 处的一个岩质边坡，岩性主要以白云岩和白云质灰岩为主，斜坡高度 100m，坡角 50°，岩石容重参数 28kN/m³。参考表 6.6 和表 6.7 霍克-布朗参数取值表，参数 m_i 取值为 10，完整岩石的单轴抗压强度值 100MPa。通过现场调查与填图，发现该边坡发育有 3 组结构面和一条破碎带 [图 6.63（b）]，结构面为未风化平面结构类型，结构面的可见迹长 0.2～3.0m，裂隙张开度小于 1.0mm，充填有软弱泥岩，斜坡岩体受到 3 组相互近垂直的节理面切割，形成块状和菱形状块石，并且在外界扰动作用下，会有零星落石崩落堆积在坡脚。采用卷尺贴近岩层表面，根据取心法中岩体质量指标参数确认过程中，统计结构面迹长大于 10cm 的结构面与卷尺相交的结构面条数 λ，其取值 10～15。

图 6.62 库岸斜坡地形地貌数据的获取

图 6.63 库岸斜坡岩体结构面分布

(2) 案例 2：黄泥岗滑坡。

黄泥岗滑坡是 2008 年汶川地震激发的映秀到卧龙沿线的一个典型岩质滑坡灾害点，滑坡方量约 150 万 m^3，岩性主要以灰色砂岩和表层松散堆积物组成，斜坡高度 140m，原

图 6.64 黄泥岗斜坡结构面分布特征

始坡角53°，岩体容重参数取24N/m³，霍克-布朗参数 m_i 为18，完整岩石的单轴抗压强度取值50MPa。滑坡发生前，该斜坡主要受到5组结构面的控制作用（表6.13）。如图6.64 (b) 所示，结构面1和结构面2为相互斜交的陡倾张拉裂缝，斜坡失稳，滑体将沿着此结构面发生滑动破坏，并分别形成滑坡后缘和底部滑面。结构面3 [图6.64 (a)] 为岩层层面，陡倾向坡内，倾角接近65°。结构面4为岩体失稳破坏后形成滑坡的侧向滑动面，该结构面接近竖直，并且与结构面3和结构面5相垂直，这3组正交结构面将斜坡岩体切割成块状结构互锁岩体。整体上结构面可见迹长在0.2~8.0m，裂隙张开大于1.0mm，软弱泥岩充填。通过3组斜坡表面结构面分布测定与统计，结构面线密度参数 λ 取值在17~28。

表6.13　紫坪铺斜坡和黄泥岗滑坡结构面参数及其产状

滑坡名称	结构面	倾角/(°)	倾向/(°)	表面类型	表面粗糙度
紫坪铺斜坡	J1	54	201	平面形	光滑
	J2	65	110	平面形	光滑
	J3	48	350	波浪形	粗糙
黄泥岗滑坡	J1	84	211	台阶形	粗糙
	J2	47	235	波浪形	粗糙
	J3	85	21	平面形	光滑
	J4	61	146	平面形	光滑
	J5	35	220	平面形	光滑

表6.14　基于稳定性图表法的案例分析结果

输入参数		ZPP斜坡	HNG滑坡
σ_{ci}/MPa		100	50
GSI		40	17
m_i		10	18
γ/(kN/m³)		28	24
H/m		100	140
β/(°)		50	53
K_h		0.2	0.3
SR		35	15
f_{K_h}		0.73	0.61
f_β		0.66	0.62
F_S	Slide 6.0	2.474	0.911
	Eq. (20)	2.505	0.908
误差分析		1.3%	-0.3%

基于表6.9~表6.11中相关霍克-布朗参数的赋值规则和数据测量结果，紫坪铺斜坡和黄泥岗滑坡的结构面表面参数JCond89取值范围在10~24和5~13之间，岩体质量指标

参数 RQD 取值在 56~72 和 20~50 之间，参考计算公式 GSI=1.5JCond+RQD/2，获取地质强度指标 GSI 的取值范围为 43~72 和 17~45 之间（图 6.65）。通过现场考察发现，斜坡不同位置处结构面表面条件及其分布存在差异，因此在 GSI 赋值计算时采用区间范围值较单个取值更为合理。在边坡稳定性计算的时候，采用较小 GSI 参数进行计算，计算结果见表 6.14，详细的计算过程以黄泥岗斜坡为例进行说明。

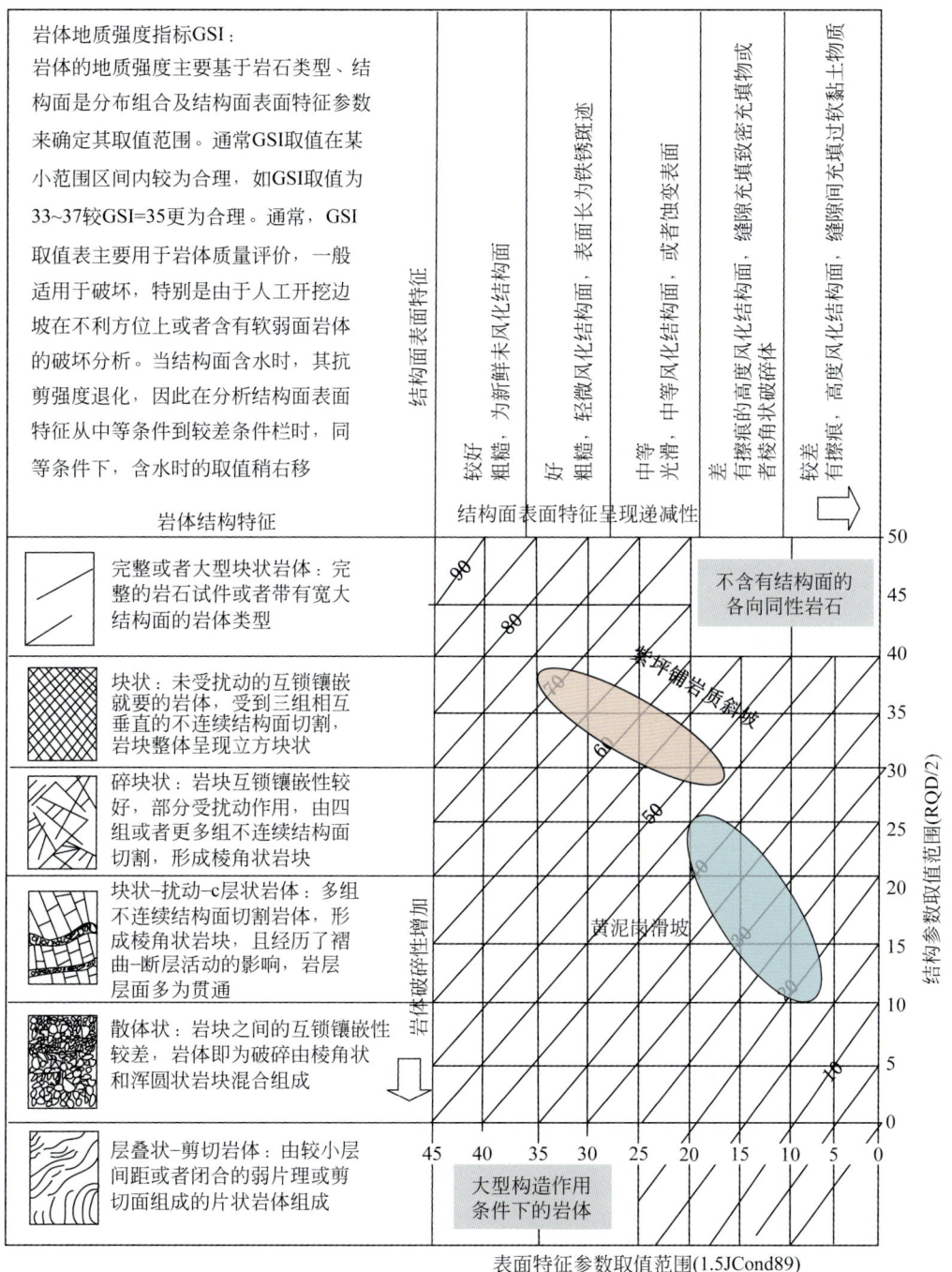

图 6.65 考察斜坡 GSI 参数取值范围界定

首先,根据边坡几何形态参数 H、岩体容重 γ 和岩体强度参数 σ_{ci},根据式(6.48)计算斜坡强度比 SR=15。其次,为了估算 $m_i=18$,GSI=17,SR=15 条件下斜坡安全系数,根据图 6.54 斜坡静态条件下安全系数图表分析结果,分别查询 $m_i=15$,GSI=17,SR=15 和 $m_i=20$,GSI=17,SR=15 参数条件下的安全系数分别为 2.35 和 2.45。基于式(6.51)和式(6.52)分别计算 $K_h=0.3$ 和 $\beta=53°$ 条件下边坡地震加速度影响因子、坡度影响因子值 $f_\beta=0.62$ 和 $f_{K_h}=0.61$。最后,将计算结果带入式(6.52)中,分别获取 $m_i=18$ 条件下斜坡安全系数下限值($m_i=15$,GSI=17,SR=15)为 0.889,上限值($m_i=20$,GSI=17,SR=15)为 0.927,计算结果取平均值为 0.908,采用数值方法计算相同参数条件下的边坡稳定性系数值为 0.911,误差值 -0.3%。本方法的计算结果与数值计算结果具有较高的一致性。

4. 竖向地震惯性力对边坡稳定性影响的讨论

目前关于斜坡的拟静力分析方法当中,采用较多的是在水平方向施加固定方向和大小的地震惯性力来计算斜坡的稳定性,而考虑竖向荷载对斜坡稳定性影响的研究还较少。但是通过强震台站记录数据统计结果发现,对于地震震级超过 7.5 级或者距离震中较近位置处,地震竖向加速度值往往较大,在斜坡的稳定性影响因素中占据重要分量。表 6.15 统计了我国西南地区典型地震事件中强震台站加速度数据,其中汶川地震强震台站加速度记录数据当中,距发震断层 1km 左右的绵竹清平台站,地面水平地震加速度最大值为 EW=0.84g,竖向为 UD=0.64g,距离震中 19.2km 的卧龙台站 EW=0.98g,NS=0.67g,UD=0.97g。芦山地震和鲁甸地震监测到的 UD 方向的加速度值均有大于水平方向加速度值的现象。以上台站监测数据表明在极震区内,竖向地震惯性力作用往往不可忽视。

表 6.15 西南地区主要强震台站加速度记录

强震台站	地震震级	震中距离/km	水平地震加速度/g		总水平加速度/g	竖向地震加速度/g	三向地震加速度和值/g
			NS	EW			
绵竹清平	汶川 8.0 级	1.05	0.82	0.84	1.17	0.64	1.33
什邡八角	汶川 8.0 级	11.55	0.59	0.57	0.82	0.65	1.04
江油含增	汶川 8.0 级	12.57	0.36	0.53	0.64	0.45	0.78
汶川卧龙	汶川 8.0 级	19.20	0.67	0.98	1.18	0.97	1.53
景谷永平	景谷 6.6 级	10.2	0.621	0.514	0.81	0.392	0.90
宝兴地办	芦山 7.0 级	21.2	0.726	0.943	1.19	0.529	1.30
宝兴民治	芦山 7.0 级	24.1	0.303	0.629	0.70	0.402	0.81
龙头山	鲁甸 6.5 级	9.8	0.744	1.041	1.28	0.493	1.37

Elnashai 和 Papazoglou(1997)、Collier 和 Elnashai(2001)开展了对水平和竖向地震加速度在不同地震震级条件和震中距离参数条件下的变化特征(图 6.66)。整体上,随着地震震级的增加,竖向与水平向地震加速度系数 K_v/K_h 呈增加趋势,即竖向地震加速度增加更加明显。且当地震震级小于 7.5 时,总体上 K_v 要小于 K_h 值,此时水平地震加速度值

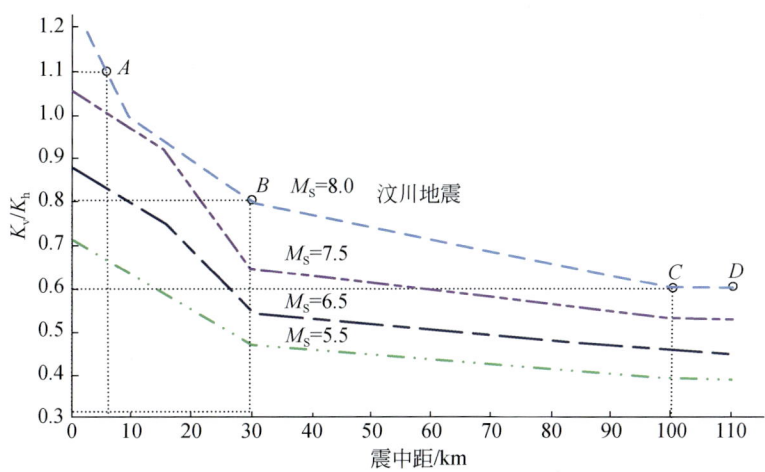

图 6.66 竖向（K_v）与水平（K_h）地震加速度系数随震中距离的比值

汶川 8.0 级地震滑坡特征分析据殷跃平，2009 修改

要大于竖向值。但是在地震震级为 7.5 级，震中距离小于 10km 范围以内时，竖向加速度要明显大于水平向加速度值。通过统计表 6.15 中的数据发现，整体上我国西南地区地震加速度分布大致满足这一规律。竖直方向与水平方向加速度随着距震中距离的增加，大致呈现出 3 个不同的变化区间。AB 段，在震中距离小于 30km 范围以内，K_v/K_h 随着震中距离的增加呈急剧非线性减小趋势，并且 K_v 随震中距离减小的趋势更为明显，在此阶段内，崩滑灾害较为发育，水平和竖直地震加速度均对斜坡稳定性起重要影响；BC 段，震中距离在 30～100km 范围以内，K_v/K_h 随着震中距离的增加呈缓慢线性减小趋势，且在此阶段水平方向地震加速度对斜坡稳定性起控制作用，而竖向地震加速度影响作用较小；CD 阶段，震中距离大于 100km，此阶段 K_v/K_h 随着震中距离的增加基本维持在 0.5～0.6，且 K_h 和 K_v 值均较小，此范围内滑坡发生的概率较小。

为了讨论和研究不同 K_v/K_h 值对斜坡稳定性的影响，分别取 $K_h=0.3$，K_v 取值 ±0.45、±0.3 和 ±0.1（"±"号代表加速度的方向，其中"+"号表示方向向下，"－"号为方向向上）条件下，斜坡坡度参数取 30°～75°，开展竖向地震加速度取值变化对斜坡稳定性影响的讨论和分析。

（1）工况条件Ⅰ：$K_h=0.3$，$K_v=±0.45$。

表 6.16 为统计 $K_v/K_h=±1.5$，斜坡坡度范围 30°～75°，斜坡强度比参数 SR=10，地质强度指标 GSI 取值 10、50、80 和 100，岩性指标 m_i 取值 5～35，获取的斜坡安全系数变化关系如图 6.67 所示。整体上在 GSI 较小值时，斜坡安全系数随着 m_i 的增加而增加，而在 GSI 较大，地震加速度值较大时，安全系数随着 m_i 的增加而减小，这种变化规律的原因在之前的研究中我们已经给出解释，主要是界面受力状态的差异性导致形成的拉裂破坏和压剪破坏模式。同时，对比相同 GSI 条件下，不同 K_v 取值时，安全系数的变化，发现在 GSI 较小时，3 条曲线之间的差异性较小，随着 GSI 取值的增加，$K_v=0.45$ 时的安全系数明显小于 $K_v=0$ 时的安全系数，$K_v=-0.45$ 时的安全系数明显大于 $K_v=0$ 时的安全系数。这种现象的合理解释为，GSI 较小（<50）表示斜坡岩体整体结构性较差，节理裂隙较为发

育，此类斜坡在 $K_v=0$ 时，其安全系数一般小于1，已经处于失稳或者临界失稳状态，即使施加竖向地震惯性力作用，对斜坡稳定性影响作用仍较小。而随着 GSI 的增加，坡体完整性较好，此时，如果是施加竖向向下的地震荷载，对斜坡受力产生两个方面的影响，一是沿着潜在滑面下滑力分量增加，另外作用于滑面法向应力也相应增加，进而引起抗滑力的增加。在斜坡坡度较小时，施加竖向地震系数 $K_v=0.45$ 与 $K_v=0$ 时，对斜坡安全系数影响作用较小。但是随着斜坡坡度的增加，切向下滑分量明显要大于法向压应力，因而在坡度较大的条件下，$K_v=0.45$ 时的安全系数要明显小于 $K_v=0$ 时的安全系数。同理在 $K_v=-0.45$时，虽然方向相反，对斜坡抗滑力和下滑力的影响机制与 $K_v=0.45$ 时一致，在此就不做详细的解释。

表 6.16 $K_v/K_h=\pm1.5$ 时，不同坡度、GSI、m_i 参数条件下斜坡安全系数

斜坡坡度/(°)	加速度系数	GSI	$m_i=5$	$m_i=15$	$m_i=25$	$m_i=35$
30	$K_h=0.3$，$K_v=0$	10	0.766	1.164	1.359	1.565
		50	1.897	2.414	2.718	2.947
		80	4.051	4.319	4.49	4.650
		100	8.613	7.704	7.736	7.804
	$K_h=0.3$，$K_v=0.45$	10	0.792	1.226	1.478	1.662
		50	1.896	2.485	2.809	3.060
		80	3.986	4.192	4.437	4.656
		100	7.914	7.618	7.494	7.458
	$K_h=0.3$，$K_v=-0.45$	10	0.645	0.949	1.130	1.261
		50	1.751	2.099	2.311	2.479
		80	3.893	4.023	4.214	4.307
		100	9.568	7.639	7.256	7.176
45	$K_h=0.3$，$K_v=0$	10	0.581	0.86	1.011	1.134
		50	1.563	1.874	2.074	2.226
		80	4.044	3.759	3.791	3.848
		100	8.801	7.749	7.392	7.090
	$K_h=0.3$，$K_v=0.45$	10	0.598	0.904	1.082	1.215
		50	1.510	1.885	2.114	2.286
		80	3.549	3.494	3.598	3.707
		100	7.971	7.029	6.562	6.387
	$K_h=0.3$，$K_v=-0.45$	10	0.472	0.657	0.774	0.854
		50	1.531	1.687	1.804	1.900
		80	3.971	3.933	3.828	3.811
		100	9.838	7.810	7.388	7.287

续表

斜坡坡度/(°)	加速度系数	GSI	$m_i = 5$	$m_i = 15$	$m_i = 25$	$m_i = 35$
60	$K_h = 0.3$, $K_v = 0$	10	0.419	0.597	0.667	0.736
		50	1.275	1.437	1.557	1.642
		80	3.636	3.245	3.186	3.187
		100	8.889	7.364	6.629	6.277
	$K_h = 0.3$, $K_v = 0.45$	10	0.438	0.645	0.773	0.858
		50	1.210	1.429	1.585	1.677
		80	3.106	2.918	2.933	2.979
		100	7.997	6.221	5.743	5.486
	$K_h = 0.3$, $K_v = -0.45$	10	0.317	0.296	0.356	0.374
		50	1.315	1.306	1.313	1.336
		80	4.102	3.586	3.382	3.276
		100	10.176	8.081	7.591	7.167
75	$K_h = 0.3$, $K_v = 0$	10	0.210	0.16	0.182	0.264
		50	0.932	0.895	0.868	0.846
		80	3.115	2.604	2.498	2.373
		100	8.863	6.426	5.628	5.245
	$K_h = 0.3$, $K_v = 0.45$	10	0.252	0.355	0.370	0.381
		50	0.882	0.909	0.927	0.940
		80	2.575	2.285	2.207	2.215
		100	7.038	5.247	4.714	4.482
	$K_h = 0.3$, $K_v = -0.45$	10	0.059	0.033	0.018	0.040
		50	1.022	0.695	0.507	0.375
		80	3.901	3.031	2.785	2.540
		100	10.310	8.148	7.039	6.399

(2) 工况条件Ⅱ：$K_h = 0.3$，$K_v = \pm 0.3$。

此时斜坡安全系数如表6.17所示。图6.68中的分析结果发现，当K_v与K_h值大小相当时，在坡度参数较小，且GSI参数较小的条件下［图6.68（a）］，竖向荷载对边坡稳定性的影响较小，基本可以忽略。而在坡度参数较大，GSI参数同样较大时，竖向荷载的大小和方向均影响边坡的稳定性，特别是坡角较陡时，沿着潜在滑动面向下的分量明显大于法向应力分量，导致安全系数出现较大的差异性。

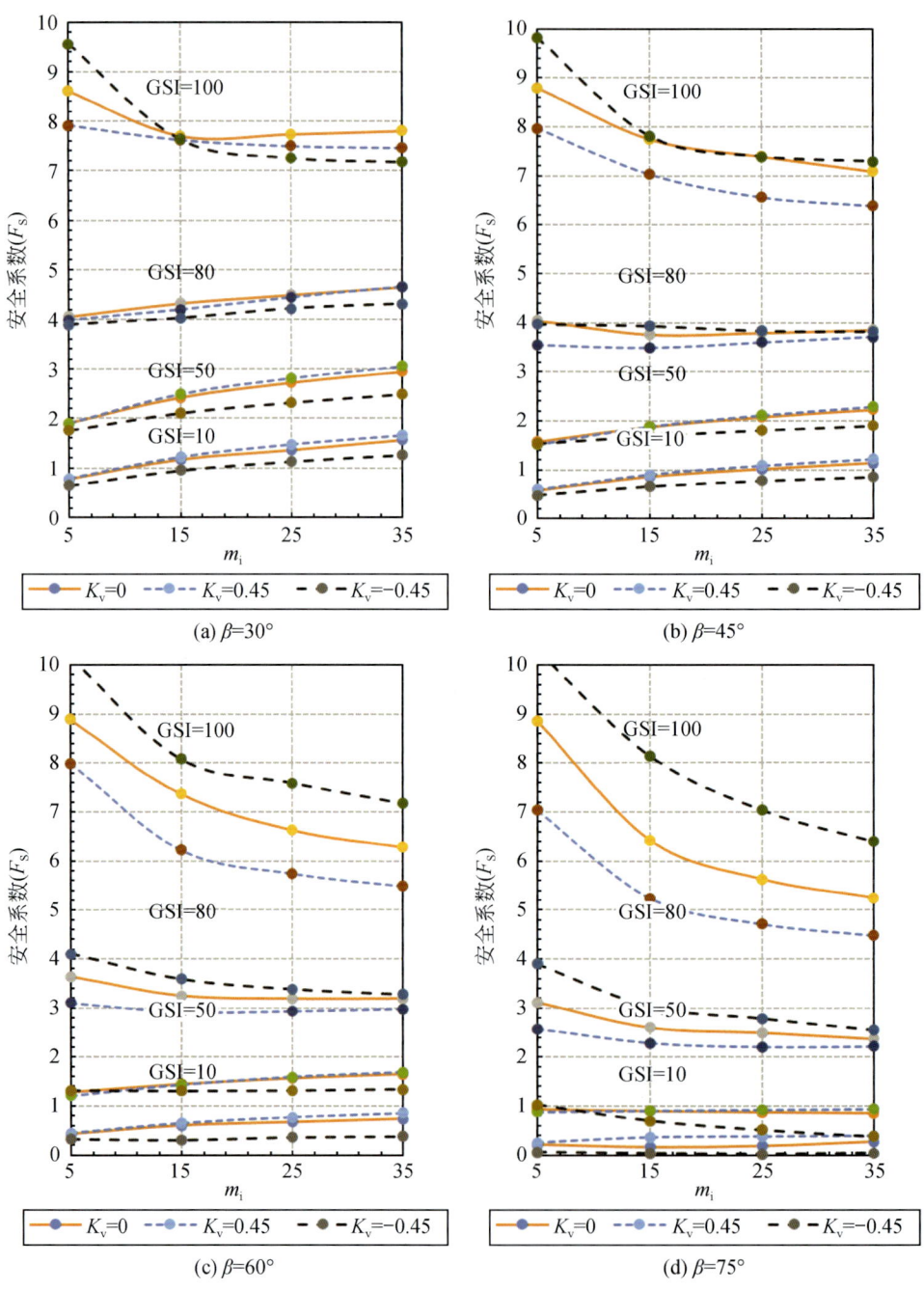

图 6.67 $K_h=0.3$，$K_v=\pm 0.45$ 斜坡安全系数变化关系图

表 6.17 $K_v/K_h = \pm 1.0$ 时，不同坡度、GSI、m_i 参数条件下斜坡安全系数

斜坡坡度/(°)	加速度系数	GSI	$m_i = 5$	$m_i = 15$	$m_i = 25$	$m_i = 35$
30	$K_h = 0.3$, $K_v = 0$	10	0.766	1.164	1.359	1.565
		50	1.897	2.414	2.718	2.947
		80	4.051	4.319	4.490	4.650
		100	8.613	7.704	7.736	7.804
	$K_h = 0.3$, $K_v = 0.3$	10	0.789	1.214	1.460	1.641
		50	1.904	2.474	2.789	3.035
		80	4.064	4.242	4.465	4.67
		100	8.125	7.661	7.66	7.552
	$K_h = 0.3$, $K_v = -0.3$	10	0.707	1.054	1.254	1.406
		50	1.840	2.243	2.503	2.714
		80	3.970	4.251	4.404	4.521
		100	9.214	7.686	7.470	7.493
45	$K_h = 0.3$, $K_v = 0$	10	0.581	0.860	1.011	1.134
		50	1.563	1.874	2.074	2.226
		80	4.044	3.759	3.791	3.848
		100	8.801	7.749	7.392	7.090
	$K_h = 0.3$, $K_v = 0.3$	10	0.597	0.898	1.072	1.196
		50	1.530	1.890	2.111	2.278
		80	3.704	3.580	3.663	3.757
		100	8.218	7.340	6.82	6.593
	$K_h = 0.3$, $K_v = -0.3$	10	0.531	0.762	0.893	0.995
		50	1.565	1.790	1.946	2.069
		80	4.038	3.915	3.866	3.878
		100	9.471	7.835	7.589	7.525
60	$K_h = 0.3$, $K_v = 0$	10	0.419	0.597	0.667	0.736
		50	1.275	1.437	1.557	1.642
		80	3.636	3.245	3.186	3.187
		100	8.889	7.364	6.629	6.277

续表

斜坡坡度/(°)	加速度系数	GSI	$m_i=5$	$m_i=15$	$m_i=25$	$m_i=35$
60	$K_h=0.3$, $K_v=0.3$	10	0.435	0.636	0.751	0.844
		50	1.232	1.435	1.582	1.670
		80	3.260	3.019	3.014	3.041
		100	8.274	6.574	5.997	5.746
	$K_h=0.3$, $K_v=-0.3$	10	0.371	0.456	0.510	0.552
		50	1.306	1.383	1.447	1.508
		80	4.056	3.502	3.361	3.308
		100	9.682	8.039	7.376	6.919
75	$K_h=0.3$, $K_v=0$	10	0.210	0.16	0.182	0.264
		50	0.932	0.895	0.868	0.846
		80	3.115	2.604	2.498	2.373
		100	8.863	6.426	5.628	5.245
	$K_h=0.3$, $K_v=0.3$	10	0.264	0.243	0.345	0.350
		50	0.906	0.910	0.916	0.920
		80	2.728	2.378	2.280	2.235
		100	7.537	5.583	4.978	4.702
	$K_h=0.3$, $K_v=-0.3$	10	0.108	0.067	0.039	0.029
		50	1.003	0.825	0.686	0.591
		80	3.612	2.899	2.681	2.503
		100	9.810	7.527	6.500	5.963

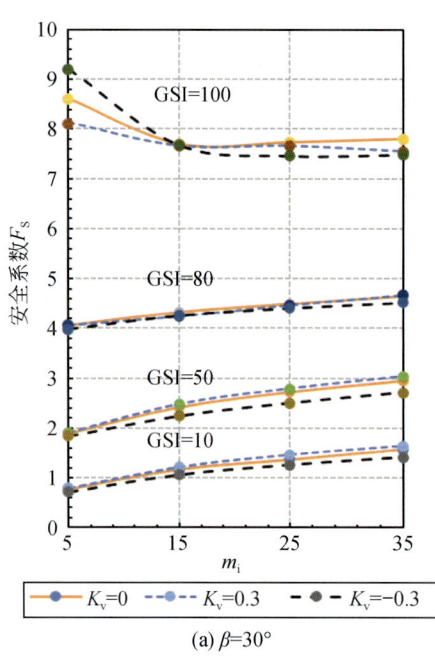

(a) $\beta=30°$

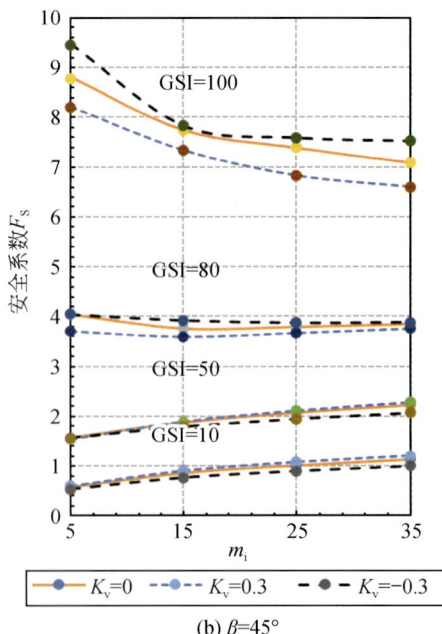

(b) $\beta=45°$

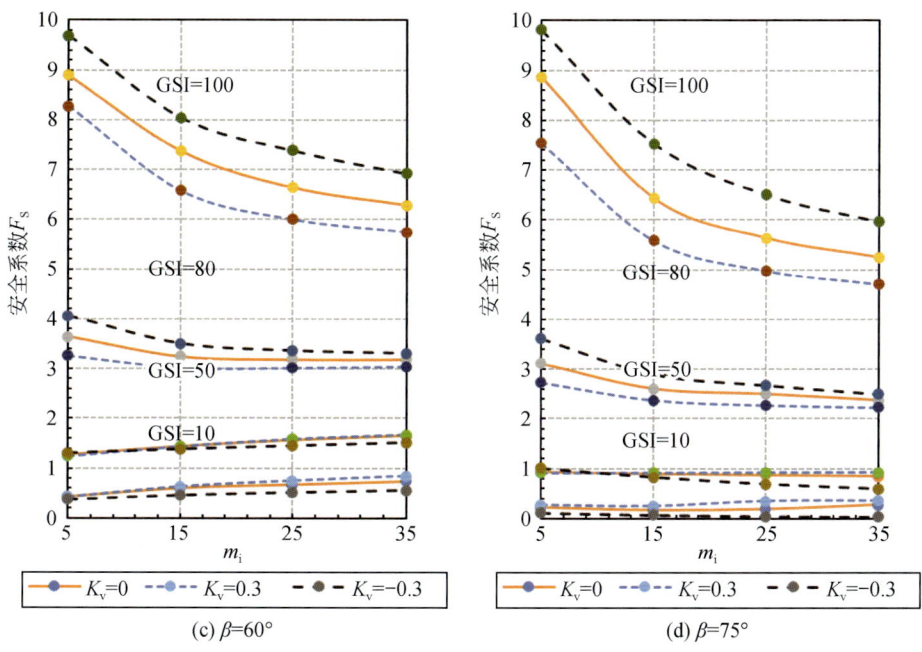

(c) $\beta=60°$ (d) $\beta=75°$

图 6.68 $K_h=0.3$，$K_v=\pm 0.3$ 斜坡安全系数变化关系图

（3）工况条件Ⅲ：$K_h=0.3$，$K_v=\pm 0.1$。

斜坡安全系数如表 6.18 所示。当 K_v/K_h 值较小时，即斜坡处于远场区（相对于极震区而言），从图 6.69 的计算结果中不难发现，边坡坡度在 30°~75°，GSI 取值 0~100，考虑 K_v 条件下的边坡安全系数与单独考虑 K_h 条件下的结果几乎一致，即此类边坡一般不再考虑竖向地震力对边坡稳定性的影响。

表 6.18 $K_v/K_h=\pm 0.3$ 时，不同坡度、GSI、m_i 参数条件下斜坡安全系数

斜坡坡度/(°)	加速度系数	GSI	$m_i=5$	$m_i=15$	$m_i=25$	$m_i=35$
30	$K_h=0.3$，$K_v=0$	10	0.766	1.164	1.359	1.565
		50	1.897	2.414	2.718	2.947
		80	4.051	4.319	4.490	4.650
		100	8.613	7.704	7.736	7.804
	$K_h=0.3$，$K_v=0.1$	10	0.776	1.185	1.423	1.579
		50	1.904	2.441	2.755	2.992
		80	4.062	4.332	4.488	4.668
		100	8.439	7.696	7.759	7.752
	$K_h=0.3$，$K_v=-0.1$	10	0.752	1.141	1.36	1.524
		50	1.898	2.377	2.668	2.889
		80	4.032	4.347	4.502	4.621
		100	8.799	7.706	7.668	7.725

续表

斜坡坡度/(°)	加速度系数	GSI	$m_i=5$	$m_i=15$	$m_i=25$	$m_i=35$
45	$K_h=0.3$，$K_v=0$	10	0.581	0.860	1.011	1.134
		50	1.563	1.874	2.074	2.226
		80	4.044	3.759	3.791	3.848
		100	8.801	7.749	7.392	7.090
	$K_h=0.3$，$K_v=0.1$	10	0.590	0.880	1.038	1.162
		50	1.557	1.884	2.093	2.251
		80	3.907	3.698	3.749	3.827
		100	8.592	7.739	7.209	6.908
	$K_h=0.3$，$K_v=-0.1$	10	0.570	0.837	0.989	1.099
		50	1.567	1.858	2.045	2.191
		80	4.072	3.823	3.830	3.867
		100	9.029	7.830	7.611	7.239
60	$K_h=0.3$，$K_v=0$	10	0.419	0.597	0.667	0.736
		50	1.275	1.437	1.557	1.642
		80	3.636	3.245	3.186	3.187
		100	8.889	7.364	6.629	6.277
	$K_h=0.3$，$K_v=0.1$	10	0.427	0.614	0.722	0.816
		50	1.261	1.44	1.568	1.664
		80	3.504	3.157	3.132	3.124
		100	8.668	7.080	6.408	6.103
	$K_h=0.3$，$K_v=-0.1$	10	0.409	0.575	0.674	0.746
		50	1.284	1.427	1.534	1.611
		80	3.771	3.377	3.345	3.236
		100	9.129	7.684	6.882	6.492
75	$K_h=0.3$，$K_v=0$	10	0.210	0.160	0.182	0.264
		50	0.932	0.895	0.868	0.846
		80	3.115	2.604	2.498	2.373
		100	8.863	6.426	5.628	5.245
	$K_h=0.3$，$K_v=0.1$	10	0.249	0.189	0.300	0.297
		50	0.919	0.903	0.889	0.877
		80	2.968	2.521	2.445	2.325
		100	8.359	6.101	5.39	5.047
	$K_h=0.3$，$K_v=-0.1$	10	0.193	0.140	0.114	0.136
		50	0.945	0.881	0.84	0.806
		80	3.258	2.700	2.554	2.507
		100	9.396	6.753	5.894	5.462

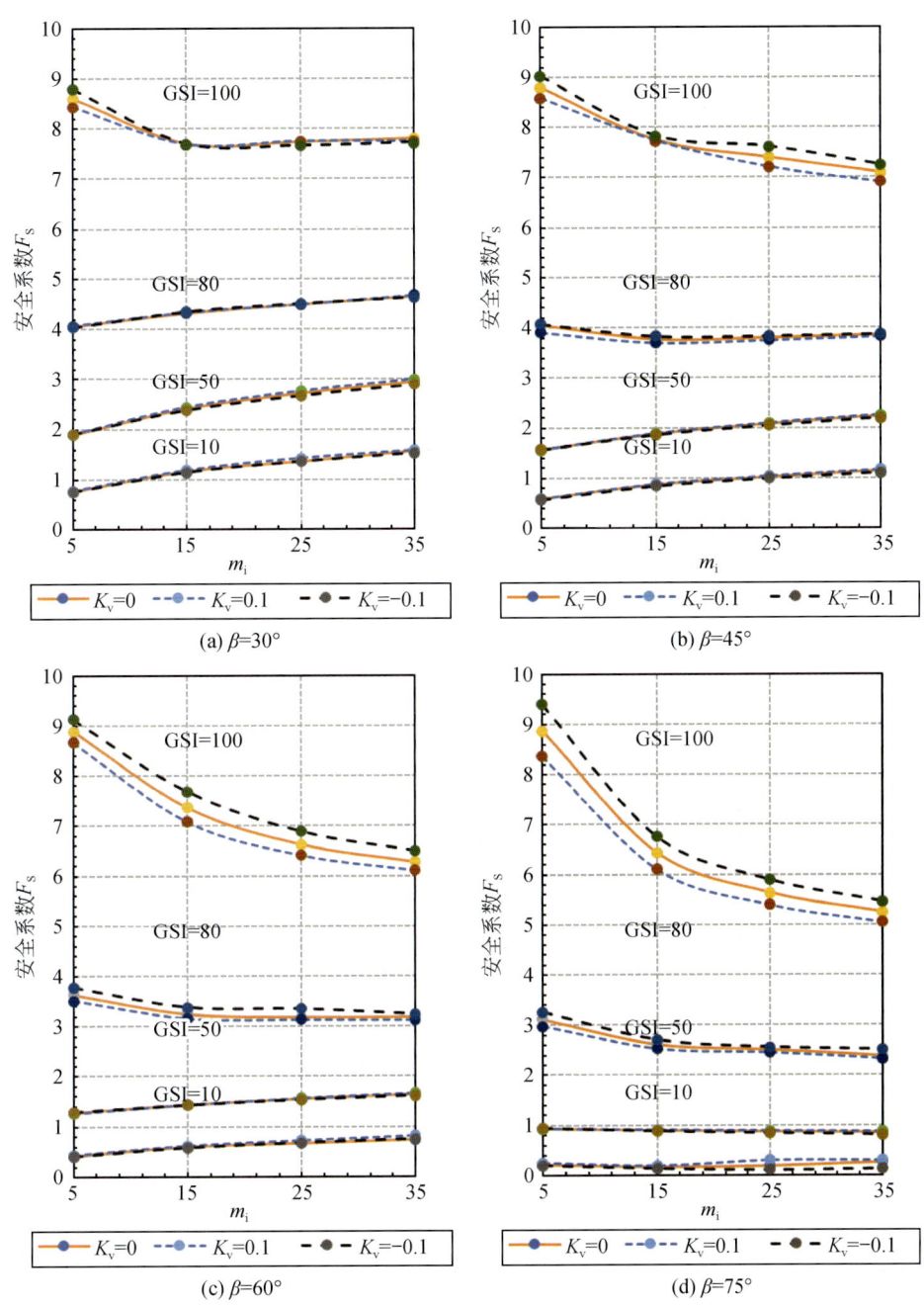

图 6.69　$K_h=0.3$，$K_v=\pm 0.1$ 斜坡安全系数变化关系图

综上所述，结合前面提出的岩质斜坡的稳定性快速评价方法和本小结的相关研究，对上述基于霍克-布朗强度准则的斜坡稳定性计算模型的适用性提出了约束：①极震区或者水平和竖直方向上加速度系数相当时，边坡坡度参数较小，地质强度指标较小（即坡体较为破碎）条件下，本方法具有适用性；②处于地震远场区或者地震震级规模较小时，计算

模型具有较好适用性。

6.4 地震作用下基覆型斜坡成灾机理与稳定性分析

多数基岩上都会覆盖一定厚度的松散物质（堆积体），相较土质斜坡与岩质斜坡，在地震的作用下基覆型斜坡的土体与岩层对斜坡动力特性和稳定性都具有重要的影响。因此除土质斜坡和岩质斜坡外，基覆型斜坡也认为是一种典型的地震斜坡灾害类型。斜坡失稳机理和稳定性评价首要任务是阐明基覆型斜坡的动力响应特征和性质，并揭示岩体与土体之间的相互影响机制，在此基础上提出相应的斜坡稳定性分析与预测方法。

6.4.1 基覆型斜坡地震失稳机制的能量识别方法

1. 方法原理

以往的基覆型斜坡地震失稳机制研究多基于模型试验或数值分析中斜坡表面的位移和变形监测，未能从基覆型斜坡自身特征参数和坡体内部可监测物理量入手开展研究。地震作用下基覆型斜坡的失稳破坏与基覆界面处复杂的地震波传播特性和能量变化密切相关。目前，针对相邻地层层面上地震波的传播特性已开展了大量的研究，然而地震作用下相邻地层层面上的能量传递特征还有待进一步的研究。鉴于此，本节期望通过研究地震波能量在基覆型斜坡界面上的传递特征以探究地震波作用下基覆型斜坡的失稳机制。

作为处理非平稳非线性地震信号的首选方法，希尔伯特-黄变换（Hilbert-Huang transform，HHT）在联合时频域中描述原始信号时具有极高的时频分辨率，可以克服以往基于傅立叶变换和小波变换等常见信号处理方法所存在的弊端。经过 HHT 后得到的 Hilbert 边际谱表征了信号能量幅值在频率轴上的分布，因此，Hilbert 边际谱能在时频域内清楚地表征研究对象内部的地震波能量分布特征。HHT 的核心部分包括经验模态分解（简称 EMD）和本征模态函数（简称 IMF），HHT 的第一步是对信号进行经验模态分解，其假设任何复杂时间序列均是由一系列互异、非正弦函数的简单本征模态函数组成。根据这一假设，可以从某一复杂随机时间序列中分离出频率由高到低分布的若干阶本征模态函数。每一个 IMF 均包含了原信号中该阶模态的所有模态信息。然后对每一阶 IMF 进行 Hilbert 变换，最终得到原复杂随机时间序列的每一阶瞬时频率、Hilbert 谱及 Hilbert 边际谱（Huang et al.，1998）。目前，HHT 已经在结构工程和岩土工程地震损伤识别中得到了初步运用（刘强等，2009；罗维刚等，2011）。

对于任意时间序列 $X(t)$ 的 HHT 记为

$$Y(t) = \frac{1}{\pi} P \int_{-\infty}^{\infty} \frac{X(t')}{t - t'} dt' \tag{6.52}$$

式中，P 代表柯西主分量值，构建解析信号为

$$Z(t) = X(t) + iY(t) = a(t) e^{i\theta(t)} \tag{6.53}$$

式中，$a(t) = [X^2(t) + Y^2(t)]^{1/2}$ 为瞬时幅值；$\theta(t) = \arctan[Y(t)/X(t)]$ 为瞬时相位。瞬时

频率 $\omega(t) = \mathrm{d}\theta(t)/\mathrm{d}t$。推导得到以下解析方程：

$$Z(t) = \sum_{j=1}^{n} a_j(t,\omega_j) \mathrm{e}^{\mathrm{i}\int \omega_j(t) \mathrm{d}t} \qquad (6.54)$$

式中，$a_j(t,\omega_j)$ 为第 j 阶 IMF 在 t 时刻与频率 ω_j 对应的瞬时幅值。因此，$X(t)$ 在时频联合域内的幅值分布为

$$H(t,\omega) = \sum_{j=1}^{n} a_j(t,\omega_j) \qquad (6.55)$$

式中，$H(t,\omega)$ 为 $X(t)$ 的 Hilbert 幅值谱。对 $H(t,\omega)$ 在时间轴上进行积分，得到的 Hilbert 边际谱为

$$h(t,\omega) = \int_0^T H(t,\omega) \mathrm{d}t \qquad (6.56)$$

边际谱表征了地震波能量在频率轴上的分布。在边际谱 $h(t,\omega)$ 中，某一频率 ω 上的边际谱谱值具有与 Fourier 谱截然不同的意义。在 Fourier 谱中，某一频率上的幅值表示在信号整个持续时间内存在该频率的正弦或余弦波，幅值的大小表征该频率波的幅值大小。而在 Hilbert 边际谱中，在某一频率上的幅值意味着在信号的整个持续时间内存在该频率的振动，幅值的大小表示该频率振动出现的概率高低，该频率振动出现的具体时刻由 Hilbert 幅值谱确定。

地震波在基覆型斜坡内传播过程中，若斜坡中某一部位出现了震害损伤，将导致震动能量无法在该处完整地进行传递，能量耗损将引起边际谱幅值出现剧烈波动或者突变。对斜坡各个测点的加速度时程边际谱进行分析，如果从坡脚到坡顶一个测点序列中各个测点的边际谱峰值基本满足线性增长规律且幅度变化较小，说明此过程中斜坡内并未出现震害损伤。当在某一级地震荷载作用下，斜坡中某一位置处边际谱特征值出现突变，且出现突变处以上位置坡体内边际谱幅值变化不大，表明斜坡中某些部位具有了与其他部位不一致的地震响应，从损伤分析的角度来看，表明在斜坡中某个部位出现了震害损伤。

综上所述，对于基覆型斜坡而言，如果在地震波激励下坡体中出现显著影响斜坡结构完整性的损伤破裂时，位于损伤部位上部各测点的边际谱幅值必定发生显著变化。根据边际谱的判识结果可以得到地震波激励下坡体内部损伤破裂的发展过程，进而判识基覆型滑坡的地震失稳机制。

利用 Hilbert 边际谱进行基覆型斜坡地震失稳机制研究的步骤为：

（1）对斜坡不同位置处实测加速度时程进行带通滤波，然后进行 EMD 分解，得到一系列 IMF 分量；

（2）对各个 IMF 进行 Hilbert 变换，得到各个 IMF 的瞬时频率谱曲线及 Hilbert 边际谱；

（3）根据不同位置处各测点的 Hilbert 边际谱变化规律判定坡体内部能量分布，并据此推断坡体内部震害损伤出现的位置；

（4）基于坡体内部损伤位置推断结果，结合基覆型斜坡表面位移和裂隙观测结果，推断基覆型滑坡地震失稳机制。

2. 斜坡震害损伤识别

选取夹江高速公路某边坡模型作为研究对象（图6.70），汶川地震区绵竹清平（51MZQ）台站所记录到的强震加速度波形（简称"清平波"）作为地震荷载，利用能量判识方法，进行 EMD 分解，结果表明前四阶本征模态函数几乎包含了原信号所有的幅值成分，因此，本节通过对原始信号进行四阶的 EMD 分解。EMD 分解结果表明汶川地震清平波二阶本征模态函数（IMF2）幅值较高、频率成分丰富、辨识清晰度高，因此，选择实测加速度记录的 IMF2 进行边际谱计算和分析。对 0.1g、0.21g、0.3g、0.4g 和 0.6g 汶川地震清平波作用下斜坡中各测点实测加速度时程进行 HHT 变换，得到不同幅值地震波作用下各个测点的 Hilbert 边际谱，其中，0.21g 汶川地震清平波作用下的边际谱如图6.71和图6.72所示。

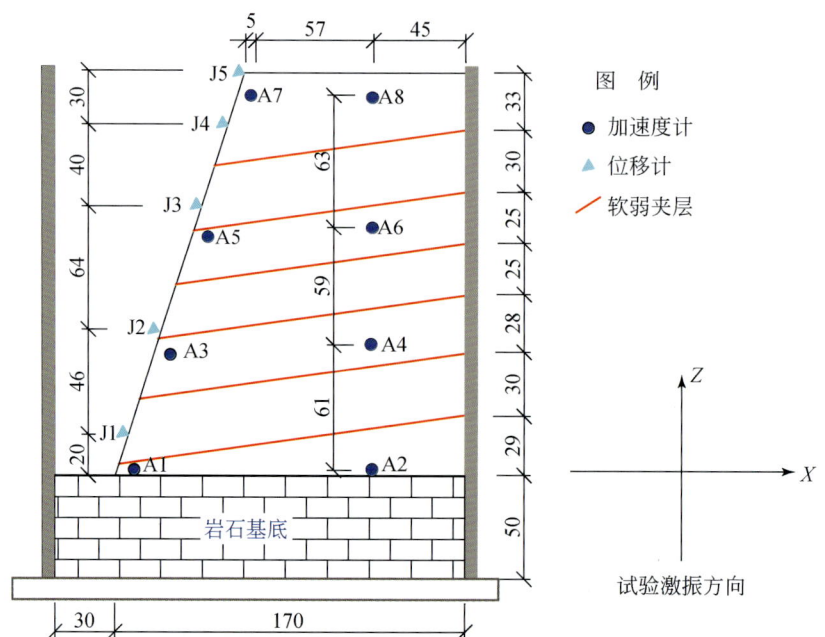

图 6.70 试验模型边坡传感器布置图（单位：cm）

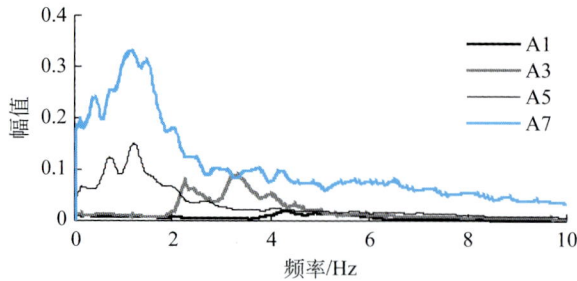

图 6.71 0.21g 清平波作用下坡面附近各测点边际谱

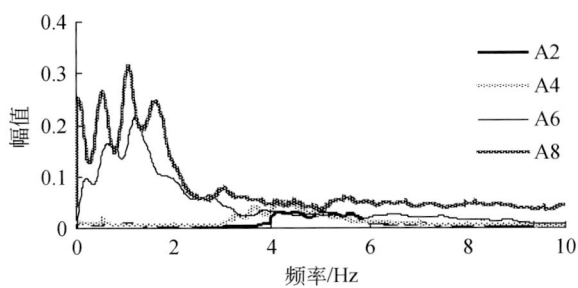

图 6.72　0.21g 清平波作用下坡内各测点边际谱

从图 6.71 和图 6.72 可以看出，在 0.21g 地震波作用下，坡面和坡内各测点边际谱峰值随着高程的增加而增大。在 0.6g 地震波作用下，斜坡中部以上的 A5 和 A7 测点，A6 和 A8 测点具有相近的边际谱峰值，斜坡中部以下的 A1 和 A3，A2 和 A4 测点边际谱峰值随着高程的增加而增大。边际谱峰值出现这样的差异说明坡体内部已经出现了震害损伤。为了进一步揭示坡体内部的损伤发展过程，提取不同幅值地震波作用下各个测点边际谱的峰值和特征频率进行分析，探究地震波在坡体内部自下而上传播过程中频域内能量变化特征，如图 6.73、图 6.74 所示。

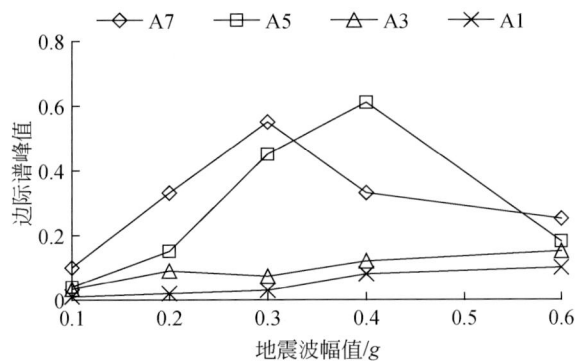

图 6.73　坡面附近各测点边际谱峰值

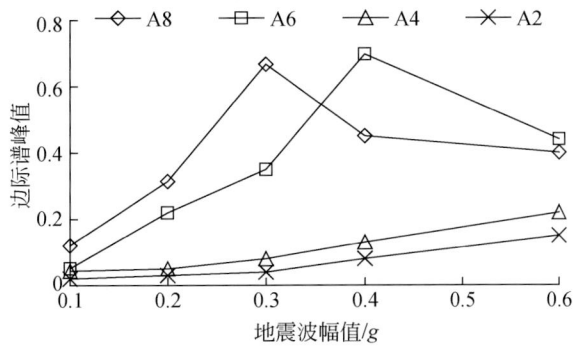

图 6.74　坡内各测点边际谱峰值

图 6.73 和图 6.74 反映了含软弱夹层顺层岩质斜坡在地震波作用下的破坏过程。在地震波作用下，坡体中部的 A5、A6 测点及顶部的 A7、A8 测点出现了明显的峰值波动，且这 4 个点的峰值高于其他测点，表明上述 4 点（A5、A6、A7、A8）在地震激励作用下出现了震害损伤。在 0.3g 地震波作用下，顶部 A7、A8 测点边际谱峰值出现明显变化，而中部的 A5、A6 测点边际谱的峰值在 0.4g 地震波作用下才出现明显的变化，这表明斜坡的损伤首先出现在坡肩位置，随后逐渐向低高程发展。同时可以发现，位于坡面附近的 A5 和 A7 测点的峰值变化幅度大于位于坡体内部的 A6 和 A8 测点，A5 和 A7 测点的特征频率整体上稍小于 A6 和 A8 测点。以上两点印证了坡面附近的破坏程度比坡体内部更加严重，2008 年汶川地震后的震害调查发现，具有含软弱夹层顺层结构特征的岩质斜坡震害均表现为坡面附近震害程度强于坡体内部，表明含软弱夹层顺层岩质斜坡震害具有趋表效应。

6.4.2 基覆型斜坡动力响应特征与失稳机理

为了开展地震作用下斜坡响应的数值分析，对"5·12"汶川地震中大量失稳斜坡开展了调查，并对失稳斜坡的二维几何形态进行了归类分析。通过总结概化出两类常见斜坡，一类为单面坡，主要代表高宽比较小的山体，且一侧具有高陡临空面，在该高陡临空面易发生斜坡失稳；另一类是双面坡，主要代表高宽比较大，这类斜坡在山顶易产生鞭梢效应，引起斜坡失稳。从调查中发现一般失稳双面坡的两个临空面具有不同几何特征，为此把双面坡概化为：一个坡面的坡度较陡，而另一个坡面的坡度相对较缓。通常斜坡被分为岩质斜坡（顺层或反倾）和基覆型斜坡，而基覆型斜坡在地震中的破坏更加普遍。为此在这两个斜坡模型上分别设置了堆积体。单面坡的堆积体设置在坡顶，而双面坡的堆积体设置在缓坡面接近中部的位置。在山体上设计堆积体的目的是探讨基覆型斜坡在地震作用下的变形特征与失稳机理。通过两个概化斜坡模型进行了大型振动台模型试验，实测了斜坡的地震响应，然而由于测试点较少，难于确定基覆型斜坡整体的位移模式，为此利用数值分析方法拓展大型振动台模型试验的结果，即通过大型振动台模型试验测试数据标定数值分析结果，然后利用数值分析方法揭示基覆型斜坡的变形特征与失稳机理。本节介绍的基覆型斜坡变形特征与成灾机理的内容主要来自数值分析。

1. 地震作用下基覆型斜坡稳定性分析数值模型

数值分析模型具体的几何特征如下：单面斜坡模型高 1312m，宽 2240m，右斜坡坡度为 50°～60°，坡脚处河谷宽 103.8m，左斜坡坡度为 30°～40°，斜坡顶部分布着强风化层（堆积体）；双面斜坡模型高 1086m，宽 2100m，包含陡坡和缓坡，陡坡的坡度为 50°～60°，缓坡的坡度为 42°～50°，且在缓坡的变坡处设置了一个堆积体，该堆积体意指由上部斜坡风化、由重力作用搬迁堆积而成。为在分析中体现堆积体的位移全过程，较好揭示这种基覆型斜坡的变形特征与失稳机理，在分析上使用了连续离散元方法。该方法的特点是：既能反映斜坡破坏前的连续状态，又能反映斜坡破坏后的大位移状态。对于描述基覆型斜坡的地震响应及运动状态，在单面坡的基覆斜坡界面上标记 $N_i(i=1,\cdots,N)$ 个点，在滑体内紧邻基覆斜坡界面标记 $M_i(i=1,\cdots,N)$ 个点，而在基床内紧邻基覆斜坡界面标

记 $L_i(i=1,\cdots,N)$ 个点,而 B_2 点为基覆斜坡坡面中部的一点;同样,在双面坡上的基覆斜坡界面上 $F_i(i=1,\cdots,N)$ 个点,滑体内紧邻基覆斜坡界面标记 $D_i(i=1,\cdots,N)$ 个点,而在基床内紧邻基覆斜坡界面标记 $C_i(i=1,\cdots,N)$ 个点,而 B_1 为双面坡上基覆斜坡坡面中部的一点。上述斜坡数值分析模型及标注点见图 6.75 和图 6.76。

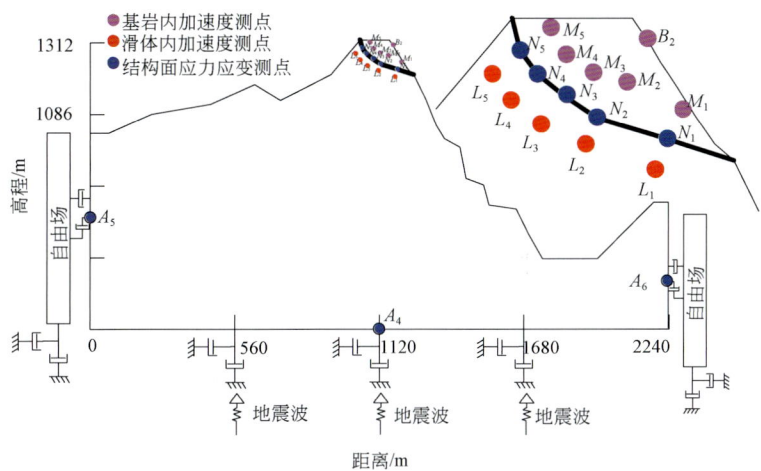

图 6.75 单面斜坡原型的数值分析模型

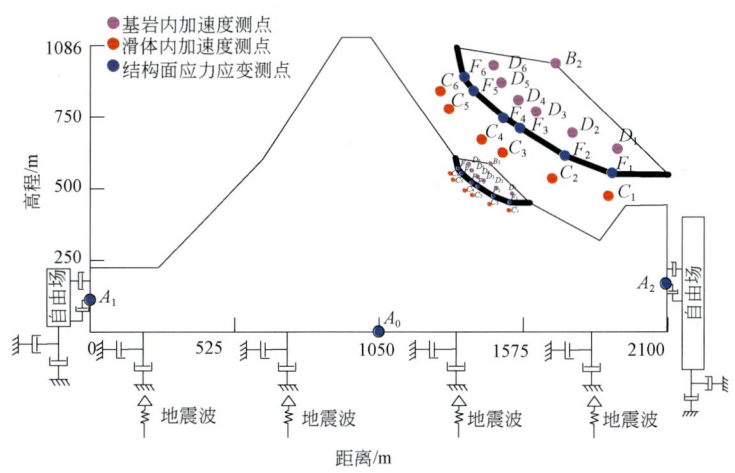

图 6.76 双面斜坡原型的数值分析模型

进行连续离散元分析时,滑体失稳前构成滑体的岩土体主要发生弹塑性变形,因此,失稳之前滑床和滑体两者均采用弹塑性本构模型和莫尔-库仑(M-C)破坏准则;当滑体发生失稳后,构成滑体的岩土体成为离散体,而离散体的运动如同刚体运动,因此对于滑体内部的土颗粒采用了刚性本构模型模拟离散体的力学行为。对于滑床而言,在地震作用下主要是发生了较大的塑性变形,因此,在分析中用弹塑性本构模型和 M-C 破坏准则说明滑床材料的力学行为。由于在地震过程中滑体内部结构面、滑体内部土颗粒之间将发生滑移、断裂等破坏现象,本分析对上述部位均采用脆性断裂本构模型和 M-C 破坏准则。为了描述滑体失稳后离散的块体之间的相互作用，建立了节点混合单元来实现结构面弹簧和离散元两者质点运动的独立计算，这样就能有效地解决离散元初始状态的计算问题。数值计算采用的物理力学参数和材料本构模型见表6.19与表6.20。

表6.19 滑体、基岩、结构面的Mohr物理力学特性参数

数值分析模型	本构模型	模型名称	容重/(kN/m³)	黏聚力/kPa	内摩擦角/(°)	弹性模量/MPa	泊松比
单面、双面斜坡	莫尔-库仑	基岩	22	93.6	37.9	450	0.25
		坡积体	21	49.8	28.8	60	0.35

表6.20 滑体、基岩、结构面的Griffith物理力学特性参数

数值分析模型	本构模型	结构面位置	法向刚度/MPa	切向刚度/MPa	内摩擦角/(°)	抗拉强度/kPa	黏聚力/kPa
单面陡斜坡	脆性断裂模型	坡积体内	3600	1800	32	25.98	48.8
		结构面	27000	13800	32	6.30	13.8
双面陡斜坡		坡积体内	600	300	32	4.33	8.1
		结构面(坡脚)	4500	2300	32	1.21	2.3
		结构面(坡腰)	4500	2300	32	1.05	2.3
		结构面(坡顶)	6200	6200	36	3.86	7.2

2. 地震作用下基覆型斜坡的变形特征及破坏过程

为了揭示在单面坡、双面坡上基覆斜坡的变形特征和破坏过程，现以两个基覆斜坡坡面上的 B_1 和 B_2 点的运动为研究对象。从 B_1、B_2 的运动过程看，两者的基本一致，但是滑塌的激发时间不一致，这并不影响对基覆斜坡变形特征和破坏过程的认识。由于 B_1、B_2 两点的运动（滑塌）过程基本一致，这里仅就 B_1 点的总位移时程曲线进行分析，具体结果见图6.77。图6.77显示 B_1 点的总位移在 $t=0\sim15.75\mathrm{s}$ 范围内基本围绕着0波动，在 $t=15.75\sim33.12\mathrm{s}$ 总位移突然快速增加，形成了一个陡峻的增加坡度，在 $t=33.12\sim58.18\mathrm{s}$ 总位移的波动性逐渐减小，最后稳定在总位移为600m左右。基于上述基覆斜坡的变形特征，可把基覆斜坡的变形过程分为4个阶段：第一为启动阶段，在这一阶段坡体仅发生了

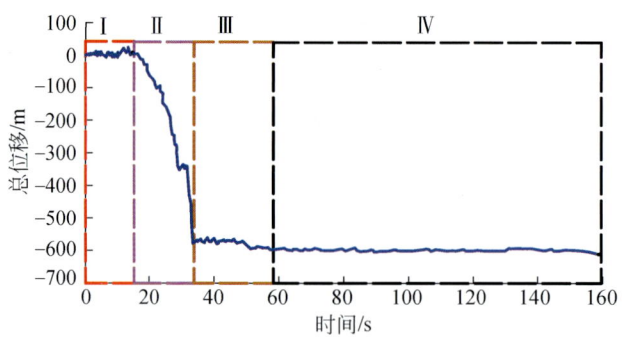

图6.77 B_1 点总位移曲线

较小的位移，但基本处于一个稳定状态。第二为高速滑动阶段，在这一阶段输入的地震加速度超过了基覆斜坡的屈服加速度，这导致地震激发了该基覆斜坡的滑动，因此滑体的总位移快速增加。然而从该双面坡的坡型可知，滑体滑动后即刻进入了一段更陡的坡段（相比较上部斜坡坡度），再次促使滑体加速下滑。第三为堆积阶段，在这一阶段滑体已基本进入坡脚处的沟谷中，形成了滑体在沟谷中的堆积过程。第四为自稳阶段，在这一阶段完成了滑体的重新堆积过程，形成了新的、稳定的堆积体。

为了更详细揭示地震作用下基覆斜坡的激发效应，现以基覆斜坡整个破坏阶段不同时刻的地震响应来描述它的滑动机理。为了便于描述，现以连续离散元计算得到的不同时刻下的单面坡、双面坡内的剪应变和拉应变变化与分布进行说明，见图 6.78 和图 6.79。图 6.78 和图 6.79 中蓝色点表示该点未破坏，红色点表示该点发生了剪切破坏，绿色点表示该点发生了拉伸破坏。

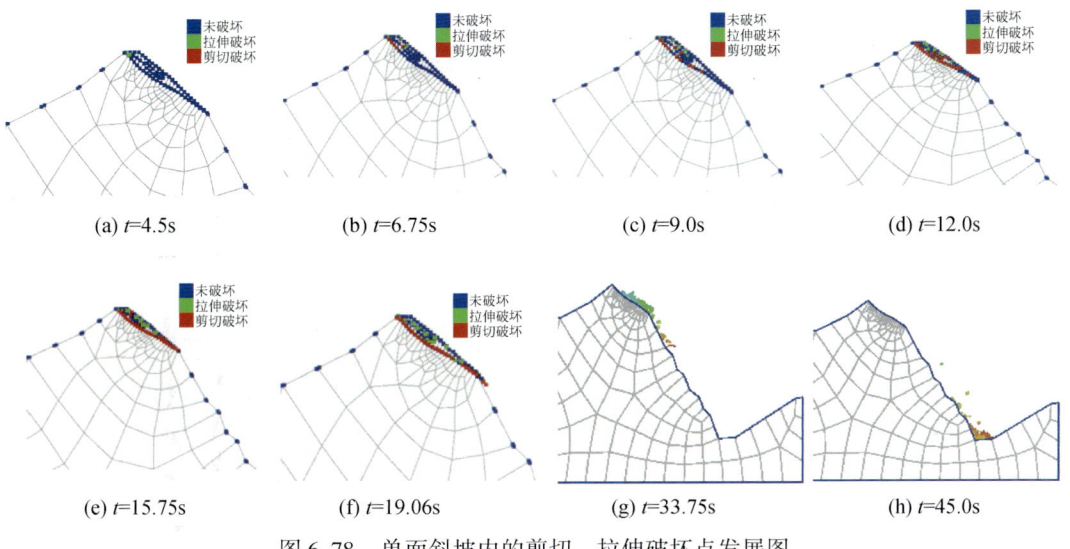

图 6.78　单面斜坡内的剪切、拉伸破坏点发展图

综合分析图 6.78 和图 6.79 可知，无论单面坡还是双面坡上的基覆斜坡在地震作用下首先在斜坡界面的上缘出现拉伸破坏点，之后在斜坡界面上部出现剪切破坏点，随着输入地震动的增加，剪切破坏点逐渐向下发展，形成了大量不连续的拉伸、剪切破坏点；随着输入地震动的继续增加，拉伸、剪切破坏点逐渐连通，形成连续剪切破坏滑裂面，并逐渐向滑体前缘的锁固段发展；最后，输入地震波逐渐达到峰值，剪切破坏点迅速扩展，贯通锁固段在整个滑体形成连续剪切破裂面，且这个连续剪切破裂面与基覆斜坡界面一致。此时基覆斜坡产生滑动，进入加速滑动阶段，当滑体滑动到坡脚后速度大幅降低，并形成堆积体。从上可知，单面坡或双面坡上的堆积体都经历了从变形累计阶段向破坏滑动阶段，再到堆积与稳定阶段发展的过程，但两者也存在一些差异，主要体现在：在 $t=15.75s$ 时，单面坡上基覆斜坡内的剪切破坏点已基本形成贯通面，即剪切破坏面形成了，且贯通面与基覆界面一致，而此时双面坡上的基覆斜坡已经发生滑塌，这说明在相同地震波激励，并具有相同基覆界面力学参数等外部条件下，双面坡的地震响应较单面坡更为强烈，震害更

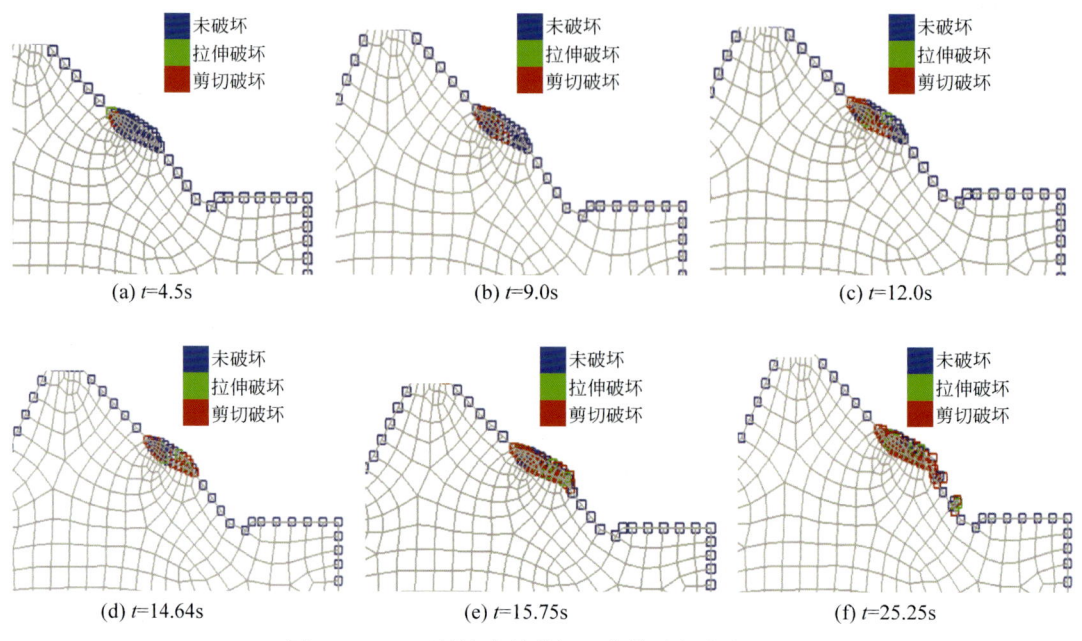

图 6.79 双面斜坡内的剪切、拉伸破坏点发展图

为严重,这一现象正如前述所描述的那样双面坡在地震作用下将出现"鞭梢效应",而"鞭梢效应"加剧了双面坡的地震响应,这一结果也与汶川地震震害的调查结果基本一致。

综上所述,斜坡失稳是一个均衡、渐进的过程。在重力和地震力作用下,在滑体顶部首先出现拉应力集中,造成滑体沿基覆界面后缘产生变形,进而引起该处出现拉伸、剪切破坏点,之后随着地震力的持续,基覆界面上的剪切破坏点逐渐向滑体前缘的锁固段发展,同时伴随着滑体表面拉伸破坏点的增多,最终造成锁固段发生渐进性破坏,破裂面贯通形成滑动带,滑体从剪出口滑出形成滑坡。

3. 地震作用下基覆型斜坡破坏机理

1)基覆型斜坡界面上岩土体的应力-应变关系

由于单面坡、双面坡的滑塌过程基本一致,因此现选取双面坡基覆斜坡界面上具有代表性的应力、应变测点 F_3 作为分析对象,具体结果见图6.80、图6.81。值得注意的是,

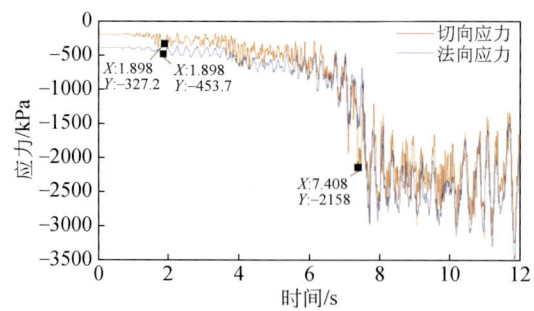

图 6.80 法向、切向应力时程曲线

图 6.80 显示在地震动 $t=12.0\mathrm{s}$ 时,测点已经发生剪切破坏,所以本节只就 12.0s 以前的地震响应进行分析。

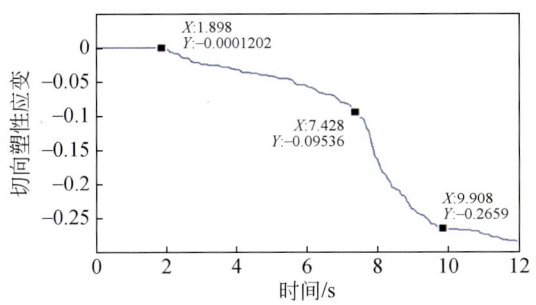

图 6.81 切向塑性应变时程曲线

从图 6.80、图 6.81 可知,在输入地震力 $t=1.898\mathrm{s}$ 之前,测点所受到的切向应力较小,相应的切向塑性应变基本为 0,说明在 0~1.898s 测点仍处于弹性阶段;在输入地震力 $t=1.898 \sim 7.408\mathrm{s}$,测点的切向应力逐渐增加,切向塑性应变也随之增加,且增长速度逐渐增大,当 $t=7.408\mathrm{s}$ 时,测点的切向应力第一次超过了测点的抗剪强度,相应的切向塑性应变在 $t=7.428\mathrm{s}$ 时出现了拐点,之后塑性应变急剧增加。在 $t=7.408 \sim 12\mathrm{s}$,测点的切向应力基本围绕在抗剪强度线周围进行上、下波动,而切向塑性应变时程曲线在 $t=9.908\mathrm{s}$ 时出现了拐点,之后切向塑性应变基本稳定于 -0.26,同时由脆性断裂模型和莫尔-库仑破坏准则的特性可知,此时测点已发生破坏。从上述 F_3 点的应力-应变关系发展可知,初始时基覆斜坡界面上 F_3 点处于弹性响应阶段,此时塑性应变为零,但是随着地震震动强度增加,F_3 点的剪应力快速增加,此时塑性应变也随之增加,但是塑性应变的增加速率不大,然而一旦 F_3 点的剪应力超过该点的抗剪强度,F_3 的塑性应变迅速增加并形成了流塑状态。F_3 点的应力-应变发展变化过程与上节滑体运动的宏观表象一致,这从一点的应力-应变发展上进一步揭示了基覆斜坡的滑动机理。

2) 基覆斜坡界面两侧震动加速度的差异性分析

基覆斜坡界面两侧震动加速度的差异性主要指临近基覆斜坡界面且位于滑床、滑体内两点加速度的差异。由于单面坡、双面坡的滑塌过程基本一致,现选取双面坡上基覆斜坡界面上下具有代表性的滑床测点 C_3 和滑体测点 D_3 作为分析对象,具体加速度时程结果见图 6.82、图 6.83。

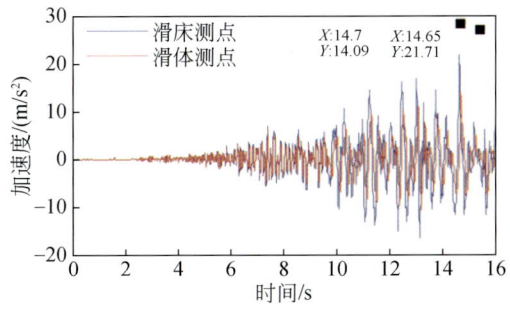

图 6.82 水平加速度时程曲线

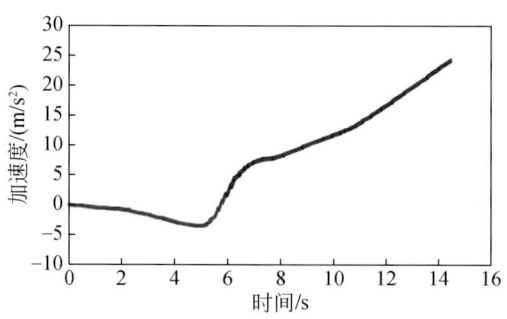

图 6.83　滑床与滑体水平加速度差值时程包络线

综合分析图 6.82、图 6.83 可知，在基覆斜坡界面两侧的水平加速度存在较大差别。在地震动加速度较小时，滑体内的水平加速度大于滑床内的水平加速度；随着地震动加速度的增加，滑床内的水平加速度逐渐超过了滑体内的水平加速度；其次，水平峰值加速度在基覆斜坡界面两侧到达的时间存在一定差异，在滑体内稍微有所滞后。上述现象可从对比图 6.80、图 6.81 与图 6.83 进行探讨，从图 6.83 可知滑床内与滑体内加速度幅值相同所对应的时间约是 5.8s，而从图 6.81 和图 6.82 可知基覆斜坡界面上的 F_3 点处于发生塑性应变的初始阶段，即滑体内已处于发生塑性变形的阶段，由于滑体内发生了塑性变形，塑性变形增加了土体中的滞回阻尼，而滞回阻尼消耗了震动能量，具体表现在滑体内的加速度幅值减小，这就是造成在图 6.83 中滑床与滑体水平加速度差值时程包络线随时间（0~14s 范围）增加而增加的原因。

4. 基覆斜坡滑床与滑体间运动不一致性分析

滑床与滑体间运动不一致性主要指两者在频率、幅值及时间上的不一致性，而目前常用的时域分析法和频域分析法只能单独就时间-幅值特性、频率-幅值特性进行研究，而不能将幅值、频率以及时间有机地结合起来。为了克服时域分析法和频域分析法存在的缺陷，本节利用了 Hilbert-Huang 变换方法揭示滑床、滑体内地震动的时-频特性（Huang et al., 1998）。为此，选取了滑床内测点 C_3 和滑体内测点 D_3 的水平加速度时程曲线，从时频联合域进行滑床与滑体间运动不一致性的研究，见图 6.84、图 6.85。

由图 6.84 和图 6.85 可知，基覆斜坡界面两侧 C_3 和 D_3 点水平加速度的 Hilbert 谱之间存在某些相同点和不同点。相同点体现在：基覆斜坡界面两侧的水平加速度主要集中在 0~10Hz，10~30Hz 虽然存在部分加速度，但是其幅值很小，这与傅里叶谱的计算结果一致。不同点体现在：在地震动初期，滑体内水平加速度的幅值大于滑床内水平加速度的幅值，但随着地震强度的增加，滑床内水平加速度幅值逐渐超过了滑体内水平加速度幅值，这与在基覆斜坡界面两侧震动加速度的差异性分析一节所得到的结论一致。综合以上可以得到：在地震初期，地震动加速度较小，滑床、滑体间运动具有较强的一致性，但随着地震动强度的增大，滑床、滑体间振动频率、幅值的差异性逐渐增大，运动的不一致性逐渐增强。然而，由于基覆斜坡界面附近的运动不一致性反过来加剧了在基覆斜坡界面上拉伸、剪切破坏点的发展，进而产生了基覆斜坡的滑动。因此，滑床、滑体间运动的不一致

第 6 章 强震条件下山区道路斜坡灾变机理

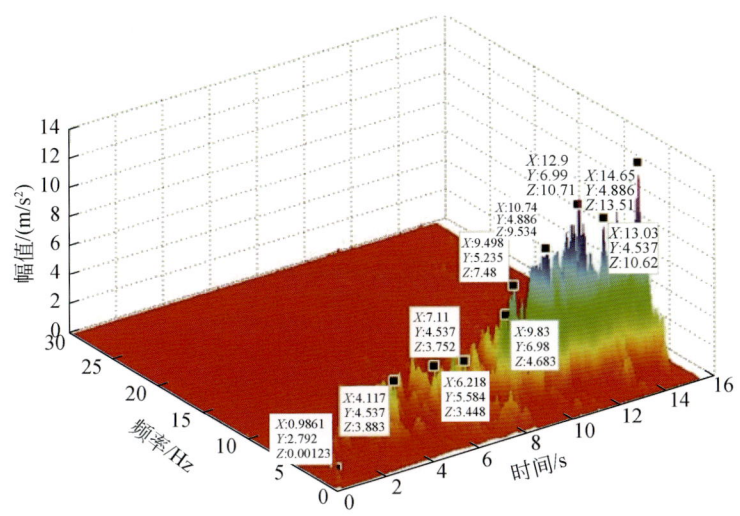

图 6.84 滑床内水平加速度的 Hilbert 谱

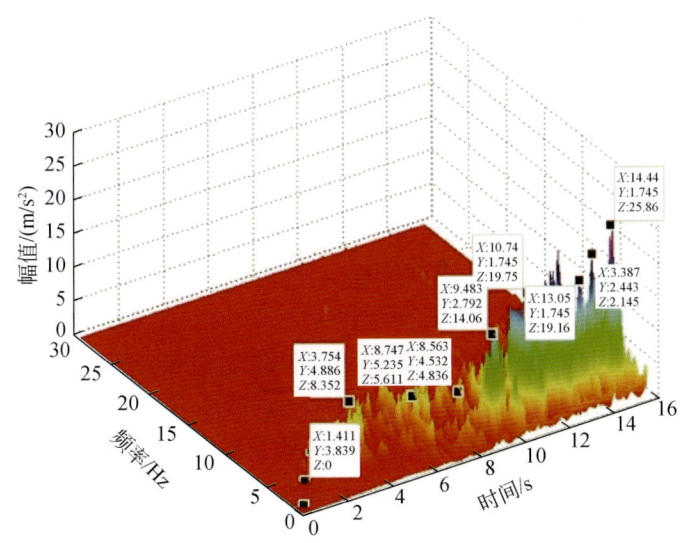

图 6.85 滑体内水平加速度的 Hilbert 谱

性是诱发斜坡发生滑塌的一项主控影响因素。

5. 基覆斜坡滑床与滑体间地震能量分布和耗散的差异性分析

研究对象内的能量变化是描述研究对象力学性质变化的另一种形式，在这一节用能量的观点说明斜坡滑塌。由于单面坡、双面坡的滑塌过程基本一致，现选双面坡基覆斜坡滑床内的 $C_1 \sim C_6$ 点和滑体内的 $D_1 \sim D_6$ 进行研究。由于滑体内的地震能量主要来自滑床内地震波通过基覆斜坡界面的透射能量，所以基覆斜坡界面的透射系数能够很好地反映滑床、滑体间地震动能量的差异性。因此，本节仍利用 Hilbert-Huang 变换方法，从时频联合域求解各个测点的能量分布情况，进而得出整个基覆斜坡界面的能量透射系数时程曲线。定义能量透射系数为滑体内的能量与滑床内的能量之比，结果见图 6.86。

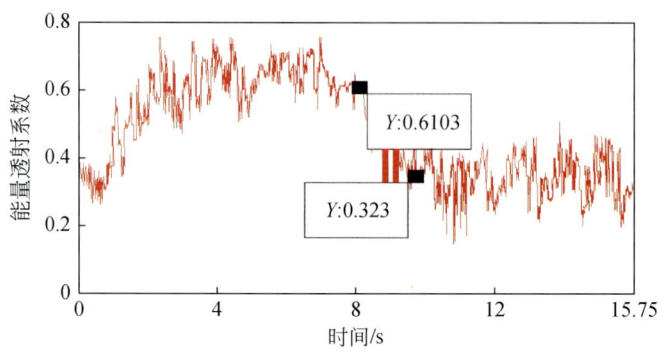

图 6.86　基覆界面的能量透射系数时程曲线

滑床和滑体间能量分布具有较大的差异性。在地震动较小时，滑体内地震动的能量透射系数稳定在 0.55～0.75，随着地震动强度的增大，滑体内地震动的能量透射系数逐渐下降，稳定在 0.20～0.40。结合图 6.84 和图 6.85 可知，滑床内地震动的能量主要分布在 5～7Hz 卓越频带内，而滑体内地震动的能量则主要分布在 0.5～1.5Hz 和 4～5Hz 两个卓越频带内，且较低频带控制着地震波的主要能量。因此，随着地震动强度的增加，能量透射系数降低，滑体内地震动能量的控制性频带逐渐由高频带向低频带转移。出现上述现象是由于在地震动较小时，滑体和滑床之间没有相对滑动，瞬时频率均稳定在 5～7Hz，能量透射系数较高，稳定在 0.55～0.75，这也能从弹性波动理论计算得到能量透射系数约为 0.665，从上可知时频联合域计算结果与弹性波动理论计算结果基本一致。因此，在地震初期（地震动较小），滑床内地震动的能量集中在 5～7Hz，而滑体内地震动能量集中在 4～5Hz。随着地震动强度增大，输入地震波的能量逐渐增大，基覆斜坡界面上的剪切、拉伸破坏点也随之增多，逐渐形成了贯通性的破坏面，滑床、滑体之间出现了相对滑动，造成地震波在界面上的耗能增加，进而引起能量透射系数减小，并逐渐稳定在 0.20～0.40。同时，随着滑床、滑体运动不一致性的出现，滑体内地震加速度的瞬时频率逐渐下降，并逐渐稳定在 0.5～1.5Hz。因此，在滑床、滑体出现相对滑动后，滑体内地震动能量的控制性频带逐渐稳定在 0.5～1.5Hz。因此，随着地震动强度增加，基覆斜坡界面的破坏程度逐渐增大，滑床和滑体间的相对滑动量也随之增加，界面上的耗能增大，能量透射系数降低，滑体内地震动能量的控制性频带逐渐由高频带向低频带转移。

综合以上分析可知，在地震初期（地震动较小），基覆斜坡界面的能量透射系数较高，界面夹层内贮存了大量的地震动能量，而界面夹层的厚度较薄，造成了夹层内贮存和耗散的能量密度远远大于下部滑床，进而引起基覆斜坡界面发生拉伸、剪切破坏。随着地震动强度增加，滑床、滑体间能量的差异性逐渐增大，加剧了基覆斜坡界面的破坏，进而诱发滑坡。因此，滑床、滑体间地震能量分布和耗散的差异性是诱发滑坡的一项重要因素，这也能够解释汶川地震中软岩分布区和硬岩浅表层风化区以"剥皮型"滑坡为主的震害现象（张祖武等，2013）。

6.4.3 基覆型斜坡稳定性时频分析方法

目前常用的斜坡稳定性分析方法主要有拟静力法、Newmark 滑块分析法和数值分析方法（祁生文，2002；郑颖人等，2009；杨长卫等，2013b）。其中，拟静力法只能考虑地震波峰值特性（PGA）对斜坡稳定性的影响，而不能考虑地震波的频率和持时对斜坡稳定性的影响。Newmark 滑块分析法不仅不能求解地震荷载作用下斜坡的瞬时稳定性系数，而且在实际工程中评价斜坡地震稳定性的准确度也较差。如果缺乏其他研究方法的校核，数值模拟计算结果的准确性存疑。然而，基覆型斜坡发生滑塌是地震动持时、频率及幅值 3 个因素共同作用的结果，单一的考虑其中一个因素可能会造成基覆型斜坡稳定性判识的片面性。鉴于此，基于弹性波动理论和希尔伯特-黄信号处理技术，提出基覆型斜坡地震稳定性的时频分析方法。

1. 基本假定

岩土体作为一种极其复杂的地震波传播介质，自身具有极强的时频域特征。因此，基于斜坡稳定性分析时频联合域的分析方法需建立在一定的假设之上，具体为以下几点：①所研究的岩层层面两侧为均质各向同性体；②地震波从震源处向上传播，经过不断的反射和折射，在达到地表时其传播方向已经接近垂直，因此可假设地震波为垂直入射；③不考虑斜坡坡面衍生的面波对斜坡稳定性的影响；④层面的破坏满足莫尔-库仑破坏准则；⑤汶川地震斜坡震害调查显示 SV 波对斜坡的稳定性影响最大，同时，P 波的持时短，能量小，故本书假设在地震作用下基覆型斜坡的稳定性由 SV 波控制，即仅考虑 SV 波的作用。

2. 计算模型及动力学公式推导

根据地震波动力学可知，SV 波在基覆界面将出现复杂的反射和透射现象，并且伴随着地震波的波形转换，具体为界面将出现反射 SV 波、反射 P 波、透射 SV 波和透射 P 波（陈国兴，2007）。根据地震波的传播特性，建立基覆型斜坡界面处地震波反射、透射二维模型，如图 6.87 所示。

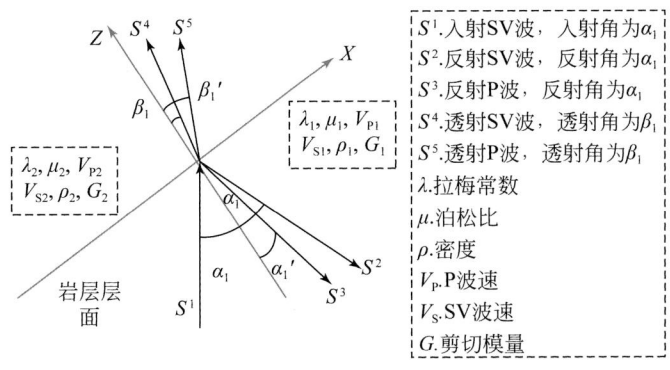

图 6.87 基覆型斜坡界面上地震波的反射和透射模型

在上述计算模型中，利用弹性位移量值表征各个反射和透射波的势函数如下：

$$S^i = S_0^i e^{j(k_x^{(i)}X + k_z^{(i)}Z - \omega t)}, \quad i=1,2,3,4,5 \tag{6.57}$$

式中，$k_x^{(i)}$、$k_z^{(i)}$分别表示计算模型中各波（入射波、反射波及透射波）沿X和Z向的波矢，计算方法如下：

$$k_x^{(1)} = \frac{\omega}{V_{S1}}\sin\alpha_1;\, k_x^{(2)} = \frac{\omega}{V_{S1}}\sin\alpha_1;\, k_x^{(3)} = \frac{\omega}{V_{P1}}\sin\alpha_1';\, k_x^{(4)} = \frac{\omega}{V_{S2}}\sin\beta_1;\, k_x^{(5)} = \frac{\omega}{V_{P2}}\sin\beta_1' \tag{6.58}$$

$$k_z^{(1)} = \frac{\omega}{V_{S1}}\cos\alpha_1;\, k_z^{(2)} = -\frac{\omega}{V_{S1}}\cos\alpha_1;\, k_z^{(3)} = -\frac{\omega}{V_{P2}}\cos\alpha_1';\, k_z^{(4)} = \frac{\omega}{V_{S2}}\cos\beta_1;\, k_z^{(5)} = \frac{\omega}{V_{P2}}\cos\beta_1' \tag{6.59}$$

根据 Snell 定理：$\frac{\sin\alpha_1}{V_{S1}} = \frac{\sin\alpha_1'}{V_{P1}} = \frac{\sin\beta_1}{V_{S2}} = \frac{\sin\beta_1'}{V_{P2}}$，可知 $k_x^{(1)} = k_x^{(2)} = k_x^{(3)} = k_x^{(4)} = k_x^{(5)}$。

由于讨论的是二维问题，即Y方向位移量$v=0$，波函数与Y轴无关，同时，在基覆界面处（$Z=0$）应满足如下位移连续条件和应力连续条件。根据位移连续条件可得

$$\begin{cases} S_0^1\cos\alpha_1 - S_0^2\cos\alpha_1 + S_0^3\sin\alpha_1' = S_0^4\cos\beta_1 + S_0^5\sin\beta_1' \\ -S_0^1\sin\alpha_1 - S_0^2\sin\alpha_1 - S_0^3\cos\alpha_1' = -S_0^4\sin\beta_1 + S_0^5\cos\beta_1' \end{cases} \tag{6.60}$$

根据各向同性的胡克定律，联立式（6.57）～式（6.60），可得层面上应力连续条件为

$$\lambda_1[S_0^1 \cdot k_x^{(1)} \cdot \cos\alpha_1 - S_0^2 \cdot k_x^{(2)} \cdot \cos\alpha_1 + S_0^3 \cdot k_x^{(3)} \cdot \sin\alpha_1'] + (\lambda_1 + 2\mu_1)$$
$$[-S_0^1 \cdot k_z^{(1)} \cdot \sin\alpha_1 - S_0^2 \cdot k_z^{(2)} \cdot \sin\alpha_1 - S_0^3 \cdot k_z^{(3)} \cdot \cos\alpha_1']$$
$$= \lambda_2[S_0^4 \cdot k_x^{(4)} \cdot \cos\beta_1 + S_0^5 \cdot k_x^{(5)} \cdot \sin\beta_1'] + (\lambda_2 + 2\mu_2)[-S_0^4 \cdot k_z^{(4)} \cdot \sin\beta_1 + S_0^5 \cdot k_z^{(5)} \cdot \cos\beta_1'] \tag{6.61}$$

$$\mu_1[S_0^1 \cdot k_z^{(1)} \cdot \cos\alpha_1 - S_0^2 \cdot k_z^{(2)} \cdot \cos\alpha_1 + S_0^3 \cdot k_z^{(3)} \cdot \sin\alpha_1' - S_0^1 \cdot k_x^{(1)} \cdot \sin\alpha_1 - S_0^2 \cdot k_x^{(2)} \cdot \sin\alpha_1$$
$$-S_0^3 \cdot k_x^{(3)} \cdot \cos\alpha_1'] = \mu_2[S_0^4 \cdot k_z^{(4)} \cdot \cos\beta_1 + S_0^5 \cdot k_z^{(5)} \cdot \sin\beta_1' + S_0^5 \cdot k_x^{(5)} \cdot \cos\beta_1' - S_0^4 \cdot k_x^{(4)} \cdot \sin\beta_1] \tag{6.62}$$

令 $A' = S_0^2/S_0^1$，$B' = S_0^3/S_0^1$，$C' = S_0^4/S_0^1$，$D' = S_0^5/S_0^1$，可得

$$\begin{cases} \cos\alpha_1 - A'\cos\alpha_1 + B'\sin\alpha_1' - C'\cos\beta_1 - D'\sin\beta_1' = 0 \\ -\sin\alpha_1 - A'\sin\alpha_1 - B'\cos\alpha_1' + C'\sin\beta_1 - D'\cos\beta_1' = 0 \\ [\lambda_1 \cdot k_x^{(1)} \cdot \cos\alpha_1 - (\lambda_1 + 2\mu_1) \cdot k_z^{(1)} \cdot \sin\alpha_1] - [\lambda_1 \cdot k_x^{(2)} \cdot \cos\alpha_1 + (\lambda_1 + 2\mu_1) \cdot k_z^{(2)} \cdot \\ \sin\alpha_1]A' + [\lambda_1 \cdot k_x^{(3)} \cdot \sin\alpha_1' - (\lambda_1 + 2\mu_1) \cdot k_z^{(3)} \cdot \cos\alpha_1']B' + [(\lambda_2 + 2\mu_2) \cdot k_z^{(4)} \cdot \\ \sin\beta_1 - \lambda_2 \cdot k_x^{(4)} \cdot \cos\beta_1]C' - [\lambda_2 \cdot k_x^{(5)} \cdot \sin\beta_1' + (\lambda_2 + 2\mu_2) \cdot k_z^{(5)} \cdot \cos\beta_1']D' = 0 \\ \mu_1[k_z^{(1)} \cdot \cos\alpha_1 - k_x^{(1)} \cdot \sin\alpha_1] - \mu_1[k_z^{(2)} \cdot \cos\alpha_1 + k_x^{(2)} \cdot \sin\alpha_1]A' + \mu_1[k_z^{(3)} \cdot \\ \sin\alpha_1' - k_x^{(3)} \cdot \cos\alpha_1']B' - \mu_2[k_z^{(4)} \cdot \cos\beta_1 - k_x^{(4)} \cdot \sin\beta_1]C' - \mu_2[k_z^{(5)} \cdot \sin\beta_1' \\ + k_x^{(5)} \cdot \cos\beta_1']D' = 0 \end{cases} \tag{6.63}$$

将式（6.63）简化为

$$BX = c \Leftrightarrow [B_1 \quad B_2] \cdot \begin{bmatrix} A' \\ B' \\ C' \\ D' \end{bmatrix} = \begin{bmatrix} -\cos\alpha_1 \\ \sin\alpha_1 \\ -(\lambda_1 \cdot k_x^{(1)} \cdot \cos\alpha_1 - (\lambda_1 + 2\mu_1) \cdot k_z^{(1)} \cdot \sin\alpha_1) \\ -\mu_1(k_z^{(1)} \cdot \cos\alpha_1 - k_x^{(1)} \cdot \sin\alpha_1) \end{bmatrix} \tag{6.64}$$

式(6.64)中系数 B_1、B_2 的具体形式如下：

$$B_1 = \begin{bmatrix} -\cos\alpha_1 & \sin\alpha_1' \\ -\sin\alpha_1 & -\cos\alpha_1' \\ -\lambda_1 \cdot k_x^{(2)}\cos\alpha_1 - (\lambda_1+2\mu_1)k_z^{(2)}\sin\alpha_1 & \lambda_1 \cdot k_x^{(3)}\sin\alpha_1' - (\lambda_1+2\mu_1) \cdot k_z^{(3)} \cdot \cos\alpha_1' \\ -\mu_1(k_z^{(2)}\cos\alpha_1 + k_x^{(2)}\sin\alpha_1) & \mu_1(k_z^{(3)}\sin\alpha_1' - k_x^{(3)}\cos\alpha_1') \end{bmatrix}$$
(6.65)

$$B_2 = \begin{bmatrix} -\cos\beta_1 & -\sin\beta_1' \\ \sin\beta_1 & -\cos\beta_1' \\ -\lambda_2 \cdot k_x^{(4)}\cos\beta_1 + (\lambda_2+2\mu_2)k_z^{(4)}\sin\beta_1 & -\lambda_2 \cdot k_x^{(5)}\sin\beta_1' - (\lambda_2+2\mu_2)k_z^{(5)}\cos\beta_1' \\ -\mu_2[k_z^{(4)}\cos\beta_1 - k_x^{(4)}\sin\beta_1] & -\mu_2[k_z^{(5)}\sin\beta_1' + k_x^{(5)}\cos\beta_1'] \end{bmatrix}$$
(6.66)

为了验证上述公式推导的正确性，以地震波垂直入射为例，根据波动理论，当地震波垂直入射至层面时，将不会出现波形转换，即只会出现反射 SV 波 S^2 和透射 SV 波 S^4。垂直入射时，入射角 $\alpha_1 = 0$，将其代入上式可得层面的反射系数和透射系数分别为

$$A' = \frac{\rho_1 V_{S1} - \rho_2 V_{S2}}{\rho_1 V_{S1} + \rho_2 V_{S2}}; B' = 0; C' = \frac{2\rho_1 V_{S1}}{\rho_1 V_{S1} + \rho_2 V_{S2}}; D' = 0 \quad (6.67)$$

上述反射系数和透射系数计算结果与经典地震波动力学理论推导得到的结果一致，证明了本节公式推导的正确性（杜世通，2008）。

3. 基覆型斜坡地震安全系数计算方法

本节的研究基于莫尔-库仑破坏准则，当界面处应力水平满足 $\tau_s \geq \sigma_n \tan\varphi + c$，则层面出现剪切破坏，若满足 $\sigma_n \geq \sigma_{\text{tension}}$，则界面处出现张拉破坏。

考虑基覆型斜坡自重应力沿界面法向和切向的分量 σ_0 和 τ_0，推导得到在地震波作用下基覆型斜坡界面上法向应力和切向应力计算公式为

$$\sigma_n = \lambda_1[S_0^1 \cdot k_x^{(1)} \cdot \cos\alpha_1 - S_0^2 \cdot k_x^{(2)} \cdot \cos\alpha_1 + S_0^3 \cdot k_x^{(3)} \cdot \sin\alpha_1'] + (\lambda_1+2\mu_1)[-S_0^1 \cdot k_z^{(1)} \cdot \sin\alpha_1$$
$$-S_0^2 \cdot k_z^{(2)} \cdot \sin\alpha_1 - S_0^3 \cdot k_z^{(3)} \cdot \cos\alpha_1'] + \sigma_0 \quad (6.68)$$

$$\tau_s = \mu_1[S_0^1 \cdot k_z^{(1)} \cdot \cos\alpha_1 - S_0^2 \cdot k_z^{(2)} \cdot \cos\alpha_1 + S_0^3 \cdot k_z^{(3)} \cdot \sin\alpha_1'$$
$$-S_0^1 \cdot k_x^{(1)} \cdot \sin\alpha_1 - S_0^2 \cdot k_x^{(2)} \cdot \sin\alpha_1 - S_0^3 \cdot k_x^{(3)} \cdot \cos\alpha_1'] + \tau_0 \quad (6.69)$$

界面的抗剪强度为

$$\sigma_n \tan\phi + C = \{\lambda_1[S_0^1 \cdot k_x^{(1)} \cdot \cos\alpha_1 - S_0^2 \cdot k_x^{(2)} \cdot \cos\alpha_1 + S_0^3 \cdot k_x^{(3)} \cdot \sin\alpha_1'] +$$
$$(\lambda_1+2\mu_1)[-S_0^2 \cdot k_z^{(1)} \cdot \sin\alpha_1 - S_0^2 \cdot k_z^{(2)} \cdot \sin\alpha_1 - S_0^3 \cdot k_z^{(3)} \cdot \cos\alpha_1'] + \sigma_0\}\tan\phi + C \quad (6.70)$$

利用式（6.68）~式（6.70）可以计算得到界面上任一点的应力状态。根据斜坡和层面局部形态，将层面划分为一定数量（n）的分析单元，计算得到界面上每一个计算单元的应力水平，之后将应力水平在界面上积分，分别得到基覆型斜坡的下滑力 $F_{\text{滑}}$ 和抗滑力 $F_{\text{抗}}$，并计算得到基覆型斜坡的地震安全系数 K。

$$F_{\text{滑}} = \sum_{i=1}^{n} \tau_{si} \cdot dA_i; F_{\text{抗}} = \sum_{i=1}^{n} (\sigma_{ni} \cdot \tan\phi_i + c_i) \cdot dA_i; K = F_{\text{抗}}/F_{\text{滑}} \quad (6.71)$$

通过上述公式推导可以看出，地震波对基覆型斜坡的地震稳定性影响主要体现在反射波和透射波的位移幅值 S_0^i 及频率 ω。为了准确计算地震作用下基覆型斜坡的安全系数，需要对复杂的地震信号进行时频联合域的分解，以得到地震信号的弹性位移幅值和瞬时频率，Hilbert-Huang 变换使得这一问题迎刃而解。通过 Hilbert-Huang 变换提供的经验模态分解 EMD，能够将复杂随机的地震信号分解成具有某一特征的子信号，即本征模态函数 IMF，进一步求解可以得到每一个 IMF 的瞬时频率，结合 IMF 的时间-幅值谱，可以得到包含地震信号时间-频率-幅值的三维信号。将包含地震波时间-频率-幅值的每一个 IMF 分量代入上述推导的计算公式中，可以得到层状斜坡的瞬时地震安全系数。综合上述分析可知，目前建立的分析方法能够充分考虑地震波三要素（时间、频率、幅值）对基覆型斜坡地震稳定性的影响。基覆型斜坡瞬时地震安全系数的计算步骤为：①利用 Hilbert-Huang 变换对地震波时程进行 EMD 分解，得到一系列的 IMF；②求解每一个 IMF 的瞬时频率，将复杂地震波信号的三要素（时间、频率、幅值）分离出来；③选取具有典型幅值特征的 IMF 分量进行计算，将每一个 IMF 的幅值和瞬时频率代入式 (6.69)~式 (6.71)，计算层面上的应力状态；④将所有 IMF 的计算结果进行累计，得到该地震波时程作用下层面的应力状态；⑤将层面的应力状态在层面上积分，得到地震波作用下层面上的下滑力和抗滑力，以及层面上出现的法向张拉应力；⑥计算层状斜坡的安全系数，并根据斜坡的安全性需求对斜坡的安全性做出判断。

以 6.3.4 节中的振动台试验斜坡模型为例，通过插值可以得到每一个软弱夹层上各个插值点的加速度时程，插值点的位置如图 6.88 中的 L_i 和 $R_i(i=1,2,3,4,5,6)$ 所示。本节选取 0.15g 的 El Centro 地震波作为研究工况，计算得到各个插值点的应力状态后在整个软弱夹层上进行积分，得到各个软弱夹层的地震安全系数。

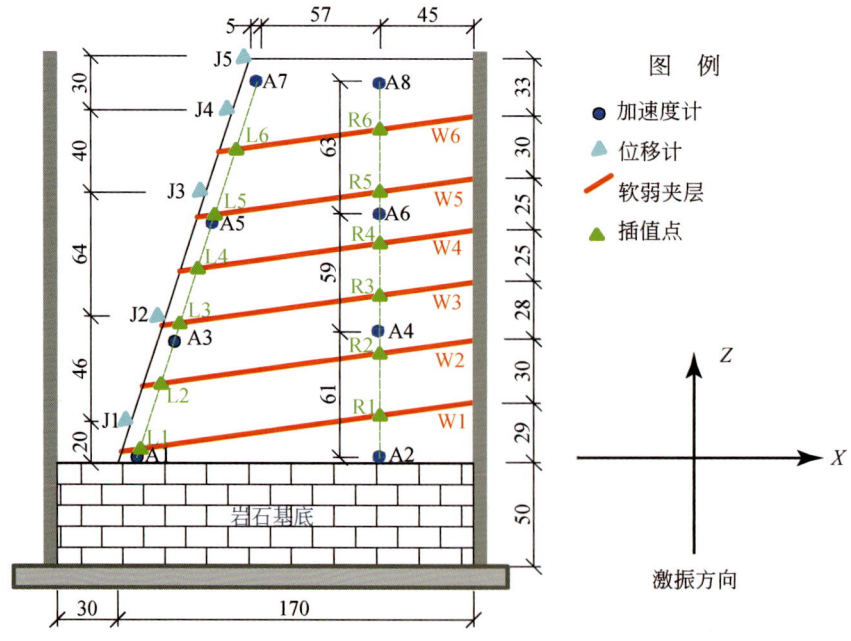

图 6.88 软弱夹层上加速度插值点示意图（单位：cm）

图 6.89 的计算结果表明含软弱夹层顺层岩质斜坡的地震安全系数随着地震波的激振出现显著的变化，尤其在坡体上部，由此可见，如果忽略地震波作用时间的影响，将导致斜坡地震安全系数的计算结果失真。地震波是一种包含了非平稳非线性成分的复杂信号，其幅值和频率成分均随着时间显著变化，因此，地震波的时频域特征对斜坡地震安全性的影响不容忽视。本节介绍的斜坡稳定性时频分析方法充分考虑了地震波信号的时-频率-幅值特性，计算结果描述了每一个时刻斜坡的安全系数。

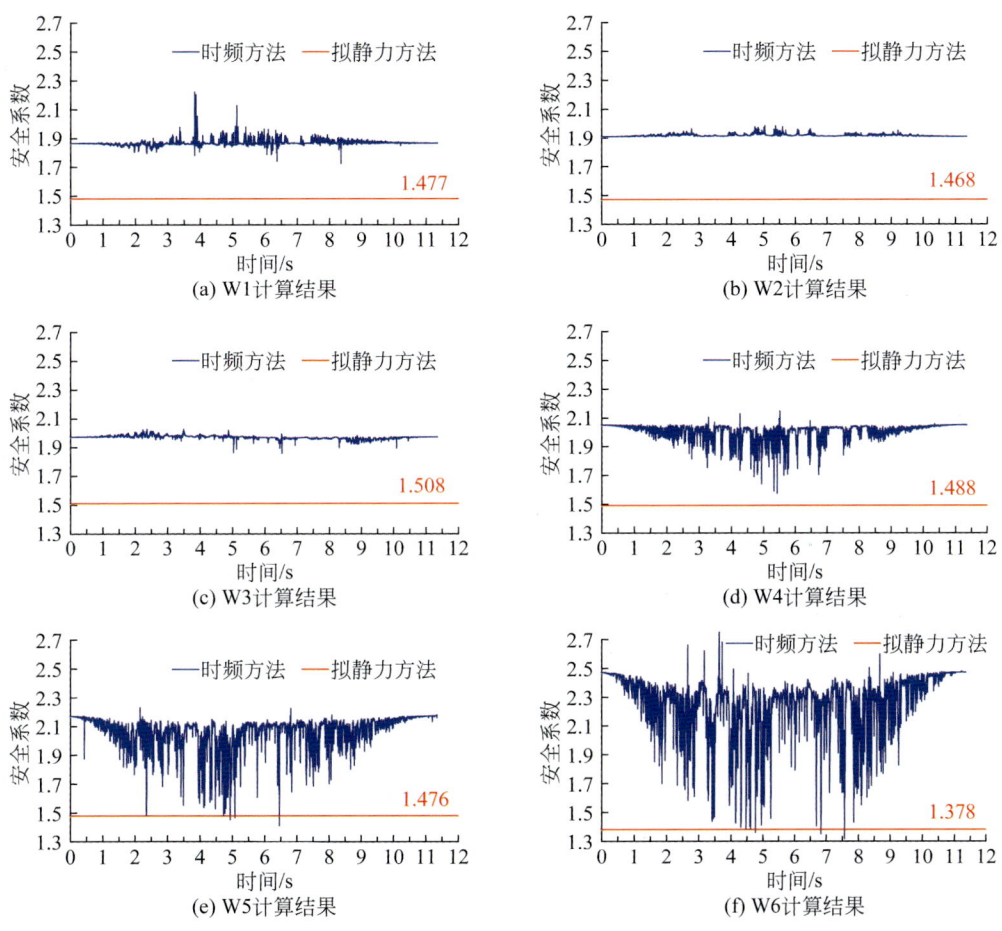

图 6.89　0.15g El Centro 地震波作用下各个层面的地震安全系数

6.5　地震作用下土质斜坡失稳机理与稳定性分析

土体是由大量岩石风化颗粒物堆积的松散堆积物，与岩石的根本区别是物理性状多变易变、力学强度相对较低。按照土体组成颗粒粒径特征，土质斜坡可以分为碎石土斜坡、砂土斜坡和黏土斜坡。川藏交通廊道分布着大量土质斜坡，多是由于风化、重力与水力作用形成的松散堆积物，其在地震作用下的破坏特征和失稳机理与岩质斜坡有显著差异，本节主要介绍地震作用下土质斜坡的动力响应特征、失稳机理与稳定性分析方法。

6.5.1　土质斜坡的动力响应特征与失稳机理

斜坡地震响应是指地震所引起的斜坡动力反应，主要研究对象有斜坡的运动响应、应力（变）响应、孔隙水压响应及土体力学参数响应等。研究斜坡的地震响应，不得不提及土质斜坡响应主要影响因素：①坡体物质组成，土体类型及土体内的物质组成；②坡体的空间构型，及斜坡外形特征与土层的结构特征；③地震荷载自身动力特征，如地震动的幅值特征、频谱特征、地震动的持时等。目前研究土质斜坡地震影响的主要方法有：实地勘测与现场试验、理论解析、数值模拟与物理模型实验。实地勘测与现场试验能够最为接近真实地获取地震响应数据，但是实地勘测与现场试验投入大、耗时长、实验受自然条件限制较多等诸多不利因素，在研究中受到了很大的限制。目前采用最多的方法为数值计算分析和物理模型实验方法。在现阶段中，数值模拟方法能够较为快速开展，成本较低，缺点是数值模拟方法本身受到数值计算原理与模型理论深度的限制，并不能模拟出真实世界中所有物理过程，而物理模型实验一定程度上补充了数值模拟方法的不足。

1. 土的动力响应特征分析

动荷作用下土体的响应现象可以分为 3 个层次来描述：①细观结构响应；②孔隙水压响应；③宏观应力-应变响应。通常土体的细观结构对动荷载响应表现在颗粒的排列规律，颗粒排列密实程度，接触颗粒之间的黏结力都会发生一定的改变。对于碎石土而言，在地震荷载作用下，土颗粒与石块之间会产生一定的相互作用力和应力集中现象，这使得碎石土的破裂面往往沿着石块的表面扩展。对于地震作用下的饱和砂土，砂土颗粒在动力和孔隙水压力共同作用下失去颗粒之间的接触力，使得有效应力减小，从而向着土体液化的方向发展；对于地震作用下的干砂土，在较弱的动力作用下可能会发生振实作用，即砂土颗粒之间排列更加紧密，土体体积减小；但是在较强的动力作用下可能会发生振松作用，即砂土体积增大。对于黏性土，因为土体颗粒与水之间的作用更加紧密，颗粒之间的接触力类型更加复杂，动荷载作用下黏性土细观结构变化较为复杂，一般认为含水量小于塑限，黏土颗粒之间会发生断裂破坏，且颗粒之间的新接触的黏结力小于原颗粒之间接触的黏结力；含水量高于塑限小于液限，黏土颗粒之间会产生塑性滑移和剪切断裂，新接触与原接触产生的黏结力基本相同；含水量高于液限时，此时颗粒之间仅有较弱的接触力，固体颗粒之间主要通过液体分子之间的作用产生力，抗剪强度很低，低频动荷载作用下产生黏性液体流动变形，高频动荷载作用下产生明显的瞬时刚度增大现象。

由于地震荷载作用的持时有限，在地震突发时，对于绝大多数土体而言都相当于处于不排水条件下的动力加载。随着动应力的不断增大，可以使土的结构遭受不同程度的破坏，从而引起不同程度的孔隙水压力上升，导致有效应力降低、变形增大、抗剪强度变弱和黏滞性减小，直至土体破坏。相比碎石土和黏性土，砂土是对孔隙水压最为敏感的一类土，土的液化机理研究至今是未解难题。本研究根据对川藏公路路基土质斜坡中的砂土液化现象的考察和大多数学者认识相同：砂土液化往往是由于砂土颗粒惯性力与水体的黏滞力共同作用下使得土体失去有效作用力而导致的。即当砂土处于所受荷载为静荷载时，土体承载力是通过土颗粒之间的相互接触传递的，有效作用力为主要承载力提供者。当土体受到外界的往复动荷载作用时，提供反力的介质为土体颗粒与液体，土体颗粒受到颗粒之间的接触力和流体对颗粒的黏滞力作用发生运动，当土颗粒的惯性力与流体流动带来的黏滞拖拽力大于土体颗粒之间的接触力时，土颗粒即发生悬浮，此时无法传递固体颗粒之间的有效作用力，在经历一定时间的往复荷载作用下，足够多的砂土颗粒发生悬浮时，土体的抗剪强度消失，失去承载力，从而导致沙土液化现象的发生。而影响砂土液化的因素是多方面的，包括地震动的强度、持续时间、频谱特征、土体的组成、土体强度与承载力，排水条件等。对于连续介质中存在的两种应力波——纵波与横波，其对土体的液化作用是相辅相成的，单独一种应力波作用时可能会引起液化，两者同时作用时会提高砂土的液化的概率。

土体的应力-应变特性研究发现土体变形一般也可以分为可恢复变形和不可恢复变形两部分。当土体处于小应变振幅状态下时，土体骨架结构基本不发生有效的改变，土体将显示出近似弹性体的特征；当动应变幅增大时，动荷载将引起土体骨架结构的改变，并从而引起土的残余变形和强度的损失，土的动力特性将明显不同于小应变幅情况。此时，除了需要研究土的动强度和形变规律外，还需研究土的振动液化情况。对于动荷载作用下土的性能问题，必须区分小应变幅动荷载作用和大应变幅动荷载作用两种不同情况。在小应变幅情况下，主要研究土体的动态变形模量和阻尼比的相关规律，如图 6.90 与图 6.91 所示（谢定义，2011）。但在大应变幅情况下，除了研究动态形变模量和阻尼比的变化之外，土的强度和非线性形变问题就显得格外重要，尤其是基于多场耦合机理对土体的复杂多变的力学现象的研究。

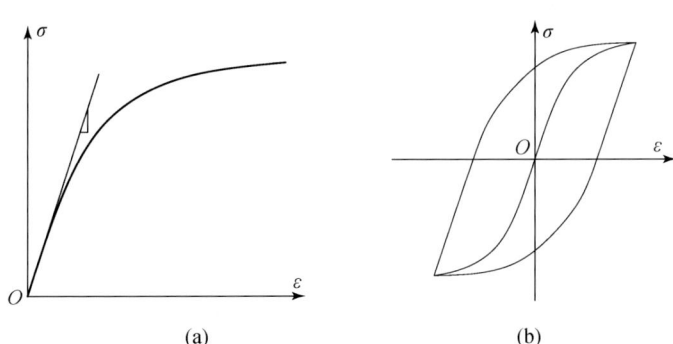

图 6.90　土体的应力-应变骨干曲线与土体的动应力-应变滞回曲线（低幅值荷载）

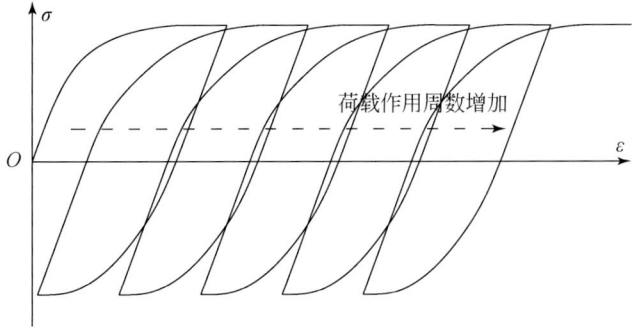

图 6.91　变形的累积效应

碎石土的动剪切模量和阻尼比特性与一般砂土有所差别，其动力特性的影响因素主要有有效围压、含石量、块石形状和颗粒破碎。目前针对碎石土的动力学影响因素的研究比较少、不够深入，亟须开展系统性的深入研究，从理论到工程应用，都存在很多值得探讨的问题，如碎石土的动力学特性、流固耦合问题等。因此，建立碎石土动力学模型是川藏交通廊道地区未来地震土质斜坡灾变机理研究的重要基础。

土体的应力–应变模型（本构模型）是研究土质斜坡稳定性的重要理论基础，在进行土质斜坡地震响应分析及稳定性分析中，无论理论解析还是数值模拟计算，土体本构模型的建立都是先决条件。对于土体而言，土体的静态本构模型与动态本构模型具有较大的差异，因此土体动力本构关系通常需要动态力学实验来进行测定。在动力作用下土体除了会表现出弹性变形和塑性变形外，还往往表现出较强的黏性流动和动态阻尼特性。这里如果使用连续介质模型来描述土体力学性质，将土体的弹性用弹性元件［H］来模拟、黏滞性用黏壶元件［N］来模拟、塑性用摩擦元件［V］来模拟；土体的动态应力–应变关系可以通过这3种基本元件的组合来模拟，如图 6.92 所示。值得注意的是，对于土体而言，其黏滞性系数（阻尼系数）往往并不是线性的，与应变速度、加卸载历史密切相关，因此当使用黏壶元件［N］来模拟黏滞性时，需要注意土体的特殊性。目前，对于多种不同类型的土体，通过大量的实验和工程实践，已发展了许多较为成熟有效的本构模型。

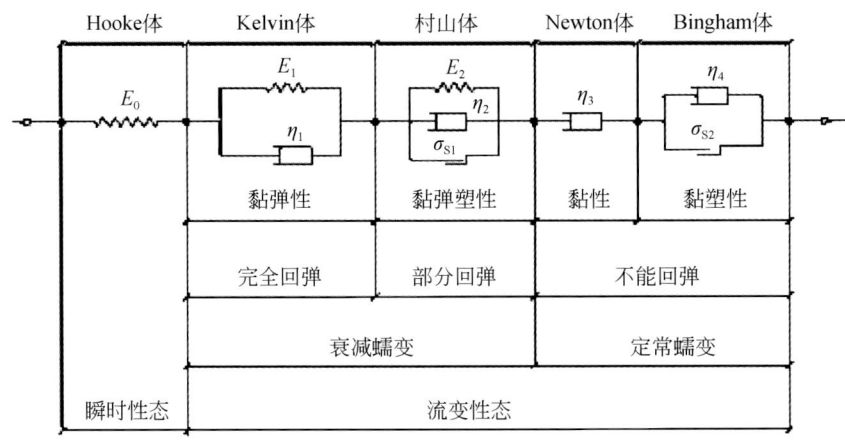

图 6.92　流变力学模型及其统一化处理（据孙钧，2007）

2. 土质斜坡地震动力响应规律

地震土质斜坡的研究具有较长的发展历史，比岩质斜坡的相关研究早半个多世纪。对土质斜坡地震响应的认识与斜坡动力模型研究水平密切相关。目前主要采用两种简化力学模型作为斜坡的基本研究对象，即剪切楔模型（双面坡模型）与单面坡模型。剪切楔模型是最早用于土质坡体、坝体地震响应分析的模型，其特点是将坝体或双面坡体简化为楔体模型（图6.93）后，从空间上简化了力学模型的复杂程度，以便于理论解析和研究。剪切楔模型在数值计算技术出现后，逐步失去了主导地位，现在往往与有限元等数值方法相结合对土质斜坡地震反应进行研究。而单面坡最简型式为"三折线"半无限空间模型，如

图 6.94 所示，但是这种简化模型的动力学问题至今没有完善的理论解析方法，通常需要对边坡做大量假设才能够分析和求解，因此，目前常采用数值模拟与物理模型实验来研究单面坡的地震响应。

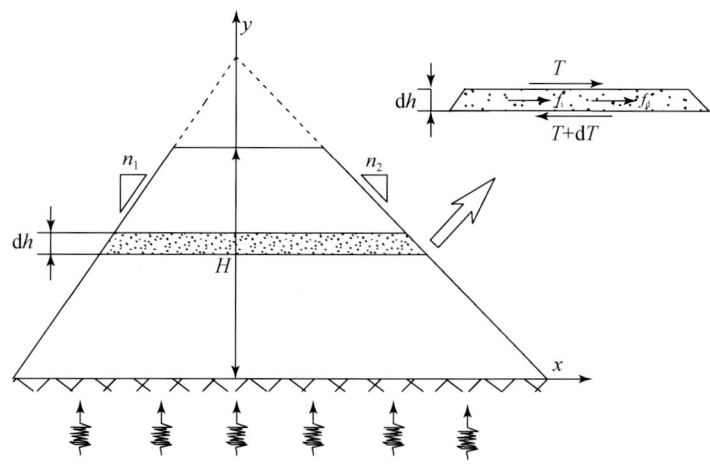

图 6.93 双面坡（坝坡）的剪切楔分析模型

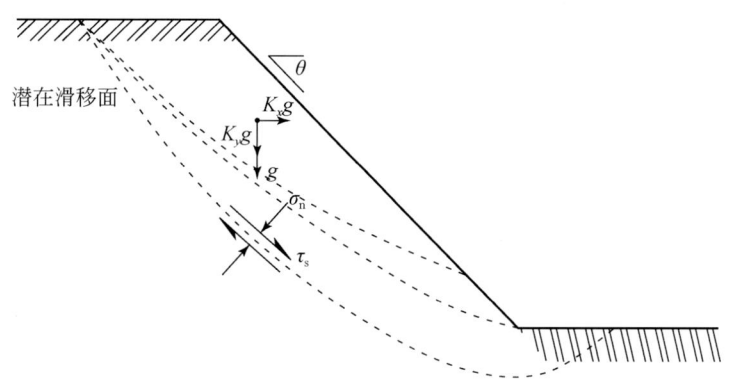

图 6.94 单面坡的"三折线"半无限空间模型

综合过去的研究成果和实践经验，包括理论分析、数值模拟物理模型实验等研究手段，针对不同类型土质斜坡，地震土质斜坡的响应规律主要有：

1）高程放大效应

坡体中质点峰值加速度、峰值位移在多数情形随着坡体高度的增加而增大，呈现高程放大效应，但是有时在土体的非线性性质与孔隙水压的影响下可能会呈现复杂的增减变化趋势。斜坡本身的动力学性质决定了坡体放大效应的变化规律，一般来说土质坡体具有一定的自振响应频率，在外来地震荷载作用下，动能逐渐积累，表现出高程放大现象。然而土体的动力学性质在地震作用下会逐渐发生变化，土体的动弹性模量、强度及阻尼等都是在变化的；尤其是当土体发生振动液化时，局部土层的液化会导致体积模量、剪切强度大幅下降，从而导致地震应力波的传播被液化层所阻隔，从而导致坡体未必能表现出动力响应的放大效应。软弱层表现出较大的阻尼作用，地震波能量被软弱层吸收也有可能会导致坡体放大效应随高程减小。

2）临空面放大效应

坡体表面的峰值加速度大于同一水平高程坡体内部峰值加速度的大小，即存在临空面放大效应。一般研究认为，坡体表面的加速度放大效应是由于应力波在自由面的反射叠加而导致，然而对于土体而言，坡面的应力波反射现象并不是特别明显，尤其在松软表层中。在坡体表面松软层中存在的应力波是多种形式的面波，而且在坡面监测到的坡面放大效应多处于较为密实的土体中。

3）砂土液化现象

坡脚和坡体底部区域范围可能会出现明显超孔隙水压，是振动液化的多发危险区域；振动加载产生超孔隙水压的位置之所以往往发生在坡体底部，其中一个主要客观因素是坡体底部往往是饱和区域，且具有一定的初始孔隙水压。而坡脚为应力集中区，地震作用下坡脚的应力场变化较为复杂与剧烈，具有更大的概率会发生振动液化现象。

4）滑移带分布特征

坡体内最大剪应力与最大剪应变响应区域往往距离斜坡面具有一定厚度，且与斜坡面基本呈平行分布（均匀土质斜坡中）。斜坡内最大剪应力响应与剪应变响应的空间分布并不是地震荷载的单独作用，而是斜坡内部在重力作用下的最大剪应力区域和剪应变区域的空间分布就是如此，在地震荷载作用下最大剪应力与最大剪应变的响应的区域基本相同。而斜坡的最终失稳滑移面也往往沿着最大剪应力（或剪应变）区域延伸和扩展。

5）最大永久位移分布特征

坡体内较大永久位移值常常出现在坡体顶部与坡脚两个区域。在经历地震荷载作用后，斜坡本身可能并未发生崩塌、滑坡，但会累积变形。经过大量的实地勘察与理论研究发现，斜坡在地震作用后的累积永久变形往往在坡肩与坡脚处相对较大，且坡肩部位土体的最大位移方向基本是沿斜坡倾向斜向下，而坡脚部位的土体位移方向基本是沿斜坡倾向向上隆起。

值得注意的是，当土质斜坡主要物质组成为碎石土时，由于土体的组成结构形式多样与颗粒粒径分布范围非常广，这给土体的强度带来很大的不确定性。从大量现场考察现象中发现，在高烈度地震荷载作用下碎石土斜坡较易于发生失稳和破坏，但是当地震烈度较小时，碎石土斜坡可能会发生振实作用，不会产生滑移或崩塌。振实作用会使土体体积减小，局部可能会产生塌陷和裂缝，然而此时土体强度可能会因为振实而增大。水对碎石土作用十分明显，不仅能够改变土体的容重和有效应力，还能够通过改变土体结构特征，导致湿陷现象发生；因此水能够加剧碎石土斜坡破坏与失稳，如降雨本身就极有可能导致碎石土坡的失稳与破坏，在地震荷载作用下碎石土斜坡具有较大的可能发生液化破坏，其液化机理与砂土斜坡基本类似，但是土体中大量石块的存在加剧了液化发生概率。

当土质斜坡为砂土（代表无黏性土）时，水是影响坡体失稳类型的关键性因素；对于无自由水存在的砂土斜坡，其破坏强度在地震荷载作用下变化非常小，在绝大多数情形下坡体的稳定性可以直接采用 Mohr 强度准则来分析，且动力响应规律可以直接采用线弹塑性模型进行分析和讨论。但是当砂土斜坡中含有一定的自由水时，此时坡体内部的孔隙水压与液化强度必须考虑在分析过程中。目前，砂土斜坡的液化破坏从液化机理上可以分为循环流动破坏、流滑和沙沸。砂土斜坡在发生循环流动破坏时，往往表现出随着地震往复荷载的施加，斜坡逐渐沿某一方向发生较小的累积变形；而流滑破坏往往导致斜坡滑体发生整体滑移破坏，易于形成崩塌、滑坡；而沙沸则是坡体本身未发生失稳，而是由于局部地下浅层砂土液化，且孔隙水压超过土体自重，导致砂土与水从地表喷涌冒出。在实际地震作用下，砂土斜坡可能这三种形式机理的液化破坏都会发生，需要根据具体情况而分析。

6.5.2 地震作用下土质斜坡的稳定性分析方法

对斜坡的地震响应研究，人们最关心的是斜坡的动力稳定性问题。关于斜坡动力稳定性问题，目前有主要3种力学分析方法，即拟静力法、有限滑动位移法与动力时程分析方法。

如图6.95所示，拟静力法的实施首先在于土质斜坡中的等效加速度的确定，而等效加速度相当于作用于斜坡内部上的惯性体积力。在获得了等效静态荷载后，拟静力法进一步对坡体的稳定性进行分析评价常常与极限平衡法或有限元等数值方法相结合。拟静力极限平衡法是工程实践中常采用的一种斜坡安全系数计算方法，根据条块的受力假设的不同，主要包括摩根斯坦-普赖斯法、斯宾森法、瑞典圆弧法、毕肖普法和滑楔法（美国陆军工程师团法、简化简布法和罗厄法）等。各方法所满足的条件进行总结如表6.21所示。瑞典法和毕肖普法仅适用于滑面为圆弧形的情况，其他方法适用于任意滑面，但瑞典圆弧法和毕肖普法在计算圆弧形滑面的潜在滑坡的安全系数时，有一定的准确度，并且相对简单；滑楔法（美国陆军工程师团法、罗厄法、简化简布法、传递系数法）仅满足静力平衡，假定的条间力方向会对安全系数计算结果造成较大影响；摩根斯坦-普赖斯法和斯宾森法满足全部的平衡条件，除模型本身局限和数值分析上的误差问题外，其结果都是精确的。

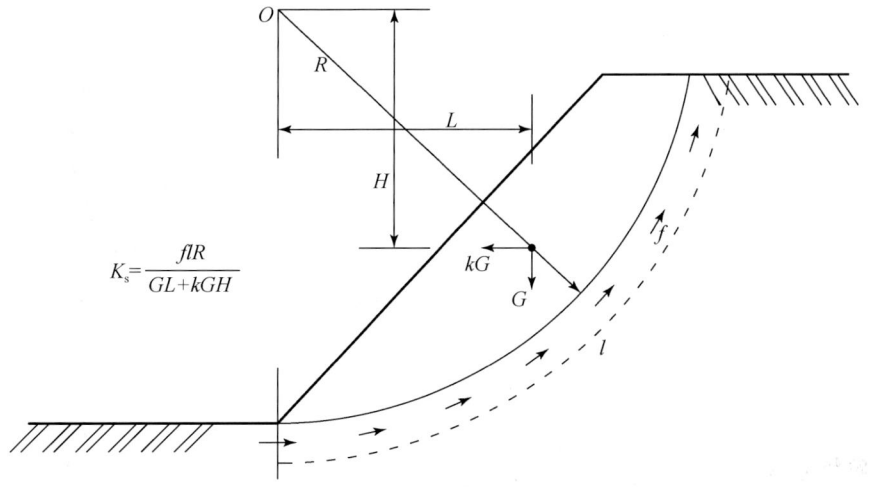

图6.95 拟静力法分析边坡动力稳定性

表 6.21 各拟静力极限平衡法所满足的条件

方法	力矩平衡 满足	力矩平衡 不满足	力平衡 水平	力平衡 竖直	滑裂面形状 圆弧	滑裂面形状 任意	土条侧向力假定
瑞典圆弧法	√				√		忽略
毕肖普法	√			√	√		$\beta=0$
美国陆军工程师团法		√	√	√		√	$\beta=\gamma_a$
罗厄法		√	√	√		√	$\beta=(\alpha+\gamma)/2$
简化简布法		√	√	√		√	$\beta=0$
摩根斯坦-普顿斯法	√		√	√		√	$\tan\alpha=\lambda f(x)$
斯宾森法	√		√	√		√	$\tan\alpha=\lambda$

有限滑动位移法是由 N. M. Newmark 提出,并得到了地震工程界的广泛认同。根据坡体滑移面的形状,有限滑动位移法可以分为圆弧滑动有限位移法、块体滑动位移法与平面滑动位移法。有限滑动位移的关键是有效滑动的判别和临界位移值的选取,在地震作用下坡体能够发生滑移的条件包括瞬时惯性力的方向是否合适与惯性力大小是否能够发生滑移,在整个地震作用过程中,每次有效滑移的水平位移为 δ_i 在有效滑动时间内对加速度进行二次积分求得,而在地震结束后,累积滑动位移是每次有效滑移位移的累计值 $u=\sum u_i$。

由于 Newmark 有限滑动位移法直接由位移值作为评判标准,易于采取多种方法手段进行定量研究。许多人对有限滑动位移法进行改进,S. K. Sarma 对于无黏性土边坡进行了大量研究,给出了考虑动力过程中孔隙水压变化下的平面型滑坡的有限位移法。考虑到 Newmark 对坡体视为刚形体假定的局限性,H. B. Seed 等给出当土体为理想弹塑性体的有限位移法。而对于有些情形的下的土体,土体不仅仅具有表现出弹塑性性质,还会有一定的柔性变形,S. L. Kramer 与 M. W. Smith 将坡体视为黏弹性体,此时坡体的累积变形为黏性滑移变形。后人对 Newmark 进一步发展,使得有效滑动位移法可以对岩质边坡的稳定性进行评价。Newmark 有限滑移位移法的核心内容是地震动荷载作用下土体变形模型的建立与临界位移量的确定,在工程实践中需要根据具体的工程地质情况、动荷载特征进行选择和计算。几种常用的有限滑动位移法之间的对比如表 6.22 所示。

表 6.22 部分地震永久位移法对照表

方法(年份)	位移表达式	假定条件	局限	适用范围
Newmark 法 (1965 年)	$u=\dfrac{V^2 K_m}{2K_c g K_c}$	假定土体为刚性体; 假定动静摩擦角相等	自振频率没有考虑; 旋转变形没有考虑; 垂直加速度没有考虑; 孔隙水压没有考虑	适用于平面滑动、震动工程中其强度变化不大的土体边坡

续表

方法（年份）	位移表达式	假定条件	局限	适用范围
Sarma 法（1988 年）	$\log\left(\dfrac{4u}{CK_m gT^2}\right) = 1.07 - 3.83\left(\dfrac{K_c}{K_m}\right)^{-4}$	假定地震方向为水平向；屈服加速度很大；无反向位移发生	孔隙水压认为不变；考虑的波是方波或者是三角形波	适用于平面或者圆弧、震动过程中强度变化不大的土体边坡
Richard-Elms 法（1979 年）	$u = 0.087\dfrac{V^2}{K_m g}\left(\dfrac{K_c}{K_m}\right)^{-4}$	同 Newmark 法	同 Newmark 法	同 Newmark 法
Makdisi-Seed 法（1978 年）	$u = \sum u_i$	假定地震方向为水平向；地震系数用剪切楔或有限元求取	垂直加速度没有考虑	针对双面土坡做出，没有考虑位移效应和速率效应
Kramer 法	—	假定土体为黏弹性	同 Newmark 法	同 Newmark 法

土质斜坡稳定性的动力时程分析方法主要以数值模拟为主，由于计算机技术迅速发展，计算机应用门槛的降低，多种数值模拟方法应用在斜坡的动力响应分析中。目前边坡的数值模拟技术主要有：有限单元法、有限差分法、离散单元法、拉格朗日元法、非连续变形分析方法、流形元法、边界元法、无界元法及几种半解析元法等。

有限单元为应用范围最广、发展最为完善的一种基本数值计算方法，在斜坡地震稳定性分析、动力响应分析中起到的很大作用。土体的动力分析有限单元法的总体思路和静力情况基本一样，不过由于荷载与时间有关，相应的位移、应变和应力都为时间函数，因此在动力问题单元体的运动方程中，还应该添加动力荷载项、惯性力项与阻尼力项。在引入这些量后，可以从单元运动方程构建起连续体的动力方程，然后在通过在时间上的数值积分求解，获取土质斜坡在地震荷载作用下的响应时程数据。有限单元的一个主要优点是能够很容易将各种土体本构模型应用在计算模型中，对于土力学中常用基本模型如：非线性弹塑性模型、黏弹塑性模型、动态液化模型、动力损伤模型等都可以应用在有限单元法中。

$$\boldsymbol{K}\{u\} + \boldsymbol{D}\{v\} + \boldsymbol{M}\{a\} = \{F\} \tag{6.72}$$

式中，$\{u\}$、$\{v\}$、$\{a\}$ 分别是模型中单元节点位移、速度、加速度；$\boldsymbol{K}$、$\boldsymbol{D}$、$\boldsymbol{M}$ 分别是模型的整体刚度矩阵、整体阻尼矩阵和整体质量矩阵；$\{F\}$ 是地震荷载。

对于连续介质的动力数值模拟分析，模型边界的处理是一个关键问题，应力波会在模型的边界发生反射，在模拟中这一现象很难完全消除，目前常用的几种边界处理条件有：

（1）截断边界：对于具有较高阻尼的土质，由于应力波在土体中很快消散，因此可以直接采用静力计算的边界条件，只要边界距离研究核心区域具有足够的距离即可。或者人为增大边界附近区域土质材料的阻尼比。总的来说截断边界对于动力模拟而言，精度较低，使用场合并不太多；

（2）黏滞边界（静态边界）：即在模型边界上施加黏壶模型使得边界上具有的黏滞力，对于入射角小于60°时，对于体波的吸收较为有效，对于面波或大角度入射效果有限；

（3）一致边界或者透射边界：如果在应力波传播的无限区域中，切出一块计算区域，而在截面上的作用力应该等于切除截面的上作用力，此思想就是计算出这一作用力并施加

在截面上,从而使得计算结果与原来未切开的无限域的解答一致;

(4) 有限元、无限元与边界元之间的组合:由于在大多数动力模拟计算中,在研究区域和附近区域的能量和变形量较大,而远场的能量或变形相对较小,且对研究意义不大。在研究区域必须精确考虑土体的非均质性、非线性即地形的不规则性,适合用有限元法计算。而对于距离研究区域较远的土体,可是看作是弹性介质,可用无限元或边界元进行离散以描述波向无限区域传播的边界条件。

6.5.3 研究案例——川藏公路102滑坡稳定性分析

102滑坡群位于川藏公路原102道班所辖范围内,自川藏公路修建以来,该处的泥石流、崩塌、滑坡灾害频发,曾造成重大安全事故和财产损失,严重威胁道路交通的安全与畅通。102滑坡群主要由6个滑坡体组成,其基本分布如图6.96所示。在过去的几十年,巨额的资金投入到102滑坡群治理工程中,但是往往治标不治本,实际收效有限。根据以往的研究和调查发现,降雨是导致102滑坡产生灾害的主要原因,深厚冰碛土堆积体在雨水和地下水作用下不断发生蠕变,导致局部崩塌、滑坡现象。此外,该区域地质构造运动活跃,已经监测到每年都会发生多次地震,因此对102滑坡的地震稳定性进行分析和研究具有重要的意义。

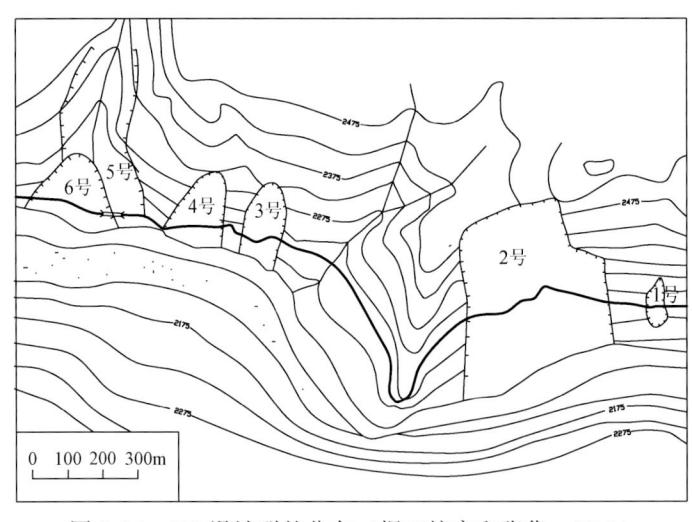

图6.96 102滑坡群的分布(据王培高和张华,2011)

1. 地层岩土性质(表6.23)

102滑坡群的滑床物质为倒数第二次大冰期的古冰碛和继后间冰期的一套冲洪积物。第四系冰碛层出露于海波2120~2350m的陡坡中、下部,构成滑坡的主体。冰碛物的物质组成为粉细砂、中砂、漂砾、角砾、碎石层,粒径一般为2~5cm,最大为400cm,结构紧密,呈半胶结状态,是不透水层或弱透水层,最大厚度256m。冲洪积层分布于2350~2500m的平台上,为一套冲洪积的中粗砂、角砾、碎石层,为透水层。

滑体物质由崩坡积、冲洪积与冰碛等松散堆积物组成，包含块石、碎石和砂砾石等，块碎石含量为50%~80%，砂土含量占10%~40%。滑体内物质容易处于饱和状态，较少量的降雨就可能会使滑坡体土体饱和，抗剪强度显著下降。坡体的主要剖面结构如图6.97所示。

表6.23　102滑坡2#滑坡的主要岩土物理力学参数

岩土类型	孔隙比	渗透系数/(m/s)	密度/(kg/m³)	抗剪强度（峰值）		抗剪强度（残余）		变形模量	
				c/kPa	φ/(°)	c/kPa	φ/(°)	E/Pa	γ
基岩 通脉片麻岩	0.005	1×10^{-6}	2550	13.4×10^3	45	—	—	3.4×10^9	0.2
滑床 古冰碛土	0.21	5×10^{-5}	2300	455	39	—	—	35×10^7	0.2
滑床 洪积物	0.34	1×10^{-3}	2230	241	37	—	—	20.8×10^7	0.2
滑体 松散堆积物	0.453	1×10^{-2}	2200	106.2	35.0	27.5	27.8	17×10^7	0.3

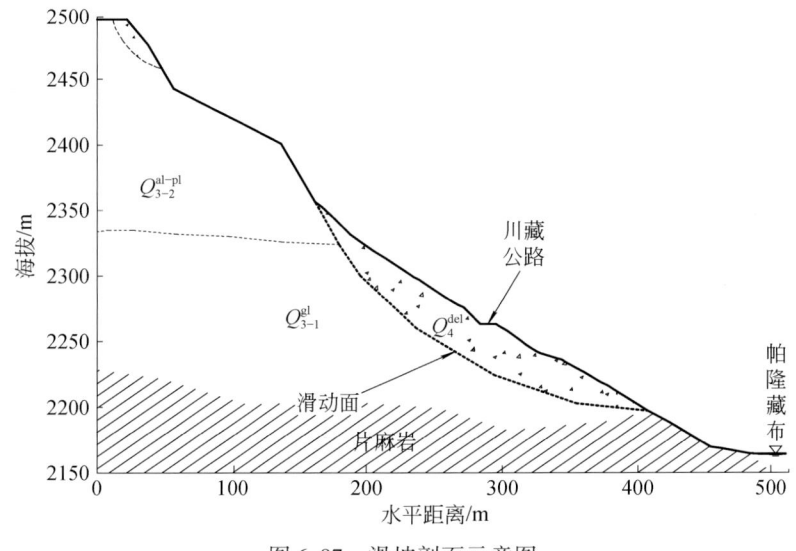

图6.97　滑坡剖面示意图

2. 计算分析

102滑坡发育在古堆积体斜坡上，多次发生崩塌、滑坡事件。根据现场勘察数据，结合斜坡灾害特点，构建如图6.98所示的斜坡数值模拟计算模型，并在关键位置设定一定的监测变量点。斜坡岩土体的物理、力学性质如表6.23所示。首先对2#滑坡进行拟静态分析以确定滑坡中可能存在的危险滑面与最不安定危险区域。水平地震系数的取值为：$K_s=\{0, 0.05, 0.1, 0.15, 0.2, 0.25\}$。当水平地震系数为0时，仅考虑重力作用，此时坡体的安全系数为1.42，处于稳定状态。当水平地震系数增大至0.2时，此时斜坡的安全系数为1.0，斜坡基本处于临界破坏状态。当无地震荷载作用时（即$K_s=0$），此时斜坡内部存在3个主要的危险区域：残余堆积体区域（上、下）与斜坡洪积层的突出部位。当有地震荷载作用时（如$K_s=0.25$），斜坡的主要危险区域为下部的堆积体，在地震荷载的作用下很快发生失稳和滑移（图 6.99、图 6.100）。

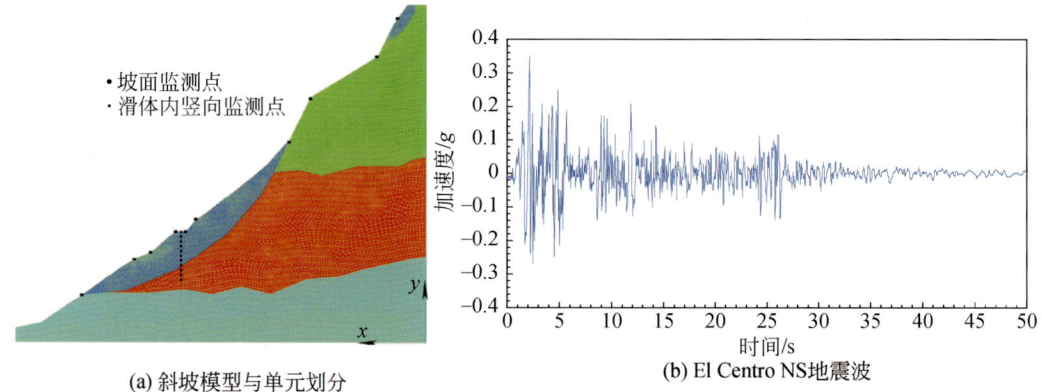

图 6.98 斜坡计算模型与施加的动荷载

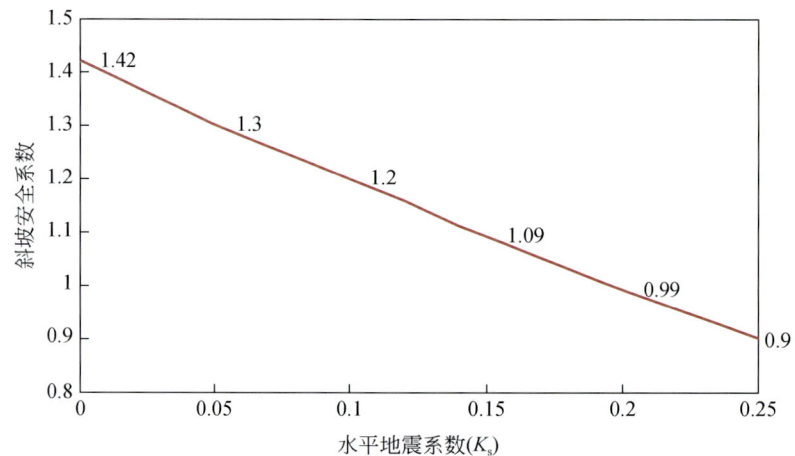

图 6.99 斜坡安全系数（拟静力法）

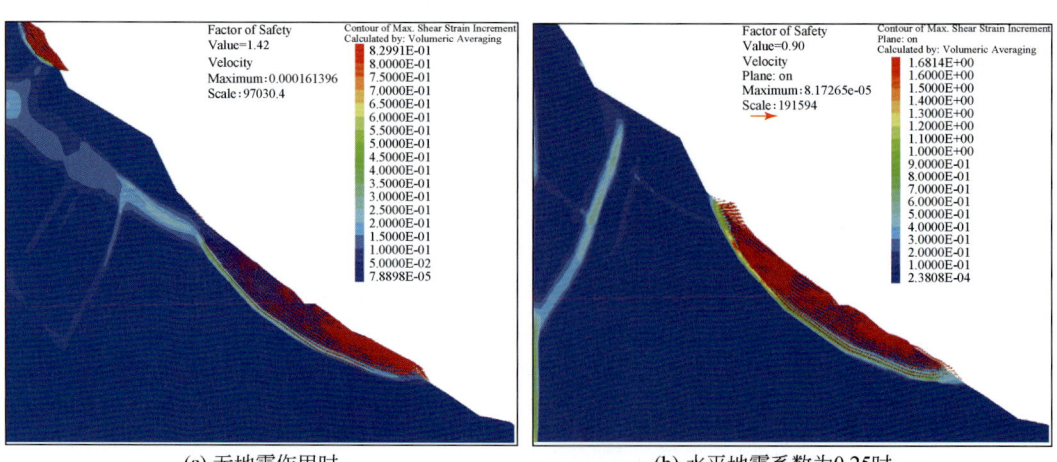

图 6.100 斜坡临界状态剪切变形云图

由拟静力法得知斜坡的最主要危险区域为堆积区域,因此以堆积体斜坡为主要研究对象,进行动力时程分析,斜坡模型仅施加水平方向 El Centro 地震波,共持时 40s。计算结果表明,地震荷载作用下在 0.5s 便开始从滑体底部开始剪切破坏,当地震波持续作用 2s 时,滑体底部基本形成贯通的滑移面,如图 6.101 所示。路基下部土体的位移如图 6.101 (a) 所示,在滑面形成后,滑体内部的位移量迅速增大,且靠近滑面的土体位移更大,滑床下部的岩土体变形相对很小,即不发生滑移破坏;而且滑面上部土体的加速度峰值明显大于滑面下部的土体。由此可以看出,102 滑坡的 2#滑坡自身稳定性极差,斜坡上的滑坡堆积体在相对较小的地震扰动下就可能会发生失稳。滑坡滑面的分布如图 6.102 所示,主要存在两条潜在滑移面:较浅的滑移面从路堑边坡的坡脚开始,逐渐向上延伸;而另外一条主要是老滑移面,容易引发大型滑坡灾害,道路会随滑体发生整体式滑移破坏。

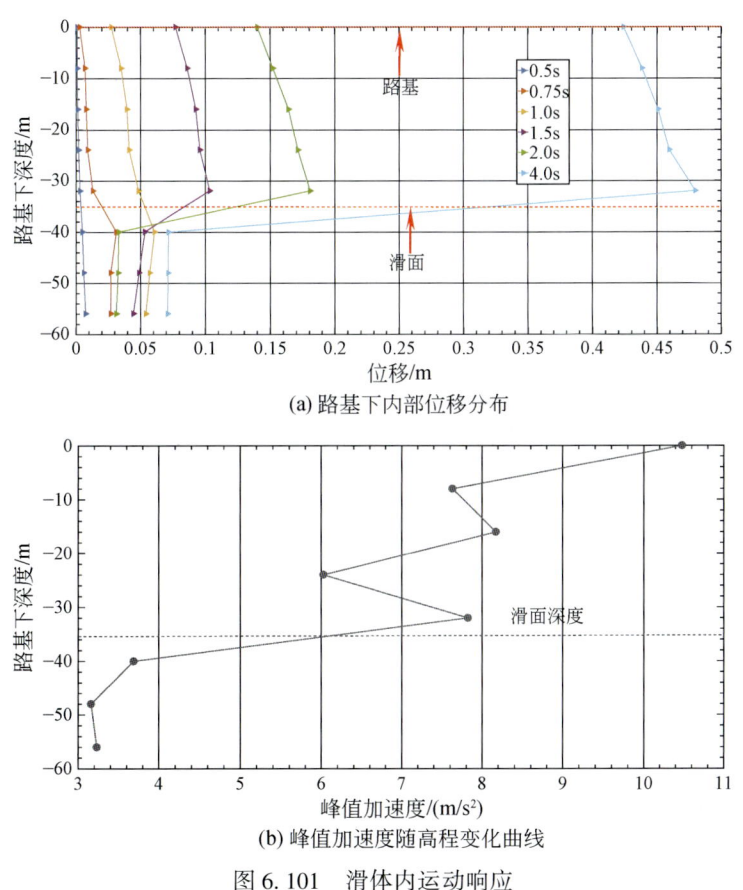

(a) 路基下内部位移分布

(b) 峰值加速度随高程变化曲线

图 6.101 滑体内运动响应

川藏公路 102 滑坡群是影响川藏公路安全和畅通的控制性节点,但由于特殊的地理和地质条件,滑坡群治理成本较高,且过去的多次防治工程与维稳措施收效甚微。通过对 102 滑坡群灾变过程及其稳定性研究,结果显示,川藏公路处于地震多发区域,地震对该斜坡稳定性具有很大的影响;102 滑坡堆积体力学性质极易受到环境的影响,稳定性较差,难以治理,通过山体隧道绕避取得了良好的成效。

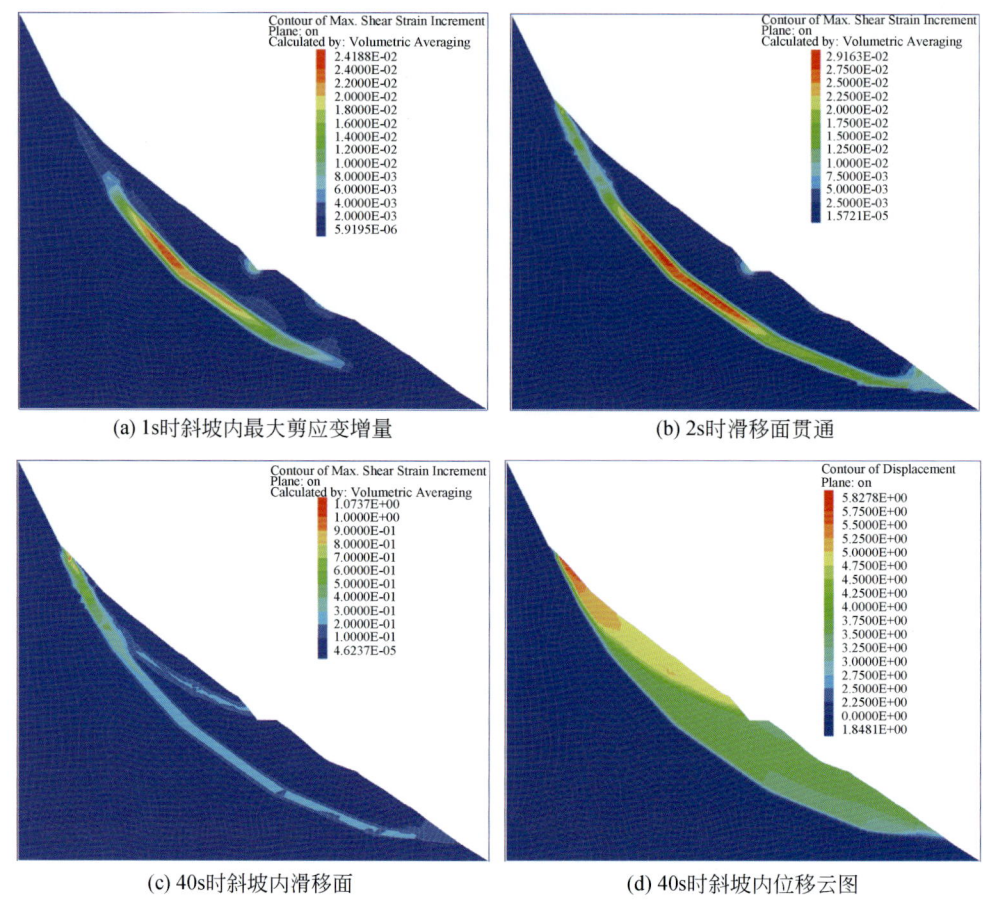

图 6.102　斜坡失稳滑移面的贯通与危险区域

参 考 文 献

薄景山,徐国栋,景立平. 2001. 土边坡地震反应及其动力稳定性分析. 地震工程与工程振动,21(2): 116~120

岑夺丰,黄达,黄润秋. 2013. 岩质边坡断续裂隙阶梯状滑移模式及稳定性计算. 岩土工程学报,36(4): 695~706

陈国兴. 2007. 岩土地震工程学. 北京:科学出版社

杜世通. 2008. 地震波动力学理论与分析. 青岛:中国石油大学出版社

冯君,周德培,杨涛. 2010. 用弹塑性板理论分析顺层边坡的弯曲失稳. 岩土工程学报,32(8):1184~1188

何思明,吴永,李新坡. 2010. 地震诱发岩体崩塌的力学机制. 岩石力学与工程学报,29(s1):3359~3363

黄润秋. 2009. 汶川 8.0 级地震触发崩滑灾害机制及其地质力学模式. 岩石力学与工程学报,28(6): 1239~1249

江晓禹,乔建平. 2006. 典型滑坡危险性的接触力学预测模型. 工程力学,23(8):106~109

李海波,将会军,赵坚,等. 2003. 动荷载作用下岩体工程安全的几个问题. 岩石力学与工程学报,22(11): 1887~1891

李宁,姚显春,张承客. 2012. 岩质边坡动力稳定性分析的几个要点. 岩石力学与工程学报,31(5):873~881

李秀珍,孔纪名.2010."5·12"汶川地震诱发滑坡的滑动距离预测.四川大学学报(工程科学版),42(5):243~249

刘汉龙,费康,高玉峰.2003.边坡地震稳定性时程分析方法.岩土力学,24(4):553~556

刘红帅,薄景山,杨俊波.2012.确定岩质边坡地震安全系数的简化方法.岩石力学与工程学报,31(6):1107~1114

刘强,周瑞忠,刘宇航.2009.基于HHT变换的结构地震响应与能量计算分析.武汉大学学报(工学版),42(6):780~785

卢育霞,石玉成,陈永明,等.2006.地震诱发黄土滑坡的滑距估测.西北地震学报,28(3):248~251

罗维刚,韩建平,钱炯,等.2011.基于Hilbert-Huang变换的结构损伤识别及振动台试验验证.工程抗震与加固改造,31(1):49~54

毛彦龙,胡广韬,赵法锁,等.1998.地震动触发滑坡体滑动的机理.西安工程学院学报,20:47~50

祁生文.2002.边坡动力响应分析及应用研究.北京:中国科学院地质与地球物理研究所博士研究生学位论文

祁生文,伍法权,严福章,等.2007.岩质边坡动力反应分析.北京:科学出版社

森协·宽.1989.滑坡滑距的地貌预测.王念秦译.铁路地质与路基,3:45~48

孙钧.2007.岩石流变力学及其工程应用研究的若干进展.岩石力学与工程学报,26(6):1081~1106

王念秦,张倬元,王家鼎.2003.一种典型黄土滑坡的滑距预测方法.西北大学学报(自然科学版),33(1):111~114

王培高,张华.2011.川藏公路102滑坡群形成机制及其稳定性分析.公路,12:7~11

王思敬,张菊明.1982.边坡岩体滑动稳定的动力学分析.地质科学,(2):162~170

王秀英,聂高众,王登伟.2010.汶川地震诱发滑坡与地震动峰值加速度的对应关系研究.岩石力学与工程学报,29(1):82~89

肖克强,李海波,刘亚群,等.2007.地震荷载作用下顺层岩体边坡变形特征分析.岩土力学,28(8):1557~1564

谢定义.2011.土动力学.北京:高等教育出版社

徐光兴,姚令侃,李朝红.2010.地震作用下土质边坡永久位移分析的能量方法.四川大学学报(工程科学版),42(5):285~291

许冲,徐锡伟,郑文俊,等.2013.2013年四川省芦山"4·20"7.0级强烈地震触发滑坡.地震地质,35(3):641~660

许强,裴向军,黄润秋.2009.汶川地震大型滑坡研究.北京:科学出版社

杨长卫,高洪波,张建经.2013a.单面、双面岩质边坡地震动力响应共性和差异性的研究.四川大学学报(工程科学版),45(3):18~26

杨长卫,张建经,杨国涛,等.2015.岩土地震工程三维时空分析理论.北京:科学出版社

杨长卫,张建经,周德培.2013b.SV波作用下岩质边坡地震稳定性的时频分析方法研究.岩石力学与工程学报,32(3):483~491

姚令侃,邱燕玲,魏永幸.2012.青藏高原东缘进藏高等级道路面临的挑战.西南交通大学学报,47(5):719~734

殷跃平.2009.汶川八级地震滑坡特征分析.工程地质学报,17(1):29~38

呼燃,刘品,龙森.2012.顺层岩质斜坡溃曲破坏机理的力学分析.公路交通技术,(4):18~21

张顶立,王悦汉,曲天智.2000.夹层对层状岩体稳定性的影响分析.岩石力学与工程学报,2:140~144

张倬元,王士天,王兰生.1994.普通高等教育矿产类规划教材:工程地质分析原理.北京:地质出版社

张倬元,王士天,王兰生,等.2009.工程地质分析原理.北京:地质出版社

张祖武,姚令侃. 2011. 土岩界面地震波能量传递与耗散特性研究——以汶川8.0级地震为例. 灾害学, 26(1):5~9

张祖武,林余辉,姚令侃. 2013. 地震行波作用下山脊震裂现象的物理机制探讨. 灾害学,28(2):161~165

郑颖人. 2010. 边坡与滑坡工程治理. 北京:人民交通出版社

郑颖人,赵尚毅. 2004. 有限元强度折减法在土坡与岩坡中的应用. 岩石力学与工程学报,23(19): 3381~3388

郑颖人,叶海林,黄润秋. 2009. 地震边坡破坏机制及其破裂面的分析探讨. 岩石力学与工程学报,28(8): 1714~1723

郑颖人,叶海林,黄润秋,等. 2010. 边坡地震稳定性分析探讨. 地震工程与工程振动,30(2):173~180

周圆π,李守巨,刘迎曦,等. 2003. 遗传算法在边坡地震稳定性分析中的应用. 岩土力学,(s2):95~98

朱晗迓,马美玲,尚岳全. 2004. 顺倾向层状岩质边坡溃屈破坏分析. 浙江大学学报(工学版),38(9): 1144~1149

邹宗兴,唐辉明,熊承仁,等. 2012. 大型顺层岩质滑坡渐进破坏地质力学模型与稳定性分析. 岩石力学与工程学报,31(11):2222~2231

Budetta P, De Riso R. 2004. The mobility of some debris flows in pyroclastic deposits of the northwestern Campanian region (southern Italy). Bull Eng Geol Environ,63:293~302

Collier C J, Elnashai A S. 2001. A procedure for combining vertical and horizontal seismic action effects. J Earthq Eng,5(4):521~539

Devoli G, De Blasio F V, Elverh A, et al. 2009. Statistical analysis of landslide events in Central America and their run-out distance. Geotech Geol Engineering,27:23~42

Elnashai A S, Papazoglou A J. 1997. Procedure and spectra for analysis of RC structures subjected to strong vertical earthquake loads. J Earthq Eng,1(1):121~155

Gay H. 2007. Energy approach to earthquake-induced slope failures and its implications. Journal of Geotechnical & Geo-environmental Engineering,133(7):828~840

Hattanji T, Moriwaki H. 2009. Morphometric analysis of relic landslides using detailed landslide distribution maps: implications for forecasting travel distance of future landslides. Geomorphology,103(3):447~454

Hoek E. 1994. Strength of rock and rock masses. ISRM News Journal,2(2):4~16

Hoek E, Carranza-Torres C, Corkum B. 2002. Hoek-Brown failure criterion. Proceedings of the North American Rock Mechanics Society Meeting, Toronto

Huang N E, Shen Z, Long S R, et al. 1998. The empirical mode decomposition and the Hilbert spectrum for nonlinear and non-stationary time series analysis. Proceedings A,454(1971):903~995

Hynes-Griffin M E, Franklin A G. 1984. Rationalizing the seismic coefficient method. US Army Corps of Engineers Waterways Experiment Station, Miscellaneous Paper GL-84-13,21

Leshchinsky D, Ka-Ching S. 1994. Pseudostatic seismic stability of slopes design charts. Journal of Geotechnical Engineering,120(9):1514~1532

Li A J, Lyamin A V, Merifield R S. 2009. Seismic rock slope stability charts based on limit analysis methods. Computers & Geotechnics,36(1-2):135~148

Ling H I, Leshchinsky D, Mohri Y. 1997. Soil slopes under combined horizontal and vertical seismic accelerations. Earthquake Engineering & Structural Dynamics,26(12):1231~1241

Michalowski R L, Martel T. 2011. Stability charts for 3D failures of steep slopes subjected to seismic excitation. Journal of Geotechnical & Geo-environmental Engineering,137(2):183~189

Newmark N M. 1965. Effects of earthquakes on dams and embankments. Géotechnique,15(2):139~160

Okura Y, Kitahara H, Sammori T, et al. 2000. The effects of rock-fall volume on run-out distance. Engineering Geology, 58:109~124

Qi S, Lan H, Dong J. 2014. An analytical solution to slip buckling slope failure triggered by earthquake. Engineering Geology, 194(194):4~11

Shen J, Karakus M, Xu C. 2013. Chart-based slope stability assessment using the generalized Hoek-Brown criterion. International Journal of Rock Mechanics & Mining Sciences, 64(6):210~219

Wartman J, Seed R B, Bray J D. 2005. Shaking table modeling of seismically induced deformations in slopes. Journal of Geotechnical & Geoenvironmental Engineering, 131(5):610~622

Zhao J X, Zhang J, Asano A, et al. 2006. Attenuation relations of strong ground motion in Japan using site classification based on predominant period. Bulletin of the Seismological Society of America, 96(3):898~913

第 7 章　山地灾害动力学特性与道路工程风险评估

适用于川藏交通干线工程设计的滑坡、碎屑流、泥石流等山地灾害风险定量评估，需首先认识灾害体动力学特征与运动规律、确定动力学参数、建立运动模型，并在此基础上建立基于灾害体动力学特征与运动过程的灾害危险性、易损性和风险评估方法。本章主要阐述滑坡、碎屑流、泥石流等山地灾害动力学特性与数值模拟方法及川藏交通廊道跨尺度灾害风险定量评估与制图方法。

7.1　滑坡-碎屑流动力学特性与数值模拟

碎屑流（又称滑坡-碎屑流或颗粒流）（granular mass flow）是川藏交通干线沿途广泛存在的一种地质现象。同广义的泥石流灾害相类似，碎屑流灾害也是由地震、火山爆发、冰川消融、滑坡、暴雨等多种外在因素激发，主要以侵蚀、冲击、淤埋的方式，对人类的生命和财产安全造成严重危害。它是一种由大量固体颗粒、少量水体介质和气体所组成的多相流体；受重力的驱动能够在沟谷中或者坡地上快速流动，其流态复杂多变，且大多具有高速远程的特点。首先，本书在以往收集的大型碎屑流野外观测和实验数据的基础上，根据碎屑流运动特征，有针对性地开展了西藏 G318 线两侧冰雪消融和岩崩所导致的大量碎屑流案例的野外考察工作，进而分析了碎屑流沿程的发展过程和流态变化规律。碎屑流体内固体颗粒物质的相互作用十分复杂，是影响碎屑流运动最关键的因素。研究适用于碎屑流灾害的数值计算和风险评估模型，首先必须清楚地理解地表颗粒物质流动过程中的颗粒间相互作用，明确滑坡-碎屑流的流变关系，提炼滑坡-碎屑流运动阻力计算公式，开发具有充分物理意义的数值模拟模型和方法以用于灾害推演。

7.1.1　滑坡-碎屑流流态和动力特性

前述青藏高原（尤其川藏铁路沿线）大型山地灾害事件的详细调查和分析可以直观而深刻地认识到颗粒间接触力学行为是影响滑坡-碎屑流、泥石流等山地灾害动力特性和堵塞体失稳溃决机理的重要因素。为进一步地揭示滑坡-碎屑流颗粒体的动力特性，明确滑坡-碎屑流全过程的流态发展及演化规律，必须更深入地分析颗粒间在微细观层面（micro、masco）的相互作用及耗能机制。离散单元方法（discrete element method，DEM）以颗粒体系内的基本颗粒（间）为研究对象，在微细观尺度下可以描述每个颗粒在不同时刻的空间位置和运动状态，可方便地描述颗粒体系的非连续特性和非平衡状态，并确定相应的宏观物理和力学特性，是研究颗粒物质复杂力学问题的有力工具（季顺迎等，2011）。从简化问题、重点突破颗粒体宏观动力特性难题角度出发，本章采用 DEM 模拟滑坡-碎屑流，其颗粒间的基本接触刚度模型采用线性接触模型（linear contact model）。考虑到自然界组成滑坡-碎屑流的物质以砂石为主，颗粒间无黏结力，因此离散元颗粒间的滑动接触模型使用摩擦滑动模型（friction slip model）。采用显式时步循环运算规则，离散元中颗粒间相互作用力的传递主要是通过颗粒间接触和牛顿第二定律来实现。图7.1表示颗粒间相互接触法则：使用弹簧、滑块及黏滞块来分别代表颗粒间作用所产生的弹性变形（法向和切向）、摩擦能耗（切向）及塑性应变相关的能耗。Tsuji等（1992），Lu和Hsiau（2008）对颗粒线性接触模型的基本力学分析已开展细致研究；在此基础上，Itasca（2005），Di Prisco和Vecchiotti（2006），Cundall（1987）考虑了不同黏滞块所蕴含的不同颗粒材料受力变形和塑性形变耗能机制，进一步校正了不同颗粒材料的离散元数值模拟参数取值。通过对岩块撞击实验的离散元模拟，Zhou和Ng（2010）最终确定了泥石流固体颗粒岩性材料离散元模型的参数取值（其中法向和切向的阻尼系数为0.2）。

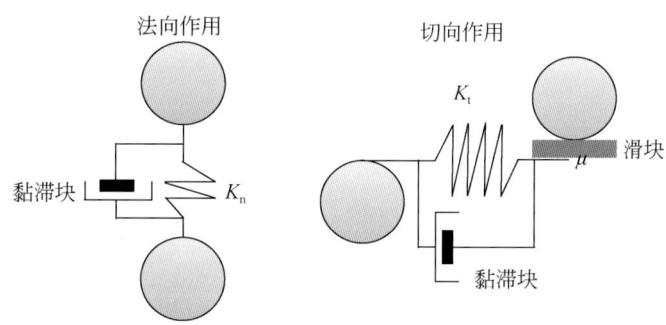

图7.1 颗粒间线性接触模型

在选定颗粒间接触模型后，三维离散元方法可以成功地模拟颗粒物质从失稳到流动整个过程[图7.2（a）]，深入探索颗粒间相互作用方式（微观角度）和颗粒体宏观流变特性之间的关系，聚焦于流动体内部的能量耗散机制。考虑不同尺度的滑坡-碎屑流事件和研究成果的一般适用性，运动时间 t 将采用无量纲化形式：$t^*=t/\sqrt{L_0/g}$（L_0 为初始颗粒物质堆积体长度；g 为重力加速度）。

DEM数值模拟结果表明颗粒物质流动在沟道床面附近存在剪切速率（shearing rate）很大的边界层[图7.2（b）；颗粒流沿深度 H 方向的流速分布]，而边界层上部颗粒层的剪切速率在龙头龙尾部位又分别有不同程度的增加，这种颗粒层间强烈的剪切作用是导致颗粒间接触（摩擦和碰撞）频率（contact frequency）剧增、紊动耗能加大的重要原因。为定量刻画颗粒流内部颗粒间碰撞引起的紊动耗能机制和变化规律，将借鉴分子动力学中颗粒温度（granular temperature）T 的概念——单位质量颗粒的平均紊动动能，来描述不同阶段颗粒体内部沿深度方向的紊动度：

$$T = <U_S'^2> = <(U_S - \bar{U}_S)^2> \tag{7.1}$$

式中，U_S 为单个颗粒速度；$\bar{U}_S$ 为颗粒体系平均速度；U_S' 为颗粒脉动速度。

运用著名的颗粒流无量纲数的概念——Savage数（颗粒碰撞引起的惯性作用力和颗粒间滑动摩擦力的比值），进行碎屑流流态划分，其表达形式为（Savage，1984）

$$N_{\text{Sav}} = \frac{\dot{\gamma}^2 d^2}{gh \cdot \tan\varphi'} \tag{7.2}$$

式中，d 为颗粒粒径；g 为重力加速度；h 为颗粒流深度；φ' 为颗粒材料的摩擦角；$\dot{\gamma}$ 为颗粒体内部剪切速率 $\approx U/h$，U 为颗粒体运动速度。图7.2（c）显示碎屑流龙头龙尾的流态（flow regime）不同于中间位置，其颗粒碰撞引起的惯性作用比颗粒间持续的滑动摩擦作用显著（$N_{\text{Sav}} > 0.1$）；且随着碎屑流进一步发展，这种惯性作用在颗粒体内部有逐渐增强的趋势。结合颗粒温度 T 和 Savage 数，分析比较不同流态状况下的颗粒温度沿深度方向的分布，首次实现了颗粒流全过程流态的科学区分（表7.1）：颗粒体刚失稳时（准静止态），其内部剪切速率很小（$N_{\text{Sav}} \leq 0.1$），颗粒间以滑动摩擦作用为主，此时的碎屑流呈现密集剪切流（contact friction dominated flows）的流态；当碎屑流内部剪切速率充分发展后（$N_{\text{Sav}} > 1$），颗粒间碰撞作用逐渐显著直至整个颗粒体系呈现弥散而杂乱无章的状态，此时的碎屑流称之为惯性流（inertial flow；颗粒运动主要受惯性作用控制）；准静止态和惯性流之间则为过渡流（transitional flows），其突出特征是颗粒温度始终在边界层［图7.2（b）］附近激增，且急速向上部自由表面处衰减。

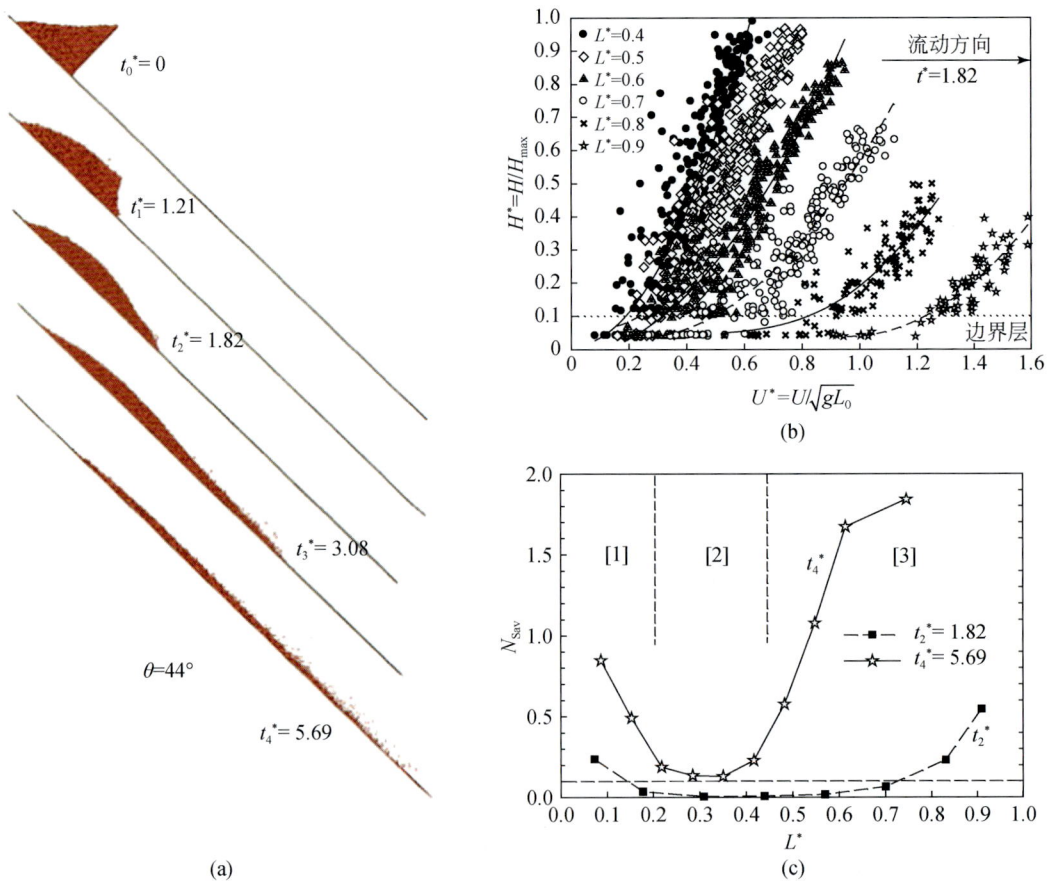

图 7.2 （a）碎屑流沿沟床的形成-演变过程、（b）碎屑流内部流速 U 分布（沿深度 H 方向）及（c）碎屑流内部 Savage 数的分布和变化

表 7.1 颗粒物质从失稳到流动不同阶段的流态及其相对应的颗粒温度（沿深度）分布曲线

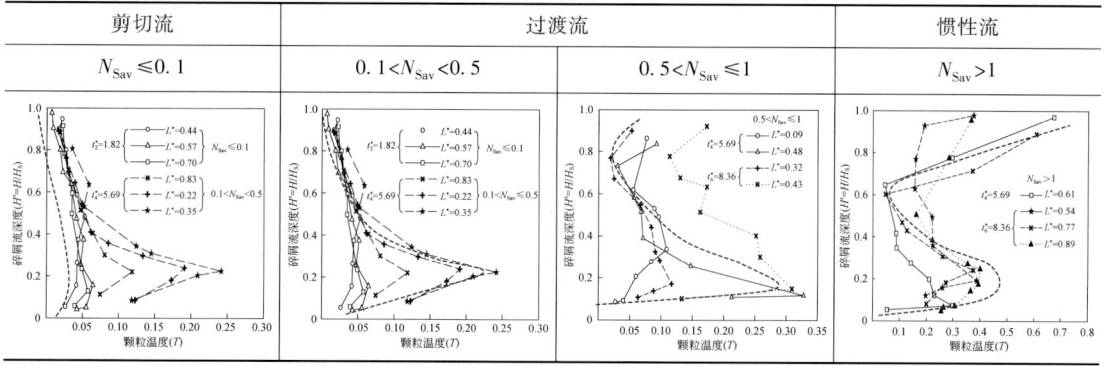

7.1.2 滑坡-碎屑流运动阻力

明确滑坡-碎屑流松散颗粒物质的动力演化过程和流态区分，进一步指明现阶段国际上绝大部分基于深度平均方法的连续介质模型进行山地灾害数值模拟的关键缺陷：即深度平均法处理动量守恒条件时，假设颗粒体底部滑动摩擦是能量耗散的唯一形式。这种假设条件只适用于边界层效应显著的流动状态（即能量消耗-颗粒温度集中在底部边界层中）（表 7.1 中剪切流和过渡流），而不适用于充分发展的惯性流（inertial flow）——即高速远程滑坡-碎屑流、泥石流。因为对惯性流而言，更多的能量耗散（颗粒温度）集中于流体表层（颗粒间高速的碰撞所导致），而不仅仅是边界层中的滑动摩擦（剪切）（表 7.1）。

此外值得注意的是，颗粒物质所组成的灾害体在运动中与床面的摩擦阻力有别于刚体的运动，是不能依照"库仑"接触准则（Coulomb friction law）的假设条件：摩擦阻力系数为常数且在运动中保持不变。通过系统性地比较和分析国际上提出的不同颗粒流（包括物理模型实验和数值模拟）运动特性（图 7.3），可以发现颗粒介质在某个边界面上的运动具有流变性：边界面上的摩擦阻力与颗粒体内部相应的剪切速率相关。可以定义一个无量纲数来表征颗粒介质流态和摩阻系数之间的关系（图 7.4）。研究发现，这样的本构关系形式上和库仑接触准则保持一致，但摩阻系数 $\mu(I)$ 显然不是一个常值，而是同颗粒介质内部剪切速率（流态）密切相关：

$$\tau = P\mu(I) \tag{7.3}$$

其中，有关无量纲数 I（惯性数）同颗粒体内部剪切速率 $\dot{\gamma}$ 直接相关：

$$I = \frac{\dot{\gamma} d}{\sqrt{P/\rho_d}} \tag{7.4}$$

而 $\mu(I) = \mu_S + \dfrac{\mu_2 - \mu_S}{I_0/I + 1}$（根据图 7.4 拟合而得）显示影响摩阻系数的其他参数（颗粒体失稳起动时的最小摩擦角 μ_S，颗粒流快速运动时的极限摩擦角 μ_2，I_0）只和颗粒材料本身相关且都可以通过物理实验来标定。颗粒材料的力学属性，采用深度平均假设，得出床面作用于碎屑流基底的摩擦阻力为

$$\mu_{\mathrm{b}}(\bar{v},h) = \mu_{\mathrm{S}} + \frac{\mu_2 - \mu_{\mathrm{S}}}{\frac{\beta h \sqrt{gh}}{\bar{v} l_0} + 1} \tag{7.5}$$

式中，β、l_0 为颗粒材料属性参数。

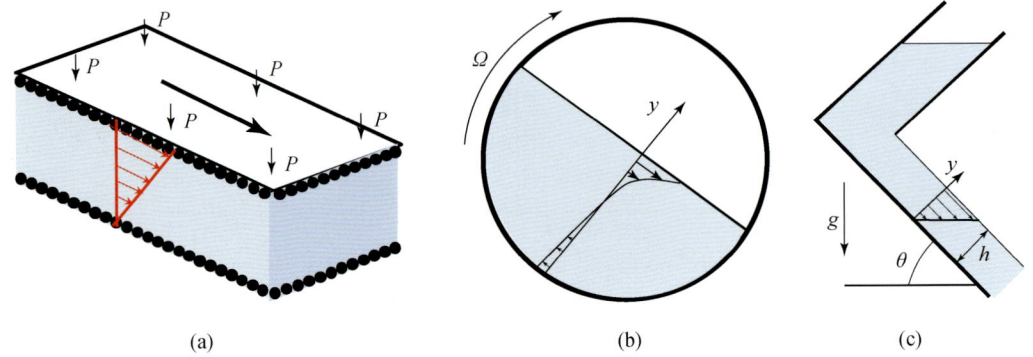

图 7.3 (a) 平板剪切流、(b) 滚筒中的颗粒流及 (c) 斜坡上倾泻的颗粒流
（数据源自 MiDi，2004；Forterre and Pouliquen，2008）

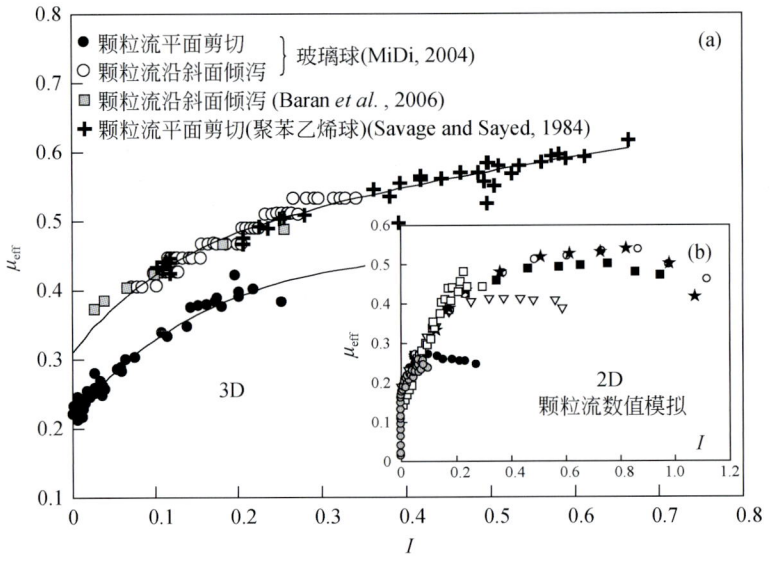

图 7.4 不同颗粒流在边界面上的摩阻系数同惯性数 I 的关系

7.1.3 滑坡-碎屑流动力过程数值模拟

在上述新滑坡-碎屑流本构模型基础上，进一步修正经典的颗粒流 Savage-Hutter 模型所采用的"库仑"接触准则，开发适用于高速远程滑坡-碎屑流等地质灾害的数值计算新方法。采用图 7.5 所示欧拉坐标系，关键的质量和动量守恒方程为

$$\begin{cases} \dfrac{\mathrm{d}\int_V \rho \mathrm{d}V}{\mathrm{d}t} = Q = Q_{\text{erosion}} + Q_{\text{deposition}} \\ \dfrac{\mathrm{d}\int_V \rho \boldsymbol{v}\mathrm{d}V}{\mathrm{d}t} = \int_V \boldsymbol{F}\mathrm{d}V + \int_S \boldsymbol{T}\mathrm{d}S \end{cases} \quad (7.6)$$

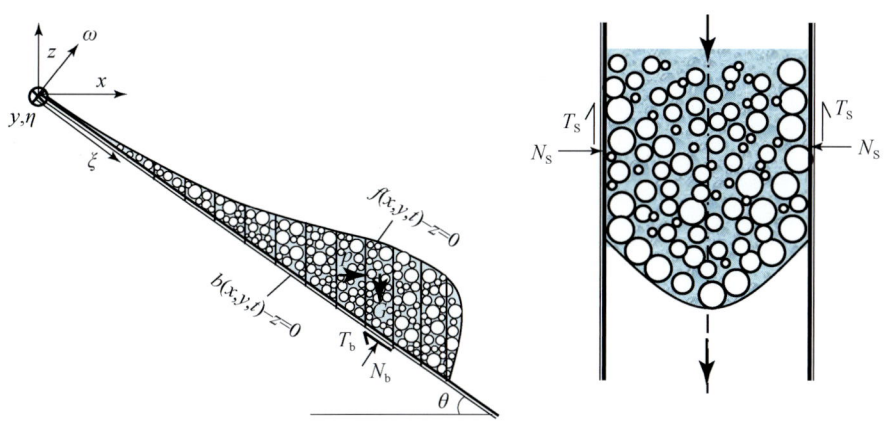

图 7.5　颗粒流在床面运动过程示意图

若采用深度平均方法（depth averaged method），控制方程可简化改写为

$$\begin{cases} \rho \dfrac{\mathrm{d}(h\boldsymbol{v})}{\mathrm{d}t} - 2\underbrace{\int_{A_S} \rho \boldsymbol{v}_S \omega_S \mathrm{d}A_S}_{\text{Erosion}} = (\boldsymbol{G} + \boldsymbol{P} + \boldsymbol{T})h \\ \dfrac{\mathrm{d}(\boldsymbol{v}h)}{\mathrm{d}t} = \underbrace{g^* h\sin\theta}_{[\text{Gravity}]} - \underbrace{k_\xi(g^*\cos\theta)h\dfrac{\partial h}{\partial x}\cos^2\theta}_{[\text{Lateral earth stress}]} - \underbrace{(g^*\cos\theta)h\mu(I)}_{[\text{Contact friction}]} \\ \qquad\qquad - \underbrace{\mu_w k_\eta (g^*\cos\theta)h\dfrac{h\cos\theta}{W_0}}_{[\text{Confinement effect}]} \end{cases} \quad (7.7)$$

式中，ρ 为颗粒体密度；$\mathrm{d}V$ 为颗粒体体积变化；Q_{erosion} 和 $Q_{\text{deposition}}$ 分别为碎屑流颗粒体堆积（-）和侵蚀（+）过程质量变化；$\boldsymbol{v}$ 为颗粒体速度矢量，$\boldsymbol{v}=(v_x,v_y,v_z)^{\mathrm{T}}$；$\boldsymbol{F}$ 为体力；$\boldsymbol{T}$ 为作用在边界面 $S(t)$ 上的应力；$\boldsymbol{P}$ 为颗粒体内部沿流动方向的推力；$\boldsymbol{G}$ 为颗粒体重力；g^* 为考虑沟道向心作用的重力加速度；θ 为沟床坡度；k_ξ，k_η 为颗粒体内部沿运动方向推力和深度方向重力的比值，实际计算中往往采用土力学侧向土压力系数概念取值（Iverson，1997）：

$$k_\xi = \begin{cases} k_\xi^{\text{act}} & (\varepsilon_\xi > 0) \\ 1 & (\varepsilon_\xi = 0) \\ k_\xi^{\text{pas}} & (\varepsilon_\xi < 0) \end{cases} \quad k_\eta = \begin{cases} k_\eta^{\text{act}} & (\varepsilon_\eta > 0) \\ 1 & (\varepsilon_\eta = 0) \\ k_\eta^{\text{pas}} & (\varepsilon_\eta < 0) \end{cases} \quad (7.8)$$

$$k_\xi^{\text{act/pas}} = k_x^{\text{act/pas}} = 2\frac{1\pm\sqrt{1-\cos^2\phi_{\text{int}}(1+\tan^2\phi_{\text{bed}})}}{\cos^2\phi_{\text{int}}} - 1 \tag{7.9}$$

式中，ε 为应变率，$\varepsilon = \frac{1}{2}[\nabla \boldsymbol{v} + (\nabla \boldsymbol{v})^{\text{T}}]$；$\phi_{\text{bed}}$ 和 ϕ_{int} 分别为床面摩擦角和碎屑流内部颗粒间摩擦角。

为验证上述数值模拟理论模型的准确性，我们运用上述控制方程，结合有限差分法，对著名的雪崩运动（滑坡-碎屑流）模型实验开展数值模拟，并同实验结果进行对比。有限差分计算单元划分见图 7.6，差分格式化后的控制方程为

$$\begin{aligned}\frac{v_{n+1}^j - v_n^j}{\Delta t} &= -k_\xi(g^*\cos\theta)\frac{\partial h}{\partial \xi}\Big|_n^i + g^*\sin\theta - (g^*\cos\theta)\mu(I) - \mu_w k_\eta(g^*\cos\theta)\frac{h\big|_n^i}{W_0} \\ &= -k_\xi(g^*\cos\theta)\frac{h\big|_n^{i+1} - h\big|_n^i}{\xi\big|_n^{i+1} - \xi\big|_n^i} + g^*\sin\theta - (g^*\cos\theta)\mu(I) - \mu_w k_\eta(g^*\cos\theta)\frac{h\big|_n^i}{W_0}\end{aligned} \tag{7.10}$$

其中，$\xi\big|_n^i = (\xi\big|_n^j + \xi\big|_n^{j+1})/2$。

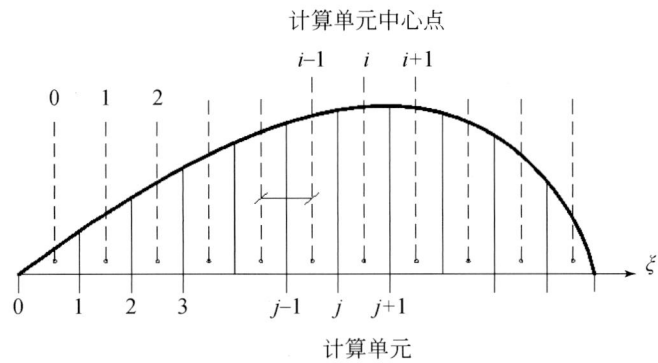

图 7.6　碎屑流颗粒体有限差分格式计算单元

图 7.7 是数值模拟结果，提取碎屑流龙头龙尾的运动轨迹并与实验结果比较，能够清楚地发现：数值模拟很好地反映了碎屑流模型实验全过程的真实情况（图 7.7），充分说明上述理论模型（修正的 Savage-Hutter 模型）能够合理地考虑颗粒物质运动的动力特性，准确地刻画滑坡-碎屑流等灾害体的沿程运动轨迹。

在此基础上，结合现场实测地形数据，运用新碎屑流理论模型反复推演 2000 年发生的西藏易贡大型滑坡-碎屑流的运动轨迹（图 7.8），并同野外考察结果比较。数值模拟和现场考察结果的一致性表明，新开发的碎屑流数值计算模型适用于自然界真实碎屑流现象的情景模拟，从而为定量地分析灾害风险奠定了理论基础。

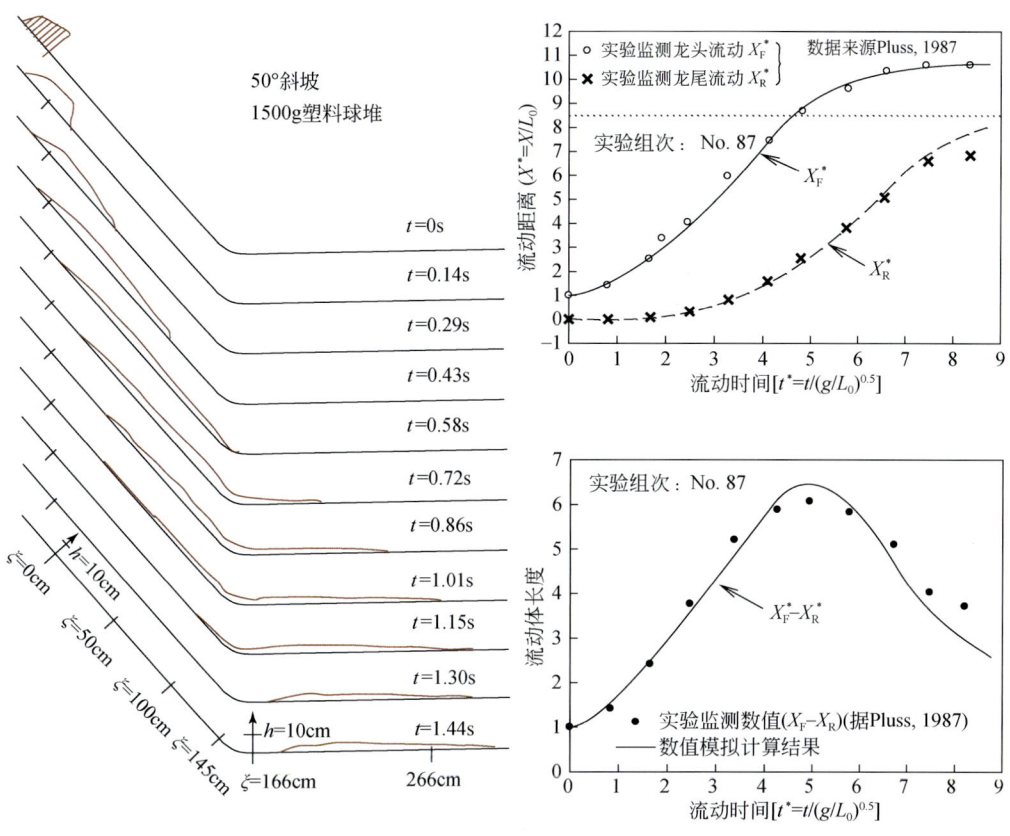

图 7.7 经典的雪崩运动模拟实验（左图）和相应的数值模拟结果的比较（右图）

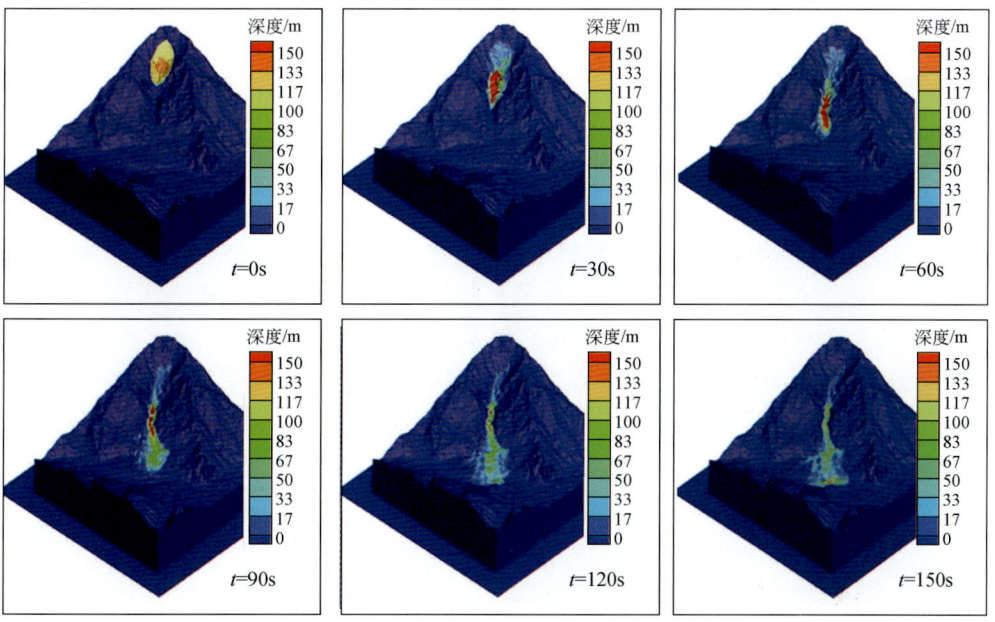

图 7.8 西藏易贡滑坡-碎屑流全过程的数值模拟

7.2 泥石流运动特性与数值模拟

泥石流不同于滑坡、崩塌碎屑流等地表流,既具有流体的超强流动性,又常裹挟巨石。泥石流固相、液相的流变特征和相互作用对泥石流运动特征具有重要影响。同时,泥石流运动过程中对沟道的底部沿程侵蚀和侧面失稳坍塌,也会对泥石流固液体积分数、运动阻力、流动性、成灾规模及破坏能力等特性具有重大影响。因此,泥石流固液两相特征和沿程物质变化,使得研究其动力学机制和数值模拟具有更多困难和挑战。揭示泥石流运动过程中固液演化特征及沟床侵蚀规律,对提升泥石流数值模拟描述真实泥石流动力学特征的能力具有重要意义。

7.2.1 泥石流运动特征与沟床侵蚀规律

泥石流是固体物质和水共同作用而形成的山地灾害类型之一,不同于滑坡、碎屑流和高含沙水流。泥石流形成区和流通区物质储备、颗粒级配、沟床孔隙水压力及泥石流形成后的颗粒体积浓度,固相、液相的流变特征和相互作用等因素对泥石流运动特征具有重要影响。泥石流体内液相的作用使其具有快速远距的运动能力,固体颗粒物质使其对建筑物等承灾体具有更大冲击破坏作用。

泥石流沿程底部侵蚀和侧面失稳坍塌对泥石流固液体积浓度、运动阻力、成灾规模、流动性及破坏能力等特性具有重大影响。特别是近年来,极端气候事件多发,强震诱发的大量滑坡、崩塌导致巨量松散物质堆积在沟道内,导致泥石流暴发临界雨量明显降低,而规模和频率加大。2010 年 8 月 13 日清平文家沟泥石流[图 7.9 (a)]调查显示,其最大下切深度超过 60m,并伴随显著侧蚀现象。对舟曲泥石流灾害研究中,发现其沟道物质堵塞和相继溃决是泥石流规模放大的主要机制(Cui et al., 2013a)。美国地质调查局(United States Geological Survey,USGS)大型水槽试验也显示,相同条件下泥石流在低含水率和饱和沉积物上具有截然相反的反馈机制:泥石流在低含水率沉积物上运动速度减缓,而在饱和沉积物上则运动速度明显加快(Iverson et al., 2011;图 7.10)。蒋家沟泥石

(a) 文家沟泥石流后留下的"大肚囊"(许强摄)　　(b) 舟曲泥石流堵塞体溃决

图 7.9 泥石流底床侵蚀和侧蚀现象

流现场观测资料显示，铺床运动结束后，泥石流运动速度是阵性流的一倍以上。由此可见，考虑泥石流沿程运动过程中的物质汇入对合理预测泥石流危害范围和风险评估具有重要意义。

(a) 无侵蚀层(槽底裸露)

(b) 干燥侵蚀层

(c) 饱水侵蚀层

图 7.10 USGS 泥石流沟床侵蚀水槽试验

USGS 实验表明（图 7.10）：在其他条件完全相同的情况下，不同含水率的沟床侵蚀层对泥石流运动速度和规模具有完全不同的反馈效果（Iverson et al., 2011）。历史调查数据发现：由于沿程沟道物质加入，冲出沟道的泥石流淤积体积可以达到其初始物源体积的几倍甚至几百倍（Hungr et al., 2005；Godt and Coe, 2007）。日本 Minamata 泥石流[图 7.11（a）]和 2010 年 8 月 13 日岷江上游群发泥石流[图 7.11（b）]显示，由于沿程底床侵蚀和侧面失稳坍塌增加大量沿程物质，其泥石流规模大大超过我们预期，造成严重的人员和财产损失。表 7.2 的泥石流现场调查数据显示泥石流沟道下切所造成新的物质加入对泥石流规模放大具有显著影响。

(a) 日本Minamata泥石流(据Sidle and Chigira，2004)

(b) 映秀镇上游岷江河谷段 "8·13" 群发性泥石流航拍图(据许强，2010)

图 7.11 沟道松散物质导致泥石流规模放大实例

表7.2 泥石流侵蚀导致规模放大实例总结

地点	时间	初始物源体积/m³	最终堆积体积/m³	最大下切深度/m	参考文献
香港青山	1990年	400	20000	3	King, 2001
红椿沟	2010年8月14日	400000	800000	10	唐川等, 2011
B. C. Interior, Canada	1997年	25000	92000	1.5	Jakob et al., 2000
Cardemeller torrent, Pal	1982年	500	5000	2	Medina et al., 2008

自从 Savage-Hutter 提出深度平均连续介质力学方法计算坡面地表流之后，泥石流动力学数值模拟获得了长足发展。为了进一步有效的揭示沟床侵蚀与泥石流运动特性的相互关系，需要提出新的侵蚀率计算公式来描述泥石流与底床物质的动量交换（Iverson and Ouyang, 2015）。

7.2.2 考虑沟床侵蚀的广义深度积分连续介质力学方程

在笛卡儿坐标系下，上下两层运动体在其交界面的物质交换如图7.12所示。

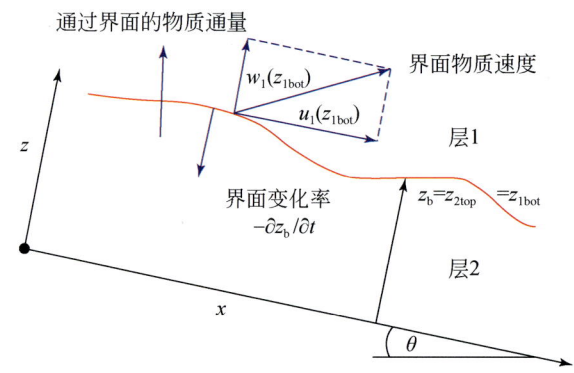

图7.12 沟床侵蚀物质交换示意图

首先，确定物质在界面处的动力学边界条件：

$$\frac{\partial z_{\text{top}}}{\partial t} = w(z_{\text{top}}) - u(z_{\text{top}}) \frac{\partial z_{\text{top}}}{\partial x} - v(z_{\text{top}}) \frac{\partial z_{\text{top}}}{\partial y} - \xi_{\text{top}} E_{\text{top}} \quad (7.11)$$

$$\frac{\partial z_{\text{bot}}}{\partial t} = w(z_{\text{bot}}) - u(z_{\text{bot}}) \frac{\partial z_{\text{bot}}}{\partial x} - v(z_{\text{bot}}) \frac{\partial z_{\text{bot}}}{\partial y} - \xi_{\text{bot}} E_{\text{bot}} \quad (7.12)$$

式中，u，v，w 为流体 x，y，z 3个方向的运动速度，m/s；z_{bot} 和 z_{top} 分别为流体的基底和顶部 z 坐标；ξ 为地学修正因子；E 为物质侵蚀率。

通过深度积分，利用上述动力学边界条件和牛顿-莱布尼兹法则，可以获得考虑侵蚀或沉积的深度积分质量守恒方程：

$$\int_{z_{\text{bot}}}^{z_{\text{top}}} \left[\frac{\partial \bar{\rho}}{\partial t} + \frac{\partial (\bar{\rho} u)}{\partial x} + \frac{\partial (\bar{\rho} v)}{\partial y} + \frac{\partial (\bar{\rho} w)}{\partial z} \right] \mathrm{d}z$$

$$= h\frac{\partial \bar{\rho}}{\partial t} + h\bar{u}\frac{\partial \bar{\rho}}{\partial x} + h\bar{v}\frac{\partial \bar{\rho}}{\partial y} + \bar{\rho}[w(z_{\text{top}}) - w(z_{\text{bot}})]$$

$$+ \bar{\rho}\left[\frac{\partial}{\partial x}\int_{z_{\text{bot}}}^{z_{\text{top}}} u\mathrm{d}z - u(z_{\text{top}})\frac{\partial z_{\text{top}}}{\partial x} + u(z_{\text{bot}})\frac{\partial z_{\text{bot}}}{\partial x} + \frac{\partial}{\partial y}\int_{z_{\text{bot}}}^{z_{\text{top}}} v\mathrm{d}z - v(z_{\text{top}})\frac{\partial z_{\text{top}}}{\partial y} + v(z_{\text{bot}})\frac{\partial z_{\text{bot}}}{\partial y}\right]$$

$$= h\frac{\partial \bar{\rho}}{\partial t} + \frac{\partial (\bar{\rho} h \bar{u})}{\partial x} + \frac{\partial (\bar{\rho} h \bar{v})}{\partial y}$$

$$- \bar{\rho}\left[u(z_{\text{top}})\frac{\partial z_{\text{top}}}{\partial x} + v(z_{\text{top}})\frac{\partial z_{\text{top}}}{\partial y} - w(z_{\text{top}})\right] + \bar{\rho}\left[u(z_{\text{bot}})\frac{\partial z_{\text{bot}}}{\partial x} + v(z_{\text{bot}})\frac{\partial z_{\text{bot}}}{\partial y} - w(z_{\text{bot}})\right]$$

$$= \frac{\partial (\bar{\rho} h)}{\partial t} + \frac{\partial (\bar{\rho} h \bar{u})}{\partial x} + \frac{\partial (\bar{\rho} h \bar{v})}{\partial y} + \bar{\rho}\xi_{\text{top}} E_{\text{top}} - \bar{\rho}\xi_{\text{bot}} E_{\text{bot}} = 0 \tag{7.13}$$

式中，变量上加"－"代表变量的深度方向的平均量；$\bar{\rho}$ 为平均流体密度，g/cm³；h 为流体深度，m。同样，推导获得了 x 方向上深度积分动量守恒方程（y 方向与 x 方向推导几乎一致，推导省略）。

$$\int_{z_{\text{bot}}}^{z_{\text{top}}} \left(\frac{\partial (\bar{\rho} u)}{\partial t} + \frac{\partial (\bar{\rho} u^2)}{\partial x} + \frac{\partial (\bar{\rho} uv)}{\partial y} + \frac{\partial (\bar{\rho} uw)}{\partial z} \right) \mathrm{d}z$$

$$= \frac{\partial}{\partial t}\bar{\rho}\int_{z_{\text{bot}}}^{z_{\text{top}}} u\mathrm{d}z - \bar{\rho}u(z_{\text{top}})\frac{\partial z_{\text{top}}}{\partial t} + \bar{\rho}u(z_{\text{bot}})\frac{\partial z_{\text{bot}}}{\partial t} + \frac{\partial}{\partial x}\bar{\rho}\int_{z_{\text{bot}}}^{z_{\text{top}}} u^2 \mathrm{d}z - \bar{\rho}u^2(z_{\text{top}})\frac{\partial z_{\text{top}}}{\partial x} + \bar{\rho}u^2(z_{\text{bot}})\frac{\partial z_{\text{bot}}}{\partial x}$$

$$+ \frac{\partial}{\partial y}\bar{\rho}\int_{z_{\text{bot}}}^{z_{\text{top}}} uv\mathrm{d}z - \bar{\rho}u(z_{\text{top}})v(z_{\text{top}})\frac{\partial z_{\text{top}}}{\partial y} + \bar{\rho}u(z_{\text{bot}})v(z_{\text{bot}})\frac{\partial z_{\text{bot}}}{\partial y} + \bar{\rho}u(z_{\text{top}})w(z_{\text{top}}) - \bar{\rho}u(z_{\text{bot}})w(z_{\text{bot}})$$

$$= \frac{\partial (\bar{\rho} h \bar{u})}{\partial t} + \frac{\partial (\bar{\rho} h \bar{u}^2)}{\partial x} + \frac{\partial (\bar{\rho} h \bar{u}\bar{v})}{\partial y} + \frac{\partial}{\partial x}\bar{\rho}\int_{z_{\text{bot}}}^{z_{\text{top}}} (u - \bar{u})^2 \mathrm{d}z + \frac{\partial}{\partial y}\bar{\rho}\int_{z_{\text{bot}}}^{z_{\text{top}}} (u - \bar{u})(v - \bar{v})\mathrm{d}z$$

$$+ \bar{\rho}u(z_{\text{top}})\xi_{\text{top}} E_{\text{top}} - \bar{\rho}u(z_{\text{bot}})\xi_{\text{bot}} E_{\text{bot}} = \int_{z_{\text{bot}}}^{z_{\text{top}}} \Sigma F_x \mathrm{d}z \tag{7.14}$$

其中，

$$\int_{z_{\text{bot}}}^{z_{\text{top}}} \Sigma F_x \mathrm{d}z = \bar{\rho} g_x h + \int_{z_{\text{bot}}}^{z_{\text{top}}} \left[-\frac{\partial \sigma_{xx}}{\partial x} + \frac{\partial \tau_{yx}}{\partial y} + \frac{\partial \tau_{zx}}{\partial z} \right] \mathrm{d}z$$

$$= \bar{\rho} g_x h - \frac{\partial (\bar{\sigma}_{xx} h)}{\partial x} + \sigma_{xx\text{top}}\frac{\partial z_{\text{top}}}{\partial x} - \sigma_{xx\text{bot}}\frac{\partial z_{\text{bot}}}{\partial x} + \frac{\partial (\bar{\tau}_{yx} h)}{\partial y} - \tau_{yx\text{top}}\frac{\partial z_{\text{top}}}{\partial y} + \tau_{yx\text{bot}}\frac{\partial z_{\text{bot}}}{\partial y} + \tau_{zx\text{top}} - \tau_{zx\text{bot}}$$

$$\tag{7.15}$$

因此，可以获得 x，y 方向上广义的动量守恒方程组：

$$\frac{\partial (\bar{\rho}_1 h_1 \bar{u}_1)}{\partial t} + \frac{\partial (\beta_{1uu}\bar{\rho}_1 h_1 \bar{u}_1^2)}{\partial x} + \frac{\partial (\beta_{1uv}\bar{\rho}_1 h_1 \bar{u}_1 \bar{v}_1)}{\partial y} = \bar{\rho}_1 g_x h_1 + L_{1xx} + L_{1xy} + \tau_{1zx\text{top}} - \tau_{2zx\text{top}} \tag{7.16}$$

$$\frac{\partial (\bar{\rho}_1 h_1 \bar{v}_1)}{\partial t} + \frac{\partial (\beta_{1vv}\bar{\rho}_1 h_1 \bar{v}_1^2)}{\partial y} + \frac{\partial (\beta_{1uv}\bar{\rho}_1 h_1 \bar{u}_1 \bar{v}_1)}{\partial x} = \bar{\rho}_1 g_y h_1 + L_{1yy} + L_{1xy} + \tau_{1zy\text{top}} - \tau_{2zy\text{top}} \tag{7.17}$$

式中，β 为深度方向上速度不均匀分布修正因子；L 为除了其他应力分量在动量方程中的贡献。此广义动量守恒方程能够揭示泥石流运动中沟床侵蚀、流体密度演化、地形效应等物理过程，也可以很好地表述欧拉或者拉格朗日坐标系下动力守恒方程的不同描述方式（Iverson and Ouyang，2015）。

7.2.3 基于一相流的泥石流沟道侵蚀与动力过程数值模拟

基于泥石流在可侵蚀基底运动所必须遵循的动量间断条件（Iverson and Ouyang，2015），可以建立侵蚀率与基底应力之间的关系：

$$E = -\frac{\partial z_b}{\partial t} = \frac{\tau_{1b} - \tau_{2s}}{\bar{\rho}\sqrt{\bar{u}^2 + \bar{v}^2}} \tag{7.18}$$

式中，τ_{1b} 为运动流体总的基底应力；τ_{2s} 为基底抗力。τ_{1b} 采用 Voellmy 模型：

$$\tau_{1b} = \bar{\rho} g_z h \tan(\varphi_{\text{Voellmy}}) + \bar{\rho}(\bar{u}^2 + \bar{v}^2)/C_z^2 \tag{7.19}$$

式中，φ_{Voellmy} 为基底等效摩擦角；C_z 为基底摩擦系数；$\bar{\rho}$ 为平均泥石流密度；假设 τ_{2s} 遵循库仑摩擦定律：

$$\tau_{2s} = c + \bar{\rho} g_z h (1-\lambda_2) \tan\varphi_2 \tag{7.20}$$

式中，c 和 φ_2 分别为基底（动床）物质的黏聚力和内摩擦角；λ_2 为量化基底液化程度的孔隙水压力。

将式（7.19）和式（7.20）代入式（7.18），侵蚀率公式可以表示如下：

$$E = \frac{\bar{\rho} g_z h \tan(\varphi_{\text{Voellmy}}) + \bar{\rho}(\bar{u}^2 + \bar{v}^2)/C_z^2 - [c + \bar{\rho} g_z h (1-\lambda_2)\tan(\varphi_2)]}{\bar{\rho}\sqrt{\bar{u}^2 + \bar{v}^2}} \tag{7.21}$$

尽管 Voellmy 模型能够较好的描述泥石流在快速运动阶段的动力特性，但其不能有效描述泥石流淤积停止过程。因此，利用 Voellmy 和库仑模型的各自优点，对侵蚀率进一步修正如下：

$$E = \frac{\max(\bar{\rho} g_z h \tan\varphi_{\text{Voellmy}} + \bar{\rho}(\bar{u}^2 + \bar{v}^2)/C_z^2, (\bar{\rho}-\rho_w) g_z h \tan\delta) - [c + \bar{\rho} g_z h (1-\lambda_2)\tan\varphi_2]}{\bar{\rho}\sqrt{\bar{u}^2 + \bar{v}^2}} \tag{7.22}$$

基于此泥石流侵蚀率公式，采用自主开发的泥石流侵蚀动力学计算平台（Ouyang et al.，2015），开展泥石流灾害动力过程数值模拟。

1) "8·13" 映秀红椿沟特大泥石流灾害动力过程反演

2010 年 8 月 13 日，位于汶川地震震中附近的映秀镇红椿沟暴发大型泥石流。地震造成的大量崩滑体、地表碎片堆积在沟道内，在连续强降雨作用下，最终暴发大型泥石流。泥石流顺沟道冲入岷江造成岷江改道，河水灌入映秀新城，导致大量人员伤亡和财产损失。

红椿沟位于岷江左岸，集水区面积 5.35km²。事后调查发现，红椿沟上游三条支沟——甘溪沟、大水沟、新店子沟是泥石流物源主要区域，各条支沟冲出物源数量分别为 11.2 万 m³、3.9 万 m³、3.2 万 m³。全部冲出物质总量为 80 万 m³，其中进入岷江内物源约 40 万 m³ 左右 [图 7.13（a）]。除去初始物源外，有约 60 万 m³ 物质来自于沟道侵蚀。因此，考虑侵蚀

第 7 章　山地灾害动力学特性与道路工程风险评估

效应，是合理评估和预测泥石流规模的必要因素。

红椿沟泥石流侵蚀动力学数值计算中采用的参数如表 7.3 所示，部分参数采用大型水槽试验参数。图 7.13（b）～（d）列出了初始时刻、100s 和 800s 时刻泥石流流体高度及最终沟床侵蚀深度图。数值计算结果显示最终泥石流方量为 81.5 万 m³，与实际调查 80.5 万 m³ 比较接近。另外，图 7.13（e）计算显示侵蚀主要发生在泥石流流深和运动速度都比较大的中段，侵蚀率与沟道侵蚀深度也最大。图 7.13（f）显示若不考虑侵蚀效应，固体物质冲出量远小于实际冲出量。

表 7.3　红椿沟泥石流计算参数

ρ_s /(g/cm³)	ρ_w /(g/cm³)	$\bar{\rho}$ /(g/cm³)	c/Pa	φ_1 /(°)	φ_2 /(°)	δ /(°)	$\varphi_{Voellmy}$ /(°)	C_z	λ_2	$v_{threshold}$ /(m/s)
2700	1000	2020	2900	35	35	28	12	12	0.7	5

图 7.13　红椿沟侵蚀动力过程计算模拟与现场对比图

2）川藏铁路沿线日地沟泥石流灾害动力过程数值模拟

针对资料相对欠缺的地区，在计算沟床的侵蚀时也可借鉴 McDougall 和 Hungr（2005）提出的简易公式为

$$E = -\frac{\partial z_\text{b}}{\partial t} = \alpha h v \quad (7.23)$$

式中，E 为沟床侵蚀速率；α 为侵蚀率，其可通过泥石流淤积物质体积与初始体积及平均运动距离确定，计算公式如下：

$$\alpha = \frac{\ln(V_\text{f}/V_0)}{\overline{S}} \quad (7.24)$$

式中，V_f 为最终泥石流堆积体积；V_0 为初始泥石流启动体积；V_f/V_0 表征泥石流流量放大系数；$\overline{S}$ 为泥石流平均运动距离。式（7.24）的意义在于把复杂的侵蚀率计算通过经验公式来表示，并且其参数可以通过野外调查或者历史灾害数据获取。

考虑泥石流运动过程的沟床侵蚀特征，在1∶1万地形图上建立日地沟流域范围的数字高程模型（DEM），开展在100年一遇、200年一遇降雨频率条件下川藏交通廊道日地沟泥石流灾害运动过程数值模拟（图7.14、图7.15），其中主要计算参数的取值见表7.4。

表7.4 计算参数取值及说明

参数	取值	黏性泥石流取值范围（计算理由）
μ	0.15	0.1~0.3
ξ	200	100~300
φ	13°	8°~25°
规模放大系数 V_f/V_0	1.5	1~5
最大侵蚀深度	2m	0~10
平均运动距离 $\overline{S}$	10km	平均运动距离

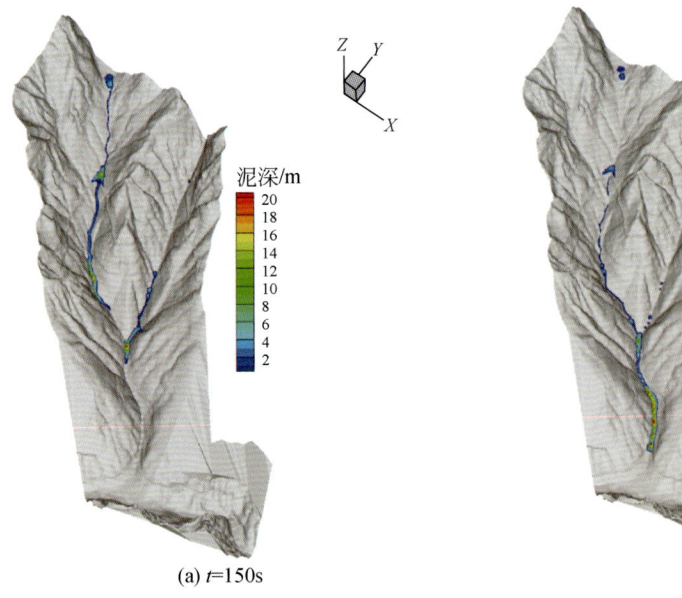

(a) t=150s　　　　　　　　　　(b) t=600s

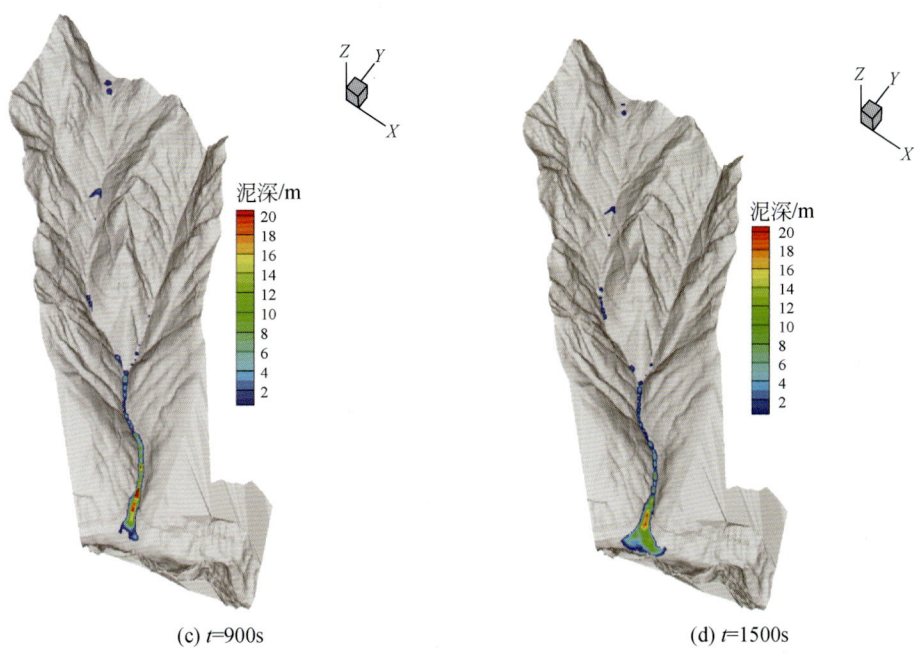

(c) t=900s　　　　　　　　　　　　(d) t=1500s

图 7.14　100 年一遇情况下数值计算结果——泥石流泥深随时间变化

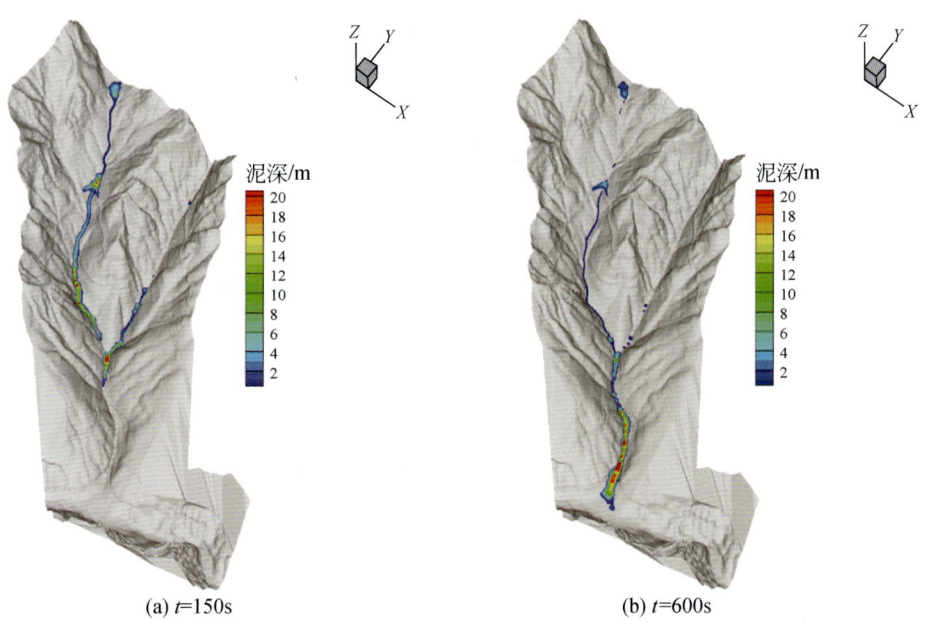

(a) t=150s　　　　　　　　　　　　(b) t=600s

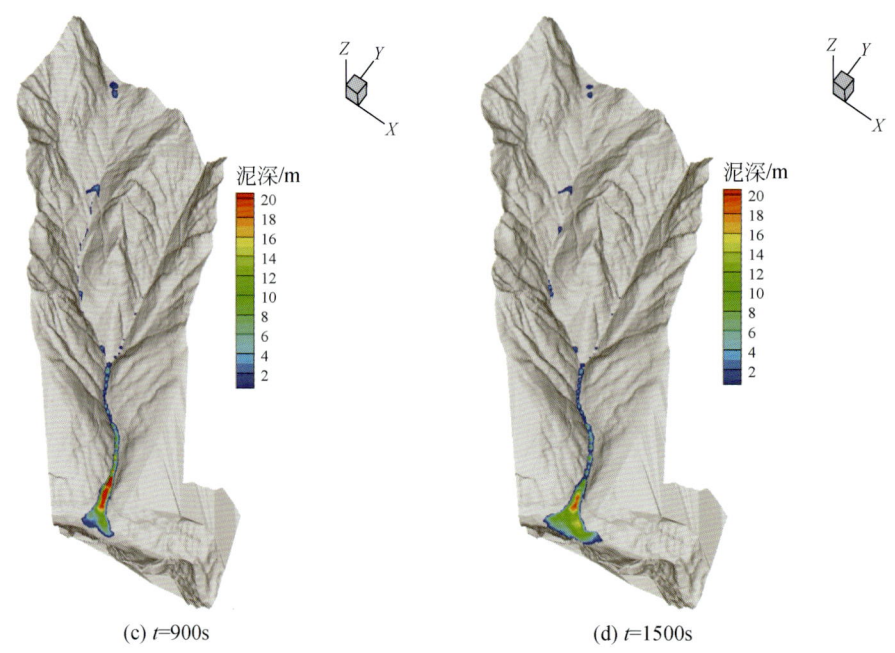

(c) t=900s (d) t=1500s

图 7.15 200 年一遇情况下数值计算结果——泥石流泥深随时间变化

结合数值模拟结果与 GIS 空间处理技术，提取拟建川藏铁路初步规划方案中日地沟隧道口断面数据，100 年一遇频率条件下泥石流最大泥深为 8.5m，200 年一遇频率条件下泥石流最大泥深为 13.8m（Zou et al.，2017）。此外，由于日地沟沟谷比降较大，泥石流对桥基与进场公路均有强烈掏蚀、冲刷危害，同时，泥石流对沟口川藏公路 G318 线及村庄有淤埋冲毁危害。为此，在川藏交通干线工程建设过程中需要考虑泥石流冲击、淤埋、掏蚀等复合致灾影响。

7.2.4 考虑沟床侵蚀的固液两相泥石流动力学数值模拟

泥石流是典型的固液两相流，根据相平均理论和浅水流假设，固相采用 Savage-Hutter 模型，液相采用 Newtonian 流体，考虑固液相之间的相互作用，建立考虑侵蚀的固液两相泥石流运动理论模型，其中固相和液相的质量守恒方程为（He et al.，2017）：

$$\frac{\partial \phi h}{\partial t}+\frac{\partial \phi h u_s}{\partial x}+\frac{\partial \phi h v_s}{\partial y}=\phi E \tag{7.25}$$

$$\frac{\partial (1-\phi)h}{\partial t}+\frac{\partial (1-\phi)h u_f}{\partial x}+\frac{\partial (1-\phi)h v_f}{\partial y}=\frac{(1-\phi)pE}{1-p} \tag{7.26}$$

式中，ϕ 为固相体积分数；p 为基底孔隙水压力；E 为基底侵蚀率；下标 s 代表固相，下标 f 代表液相。固相的动量守恒方程（x，y 两个方向）为

$$\left(\frac{\partial(h\bar{\phi}\bar{u}_\mathrm{s})}{\partial t}+\frac{\partial(h\bar{\phi}\bar{u}_\mathrm{s}^2)}{\partial x}+\frac{\partial(h\bar{\phi}\bar{u}_\mathrm{s}\bar{v}_\mathrm{s})}{\partial y}\right)=\bar{\phi}u_\mathrm{s}(z_\mathrm{b})E+\bar{\phi}g_x h+\frac{\partial(0.5\bar{\phi}k_\mathrm{ap}(1-\gamma)g_z h^2)}{\partial x}$$
$$+\bar{\phi}k_\mathrm{ap}(1-\gamma)g_z h\frac{\partial z_\mathrm{b}}{\partial x}+\bar{\phi}\gamma g_z h\left[\frac{\partial h}{\partial x}+\frac{\partial z_\mathrm{b}}{\partial x}\right]+\bar{\phi}T_\mathrm{szxb}/\rho_\mathrm{s}+(1-\bar{\phi})\frac{(1-\gamma)\bar{\phi}}{V_\mathrm{T}(1-\bar{\phi})^m}(\bar{u}_\mathrm{f}-\bar{u}_\mathrm{s})h$$
(7.27)

$$\left(\frac{\partial(h\bar{\phi}\bar{v}_\mathrm{s})}{\partial t}+\frac{\partial(h\bar{\phi}\bar{u}_\mathrm{s}v_\mathrm{s})}{\partial x}+\frac{\partial(h\bar{\phi}\bar{v}_\mathrm{s}^2)}{\partial y}\right)=\bar{\phi}v_\mathrm{s}(z_\mathrm{b})E+\bar{\phi}g_y h+\frac{\partial(0.5\bar{\phi}k_\mathrm{ap}(1-\gamma)g_z h^2)}{\partial y}$$
$$+\bar{\phi}k_\mathrm{ap}(1-\gamma)g_z h\frac{\partial z_\mathrm{b}}{\partial y}+\bar{\phi}\gamma g_z h\left[\frac{\partial h}{\partial y}+\frac{\partial z_\mathrm{b}}{\partial y}\right]+\bar{\phi}T_\mathrm{szyb}/\rho_\mathrm{s}+(1-\bar{\phi})\frac{(1-\gamma)\bar{\phi}}{V_\mathrm{T}(1-\bar{\phi})^m}(\bar{v}_\mathrm{f}-\bar{v}_\mathrm{s})h$$
(7.28)

液相的动量守恒方程（x，y 两个方向）为

$$\left(\frac{\partial(h(1-\phi)u_\mathrm{f})}{\partial t}+\frac{\partial(h(1-\phi)u_\mathrm{f}^2)}{\partial x}+\frac{\partial(h(1-\phi)u_\mathrm{f}v_\mathrm{f})}{\partial y}\right)=[1-\phi(z_\mathrm{b})]u_\mathrm{f}(z_\mathrm{b})\frac{pE}{1-p}+(1-\phi)g_x h$$
$$+(1-\phi)\eta\left(2\frac{\partial^2 u_\mathrm{f}}{\partial x^2}+\frac{\partial^2 v_\mathrm{f}}{\partial x\partial y}+\frac{\partial^2 u_\mathrm{f}}{\partial^2 y}\right)/\rho_\mathrm{f}-(1-\phi)\tau_\mathrm{fzxb}/\rho_\mathrm{f}+(1-\phi)g_z h\frac{\partial(z_\mathrm{b}+h)}{\partial x}-(1-\phi)\frac{(1/\gamma-1)\phi}{V_\mathrm{T}(1-\phi)^m}(u_\mathrm{f}-u_\mathrm{s})h$$
(7.29)

$$\left(\frac{\partial(h(1-\phi)v_\mathrm{f})}{\partial t}+\frac{\partial(h(1-\phi)u_\mathrm{f}v_\mathrm{f})}{\partial x}+\frac{\partial(h(1-\phi)v_\mathrm{f}^2)}{\partial y}\right)=[1-\phi(z_\mathrm{b})]v_\mathrm{f}(z_\mathrm{b})\frac{pE}{1-p}+(1-\phi)g_y h$$
$$+(1-\phi)\eta\left(2\frac{\partial^2 v_\mathrm{f}}{\partial y^2}+\frac{\partial^2 u_\mathrm{f}}{\partial x\partial y}+\frac{\partial^2 v_\mathrm{f}}{\partial^2 x}\right)/\rho_\mathrm{f}-(1-\phi)\tau_\mathrm{fzyb}/\rho_\mathrm{f}+(1-\phi)g_z h\frac{\partial(z_\mathrm{b}+h)}{\partial y}-(1-\phi)\frac{(1/\gamma-1)\phi}{V_\mathrm{T}(1-\phi)^m}(v_\mathrm{f}-v_\mathrm{s})h$$
(7.30)

式中，g_x，g_y，g_z 分别为重力在 3 个方向上的分量；γ 为液相和固相密度比；η 为液相黏性系数；k_ap 为固相土压力系数，动量方程右端最后一项代表固液相互作用项。上述公式详细推导可见 He 等（2016）文献。现有研究采用的基底阻力计算方法都是基于固液混合物属性计算，不能有效地揭示固相和液相的作用特征。本书从固液两相流出发，采用如图 7.16 所示固液体积分数加权方法计算其阻力。

$$\frac{\partial z_\mathrm{b}}{\partial t}=-\frac{\tau_\mathrm{1b}-\tau_\mathrm{2s}}{\rho\sqrt{u^2+v^2}}(1-\mathrm{e}^{-\alpha\sqrt{u^2+v^2}})$$
(7.31)

式中，τ_1b 为基底拖拽力，计算如下：

$$\tau_\mathrm{1b}=\phi T_\mathrm{szb}+(1-\phi)\tau_\mathrm{fzb}$$
(7.32)

固项阻力 T_szb 计算公式为

$$T_\mathrm{szb}=(\rho_\mathrm{s}-\rho_\mathrm{f})g_z h\tan(\varphi_\mathrm{int})$$
(7.33)

式中，φ_int 为固体物质内摩擦角。液相阻力 τ_fzb 计算公式：

$$\tau_\mathrm{fzb}=\rho_\mathrm{f}g_z\frac{n^2(u_\mathrm{f}^2+v_\mathrm{f}^2)}{h^{1/3}}$$
(7.34)

式中，n 为液相在基底的糙率系数。

图 7.17 计算了一维溃坝动力学过程，给出了与现有两相流模型与 Pelanti 计算结果对比图（Pelanti et al.，2008）。计算结果显示当前计算结果与先前学者计算结果吻合的非常好，证明了当前计算框架能够有效地计算两相流动力学过程。

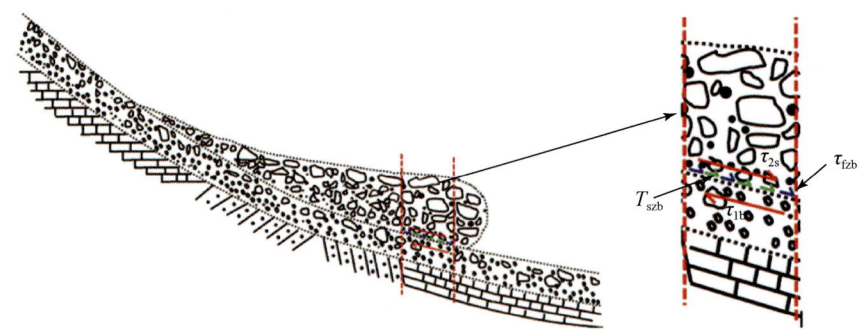

图 7.16　基于两相流固液体积分数的新侵蚀率模型示意图

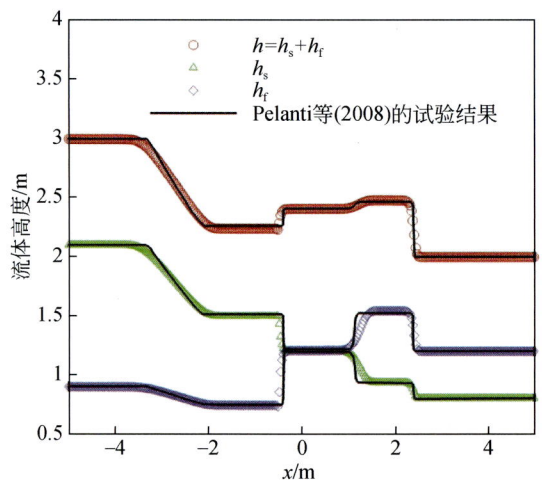

图 7.17　现有两相流模型与 Pelanti 计算结果对比图（据 Pelanti et al., 2008）

图 7.18 以 USGS 大型泥石流水槽实验为例，采用两相流模型（计算参数见表 7.5），数值计算并模拟其动力学过程，分别比较了两个不同观测点位置泥石流泥位随时间变化过

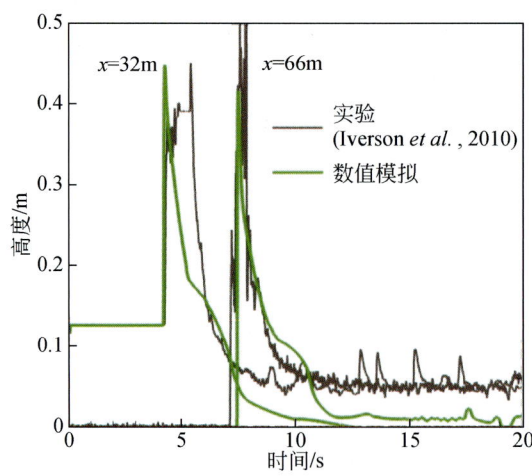

图 7.18　两相流计算结果与美国 USGS 大型水槽实验结果对比

程,显示当前计算结果能够较好的再现实验过程。同时,也比较了不考虑动量侵蚀交换项情况下的计算结果(图7.19),发现不考虑侵蚀动量交换性结果误差比较大。

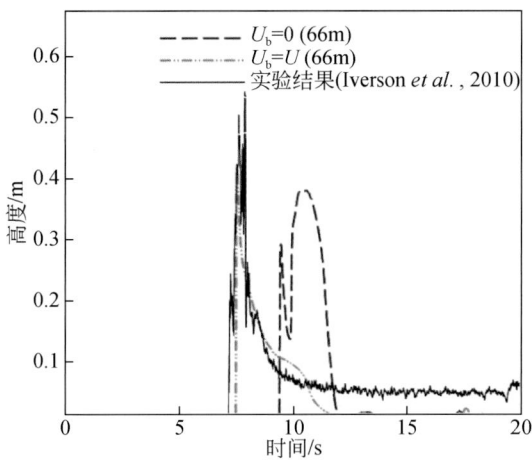

图 7.19　考虑侵蚀动量交换项与不考虑侵蚀动量交换项对比

表 7.5　两相流模型计算参数取值及说明

	ρ_s /(g/cm³)	ρ_w /(g/cm³)	$\bar{\rho}$ /(g/cm³)	c/Pa	φ_{int} /(°)	φ_{bed} /(°)	δ /(°)	n	η	λ_2	α
计算参数	2700	1000	2020	0	40	40	40	0.015	0.05	0.8	0.5
实验值	2700	1000~1200	2010~2070	Typically<400	39.6±2.7	39.6±2.7	40.7±2.1	—	0.001~0.1	—	—

7.3　基于山地灾害运动过程的道路工程风险定量评估

山地灾害风险评估是综合分析山地灾害产生危害影响的过程。本节首先分析山地灾害风险评估的动力学基础与实现途径,在道路工程风险分析时充分考虑了山地灾害的动力过程、各类道路工程承灾体(公路构筑物、移动承灾体)的易损特征,提出了基于山地灾害动力过程的川藏交通干线工程风险定量分析方法。

7.3.1　山地灾害风险分析的动力学基础与实现途径

川藏交通干线山地灾害类型多、规模大、频率高、危害严重,尤其以滑坡-碎屑流、泥石流、山洪为主要灾害类型。若进一步分析滑坡-碎屑流、泥石流、山洪灾害的动力特性与定量风险,须明确灾害全过程的流动特性及演化规律。随着滑坡、泥石流等山地灾害运动方程的建立和地理信息技术的发展,结合精细化地形的山地灾害运动数值模拟得到迅速发展,为山地灾害定量风险分析提供了十分有效的手段,使山地灾害风险分区实现了真正定量化。

山地灾害数值模拟提供了灾害体在运动过程中动力参数的分布,成为确定灾害动力学风险分区指标的基础。运用三维离散元（DEM）方法模拟了滑坡-碎屑流颗粒物质流动过程，分析流动体内部能量耗散机制，可以计算滑坡-碎屑流运动速度、堆积（危害）范围；依据建立在流体力学模型基础上的山洪泥石流运动方程，建立山洪泥石流模拟方法，可以获取山洪泥石流在运动过程中的流速、流深、冲击力和动量等重要参数的分布，这些参数值域的组合或者构成灾害破坏力的表达，是灾害危险性分区的基本动力学参数（陈洪凯等，2007；胡凯衡等，2014）。同时，承灾体的空间位置、强度和结构特征及周围构筑物是灾害风险评估中承灾体暴露度与易损度定量表达的基础条件。为此，结合7.1节与7.2节的滑坡-碎屑流与山洪泥石流数值模拟方法，搭建山地灾害数值模拟平台，开展灾害动力过程模拟与数值分析，进而为山地灾害定量风险研究提供动力学基础与实现途径，具体流程如图7.20所示。

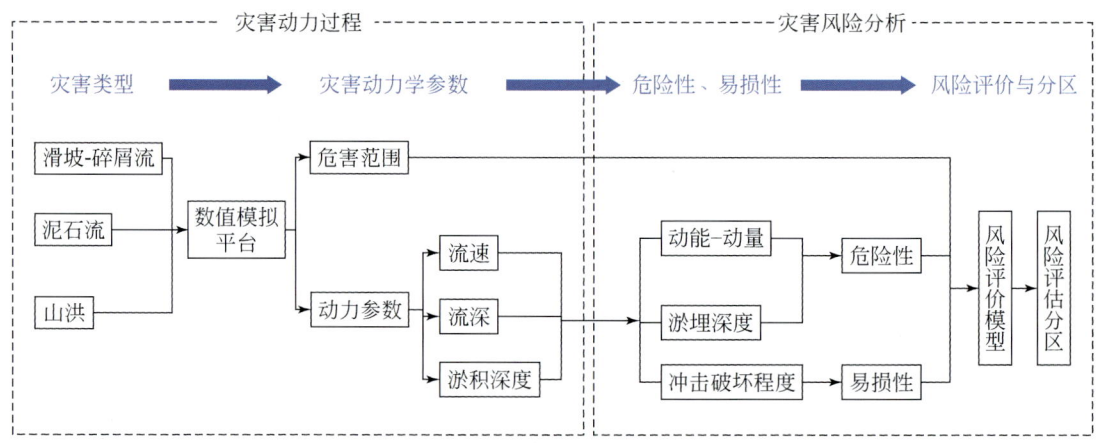

图 7.20　山地灾害定量风险分析实现途径

在山地灾害风险分析过程中，首先，进行灾害动力过程数值模拟。模拟计算时把整个区域划分成正方形的网格，对每个交叉点（网格的角点）计算流深、速度值及高程值，作为危险性评价的因子。其次，构建山地灾害危险性评价模型。依据模拟结果，确定灾害危险范围，并对危险性指标进行量化分级，得到山地灾害危险性分级和分区结果，实现基于动力过程的灾害危险性定量评估与区划制图。然后，分析道路工程构筑物（大坝、桥梁等）对不同灾害作用的动力联系与动态响应，分析构筑物易损特性，建立表征构筑物抗御灾害能力、灾后使用性能、灾后恢复能力等方面的判识指标体系与工程易损性分析模型，进而分析不同危险等级灾害作用下的工程构筑物破坏损失程度，建立道路工程易损性评价方法。在此基础上，综合危险性和易损性得到山地灾害综合风险，进行灾害的风险分区和制图，实现基于动力过程的山地灾害风险定量评估。

7.3.2　基于动力学特征的泥石流危险性评价方法

通过交通干线沿线泥石流调查发现，大规模泥石流对道路危害既包括泥石流直接冲淤线路工程，也包括对线路的链式复合致灾，如图7.21所示，具有如下特点：

（1）泥石流直接冲毁和淤埋道路路基、路面、桥梁（涵洞）；
（2）泥石流堵江后形成堰塞湖对上游路段形成淹没危害；
（3）泥石流堵江后的溃决洪水对下游路段存在强烈冲刷和淹没。

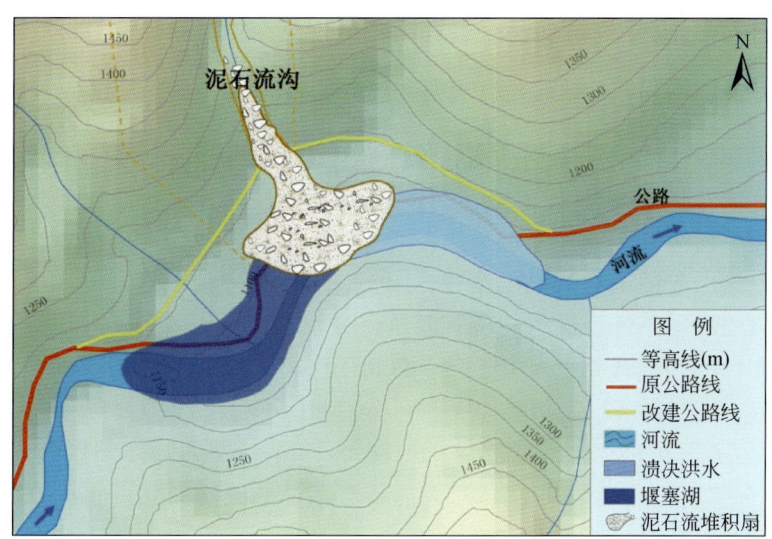

图 7.21　泥石流危害公路示意图

针对上述道路沿线泥石流危害特点，本书提出了基于泥石流运动模拟和洪水淹没分析的泥石流危害道路的定量危险性分析方法（Cui et al., 2013c）：

$$H = H_e + H_d + H_i + H_f \tag{7.35}$$

式中，H 为总危险度；H_e 为由泥石流冲击破坏引起的危险，用泥石流最大动能表示；H_d 为由泥石流淤埋引起的危险，用泥石流最大淤积深度表示；H_i 为泥石流堵江造成的回水淹没危险，用回水淹没深度表示；H_f 为泥石流堰塞湖溃决洪水造成的淹没危险，用洪水淹没深度表示。其中，泥石流的冲击破坏和淤埋破坏应用泥石流堆积区二维运动模拟的方法确定；堰塞湖回水上涨淹没危险根据堰塞湖与道路的相对位置和堰塞坝溢流口高度确定；堰塞湖溃决洪水危险根据堰塞湖与道路的相对位置和溃决洪水最大流量确定。

1. 泥石流冲击破坏能力和淤埋深度的确定方法

流速是确定泥石流冲击作用的关键参数，泥深反映泥石流的淤埋程度。通过泥石流运动模拟，确定泥石流扇形地上流速和流深的时空分布。通过流速时空分布可以确定泥石流动能——破坏能力的分布；依据流深时空分布，可以确定泥石流淤埋深度的空间分布。

用泥石流最大流深来表征泥石流淤积危害，在泥石流运动区域划分计算网格，每个网格 (i, j) 的泥深由网格内所有颗粒体积除以网格面积得到（崔鹏等，2011），计算公式如下：

$$H_d = \frac{N_{i,j} \Delta V}{A} \tag{7.36}$$

式中，$N_{i,j}$ 为以点 (i, j) 为中心的控制格网内的颗粒数；ΔV 为颗粒体积，m³；A 为数值模拟采用的网格面积，m²；H_d 为泥石流淤埋深度，m，其值越大，泥石流危险性越大。

用泥石流动能来表征泥石流冲击破坏能力，采用每个网格在整个泥石流运动过程中的最大动能值，反映每个网格最大冲击产生的危险性，计算公式如下：

$$H_e = A \cdot \max_{t>0} [(u^2 + v^2) h \rho] \tag{7.37}$$

式中，H_e 为泥石流最大动能指标；u、v 分别为 x、y 方向速度，m/s；h 为泥石流泥深，m；ρ 为泥石流密度，kg/m³；A 为数值模拟采用的网格面积，m²。

2. 泥石流堰塞湖淹没危险性的计算方法

在溃坝洪水和河流回水淹没范围内，淹没深度是反映泥石流对道路危害的关键参数。首先计算泥石流堵江后形成堰塞湖库容，然后通过基于河道数字高程模型（DEM）的洪水淹没分析方法求得淹没范围和水深分布。

对于由堰塞湖引起的间接危害，首先根据以前研究成果和泥石流沟谷调查勘察的结果，结合该区历史降雨条件，预测在一定降雨条件下该泥石流暴发后堵江的可能性。判断泥石流堵江可能性的判别式如下（崔鹏等，2006）：

$$C_M = 1.189(1-\cos\theta)^2 + 3.677\gamma_c/\gamma_M - \ln(Q_M v_M / Q_B v_B) \geq 12.132 \tag{7.38}$$

$$C_F = 0.883(1-\cos\theta)^2 + 2.587\gamma_c/\gamma_M - \ln(Q_M / Q_B) \geq 8.572 \tag{7.39}$$

式中，C_M 为泥石流堵江的动量判据；C_F 为泥石流堵江的流量判据；Q_M、Q_B 为主支沟的单宽流量，m³/s；v_B 为支沟泥石流表面最大流速，m/s；v_M 为主沟水流表面最大流速，m/s；γ_c 为泥石流容重，t/m³；γ_M 为主流容重，t/m³；θ 为主支沟夹角，（°）。当泥石流与主沟的流速、流量、入汇角和容重满足关系式（7.38）或式（7.39）时，即 $C_M \geq 12.132$ 或 $C_F \geq 8.572$，将发生泥石流堵塞主沟现象。

对于有可能导致堵河的泥石流沟，可以利用两种方法计算堵河高度，一是数值模拟法，二是经验公式法。崔鹏等构建了基于泥石流峰值流量 Q_p 和径流过程，推导给定频率降雨条件下泥石流过程流量的方法（Cui et al., 2011）。如果能获取泥石流从发生到结束的持续时间，就可以利用前述数值分析方法进行数值模拟，计算出堆积厚度的分布，从而确定堵江高度。对于经验公式法，首先，需要估算泥石流峰值流量 Q_p，如果知道泥石流持续时间 t，可以利用泥石流径流总量的经验公式计算一次泥石流的总量（唐邦兴等，1994）：

$$Q_c = \frac{19}{72} T Q_p \tag{7.40}$$

式中，Q_c 为一次泥石流总量，m³；t 为泥石流持续时间，s。

进而，根据泥石流入汇河道的地形条件，可以初步估算泥石流堰塞体的高度为

$$H_b = \frac{2Q_c}{L(B_U + B_D)} \tag{7.41}$$

式中，L 为堵塞体沿泥石流流动方向的长度，m；B_U 为堰塞体顶部宽度，m；B_D 为堰塞体底部宽度，m。

因此，堰塞湖的回水淹没危险性 H_i 可以简化为危险区高差计算：

$$H_i = (H_0 + H_b) - H_{i,j} \tag{7.42}$$

式中，H_0 为堰塞体底部高程，m；H_b 为堰塞体坝体高度，m；$H_{i,j}$ 为淹没范围任一计算网格 (i, j) 高程，m；H_i 为相应计算网格淹没深度，m，其值越大，淹没危险性越大，当其为 0 时，为临界危险状态。

3. 泥石流堰塞湖溃决洪水危险性的计算方法

堰塞湖对下游线路工程设施的危害主要表现在溃决洪水淹没和冲毁，本方法仅考虑泥石流堰塞湖全溃这种最危险方式。

堰塞湖溃决洪水淹没和冲毁危险性 H_f 的计算，分为沿程流量计算和水位计算两步。考虑到土石坝溃决最危险的情况为坝体瞬间溃决，因此对于堰塞湖溃决后，坝址洪峰流量的计算，可采用 Schoklitsch（1948）公式：

$$Q_{\max}=\frac{8}{27}\sqrt{g}\left(\frac{B_u}{b}\right)^{\frac{1}{4}}bH_w^{\frac{3}{2}} \tag{7.43}$$

式中，$Q_{\max}$ 为坝址最大流量，m^3/s；B_u 为坝顶宽度，m；b 为溃口宽度，m；H_w 为溃坝前上游水深，m；g 为重力加速度，$9.8m/s^2$。

坝址下游沿程各河段控制断面最大流量采用下式（李炜，1980）计算：

$$Q_{LM}=\frac{W}{\dfrac{W}{Q_M}+\dfrac{L}{VK}} \tag{7.44}$$

式中，Q_{LM} 为距坝址 L 的控制断面最大溃坝演进流量；W 为水库总库容；Q_M 为坝址最大流量，m^3/s；L 为控制断面距坝址的距离，m；VK 为经验系数，山区河道 $VK=7.15$，半山区河道 $VK=4.76$，平原河道 $VK=3.13$。

利用堰塞体溃决洪水演进模型（丁志雄等，2004），计算沿程流量和水位，根据道路沿途的高程，确定是否受到溃决洪水威胁及其危险程度。距坝址 L 的控制断面的淹没面积 A_f 和任一计算网格的淹没深度 H_f 分别为

$$A_f=\frac{n(Q_{LM}-Q_0)}{R^{2/3}I^{1/2}} \tag{7.45}$$

$$H_f=\frac{n(Q_{LM}-Q_0)}{R^{2/3}I^{1/2}B_i} \tag{7.46}$$

式中，Q_0 为城区给定断面的过流能力，m^3/s；R 为水力半径，m；I 为水力坡度，等于底床坡度，（°）；B_i 为断面淹没宽度，m。

泥石流冲毁、淤埋，以及堰塞湖上涨回水与溃决洪水淹没的量值确定以后，利用 GIS 技术的空间分析功能，可以求算泥石流冲击破坏能力、泥石流淤埋深度、淹没深度、洪水流深的空间分布，从而进行危险性分区。

7.3.3 线路工程易损性分析方法

1. 易损性评价指标体系

1）公路构筑物的易损性评价指标

（1）指标确定。

以桥梁工程、涵洞工程、路基工程、隧道明洞工程等道路设施为对象，基于对泥石流

作用下公路构筑物抗御灾害能力、灾后使用性能、灾后恢复能力的差异性认识，结合泥石流致灾特征和自然环境条件，选取环境敏感性（C1）、结构特性（C2）、功能影响（C3）作为一级评价因子。其中，C1 主要考虑公路构筑物与泥石流沟的空间关系、公路构筑物场地工程地质对工程易损性影响（X1~X3）；C2 表征主要公路构筑物尺寸、材料、御灾能力等结构参数对工程易损性的影响（X4~X14）；C3 主要探讨公路构筑物遭受泥石流危害的功能及恢复影响（X15~X16），见图7.22。

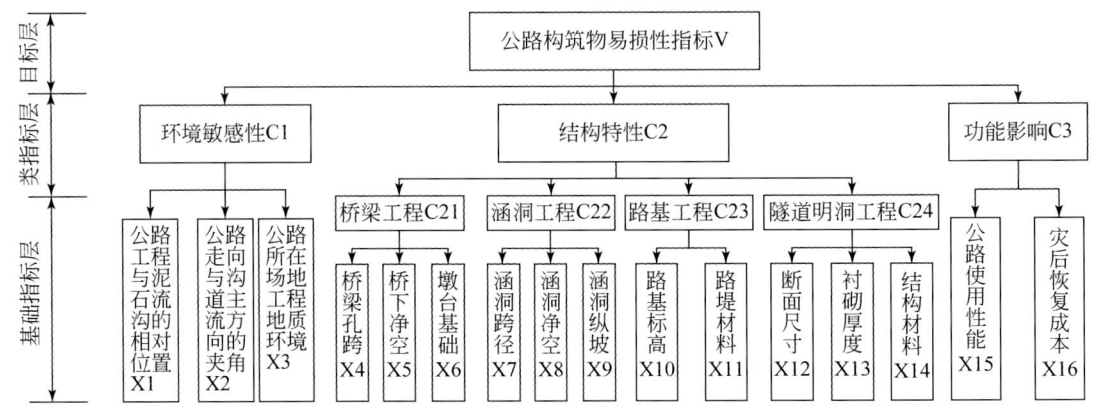

图 7.22　公路构筑物易损性评价指标体系

（2）指标量化与分级。

分析以上易损性指标以定量表达公路构筑物的易损性，参考本领域相关参数分级标准（徐林荣等，2010；Cui et al., 2013b），选取可以定量表达的因子，将其转化为有序尺度的变量进行定量化。在此将公路构筑物易损性划分为高度易损、中度易损、低度易损、微度易损4个等级以对评价指标进行定量化。

第一类指标 C1 中，X1 指标用公路构筑物位置是否合理、是否有利于泥石流顺利排泄进行分级描述，公路构筑物相对于泥石流沟的位置越合理，越有利于泥石流的顺利排泄，其易损性越低；X2 指标用构筑物沿路线走向与泥石流主流方向的夹角进行分级定量描述，对桥梁而言，夹角越大，越有利于泥石流排泄，易损性越小；X3 指标用地形复杂度、地质状况、场地稳定性、不良地质作用发育情况等来分级描述其易损性。

第二类指标 C2 中，X4 指标用桥梁跨径进行分级定量描述；X5 指标用桥梁设计洪水频率来定量表达桥下净空，设计标准越高，过流能力越大，易损性越低；X6 指标用墩台形式、材料强度、防护条件等方面进行分级描述其易损性；X7 指标用涵洞跨径进行分级定量描述；X8 指标用涵洞设计洪水频率来定量表达涵洞净空；X9 指标用涵洞洞底坡降进行定量描述；X10 指标用公路距离沟（河）床高差来定量表达路基标高；X11 指标用材料性能、强度、稳定性等方面进行分级描述其易损性；X12 指标用横断面宽进行分级定量描述，断面尺度越大，围岩稳定性越差，易损性越大；X13 指标用隧道明洞衬砌厚度进行分级定量描述；X14 指标用材料性能、强度耐久性、整体结构性能等方面进行分级描述其易损性。

第三类指标 C3 中，X15 指标用公路路面破损率进行分级定量描述，以表达公路使用性能，公路路面破损率越大，公路使用性能越低；X16 指标用公路等级来定量表达公路灾后恢复成本，公路等级越高，恢复难度和成本越大。表 7.6 是公路构筑物易损性量化因子及取值范围。

表 7.6 公路构筑物易损性量化因子及取值范围

评价指标			易损性等级			
因子名称		编号	微度易损 I	低度易损 II	中度易损 III	高度易损 IV
环境敏感性 C1	相对于泥石流沟道的位置	X1	合理，有利于泥石流的顺利排泄	较为合理，较利于泥石流的排泄	一般合理，较利于泥石流排泄，但会引起一定程度的破坏作用	不合理，不利于泥石流排泄，并会导致强烈的冲击与冲刷破坏
	与沟道主流方向的夹角/(°)	X2	>60	30~60	10~30	0~10
	场地工程地质情况	X3	地形简单，地质条件较好	场地较稳定，有小型不良地质作用发育	场地基本稳定，不良地质作用较发育	地形地质条件复杂，不良地质作用极为发育
结构特性 C2	桥梁跨径/m	X4	>40	20~40	5~20	<5
	设计洪水频率	X5	300 年一遇	100 年一遇	50 年一遇	25 年一遇
	墩台基础	X6	圆形实体墩，材料强度好，迎水面有防护措施	圆形实体墩，材料强度较好	方形实体墩，材料强度一般，迎水面没有防护措施，冲刷严重	方形实体墩，材料强度差，迎水面没有防护措施，冲刷严重
	涵洞跨径/m	X7	>4	3~4	2~3	<2
	设计洪水频率	X8	100 年一遇	50 年一遇	25 年一遇	<25 年一遇
	涵洞纵坡/(°)	X9	>10	5~10	2~5	<2
	距离沟（河）床高差/m	X10	>50	30~50	10~30	0~10
	路堤材料	X11	材料性能很好，强度高，稳定性很好	强度高，稳定性较好	强度低，稳定性一般	材料性能很差，影响整体稳定性
	横断面宽/m	X12	<7.5	7.5~10.0	10.0~12.5	>12.5
	衬砌厚度/mm	X13	>800	500~800	200~500	<200
	结构材料	X14	材料性能很好，强度耐久性很好	具有一定强度及耐久性	强度低，耐久性一般	材料性能很差，影响整体结构性能
功能影响 C3	路面破损率	X15	0~0.2	0.2~0.5	0.5~0.8	0.8~1.0
	恢复成本	X16	四级公路	三级公路	二级公路	一级公路及以上
易损性取值范围			0~0.3	0.3~0.6	0.6~0.8	0.8~1.0

(3) 指标权重确定。

应用层次分析法，把专家意见和分析者的客观分析作为判断标度，对每个层次元素之间的重要性用数值形式表示出来，构成判断矩阵，利用数学方法计算反映每一层次元素相对重要性次序的权值。根据 Saaty（1980）的 1~9 标度方法对各因素进行打分，建立指标因子判别矩阵，在判别矩阵的随机一致性比例合理的情况下，得到了各级指标的权重值见表 7.7。

表 7.7 公路构筑物易损性评价指标权重

1级指标	权重	2级指标	权重	2级指标	权重	2级指标	权重
C1	0.167	X1	0.333	X7	0.222	X13	0.455
C2	0.500	X2	0.111	X8	0.556	X14	0.455
C3	0.333	X3	0.556	X9	0.222	X15	0.333
		X4	0.333	X10	0.500	X16	0.667
		X5	0.556	X11	0.500		
		X6	0.111	X12	0.091		

2）移动承灾体的易损性评价指标

(1) 指标确定。

承灾体暴露性分析中，承灾体类型多样且数目繁多，依据指标分类和凝练的思想（崔鹏等，2001），选取移动承灾体的暴露概率与易损量为移动承灾体易损性的主要判识指标。

移动承灾体暴露概率：公路移动承灾体具有动态随机性，是否暴露于泥石流致灾范围具有不确定性。在相同泥石流致灾因子条件下，承灾体暴露量越大，灾损量绝对值就越大。对灾害风险而言，暴露量越大，其灾害风险也越大。通过分析移动承灾体（如车辆、行人等）的类型、时空分布与运动特征（速度、强度、通行时间），研究其动态随机过程，计算移动承灾体暴露在泥石流致灾范围的可能性（暴露概率）。

移动承灾体易损量：承灾体虽然类型和特征不同，移动承灾体易损量的评估目标可以从数量和价值两个方面进行描述。除了人口（人体健康）难以用价值或数量来衡量以外，各类移动承灾体的特征都是一定社会经济条件的反映，可以用货币形式反映它们的价值，价值量指标普遍适用。

(2) 暴露概率确定方法。

地质灾害的发生属于随机事件（罗元华等，1998），无论是已发生活动的灾害体还是尚未发生活动的潜在灾害体，未来事件会不会发生活动，活动的频次、规模、位置等都具有很大不确定性。即使在受某灾害影响的确定位置，移动承灾体出现的类型、频次也是不确定的。移动承灾体出现在泥石流致灾范围的事件独立，其概率只与交通密度（强度）λ 及通过灾害危险区的时间 t 有关，这一随机过程满足 Poisson 分布过程条件（毛用才和胡奇英，2004）。为此，可以采用 Poisson 过程的数学模型计算移动承灾体暴露在泥石流致灾范围的概率。

为了求出 t 时刻移动承灾体出现在某灾害致险范围的概率 $p_k(t)$，考虑 $[0,t+\Delta t)$ 内到达 k 个移动承灾体的概率 $p_k(t+\Delta t)$，将 $[0,t+\Delta t)$ 分为 $[0,t)$ 和 $[t,t+\Delta t)$ 两部分，这两个是不相重叠的区间，由 Poisson 过程 $\{N(t),t\geq 0\}$ 的独立增量性、齐次性及全概率公式可得

$$p_k(t+\Delta t) = \sum_{i=0}^{k} p_i(t) p_{k-i}(\Delta t) \tag{7.47}$$

当 $k=0$ 时，有

$$p_k(t+\Delta t) = p_0(t) p_0(\Delta t) \tag{7.48}$$

$$\frac{p_0(t+\Delta t)-p_0(t)}{\Delta t} = p_0(t)\frac{p_0(\Delta t)-1}{\Delta t} = p_0(t)\frac{-\lambda\Delta t+o(\Delta t)}{\Delta t} \tag{7.49}$$

令 $\Delta t \to 0$ 得

$$p_0'(t) = -\lambda p_0(t) \tag{7.50}$$

解微分方程得

$$p_0(t) = Ce^{-\lambda t} \tag{7.51}$$

当 $k\geq 1$ 时，由式（7.47）可得

$$p_k(t+\Delta t) = p_k(t)p_0(\Delta t) + p_{k-1}(t)p_1(\Delta t) + \sum_{i=2}^{k} p_i(t) p_{k-i}(\Delta t) \tag{7.52}$$

$$\frac{p_k(t+\Delta t)-p_k(t)}{\Delta t} = -\lambda p_k(t) + \lambda p_{k-1}(t) + \frac{o(\Delta t)}{\Delta t} \tag{7.53}$$

令 $\Delta t \to 0$ 时，

$$p_0(t) = -\lambda p_k(t) + -\lambda p_{k-1}(t) \tag{7.54}$$

解方程得

$$p_k(t) = \frac{(\lambda t)^k}{k!} e^{-\lambda t}, k=0,1,2,\cdots,\infty \tag{7.55}$$

即在 $(0,t]$ 内，有 k 辆车出现在泥石流致险范围的概率为 $p_k(t)$。

进一步分析，在 $(0,t]$ 内泥石流致灾范围内车辆的数学期望值为

$$E(t) = k \cdot p_k(t) = \sum_{k=1}^{\infty} \frac{(\lambda t)^{k-1}}{(k-1)!} \cdot \lambda t \cdot e^{-\lambda t} = e^{\lambda t} \cdot \lambda t \cdot e^{-\lambda t} = \lambda t \tag{7.56}$$

泥石流的致灾范围内车辆的暴露概率为

$$p(k\geq 1) = 1-p(k=0) = 1-\frac{(\lambda t)^0}{0!}e^{-\lambda t} = 1-e^{-\lambda t} \tag{7.57}$$

式中，λ 为公路移动承灾体分布密度；$E(t)$ 为泥石流致灾范围内车辆的数学期望，即泥石流致灾范围内可能出现的车辆数据；$p(k\geq 1)$ 为车辆出现在泥石流致灾范围内的暴露概率；k 为移动承灾体数量；t 为移动承灾体通行时间，取决于承灾体通行速度与路程。

2. 公路易损性评价模型

易损度是公路易损性的定量表达。通过分析泥石流对公路构筑物与移动承灾体的致灾特征，综合考虑公路承灾体对泥石流的敏感性、公路构筑物结构功能特征、移动承灾体随机暴露过程等因素，结合公路易损性指标体系，采用多层次因子分析法（何晓群，2012），

建立公路易损性评价模型（Zou et al., 2018）：

$$V_r = \frac{P_f \alpha_f \sum_{i=1}^{n} C_i X_i + P_m \alpha_m V_m}{\alpha_f + \alpha_m} \tag{7.58}$$

式中，V_r 为公路总易损度；α_f、α_m 分别为公路构筑物、移动承灾体的易损性权重参数，可通过它们之间的价值比确定；P_f、P_m 分别为公路构筑物、移动承灾体的暴露概率；C_i 为公路构筑物第 i 个易损性指标权重；X_i 为公路构筑物第 i 个易损性指标量化值；V_m 为移动承灾体的易损量。

7.3.4 基于运动过程的泥石流风险分析

根据 1991 年与 1992 年联合国人道主义事务部（Department of Humanitarian Affairs）提出的自然灾害风险的统一定义：风险度=危险度×易损度，使用泥石流危险性归一化数据与承灾体易损性归一化数据进行乘积运算，获取研究区的泥石流风险度。

$$R = D \times V \tag{7.59}$$

1. 风险分析方法与流程

泥石流风险分析时，首先，建立流域空间数据；其次，通过野外考察和勘测，确定泥石流的形成因素、物理参数和边界条件；再次，采用危险性分析方法确定危险度等级及其空间分布；然后，通过遥感和实际调查，确定受灾体的性质、数量和具体位置，采用易损性分析方法，计算受灾体易损度；最后，用风险度计算方法求得风险值，根据风险程度划分风险等级，并依据风险等级的空间分布进行风险分区。

2. 数据归一化处理

由于危险度和易损度指标的量纲不同，需对数据进行归一化处理。分别对危险度值和易损度值采用如下归一化处理方法进行处理：

$$D'_{i,j} = \frac{D_{i,j}}{D_{\max}}, \quad V'_{i,j} = \frac{V_{i,j}}{V_{\max}} \tag{7.60}$$

式中，$D'_{i,j}$ 为危险度的归一化值；$D_{i,j}$ 为危险度指标值；$D_{\max}$ 为最大危险度值；$V'_{i,j}$ 为易损度的归一化值；$V_{i,j}$ 为易损度指标值；$V_{\max}$ 为最大易损度值；i,j 为网格点行列值。

3. 计算结果分级

评估指标分级是根据一定方法或标准将评价指标值所组成的数据集划分为不同子集，借以凸显指标数据之间的差异性，从而反映评估指标级别。分级方法可以根据专家给出的阈值，将指标分为高、中、低三类，也可以在分区指标的最大值和最小值之间进行等区间划分。本书采用概率统计的方法，对分级指标（危险度、易损度和风险度）作等方差划分。公式表示如下：

$$M(r) + (i-1)V(r) < r < M(r) + iV(r) \tag{7.61}$$

式中，$M(r)$、$V(r)$ 分别为评估指标 r 的均值和方差（i 取整数）。如网格的 r 值落在区间 $[M(r), M(r)+V(r)]$ 内即为中度区（$i=1$），而 $>M(r)+V(r)$ 和 $<M(r)$ 的网格分别为重度区和轻度区。如果需要划分得更细些，可以相应增大 i 值。采用这种方法既可避免某些计算结果异常值对分区结果的影响，也可以消除专家给定阈值时的主观性。

4. 风险图编制

泥石流综合风险制图，需要考虑泥石流流体对承灾体冲毁和淤埋而导致的直接危害，也要体现上游泥石流堵江导致溃坝洪水的冲毁和下游泥石流堵江导致河流回水淹没等间接危害。风险度分布、风险等级、风险区位置是风险图中的关键因素。以危险性与易损性的分析结果为基础，应用 GIS 的地图代数功能进行栅格数值计算，即可获得研究区风险度分布。根据风险度值的高低，把风险级别分为高、中、低 3 个级别，并用不同颜色表示各风险等级，合并相同风险级别的栅格单元，结合 ArcGIS 多边形构面方法，完成泥石流灾害风险分区图。泥石流风险制图流程见图 7.23。

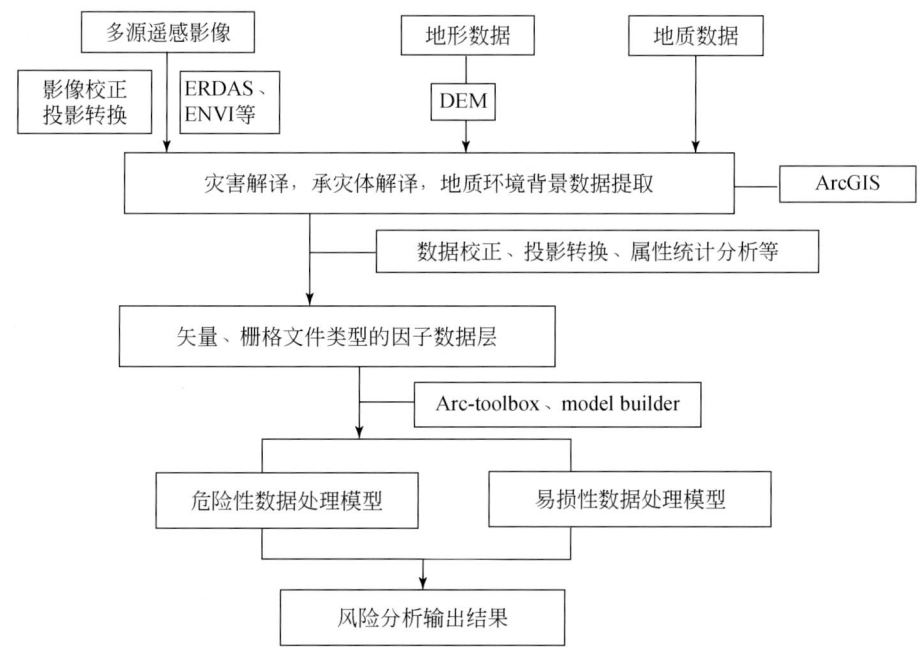

图 7.23 泥石流风险制图流程图

7.4 不同空间尺度川藏交通廊道灾害风险分析与风险制图

山地灾害对川藏交通廊道线路工程方案的确定具有控制性的影响。尤其是近年来，全球气候变化和构造与地震活动导致的巨灾风险，对路网建设与道路交通运营影响巨大。开展道路沿线灾害潜在风险科学评估，对川藏交通廊道线路工程的减灾设计与风险管理具有重要意义。

7.4.1 概述

川藏交通廊道跨越我国第一、第二两大地势阶梯，从海拔 500m 的成都平原到海拔 5000 多米青藏高原，沿途穿过多个差异巨大的地貌单元。廊道范围内道路安全面临沿线密集频发的山地灾害严重威胁，为此，评估不同空间尺度川藏交通干线灾害风险，有助于直接服务于拟建铁路的避灾选线、工程减灾设计、灾害风险预测与管理。

确定合适的评价尺度，分析山地灾害危险性与线路工程承灾体易损性，是川藏廊道灾害风险评估的重要环节。在分析单点灾害对道路工程的潜在危害时，需要确定致灾范围内各个研究单元的灾害动力参数，确定损毁类型，进一步分析单体灾害对道路工程的影响，为道路工程灾害防治设计提供科学依据。典型路段山地灾害对公路的影响，不仅包括单个灾害对公路工程的危害，还需要考虑灾害体冲入河流后形成壅塞体，使河流中轴线发生变化，加剧水流对桥墩、路基等的冲刷危害。此外，灾害体进入河道，淤高河床，削弱防洪能力，当相邻的灾害相互叠加，将共同对公路工程产生复合危害。为此，沿河路段的灾害风险分析，需要分析灾害形成背景和成灾过程，结合灾害对线路工程的致灾特征，确定各个路段的风险等级，并依据风险等级评估结果，科学规划公路局部线位，严重时，宜采取绕避泥石流的措施。而大尺度范围内山地灾害的分布直接影响着公路线路走向，因此，区域范围的山地灾害风险评价，需要依据山地灾害时空分异特征、公路工程地质分区和防灾减灾管理目标，分析公路沿线山地灾害致灾特征及公路风险影响因素，建立区域尺度的山地灾害风险评价指标体系与评估方法，划定山地灾害综合风险等级。

拟建川藏铁路是川藏交通廊道重要的干线工程，其初步规划方案与 G318 线路基本重合。考虑前期研究基础及数据获取可行性，本节主要以川藏交通廊道拟建铁路与 G318 线全区段、典型路段和典型灾害为主要对象，开展多尺度的灾害风险分析与风险制图，为铁路选线提供科学研究基础。

7.4.2 川藏交通廊道山地灾害风险分析与风险制图

1. 风险度计算

在分析川藏交通廊道泥石流孕灾环境条件及人类活动影响的基础上，从地形条件、地质条件、激发条件、人类活动等方面选取关键因子构建危险性评价指标体系，结合 GIS 技术与信息量模型，分析泥石流危险性，对川藏交通廊道及 G318 沿线山地灾害进行风险评估。

在计算公路易损性时，选取公路沿线工程地质分区结果表征公路对泥石流的环境敏感性，用设计洪水频率与桥涵类型描述桥涵工程的结构易损特征，用路基材料及路面距沟（河）床高差描述路面路基工程的结果易损特征，用横断面尺寸与结构材料表达隧道明洞工程的结构易损特征，选取路面破损率、灾后恢复成本来定量描述公路构筑物的功能易损性。综合考虑公路工程技术标准《公路路线设计规范 JTG D20—2006》（中交第一公路勘察技术研究院有限公司，2006），分析川藏公路 G318 线各路段的公路标准、设计时速、基本通行能力、设计通行能力，确定川藏公路 G318 线移动承灾体的暴露概率，进而定量表达移动承灾体的易损性。根据川藏公路 G318 线的实地考察与遥感调查结果，利用 ArcGIS 平台，以每 500m 为公路计算单元，分析统计每一单元路段的易损特征，应用公路易损性评价指标分级标准与评价模型，计算每一路段的易损度并将川藏公路全线易损度分为高度易损、中度易损、低度易损、微度易损 4 个级别，其分级结果与范围见图 7.24。

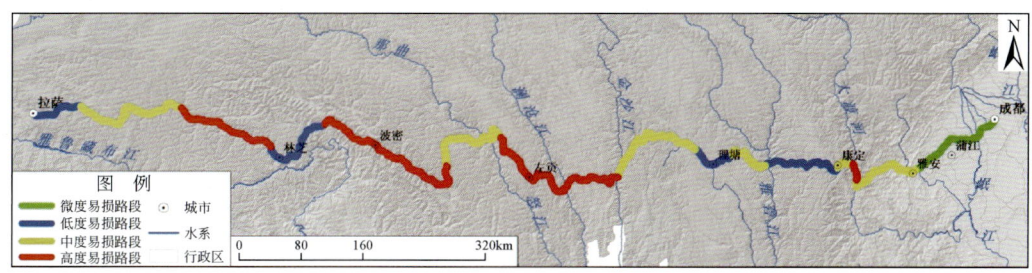

图 7.24　川藏公路南线泥石流易损性分析结果图

根据川藏公路 G318 沿线泥石流危险性和易损性分析结果，对泥石流危险性归一化数据与公路承灾体易损性归一化数据进行乘积运算，获取全线公路的泥石流风险度值，计算结果及其范围分布如图 7.25 所示。

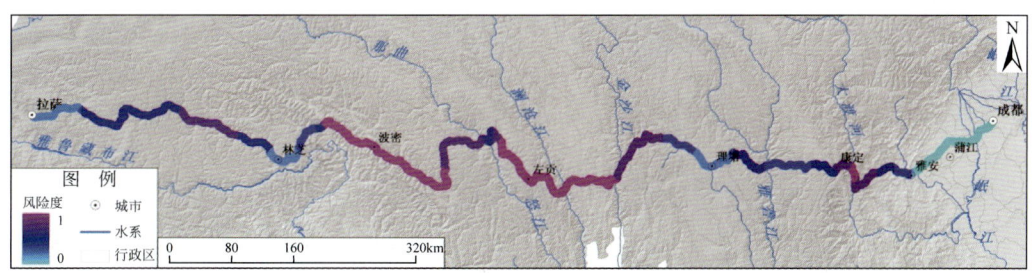

图 7.25　川藏公路南线泥石流风险度分布图

2. 风险分区

依据川藏交通廊道山地灾害致灾特征和承灾体易损特征，运用 ArcGIS 自然断点法，按高度风险、中度风险、低度风险、微度风险 4 个级别对研究区进行风险分级，合并相同风险级别的栅格单元，并用不同图斑表示各风险等级的区段，编制川藏交通廊道山地灾害风险分区图及川藏公路泥石流灾害风险分级图，分析结果如图 7.26、附图 4 所示。

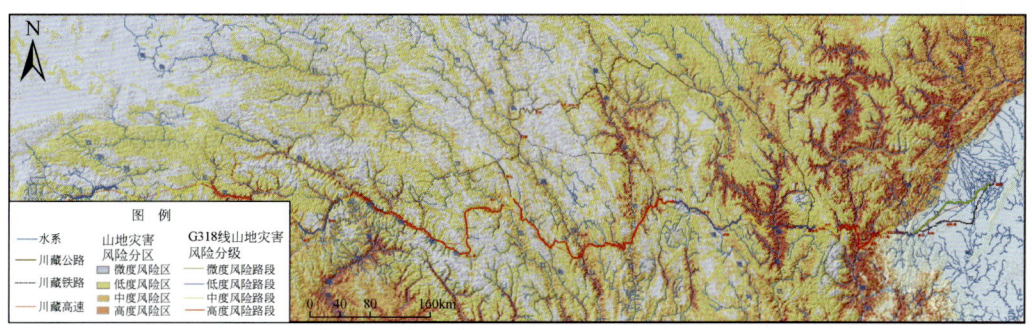

图 7.26　川藏交通廊道山地灾害风险分区图

3. 评估结果与分析

风险分析结果表明，川藏公路 G318 全线公路大部分路段处于中度及以上风险级别，中度风险与高度风险路段的长度占全线总长度的 70.43%，其中，高度风险路段占全线长度的 48.62%，范围较大，在公路修复和新路选线中应注意该区域泥石流的潜在风险。基本无风险区段的长度较小，仅 141.72km，占全线总长度的 7.11%。从评价结果图上可以看出，全线公路的泥石流风险具有一定地带分布特征：从地貌单元看，泥石流处于地形急变带的横断山区段公路的风险高，而成都平原及高原面路段的泥石流风险较小；从公路分段看，二郎山—泸定—康定—高尔寺山东侧、海子山西侧—西曲河—芒康—左贡—业拉山、冷曲河—帕隆藏布—排龙、尼洋曲工布江达等路段的泥石流风险较大，天全—二郎山西侧、康定—高尔寺山、卡子山—红龙镇、海子山—莫多乡—巴塘、邦达—业拉山—怒江、排龙镇—鲁朗镇东侧、八一镇—尼洋曲中游段、工布江达—墨竹工卡等区段泥石流风险性为中等，雅安—天全、折多山—新都桥—雅江、红龙—理塘—海子山、鲁朗—色季拉山—八一镇、墨竹工卡—达孜—拉萨等区段泥石流风险较低，而风险性最低的是位于成都平原区的区段。对比分析泥石流野外考察和遥感解译资料，评价结果中的高度和中度风险区内分布 84.05% 的已知泥石流，评价结果与川藏公路泥石流分布比较一致。

7.4.3 典型路段灾害风险分析与风险制图

7.4.3.1 川藏铁路（伯舒拉岭段—林芝）泥石流灾害危险性评估

结合泥石流野外调查数据，通过查阅《西藏公路水毁研究》（中国科学院成都山地灾害与环境研究所和西藏自治区交通科学研究所，2001）与《川藏公路典型山地灾害研究》（中国科学院、水利部成都山地灾害与环境研究所和西藏自治区交通科学研究所，1999），确定川藏铁路（波密—林芝段）292 条泥石流基本参数，在此基础上，计算不同频率下的泥石流流量数据及泥石流堵江系数，进而确定各个泥石流沟危险程度。

依据泥石流危险度计算结果，按照自然断点法将研究区分为微度危险、低度危险、中度危险、高度危险 4 级，并制作泥石流危险性分级图（图 7.27）。结合 GIS 技术，空间叠加拟建川藏铁路规划线路于泥石流危险性评估图。分析结果表明，川藏铁路（波密—林芝段）高度危险泥石流有 96 条，占泥石流总数的 32.88%；中度危险泥石流有 141 条，占泥石流总数的 48.29%；低度危险泥石流有 31 条，占泥石流总数的 10.61%；微度危险泥石流有 24 条，占泥石流总数的 8.22%。从全区段范围看，中度及以上危险等级的泥石流沟占 81.17%，这些泥石流危险度高，对铁路工程建设影响较大。

7.4.3.2 川藏公路（西曲河段）泥石流灾害风险评估

川藏公路沿线地区地势高差显著，地质条件复杂，泥石流广泛发育，严重影响着区内公路的线路走向、局部定线、路基工程、桥隧设计等，位于河谷段的线路，更是处于泥石流灾害危险区。选取典型泥石流多发区——川藏公路的西曲流域沿河路段为案例，阐明典

第 7 章 山地灾害动力学特性与道路工程风险评估

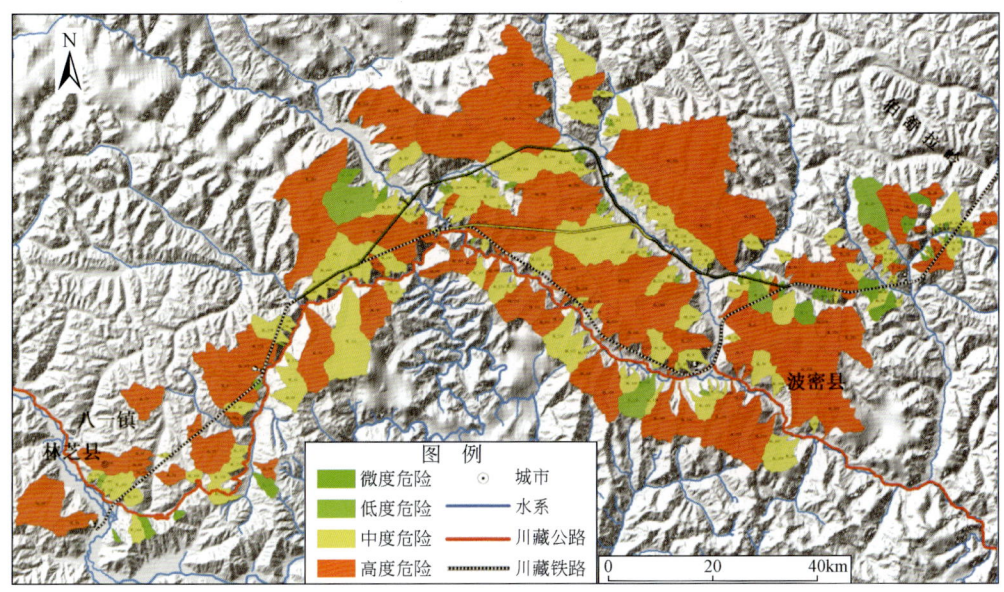

图 7.27 川藏铁路（伯舒拉岭段—林芝）泥石流灾害危险性评估结果图

型路段泥石流风险评价方法。

1. 风险度计算

根据泥石流对沿河公路的危害特征，选取泥石流规模、泥石流淤积程度、泥石流堵江程度 3 个因子作为泥石流危害公路的评价指标，将道路危险度分为高度危险、中度危险、低度危险、微度危险 4 个级别，分析各个单元路段泥石流危险性，分级结果见图 7.28。

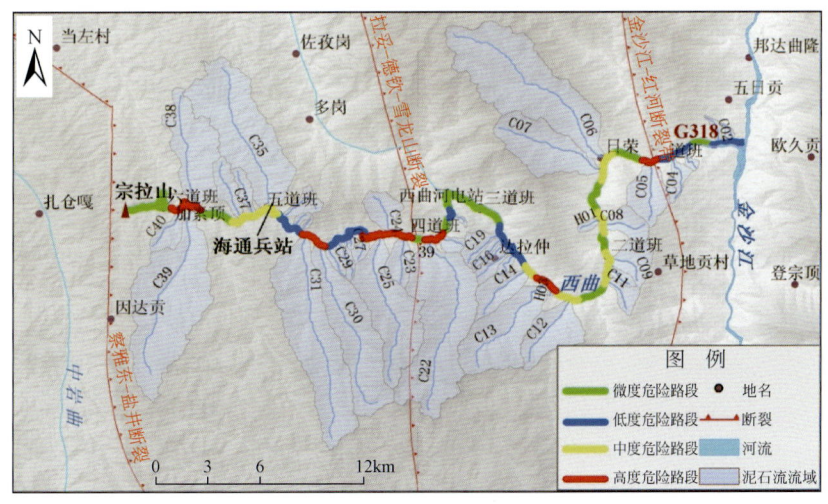

图 7.28 泥石流危险性分析结果图

结合西曲河路段工程地质、公路工程结构参数与功能影响，以每 100m 为公路计算单元，获取研究区工程地质、公路沿线地形空间数据，计算每一单元路段相对于最近泥石流沟主流线的夹角、位置关系、距离河床高差等参数。考虑泥石流危害公路的最大可能性，应用本书提出的公路易损性确定方法，计算各个路段的公路易损度，并按高易损度、中度易损、低度易损、微度易损 4 个易损级别进行易损性分级，分级结果见图 7.29。

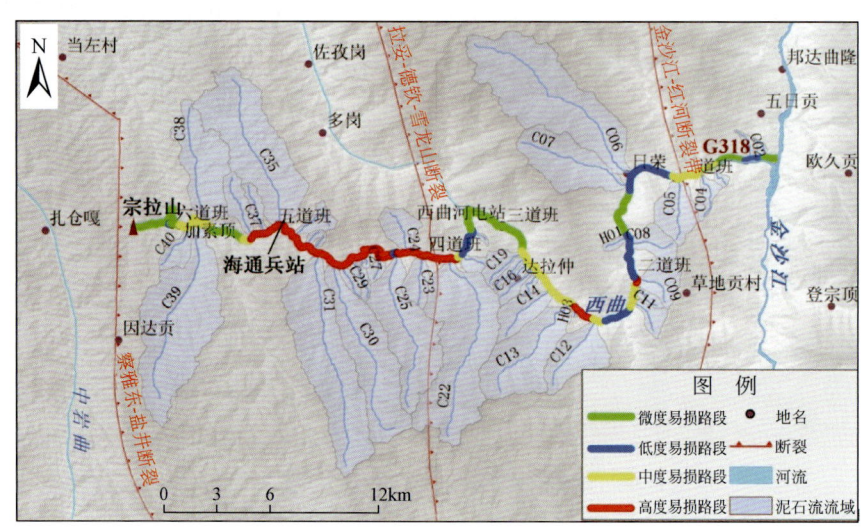

图 7.29　川藏公路西曲段易损性分析结果图

结合泥石流对沿河公路的危害特征，在危险性与易损性分析结果的基础上，计算川藏公路西曲沿河路段的风险度（图 7.30）。

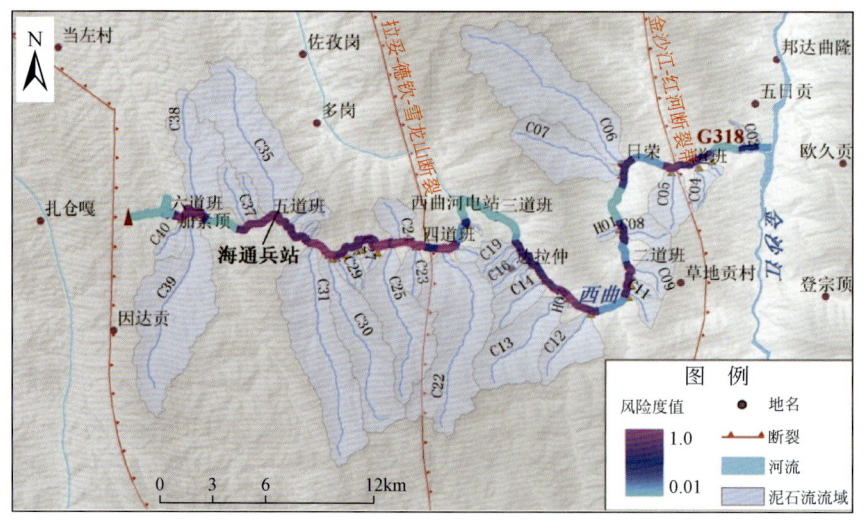

图 7.30　川藏公路的西曲流域沿河路段泥石流风险度分布图

2. 风险评价与结果验证

依据西曲河段公路风险度的空间分布，运用 ArcGIS 自然断点法，将道路风险度分为高、中、低、微度风险 4 个级别，风险分级结果如图 7.31 所示。其中，高度风险路段长度为 18.93km，占总长度的 32.84%；中度风险路段长度为 13.96km，占总长度的 24.23%；低度风险路段长度为 9.33km，占总长度的 16.20%；微度风险路段长度为 15.40km，占总长度的 26.73%。由图 7.31 可见，中度、高度风险路段主要分布在二道班—达拉伸村、四道班—五道班—海通兵站区段。此路段泥石流分布密集，公路不仅遭受泥石流直接冲淤危害，还遭受泥石流堵江引发的次生冲刷、淹没危害。分析结果与实际灾情基本一致，堵断公路的泥石流 C13、C14、C22、C26、C27、C30，以及断道堵江淹没公路的 C31 泥石流均分布在高度风险区段。

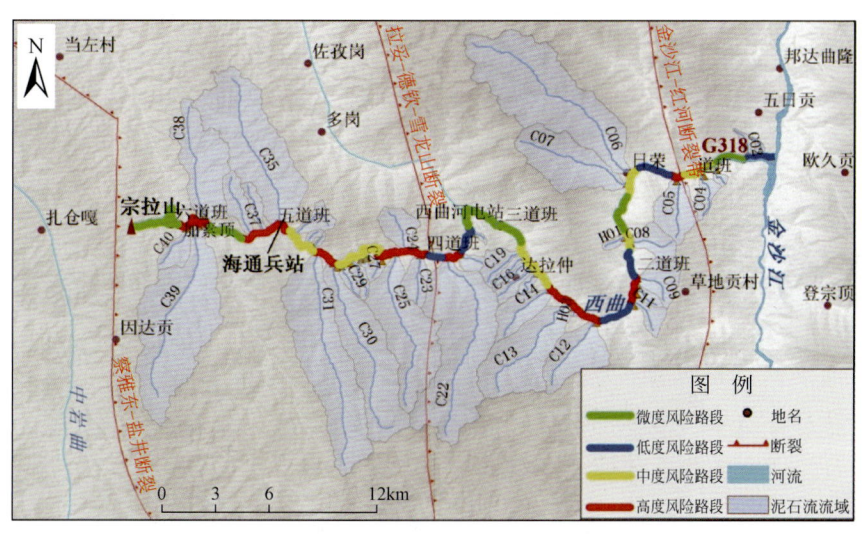

图 7.31　川藏公路的西曲流域沿河路段泥石流风险分级图

7.4.4　典型灾点风险分析与风险制图

7.4.4.1　川藏铁路日地沟泥石流灾害危险性评估

日地沟位于四川甘孜藏族自治州康定县姑咱镇日地村，泸定县与康定县之间。沟口坐标北纬 30°04′30.10″，东经 102°06′16″，沟口交通便利，G318 线和雅（安）康（定）高速均从沟口处通过，拟建川藏铁路穿过流域内。日地沟地处青藏高原东南部川西北丘状高原东南缘向四川盆地过渡地带，北为巴颜克拉山脉东南段，东靠邛崃山脉北段，西依大雪山山脉，为横断山系北段的高山曲流深切峡谷地貌，山势展布与主要构造线走向基本一致。

基于 7.2 节泥石流数值模拟方法，模拟日地沟泥石流在 100 年一遇、200 年一遇洪水频率条件下灾害动力过程及危害范围（图 7.32）。结果表明，100 年一遇降雨条件下，泥石流初始启动物源为 86.61 万 m³；200 年一遇降雨条件下，泥石流初始启动物源为 174.18 万 m³；沟道上游区域由于沟道比降较大，泥石流运动速度较快。而在中游位置由于坡降降低和狭窄沟道共同影响，泥石流泥深增大。200年一遇降雨条件下泥石流运动速度比100年一遇情况下更大。100年一遇降雨条件下通过铁路桥梁位置处，泥石流运动约1200s后，桥梁位置处泥石流泥深达到最大值；200年一遇降雨条件下桥梁位置处，泥石流运动约900s后，桥梁位置处泥石流泥深达到最大值。

考虑泥石流对川藏铁路的最大危险性，采用泥石流运动演化过程中最大泥深和致灾范围进行分析。利用GIS技术，提取川藏铁路跨日地沟桥梁位置的最大泥深值，结果显示，在100年一遇频率条件下，日地沟川藏铁路跨沟桥梁断面泥石流最大泥深为8.5m，200年一遇频率条件下泥石流最大泥深为13.8m。对比分析拟建川藏铁路初步规划方案，日地沟铁路桥梁净空高度为18m。可见，在此情况下，100年一遇洪水频率条件下，日地沟泥石流泥深达到桥下净高近1/2；200年一遇洪水频率条件下，日地沟泥石流泥深达到桥下净高达2/3。此外，由于日地沟沟床比降较大，泥石流对桥基与进场公路均有强烈的掏蚀、冲刷危害，同时，泥石流对沟口川藏公路G318线与村庄有淤埋冲毁危害。为此，考虑泥石流冲击、淤埋、掏蚀等复合影响，日地沟泥石流对川藏铁路日地沟桥梁的危险性为中高度危险等级。

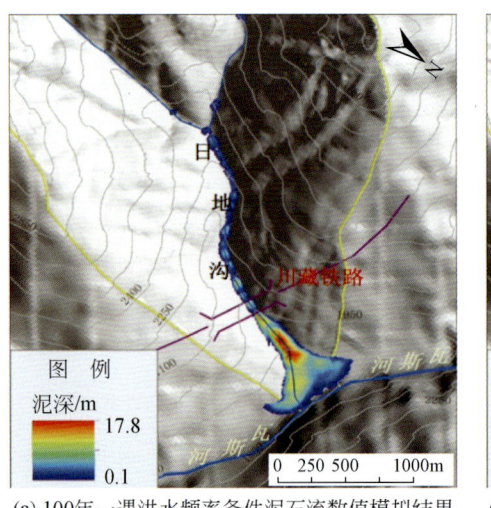 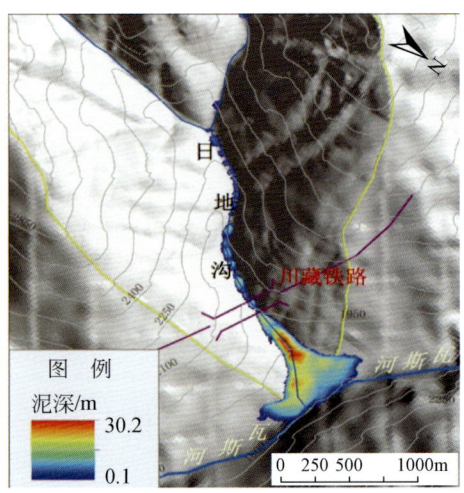

(a) 100年一遇洪水频率条件泥石流数值模拟结果　　(b) 200年一遇洪水频率条件泥石流数值模拟结果

图7.32　川藏铁路通过日地沟的泥石流数值模拟与危险性分析结果（单位：m）

7.4.4.2　川藏公路K3404海通沟泥石流灾害风险评估

1. 风险度计算

结合地形资料与野外调查资料数据，通过对泥石流运动过程的模拟，获取堆积区每个模拟计算网格的流速、流深数据；通过数值模拟，获取洪水淹没范围和任一计算网格的淹没深度。在此基础上，应用基于动力因子的单沟泥石流危险性评价方法，分析川藏公路G318线K3404处海通沟泥石流的危险性，划分泥石流危害范围内各个评价单元的危险等级，实现基于动力学的泥石流危险性定量分区（图7.33）。

第 7 章　山地灾害动力学特性与道路工程风险评估

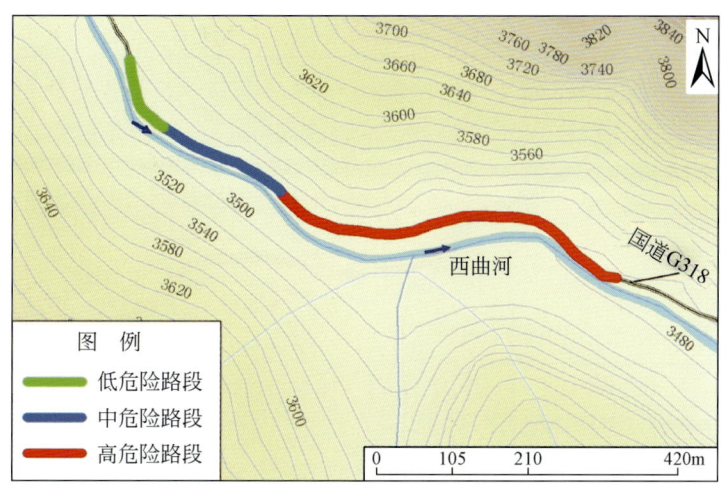

图 7.33　公路危险性分析结果（单位：m）

根据公路泥石流易损性分析方法，结合 GIS 技术对泥石流危害范围内的公路承灾体进行易损特征分析，计算公路承灾体易损度。在此基础上，对易损度进行分级与制图（图 7.34）。统计结果显示，高度易损公路段约为 390m，占 47.6%，主要位于泥石流危害范围受泥石流冲击威胁和洪水冲刷的区域；中度易损公路段约为 320m，占 39.0%，位于泥石流危害范围中受泥石流淤埋和较大洪水淹没的区域；低度易损公路段约为 110m，占 13.4%，主要位于泥石流和洪水影响的边缘区域，公路设施受损程度较轻。

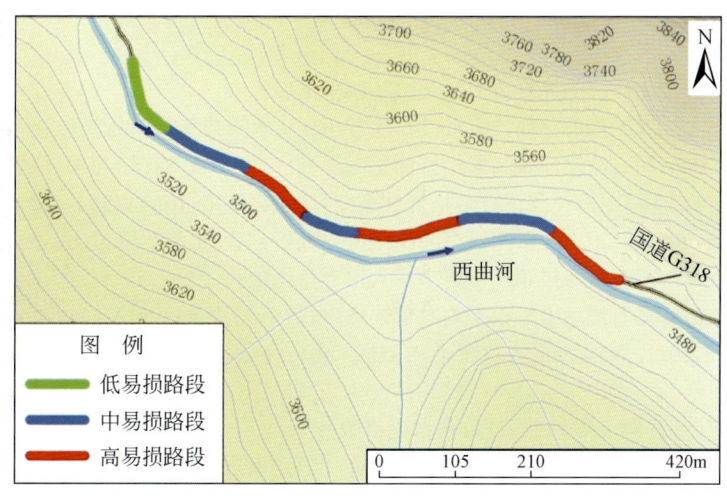

图 7.34　公路易损性分段结果（单位：m）

2. 风险评价与结果验证

以危险性与易损性的分析结果为基础，通过泥石流危险性归一化数据与承灾体易损性归一化数据进行乘积运算，获取泥石流风险度，并依据前述风险分级与制图方法，完成典型泥石流危害公路的风险图（图7.35）。

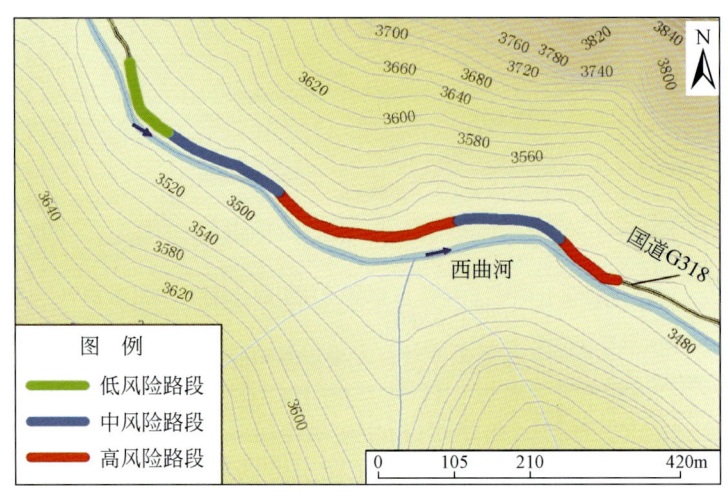

图7.35 公路风险分析结果（单位：m）

以上述泥石流风险分析结果为基础，统计此次泥石流灾害影响范围内道路受损情况，数值分析的公路受危害路段约为820m，其中，高风险路段约380m（占46.3%），中风险路段约330m（占40.2%），低风险路段约110m（占13.4%），受损道路主要分布在中度、高度风险区段，占总受损长度的86.5%，此结果与灾点出公路受灾总长度（约860m）、实际受灾分布情况及危害严重程度基本一致。

参 考 文 献

陈洪凯,唐红梅,陈野鹰.2007.公路泥石流力学.北京:科学出版社
崔鹏,何思明,姚令侃,王兆印,陈晓清等.2011.汶川地震山地灾害形成机理与风险控制.北京:科学出版社
崔鹏,何易平,陈杰.2006.泥石流输沙及其对山区河道的影响.山地学报,24(5):539~549
崔鹏,杨坤,韦方强,等.2001.泥石流灾情评估指标体系.自然灾害学报,10(4):36~41
丁志雄,李纪人,李琳.2004.基于GIS格网模型的洪水淹没分析方法.水利学报,6(6):56~61
何晓群.2012.现代统计分析方法与应用.北京:中国人民大学出版社
胡凯衡,崔鹏,李浦.2014.泥石流动力学模型与数值模拟.自然杂志,36(5):313~317
季顺迎,孙其诚,严颖.2011.颗粒物质剪切流动的类固-液转化特性及相变图的建立.中国科学,41(9):1~14
李炜.1980.水力计算手册(第二版).北京:水利水电出版社
罗元华,张梁,张业成.1998.地质灾害风险评估方法研究.北京:地质出版社
毛用才,胡奇英.2004.随机过程.西安:西安电子科技大学出版社
唐邦兴,吴积善,王成华,等.1994.山洪泥石流滑坡灾害及防治.北京:科学出版社
唐川,李为乐,丁军,等.2011.汶川震区映秀镇"8·14"特大泥石流灾害调查.地球科学:中国地质大学学报,36(1):172~180
徐林荣,王磊,苏志满.2010.隧道工程遭受泥石流灾害的工程易损性评价.岩土力学,31(7):2153~2158
许强.2010.四川省"8·13"特大泥石流灾害特点、成因与启示.工程地质学报,18(5):596~608
中国科学院、水利部成都山地灾害与环境研究所,西藏自治区交通科学研究所.1999.川藏公路典型山地灾

害研究. 成都:成都科技大学出版社

中国科学院成都山地灾害与环境研究所,西藏自治区交通科学研究所. 2001. 西藏公路水毁研究. 成都:四川科学技术出版社

中交第一公路勘察技术研究院有限公司. 2006. 公路路线设计规范 JTG D20—2006. 北京:人民交通出版社

Baran O, Ertas D, Halsey T C, Grest G S, Lechman J B. 2006. Velocity correlations in dense gravity-driven granular chute flow. Phys Rev E, 74:051302

Cui P, Hu K H, Zhang J Q, et al. 2011. Prediction of the debris flow danger area by combing hydrological and inundation simulation methods. Journal of Mountain Science, 8(1):1~9

Cui P, Gordon G, Zhou D, Zhu X H, Zhang J Q. 2013a. The scale amplification of natural debris flows caused by cascade failure of landslide dams. Geomorphology, 182:173~189

Cui P, Xiang L Z, Zou Q. 2013b. Risk assessment of highways affected by debris flows in Wenchuan earthquake area. Journal of Mountain Science, 10(2):173~189

Cui P, Zou Q, Xiang L Z, et al. 2013c. Risk assessment of simultaneous debris flows in mountain townships. Progress in Physical Geography, 37(4):516~542

Cundall P A. 1987. Distinct Element Models of Rock and Soil Structure. In: Brown E T(ed). Analytical and Computation Methods in Engineering Rock Mechanics. London: Allen and Unwin:129~163

Di Prisco C, Vecchiotti M. 2006. A rheological model for the description of boulder impacts on granular strata. Geotechnique, 56(7):469~482

Forterre Y, Pouliquen O. 2008. Flows of dense granular media. Annual Review of Fluid Mechanics, 1~24

Godt J W, Coe J A. 2007. Alpine debris flows triggered by a 28 July 1999 thunderstorm in the central Front Range, Colorado. Geomorphology, 84(1):80~97

He S M, Ouyang C J, Liu W, Wang D P. 2017. A coupled model of two-phase debris flow, sediment transport and morphological evolution. Acta Geologica Sinica, 90(6):2206~2215

Hungr O, McDougall S, Bovis M. 2005. Entrainment of Material by Debris Flows, Debris-flow Hazards and Related Phenomena. Berlin Heidelberg: Springer:135~158

Itasca(Itasca Consulting Group Inc). 2005. PFC3D (Particle Flow Code in 3 Dimensions), Version 3.1. Minneapolis: ICG

Iverson R M. 1997. The physics of debris flows. Reviews of Geophysics, 35(3):245~296

Iverson R M, Ouyang C J. 2015. Entrainment of bed material by Earth—surface mass flows: Review and reformulation of depth—integrated theory. Reviews of Geophysics, 53(1):27~58

Iverson R M, Logan M, LaHusen R G, Berti M. 2010. The perfect debris flow? Aggregated results from 28 large-scale experiments. J Geophys Res, 115:F03005

Iverson R M, Reid M E, Logan M, LaHusen R G, Godt J W, Griswold J G. 2011. Positivefeedback and momentum growth during debris-flow entrainment of wet bed sediment. Nat Geosci, 4:116~121

Jakob M, Anderson D, Fuller T, Hungr O, Ayotte D. 2000. An unusually large debris flow at Hummingbird Creek, Mara Lake, British Columbia. Canadian Geotechnical Journal, 37(5):1109~1125

King J P. 2001. Tsing Shan debris flow. In: Ho K K S, Li K S(eds). Geotechnical Engineering: Meeting Societys' Needs. Proceedings of the 14th South East Asian Geotechnical Conference, Hong Kong, 783~788

Lu L S, Hsiau S S. 2008. DEM simulation of particle mixing in a sheared granular flow. Particuology, 6(6):445~454

McDougall S, Hungr O. 2005. Dynamic modelling of entrainment in rapid landslides. Canadian Geotechnical Journal, 42(5):1437~1448

Medina V, Hürlimann M, Bateman A. 2008. Application of FLATModel, a 2D finite volume code, to debris flows in the northeastern part of the Iberian Peninsula. Landslides, 5(1): 127~142

MiDi G. 2004. On dense granular flows. European Physical Journal E, 14(4): 341~365

Ouyang C J, He S, Tang C. 2015. Numerical analysis of dynamics of debris flow over erodible beds in Wenchuan earthquake-induced area. Engineering Geology, 194: 62~72

Pelanti M, Bouchut F, Mangeney A. 2008. A Roe-type scheme for two-phase shallow granular flows over variable topography. ESAIM: Mathematical Modelling and Numerical Analysis, 42(5): 851~885

Saaty T L. 1980. The Analytic Hierarchy Process. New York: McGraw-Hill

Savage S B. 1984. The mechanics of rapid granular flows. Advances in Applied Mechanics, 24: 289~366

Savage S B, Sayed M. 1984. Stresses developed by dry cohesionless granular materials sheared in an annular shear cell. Journal of Fluid Mechanics, 142: 391~430

Schoklitsch A. 1948. Hydraulic Engineering. China Science Books and Equipment Corporation

Sidle R C, Chigira M. 2004. Landslides and debris flows strike Kyushu, Japan. Eos Transactions American Geophysical Union, 85(15): 145~151

Tsuji Y, Tanaka T, Ishida T. 1992. Lagrangian numerical simulation of plug flow of cohesionless particles in a horizontal pipe. Powder Technology, 71(3): 239~250

Zhou G G D, Ng C W W. 2010. Numerical investigation of reverse segregation in debris flows by DEM. Granular Matter, 12(5): 507~516

Zou Q, Cui P, Zhou G D, Li S S, Tang J X, Li S. 2018. A new approach to assessing vulnerability of mountain highways subject to debris flows in China. Progress in Physical Geography, 42(3): 305~329

Zou Q, Zhou G D, Li S S, Ouyang C J, Tang J B. 2017. Dynamic-process analysis and hazard prediction of debris flow in eastern Qinghai-Tibet Plateau area- a case study at RiDi gully. Arctic, Antarctic, and Alpine Research, 49(3): 373~390

第8章 川藏铁路风险调控减灾选线

8.1 川藏铁路减灾选线概述

川藏铁路横穿青藏高原东缘地形急变带，沿线受青藏高原强烈隆升的影响，地势起伏大，河流切割强烈，具有相对高差大、山坡陡峭、沟谷深切的典型特点。区内各种内、外营力作用非常强烈，板块碰撞和构造活动强烈，是我国泥石流滑坡最发育、最活跃、类型最齐全、危害最严重的地区之一。

川藏铁路是迄今为止人类历史上最具挑战性的铁路建设工程，也是自然环境复杂、施工技术要求高、灾害防治难度大的铁路工程。在如此复杂的地质环境条件下修建铁路，必将面临大量的科学和技术难题，其中，崩塌、滑坡、泥石流等山地灾害成为制约线路局部走线的关键控制节点。山地灾害不仅严重制约着线路走向，而且对工程建设和运营安全有重大影响。川藏铁路、川藏公路等交通干线一处受损，将全线瘫痪，影响极大。

科学地选线定线是防灾减灾的源头，减灾效果最为明显。自 2000 年以来，本书作者通过国家自然科学基金重点项目"川藏交通干线环境灾害演化规律与工程风险"、国家自然科学基金国际合作与交流项目"气候变化条件下高山区特大泥石流灾害链动力过程与风险分析"、国家自然科学基金项目"西部山区重大道路工程与环境的相互作用机制"、中国科学院知识创新工程项目"进藏公路铁路典型路段工程灾害减灾理论与对策研究"、中国科学院前沿科学重点研究项目"气候变化条件下山地灾害链形成机理与演化过程"等的研究，揭示了川藏交通廊道山地灾害的区域分布规律、成灾机理，确定了灾害风险分区，在此基础上提出了川藏铁路减灾选线原理。研究成果除在川藏公路局部线路改建和道路灾害防治中应用以外，已经在川藏铁路预可研阶段的工作中发挥了作用，如川藏交通廊道山地灾害的灾点数据与灾害分布规律，有助于确定拟定铁路线路的选线和大致走线方式；区域和单点不同层次的风险评估结果，对既有公路灾害防治和拟建铁路选线和定线具有重要的参考价值。在高危险区，由于地表过程相对较强烈，可采取绕避或者隧道的方式通过；而低危险区则可以采用明线方式通过，以期从源头上最大限度地减轻山地灾害对进藏公路、铁路的危害。

川藏铁路将穿越七大缝合带地区，其中线路正交穿越金沙江缝合带、澜沧江缝合带、班公湖-怒江缝合带；近斜交穿越雅鲁藏布江缝合带，线路伴随长度近 400km。进藏线路靠近龙门山地震带，穿越甘孜炉霍地震带、雅鲁藏布江地震带，地震烈度均在Ⅷ度以上。1950 年西藏察隅 M_S 8.5 级地震、2008 年汶川 M_S 8.0 级地震，是我国有记录以来的最强烈地震，大地震风险是川藏铁路遇到的突出问题。其中预测地震大地形变及线路工程应采取的对策，是减灾选线的主要内容。

青藏高原东南部也是滑坡堵江高发地区。如 1967 年 8 月 29 日的拉月滑坡，滑坡体方量在 1200 万 m³ 以上，东久河瞬间被截断，堰塞坝高达 70～90m，川藏公路交通中断达 4 个月之久；而最近，2018 年 10 月 17 日，西藏米林县派镇发生的冰崩-碎屑流堵塞雅鲁藏布江并形成堰塞湖滞蓄水量约 1.5 亿 m³；2018 年 10 月 10 日、11 月 3 日，西藏自治区昌都市江达县和四川省甘孜藏族自治州白玉县境内先后发生两次滑坡堵江事件，溃决洪水冲毁金沙江大桥，导致 G318 线中断。对于堰塞湖等灾害链风险，以在选线阶段就进行防范最为主动，但在滑坡堵江危险预测的基础上提出线路工程减灾对策，尚无相关规范和标准可循。因此，滑坡堵江灾害链风险防范也是川藏铁路需解决的特殊困难问题。

川藏铁路线路所经的藏东南地区，属于海洋性冰川区，冰雪活动对全球变化响应敏感。气候变暖使得冰雪消融加剧，促使冰湖溃决，形成超常规模的冰湖溃决泥石流，对河谷线路造成毁灭性破坏。如何应对由于气候变化造成冰雪活动区的大型冰湖溃决、冰川泥石流、冰崩雪崩等长程灾害影响，尽量从选线角度提前避开和预防灾害，也是川藏铁路遇到的新问题。

山地灾害除对川藏铁路的主体工程产生危害外，也会对临辅工程（如进场道路、营地、料场、渣场等）产生重要的影响。特别是大量临辅工程分布在河谷区，面临着灾害风险防范的巨大挑战。

综上所述，国家自然科学基金项目和中国科学院重点项目完成的川藏廊道灾害调查、风险评估、减灾选线原理、减灾技术等研究成果，对既有川藏公路的防治与保通、新建铁路的减灾选线与设计等方面提供了比较系统的科学参考，如拟建川藏铁路金沙江段走线方案优化、拟建川藏铁路帕隆藏布段走线方案优化。目前川藏铁路的预可研和可研工作已经最大可能地规避了山地灾害，成效良好。面对川藏铁路建设不可忽视的大型山地灾害堵江灾害链风险、冰雪活动区的山地灾害（如冰崩雪崩、冰湖溃决、冰川泥石流沟）风险及大地震导致的大地形变风险，在川藏铁路廊道具有独特性，急需从区域到工程不同尺度展开铁路减灾选线研究。本章重点介绍川藏铁路减灾选线原理和上述 3 个方面的线路风险防控的选线对策。

8.2 川藏铁路减灾选线原理

青藏高原地势高亢，地形险峻，地质条件复杂，山地环境脆弱，泥石流、滑坡等山地灾害频繁，影响极大。本节以进藏交通线路为例，说明山区道路（如川藏铁路和公路）减灾选线的原理。根据青藏高原及周边山区的地形地质条件及进藏公路、铁路线路的特点，进藏交通干线应遵循以下 5 个减灾选线原理（蒋忠信等，2004）。

1. 与山系正交，以高桥长隧垂直爬上第一地势阶梯

青藏高原平均海拔在 4000m 以上，是中国地势的第一级阶梯。围绕青藏高原的塔里木盆地、河西走廊、陇东高原、四川盆地、云贵高原则属中国地势的第二级阶梯，两级地势阶梯之间耸立着昆仑山、祁连山、岷山、邛崃山、横断山等山脉。进藏交通干线的新藏、青藏、甘藏、川藏、滇藏五大走向，都是从中国西部地势的第二阶梯爬升至第一阶梯，要穿越青藏高原周边山脉和横断山系。20 世纪 90 年代以前，由于大跨高桥和长隧道的修建

技术及工期的限制，一般山区道路选线都是先顺山间谷地尽可能地展线，提升线路标高以较短隧道穿越分水岭，或降低线路标高以较小跨度的较低桥梁跨过河谷，以降低桥隧工程难度并缩短工期。如成昆铁路从成都至西昌段穿越大、小相岭的线路，采用从沙木拉打垭口穿隧道越岭，前、后沿牛日河、孙水河河谷展线的方案，越岭隧道与山系正交。

青藏高原周边山系与区域地质构造线基本一致，沿构造线断裂发育，岩体破碎，河谷深切，谷坡高陡，构造活动强，地震烈度高。因而，滑坡崩塌、泥石流、岩堆岩屑锥等山地灾害分布密集，规模巨大，成灾频繁。从减灾防灾角度，选线应贯彻与山系、构造线正交的原则，尽可能地减少沿河展线，以大跨高桥、长隧垂直穿越。这一方面可大量避免河谷线段的山地灾害，虽然长隧道可能遭遇地热、岩爆和高地应力等问题，但这些问题的严重性远不及河谷山地灾害，解决的技术难度也相对较小；另一方面，可明显缩短线路长度，其工程建设费用、减灾工程费用和长期运营费用的降低是显而易见的。例如，川藏公路长4160m的二郎山隧道的修建，比展线至二郎山垭口越岭线路缩短了近20km，并消除了隔日才能进山的限制。特别是我国高桥、长隧工程技术已经迈入了世界先进行列，TBM全断面隧道掘进机的应用使长隧道的工期问题得以淡化。因此，选线原则的上述更新已获得全面的技术支持，与横断山系呈垂直或斜交方向进藏的川藏铁路、公路，将有条件贯彻这一选线原则。

2. 分段展线，尽早脱离河谷上行至高原面

青藏高原及其周边山区长期处于持续、急剧的构造抬升中，高山高原剥蚀严重，周边河谷不断深切，呈现出高原与高山峡谷的地貌景观。相对于高原面的冰雪冻土灾害，河谷地带的山地灾害更为严重、密集而频发，峡谷中崩塌、滑坡、岩屑锥、泥石流等灾害密集且规模巨大。因此，川藏交通干线不能像一般地区那样选择工程貌似简易的河谷线，而应尽早脱离灾害危机四伏的河谷，展线至相对平坦的高原面，首选灾害较轻、地势宽缓、施工较易的高原线或山原线。

20世纪90年代以来建成通车的铁路已积累了较好的经验。南昆铁路跨南盘江进入贵州后，即用足限坡爬升，及早脱离了高逾千米、岩溶盛行、滑坡崩塌密布的南盘江北岸谷坡，爬上地质条件简单的顶效溶蚀高原面，减少了山地灾害影响（韩春暄和蒋忠信，2000）。内昆铁路舍弃经彝良的沿洛泽河方案，而采用从大关径直上至昭通高原面的方案，避开了洛泽河谷密集泥石流之威胁。

由于青藏高原及周边山区急剧的构造抬升，河谷下切速率小于抬升速率，多期侵蚀逐一从河口向上游溯源传递，加上上游河谷受古冰川的刨蚀作用，河谷纵剖面多呈下游陡、上游缓的上凸型或复合型，河谷地貌也相应呈现出下游多峡谷、中上游有宽谷的特征。例如，位于进藏要冲的帕隆藏布流域，其下游、上游均为纵坡较陡的峡谷段，中游为纵坡较缓的宽谷段，纵剖面为复合型（蒋忠信，2002a）。因此，上至高原面的展线，不能像一般地区因河流纵剖面呈下游缓上游陡的下凹形，中上游段道路纵坡跟不上河床纵坡而集中展线；而应贯彻分段展线的原则，尽可能在上、中、下游合适地段适时设置展线，从而避免过于集中的展线工程对脆弱山地环境的集中破坏而导致山地灾害。另外，对于川藏道路，则可不拘泥于中上游集中展线，如因帕隆藏布支流拉月曲的纵剖面为上凸形，下游东久段

河床纵坡陡于线路纵坡，在此段可分设两处展线。

3. 绕避为主，沿河线路跨河、进洞躲避灾害群

绕避是山区沿河线路减灾的首要选线原则。对于川藏交通干线的沿河线路，由于山地灾害规模巨大，且常具群发性，硬性进行整治，工程艰难，耗资甚巨，往往不够现实，以绕避为主的减灾选线原则更显重要和适用。加之多为峡谷，跨河桥长度有限，地形条件也有利于绕避。因此，川藏交通干线的沿河线路应以多次跨河为主，兼以隧道来躲避泥石流、滑坡等灾害群。

以川藏公路和拟建川藏铁路、滇藏铁路所必经的咽喉路段西藏帕隆藏布段为例，沿岸山地灾害群多达十余处，规模巨大，成灾频繁。著名的 102 滑坡群、古乡沟冰川泥石流、米堆沟冰湖溃决泥石流、冬茹弄巴冰雪融水泥石流、培龙沟冰川-降雨型泥石流、拉月滑坡等巨型灾体均堵断过帕隆藏布或拉月曲，并溃决酿成对川藏公路的二次灾害（朱平一等，1995）。对此，建桥跨河至对岸或开凿隧洞到山体中或展线至灾体以上来绕避开这些灾害群，不但措施彻底，而且相对于灾害治理，工程费用也不一定高。因为这些灾害群多位于峡谷区，跨河桥虽高但不长，采用大跨度桥梁易于跨越；隧道则仰坡陡而且埋深大，易于进洞和掘进。

针对 102 滑坡群，曾研究了川藏公路原线整治改造、上线绕避、过河绕线 3 个整治方案（罗德富和汪阳春，1998）。原线整治改造方案仅针对 1991 年的残余滑体，工程费约 3856 万元，系暂时维持公路通车的权宜之计。上线绕避方案通过 18km 长的展线，至滑坡后壁以外 160m 处通过，工程费约 3386 万元，但上、下集中展线可能诱发新的坍滑。过河绕线方案包括两座长 200m 的桥梁，投资达 6370 万元。从减灾防灾角度，如果对岸无大的山地灾害，过河绕线方案防灾更为彻底，虽投资较大也仍有竞争力。最后以短隧道躲避方案通过，取得较好效果。

4. 遵循泥石流、滑坡灾害坡向分异规律，沿河线路多经阴坡、少经阳坡

由于山区河谷谷坡水热条件的坡向差异，导致地形、气候、水文等自然地理要素显现一定的坡向差异，受其制约的坡地泥石流、滑坡等灾害也呈现某种程度的坡向性分布规律。在其他条件类似的情况下，阳坡与阴坡相比，日照时间长，太阳辐射强，气温高，日温差大，蒸发强烈，湿度低，因此易于风化剥蚀，孕育滑坡崩塌，产生水土流失，暴发泥石流。总体上，阳坡比阴坡的山地灾害多，规模大。据对云南省 338 例滑坡的统计，阳坡的滑坡分布频度为阴坡的 2.47 倍（蒋忠信，1991）。经研究，川藏交通廊道东西向河谷的灾害分布亦遵循坡向分异规律，泥石流、滑坡灾害分布在向阳的北坡比在向阴的南坡要密集。因此，从减灾角度出发，沿河线路选线应首选阴坡（南岸）。

帕隆藏布及其支流拉月曲为近东西流向，川藏公路所经的北岸为阳坡，与南岸相比，其寒冻风化更强烈，雪线、积雪较高，地形较陡，植被较疏，松散固体物质最丰富，地表径流和冰雪融水较多，因而滑坡崩塌、泥石流比南岸（阴坡）数量多、规模大、灾害重。据遥感判识，从然乌至 108 道班长 270km 的河段，滑坡崩塌分布于北岸 49 处，南岸 14 处；泥石流沟分布于北岸 80 条，南岸 45 条。著名的 102 滑坡群、拉月滑坡、古乡沟冰川

泥石流、培龙沟冰川-降雨型泥石流都分布在北岸，17处溜砂坡也集中在北岸，仅雪崩集中在南岸。因子分析结果显示，滑坡崩塌、泥石流的南、北岸分布差异都在0.05水平上显著。因此建议的帕隆藏布段新建铁路和改建川藏公路的选线原则是：南岸为主，分段制宜，跨河避灾。线路总体上应沿南岸行进，但对上游峡谷段南岸的突发性雪崩集中段、中游北岸的波密县城等重要居民点以及拉月曲南岸崩塌群，线路仍可绕经北岸，以避灾和便民（蒋忠信，2002b）。

现有川藏公路除绕避拉月滑坡已将局部线段改至南岸外，均在北岸，宜结合上述原则进行道路改造和灾害整治。滇藏铁路预可行性研究拟定然乌至德母拉的沿帕隆藏布和拉月曲303km线路，虽为顺应地势和避灾而15次跨河，经南岸161km，经北岸142km，但从减灾角度看尚不够彻底。此线虽绕避了上游雪崩段和古乡沟冰川泥石流，但未能绕避米堆沟冰湖溃决泥石流、102滑坡群和拉月滑坡，波密站也设在县城对岸，线路值得进一步优化。

沿雅鲁藏布江路段，河谷为宽谷间峡谷地貌，两岸崩塌、滑坡、岩堆、泥石流、沙丘交错分布。从河谷地形和山地灾害分布综合权衡，多数河段南岸比北岸的地形地质条件较优，线路宜走南岸。

5. 宁高勿低，沿河线路按重灾群灾上界高度定线

青藏高原东南部和外围的河谷深切，谷坡高陡，谷坡底部是滑坡崩塌、泥石流、溜砂坡、雪崩的冲击区和堆积场，加上河流的冲刷、淤积及相对剧烈的人类活动，定线越低的沿河道路，所经山地灾害地段越长，易损性越大，成灾越严重。群灾沿河线路定线过低的严重教训莫过于东川铁路支线（陈光曦等，1983）。该线所经大白河—小江河谷泥石流特别发育，两岸有泥石流沟86条，且暴发频率高，河床淤埋严重，致使河床以每年9~21cm的速度迅速淤高。仅1958~1984年间，东川铁路因受泥石流的冲毁、淤埋，废弃大、中桥各4座，小桥涵39座，隧道1座，路基12.5km。每年不但要大量改建、重建，而且一进夏季就断道停运，现被迫耗巨资将全段线路抬高重建以避泥石流危害。

因此，重灾、群灾的沿河线段要贯彻宁高勿低的定线原则，尽量将线路标高定在山地灾害群的上界，从而可用挖方通过滑坡崩塌体上部，用中小桥从泥石流的流通区或出山口跨越，但其前、后段宜进行顺坡展线，避免向上、向下集中展线对坡体稳定性的影响。现有道路往往为利用低阶地而走沿河低线来减小工程，在群灾段用挖方从滑坡崩塌体前部通过，用分散的小桥涵或过水路面从泥石流堆积扇缘通过。这样容易引起古滑坡崩塌的复活，遭受泥石流的冲毁、淤埋，还可能受河水冲刷而遭水毁。川藏公路帕隆藏布路段线位过低，处于内有滑坡、泥石流，外有河岸冲刷的两难境地，因而是不可取的。

在川藏铁路纵面定线中，尤其要注意防避青藏高原特有的冰湖溃决泥石流及滑坡堰塞湖溃决洪水灾害。冰湖溃决洪水与泥石流以其突然性、毁灭性、流量巨大、水头极高为特点，并将堵塞主河然后溃决形成二次灾害，对下游大段沿河线路具有毁灭性。1962年9月26日西藏工布江达县唐不朗沟达门拉咳措溃决，1988年7月15日帕隆藏布支流米堆沟光谢错溃决，不但造成人员、财产的巨大损失，而且前者淤埋川藏公路2.2km后被迫改线，后者冲毁川藏公路路基21.6km、桥梁18座，中断交通达半年之久。滑坡堰塞湖溃决洪水

灾害以易贡湖溃决最为深重（鲁修元等，2000）。2000年4月9日发生的扎木弄沟高速滑坡堵断易贡藏布，溃决洪水对下游所过之处桥梁、溜索、公路全部冲毁，近50m高岸坡一片光秃。沿易贡藏布—帕隆藏布—雅鲁藏布的500km长沿江地区受灾，经济损失达1.4亿元。因此，定线时要研究冰碛湖或滑坡堰塞湖溃决影响的河段和最高洪水位，将该河段的线位提高到最高洪水位以上，躲避溃决洪水与泥石流的毁灭性灾害。

上述5项减灾选线原则还是理论性的和单项性的，具体要根据特定线路所经地形地质条件，相互匹配，综合应用，组合成减灾选线的综合原则。对于不能相洽的减灾选线单项原则，则要趋利避害，择善而行。沿河线路减灾选线定线的跨河绕避、多走南岸、多定高线3项原则中，跨河绕避与多走南岸就必须结合，多走南岸是相对的，遇长大灾点（段）仍需跨河至对岸绕避；跨河绕避与多定高线则不相匹配，突出跨河绕避巨大灾点的前后线段，就不宜定线过高，从而减小跨河桥梁工程。

8.3 堰塞湖灾害链易发区线路工程减灾选线策略

在川藏铁路廊道河谷区，陡峻而狭窄的地形条件为一种灾害向另一种灾害转化提供了充足的能量和制约灾害演化的地形，有利于灾害链的形成和演化，使得河谷灾害链较为发育。当一种灾害规模超过一定阈值，受狭窄地形条件制约，不能简单地按照灾害体本身的力学和运动特征演化发展，巨大的运动物质和能量往往转化形成另一种灾害，形成灾害链，进而使得灾害影响在时间和空间上延拓，加剧灾害损失。在川藏铁路穿越高山峡谷区，主要发育大规模滑坡（崩塌）和泥石流堵江灾害链。

在构造活动与岩性破碎的高陡山坡，具备发育几千万甚或几亿立方米的特大规模滑坡或崩塌（山崩）的条件。这些潜在的滑坡和崩塌体在外动力降雨或内动力地震的激发下起动，在沿坡面或者沟道向下运动的过程中，由于狭窄地形的制约，堆积于河谷，堵断河道，形成堰塞湖。堰塞湖在蓄水期间会淹没上游库区的线路、道路设施、施工营地、仓储设施，以及其他工程和施工设施；当水位上升到一定程度，会产生坝体渗流或溢流侵蚀，导致天然坝溃决，产生溃决洪水，以超过常态水流（水位和流量）几十倍、几百倍、甚至上千倍的巨大洪流，席卷下游几十千米到几百千米范围内河谷两岸的道路工程及其所有设施，产生大范围巨大危害。例如，2000年4月9日易贡藏布扎木弄沟滑坡，形成约2亿m^3堰塞坝，溃决后形成55m高水位、12.4万m^3/s峰值流量的洪水，不仅把下游易贡桥和沿江公路冲毁，而且在下游500km范围内造成重大损失。

大规模泥石流也会堵断主河，形成堰塞湖，产生类似于滑坡堵江的灾害链。另外，在泥石流堵塞坝体不高的情况下，泥石流堆积体的结构组成和堆积形态，使得漫顶溢流时产生非常强烈河岸冲刷，造成严重的路基损毁和交通中断。例如，1951年西藏波密古乡沟泥石流就形成50m高堰塞坝，中断川藏公路；近年天魔沟频繁发生泥石流，堰塞坝改变河水流态，掏蚀河岸，使得G318线约1km的路基被彻底损毁。

川藏铁路部分主线和相当多的进场道路穿行于高山峡谷区，可能成为这种灾害链的危害对象。如果能在选线设计阶段就考虑到堵江灾害链的潜在威胁，采取必要的手段规避或预防灾害，有利于川藏铁路工程风险防控。本节将主要论述河谷区铁路和公路工程堵江灾害链风险的挑战及其对策。

8.3.1 堰塞湖灾害链避灾选线与线路工程设计的科学挑战

青藏高原峡谷区是地震灾害链、冰湖灾害链、滑坡泥石流灾害链的高发区（崔鹏等，2014），川藏铁路应对河谷区灾害链的前提是科学认识灾害链风险。然而，目前对灾害链的研究还不充分，预判潜在巨大灾害比较困难，难以定量确定灾害链转化的临界条件，还需要发展基于物理过程的灾害链演化运动过程。这是灾害链风险评估的前沿科学问题，也是川藏铁路灾害链风险防控的主要挑战。

1. 由于对川藏交通廊道隐蔽性高位滑坡和特大泥石流孕灾演化机制认识的局限，精确预测潜在巨灾和灾害链源头有一定难度

1）隐蔽性高位滑坡演化机制与潜在灾害判识

高位滑坡由于剪出口位置高、临空条件好、具有极大的势能，常造成巨大的危害（Weidinger，2006；Yin et al.，2017）。长期演化的巨型高位滑坡具有一定隐蔽性。大规模隐蔽性高位滑坡是河谷灾害链的主要原生灾害和物质来源，是河谷堵江灾害链风险形成的首要环节。

国内外学者利用典型突发高位滑坡案例，解剖"麻雀"，从形成条件、变形特征、稳定性分析和监测预警方法等方面进行了深入研究（Sassa and He，2013；Zhang et al.，2014；Intrieri et al.，2018）。目前，对青藏高原东缘高位滑坡成灾机理研究，在以下方面取得了重要进展：分析河谷下切、降雨、地震、风化等内外动力因素的作用（Yin et al.，2012；Zhou et al.，2016）；分析相关促滑因素的耦合作用与斜坡优势节理裂隙扩展到形成滑动面的过程，揭示特大滑坡形成机理（周洪福等，2017）；提出了岩质斜坡锁固段聚能、高位滑坡地震放大抛掷、临界水头等启滑效应等理论（程谦恭，1999；黄润秋等，2017）。

从长期风险防御的角度考虑，高位滑坡的孕育环境、孕育过程与发生机理、促滑关键因素和起滑条件同等重要。青藏高原东缘特殊的地质构造环境决定了高位滑坡在长期演化过程中内外动力作用强烈交织与转化，特别是川藏铁路穿越的 7 条区域性构造缝合带，不仅是新构造强烈活动带、高原差异隆升和深切峡谷分布区，而且是气候变化敏感区和强烈冻融作用发育区（潘桂棠等，2019），从而导致该区高位滑坡的孕灾背景更加独特、过程更加复杂、规模更大。因此，在高位滑坡孕育演化过程中，构造活动、河流下切和冻融循环等内外动力耦合作用是必须考虑的关键控制因素（王思敬，2002；彭建兵等，2004），备受国内外学者关注（Scheingross et al.，2013；Yin et al.，2017；许强等，2018；Ouyang et al.，2019；邓建辉等，2019）。

综上所述，在青藏高原东缘复杂的地质地貌背景和特殊的"四高"孕灾环境下，高位大型滑坡孕育和形成的演化过程非常复杂，受到典型灾害所处地质地貌条件的限制，以往基于典型案例分析的高位滑坡成灾机理研究结果存在一定局限，这也是川藏铁路河谷区灾害链避灾选线的一项科学挑战。因此，要科学认识河谷灾害链风险，预测灾害链的源头，还需要加强多学科理论和先进技术手段的联合研究，考虑内外动力耦合作用，进一步加强

对高位滑坡孕灾与演化过程的认识。需要从构造–地貌–气候耦合作用下控制性断裂的宏观控灾规律、断裂活动–深切卸荷–冻融循环耦合作用下斜坡岩体的孕灾机制、高位滑坡演化过程等方面进行深入研究，系统认知特大高位滑坡的孕灾和演化过程，从而为川藏铁路廊道高原峡谷区高位滑坡灾害判识与灾害链风险防控提供理论依据。

2）泥石流规模放大机理与潜在灾害判识

类似于滑坡和崩塌，大规模泥石流也常常堵断江河，形成堰塞湖，形成灾害链。川藏铁路廊道帕隆藏布江曾被古乡沟、米堆沟、天魔沟、培龙沟等大规模泥石流堵断，甚至是多次堵断，造成G318线被毁和断道。沿线泥石流堵江灾害比较普遍，如2012年川藏公路西藏芒康县境内海通沟段（海通兵站以下6km范围内）暴发群发性泥石流，阻断海通沟形成堰塞湖，冲毁和淹没公路，导致G318线交通完全中断。为此，准确预测泥石流规模及其潜在危害，是沟谷中铁路建设工程风险评估首先要解决的问题。

认识泥石流的孕育、形成和规模放大过程，是预测泥石流的规模，分析其潜在危害能力和堵江可能性的前提。泥石流形成是气象、水文、地质、地貌、植被覆盖等多种因素条件下，与地表径流过程综合作用的结果，涉及气象、水文、岩土、水动力等不同时空尺度的多个物理过程。这些过程涉及降雨产流的流量激增机制、土体破坏急剧补给机制、运动过程中遇到沟道堵塞物阻挡产生的级联溃决规模放大效应、在不规则和可侵蚀道床上运动的沿途侵流量激增效应等。认识了这些机理，定量描述了这些过程，就可以比较可靠的计算泥石流的流量、破坏力，较为可靠地评估其堵江风险。

目前，对泥石流形成条件、形成机理、运动过程等已经有了深入系统的认识。然而，要准确预测泥石流的规模，还需要进一步深入理解相关机理和过程。尽管已经有相当多的水文模型可以对洪水进行模拟和预测，但由于山区小流域缺乏长历时精细水文测量数据，加之山区复杂的下垫面条件和山区暴雨预测精度的限制，使得山区洪水特别是小流域山洪的水文过程非常复杂，迄今尚无成熟的可以精确预测小流域山洪的水文模型，不能精确计算泥石流形成的水量和水力条件。流域内在次降雨过程中可以提供给泥石流的固体物质量仍然因不同流域而异。另外，松散物质参与泥石流的形式、时间和数量，均决定着泥石流的类型与规模，这些在地貌类型复杂、地表营力强烈的山区，目前还难以定量的确定。

基于上述两点局限，要准确预测哪个流域在什么情况下会产生多大规模的泥石流是相当困难的。另外，强降雨下泥石流流域坡–谷汇流的动力过程、泥石流沟道堵溃模式与规模放大效应、沟道侵蚀流量激增的工程计算等，也需要进一步深化。这就使得在现阶段要精确的预估泥石流规模并计算其危险度，仍然具有一定困难。因此，泥石流演化和规模放大机理仍然是预测川藏铁路由泥石流引起的河谷灾害链风险的首要难点。

2. 山地灾害链不同灾种转化临界条件是揭示灾害链形成机理与演化的关键问题，至今仍是科学研究的难点，需要深入研究

山地灾害链形成与演化过程中灾种之间的转化是导致灾害链致灾的关键环节，而灾害转化的临界条件是形成灾害链的先决条件。在气候暖化、强震等多重影响因素共同作用下，构成灾害链的山地灾害类型增多，灾害的规模和频度增加，灾种间转化的阈值变低，导致灾害链的危害范围更大、危害程度更严重（Callaghan et al., 2007；Xu et al., 2014）。

要阐明灾害链中各灾种间转化的物理过程与临界条件，需要对灾害演化的物理过程进行深入分析。

滑坡和泥石流堵江及其堰塞湖溃决洪水是川藏铁路可能在河谷区受到的主要灾害链威胁。沟谷灾害链主要有：滑坡—碎屑流—堰塞湖—洪水灾害链、滑坡—堰塞湖—洪水灾害链、泥石流—堰塞湖—洪水灾害链、冰雪消融—滑坡—碎屑流—堰塞湖—洪水灾害链、冰雪消融—泥石流—堰塞湖—洪水灾害链、冰崩—冰湖溃决洪水—泥石流、山洪—堰塞湖—洪水灾害链等。从一种灾害转化为另一种灾害，需要有合适的物质条件、能量条件和地形条件，如滑坡运动过程中解体转化为碎屑流既需要有较大规模的运动物质，需要有较快的运动速度，又需要有较强的地面粗糙度甚至凸出的不规则地形扰动；滑坡、泥石流、碎屑流进入主河道以后，需要远远大于一定河段内河床断面容积的物质量、单位时间进入主河的固体物质量远远大于主河输沙能力，才能堵断河道形成堰塞湖；堰塞湖溃决一般有两种，一是内部管涌破坏；二是顶部溢流侵蚀，无论哪种侵蚀，都与堰塞坝物质组成和水动力条件密贴相关，只有水流动能（力）条件大于堰塞坝物质的结构能，才能使得侵蚀不断扩展，形成溃决洪水。

就堵江临界条件而言，泥石流汇入主河后在多大程度上阻塞主河，能否阻断主河，受泥石流与主河的动力条件及泥石流沟道与主河河道地形条件的共同制约。崔鹏从泥石流性质和规模、主河水动力条件、汇流处的地形条件等方面分析了泥石流堵江成因，通过模拟实验，从动力学角度分析了泥石流与主河流量比、泥石流沟道与主河交汇角、泥石流入汇主河总量对泥石流堵江的影响，建立了泥石流堵江的判别式（崔鹏等，2006）。也有学者通过量纲分析引入具有一定物理意义的"特征参数"，构建反映泥石流堵江情况的判别式，如泥石流堵塞度 R（张金山和谢洪，2008；刘翠容和姚令侃，2012）、泥石流影响度 K（徐永年等，2002）。这些判别式都是采用密度、流量、流速、坡降和主支沟夹角等参数作为判断依据，反映泥石流堵江程度。由于滑坡堵江流程较短，动力很强，主要由体积远远大于下方河道的特大滑坡（崩塌）导致，其堵江的临界条件研究尚未引起高度重视，目前的研究主要集中于堵江动力过程。总之，现有研究在泥石流堵江的物理机制和判别条件方面取得了进展，提炼了堵江判据和模式（游勇和程尊兰，2005），加深了对泥石流堵江现象的认识。但还需要进一步发展基于泥石流堵江动力过程的堵江判据，深化对泥石流灾害链这一关键环节的认识和理解。同样，滑坡堵江的临界条件也应得到相应发展。

对于堰塞坝溃决的临界条件，泥石流堵塞坝和滑坡堵塞坝显著不同。虽然泥石流堰塞坝与滑坡堰塞坝在物质组成上都是宽级配土体，但是泥石流堰塞坝形成前，泥石流体水土参混和长程运动导致泥石流体土水充分混合，完全饱和，同时受泥石流内部细颗粒黏结作用，堰塞坝黏度高，整体性强，一般没有管涌现象，很难发生整体性快速溃决，有些会存活很长时间，如古乡沟泥石流堰塞坝已经存留 70 余年。而滑坡形成的堰塞坝，受滑坡高速运动作用，多发生碎屑化，形成松散堆积坝，坝体结构中保留较多孔隙，受坝前库水压力的作用，容易发生管涌，或水位上涨坝顶过流后快速冲刷溢流口，进而导致整体性溃决，形成大洪水，如易贡滑坡堰塞坝尽管已经紧急开挖了 24m 深的泄流槽，过水后很快溃决，形成巨大洪水。泥石流堰塞坝与滑坡堰塞坝溃决方式的不同决定了泥石流堰塞坝溃决洪水在峰值流量、下游演进过程、溃决历时、危害方式等方面明显不同于滑坡堰塞坝溃决洪水。目前，对于泥石流和滑坡堵塞体溃决的临界条件研究深度均需加强。相对而言，滑坡堵塞坝溃决临界条件的研究显得更加重要。尽管已经有学者关注到这一问题，考虑了堰塞坝的物质组成和最大可能冲刷水头对堰塞体抗冲刷破坏能力的影响，取得的认识已经写进技术规范（堰塞湖应急处置技术导则）（Cui et al，2009；中华人民共和国水利部，2009a，2009b），但是仍需要进一步提出滑坡坝溃决的临界条件。

除过上述滑坡、泥石流堵江和堵塞体溃决的临界条件以外，其他灾害链的节点与转化条件目前还鲜有研究。总体而言，灾害链转换节点与临界条件，还是一个有待深化的课题。如果不能定量确定不同灾害转化的节点和临界条件，认识灾害链演化的特征与规律就受到很大的制约。

3. 尚未建立灾害链演化过程的物理模型，符合灾害链演化动力过程的运动模拟正演计算受限，影响到灾害链风险评估

山地灾害链动力过程与物理力学模型是系统认知灾害链演进过程与精准预测灾害风险的前沿性科学问题。灾害链动力学过程研究不仅涉及灾种间转化的临界条件，还涉及灾害体自身复杂的运动特性。在最近的20多年里，学者们在滑坡、泥石流等地表单一灾种动力学过程认知与数值模拟领域取得了显著成就。尤其是基于深度积分的连续介质力学方程（depth-integrated navier-stokes），由于在不失运动体主要特征情况下计算量大幅降低的特性，在揭示地表灾害动力学过程及其数值模拟中获得最广泛的应用（Savage and Hutter，1989）。美国亚利桑那州的科学家和工程师们采用有限差分算法开发了Flo-2D软件，在泥石流、洪水、海啸等自然灾害中获得广泛应用（O'brien et al.，1993）。瑞士Christen等（2010）采用有限体积算法开发了雪崩、泥石流等动力过程计算程序RAMMS，并模拟了大量阿尔卑斯地区发生的泥石流灾害，计算结果能够较好的模拟泥石流动力过程。同时其他相关程序：Beguería（2006）等开发的MassMov 2D，Medina等（2008）开发的FlatModel、Nakatani等（2008）的Kanako 2D，刘格非的Debris-2D等也在泥石流灾害动力学计算仿真方面取得了显著成绩（Liu and Wu，2018）。我国学者曹志先（Cao and Pender，2004）、夏军强等（2010）、欧阳朝军（Ouyang et al.，2013）等也在泥石流、滑坡、溃坝灾害数值模拟研究领域开展了许多卓有成效工作。

然而，上述多数都把研究重点集中在单一滑坡、泥石流或者洪水演进的动力过程再现。为了进一步研究滑坡泥石流堵江、堵塞体逐步溃决动力过程等灾害链过程，用双层流模型耦合界面相互作用和演化模型逐步成为研究趋势。基于深度平均理论，Lynett和Liu（2004）提出了用于模拟涌浪传播的双层流模型。Chen等（2007）提出了二维双层浅水模型，模型中下层物质设定为Bingham流体或Herschel-Bulkley流体，并成功模拟了在不同河道径流条件下河流的汇流现象。Pitman提出基于深度平均的双层流模型，其下层物质由固—液两相构成，使模型更加符合现实情况（Pitman and Le，2005）。

尽管基于双层流的简单运动体入水动力过程已经得到大量学者的关注，然而真实大型灾害体如何入水堵江、堵塞体溃口动力演化过程数值模拟仍然是难点问题，如滑坡、泥石流体与水的相互作用过程及物理模型，溃口的下切及侧面坍塌过程及物理模型等问题仍然鲜有涉及，亟待进一步深入研究。在认知不同灾种转化临界条件的基础上，深化灾害链动

力过程与机理的研究，构建基于灾害链全过程的物理力学模型，研发灾害链全过程数值模拟高效算法与软件平台，是进行灾害链科学分析与风险预测的关键科学问题，也是制约川藏铁路灾害链风险防控的重要环节。

综上所述，目前虽然对滑坡和泥石流堵江模式、堰塞坝形成条件、堰塞坝溃决模式等在科学问题上有一定的认识，但仍需深化滑坡和泥石流堵江的动力过程、堰塞坝的溃决过程、堰塞坝溃决流量、溃决洪水演进规律等方面的认识，揭示不同灾害转化的动力过程与机理，确定灾种转化的临界条件与物理过程，建立物理过程连续的灾害链全过程运动模型，定量描述灾害链演化的动力过程和转化条件，为客观评估河谷区工程建设的灾害链风险提供理论依据和技术手段。

8.3.2 堰塞湖影响区线路工程避灾选线策略

堰塞湖灾害（链）对铁路和公路的危害主要有两种，一是原发灾害直接冲毁和淤埋；二是堵江抬高水位导致淹没，以及溃决洪水对路基和沿线工程的冲刷与损毁。例如，易贡藏布扎木弄沟滑坡堰塞湖溃决，形成了滑坡—堰塞湖—溃决洪水灾害链，是我国有观测记录的最大洪水，冲毁通麦大桥、解放大桥等桥梁 10 余座，冲毁公路 50 余千米，造成下游川藏公路全线中断。在高等级公路和铁路修建之初，如果能充分认识到河谷灾害链风险，采取合理的措施，可以有效减轻灾害风险。尽管对堰塞湖灾害链风险评估问题的解决还有上述局限和挑战，对于新建铁路或高等级公路，基于已有的堰塞湖灾害链认识，仍然可以针对未来情景下可能发生的极端灾害，分析灾害危险性，探索河谷区线路减灾的对策。

1. 河谷灾害链危险性评估

河谷灾害链危险性评估是认识和防控工程风险的前提。灾害链危险性评估应针对整个河段开展，上下游总体考虑，具有全局观念。河谷灾害链危险性评估包括 3 个主要内容：大规模滑坡或泥石流发生和堵江的可能性分析、滑坡或泥石流堵江高度的估算、堰塞湖淹没和溃决洪水影响范围的估算。

1）大规模灾害堵江可能性分析

（1）滑坡堵江可能性分析。

滑坡堵江危险性评估的内容主要有：大规模滑坡孕灾条件与潜在位置判识、临滑条件和激发条件分析、堵江可能性评估。首先判断线路经过的斜坡和边坡在天然和地震下是否稳定，即分析滑坡孕灾条件，判识潜在位置，主要分析滑坡所处坡体的断层活动、地层结构、岩体破碎性、地貌补位、坡度、临空条件、河流下切、气候条件等因素，考虑内外动力的长期演化作用，结合野外勘察判断滑坡性质，分析滑坡孕育条件演化特征。

堵江可能性评估主要考虑潜在滑坡体的体积与沿途铲刮侵蚀增加的土石体方量与滑坡下方河道容积之比，滑坡输送的物质远大于河道容积，则会堵江。根据堵江的基本条件，判断是否会造成堵江形成堰塞湖。

堵江基本条件为：①地形地貌条件，主要表现在河谷切割深度、地形坡度等方面。如果河谷切割深，斜坡坡度大，则岩土体位能大，破坏后运动速度就较大，对河床产生强烈冲击作用，并在对岸有一定的爬高，可能造成完全堵江。②河床水动力条件：主要考虑河床比降和河水流量两个参数，如果比降和流量都大，则河流冲刷侵蚀携沙能力强，不易堵江；反之，则容易堵江。③滑坡入江体积：滑坡入江物质量（体积）与河道容积（滑坡堆积长度与河道断面乘积）之比，如果远大于1，则容易堵江；如果小于1，则不能完全堵江。

（2）泥石流堵江可能性分析。

因素分析法与动力关系建模是泥石流堵江危险性分析常用的两种评估方法。谭炳炎（1989）提出了因素分析法，采用泥石流单沟评价方法判断泥石流沟的严重程度，即严重、中等严重、轻度严重、不严重；分析泥石流堵河的影响因子及重要程度，利用层次分析法确定不同因子的权重，开展单沟泥石流堵河危险性评价（表8.1）。因素分析法可以通过野外勘察取得的参数进行评估，简便易行，可以在全线分析和区域评估中应用。

表8.1 单沟泥石流堵河危险性评价表

序号	影响因素	堵河危险性量级划分		
		轻微	中等	严重
1	距主河距离/m	>500	200~500	<200
2	主河形态	偏向异岸	顺直	偏向同岸
3	主河受挤压程度	无	轻微	严重
4	泥石流沟严重性	轻微	中等	严重
5	泥石流发生的频率	无	低频	高频
6	河谷形态		宽谷段	峡谷段

注：泥石流沟发生的频率可依据历史资料的调查。高频泥石流具有多次累积慢慢阻塞主河，最终完全堵塞主河的可能性。

泥石流堵河的严重性受泥石流与干流的交汇关系、汇流处的地形地貌、支沟与干流的水动力条件、支沟泥石流的性质、泥石流的规模等影响因素的影响。

通过室内实验、野外原型案例调查统计、动力学理论分析，建立基于动力的泥石流堵江判别式。

陈德明等（2002）通过实验研究，提出了泥石流堵河判别式：

$$C_r \leqslant \frac{\gamma_B Q_B v_B \sin\theta}{\gamma_M Q_M v_M} \tag{8.1}$$

式中，γ_B为泥石流重度，N/m³；γ_M为水流重度，N/m³；Q_B为泥石流流量，m³/S；Q_M为水流流量，m³/S；v_B、v_M分别为泥石流与水流的流速，m/s；θ为泥石流沟和河流之间的夹角，（°）。

崔鹏等（2006）基于动力学理论分析，通过水槽实验，提出了基于动量和流量的泥石流堵江判别式：

$$C_m = \ln M_R - 1.189(1-\cos\theta)^2 - \frac{3.677\rho_B}{\rho_M} - 12.132 \tag{8.2}$$

$$C_F = \ln F_R - 0.883(1-\cos\theta)^2 - \frac{2.587\rho_B}{\rho_M} - 8.572 \tag{8.3}$$

式中，C_m 和 C_F 分别为动量和流量判别指标；M_R 为单宽水流动量和单宽泥石流动量比；θ 为泥石流沟和河流之间的夹角，(°)；ρ_B 为泥石流密度，kg/m³；ρ_M 为水流密度，kg/m³；F_R 为单宽流量比。

基于动力建立的模型，对给定河段的评估精度较高，更接近工程应用的要求。但动力关系法需要泥石流和主河道比较详细的动力学参数，依赖具体的观测数据或实验数据，不便于在广大区域应用。

2）堵江高度的估算

(1) 滑坡坝坝高计算方法。

滑坡堵江的坝高，可以利用滑坡入江体积、河道容积、河道地形、滑坡性质和物质组成等参数，初步估算堵塞坝坝高，也可利用数值模拟方法计算坝高。滑坡起动、运动之后在河道中堆积形成滑坡堰塞坝，滑坡坝的形态可通过滑坡运动的数值模拟技术预测，从而基于预测结果得到滑坡坝的坝高和形态。模拟滑坡运动过程的数值技术主要包含连续介质和离散元两类方法。连续介质力学方法主要是基于质量动量守恒的滑坡运动堆积模型：

$$\begin{bmatrix} h \\ hu \\ hv \end{bmatrix}_{,t} + \begin{bmatrix} hu \\ hu^2 + k_{ap}gh^2/2 \\ huv \end{bmatrix}_{,x} + \begin{bmatrix} hv \\ huv \\ hv^2 + k_{ap}gh^2/2 \end{bmatrix}_{,y} = \begin{bmatrix} S_1 \\ S_2 \\ S_3 \end{bmatrix} \quad (8.4)$$

式中，h 为流深，m；u，v 分别为 x，y 两个方向的速度，m/s；k_{ap} 为侧土压力系数；g 为重力加速度，m/s²；S_1 为质量守恒方程中的源项，在考虑铲刮或者滑坡体沉积的情况下 S_1 等于二者之差除以体积分数，在不考虑侵蚀的情况下一般取 0；S_2 和 S_3 为分别为 x 方向和 y 方向动量守恒方程中的源项，一般包含重力项和阻力项，阻力模型一般为基于土力学推导出来的摩擦模型。

此外，还可用离散元（DEM）的方法来计算滑坡的运动和堆积过程。离散元的方法是通过动量守恒方程以及力矩平衡方程求解滑坡的运动过程：

$$m_i \frac{dU_i^p}{dt} = \sum_{j=1}^{n_i^c} F_{ij}^c + F_i^g \quad (8.5)$$

$$I_i \frac{d\omega_i}{dt} = \sum_{j=1}^{n_i^c} M_{ij} \quad (8.6)$$

式中，m_i 为颗粒 i 的质量，kg；U_i^p 为运动速度，m/s；I_i 为角速度，rad/s；F_{ij}^c 为颗粒间接触力；M_{ij} 为颗粒间作用力矩，N·m；F_i^g 为重力，N。

(2) 泥石流坝坝高计算方法。

泥石流堰塞坝的坝高也可通过数值模拟技术进行预测，除了滑坡坝坝高预测所讲述的两类方法，还包含连续-离散相互耦合的流固耦合（CFD-DEM）的办法。在流固耦合方法中，流体的方程通过质量守恒方程及纳维斯托克斯方程（NS方程）求解，泥石流里面的石块通过离散元的方法求解，流体和固体之间的相互作用体现在方程中的相互作用力。对于固体颗粒有如下方程：

$$m_i \frac{dU_i^p}{dt} = \sum_{j=1}^{n_i^c} F_{ij}^c + F_i^g + F_i^f \quad (8.7)$$

$$I_i \frac{\mathrm{d}\omega_i}{\mathrm{d}t} = \sum_{j=1}^{n_i^c} M_{ij} \tag{8.8}$$

式中，F_i^f 为流体-固体之间的相互作用力，N。

对于流体有如下方程：

$$\begin{bmatrix} \varepsilon\rho \\ \varepsilon\rho U^f \end{bmatrix}_{,t} + \nabla \cdot \begin{bmatrix} \varepsilon\rho U^f \\ \varepsilon\rho U^f U^f \end{bmatrix} = \begin{bmatrix} 0 \\ \varepsilon\nabla \cdot (\mu\nabla U^f) - \nabla P - f^p + \varepsilon\rho g \end{bmatrix} \tag{8.9}$$

式中，ε 为计算单元中的孔隙率；ρ 为流体密度，kg/m^3；U^f 为流体速度矢量，m/s；μ 为动力黏滞系数，$N \cdot s/m^2$；P 为静水压强，Pa；f^p 为颗粒对流体的作用力，N；g 为重力加速度，m/s^2。

泥石流堵塞坝的高度也可以根据泥石流规模（峰值流量和一次输沙总量）与河道容积初步估算。表 8.2 给出了近年来泥石流堵塞大河的坝高。已发实例表面，泥石流堵河雍水高度一般不超过 25m，最高可到 50m。对于一般铁路和公路，可认为线路高于河床 25m 以上即可避免泥石流堵江造成的淹没灾害，在泥石流堵江危险性严重区段，可将线路高程高于河床 25m 视为线位高程选择的约束条件。对于高速铁路和高速公路，可以考虑把 50m 作为防范极端条件下特大泥石流的线路高程参考值。

表 8.2 滑坡、泥石流堵塞大河事件及堰塞坝参数

名称	地点	时间	所堵江河	堵河情况	堵河模式	成灾模式	堵河时间	坝高/m
叠溪地震堰塞湖	茂县	1933年8月	岷江	1933年叠溪发生 M_S7.5 级的地震，形成了 3 个堰塞湖，大海子、小海子及叠溪湖。大海子为最大的堰塞湖，库容大约 7 亿 m^3。叠溪湖体积大约 4.5 亿 m^3，坝体约 160m 高，在形成后 45 天溃决，峰值流量约为 20000m^3/s	堰塞坝全堵	漫顶溃决	46 天	160
古乡沟	西藏波密古乡沟	1953年	帕隆藏布江	1953 年 9 月下旬，暴发了龙头高达 200 多米的大规模泥石流，将 2 亿 m^3 以上的泥石流物质从沟内搬运出沟口，阻塞主河，形成堰塞湖，回水范围波及几十千米，原来的深切峡谷和阶地，以及大片原始森林和良田均被淹没（游勇等，1997）	堰塞坝全堵	形成堰塞湖	长期	50
唐古栋滑坡堰塞湖	雅江	1967年6月	雅砻江	四川唐古栋垮山滑坡形成 175m 高的天然坝，上游库容为 6.8 亿 m^3。9 天后发生漫顶溃决，形成峰值流量为 23600m^3/s 的溃决洪水	堰塞坝全堵	漫顶溃决	9 天	300
冬茹弄巴	西藏波密	1975年6月	帕隆藏布江	大型泥石流以 8.10m/s 的流速快速冲出沟口，依靠强大的惯性作用，穿越主河冲到对岸，形成了 13.4m 高的堵塞坝，完全堵断主河，使主河断流	堰塞坝全堵	淹没灾害	很快溃决	13.4
利子依达沟	成昆路 283km	1981年7月	大渡河	泥石流快速入汇大渡河，仅仅在几分钟内就堆积成高 26m，体积为 29 万 m^3 的一座天然大坝，完全断堵主河，大坝 4 小时后溃坝	堰塞坝全堵	水毁	4 小时	26

续表

名称	地点	时间	所堵江河	堵河情况	堵河模式	成灾模式	堵河时间	坝高/m
培龙沟	西藏林芝	1984年7月	帕隆藏布江	1983年7月29日，暴发最大流量超过1万m³/s的特大泥石流。1984年8月23日，培龙沟再次冰崩激发了第二次特大泥石流，堵断了主河，形成了高14.3m（含1983年淤高部分），长348m，宽822m的堵塞坝（程尊兰等，2011；朱平一等，2000a）	堰塞坝全堵	淹没灾害	15min	14.3
米堆沟	西藏波密	1988年7月	帕隆藏布江	1988年7月，西藏波密米堆沟发生冰湖溃决泥石流，峰值流量达1270m³/s（党超等，2019）。泥石流堆积体局部堵塞主河，推移主河水流偏向对岸，且淤高河床达7~9m，抬高对岸水位约10m。除了对米堆、俄次、古勒3个村庄、耕地、房屋造成损失外，对沿帕隆藏布的川藏公路造成严重水毁，冲毁大小桥梁18座，累计42.0km的路段遭受水毁，其中21.6km路基几乎全毁，交通中断达半年之久（Liu et al., 2014）	堰塞坝局部堵塞	淹没灾害	长期	10
易贡滑坡堰塞湖	波密	2000年4月	易贡藏布	2000年4月9日西藏易贡扎木弄巴沟发生滑坡，堵塞易贡河，形成了60m高的坝体，堰塞湖的库容为23.8亿m³。6月10日堰塞湖溃决，峰值流量为124000m³/s，冲毁了坝体下游沿江的所有公路和桥梁，318国道约17km路段和通麦大桥、墨脱县境内沟通雅鲁藏布江两岸的桥梁、溜索、公路，以及通信等重要设施全部被冲毁，对外交通中断	堰塞坝全堵	漫顶溃决	62天	60~110
小岗剑堰塞体	绵竹	2008年	绵远河	地震滑坡形成小岗剑堰塞体，是"5·12"汶川地震形成的高危堰塞湖之一，位于绵竹市绵远河小岗剑电站上游约30m处，堰塞体高约62~120m，总方量约200万m³，上游堰塞湖库容约1200万m³，为汶川地震高危堰塞湖。经过两次爆破后，6月12日成功泄洪，下游汉旺山口处峰值流量为3950m³/s	堰塞湖全堵	漫顶溃决	29天	62
肖家桥堰塞坝	安县	2008年	茶坪河	地震滑坡形成肖家桥堰塞坝，是"5·12"汶川地震形成的高危堰塞湖之一，坝体高约65~75m，横河向长度100~150m，顺河向长度300~360m，体积约250万m³，最大库容为2000万m³。经过人工处置之后，6月6日下泄，最大流量为750m³/s	堰塞坝全堵	漫顶溃决	25天	64

续表

名称	地点	时间	所堵江河	堵河情况	堵河模式	成灾模式	堵河时间	坝高/m
唐家山堰塞湖	北川	2018年5月	通口河	唐家山堰塞湖是"5·12"汶川地震引发的最大的堰塞湖，最大库容为3.2亿m^3。经过人工处置之后，当年6月10日坝体表面贯通，开始下泄，峰值流量为6500m^3/s	堰塞坝全堵	漫顶溃决	30天	82
苦竹坝堰塞坝	北川	2008年5月	通口河	苦竹坝堰塞坝位于唐家山堰塞湖下游，坝体宽180m，高60m，上游堰塞湖最大库容在2000万m^3。6月9日自行发生溃决，最大流量为915m^3/s	堰塞坝全堵	漫顶溃决	29天	60
磨子沟	汶川映秀	2008年7月	岷江	泥石流多次堵断岷江成堰塞湖。2008年泥石流堵江导致水位迅速上涨，最高涨达12m左右，使一碗水村19户村民的房屋淹没在江水之中；在堰塞体溃决后，大量由泥石流带入岷江的石块仍然堆积在河床上，抬高了沟口段河床和岷江水位，使河边的村庄长时间浸泡在水中	堰塞坝全堵	淹没灾害	短	19
洪椿沟	汶川映秀	2010年8月	岷江	泥石流输沙约70万m^3，其中约40万m^3的泥石流龙头快速冲入岷江，形成堰塞体并堵断岷江河道，长350~400m，宽约100m的堰塞体将岷江主流推向河谷异岸，使漫流洪水将对岸的映秀新城区淹没，造成了严重的灾害	堰塞坝全堵	异岸受灾	人工挖掘	13
银杏幸福沟	四川汶川	2010年8月	岷江	泥石流堆积扇局部堵塞岷江，平均厚度约15m的堆积扇导致该处上游岷江水位抬高15m左右，水位抬高引起上游江面变宽后的最宽处达130m，将连山村特大桥的桩基施工场地及设备淹没，同时，K13+300银杏坪中桥映秀岸桥台及汶川岸桩基被泥石流堆积体掩埋	堰塞坝局部堵塞	淹没灾害	长期	15
金沙江白格滑坡堰塞湖	白玉	2018年11月	金沙江	2018年10月11日，金沙江白格发生滑坡，第一次垮塌约2000万m^3，形成坝高为46m的堰塞坝，1天之后坝体自然下泄。洪峰流量为10000m^3/s。11月3日，相同的位置发生第二次滑坡，垮塌约900万m^3，形成86m高堰塞坝，库容5.24亿m^3，经过人工处置后，11月12日开始溃决，峰值流量为32244m^3/s	堰塞坝全堵	漫顶溃决	1天、10天	46、86

续表

名称	地点	时间	所堵江河	堵河情况	堵河模式	成灾模式	堵河时间	坝高/m
关山沟	汶川银杏	2008年7~8月	岷江	在2008年仅一年的时间内,该处岷江被6场泥石流局部堵塞。经过多次泥石流过程的累积,沟口的堆积扇已经发展成长约80m,宽约150m,面积约6200m²的泥石流堆积扇,其体积较之前增大约15000m³,泥石流将岷江逼向对岸,把沟口处的岷江挤压成只有约5m宽的河道	堰塞坝局部堵塞	淹没灾害	长期	11.5

3) 堰塞湖影响范围评估

堰塞坝坝高确定后,根据堰塞坝的物质组成、高度、上下游地形、来水情况等,判断堰塞湖的影响范围,主要包括上游淹没及堰塞坝溃决后洪水的冲刷范围。一般而言,堰塞坝的高度决定着堰塞湖的淹没水位和溃决洪水的水头。从风险防范角度考虑,可以依据堰塞坝的坝高参数,确定最大可能淹没水位,并利用溃坝洪水计算方法计算溃坝洪水水位高度。

(1) 堰塞湖淹没范围计算方法。

通过无人机等大地测量手段获取坝体表面精确的地形。沿河流方向对DEM数据做横截面,并确定各横截面的最低海拔。最低海拔的最大值就是潜在溢流口的海拔。根据坝体上游不同的来流条件及不同的坝体渗流条件,结合水面线计算,对坝体上游进行回水分析,确定水库上游各位置的水面线高程。其中,水面线计算采用能量方程式,参考《水利工程水利计算规范》(SL104—2015)(中华人民共和国水利部,2015)。根据计算的水面线数据,结合上游DEM数据,确定堰塞湖上游淹没范围。

(2) 溃决特征和溃决洪水影响范围确定方法。

堰塞坝溃决形式一般分为漫顶溃决、管涌破坏、垮塌,绝大部分溃决形式是漫顶溃决。漫顶溃决过程依次分为3个阶段:第一阶段:溯源侵蚀阶段;第二阶段:快速下切阶段;第三阶段:稳定河床形成阶段。主要的洪水过程是在第二阶段完成,这一阶段的水动力过程符合堰流出流规律。坝体的侵蚀过程受坝体物质的组成、坝体结构、上游水位-库容关系等影响。溃决洪水的水文过程线一般是"尖陡型",流量快速到达峰值之后较缓慢降低。随着溃决洪水向下游演进,沿程洪峰的流量值逐渐减小。下游各处洪峰过流时对应的最高水位则是溃决洪水在该位置的最大影响范围。目前,计算溃决洪水演进的方法有两类,一类是基于水力学的经验公式,另一类是基于动力学模型的数值模拟,这里介绍动力学模拟的数值方法。基于动力学的数值模拟主要包含一维、二维圣维南方程求解出下游各个位置的最大洪水位,进而确定溃决洪水演进过程中的影响范围、流速、流深等的变化过程。一维模型是现目前使用较多较广并且比较高效的模拟方法,很多文献都使用HEC-RAS求解一维方程(Westoby et al., 2014):

$$\begin{bmatrix} A \\ Q \end{bmatrix}_{,t} + \begin{bmatrix} Q \\ Q^2 A^{-1} \end{bmatrix}_{,x} = -gA \begin{bmatrix} 0 \\ Z_{\text{bed}} + h \end{bmatrix}_{,x} - gA \begin{bmatrix} 0 \\ S_f \end{bmatrix} \quad (8.10)$$

式中，A 为截面对应的面积；Q 为某一截面的过流流量，m^3/s；h 为水深，m；g 为重力加速度，$9.8m/s^2$；S_f 为阻力；Z_{bed} 为该截面底部高程，m。若是想要获取某一河段更加精确的流深及流速场，多是使用二维模型：

$$\begin{bmatrix} h \\ hu \\ hv \end{bmatrix}_{,t} + \begin{bmatrix} hu \\ hu^2+gh^2/2 \\ huv \end{bmatrix}_{,x} + \begin{bmatrix} hv \\ huv \\ hv^2+gh^2/2 \end{bmatrix} = \begin{bmatrix} 0 \\ F_x \\ F_y \end{bmatrix} \quad (8.11)$$

式中，h 为水深，m；u 为 x 方向速度，m/s；v 为 y 方向速度，m/s；F 为各个方向的合外力，囊括了重力分力、摩阻力等。溃决洪水演进过程涉及的范围很大，对计算机的计算性能及计算机技术要求较高，一般是通过并行计算或者基于 GPU 加速的办法进行计算。除此之外，由于较大的计算范围及较复杂的底部边界条件，目前大部分研究是计算定床过程的洪水演进而非动床。

2. 新建铁路是否考虑极端溃决洪水事件的原则

易贡滑坡溃决洪水首先冲毁跨易贡藏布的通麦大桥（在滑坡下游方 17km 处），汇入帕隆藏布主河后，顺流而下，冲毁下游沿河线的路基工程。堰塞湖灾害链对线路工程的成灾主要由洪水造成。这说明可以在现有技术规范框架内，参照洪水防治规范，讨论应对滑坡-溃决洪水极端事件的基本原则和对策。

目前，铁路桥涵设计规范规定（中华人民共和国铁道部，2006）：对于 I 级铁路的中、大、特大桥对应的设计洪水频率为 1/100，其中由于特大桥和大桥技术复杂、修复困难，往往需要采用 1/300 的洪水频率进行检算。《铁路路基设计规范》规定：当路肩高程受到洪水位控制时，应计算其设计水位，设计洪水频率或重现期应符合以下规定：对于 I 级铁路新建的特大桥和大中桥的桥头路基、水库和滨河地段可能被水淹没的路基，设计水位的洪水频率为 1/100；I 级铁路新建的小桥涵附近的路肩高程，对应的设计水位的洪水频率为 1/100，对于 I 级铁路的隧道洞口最低路肩设计高程，其要求与路基相同。此外，公路桥梁设计洪水要求基本与铁路一致，只是三、四级公路的大桥，设计洪水频率降为 1/50。

新建铁路是否要考虑像易贡滑坡这类远离路域，但又可能造成极端灾害的事件？首先必须确定其是否属于发生概率大于或等于 100 年一遇的现象。据调查，自 1902 年扎木弄巴泥石流堵断易贡藏布以来的 102 年中，该流域共发生堰塞湖溃决特大洪水两次，分别为 1902 年和 2000 年。1902 年易贡藏布左岸支流扎木弄巴沟发生过特大冰川泥石流，泥石流堵断易贡藏布长达一月之久，当时的湖水（堵河一个月之后）总水量约 21.0 亿 m^3，其后的溃决洪水流量约达 18.9 万 m^3/s（马东涛，2006），其规模与 2000 易贡洪水（洪峰流量约 12.4 万 m^3/s；Delaney and Evans，2015）相当。此外，自 2000 年特大灾害发生后，扎木弄巴泥石流仍然活动频繁，每年达 3~4 次，从灾害形成角度上来讲，只要存在堵断湖口或河流峡谷段的山地灾害，如滑坡、崩塌、泥石流、雪崩等，易贡藏布溃决洪水灾害事件就有可能重演。据此推断，易贡藏布溃决洪水发生概率大于或等于 100 年一遇，按照规范，其发生频率属于新建铁路设计洪水的考虑范围。其次，易贡藏布 100 年一遇暴雨洪水流量为 $4640m^3/s$，而 2000 年易贡滑坡坝溃决洪水流量约为流域 100 年一遇暴雨洪水洪峰流量的 27 倍，显然设计洪水的控制值应按易贡堰塞坝溃决洪水确定。

3. 拟建川藏铁路针对特大洪水的局部方案比选

堰塞湖通过堵江抬高水位导致淹没和溃决洪水，其成灾都源于干流水位的大幅度提高，若在峡谷段大段落采用高线位方案，以规避干流中发生的超常水害，是有效的措施。但一般线位越高投资越大，如何在较高部位选出可控制工程投资的有利地形带，就成为通过高程绕避减灾策略实施的技术关键。由于川藏铁路为新建线路，线路布设较为自由，若能在选线设计时绕避像易贡溃坝洪水的影响范围，就可能从根本上规避溃决洪水风险。这是新建工程与既有线改建工程比较所具有的优势。

根据川藏铁路预可研阶段的资料，跨易贡藏布初定了两种局部比选方案（图8.1）。方案Ⅰ（推荐方案）由通麦车站出发，而后采用隧道工程以8%的坡度上坡行进2.7km；在距入汇口1.7km，距扎木弄巴约16km处，以桥梁跨过易贡藏布，再用隧道工程上行。

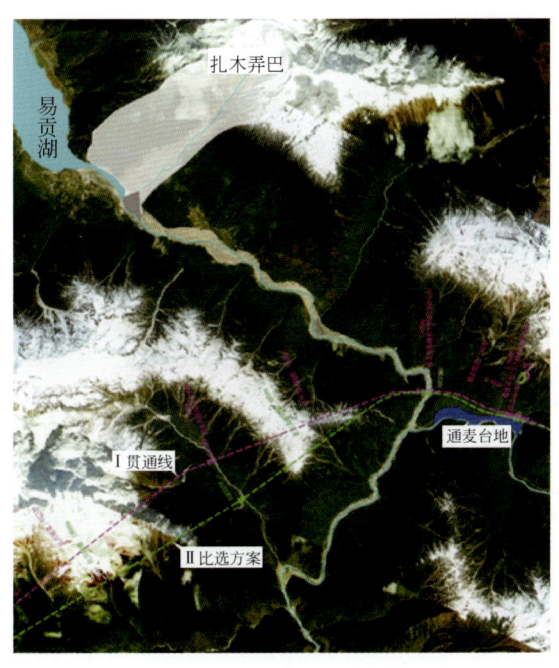

图8.1 川藏铁路过易贡藏布方案示意图

现以2000年易贡溃决洪水的影响范围及规模为控制条件，从上游至下游对方案Ⅰ进行讨论。首先通麦车站设于通麦台地后部山坡部位，通过架桥设站，使线路海拔达到2265m，通麦台地属帕隆藏布4级阶地，台面平缓而稳定，海拔约2140m（川藏公路处），2000年洪水未能上到该台地，仅到达阶地边缘地带，而通麦车站又高出台地上百米。其次，线路以主跨660m的特大桥（通麦帕隆藏布大桥）跨过易贡藏布，中心桥面高出江面约220m。经检算，水深为70m时就能通过12.4万 m^3/s 的流量，应对类似2000年易贡藏布溃决洪水的事件仍有相当大的余量。过桥后线路走势为继续爬升，而帕隆藏布主河向下游河床高程逐步降低，这样线路与主河的高差越来越大（图8.2），至帕隆沟时线位高度已达2477m，比主河高出了近500m。总之，本段线路通麦车站为最低点，通麦车站无问题，汇合口以下的主河洪水对铁路更无影响，方案Ⅰ通过立体绕避方式，彻底规避了易贡大洪水的风险。

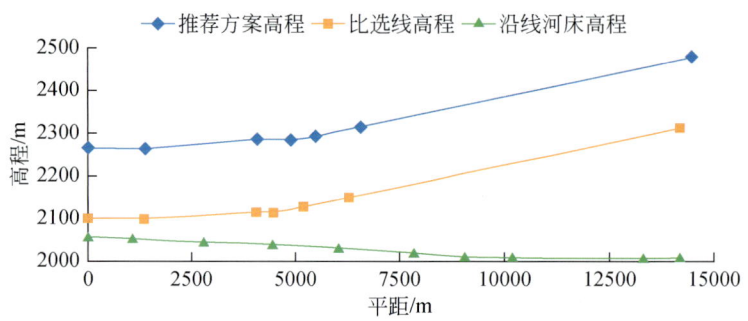

图 8.2　川藏铁路线路与帕隆藏布河床高程示意图（起点为通麦台地）

方案Ⅱ（比选方案）车站直接设在通麦台地上，从通麦车站出发后，采用隧道的方式上坡行进，在易贡藏布处与方案Ⅰ在同一平面位置设一跨 400m 大桥过易贡藏布，过桥后线路又继续爬升。可见方案Ⅱ线路设计思路与方案Ⅰ接近，只是低桥展线，高程较低。这样通麦帕隆藏布大桥中心桥面高出江面约 65m，极限过流能力约为 11.70 万 m^3/s，小于 2000 年易贡溃决洪水 12.4 万 m^3/s 的流量。可见，方案Ⅱ若遭遇类似 2000 年的极端情况，通麦帕隆藏布大桥的过流能力不足。

两个方案的线路长度相同（通麦车站—拉月大桥），均为 31km，方案Ⅰ隧道长度为 25.5km，方案Ⅱ隧道长度为 25.7km，二者工程量也接近；两个方案的主要区别是各自设计的通麦帕隆藏布大桥的桥高与主跨长度不同（导致线路高程不同）。方案Ⅰ为特大桥，其技术难度和造价都远大于方案Ⅱ布设的大桥，但可规避易贡大洪水的风险，作为推荐方案提出是合理的。但从以上分析可看出，方案Ⅰ仍存在优化空间，还可适当降低线路高程，争取将桥梁控制在大桥的级别（主跨小于 500m），似乎有可操作性。

在上述川藏铁路预可研方案的基础上，川藏铁路优化方案拟在出波密站后，以长隧道（易贡隧道，长度约 42km）形式通过古乡沟、比通曲等多条高危险性泥石流沟，在茶隆隆巴曲露头后，再以隧道（通麦隧道，长度约 12km）的形式通过赛隆卡曲与通德曲，到达通麦车站（通麦台地），然后以 348m 中承式钢桁拱桥的形式跨越易贡藏布（图 8.3）。本方案较预可研方案通麦特大桥的主跨长度大大减少，而且跨江大桥中心桥面高出江面 100m，满足 2000 年易贡藏布溃决洪水 12.4 万 m^3/s 的过流能力。

4. 新建铁路应对堰塞湖溃决洪水极端事件风险调控策略

远离路域发生的大滑坡或泥石流不能直接影响到线路工程，而是以灾害链的形式，通过溃决洪水影响线路。由于最终作用到线路的灾害荷载为洪水，建议在现行线路设计防洪规范框架内考虑减灾对策时，注意以下几点：

（1）特大堰塞湖对线路方案具有控制作用。首先需确定灾害的发生频率，若判定其发生概率大于或等于 100 年一遇时（对于高速铁路可考虑扩展至千年一遇），需进行专门研究。

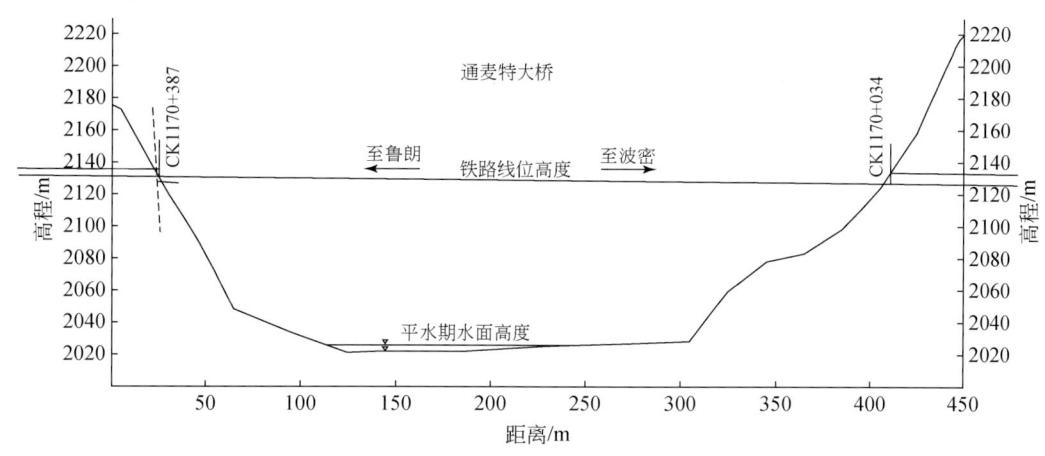

图 8.3 通麦特大桥断面示意图

(2) 在确定设计洪水规模时，仍需先对溃坝洪水与 100 年一遇的暴雨洪水相比较，或者根据需要与千年一遇洪水比较，二者取其大者作为设计洪水控制值。

(3) 精确确定极端事件的规模可能是相当困难的，但按量级估计则相对容易，可以考虑按量级估计并作为风险防范的参考。在评估极端事件风险时，建议洪水估算参照暴雨洪水提高两个量级，即"千年一遇"和"万年一遇"。例如川藏公路新建通麦大桥设计洪水约为易贡藏布 100 年一遇洪水洪峰流量的 8 倍，流速为 10.0m/s，其设计洪水规模按暴雨洪水计超过 1000 年一遇，就属于千年一遇量级；而 2000 年易贡特大洪水的规模若以暴雨洪水计，流量超过 100 年一遇洪水洪峰流量的 27 倍，接近于万年一遇的量级。

(4) 若判定极端事件的洪水规模属于千年一遇量级时，对于普通公路和铁路，建议主要通过技术、经济、风险等多目标的综合分析，提出减灾对策；若判定极端洪水规模属于万年一遇量级时，对于新建铁路及高速公路，原则上宜采用绕避对策。一般可先考虑立体绕避和隧道绕避方案；若难以实现时，再考虑较大范围的平面绕避方案，甚至可考虑另选廊道的完全绕避方案。

5. 川藏铁路临辅工程减灾策略

铁路工程分为主体工程和临辅工程。主体工程包括路基、桥涵、隧道、轨道等运营设备及建筑物等永久工程；临辅工程由临时工程和过渡工程组成，主要为修建主体工程服务，临辅工程一般包括轨道预制场、铺轨基地、厂房仓房、运输便道便桥、临时居住–办公点等。而大型临时工程是铁路建设工程的重要组成部分，也是保证主体工程顺利施工的重要组成部分（张立青，2012）。川藏铁路作为超长线性工程，其临辅工程的投入和规模也比较大，如青藏铁路建设中仅临时施工便道总长度就达 2000km，川藏铁路进场道路和施工便道约 1800km。从自然灾害的承灾体类型上看，其主要包括厂房仓房、居民点、道路三类。这些临时工程有如下特点：

(1) 占地面积大、工程数量多，且内部机械多，流动环境复杂，布局规划设计需要考虑的因素多。

(2) 功能性需求高,临时工程中包括一些生产工厂,为主体工程建设提供必要材料、配件等,因此对基础设施有严格工艺要求。

(3) 土建种类多且普遍设计寿命短,但是部分荷载重的设施,其设计要求严格。川藏铁路超长的线路、复杂的地质地貌环境和严重的灾害威胁,导致临辅工程的规划、设计和建设在传统设计规范上(Q/CR 9149—2018),还需要充分考虑到自然灾害风险,制定相应的减灾策略,建议考虑如下:

①加强灾害风险评估,进行基于风险评估的规划布局:在确定工程数量、种类、分布、地理位置后,进行临附工程规划前,建议应充分利用铁路主体工程风险评估结果,并开展全线临附工程灾害风险评估,依据评估结果,首先考虑避灾原则,其次考虑预防原则,在规划时对临辅工程的选点、布局进行有效的风险避让;对于难以避开的工程,在规划时就应该考虑减灾对策。对于临辅工程中一些重要的设施,如生产线、居住营地、办公楼等,应当避开高风险区域;对于暴露或者部分暴露在中风险区域的设施,需布置防护措施,降低其风险;对于暴露在风险区中的上述重要设施,在具体工程设计前应开展高精度的专项灾害勘察和风险评估,并依据评估结果在工程设计期间考虑灾害风险防范的措施,并把防灾减灾措施纳入工程整体设计中或进行防灾减灾专项设计。

②分级分类制定防灾抗灾标准,注重把工程结构与防灾抗灾功能现结合:临辅工程中结构物设计应根据其使用频率、年限、功能、破坏后果的严重程度和影响大小进行重要性分级分类,制定不同的防灾抗灾设计标准,在提高结构物安全可靠度的同时降低成本。同时,应提前判识威胁临辅工程的潜在灾害,分析可能的成灾模式,确定影响范围和程度。尽量通过工程设计规避灾害风险,对于不能规避风险的设施,进行相应的结构设计优化与加固,或增设防护措施,把工程结构与防灾抗灾功能现结合,充分考虑防灾抗灾功能。最后,对于计划在铁路建设完工后改建为永久性设施(如施工便道改为公路、办公场所永久使用等),则应该在规划设计阶段提高设计与建设标准,提高抗灾能力,减小后期灾害影响与应急减灾投入。

8.3.3 川藏铁路典型滑坡堵江风险调控

1. 德沙滑坡概况

德沙滑坡位于白玉县建设镇德沙村境内,坐标为98°51′01.3″E,31°09′51.3″N,北距白玉县城约5km,位于金沙江一级支流欧曲右岸的一处古滑坡,有明显的复活迹象。川藏铁路拟选白玉站站址位于滑坡北侧约600m,滑坡的复活将直接威胁车站及其明线工程。

该滑坡主滑方向210°,近似垂直于欧曲河道,坡体长约500m,平均宽200m,均厚25m,估算方量约250万 m^3。根据滑坡地形特征分析(图8.4),该滑坡从下至上可分为三段,滑体前部地形陡峻,坡度40°~50°,变形明显,浅层坍滑频繁;中部坡度较缓,约15°~25°;滑坡后部坡度变陡,约30°~35°,滑坡活动形成的后壁高10~15m。德沙滑坡地理位置及剖面示意见图8.4。

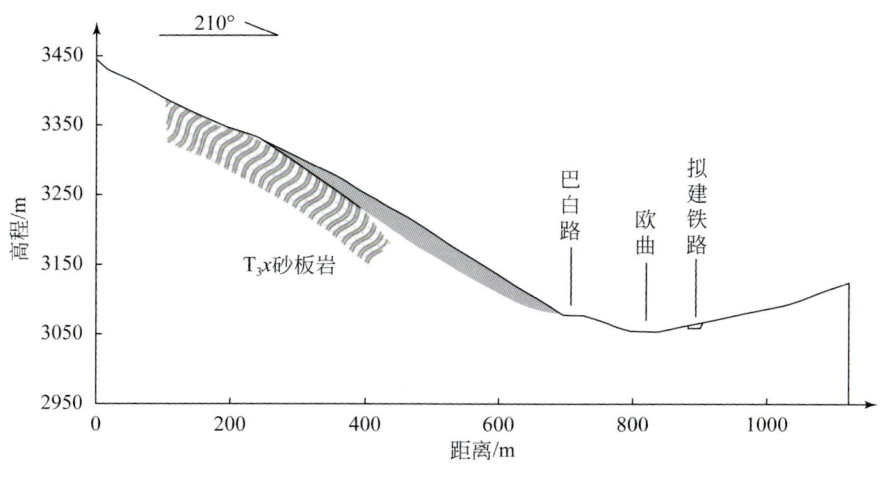

图 8.4 德沙滑坡剖面简图

2. 德沙滑坡稳定性分析

根据德沙滑坡工程地质资料,建立三维模型:模型宽度沿欧曲河流方向(X 方向)取 800m,长度沿滑坡滑动方向(Y 方向)取 900m,高度沿垂直方向(Z 方向)取高程 2960~3600m。借助 CAD、Surfer 插值绘图软件、ANSYS 有限元分析软件建立三维滑边坡模型,并导入 FLAC3D 三维有限差分软件中进行计算,该模型总共有 118901 个节点和 649624 个单元体。

天然状态下剪应变增量云图(图 8.5),上部坡体出现少量剪应变集中现象,但远未贯通,即天然状态下失稳破坏可能性较小。

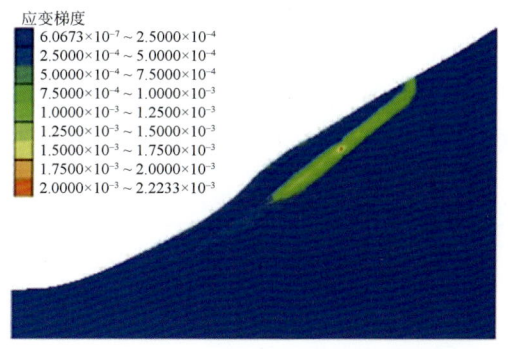

图 8.5 天然状态下剪应变增量云图

根据第五代中国地震动加速度峰值区划图,白玉德沙区域基本烈度为Ⅷ度,地震峰值加速度 0.2g,特征周期 0.4s。可以推算出小震、大震的基岩峰值加速度分别为 0.067g、0.46g。地震作用下剪应变增量云图(如图 8.6 所示,A、B、C 分别为小震、中震、大震)显示,在地震工况下潜在滑坡区均有不同程度的破坏坡体。小震情况下,潜在滑坡区上部坡体出现破碎区;中震情况下,剪切带逐步变大但仍未贯穿,部分坡体发生滑动破坏;大震情况下,发生整体性剪穿破坏,产生整体位移,可能造成欧曲河流一定程度的堵江。

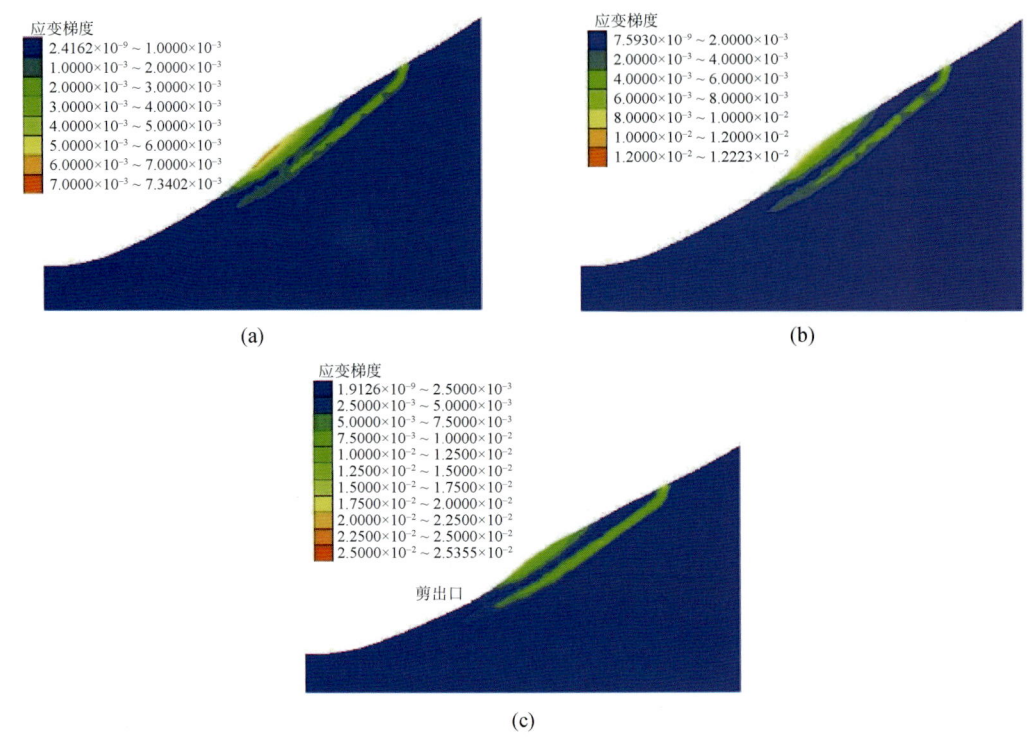

图 8.6　地震作用下剪应变增量云图

3. 德沙滑坡堵江危险性分析及线路工程减灾措施

1）德沙滑坡堵江风险预测

德沙滑坡在大震作用下失稳滑动，如果滑坡体停积于欧曲河道，就有堵江的潜在危险。在德沙滑坡稳定性判别的基础上对滑移之后堵江的可能性进行分析，根据方玉树（2007），樊晓一等（2015）提出的滑坡运动最大水平距离预测公式计算得出以下结果（表 8.3）：

表 8.3　德沙滑坡滑动最大水平距离预测

距离预测公式	最大垂直距离(h)/m	滑体(V)/万 m³	倾角(α)/(°)	滑坡总能量(E)/10^{12}J	距河流(L)/m	滑距值/m
$L_{\max}=\dfrac{h}{0.7879-0.0388\lg E}$	244	250	—	9.516	—	859.2
$\ln R=0.826+0.171\cdot\ln V+0.538\cdot\ln h-0.488\cdot\ln(h/L)$	244	250	—	—	500	772.8
$L_{\mathrm{G}}=1.701V^{0.216}\cdot h^{0.510}\cdot\tan\alpha^{-0.107}$	244	250	26	—	—	730.5

基于上述计算，可得德沙滑坡滑动距离平均值为

$$R_{\mathrm{c}}=E(859.15\times772.8\times730.51)-500=287.49 \tag{8.12}$$

利用胡广韬（1995）对滑坡下滑过程中速度预测的经验公式，滑坡初速度为 0m/s，

计算得出滑坡任意时刻速度：

$$V = \sqrt{2gh(1-f_1 \cdot \cot\alpha)}$$
$$= \sqrt{2 \times 10h(1-0.35 \times 2.05)} = \sqrt{5.65h} \tag{8.13}$$

利用徐永年等（2002）的最小堵江量公式，计算得出最小堵江方量：

$$W_m = \frac{1}{2}(b+L_b)BH_b = 215 \times 10^4 \tag{8.14}$$

对堵江的决定条件与影响因素综合分析，基于经验的影响因素权重赋值及叠加方法，利用许树柏（1988）滑坡堵江危险性判别模型计算滑坡堵江危险性：

$$W = \sum_{i=1}^{m} R(i) \times X_i \tag{8.15}$$

$$X_i = \frac{\max\limits_{1 \leq i \leq m}(x_i) - x_i}{\max\limits_{1 \leq i \leq m}(x_i) - \min\limits_{1 \leq i \leq m}(x_i)} \tag{8.16}$$

采用层次分析法对致灾因子进行分析，得出滑坡堵江危险性判别式如下：

$$W = 0.42\left[\frac{V_c}{V_m}\right] + 0.2\left[\frac{v_c}{v_w}\right] + 0.29\left[\frac{R_c - L}{B}\right] + 0.03\left[\frac{\gamma_c}{\gamma_w}\right] + 0.04(1-\cos\theta) + 0.03\left[\frac{J_c}{J_w}\right] \tag{8.17}$$

式中，W 为堵江危险指数；$R(i)$ 为各致灾因子权值；X_i 为归一化后的致灾因子取值；x_i 为各致灾因子归一化之前取值；V_c、V_m 分别为入汇体积（贯穿体的体积）与堵江最小堆积量；v_c、v_w 分别为滑体入汇速度与水流速度；R_c 为滑坡未受河流阻隔的运动距离，L、B 分别为滑坡后缘至河流距离（滑距）与入汇区河道宽度；θ 为入汇角；γ_c、γ_w 分别为入汇物质和水流容重；J_c、J_w 分别为入汇坡脚坡度与主河水力坡降。

德沙滑坡参数值如表 8.4 所示，将各参数值代入式（8.17）得出 $W=0.97$。参考地质灾害危险性五级划分"滑坡堵江危险性等级划分表"，当判别值 $W=0.8 \sim 1.0$ 时，滑坡造成完全堵江，属堵断型（吴树仁等，2012）。

表 8.4 德沙滑坡参数值

案例	堵江最小堆积量 (V_m)/万 m^3	入汇体积 (V_c)/万 m^3	滑坡入汇速度 (v_c)/(m/s)	水流速度 (v_w)/(m/s)	河道宽度 (B)/m	滑距 (L)/m	入汇物质容重(γ_c)/(万 N/m)	主河水力坡降 (J_w)/‰	入汇坡脚坡度 (J_c)/(°)	入汇角 (θ)/(°)	堵江危险指数 (W)
德沙	215	150	28.15	8	50	287.49	19.5	13.17	26	90	0.97

2）德沙滑坡堰塞湖影响范围与线路工程防灾建议

调查完全堵江所形成堰塞湖的库容、坝体长宽、水面宽度与水深等参数，确定堰塞湖影响范围。通过入汇方量反算出坝高值为 25.29m，上游回水距离约 1160m，发生溃决的总容量约 $3.9 \times 10^5 m^3$。

利用调查的堰塞湖基本参数和黄河水利委员会公式[①]计算溃口宽度及溃口洪峰流量：

---

① 黄河水利委员会水利科学研究所，1997，溃坝水流计算方法初步探讨，科研成果选编，（1）。

$$Q_m = \frac{8}{27}g^{1/2}(B/b)^{0.4}\{[11H_0-10(H_0-h)]/H_0\}^{0.3} \times b(H_0-h)^{3/2} \quad (8.18)$$

$$b = k(W^{1/2}B^{1/2}H)^{1/2} \quad (8.19)$$

式中，Q_m 为溃口洪峰流量，m³；B 为坝址断面平均宽度，m；H_0 为溃坝前上游水深，m；b 为溃口平均宽度，m；h 为溃坝后坝体的残留高度，m；W 为溃坝时蓄水量，万 m³；H 为溃坝时坝前水深，m；k 为与坝体土质有关的系数。

沿程洪峰流量计算公式见第 7 章式 (7.44)。利用谢任之 (1993) 公式计算沿程洪峰水位值：

$$H_{mx} = h_0 + (H_{m0}-h_0)\left[\frac{1}{1+\frac{4A^2(2m+1)(H_{m0}-h_0)^{2m+1}}{m(m+1)^2 i_0 W^2}x}\right]^{\frac{1}{2m+1}} \quad (8.20)$$

式中，A 为河道断面宽度；m 为河床断面指数；H_{m0} 为坝址处的最大水深；H_{mx} 为距坝址 x 处的最大水深；W 为溃决的总库容量；i_0 为河道纵比降；h_0 为河道初始水深。

黄河水利委员会水利科学研究所利用流量和水深推算洪水流速，计算洪峰到达时间：

$$t = k\frac{L^{1.4}}{W^{0.2}H_0^{0.5}h_m^{0.25}} \quad (8.21)$$

式中，t 为洪峰倒带时间，s；H_0 为溃坝前上游水深，m；k 为系数，0.8～1.2；h_m 为洪峰流量时的平均水深，m；W 为溃决的总库容量，m³；L 为距溃口距离，m。

计算得溃口宽度为 21.74m，溃口洪峰流量为 3611.25m³/s，到达下游白玉车站 600m 处洪峰流量为 2032.18m³/s，洪峰水位值为 24.66m，到达时间为 47.4s。

综上，德沙滑坡堰塞湖的预测结果为，大震情况下可能完全堵江，坝高约 25m，回水将达 1.2km，库容约 40000 万 m³，参照《堰塞湖风险等级划分标准》（SL450—2009）（中华人民共和国水利部，2009a），属于小型堰塞湖。

处理原则为，不视为控制线路方案的工点，仅按预测的堰塞湖淹没、溃坝洪水，对线路工程初步设计进行验算，通过适当增强线路工程防洪能力，降低拟建铁路堰塞湖灾害风险。具体做法为：上游宜按大于 25m 考虑线路标高；下游线路在提高线路标高的同时，还需考虑加强沿河路基、边坡的冲刷防护工程；由于下游 600m 处设有车站，优先考虑滑坡溃决洪水 24.66m 水位布设防洪工程或增加车站高程，若完全按抗溃决洪水设计站场标高投资太大时，也可考虑采用抢险手段减灾，但必须制定抢险救灾预案。

8.4 冰雪活动区铁路减灾选线策略

川藏交通廊道将穿越我国最大的海洋性冰川活动区，高寒地区对气候变化极为敏感，是全球升温的放大器。不同气候变化情景模拟表明，未来青藏高原地面气温将持续升高，极端降雨事件频发且呈增加态势（Groisman et al., 1999；IPCC, 2011）。相对于基准期（1961～2005 年），2006～2035 年期间年平均气温将升高 1.1～1.4℃，年平均降水量将增加 3.2%；21 世纪中、后期（2036～2099 年）水热条件变化更加明显。如在全球温室气体低排放情景（RCP2.6）下，年均气温将升高 1.7～2.0℃，降雨将增加 6%～12%；在高排放情景

(RCP8.5)下,年均气温将升高 3.9~4.6℃,降雨将增加 12%~24%。此外,预计到 21 世纪末,在 RCP2.6 和 RCP8.5 情景下,冰川规模将分别减少 15%~55% 和 35%~85%。

气温和降雨变化将持续改变青藏高原地区的水热组合条件。降雨增加可直接激发灾害,也可增加对前期冰湖蓄水量的贡献,进而提高其他极端事件(如冰崩或冰雪消融)引发冰湖溃决发生的概率(Groisman and Gutman,2009)。高温会加剧区域内冰川、积雪及冻土的消融,明显改变青藏高原山地灾害的孕灾环境,加快冰川面积萎缩,导致冰湖水量扩张,增加冰湖溃决和形成溃决山洪、泥石流等灾害的风险。气候变暖将导致冰雪融水径流增加,加剧侵蚀、下切作用。加之青藏高原整体抬升强烈,有利于松散固体物质的位能转化为动能,转化速率将加快,进而增加泥石流、山洪、滑坡等灾害形成的概率或规模。温度与位能条件的叠加效应,增加灾害诱发条件判识的难度和精度,灾害形成和规模放大的非线性过程更为显著,未来铁路建设面临的灾害风险将可能有较大幅度增加。

8.4.1 冰雪活动区避灾选线与线路工程设计的科学挑战

铁路建设工程风险防控的关键是科学认识风险并做出准确的预测。然而,受气候变化影响,目前对冰雪活动区山地灾害活动规律尚缺乏深入认识,特别是灾害活动与气候变化的定量关系仍难以确定,这就成为冰雪活动区避灾选线与线路工程设计的科学挑战,具体表现在以下几个方面。

1. 气候变化对灾害的影响认识不清,铁路工程设计参数难以确定

世界各地的观测数据与资料表明,气候变暖引发极端天气气候事件,诱发一系列灾害诸如干旱、暴雨、洪水、冰崩雪崩、泥石流、滑坡等活动的加剧,在全球范围带来巨大的财产损失与人员伤亡。气候变暖引起的极端气候与天气事件加剧在很大程度上成为特大山地灾害形成的关键因子(如冰崩、冰川泥石流及冰湖溃决等),研究特大灾害与极端气候事件的关系,进行气候变暖条件下特大灾害活动预测成为当前山洪、泥石流、冰湖溃决等高寒区特有灾害研究的难点问题,受到广泛关注。

受高寒区观测条件的限制,气候变化对灾害影响的研究缺乏精细过程和长序列观测数据,极大制约着现有研究工作。目前,国内外大部分研究主要集中于典型特大山地灾害案例分析,重点在于阐述其成因、过程、活动与成灾特征;同时,在分析灾害形成的地质、地貌、水文等孕灾环境的基础上,分析特大泥石流等灾害形成时气温、降水的变化幅度,定性描述极端天气气候对灾害形成的影响(Clague and Evans,2000;Sepulveda et al.,2006;Jain et al.,2012)。另外,以高寒山区特大山地灾害成因分析为基础,利用多期遥感影像分析成灾条件的变化,进而开展灾害预测与风险评价,是最常用的气候变化条件下灾害预测与评估的方法,适宜于区域及灾点的评估。

目前的研究尚未涉及气候变化条件下极端气温、极端降水如何影响水文过程,进而改变土体结构与力学性质,缺乏气候变化-水文条件改变-土体破坏形成山地灾害的力学机理的分析与研究,尚未取得动力学定量认识的突破,不能支持基于动力学过程的山地灾害事件的危险性预测与风险评估。由于灾害对气候变化响应机制认知上的缺乏,难以开展高精

度气候变化条件下的山地灾害变化趋势和风险定量预测，不足以支撑铁路工程防灾设计参数的确定，成为川藏交通廊道建设风险防控的限制因素。

2. 冰川泥石流形成致灾机理认识不足，难以支撑危灾害险度精确计算

川藏交通廊道泥石流类型多样，目前对于暴雨型泥石流的形成和致灾机理已有较为清晰的认识，也提出了相关的减灾对策（崔鹏等，2015），但对于高寒地区特有的冰川泥石流和冰水混合型泥石流机理的认识尚不清楚，研究处于起步阶段。冰川泥石流是藏东南海洋性冰川活动区分布最普遍、活动最强烈、危害最严重的一种灾害。冰川泥石流（含冰水混合泥石流）是冰–水–土等多相物质相互作用的复杂动力过程。现有水文研究主要集中于高寒山区泥石流沟谷冰川积雪消融、冻土退化、冰湖溃决和暴雨–径流等单一过程（Irvine-Fynn et al., 2011；Grusson et al., 2015；Chen et al., 2019），但对多因素作用、多过程叠加影响下的小流域水文过程缺乏深入系统研究，尚无科学的径流计算方法，洪水径流与泥石流的关系仍处于定性描述阶段（Evans et al., 2006；刘昌明等；2016），不能满足冰川泥石流形成水力计算的需求。

冰碛土是冰川泥石流的主体物质，其特性在于土体中含有大量埋藏冰，变形破坏易受水热耦合作用控制，土体内部冰的相变特性对土体的力学性质具有重要影响。因此，含冰土体的力学特性明显不同于常规土体，现有土力学理论无法解释其特殊的力学特性和破坏条件（Evans et al., 2018）。此外，由于泥石流在运动过程中具有典型的冰–水–土相变特性，现有的伪一相流和两相流理论不能解释其三相运动特性，且高寒山地流域沟床松散物质远比一般流域丰富，泥石流在运动中的侵蚀作用和规模放大效应更为显著，虽然已经对泥石流运动过程中的沟床侵蚀研究取得突破，在运动模型中考虑了侵蚀速率（Ouyang et al., 2013；Kang et al., 2017），目前缺乏成熟理论和模型可准确刻画其全过程（Kattel et al., 2018；Yang et al., 2019）。因此，亟须针对特大冰川泥石流的形成条件和运动过程开展系统研究，揭示其形成机理，构建动力学方程，定量刻画泥石流动力过程，精准计算泥石流规模和危险度，支撑重大灾害风险预测，保障铁路工程安全。

3. 冰（雪）崩的机理认识不足，风险预测理论支撑不够

冰（雪）崩具有突发性、运动速度快、破坏力大等特点。冰（雪）崩能摧毁大片森林，掩埋房舍、交通线路、通信设施和车辆，甚至能堵截河流，发生临时性的涨水和溃决。同时，它还能引起山体滑坡、泥石流等一系列链式灾害效应，从而对川藏交通廊道建设造成极大的危害（Evans et al., 2009；胡文涛等，2018）。现有针对冰（雪）崩的研究主要集中在冰（雪）发生现象和灾害影响（Post, 1967；Huggel, 2004），较少探讨冰（雪）崩发生力学机制，这一方面是由于很多冰（雪）崩发生的原因尚存在很大争议；另一方面也由于动力过程观测数据的稀缺，依据的数据和能够借助的方法有限，对冰（雪）崩力学机理认识不够全面。

冰（雪）崩极为危险，现场一般难以接近，能够获取到的现场考察资料稀少；遥感卫星监测数据对冰（雪）崩分析的时效性较差，且从影像解译动力学参数仍然具有局限；而数学模型方法为了简化，一般都将气相忽略，但是气相参与到了实际的冰（雪）运动过程

中，缺失气相无疑会影响到模型的应用价值（Voellmy，1955；Guo et al.，2015）。另外，建模过度依赖于数值分析技术，构建的模型方程大多不易求解，而且重建的只是冰（雪）的运动过程，对于冰（雪）的发生机理很难模拟还原（Mergili et al.，2012，2017）。因此，对于冰（雪）崩的研究，亟须拓展新的研究思路，寻求新的研究方法，系统认识冰（雪）崩孕育、形成、运动全过程的规律，为风险预测提供理论依据。

4. 冰湖溃决暴发难以观测，冰湖溃决临界水文条件及链生灾害演化规律不清楚，影响到风险预测

冰湖溃决洪水和冰湖溃决泥石流是冰川区由冰湖溃决导致的突发灾害，一般规模大，破坏力强，成灾严重。川藏交通廊道穿越的雅鲁藏布江流域分布有大量的冰碛湖，仅帕隆藏布流域就有冰湖 241 个。由于冰湖大都地处流域上游，监测困难，缺乏必要的监测数据，且单个冰湖暴发频率较低，一旦冰湖突然溃决，湖中蓄积的数以百万乃至上亿立方米的水体瞬时倾泻而下，裹挟大量泥沙石块，形成规模巨大的洪水或泥石流，来势凶猛，流量过程线呈单峰尖瘦型，历时较短，破坏力极强，常对河谷区居民点、道路设施和其他工程造成毁灭性冲击，如川藏交通廊道 G318 线常常被冰湖溃决灾害大范围冲毁，造成巨大损失（殷跃平，2004；崔鹏等，2003）。

由于冰湖溃决泥石流（山洪）流量大，常堵断主河，引起主河回水淹没和二次溃决，形成更大范围或更大规模的次生灾害，给下游地区带来毁灭性的破坏，已成为广受关注的灾害问题。目前针对冰湖溃决的研究主要是从冰川、冰湖、终碛堤的规模和形态等来对冰湖溃决的危险性进行评判并估算溃决洪水（罗德富等，1995；陈储军和刘明，1996），由于冰湖溃决暴发突然，现场观测困难，对冰碛湖漫溢型溃决临界水文条件、冰湖溃决洪水和泥石流的沿程演化规律的研究相对较少。因此，进一步研究冰湖溃决临界条件和溃决泥石流/洪水的形成和演化过程，对于预测和评估冰湖溃决灾害风险具有重要意义。

8.4.2 藏东南灾害多发区高位选线的风险调控策略

藏东南地区冰雪活动相关灾害（冰川泥石流、冰湖溃决、冰崩雪崩等）对沿线的线路工程威胁严重，在帕隆藏布流域内，重大灾害（链）发生频度高于破坏性地震，应予以重视并在选线设计阶段尽量避灾以降低灾害风险。对于雪崩、冰川泥石流沟等局部灾害点的防灾问题，其减灾选线可以参照 8.2 节的避灾选线的 3、4、5 三个原则，采用空间绕避、线路工程防护措施或灾害点整治工程等措施，也可通过技术经济风险比较选择合理方案，达到避灾选线的目的。本节重点论述冰湖溃决危险性分析与铁路选线减灾对策。同时，藏东南河谷区发育典型的冰碛台地，也可以作为减灾选线的有利地貌条件。进而，针对帕隆藏布流域的立体地貌特征，选择有利部位布线，提出高位选线避灾策略。

1. 冰湖溃决危险性评估与减灾选线对策

1）冰湖溃决危险性评估

西藏地区有大量的冰湖，主要分布在帕隆藏布、朋曲及年楚河等雅鲁藏布江支流流

域。冰湖一旦发生溃决,极可能形成大型泥石流,流入汇主河后常形成大规模的土石坝,堵塞主河,造成上游地区被淹没;大规模冰湖溃决洪与主河水流汇合,演化为主河洪水,从而会造成主河的较大洪水灾害。通过分析典型冰湖溃决洪水或冰湖溃决泥石流的动力过程,评估冰湖溃决的危险性,研究灾害对线路工程影响。

把 1988 年 8 月米堆冰湖溃决泥石流(冰湖溃决—泥石流—堰塞湖—洪水)作为典型案例,在实际调查的基础上,通过动力过程分析,利用 GIS 技术的空间分析功能,可以计算泥石流冲刷淹没深度的空间分布,进行冰湖溃决风险评估。根据 1:10000 地形图建立米堆沟流域范围的数字高程模型(DEM),沟道糙率系数取 0.01,利用冰湖溃决泥石流的运动方程,采用数值模拟方法对米堆冰湖溃决泥石流进行数值模拟。模拟结果(图 8.7)表明,当遇到百年一遇的洪水时,米堆沟沟口及下游交通干线的运营将受到影响。

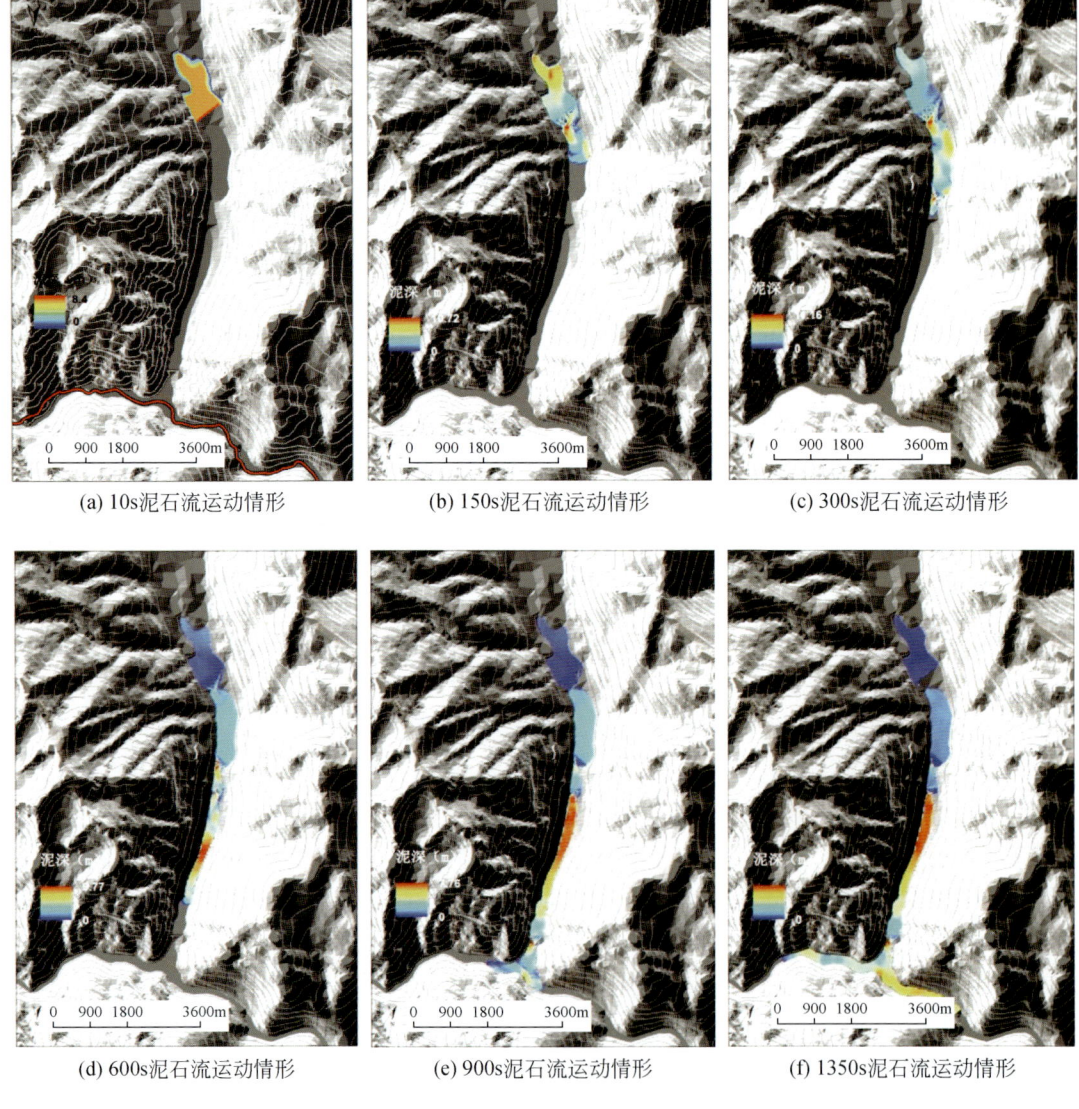

(a) 10s泥石流运动情形　　(b) 150s泥石流运动情形　　(c) 300s泥石流运动情形

(d) 600s泥石流运动情形　　(e) 900s泥石流运动情形　　(f) 1350s泥石流运动情形

图 8.7　米堆沟数值模拟结果

根据米堆沟泥石流的动力过程数值模拟结果，可以计算泥石流冲刷淹没深度的空间分布（图 8.8）。结果表明，在百年一遇洪水频率条件下冰湖溃决洪水最大淹没深度为 10.72m，最大淹没（淤埋）深度位于米堆沟泥石流流通区和帕隆藏布流域主河道汇口下游侧，洪水明显淹没帕隆藏布流域沿岸 G318 线，具有高度危险性。

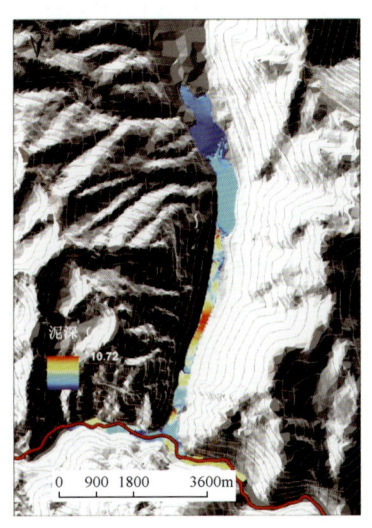

图 8.8 米堆沟泥石流的淤埋范围

另外，冰崩雪崩也会造成大规模链生灾害而堵江，形成类似与冰湖溃决的灾害。例如，2018 年 10 月 17 日，雅鲁藏布江峡谷左岸色东普沟发生冰崩，导致沟谷内松散固体物质启动形成碎屑流-泥石流，流程 10km，堵断雅鲁藏布江形成堰塞湖，10 月 19 日 12 时，堰塞坝前水位升高约 60m，蓄水量高达 5.5 亿 m³，淹没威胁上游部分村镇安全。10 月 29 日再次暴发冰崩碎屑流并再次形成堰塞湖。且 60 多年多次发生冰崩—碎屑流—堰塞湖灾害链，不断挤压雅鲁藏布江河道，今后相当长时期内仍然保持高发态势（刘传正，2018）。像色东普这样暴发频度相对较高、形成规模相对较大的冰崩—碎屑流-泥石流—堰塞湖灾害链，在藏东南海洋性冰川活动区还有不少分布，川藏铁路建设，特别是主线规避了绝大部分灾害后，大型临辅工程建设应重视这类灾害风险。关于冰崩雪崩灾害的风险评估，目前研究的还相对较少，是今后应当注重的课题。

2）冰湖溃决和冰崩雪崩导致主河洪水水位评估

帕隆藏布流域支流多呈树枝和羽毛状分布，无论是干流还是较大的支流，河谷都呈宽窄相间，并分布众多盆地。干流自上游向下有然乌、松宗、卡达 3 个盆地，盆地之间多由峡谷或宽谷联结。当支沟冰湖溃决洪水进入主河时，以及溃决洪水在主河中行进时遇到宽窄相间的河道断面突变处，洪水流量都会发生较大的衰减现象。张云成等（2016）通过水槽实验发现，由于支沟溃决洪水入汇主河时分流扩散、到达河道突缩段时因流态紊乱导致局部阻力损失增大，洪峰流量和水深在汇口和突缩段均出现明显衰减。对 1988 年 7 月 15 日 23 时 30 分米堆冰湖溃决洪水计算表明，溃决洪水沿程最大水深均小于 13m。米堆冰湖属于帕隆藏布流域最大的冰湖之一，1988 年该沟冰湖溃决也是目前调查的帕隆藏布最大的冰湖溃决事件。可以认为前述针对泥石流堵河灾害链提出的将线路高程高于河床25m，视为线位高程选择的约束条件，也控制住了冰湖溃决灾害。

3）冰湖溃决灾害减灾选线对策

（1）进行冰碛-堆积坝稳定性评价和冰湖溃决风险分析：对于下游有重要防护对象的冰湖，应对其冰碛坝进行详细勘察，分析和计算冰碛坝的稳定性。在此基础上，通过对气候变化、冰川运动、冰雪消融、冰湖水位变化等因素分析，确定冰湖溃决的危险程度、溃决的条件和概率、可能的流速和流量，以及潜在的危害范围和程度，为道路工程减轻冰湖溃决灾害提供科学依据。

（2）划分冰湖溃决灾害危险区：冰湖下游地区往往有铁路、公路、水利设施、居民点和农田。在冰湖下游新建铁路和相关工程项目时，应进行灾害危险性评价，划定危险区，避免将工程建在冰湖溃决洪水和溃决泥石流危险区内。对于无法完全避开危险区的工程，应做好灾害防治规划，修建防灾工程，确保主体工程建设不受危害，提高工程抗灾能力，保障工程安全。

（3）建立冰湖溃决灾害预警预报体系：对有潜在溃决危险而下游存在重点保护对象的冰湖，根据冰雪消融、冰湖水位变化和堤坝稳定状况等，安装温度监测仪器、水位监测仪器和泥石流警报仪器等仪器设备，建立监测预警系统，提前预警，避免和减少下游灾害损失。同时，对潜在溃决危险冰湖进行遥感监测。由于冰湖位于高海拔地区，难以对每一个冰湖安装地面预警系统进行监测，遥感监测就成为大范围减灾的重要手段。利用卫星和航空遥感技术，在冰湖区每年（特别是高温多雨的夏季）或每隔一定时段进行遥感监测，分析遥感数据和图像，解析冰湖区地形地貌变化、土源变化、冰湖水文条件变化、植被变化和冰碛坝特征，预测冰湖溃决及溃决洪水、泥石流的危险性和发展趋势。判定出高危险的冰湖后，尽快进行详细勘察，根据勘察结果采取必要措施。

（4）采用工程措施处理危险坝体：对那些有潜在危险的冰湖，利用人工开挖排水通道、虹吸、抽水等措施，降低湖水位，减少湖水量，防止湖水漫顶溢流；对危险堤坝进行加固，防止渗漏、管涌和塌陷，防患于未然。

（5）制定减灾预案，应对突发性特大灾害：除上述措施外，还应做好减灾预案，制定逃离路线，落实救助措施，储备救灾物资，保证在突发性特大灾害发生时，能及时预警，迅速启动救灾措施，组织人力物力抢险救灾，及时转移人员和财产，将人员伤亡和财产损失降到最低。同时，加强减灾基础知识的宣传和普及，进行减灾知识和技能培训，提高技术和管理干部的防灾减灾工作能力，增强施工人员的防灾意识和自我保护能力。建立危险区减灾管理体系，包括群测群防体系、灾情速报制度、减灾指挥调度机制和责任落实办法，保证灾害的早发现、早预警、早预防和减灾的早决策、早部署、早落实，确保工程设施和建设人员的安全。

2. 利用冰碛台地进行避灾选线初探

1）帕隆藏布河谷立体地貌特征

帕隆藏布流域地形地貌具有明显的垂直分带特征，河谷两侧从高处山顶到河道依次是现代冰川、剥蚀山地、冰碛台地、河流阶地、河漫滩、河流，主河谷两侧立体地貌特征见

图 8.9。目前，川藏公路的沿江路段主要展布在河流阶地上。

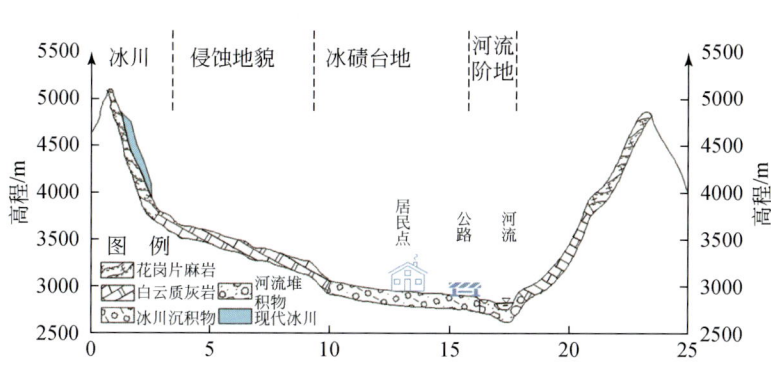

图 8.9 帕隆藏布河谷两侧立体地貌特征

从河谷横断面可见，帕隆藏布流域冰川分布区的海拔一般在 4500m 以上，海拔高、坡度陡，此部位无法进行选线；剥蚀地貌由于其纵坡较陡，一般坡度在 25°以上，线路难以布设；在山麓地带，冰碛台地、河流阶地、河漫滩均可以利用，但对于高等级的铁路来说，河流低阶地、河漫滩一般都是沿河分布，线位较低，在泥石流危险性严重区段，容易被泥石流冲毁或淤埋，当发生大规模泥石流堵塞主河时很容易被淹没，属于高危险区，不宜布设高等级线路。因此，对帕隆藏布流域的沿河高等级线路而言，冰碛台地横坡平坦，线位较高，可有效避开绝大部分河谷灾害的危险区，且具有较为合理的海拔高度，便于展线。从地貌位置和高程考虑，选择冰碛台地布线可能是有利于避灾的方案。但以往对冰碛物的工程性能了解不多，为此有必要测试冰碛物的工程性能。

2）冰碛物工程性质分析

冰碛物在工程上一般有两种使用方法：一是作为原地基；二是作为填筑材料。而作为地基时的工程性质是研究的重点。在帕隆藏布流域松宗和川藏公路折多山路段分别采集了多组冰碛物样本，主要开展了颗粒分析试验、大直剪试验和相对密度试验。试验结果如下：冰碛物颗粒不均匀，冰碛物大小混杂，以粗颗粒为主，5mm 以上的粗颗粒的含量在 70%左右；黏聚力小，内摩擦角大；冰碛物作为路基填料时干密度最低应达到 2.08g/cm³（一般设计标准的相对压实度为 $D_r = 0.75$，以此计算填筑压实干密度 ρ_{d0}）。冰碛物具有承载力高、防渗透性能较好、抗剪能力高的特点，工程性质良好，经强夯和碾压处理之后可作为较好的地基，也可作为良好的路基填料。冰碛物作为地基的处置措施如图 8.10 所示。

3. 基于立体绕避与阴阳坡差异原则的铁路选线方案

帕隆藏布及其支流拉月曲为近东西流向，川藏公路所经的北岸为阳坡，与南岸相比，其寒冻风化更强烈，雪线、积雪较高，地形较陡，植被较疏，松散固体物质最丰富，地表径流和冰雪融水较多，因而滑坡崩塌、泥石流比南岸（阴坡）数量多、规模大、灾害重。目前，拟建川藏铁路与规划的滇藏铁路将穿过帕隆藏布流域。

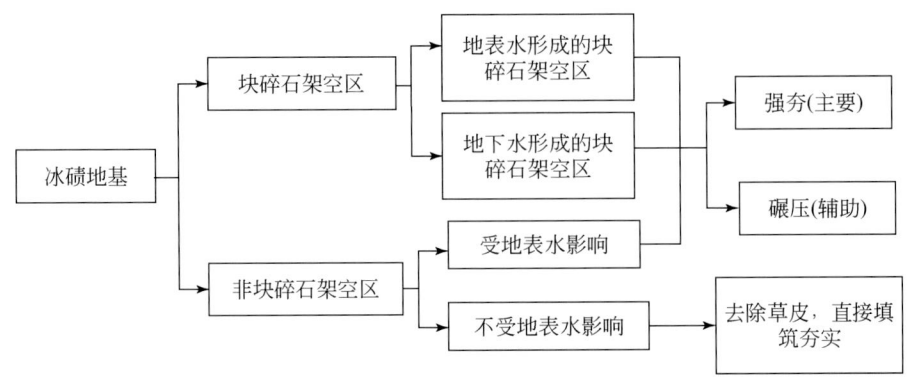

图 8.10　冰碛层地基处理措施和流程

通过对冰川泥石流、冰湖溃决、雪崩灾害的成灾环境进行分析，可知雪崩灾害主要分布在流域上游的阴坡；冰湖溃决灾害总体上多分布在流域中上游，且阳坡比阴坡严重；冰川泥石流总体上也是阳坡比阴坡严重，在下游河段比其他路段更严重（段书苏，2016）。

在然乌至米堆沟段，雪崩的数量多且危险性高，线路设计应防治雪崩灾害为主。在阴坡，雪崩灾害数量大，危险性高；冰湖分布数量大，但是危险性不高；泥石流分布数量少，危险性高。在阳坡，雪崩、冰湖个数少，危险性低，泥石流个数少，危险性高。线路应首先考虑布设在阳坡（右岸），对两条严重的泥石流沟，在沟口处设桥跨越。应对雪崩灾害，一般不考虑调整线位，一般情况下可采用明洞或者栅洞（即防雪崩走廊）防护，但针对规模大、频率高的沟槽雪崩，还应该在线路上方修建防雪走廊或者类似的建筑物，将雪崩从走廊上导离，或者在运动区采取消能或者阻挡措施，减缓雪崩速度。

在米堆沟至玉普段，冰湖数量大且危险性高，线路设计应主要考虑冰湖溃决的危险性。在阴坡，冰湖分布均匀，数量少、危险性低；雪崩数量多，但是危险性不高；在阳坡，冰湖数量多、危险性高，雪崩数量少、危险性低，泥石流数量少、危险性高。所以，线路最好布设在阴坡，同时也减轻了泥石流（均分布在阳坡）的影响；对小型雪崩的危害，可采用栅洞局部防护。此外，冰湖溃决可能引发主沟大流量洪水，应对冰湖溃决灾害，线路高程宜尽量选择较高线位。

在玉普至古乡段，三类冰雪灾害危险性均不高，且该段为宽谷区，分布多处宽阔平坦的冰碛台地，布线自由度较大。可选择冰碛台地和河流阶地布设线路，通过普通技术经济条件比较选择岸侧和线位。但由于冰湖属于变化较大的现象，在运营期间，应将冰湖的动态监测，列入工务安全隐患检查作业范围，一旦发现有冰湖处于高危状态时，可采取人工开挖排水渠道等排险手段，消除冰湖溃决灾害风险。

在古乡至通麦段，无冰湖和雪崩分布，但冰川泥石流分布密集，规模大，成为该段对线路方案具控制性的灾种。由于泥石流分布阳坡比阴坡密集的多，线路最好布设在阴坡；由于该段存在着古乡沟、天魔沟等高频大型泥石流沟（古乡沟位于阳坡、天魔沟位于阴坡），对这些工点也可考虑局部路段跨河避绕，或者采用隧道从底部穿越的方案。

8.4.3 典型泥石流沟铁路工程减灾选线案例

1. 培龙沟铁路工程线路方案概述

培龙沟是一条典型的冰川泥石流沟,位于西藏林芝地区林芝县东北排龙乡,94°51′13″E~95°01′06″E,30°02′04″N~30°07′07″N,是帕隆藏布右岸一级支沟,流域面积86.1km²,主沟道长18.75km,沟床纵比降132.17‰。培龙沟流域海拔2850.0m以上的圈椅型围谷地形被现代海洋性冰川和常年积雪所覆盖,山坡及脊峰基岩裸露,岩壁陡峭;该高程以下沟谷形态呈较宽顺畅的"U"型谷底。流域源头最高峰海拔为5858.0m,沟口高程为2000.0m,流域最大高差达3828.0m。流域植被发育较好,森林覆盖面积为33.5km²,占流域面积的38.9%。根据拟建川藏铁路比选方案,铁路线路可能以隧道或者桥跨的形式通过培龙泥石流沟,线路比选方案如图8.11所示。需要计算培龙沟泥石流流量、流速、冲起高度、冲刷深度等关键动力学参数,在不同穿越形式下,评估泥石流对铁路工程的影响。

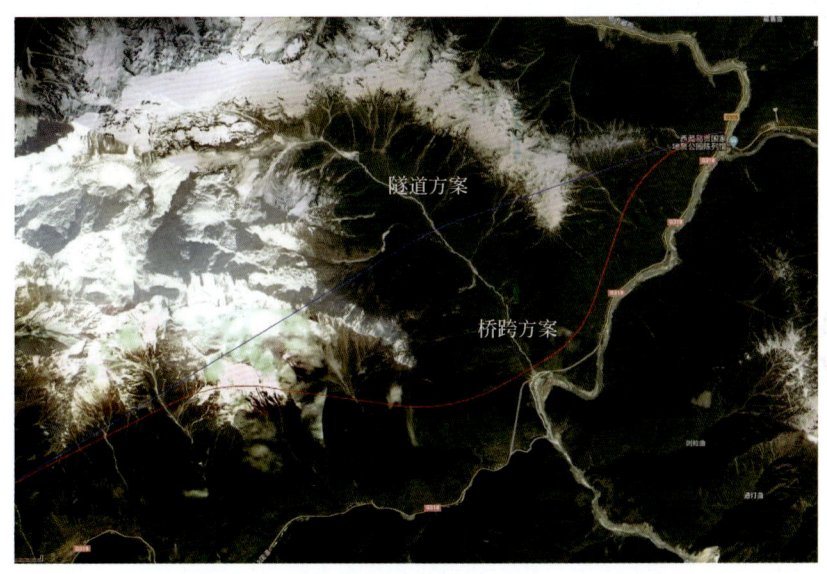

图8.11 川藏铁路过培龙沟线路比选方案示意图

2. 培龙沟泥石流参数计算

1) 设计洪水洪峰流量计算

暴雨是形成洪水的直接因素,在无实测流量资料情况下,暴雨也是推算设计洪水最基本的依据。因此,假定泥石流与暴雨洪水同频率且同步发生,并将暴雨洪水设计流量全部换算为泥石流流量。在目前还没有考虑高寒区冰雪融水的小流域暴雨洪水计算公式的情况下,暴雨洪峰流量计算采用中国水利水电科学研究院水文研究所的"小流域暴雨洪峰流量计算方法"(林平一,1958),该方法适用面积广、变量少的情况,对于无水文资料区计算有很大的参考价值。推理公式法计算小流域设计洪水：

$$Q_P = 0.278\psi \frac{s}{\tau^n} F$$
$$\psi = f(\mu, \tau^n) \tag{8.22}$$
$$\tau^n = f(m, s, J, L)$$

式中，Q_P 为频率（P）的暴雨洪水设计流量，m³/s；ψ 为洪峰径流系数；s 为暴雨雨力，mm/h；n 为暴雨指数；F 为流域面积，km²；L 为沟道长度，km；τ 为流域汇流时间，h；μ 为入渗强度，mm/h；J 为沟床比降；m 为汇流参数。

式（8.22）中参数 ψ、τ 均为函数关系。在计算泥石流沟的暴雨洪水流量时，首先根据当地区域水文特性确定暴雨洪峰流量计参数，其中历年 24h 最大降雨量均值（H_{24}）和变差系数（C_{V24}）数据是通过波密县气象站 20 世纪 60 年代以来的数据分析所得，历年 6h 和 1h 的最大降雨量均值（H_6、H_1）和变差系数（C_{V6} 和 C_{V1}）则是根据近年来的观测资料统计分析，并参考类似研究区的西南山区资料综合确定。

2）设计泥石流峰值流量计算

（1）暴雨型泥石流峰值流量。

配比法是目前暴雨泥石流峰值流量计算的基本方法。其计算步骤是，先按水文方法计算出不同频率下小流域的暴雨洪峰流量，然后考虑沟道的堵塞情况，选用堵塞系数，按下式计算泥石流峰值流量。

$$Q_c = (1+\varphi)Q_P \cdot D_c \tag{8.23}$$

式中，Q_c 为频率 P 的泥石流峰值流量，m³/s；Q_P 为频率 P 的暴雨洪水设计流量，m³/s；φ 为泥石流泥沙修正系数，无量纲数；D_c 为沟道堵塞系数，无量纲数。

$$\varphi = (\gamma_c - \gamma_w)/(\gamma_s - \gamma_c) \tag{8.24}$$

式中，γ_c 为泥石流容重，N/m³；γ_w 为清水容重，N/m³；γ_s 为泥石流中固体物质容重，N/m³。

（2）冰川-暴雨型泥石流峰值流量。

由于流域上游有冰川，需考虑冰川融水的作用。冰川消融峰值流量 Q_g 采用经验公式估算（罗德富等，1995）。

$$Q_g = F_1(0.5H + 2.1) \tag{8.25}$$

式中，H 为降雨量，mm；F_1 为冰川面积，km²。

考虑铁路工程以隧道和桥梁两种方案通过培龙沟的工况，计算线路断面处的泥石流峰值流量，结果见表 8.5。

表 8.5 培龙沟不同频率泥石流峰值流量

频率（P）/%	修正系数	冰川消融洪峰系数/天	隧道方案洪峰流量/(m³/s)	桥方案洪峰流量/(m³/s)
1	3.67	4.32	6621.76	7635.71
2	3.11	4.32	5021.91	5790.89
5	2.54	4.32	3548.13	4091.43
10	2.26	4.32	2619.16	3020.22

3) 泥石流流速计算

泥石流平均流速按照《泥石流灾害防治工程勘查规范》(T/CAGHP006—2018)(中国地质灾害防治工程行业协会,2018)附录Ⅰ推荐的公式(综合西藏古乡沟、东川蒋家沟、武都火烧沟的通用公式)进行计算:

$$V_c = (1/n_c) H_c^{2/3} I_c^{1/2} \tag{8.26}$$

式中,V_c 为泥石流断面平均流速,m/s;H_c 为泥石流断面平均泥深,m,计算时取平均泥深,即断面面积除以平均宽度获得;I_c 为泥石流水力坡度,一般可用沟床纵坡代替;n_c 为泥石流沟床糙率系数。

对于线路通过中游流通区隧道方案,依据现场调查数据,结合1∶10000地形图,确定计算断面形态参数如图8.12所示。利用式(8.26)计算不同频率下泥石流流速,结果见表8.6。

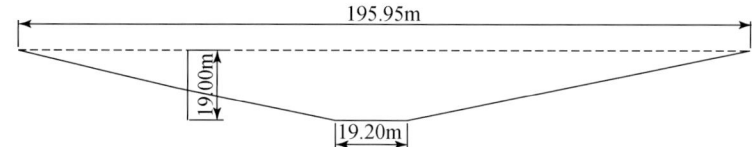

图8.12 隧道方案通过培龙贡支断面形态参数

表8.6 隧道通过培龙沟中游断面不同频率泥石流平均流速

频率(P)/%	泥石流流量/(m³/s)	比降	糙率	泥深/m	流速/(m/s)
1	6621.76	0.068	0.10	9.27	11.51
2	5021.91	0.068	0.10	8.15	10.56
5	3548.13	0.068	0.10	7.02	9.56
10	2619.16	0.068	0.10	6.15	8.75

对于线路通过下游堆积区桥方案,依据现场调查数据,结合1∶10000地形图,确定计算断面形态参数如图8.13所示。利用式(8.24)计算不同频率下泥石流流速,结果见表8.7。

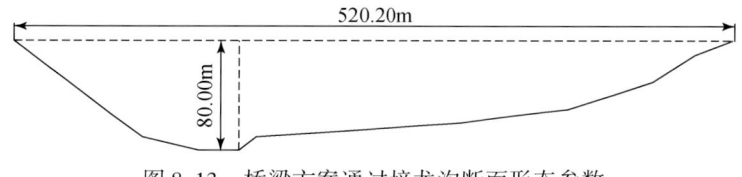

图8.13 桥梁方案通过培龙沟断面形态参数

表8.7 桥梁通过培龙沟下游断面不同频率泥石流平均流速

频率(P)/%	泥石流流量/(m³/s)	比降	糙率	泥深/m	流速/(m/s)
1	7635.71	0.065	0.10	3.51	5.89
2	5790.89	0.065	0.10	3.09	5.41
5	4091.43	0.065	0.10	2.64	4.87
10	3020.22	0.065	0.10	2.34	4.49

4)泥石流冲起高度

泥石流最大冲起高度按照《泥石流灾害防治工程勘查规范》(T/CAGHP006—2018)(中国地质灾害防治工程行业协会,2018)附录 I 提供的计算公式进行计算:

$$\Delta H_c = \frac{V_c^2}{2g} \tag{8.27}$$

式中,ΔH_c 为泥石流最大冲起高度,m;V_c 为泥石流平均流速,m/s;g 为重力加速度 (m/s^2)。

对于线路通过的中游流通区隧道方案和通过下游堆积区桥方案,分别利用式(8.27)计算线路通过中游流通区不同频率泥石流最大冲起高度,结果见表 8.8。

表 8.8 隧道通过培龙沟中游断面和下游断面不同频率泥石流最大冲起高度

频率(P)/%	中游断面		下游断面	
	泥石流流速/(m/s)	泥石流最大冲起高度/m	泥石流流速/(m/s)	泥石流最大冲起高度/m
1	11.51	6.75	5.89	1.78
2	10.56	5.68	5.41	1.49
5	9.56	4.66	4.87	1.21
10	8.75	3.90	4.49	1.03

5)泥石流冲刷深度计算

采用《泥石流灾害防治工程勘查规范》(T/CAGHP006—2018)(中国地质灾害防治工程行业协会,2018)推荐的经验公式,计算泥石流下切冲刷深度:

$$H_B = P' H_c \left[\left(\frac{KV}{V_H} \right)^n - 1 \right] \tag{8.28}$$

式中,H_B 为局部冲刷深度,m;P' 为冲刷系数;H_c 为泥石流泥深,m;V 为泥石流流速,m/s;V_H 为土壤不冲流速率,m/s;n 为与堤岸平面形状有关的系数,一般取值 1/4~1/2;K 为泥石流平均流速增大系数,根据内插法确定。

依据对培龙沟中下游沟道的调查,冲刷系数(P')取 1.10,土壤的不冲刷流速 V_H 取 1.20m/s,泥石流平均流速增大系数 K 按照不同频率工况的容重取值;与堤岸有关的系数 n 取平均值 0.47。不同工况下的泥石流在中游断面的最大冲刷深度计算结果见表 8.9。

表 8.9 铁路隧道所经中游断面不同频率工况下泥石流冲刷深度

频率(P)/%	容重/(g/cm^3)	峰值流量/(m^3/s)	泥深/m	流速/(m/s)	冲刷系数	不冲流速/(m/s)	与堤岸形状有关的系数	冲刷深度/m
1	2.20	6621.76	9.27	11.51	1.10	1.20	0.375	40.17
2	2.12	5021.91	8.15	10.56	1.10	1.20	0.375	32.67
5	2.00	3548.13	7.02	9.56	1.10	1.20	0.375	25.20
10	1.92	2619.16	6.15	8.75	1.10	1.20	0.375	20.37

3. 泥石流对铁路工程的影响及减灾对策

1) 泥石流对铁路工程的影响

(1) 线路以隧道形式通过。

由图 8.11 可知,铁路线路以隧道形式通过培龙沟的流通区,线路断面以上汇流面积 47.98km²。经计算百年一遇培龙沟泥石流流速、峰值流量、一次总量和冲刷深度分别为 11.51m/s、6621.76m³/s、1143.76 万 m³ 和 40.17m。川藏铁路线路推荐方案中隧道洞顶埋深为 105.90m,大于 $P=1\%$ 工况下泥石流冲刷深度,满足安全要求(图 8.14)。除了 $P=1\%$ 工况外,本研究还考虑了 $P=2\%$、$P=5\%$ 和 $P=10\%$ 工况下泥石流相关特征参数,不同频率工况下泥石流特征参数如表 8.10 所示。

表 8.10 铁路隧道经培龙沟中游断面不同频率泥石流的参数

频率 (P)/%	峰值流量/(m³/s)	泥深/m	流速/(m/s)	冲起高度/m	冲刷深度/m
1	6621.76	9.27	11.51	6.75	40.17
2	5021.91	8.15	10.56	5.68	32.67
5	3548.13	7.02	9.56	4.66	25.20
10	2619.16	6.15	8.75	3.90	20.37

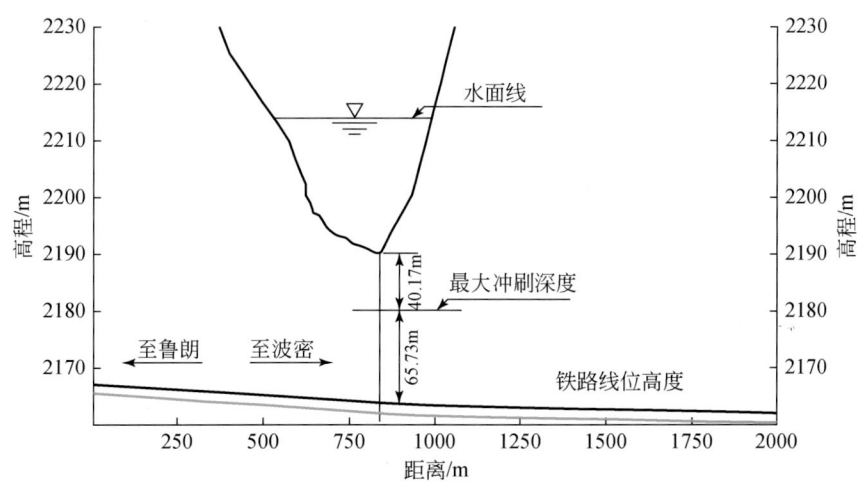

图 8.14 $P=1\%$ 工况下泥石流冲刷深度与隧道埋深的位置关系

(2) 线路以桥梁的形式通过。

川藏铁路经过培龙沟的另一个方案是在培龙沟下游堆积区以特大桥的形式跨越过。线路断面以上汇流面积即为整个培龙沟流域面积,约 86.1km²。经计算百年一遇条件下培龙沟泥石流流速、泥位高度、峰值流量、一次总量和冲起高度分别为 5.89m/s、3.51m、7635.71m³/s、1355.95 万 m³ 和 1.78m(表 8.11)。

培龙沟植被茂盛,森林覆盖面积广,泥石流冲刷沟道时会导致坡面失稳和岸坡蹦滑,沟岸两侧的高大树木可能被泥石流裹挟搬运。泥石流携带的漂木可能阻塞过流通道，导致泥石流泥深迅速增加，有可能威胁到铁路工程的安全运营。因此，在评估可能有漂木泥石流的危险性时，需要考虑受漂木的影响的泥位抬升，适当增大安全超高。考虑到冰川泥石流降雨与冰雪融水叠加增大暴发规模的因素，泥石流的安全超高考虑为15.00m，结合表8.11的计算结果，$P=1\%$工况下泥石流最大影响范围为（34.98m+1.78m+3.51m+15.00m=）55.27m。在铁路线路所经断面上，目前沟床最低高程为2020m。设计方案中桥梁底板高程约为2280m，高于泥石流最大影响范围高程204.37m（图8.15）。因此，泥石流可以顺利通过，不会对大桥构成重大威胁。

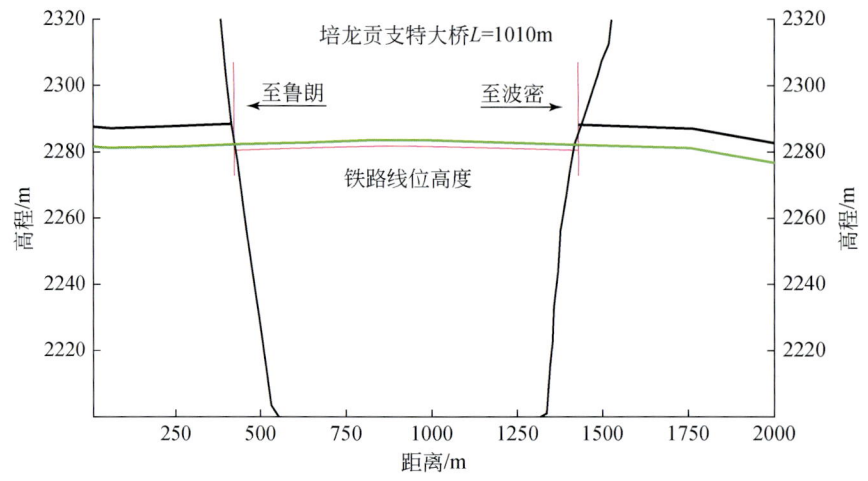

图8.15　川藏线培龙沟大桥底部高程

除了$P=1\%$工况外，本研究还考虑了$P=2\%$、$P=5\%$和$P=10\%$频率下泥石流特征参数，计算结果见表8.11。

表8.11　不同频率工况下下游断面泥石流参数

频率 (P)/%	泥石流容重 /(g/cm³)	一次总量 /万 m³	泥石流峰值流量 /(m³/s)	比降 /%	泥深 /m	流速 /(m/s)	冲起高度 /m	一次最大堆积厚度 /m
1	2.20	1355.95	7635.71	6.5	3.51	5.89	1.78	34.98
2	2.12	1318.89	5790.89	6.5	3.09	5.41	1.49	31.29
5	2.00	933.56	4091.43	6.5	2.64	4.87	1.21	27.03
10	1.92	588.92	3020.22	6.5	2.34	4.49	1.03	23.92

2）泥石流减灾对策

结合川藏铁路线路比选方案，评估了培龙沟泥石流对铁路工程的影响，结果表明隧道方案和桥跨方案均满足设计要求，无须要对培龙沟进行工程防治治理。但是，在川藏铁路工程建设期间，需要考虑泥石流灾害防治措施，以防施工期间遭遇泥石流灾害。具体如下：

（1）为避免施工期间可能发生的泥石流影响施工人员及场站安全，建议有条件的情况下，可在上游支沟扎隆沟和麦野沟两条流域面积较大的泥石流沟内布置降雨量、降雨强度、水位（泥位）等监测设施，开展泥石流监测预警工作。

（2）做好工程弃渣的堆放选址和安全管理，严禁随意倾倒堆放，以防引发次生灾害，甚至诱发人为泥石流。

（3）施工期间，尽量不要在沟道内布置施工营地和工程附属设施。如果下游阶地必须用于施工营地和其他设施建设，则必须做好专项危险性评估，采取必要的防灾措施；并严禁把生活、建筑垃圾堆放在沟道内堵塞沟道。

8.5 近场区大地形变预测及线路工程对策

地面永久位移变形带或地表破裂变形带是震源断层错动在地表产生的破裂和形变的总称，有时就是地震断层在地表的露头，通常由雁行排列的张性或张扭性破裂组成。它往往伴生挤压脊（地震鼓包）、地震沟槽、小地堑，以及各类原生、次生、感应等形成的地表裂隙，包括由地形效应产生的张破裂。1906 年旧金山大地震的地表断裂长达 430km；1932 年甘肃昌马 7.5 级地震的地表地震断层长达 120km；1931 年新疆富蕴 8 级地震的地表断层长达 150km，2008 年汶川地震断裂长达 300km。大量资料表明，一般大于 6.5 级（或 7 级）的地震都会出现永久位移或地表破裂。地面永久位移主要表现为地表抬升、水平错断、挤压推覆等（徐锡伟，2009）。如图 8.16 和图 8.17 所示。

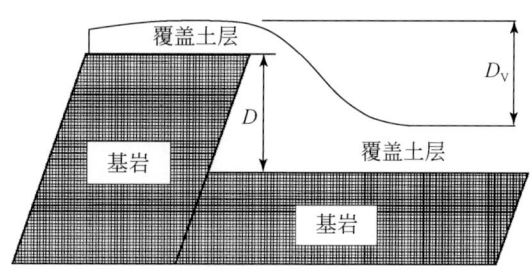

图 8.16 地震产生的竖向永久位移示意图

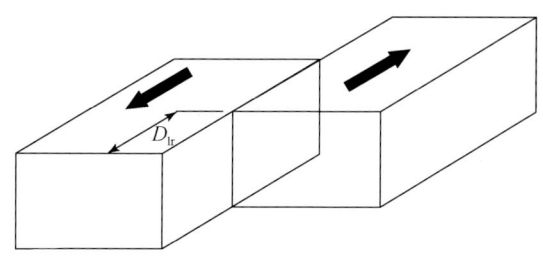

图 8.17 地震产生的水平永久位移示意图

大地震期间沿地震破裂带产生的大变形现象，是汶川地震后才引起重视的一种铁路震害模式。其特点不仅是将破裂带附近的线路工程毁坏，而且地震引发的大地形变导致线路错位，按原标准恢复线路必然会造成大量废弃工程，这是快速铁路才会体现出严重性的一种震害。以下将针对这种震害模式，在对发震断层的地表永久位移估计的基础上，通过在选线时预留变形量、实现以减少废弃线路长度为目标的减灾对策。

8.5.1 地表形变的概率危险性分析

地震概率危险性分析，就是基于地质构造和地震活动性资料，给出不同概率水准条件下工程场地的地震动参数。概率危险性分析具有如下基本假定：同一个潜在震源区内，任何地方发生地震的概率是相同的，其平均发生率在时间轴上为常数，且地震事件之间是独立、随机的。地震的频次随震级增高呈指数下降，场点地震动参数可表达为距离和震级的函数。

地震概率危险性分析的主要步骤包括（胡聿贤，2007）：

（1）根据地震活动性和地质构造资料，划定目标区域内存在的潜在震源及各潜在震源的最大地震强度；

（2）根据该潜在震源区的震级-频度关系，确定地震活动性参数；

（3）根据该潜在震源区的地震动参数（烈度、峰值加速度PGA或峰值速度PGV）的分布或衰减特征，建立地震动参数随震级和距离的统计关系式；

（4）基于统计关系式及地震活动性参数，计算目标场点地震动的概率分布。给出未来一定年限内具有给定概率水平的地震动参数分布，或给定年限、给定地震动参数值的概率分布等。

发震断层上地震引起的地表永久位移的概率危险性估计，直接沿用了上述地震概率危险性评估方法的框架。即基于强震数据得出的地表变形统计关系式，结合概率危险性分析方法，根据工程设计使用期，计算不同概率水准地表永久位移，给出最大地表永久位移的概率分布，作为选线阶段的决策依据。

永久位移概率危险性分析的前提是明确地震发生的概率模型，并假定地震发生时产生了不利事件。断层永久位移的风险性评估需要确定一个额外的条件概率，即已发生地震影响到场点的概率。假定此条件概率对场点最终结果的影响与断层距无关（因令断层距等于零），虽然现实中其影响肯定与震源距有关，但这一假设简化了评估。例如，沿着断层长度的位移分布是不均匀的，亦或不连续，静态位移场随着断层距衰减等。但是，通常桥梁的跨度都比较小，仅在百米量级，相比整体估计的不确定性来说这种衰减效应已经算小了，因此跨越断层位置的位移更具研究价值。该断层面上可能发生3种形式的破裂：第一种发生在较深部位，破裂并未延伸至地表，也未引发目标场点处出现永久位移；第二种延伸至地表，但并未延伸至目标场点；第三种破裂延伸至地表同时延伸至目标场点，只有这一类破裂才对目标场点的永久位移有贡献。

针对地震活动的时空分布特征，将地震的发生视为泊松过程。则t时间内发生地震的概率为

$$P(t)=1-e^{-\lambda t} \tag{8.29}$$

式中，λ为年超越概率。永久位移概率危险性分析中的年超越概率λ，是从所有震级大于

m_0 的地震中挑出使场点永久位移超越给定值的那些地震。即

$$\lambda = \nu(m_0) \int_{m_0}^{m_{uz}} f(m) \left[\int_0^\infty f(r \mid m) P[\text{slip} \mid m, r] P[D_{\text{site}} > d \mid \text{slip}, m, r] dr \right] dm \quad (8.30)$$

式中，$\nu(m_0)$ 为断层上震级为 $m_0 \sim m_u$ 的地震年平均发生率，通过对地震带未来百年地震活动趋势预测结果得到，反映地震带地震活动水平的时间非均匀性；$f(m)$ 为震级为 m 的地震的概率密度函数；$f(r \mid m)$ 为发生震级 m 的地震与场点间距离的概率密度函数；$P(\text{slip} \mid m, r)$ 为给定震级 m 和距离 r 下的地表出现破裂的概率；$P(D_{\text{site}} > d_{\max} \mid m, r, \text{slip})$ 为给定震级 m 和距离 r，且已知地表破裂条件下的场点发生大于最大地表永久位移水平 $d_{\max}$ 的年超越概率；$d_{\max}$ 是最大地表永久位移，根据与震级之间的统计关系式确定。

有时同一断层上会重复发生震级相近的地震，其复发频度比 Gutenberg-Richter 关系外推的结果更高，可称其为特征地震（冉洪流和周本刚，2004）。根据地震弹性回跳理论，断层上发生大震的机会取决于上一次大震至今的时间，其间应变能逐渐累积到足以产生另一次大震。其重现期符合对数正态分布，还需额外确定一个参数，即上次特征地震迄今时间 t_0。由于大震数据匮乏，大震的规律性难以精确再现，断层分段存在不确定性，大震中相邻断层段间存在相互作用且易存在近邻破裂，种种原因导致这种时间相关的地震模型只用在少数沿着板块边界的断层上，且距下次特征地震发生的时间通常也只能模拟为指数随机变量。由于永久位移通常产生于大震和特大地震，在永久位移的概率危险性分析中，除考虑泊松型地震复发模型外，还应同时考虑特征地震复发模型。

8.5.2 考虑泊松与特征地震模型的地表形变分析

1. 方法简介

如上所述，在永久位移的概率危险性分析中，除考虑泊松型地震复发模型外，还应同时考虑特征地震复发模型。对于泊松型地震复发模型，赵纪生等（2008）给出的年超越概率计算的离散形式为

$$\lambda = \nu(m_0) \sum_{i=1}^{N} f_{imj}(i) P(M) \lambda_i \xi_i \frac{L_R(M)}{L(M)} P[D_{\text{site}}(x_0) > d \mid M] \quad (8.31)$$

式中，$L_R(M)$ 为 M 档地震引起的地表破裂长度，m；$L(M)$ 为 M 档地震时破裂面的长度，m，此两项均由与震级之间的统计关系式计算。$f_{imj}(i)$ 是潜在震源区第 i 个震级档的空间分布概率函数。$P(M)$ 为发生 M 档地震的概率：

$$P(M) = \frac{2\exp(-\beta(m-m_0))}{1-\exp(-\beta(m_{uz}-m_0))} \sinh\left(\frac{1}{2}\beta\Delta m\right) \quad (8.32)$$

式中，$\beta = \ln b$。系数 λ_i、ξ_i 分别体现由于破裂面长宽与场点相对位置及由于破裂面长度和地表破裂长度之间关系引起场点永久位移超出目标值的概率：

$$\lambda_i \equiv \frac{L(M)W(M)}{L(W-H/\sin\delta)} \quad (8.33)$$

$$\xi_i = \begin{cases} k_i & (x_1-x_0) \geq L(M) \\ \dfrac{L(M)+(x_1-x_0)}{2L(M)} & (x_1-x_0) < L(M) \end{cases} \quad (8.34)$$

式中，H 为 M 档地震的震源平均深度，m，通过对实际区域地震资料分析得到；δ 为断层倾角；k_i 根据地表位错在迹线上分布形式的不同（矩形、三角形、拱形）选值。

$P[D_{\text{site}}(x_0) > d | M]$ 项的计算，可采用 Wells 和 Coppersmith（1994）提出的模型获得，也可以借助 Lee 提出的 $d_{\max}$ 模型经验统计公式计算（Lee and Trifunac，1995），$d_{\max}$ 模型是按照正态分布随机变量计算，其对数正态分布均值：

$$\mu = M - 2.2470\log_{10}[\Delta(M, R=0, H=0.5W\sin\delta, S, S_o)/L_R] + 0.6489M \\ + 0.0518 \times 2 - 0.3407v - 2.9850 - 0.1369M^2 - 0.0306 + \log_{10}2 - 0.0090 \tag{8.35}$$

统计方差为 $\sigma = 0.3975$。

按照正态分布随机变量的累积概率密度计算方法，基于上述对数正态分布的最大永久位移均值和方差基础上，可得任意 D 超越永久位移值 d 的概率为

$$P[D > d] = 1 - \frac{1}{\sigma\sqrt{2\pi}}\int_0^d \left[\frac{1}{D\ln(10)} \cdot e^{-\frac{1}{2}\cdot\left(\frac{\log_{10}D-\mu}{\sigma}\right)^2}\right]dD \tag{8.36}$$

对于特征地震模型，可视为广义泊松过程（Todorovska et al., 2007）。即同样按上述泊松过程计算危险性概率，但只需计算在特征地震震级 M_T 作用下的概率。其超越概率可以表示为：

$$P_{\text{chr}}\{D > d | t\} = 1 - e^{-P(M_T)\lambda_T\xi\frac{L_R(M_T)}{L(M_T)}P_d} \tag{8.37}$$

特征地震的发震概率 $P(M_T)$ 是含时间因素的条件概率，即已知特征地震复发周期 T_r，且过去 T_e 年未复发的条件下，未来 t 时间内复发的概率（冉洪流和周本刚，2004）：

$$P(M_T) = \frac{\int_0^{T_e+t} f(\tau)d\tau - \int_0^{T_e} f(\tau)d\tau}{1 - \int_0^{T_e} f(\tau)d\tau} \tag{8.38}$$

式中，$f(\tau)$ 为特征地震复发间隔的概率密度函数。

同时考虑泊松地震过程和时间相依特征地震模型（即广义泊松地震过程），最终得到的永久位移超越概率为

$$P_{\text{sum}}\{D > d | t\} = 1 - (1 - P_{\text{pos}}) \cdot (1 - P_{\text{chr}}) \tag{8.39}$$

式中，P_{pos} 指泊松地震过程下的永久位移超越概率；P_{chr} 为时间相关特征地震模型下的永久位移超越概率。

2. 参数选择

上述地表形变的概率危险性分析中，需确定大量参数。包括描述发震区地质情况和断裂带特征参数，如区域构造背景、断层方位（方位角、倾角、埋深）、断层尺度（断层长度、断层宽度）等基础资料；描述介质特性和震源破裂信息的参数，如震源区剪切波速、震源相关半径、地质场地条件指标等；最重要的描述震源区地震活动性的参数，如起算震级、震级上限、年平均发生率、b 值等。

1）基础资料

（1）区域地震地质构造背景。

归纳出新近纪至今，区域内的构造格局、主压应力方向、现今构造应力场的变化。论

述区域新构造运动动力来源,按新构造运动类型、幅度、方式及垂直和水平形变场特征建立分区,定性描述强震与新构造单元之间的差异活动的关系。分析区域内主要断层的长度、产状、断裂性质、活动时代、历史地震活动性,圈定主要活动断层和主要的活动段。分析区域现代构造应力场及现代地壳空间应力分布状态,确定地震的发生及震源类型与构造应力之间的联系。这部分工作主要通过区域地质构造的形成与演化、区域新构造单元划分及其活动特征、区域主要断裂活动性特征、区域地壳形变场特征、区域现代构造应力场特征的整体把握,归纳出区域内强震发生的构造部位(胡聿贤,2007)。

(2) 断层所处区域的地震活动环境。

收集研究区域内有史以来 $M_S \geqslant 4.7$ 级的地震目录和近代地震目录,绘制出区域的地震震中空间分布图,分析区域内破坏性地震和现代小震的震中分布特征,理出破坏性地震发生的趋势。由于历史地震记载中几乎没有给出地震震源深度,则应利用近代地震记录中有震源深度参数的 $M \geqslant 2.5$ 级地震,进行统计不同震级地震的震源深度,给出区域地震震源深度分布。采用 $M\text{-}T$ 图和 $\sum E\text{-}T$ 图分析区域内地震活动的时间分布特征,确定未来一段时间内的地震活动趋势。圈定几个破坏性地震,收集其地表破裂基本特征,为野外地震地质调查作必要准备。这部分工作主要收集区域范围内历史地震和现代仪器记录资料,分析场点所处区域历史强震及现代小震活动状况和时空分布特点,估计区域内未来地震活动趋势。

(3) 断层的地震发生模型。

基于断层所处的区域地震地质构造背景和地震活动环境分析,合理评价研究断层未来地震活动性、强震发生的构造部位,并充分考虑地震发生时空分布及迁移特征,确定地震发生模型、不同震级地震可能发生的部位和震源深度。根据地震活动环境评价的结果确定地震发生模型,即明确其为 Gutenberg-Richter 模型、分段 Gutenberg-Richter 模型、特征地震模型中的哪一个。根据区域地震构造综合分析的结果确定强震发生的构造部位,在这些部位中适当增加地震发生的权重。根据地震的深度分布特征分析结果确定不同震级地震的震源深度。如果仅依赖研究断层的数据得不到这些模型参数,按照构造类比原则适当扩大统计区域,或论证采用已有模型参数的可靠性。

2) 断层模型参数

(1) 断层的几何模型。

指定断层属于圈定的主要活动断层和主要的活动段时,依据研究断层的已有地质和水文地质资料、目测判断、物探结果确定断层几何学模型参数,如断层宽度、长度、走向、倾向、倾角;对隐伏地震活动断层,还应包括上断点埋深、断层迹线在地表的垂直投影位置。

(2) 破裂面长度和宽度与震级关系。

指定断层属于圈定的主要活动断层和主要的活动段且其上发生过几个破坏性地震,直接确定、核定地震震级与破裂关系;研究断层属于圈定的主要活动断层,但其上没有发生过破坏性地震,应按构造类比和历史重演原则扩大研究范围,确定地震震级与破裂关系。地震现场调查表明:震源破裂面的尺度随震级按几何级数增大,小震到中震情况下,破裂长度和宽度增长率相近;中震到大震情况下,破裂长度的增长率远远大于破裂宽度增长率。但是区域地震地质构造背景不同、断裂性质和产状不同，相同震级的破裂规模也有很大的区别。业已存在按断裂性质描述的破裂长度、宽度与震级的经验关系均有如下形式：

$$\begin{cases} \log_{10}L(M) = a-bM \\ \log_{10}W(M) = c-dM \end{cases} \tag{8.40}$$

就指定断层及断层附近的地震而言，应依据物探结果、震源运动学反演结果和历史地震的烈度长、短轴长度等资料，推算不同震级下的历史地震震源深度、破裂长度、破裂宽度产状，评估该断层合适的经验关系参数。

（3）地表破裂长度、地表永久位移分布与震级关系。

地表破裂长度是震源破裂面延伸到地表的长度。地表破裂长度与震级、震源破裂面的尺度、地壳的力学性质和局部场地条件相关。对于中等地震、岩石场地，地表可能出现破裂，但当第四纪覆盖物很厚时，地表可能不出现破裂；大震级地震时，无论基岩还是土质场地条件，都会出现地表破裂，但其表现形式不同，调查结果也会出现较大的分歧。即使如此，可按断裂性质描述的地表破裂长度与震级的经验关系大多采用如下形式：

$$\log_{10}L_R(M) = e-fM \tag{8.41}$$

破坏性地震的地表破裂尺度特征，主要通过历史地震资料（地震烈度分布图、地方志、历史档案、考察记录、历史遗迹）、调查访问、目测判断、物探作业结果，综合确定震级与地表破裂关系。地震引起的地表位移分布各不相同，也不能确定不同震级地震引起地表位移分布模式，只给出地表破裂长度归一化的地表位移-平均位移分布曲线。

地表最大永久位移与震级关系的模型不多，一种是 Lee 等的 d_{max} 模型（Lee and Trifunac，1995），它利用震级、震中距、传播特性、不同地质单元和局部场地条件的组合效应来评估断层上的最大永久位移，数据源于美国西部 2000 个三分量地震动记录。较多采用的是 Wells 和 Coppers（1994）模型，断层上的最大地表永久位移仅描述为震级的关系。破坏性地震的地表最大永久位移，主要通过对每一地震的发震断层沿长度均匀布置 5~10 个钻探、井探或槽探，量测绝对位移，确定地震的最大位移量。同时应用 Hemphill-Haley 提出的基于有限地表位移估算震级和地表破裂长度方法，进行震级复核，应用现代测年方法进行地震发生年代复核，确定震级与地表最大永久位移关系。震级与地表最大永久位移之间的不确定性，沿用我国东、西部与美国西部地震动基岩加速度反应谱衰减之间不确定性无明显差别的观点，因此地表最大永久位移标准差可直接采用全球的统计结果。

3）地震活动性参数

由于地震活动过程的复杂性，以往传统的分析工作强调地震活动时空分布不确定性的一面，采用的是均匀分布的处理方法。其基本假设是地震的发生在时间上平稳，空间上均匀。这种假设与地震活动时空不均匀特征不相符。地震活动与当地的地质构造及地球物理场等特征有密切的关系。另外，地震应变能从积累到释放有个过程，地震活动在时间上呈现出相对平静与相对活跃相交替的特点。地震活动性参数主要包括 4 个，分别是起算震级、震级上限、年平均发生率和震级-频度关系。

（1）起算震级（M_0）。

起算震级是指对工程场点可能有影响的最小震级，应根据当地的实际情况（如地质条件，以往造成地表破裂的最小震级等）进行确定。在一般正常情况下取 $M_0=4$ 较为安全。

（2）震级上限（M_{uz}）。

震级上限指地震带或潜在震源区内可能发生的最大地震的震级值。

（3）年平均发生率（v）。

地震年平均发生率，是指一定地区范围每年发生等于和大于震级为 M 以上的地震数。地震年平均发生率的大与小，对地震危险性分析的结果影响很大。因此年平均发生率也是地震危险性分析中的重要参数之一。

（4）震级-频度关系。

震级-频度关系中的 b 值是曲线中的斜率。该值代表着一个区域内不同大小地震频数的比例关系。它和该区的应力状况及地壳破裂强度有关，不同的地震区有其相应的 b 值分布。在地震危险性分析中，b 值是一个重要参量，它对结果的影响非常大，同时它规定了统计区范围内各级地震的密度分布和各级地震的年平均发生率。b 值的统计由该地区拥有的实际地震数据统计而得，它与实际资料的完整性、可靠性、样本量的大小、取样的时空间隔等都有关系。

通过 b 可得震级密度分布函数中 β 值，$\beta=b\ln10$。β 指潜在震源区内所有 $M_0 \leq M \leq M_{uz}$ 地震所遵循的分布中的系数。震级概率分布函数为

$$f(M)=\begin{cases}\dfrac{\beta e^{-\beta(M-M_0)}}{1-e^{-\beta(M_{uz}-M_0)}} & M_0 \leq M \leq M_{uz} \\ 0 & \text{其他}\end{cases} \tag{8.42}$$

b 值对概率危险性评估的结果影响较大，因此 b 值的选择应慎重。由于各类因素的影响，b 值曲线在震级-频度曲线两端常出现掉头现象，其小震一段掉头，其主要原因在于小震漏记。若以可信时段历史地震小震取 5 级，可基本消除小震漏记现象。b 值在大震端也会出现偏低现象。这种高震级掉头现象，也可能与统计范围，统计时段的数据不足有关。某一地区的 b 值一般使用历史地震资料计算。但由于可利用的震级十分有限，且中强震多有遗漏，因此所得到的 b 值往往偏低。现代地震资料因其记录时间太短，得到的 b 值不能真正反映一个地区全面的地震活动特征。考虑地震记载事件与震级范围的可靠性与完整性，可以按不同震级范围地震的完整记载时段和频数分别统计，从而拟合成同一条直线。

现实中各个地震带拥有的历史和仪器记录资料的情况是很不相同的。b 值统计时，应根据实际数据情况予以处理，大致有下列 3 种方法：①直接统计求 b 值。当在地震带内某一可信时间域和可信震级域内的地震资料相对比较完整时，可利用相应时间段和相应震级域的历史资料进行统计。②利用历史地震和近期小震联合统计 b 值。对于历史地震资料记载时间较短，历史地震频度偏小，而近期地震仪器记录的中小地震又比较完整时，可利用历史地震和近期小震相结合的方法求 b 值，以延长震级区间，扩大样本量，比较客观地反映该地区的大小地震的比例关系。③直接引用大区的 b 值。对于个别地震带地震资料太小，无法得到合理的 b 值，可根据地质构造和地震活动性类比原则，直接引用该地区所在地震区的 b 值来代替该地震带的 b 值。

8.5.3 川藏铁路米林段断裂带地表永久位移的概率危险性评估

1. 区域构造背景

川藏铁路米林段区域构造背景复杂。该区域恰好处于板块构造的结合部位,喜马拉雅山东西向构造带与冈底斯褶皱带、雅鲁藏布江缝合带弧形转折部位的交汇处,构造作用十分强烈,新构造运动基本特征主要表现为整体间歇性抬升及断裂活动及断块的差异运动。路线所处部位为南迦巴瓦构造楔进地体(NJS)北端和北西走向长条状的迫隆-旁辛板块结合带(PPS)的北西端部(图8.18);西面以米林走滑断裂(MLT)为界与长青温池-兴凯陆缘岩浆弧前锋带(CXS)相邻,北面以嘉黎深大断裂带(JLT)为界与冈底斯-念青唐古拉山板块内的普拿-倾多弧背冲断带(PQS)相邻;南部以迫隆-旁辛深断裂带(PPT)为界进入南迦巴瓦构造楔进地体(NJS)。该区构造作用强烈,变质作用和岩浆活动特别突出。

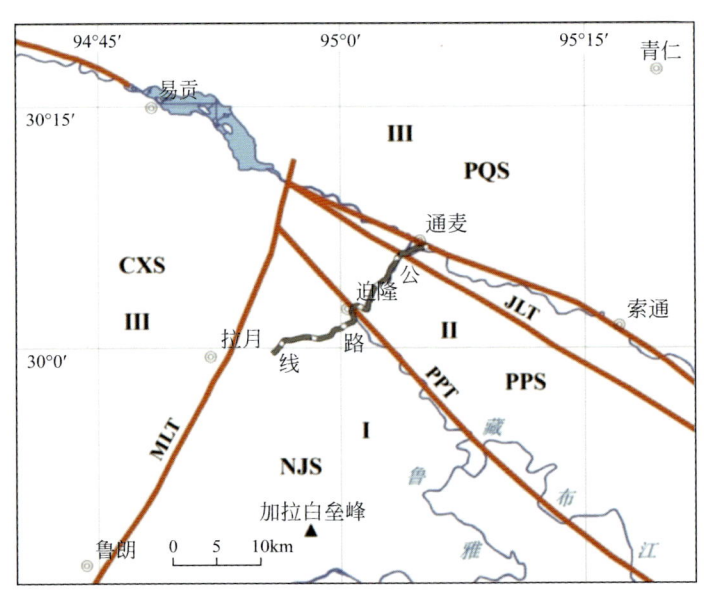

图 8.18 近场区构造略图

Ⅰ. 南迦巴瓦构造楔进地体(NJS);Ⅱ. 迫隆-旁辛结合带(PPS);Ⅲ. 冈底斯-念青唐古拉板片;PPT. 迫隆-旁辛深断裂带;MLT. 米林断裂带;JLT. 嘉黎深断裂带;CXS. 长青温池-兴凯陆缘岩浆弧前锋带;PQS. 普拿-倾多弧背冲断带

以场地为中心,半径不小于150km来划分区域工程场地地震安全性评价的影响范围,具体为:93°20′~96°40′E,28°20′~31°30′N。工程近场区按工程场地及其外围25km的范围划分,具体为:94°40′~95°22′E,29°45′~30°20′N。

2. 米林断裂带的基本特征

米林断裂带位于印度板块与欧亚板块碰撞构造变形最强烈的东喜马拉雅构造部位。断裂构造发育，主要为北西西向和北东向，次为东西向。其断裂属性、规模、活动时间、活动强度有明显差异。北北东-北东向里龙断裂带、米林断裂带和墨脱断裂带，北西西向阿帕龙断裂带，全新世有强烈的走滑挤压活动，是大震发震断裂带。近场区内主要分布有北东向、北西向和近东西向三组走向的断裂。晚更新以来的活动断裂在 TM 卫星影像上可见到比较明显的线性特征和色彩差异（图 8.19）。其中北东向米林断裂带、北西向嘉黎断裂带和北西向迫隆-旁辛断裂带构成了近场区活动断裂构造的主体框架，它们同时也是近场区新构造分区的界线。

图 8.19 米林断裂带周边 TM 卫星影像①

米林断裂带展布于米林、鲁定、通麦一线，总体北东向，倾向南东，全长 155km，为一条切错雅鲁藏布江断裂带的新生断裂带。该断裂带主要由孜马岗-谷米断裂、热嘎-杠嘎断裂、鲁朗断裂和加拉白垒西麓断裂构成。

3. 区域地震活动性分析

根据"国道 318 线川藏公路（西藏境）通麦至 105 道班段整治改建工程可行性研究场地地震安全性评价"研究报告，进一步分析了米林断裂区域地震活动特性。

---

① 影像源自中国地震局地壳应力研究所，318 国道川藏公路通麦—105 道班整治改建工程场地地震安全性评价报告。

1) 区域地震震中空间分布特征

区域地震活动水平较高,但在空间上具有明显的不均匀性。截至 2004 年 3 月,区域范围内共记录到 $M_S \geqslant 4.7$ 级的地震 115 次,其中 M_S 4.7~4.9 级地震 26 次、M_S 5.0~5.9 级地震 70 次、M_S 6.0~6.9 级地震 16 次、M_S 7.0~7.9 级地震 2 次,M_S 8 级以上地震 1 次。中部强震主要分布在北西向嘉黎断裂中段,南部强震主要分布在北东向断裂带上。

研究区中共发生了 3 次震级大于 7 级的地震,依次是 1642 年洛隆西北 7 级地震、1947 年朗县东南 7.7 级地震和 1950 年墨脱 8.6 级地震,距离场址分别为 167.3km、187.7km、41km。图 8.21 是区域小震震中分布图,与图 8.20 比较可见,小震分布具有较强的继承性,表现出空间分布的极不均匀性。但在研究区的西南角,强震分布较集中,而小震相对较弱。

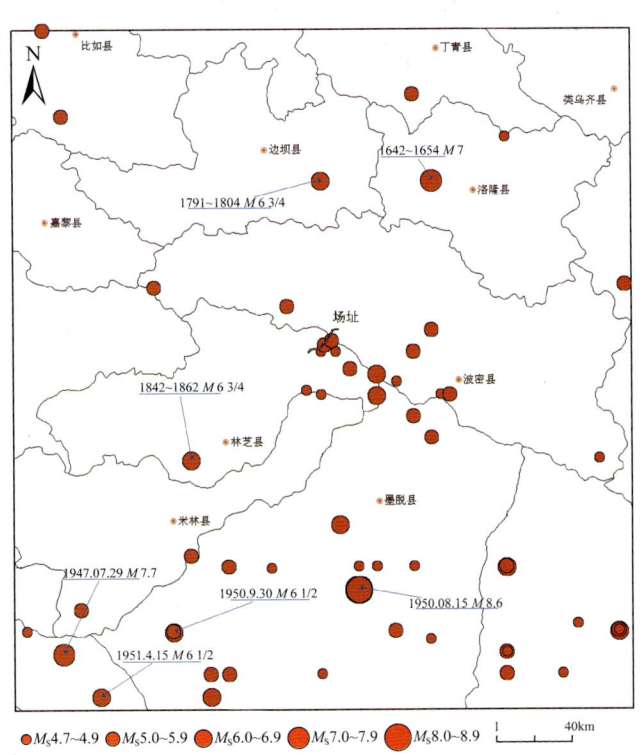

图 8.20　区域中强地震震中分布图

2) 区域地震震源深度

区域内 115 个震级大于 M_S 4.7 级的地震中,只有 19 个地震有震源深度参数。因此根据 1970 年以来的现代地震的震源深度作统计分析。

通过对中国地震局分析预报中心的地震数据库进行检索,1970 年 1 月—2004 年 7 月区域范围内共发生 M_L 2.0~5.0 级的中小地震 343 次,其中 73 次有震源深度数据。据此得出了地震次数随深度分布的统计结果(表 8.12),考虑到震源深度测定存在误差,深度分级区间取为 10km。

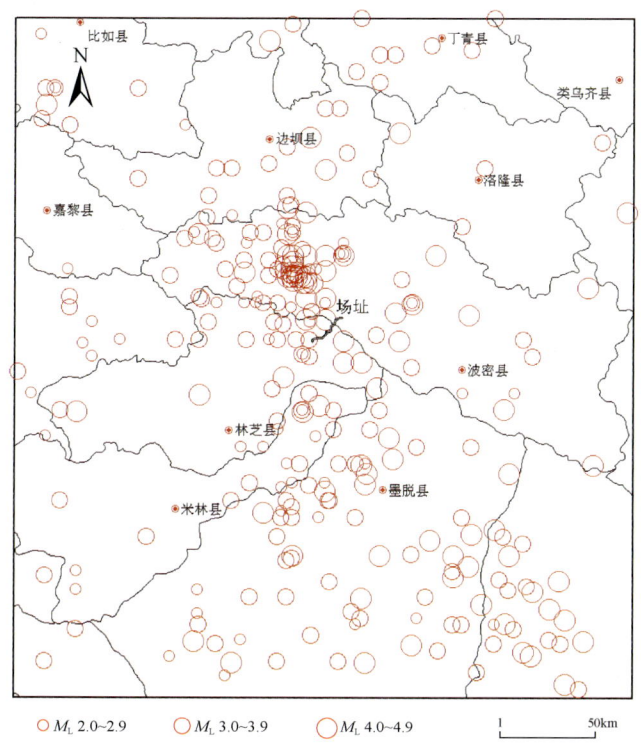

图 8.21　区域小震震中分布图

表 8.12　区域地震次数随深度分布统计

次数　深度/km 震级	1~9	10~19	20~29	30~39	≥40
$5.0 \geqslant M_L \geqslant 2.0$	0	18	11	35	9
$M_S \geqslant 4.7$	0	7	4	8	0

可以看出：震源深度的优势分布范围为 10~40km，其中又以 30~39km 深度内地震分布最为集中。西藏地区的地壳厚度较大，平均约 60km，因此工作区内的地震多发生在中上地壳内。

3）区域地震的时间分布特征

图 8.22 为区域地震 $M-T$ 和应变释放曲线图，从图可以看出，1900~1946 年为相对平静期，1947 年至今处于相对活动阶段，应力释放平稳。同藏中地震带及喜马拉雅地震带的地震活动规律相一致。

1950 年 8 月 15 日墨脱 8.6 级地震对场址的影响烈度达到Ⅸ度。一次 8 级地震的孕育通常需要几百年的时间，同时 8 级地震释放了巨大的能量，使其附近地区在一段时间内不再具备发生大震的条件。对中国境内及边境附近的 19 次 8 级以上地震的统计结果表明：150 年内发生 7 级地震的概率略高，19 次地震中共有 6 次 7 级地震，其中有 5 次地震位于

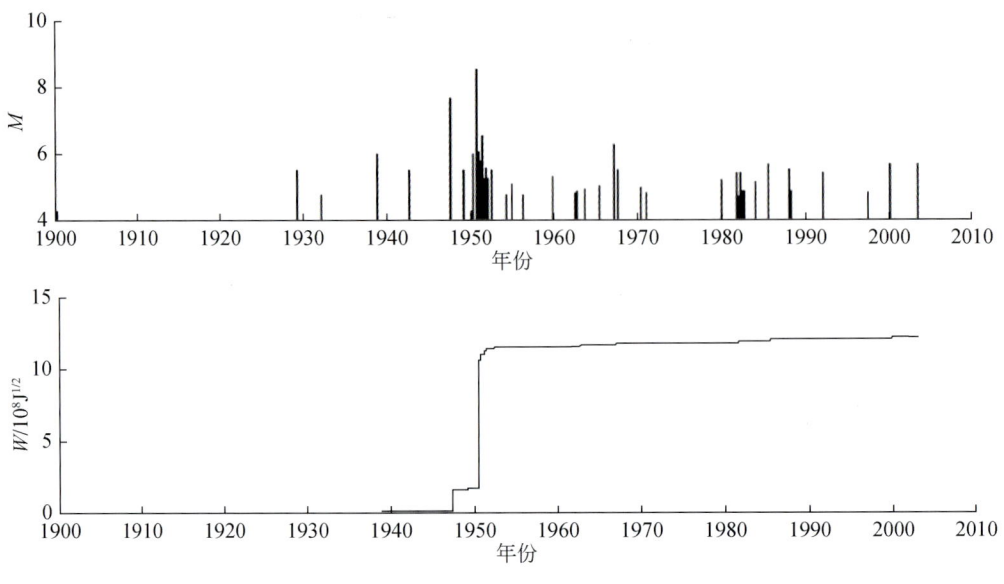

图 8.22　区域地震 M-T 和应变释放曲线图

南北地震带,而西藏及邻区的地震并无此现象。由此估计未来百年在墨脱 8.6 级地震附近地区仍存在发生 7 级地震的可能性。

4) 区域所处地震带基本特征

川藏铁路场址研究区域范围位于青藏高原的南部地震活动亚区。

该地震亚区包括:藏中地震带、滇西南地震带和喜马拉雅山地震带。区域范围涉及藏中地震带和喜马拉雅山地震带(图 8.23),场址位于喜马拉雅地震带内。

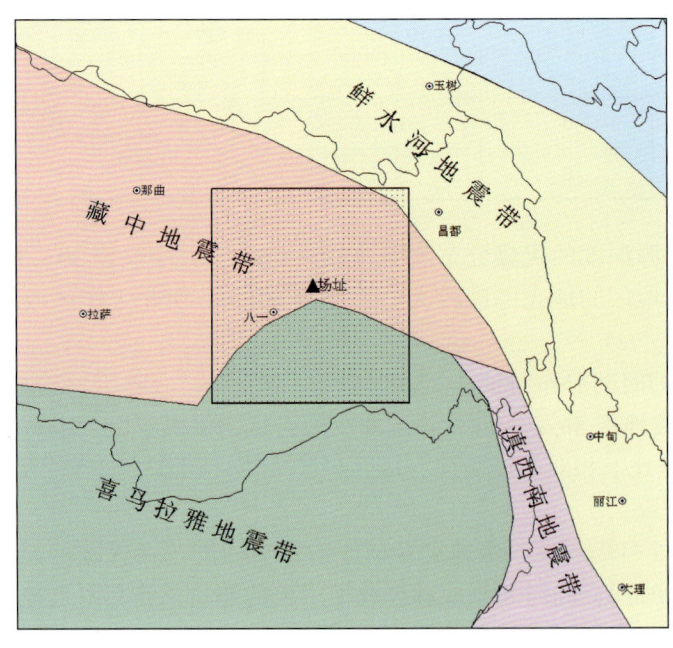

图 8.23　青藏高原地区地震带划分图

(1) 藏中地震带。

该地震带分布在雅鲁藏布江板块缝合带北部的藏北高原一带，以一系列近东西向的压性断裂带为主。自有地震记载史以来共记到 $M \geqslant 8$ 级的地震 2 次，7.0~7.9 级地震 4 次，6.0~6.9 级地震 40 次。最大地震为 1411 年当雄和 1951 年崩错两次 8 级大地震。

(2) 喜马拉雅山地震带

该地震带包括雅鲁藏布江板块缝合带和喜马拉雅山脉，自有地震记载史以来，共记到 $M \geqslant 8$ 级的地震 8 次，7.0~7.9 级地震 23 次，6.0~6.9 级地震 83 次。8 级地震分别为：1833 年西藏聂拉木 8 级地震、1897 年在印度阿萨姆 8.7 级地震、1905 年克什米尔印度边境 8 级地震、1934 年尼泊尔印度边境 8.3 级地震及 1950 年在西藏墨脱 8.6 级特大地震。该带是我国及邻区地震强度最大和频度最高的地震带。

4. 地震活动性参数

川藏铁路通麦及其附近的地震带有藏中地震带和喜马拉雅山地震带，简要介绍这两个地震带的地震活动性参数。

1) 震级上限（M_{uz}）

藏中地震带震级上限与喜马拉雅地震带震级上限均为 8.5 级，而米林断裂带所处潜在震源区最大震级上限是 7.5 级，故此处计算地表永久位移概率危险时采用的震级上限是 7.5 级

2) 起算震级（M_0）

工程区域范围内地震多属于浅源地震，一些震级较低地震也会产生一定程度的破坏，所以在地震动概率危险性分析时起算震级需取 4 级。但对于永久位移概率危险性评估，震级较小的地震通常不会引起地表出现永久位移，因此文中起算震级 M_0 取 6 级。

3) 震级-频度关系

参照黄玮琼等（1989），两个地震带的震级-频度关系曲线及其 b 值为：

藏中地震带（图 8.24）：$b = 0.817$，$a = 6.365$，方差 $s = 0.09$，相关系数 $r = 0.995$；

喜马拉雅山地震带（图 8.25）：$b = 0.735$，$a = 6.5003$，方差 $s = 0.094$，相关系数 $r = 0.993$。

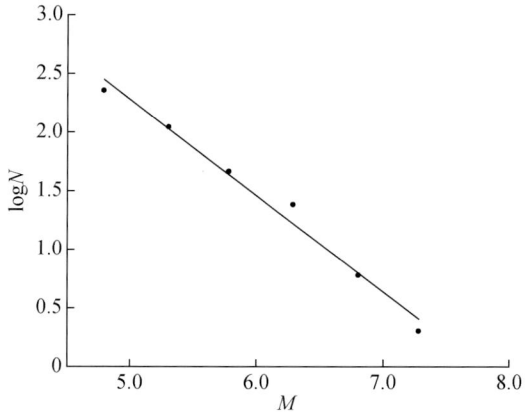

图 8.24 藏中地震带震级-频度关系

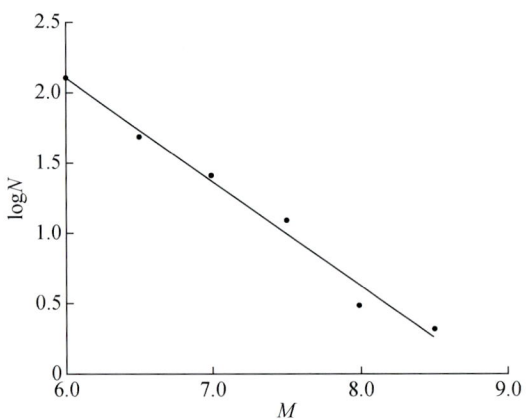

图 8.25 喜马拉雅山地震带震级-频度关系

4) 年平均发生率 (v)

采用统计得到的 b 值与各地震带 1900 年以来适当震级档（即考虑其复发周期）的地震实际年平均发生率反求 a'，再推算出相应的 v_4。藏中地震带可参考 1900 年以来 6 级以上实际地震年平均发生率值来推算其 v 值；喜马拉雅山地震带要参考 8 级地震的复发期及相应的年平均发生率。藏中地震带 $v=18.264$，喜马拉雅山地震带 $v=36.880$。

5) 潜在震源区的震级上限 (M_U)

图 8.26 为近场和周围地区的潜在震源区图。对场地影响较大的两个潜在震源区为：

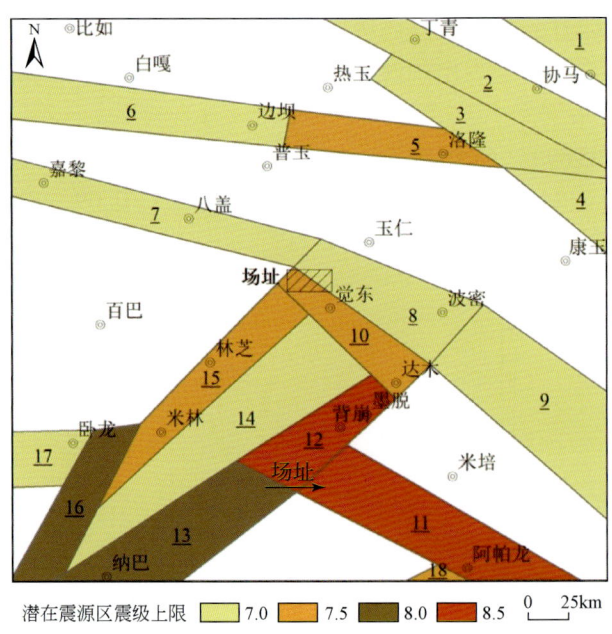

图 8.26 区域潜在震源划分方案

(1) 波密7.0级潜在震源区。

主体包括北西西向嘉黎断裂带的通麦–下察隅断裂西段,嘉黎断裂带该段晚第四纪以来活动不很强。依据地震构造类比原则,故将原震级上限7.5级降为7.0级为宜。

(2) 米林–林芝7.5级潜在震源区。

主体位于北东向米林断裂带中、南段。该断裂段为全新世活动断裂,但其活动强度远不及墨脱断裂有断错地貌现象。依据地震构造类比原则,震级上限应定为7.5级为宜。

6) 空间分布函数 $f_{i,mj}$

本工程场区各潜在震源区不同震级档对应的空间分布函数,见表8.13。

表8.13 主要潜在震源区的空间分布函数

潜源序号	潜源名称	M_U	$f_{i,mj}$					
			4.0~5.5	5.6~6.0	6.1~6.5	6.6~7.0	7.1~7.5	>7.5
8	波密	7.5	0.0177	0.0177	0.0284	0.0401	0.0862	0.0000
15	米林–林芝	7.5	0.0092	0.0092	0.0085	0.0087	0.0127	0.0000

7) 方向性函数

在地震危险性分析计算中,等震线取向与相应潜在震源区的构造走向有关,其方向性函数可表示为

$$f_{(\theta)} = P_1 \delta_{(\theta_1)} + P_2 \delta_{(\theta_2)} \tag{8.43}$$

式中,θ 为潜在震源区内构造走向与正东方向的夹角;P_1 和 P_2 为相应的取向概率。按以下3种情况分别取值:

(1) 单一断层性质,主破裂面沿研究区构造走向,只有一个走向,其主破裂方向均取为新活动构造的走向。

(2) 共轭断层性质,某些潜在震源区,两个方向的断裂相交汇,难以分清哪一组为主,两个方向的权重各占50%。

(3) 一组断层为主,另一组断层为辅,主干断裂走向的概率为70%,分支断裂走向的概率为30%。

5. 米林断裂带地表永久位移评估结果

根据上述模型参数及编制的永久位移概率危险性分析程序,对川藏公路通麦—105道班途经米林断裂带的永久位移概率危险性进行了评估,最终得到了米林断裂带未来50年内地表永久位移的概率危险曲线,如图8.27所示。考虑到罕遇地震50年的超越概率为2%~3%,而米林断裂带发生地表永久位移为10m的概率低于0.3%,所以只取到10m范围内的永久位移量讨论。图8.27显示,发生地表永久位移的概率大小可分为两个阶段:第一个阶段是地表位移值在1m范围内时,危险性概率数值变化不大,即发生1m范围内地表永久位移的概率非常接近;第二阶段是地表永久位移大于1m小于10m的范围内,随着永久位移值的增大,危险性概率快速降低。基于图8.27中不同危险性概率下的永久位移量值,可为川藏线路跨越米林断裂带时的减灾设计提供数据支持。

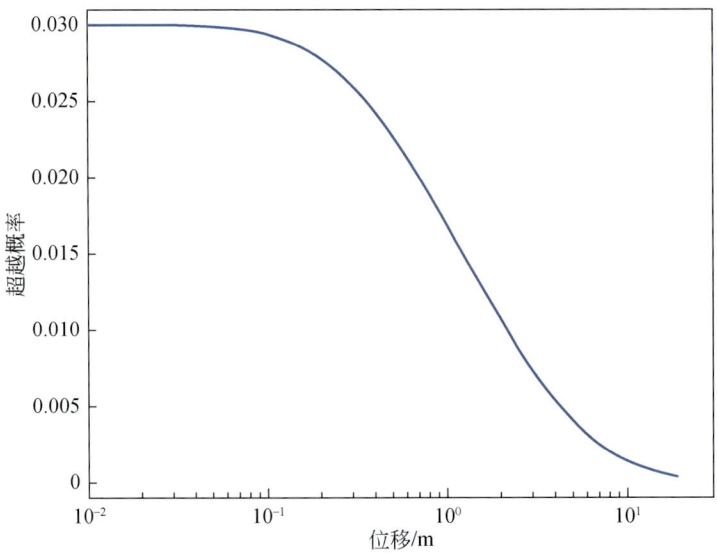

图 8.27　米林断裂带地表永久位移超越概率曲线

8.5.4　跨断层线路设计方法

假设断层两侧地块发生刚性位移，线路在断层破碎带处错断，在两侧地块上线形完好。震后对线路的恢复重建是在保证线路线形要求的原则条件下，尽可能利用原线路，使工程量最小。下面以铁路线型要求为例，讨论同震地表位移对线路的影响。

线路平面的基本线形有直线和曲线。一条平面曲线设计如图 8.28 所示，ZH、HY、YH、HZ 分别为曲线的直缓点、缓圆点、曲中点、圆缓点和缓直点，它们是直线、缓和曲线、圆曲线、缓和曲线、直线的分界点；JD 为导线交点，即曲线两端直线段延长线的交点；α 为曲线偏角，即曲线两端直导线的方位角。曲线基本要素包括：偏角 α；半径 R；缓和曲线 l_0。

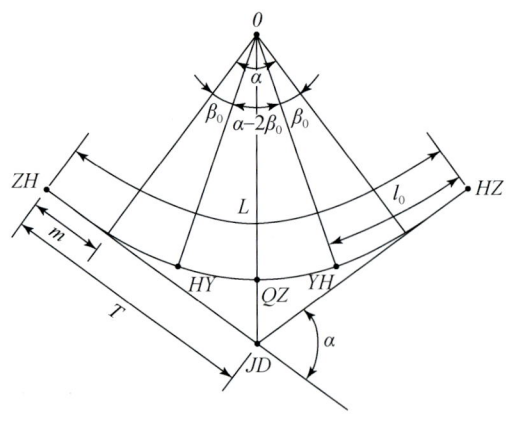

图 8.28　线路平面曲线

曲线其他要素如下：
切线长：
$$T = (R+P) \times \tan\frac{\alpha}{2} + m \tag{8.44}$$

曲线长：
$$L = \frac{\pi(\alpha-2\beta_0)R}{180} + 2l_0 = \frac{\pi\alpha R}{180} + l_0 \tag{8.45}$$

式中，P 为内移距，$P = \frac{l_0^2}{24R} - \frac{l_0^4}{2688R^3} \approx \frac{l_0^2}{24R}$；$m$ 为切垂距，$m = \frac{l_0}{2} - \frac{l_0^3}{240R^2} \approx \frac{l_0}{2}$；$\beta_0$ 为缓和曲线角，$\beta_0 = \frac{90l_0}{\pi R}$。

1. 断层在曲线段

根据断层运动方向，被错断的曲线，在一侧地块上向曲线外侧偏移，在另一侧地块上向曲线内侧偏移。如图 8.29 所示，虚线为原线路，JD' 为原线路导线交点，实线为错断后曲线。曲线两侧导线发生沿断层方向的平移，导线方位角不变，因此曲线偏角 α 不变，仅导线的交点位置发生变化，由图中 JD' 变到 JD。直缓点和缓直点是曲线段的起点和终点，曲线错断前的直缓点和缓直点分别为 ZH'、HZ'，曲线错动后 ZH'、HZ' 变到 ZH''、HZ''，ZH、HZ 为按原设计曲线要素，重建曲线段的直缓点和缓直点。

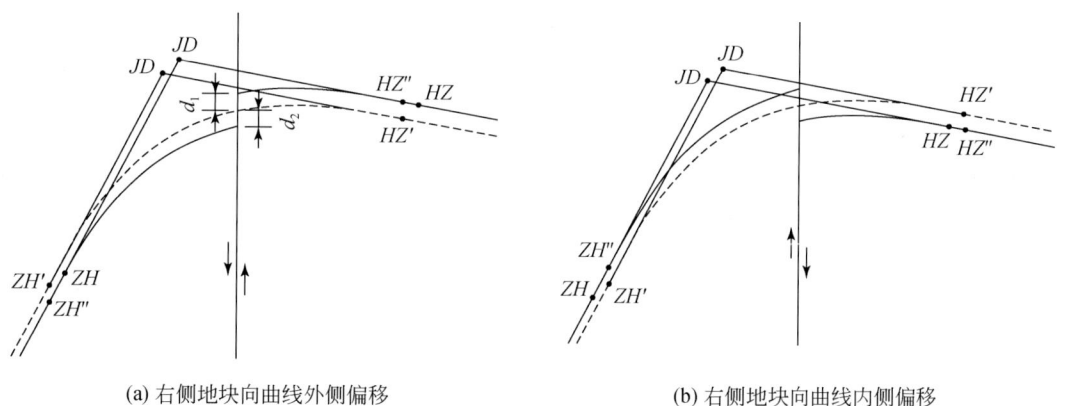

(a) 右侧地块向曲线外侧偏移　　　　　　(b) 右侧地块向曲线内侧偏移

图 8.29　曲线段断层错动

对如图 8.28（a）所示错动，左侧 ZH 在 JD 和 ZH'' 之间，左侧直线段将加长，重建曲线不占用原线路的直线段；右侧 HZ 在 JD 和 HZ'' 之外，右侧直线段变短，重建曲线将占用原线路 HZ''、HZ 之间的直线段 S。为计算长度 S，利用图 8.29（a）曲线细部作辅助图图 8.30。

设两导线与断层的夹角分别为 γ_1，γ_2，如图 8.30 所示，γ_1 为右侧导线与断层之间的夹角，根据几何关系，有

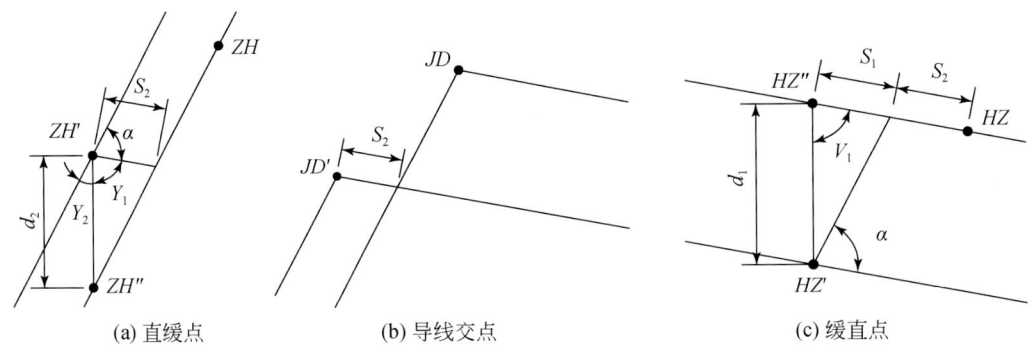

(a) 直缓点　　　　(b) 导线交点　　　　(c) 缓直点

图 8.30　曲线细部图

$$\frac{\sin\alpha}{d_1} = \frac{\sin(\alpha+\gamma_1)}{S_1} \tag{8.46}$$

$$\frac{\sin\alpha}{d_2} = \frac{\sin(\alpha+\gamma_1)}{S_2} \tag{8.47}$$

$$D = d_1 + d_2 \tag{8.48}$$

式中，D 为断层相对变形量。

由式（8.46）~式（8.48）可得

$$S = S_1 + S_2 = \frac{\sin(\alpha+\gamma_1)}{\sin\alpha} \times D \tag{8.49}$$

对如图 8.29（b）所示错动，同理，可得

$$S = \frac{\sin\gamma_1}{\sin\alpha} \times D \tag{8.50}$$

由于有 $\gamma_1+\gamma_2+\alpha=180°$ 的几何关系，则可对图 8.31（a）、（b）两种情况进行统一。设 ϕ 为线路向曲线内侧偏移一侧导线与断层的夹角，则向曲线外侧偏移一侧线路，按原设计曲线要素修复有 $S=\frac{\sin\phi}{\sin\alpha}\times D$ 长度直线段需改建为曲线段，即在线路设计时，曲线外移一侧需预留 S 长度直线段。

夹直线是两条曲线之间的直线段，为了保障车辆运行的平顺性，夹直线有最小长度限制，即最小夹直线。因此，在线路设计时，最小夹直线长度应加上 S，由于 $\phi\in[0,180°-\alpha]$，因此当 $\phi=0$ 时，不用预留直线段，此时线路一侧直线段与断层平行，当 $\phi=90°$ 时，预留最大直线段 $S=\frac{D}{\sin\alpha}$。如果要使预留直线段工程量最小，设计曲线偏角 $\alpha=90°$。

此外，也可适当减小曲线半径 R，使曲线段长度减小。因此，线路设计选用大半径曲线跨断层也是应对断层错断变形的措施。

2. 断层在夹直线上

在断层错动中，由于靠近断层的夹直线破坏严重，同时为了尽可能利用原线路，减少废弃工程量，线路恢复是调整夹直线段，并保留尽可能多的两条曲线段。

按两侧地块发生刚性位移的假设,断层错动使线路发生如图8.31所示的变形,虚线为断层错断后的原线路,在断层两侧错断成一对平行线。为使尽可能多的曲线被利用,最佳的方案是每个曲线完整保留远离断层一侧的缓和曲线,圆曲线半径 R、圆心位置不变,增加或减少圆曲线的长度,这样曲线偏角将发生改变,$\Delta\alpha$ 为改变量,导线交点位置由 JD'' 变到 JD。如图8.31中,恢复线路左侧曲线偏角变为 $\alpha_1+\Delta\alpha$,导线交点变到 JD_1;右侧曲线偏角变为 $\alpha_2-\Delta\alpha$,导线交点变到 JD_2。这样问题的核心变成求解满足条件的 $\Delta\alpha$,进而可求解交点位置。

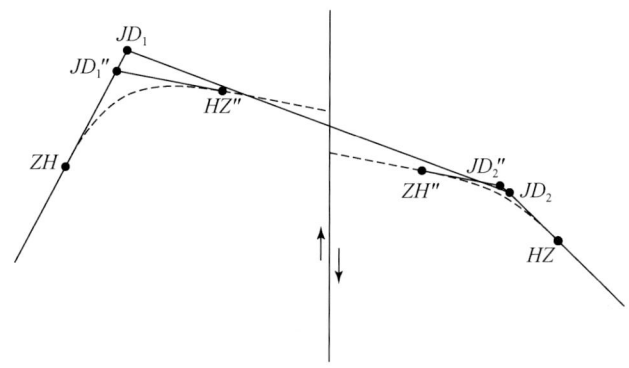

图8.31 夹直线上断层错动

设原来夹直线段长度为 L_J,与断层的夹角为 ϕ,且 $\phi \in [0,\pi/2]$,做如图8.32的几何分析图,T_1'、T_2' 分别为原线路左侧、右侧曲线切线长,T_1、T_2 分别为恢复线路左侧、右侧曲线切线长,D 为断层相对变形量。

在由 JD_1、JD_2、M 组成的大三角形中,有几何关系:

$$\frac{\sin\Delta\alpha}{D+b_1+b_2}=\frac{\sin(\phi-\Delta\alpha)}{T_1'+T_2'+L_J-d_1+d_2} \tag{8.51}$$

在左侧导线交点处,有几何关系:

$$\frac{\sin\alpha_1}{b_1}=\frac{\sin\phi}{T_1-T_1'}=\frac{\sin(\phi+\alpha_1)}{d_1} \tag{8.52}$$

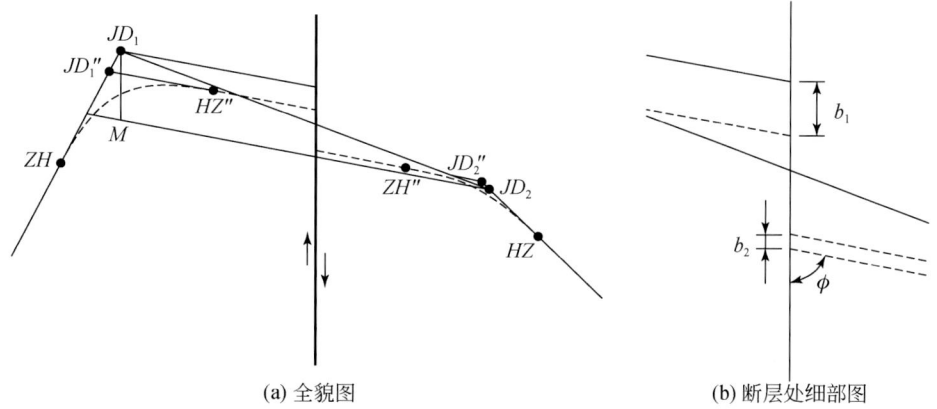

(a) 全貌图　　　　　　　　(b) 断层处细部图

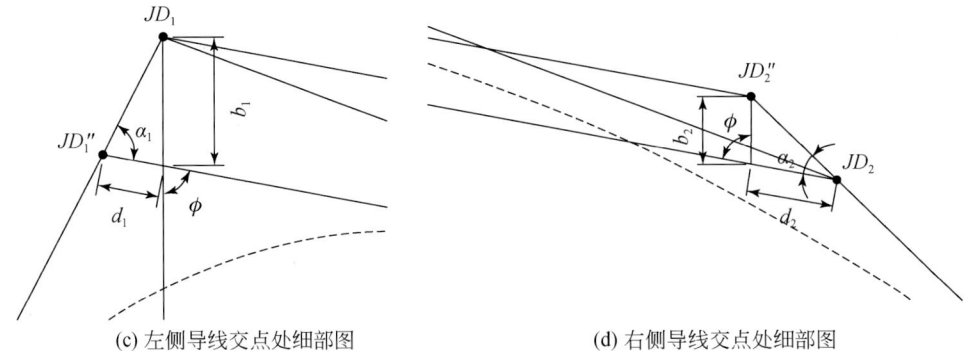

(c) 左侧导线交点处细部图　　　　(d) 右侧导线交点处细部图

图 8.32　夹直线上断层错动几何分析图

由此有

$$b_1 = \frac{\sin\alpha_1}{\sin\phi}(T_1 - T_1') \tag{8.53}$$

$$d_1 = \frac{\sin(\phi + \alpha_1)}{\sin\phi}(T_1 - T_1') \tag{8.54}$$

在右侧导线交点处，有几何关系：

$$\frac{\sin\alpha_2}{b_2} = \frac{\sin\phi}{T_2' - T_2} = \frac{\sin(\phi - \alpha_2)}{d_2} \tag{8.55}$$

由此有

$$b_2 = \frac{\sin\alpha_2}{\sin\phi}(T_2' - T_2) \tag{8.56}$$

$$d_2 = \frac{\sin(\phi - \alpha_2)}{\sin\phi}(T_2' - T_2) \tag{8.57}$$

曲线要素和三角函数有下面的关系：

$$\sin\Delta\alpha = \frac{2\tan\dfrac{\Delta\alpha}{2}}{1+\tan^2\dfrac{\Delta\alpha}{2}} \tag{8.58}$$

$$\sin(\phi-\Delta\alpha) = \sin\phi\cos\Delta\alpha - \cos\phi\sin\Delta\alpha = \sin\phi \times \frac{1-\tan^2\dfrac{\Delta\alpha}{2}}{1+\tan^2\dfrac{\Delta\alpha}{2}} - \cos\phi \times \frac{2\tan\dfrac{\Delta\alpha}{2}}{1+\tan^2\dfrac{\Delta\alpha}{2}} \tag{8.59}$$

$$T_1 - T_1' = (R_1+P_1)\left[\tan\left(\frac{\alpha_1+\Delta\alpha}{2}\right) - \tan\frac{\alpha_1}{2}\right] = (R_1+P_1)\left[\frac{\tan\dfrac{\alpha_1}{2}+\tan\dfrac{\Delta\alpha}{2}}{1-\tan\dfrac{\alpha_1}{2}\cdot\tan\dfrac{\Delta\alpha}{2}} - \tan\frac{\alpha_1}{2}\right] \tag{8.60}$$

$$T_2' - T_2 = (R_2+P_2)\left[\tan\frac{\alpha_2}{2} - \tan\left(\frac{\alpha_2-\Delta\alpha}{2}\right)\right] = (R_2+P_2)\left[\tan\frac{\alpha_2}{2} - \frac{\tan\dfrac{\alpha_2}{2}-\tan\dfrac{\Delta\alpha}{2}}{1+\tan\dfrac{\alpha_2}{2}\cdot\tan\dfrac{\Delta\alpha}{2}}\right] \tag{8.61}$$

这样将未知量均化为关于 $\tan\dfrac{\Delta\alpha}{2}$ 的表达式，将式（8.53）~式（8.60）代入式（8.61）中，求解关于 $\tan\dfrac{\Delta\alpha}{2}$ 的一元四次方程，即可解答问题。

3. 断层在直线段

1）断层附近有曲线

断层在直线段，但断层附近有曲线段，利用曲线段即可调整恢复线路，如图 8.33 所示，虚线为断层错断后的原线路，实线为调整恢复的线路。断层错动前后，导线方位角不变，仅导线交点位置发生变化，由图中 JD'' 变到 JD。根据断层运动方向，有导线交点向曲线内移和外移两种情况。

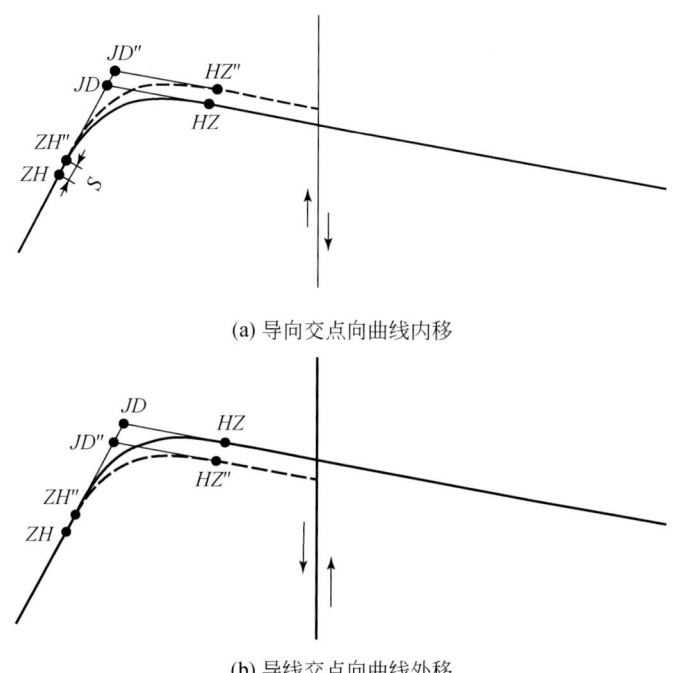

(a) 导向交点向曲线内移

(b) 导线交点向曲线外移

图 8.33 利用断层附近曲线段调整恢复线路

对图 8.33（a）导线交点内移的错动，恢复线路需占用曲线直缓点外的直线段，曲线外侧需预留 S 长度直线段，根据分析，可知：

$$S=\dfrac{\sin\phi}{\sin\alpha}\times D \tag{8.62}$$

式中，α 为曲线偏角，ϕ 为直线与断层的夹角；D 为断层相对变形量。

对图 8.33（b）导线交点外移的错动，恢复线路占用曲线缓直点外的直线段，由于该直线段足够长，可不考虑预留变形长度。

2）断层附近无曲线

断层附近无曲线可以利用，可假设线路以无限长直线段穿过断层，地震位移使断层两侧线路错断为两条平行线，如图 8.34 所示，虚线为原线路，实线为错断后曲线。为贯通线路，需在错断部位增设一组反向曲线。

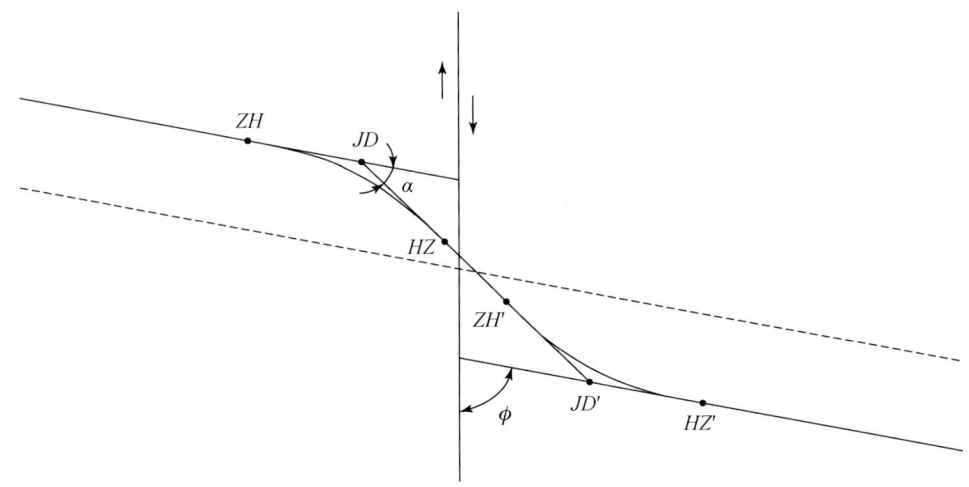

图 8.34 直线段断层错动

设 ϕ 为线路与断层的夹角，增设反向曲线的转向角为 α。为保障行车平稳、旅客舒适，以及线路养护维修的要求，在设计速度下，对圆曲线和夹直线有最小长度的限制，分别为 $L_{Y\min}$、$L_{J\min}$，且有 $L_{Y\min}=L_{J\min}$。由于最小曲线长度的限制，有

$$\alpha - 2\beta_0 = \frac{180 L_Y}{\pi R} \geqslant \frac{180 L_{Y\min}}{\pi R} \tag{8.63}$$

即

$$\alpha \geqslant \frac{180 L_{Y\min}}{\pi R} + 2\beta_0 = \frac{180}{\pi R}(L_{Y\min}+l_0) \tag{8.64}$$

根据几何关系，有

$$\frac{D\sin\phi}{\sin\alpha} = 2T+L_J > L_Y+2l_0+L_J > 2L_{Y\min}+2l_0 \tag{8.65}$$

即

$$\alpha < \arcsin\frac{D\sin\phi}{2(L_{Y\min}+l_0)} \tag{8.66}$$

转向角 α 要同时满足式（8.63）和式（8.65）的限制要求，地表位移 D 越小，满足式（8.64）的转向角 α 越小，要满足转向角 α 的最小值要求，则圆曲线的半径越大，就可能超过最大曲线半径的限制条件。在地表位移较小时，就很难有满足条件的转向角 α。例如设计行车速度 120km/h，则相应的 $L_{J\min}=L_{Y\min}=80$m，由于反向曲线的圆曲线半径一般不小于 4000m，取 $l_0=20$，圆曲线的最大曲线半径为 12000m，根据式（8.63），$\alpha \geqslant \frac{180}{\pi R_{\max}}(L_{Y\min}+l_0)=0.48°$，设 $\phi=90°$，在地表位移 $D=1.6$m 时，就没有满足条件的转向角 α。此时，为满足线型要求，就必须在大范围内调整线路。

设计行车速度大、地表形变小时，在错断的两条平行线上增设一组反向曲线的方案是

不可行的。因此，线路应避免以直线段通过断层。

综上，对跨断层线路设计，宜以大曲线半径通过断层，地震后可通过减小曲线半径的措施恢复线型要求。若不降低原线路设计水准，在线路设计时，曲线外移变形的一侧需预留 $S=\dfrac{\sin\phi}{\sin\alpha}\times D$ 长度的直线段，最小夹直线长度需加上 S；要使预留直线段工程量最小，设计曲线偏角 $\alpha=90°$。不宜以直线段通过断层，若以直线段通过断层，也应在断层附近设一曲线。具体到米林断裂带，预计未来 50 年有可能发生的最大地表位错量为 10m，选线时可将此位移量作为预留变形量的基准值，在选线设计时，将曲线段直缓点前的夹直线长度，以及在缓直点后的夹直线长度各增加 10m，就能显著减少工程废弃量，同时达到在较短时间内修复线路的目的。

参 考 文 献

陈储军,刘明.1996.西藏年楚河冰川终碛湖溃决条件及洪水估算.冰川冻土,18(4):347~352
陈德明,王兆印,何耘.2002.泥石流入汇对河流影响的实验研究.泥沙研究,(3):22~28
陈光曦,王继康,王林海.1983.泥石流防治.北京:中国铁道出版社
程谦恭.1999.剧冲式高速岩质滑坡运动全过程动力学机制研究.岩石力学与工程学报,(1):117
程谦恭,张倬元,黄润秋.2007.高速远程崩滑动力学的研究现状及发展趋势.山地学报,(1):72~84
程尊兰,洪勇,黎晓宇.2011.青藏高原典型冰湖溃决泥石流预警技术.山地学报,29(3):369~377
崔鹏,陈容,向灵芝,苏凤环.2014.气候变暖背景下青藏高原同地灾害及其风险分析.气候变化研究进展,10(2):103~109
崔鹏,何易平,陈杰.2006.泥石流输沙及其对山区河道的影响.山地学报,(5):31~41
崔鹏,马东涛,陈宁生,蒋忠信.2003.冰湖溃决泥石流的形成、演化与减灾对策.第四纪研究,(6):621~628
崔鹏,苏凤环,邹强,陈宁生,张镱锂.2015.青藏高原山地灾害和气象灾害风险评估与减灾对策.科学通报,60(32):3067~3077
党超,褚娜娜,张鹏.2019.冰碛湖溃决泥石流流量计算方法.冰川冻土,41(1):165~174
邓建辉,高云建,余志球,谢和平.2019.堰塞金沙江上游的白格滑坡形成机制与过程分析.工程科学与技术,51(1):9~16
段书苏.2016.基于构造地貌学的山区孕灾环境分析及线路工程减灾策略.成都:西南交通大学博士研究生学位论文
樊晓一,冷晓玉,段晓冬.2015.坡脚型与偏转型地震滑坡运动距离及地形因素作用.岩土力学,36(5):1380~1388
方玉树.2007.高位能滑坡运程探讨.后勤工程学院学报,(4):16~20
韩春暄,蒋忠信.2000.复杂地质艰险山区修建大能力南昆铁路干线成套技术.成都:电子科技大学出版
胡广韬.1995.滑坡动力学.北京:地质出版社:13~15
胡文涛,姚檀栋,余武生.2018.高亚洲地区冰崩灾害的研究进展.冰川冻土,40(6):1141~1152
胡聿贤.2007.地震安全性评价技术教程.北京:地震出版社:219~219
黄河水利委员会水利科学研究所.1997.溃坝水流计算方法初步探讨.科研成果选编,(1)
黄润秋,李渝生,严明.2017.斜坡倾倒变形的工程地质分析.工程地质学报,25(5):1165~1181
黄玮琼,时振梁,曹学锋.1989.b 值统计中的影响因素及危险性分析中 b 值的选取.地震学报,(4):351~361
蒋忠信.1991.云南滑坡分布的坡向性浅析//朱瑞赓,晏同珍,周泽忠.国际滑坡与岩土工程学术会议论文

集.武汉:华中理工大学出版社:217~221

蒋忠信.2002a.帕隆藏布河流纵剖面演化的最小功模式.山地学报,20(1):26~31

蒋忠信.2002b.西藏帕隆藏布河谷崩塌滑坡、泥石流的分布规律.地理研究,21(4):495~503

蒋忠信,崔鹏,王成华.2004.进藏交通干线减灾选线理论原则.铁道工程学报,(2):1~6

林平一.1958.小汇水面积暴雨径流计算法.北京:水利电力出版社

刘昌明,白鹏,王中根,刘苏峡,刘小莽.2016.稀缺资料流域水文计算若干研究:以青藏高原为例.水利学报,47(3):272~282

刘传正.2018.雅鲁藏布江色东普沟崩滑-碎屑流堵江堰塞湖.中国地质灾害与防治学报,29(6):13

刘翠容,姚令侃.2012.泥石流堵塞大河的特点及异岸受灾判据研究.四川大学学报(工程科学版),44(5):93~100

鲁修元,杨明刚,赵丹,等.2000.西藏易贡藏布扎木弄沟特大型滑坡成因及溃决分析.工程地质学报,8(s):256~257

罗德富,汪阳春.1998.川藏公路102滑坡治理工程方案分析//崔鹏.海峡两岸山地灾害与环境保育学术研讨会(第一卷).成都:四川科学技术出版社:418~422

罗德富,毛济周,朱平一.1995.川藏公路南线(西藏境内)山地灾害及防治对策.北京:科学出版社

马东涛.2006.易贡藏布流域山地灾害对川藏公路整改工程的影响研究.成都:中国科学院、水利部成都山地灾害与环境研究所博士研究生学位论文

潘桂棠,肖庆辉,张克信,尹福光,任飞,彭智敏,王嘉轩.2019.大陆中洋壳俯冲增生杂岩带特征与识别的重大科学意义.地球科学,44(5):1544~1561

彭建兵,马润勇,卢全中,李喜安,邵铁全.2004.青藏高原隆升的地质灾害效应.地球科学进展,(3):457~466

冉洪流,周本刚.2004.地表潜在断错位移的概率评价方法.工程地质学报,(1):93~97

谭炳炎.1989.泥石流沟的判别条件和危险度的综合评判.铁道工程学报,(4):59~65

王思敬.2002.地球内外动力耦合作用与重大地质灾害的成因初探.工程地质学报,(2):115~117

吴树仁,石菊松,王涛,等.2012.滑坡风险评估理论与技术.北京:科学出版社

武汉水利电力学院水力学教研室.1980.水力计算手册.北京:中国水利水电出版社:479~480

夏军强,王光谦,谈广鸣.2010.复杂边界及实际地形上溃坝洪水流动过程模拟.水科学进展,21(3):289~298

谢任之.1993.溃坝水力学.济南:山东科学技术出版社:279~322

徐锡伟.2009.5·12汶川8.0级地震地表破裂图集.北京:地震出版社

徐永年,匡尚富,黄永键,王力.2002.泥石流入汇的危险性判别指标.自然灾害学报,11(3):33~38

许强,郑光,李为乐,何朝阳,董秀军,郭晨,冯文凯.2018.2018年10月和11月金沙江白格两次滑坡-堰塞堵江事件分析研究.工程地质学报,26(6):1534~1551

许树柏.1988.层次分析法原理.天津:天津大学出版社

殷跃平.2000.西藏波密易贡高速巨型滑坡特征及减灾研究.水文地质工程地质,27(4):8~11

殷跃平.2004.中国地质灾害减灾战略初步研究.中国地质灾害与防治学报,(2):4~11

游勇,程尊兰.2005.西藏波密米堆沟泥石流堵河模型试验.山地学报,23(3):288~293

游勇,程尊兰,胡平华,何淑芬.1997.西藏古乡沟泥石流模型试验研究.自然灾害学报,(1):54~60

张金山,谢洪.2008.岷江上游泥石流堵河可能性的经验公式判别.长江流域资源与环境,17(4):651~655

张立青.2012.铁路主要大型临时工程设计技术探析.铁道标准设计,(11):23~27,41

张云成,姚令侃,李致勇.2016.支沟堰塞湖溃决引发主河洪水计算方法研究.铁道标准设计,60(2):28~33

赵纪生,刘艳琼,师黎静,等.2008.基于第四代地震区划的跨越发震断层永久位移概率分析方法.地震工程

与工程振动,28(4):22~27
中国地质灾害防治工程行业协会. 2018. 泥石流灾害防治工程勘查规范(T/CAGHP 006—2018). 武汉:中国地质大学出版社
中华人民共和国铁道部. 2006. 铁路线路设计规范(GB 50090—2006). 北京:中国铁道出版社
中华人民共和国水利部. 2009a. 堰塞湖风险等级划分标准(SL 450—2009). 北京:中国水利水电出版社
中华人民共和国水利部. 2009b. 堰塞湖应急处置技术导则(SL 451—2009). 北京:中国水利水电出版社
中华人民共和国水利部. 2015. 水利工程水利计算规范(SL 104—2015). 北京:中国水利水电出版社
周洪福,韦玉婷,王运生,刘宏. 2017. 1786年磨西地震触发的摩岗岭滑坡演化过程与成因机理. 成都理工大学学报(自然科学版),44(6):649~658
朱平一,程尊兰,游勇. 2000a. 川藏公路培龙沟泥石流输砂堵江成因探讨. 自然灾害学报,(1):80~83
朱平一,冯清华,陈瑞,等. 1995. 川藏公路南段(西藏境内)山地灾害及防治对策. 北京:科学出版社
朱平一,王成华,唐邦兴. 2000b. 西藏特大规模碎屑流堆积特征. 山地学报,18(5):453~456
Beguería S. 2006. Validation and evaluation of predictive models in hazard assessment and risk management. Natural Hazards,37(3):315~329
Callaghan W M, Rasmussen S A, Jamieson D J, et al. 2007. Health concerns of women and infants in times of natural disasters:lessons learned from hurricane katrina. Maternal & Child Health Journal,11(4):307~311
Cao Z, Pender G. 2004. Numerical modelling of alluvial rivers subject to interactive sediment mining and feeding. Advances in Water Resources,27(5):533~546
Chen H, Chen Y, Li W S, Li Z. 2019. Quantifying the contributions of snow/glacier melt water to river runoff in the Tianshan Mountains, Central Asia. Global and Planetary Change,174:47~57
Chen S C, Peng S H, Capart H. 2007. Two-layer shallow water computation of mud flow intrusions into quiescent water. Journal of Hydraulic Research,45(1):13~25
Christen M, Kowalski J, Bartelt P. 2010. RAMMS:Numerical simulation of dense snow avalanches in three-dimensional terrain. Cold Regions Science and Technology,63(1):1~14
Clague J J, Evans S G. 2000. A review of catastrophic drainage of moraine-dammed lakes in British Columbia. Quaternary Science Reviews,19:1763~1783
Cui P. 1992. Studies on condition and mechanism of debris flow initiation by means of experiment. Chinese Science Bulletin,37:759~763
Cui P, Zhu Y Y, Han Y S, et al. 2009. The 12 May Wenchuan earthquake-induced landslide lakes:distribution and preliminary risk evaluation. Landslides,6(3):209~223
Delaney K B, Evans S G. 2015. The 2000 Yigong landslide(Tibetan Plateau), rockslide-dammed lake and outburst flood:Review, remote sensing analysis, and process modeling. Geomorphology,246:377~393
Evans D J A, Roberts D H, Hiemstra J F, Nye K M, Wright H, Steer A. 2018. Sub marginal debris transport and till formation in active temperate glacier systems:The southeast Iceland type locality. Quaternary Science Reviews,195:72~108
Evans D J A, Phillips E R, Hiemstra J F, Auton C A. 2006. Sub glacial till:formation, sedimentary characteristics and classification. Earth-Science Reviews,78:115~176
Evans S G, Bishop N F, Smoll L F, et al. 2009. A re-examination of the mechanism and human impact of catastrophic mass flows originating on Nevado Huascarán, Cordillera Blanca, Peru in 1962 and 1970. Engineering Geology,2009,108(1-2):96~118.
Groisman P Y, Gutman G. 2009. The Northern Eurasia Earth Science Partnership Initiative:An Introduction. Regional Aspects of Climate-Terrestrial-Hydrologic Interactions in Non-boreal Eastern Europe. Netherlands:Springer

Groisman P Y, Karl T R, Easterling D R, et al. 1999. Changes in the probability of heavy precipitation: important indicators of climatic change. Climatic Change, 42(1): 243~283

Grusson Y, Sun X L, Gascoin S, Sauvage S, Raghavan S, Anctil F, Pérez J M. 2015. Assessing the capability of the SWAT model to simulate snow, snow melt and stream flow dynamics over an alpine watershed. Journal of Hydrology, 531: 574~588

Guo S B, Xu P C, Zheng Z H, et al. 2015. Estimation of flow velocity for debris flow via the two-phase fluid mode. Nonlinear Processes in Geophysics, 22(1): 109~116

Huggel C. 2004. Assessment of glacial hazards based on remote sensing and GIS modeling. Zurich, Switzerland: Geographisches Institue der University Zurich

Intrieri E, Raspini F, Fumagalli A, Lu P, Sara D C, Paolo F, Jacopo A, Alessandro F, Nicola C. 2018. The Maoxian landslide as seen from space: detecting precursors of failure with Sentinel-1 data. Landslides, 15: 123~133

IPCC. 2011. Summary for Policymakers. Intergovernmental Panel on Climate Change Special Report on Managing the Risks of Extreme Events and Disasters to Advance Climate Change Adaptation. Cambridge, United Kingdom and New York: Cambridge University Press

Irvine-Fynn T D, Bridge J W, Hodson A J. 2011. In-situ quantification of supraglacial cryoconite morphodynamics using time-lapse imaging: an example from svalbard. Journal of Glaciology, 57(204): 651~657

Jain S K, Lohani A K, Singh R D, et al. 2012. Glacial lakes and glacial lake outburst flood in a Himalayan Basin using remote sensing and GIS. Natural Hazards, 62(2): 887~899

Kang C, Chan D, Su F, Cui P. 2017. Runout and entrainment analysis of an extremely large rock avalanche—a case study of Yigong, Tibet, China. Landslides, 14(1): 123~139

Kattel P, Kafle J, Fischer J T, Mergili M, Bhadra M T, Pudasaini S P. 2018. Interaction of two-phase debris flow with obstacles. Engineering Geology, 242: 197~217

Lee V W, Trifunac M D. 1995. Frequency dependent attenuation function and Fourier amplitu despectra of strong earthquake ground motionin California. Los Angeles, California. Dept of Civil Engineering University of Southern California, Report No. CE95-03

Liu K F, Wu Y H. 2018. TXT-tool 3.886-1.1 debris 2D tutorial. Landslide Dynamics: ISDR-ICL Landslide Interactive Teaching Tools

Liu J J, Cheng Z L, Li Y. 2014. The 1988 glacial lake outburst flood in Guangxieco Lake, Tibet, China. Natural Hazards & Earth System Sciences, 14(11): 3065~3075

Lynett P, Liu L F. 2004. A two-layer approach to wave modelling. Proceedings of the Royal Society A Mathematical Physical & Engineering Sciences, 460(2049): 2637~2669

Medina V, Hürlimann M, Bateman A. 2008. Application of FLATModel, a 2D finite volume code, to debris flows in the northeastern part of the Iberian Peninsula. Landslides, 5(1): 127~142

Mergili M, Fischer J T, Krenn J, Pudasaini S P. 2017. R.avaflow v1, an advanced open-source computational framework for the propagation and interaction of two-phase mass flows. Geoscientific Model Development Discussions, 10(2): 553~569

Mergili M, Schratz K, Ostermann A, et al. 2012. Physically-based modelling of granular flows with Open Source GIS. Natural Hazards and Earth System Science, 12(1): 187~200

Nakatani K, Wada T, Satofuka Y, Mizuyama T. 2008. Development of—Kanako 2D(Ver.2.00), a user-friendly one- and two-dimensional debris flow simulator equipped with a graphical user interface. International Journal of Erosion Control Engineering, 1(2): 62~72

O'brien J S, Julien P Y, Fullerton W T. 1993. Two-dimensional water flood and mudflow simulation. Journal of

Hydraulic Engineering,119(2):244~261

Ouyang C J,An H,Zhou S,Wang Z,Su P,Wang D,Cheng D,She J. 2019. Insights from the failure and dynamic characteristics of two sequential landslides at Baige village along the Jinsha River, China. Landslides, 16: 1397~1414

Ouyang C J, He S, Xu Q, et al. 2013. A MacCormack-TVD finite difference method to simulate the massflow in mountainous terrain with variable computational domain. Computers & Geosciences,52:1~10

Pitman E B,Le L. 2005. A two-fluid model for avalanche and debris flows. Philosophical Transactions of the Royal Society of London A:Mathematical,Physical and Engineering Sciences,363(1832):1573~1601

Post A. 1967. Effects of the March 1964 Alaska earthquke on glaciers. Washington:United States Government Printing Office

Sassa K,He B. 2013. Dynamics and prediction of earthquake and rainfall-induced rapid landslides and submarine megaslides. In:Sassa K, Rouhban B, Briceño S, McSaveney M, He B (eds). Landslides:Global Risk Preparedness. Berlin:Springer:191~211

Savage S B,Hutter K. 1989. The motion of a finite mass of granular material down a rough incline. Journal of Fluid Mechanics,199:177~215

Scheingross J S,Minchew B M,Mackey B H,et al. 2013. Fault-zone controls on the spatial distribution of slow-moving landslides. Bulletin of the Geological Society of America,125(3-4):473~489

Sepulveda S A,Rebolledo S,Vargas G. 2006. Recent catastrophic debris flows in Chile:geological hazard, climatic relationships and human response. Quaternary International,158:83~95

Todorovska M I,Trifunac M D,Lee V W. 2007. Shaking hazard compatible methodology for probabilistic assessment of permanent ground displacement across earthquake faults. Soil Dynamics and Earthquake Engineering, 27: 586~597

Voellmy A. 1955. Uber die zerstorungskrafr von Lawinen. Schweizerische Bauzeitung,Jahrg,73:159~162,212

Weidinger J T. 2006. Landslide dams in the high mountains of India,Nepal and China-stability and life span of their dammed lakes. Italian Journal of Engineering Geology and Environment,1:67~80

Wells D L,Coppersmith K J. 1994. New empirical relationships among magnitude, rupture length, rupture width, rupture area,and surface displacement. Bulletin of the Seismological Society of America,84(4):974~1002

Westoby M J,Glasser N F,Brasington J,Hambrey M J,Quincey D J,Reynolds J M. 2014. Modelling outburst floods from moraine-dammed glacial lakes. Earth-Science Reviews,134:137~159

Xu L,Meng X,Xu X. 2014. Natural hazard chain research in China:a review. Natural Hazards,70(2):1631~1659

Yang Q,Su Z,Cheng Q,Ren Y,Cai F. 2019. High mobility of rock-ice avalanches:Insights from small flume tests of gravel-ice mixtures. Engineering Geology,260:105260

Yin K L,Liu Y L,Wang Y,et al. 2012. Physical model experiments of landslide-induced surge in Three Gorges Reservoir. Earth Science(Journal of China University of Geosciences),37(5):1067~1074

Yin Y P,Wang W P,Zhang N,Yan J,Wei Y. 2017. The June 2017 Maoxian landslide:Geological disaster in an earthquake area after the Wenchuan M_S 8.0 earthquake. Science China Technological Sciences,60:1762~1766

Zhang Y,Cheng Y Y,Lan H,Wang J,Fu X. 2014. High-position debris flow:a long-term active geohazard after the Wenchuan earthquake. Engineering Geology,180:45~54

Zhou C,Yin K,Cao Y,et al. 2016. Application of time series analysis and PSO-SVM model in predicting the Bazimen landslide in the Three Gorges Reservoir,China. Engineering Geology,204:108~120

第 9 章　道路灾害防治对策与关键技术

山地灾害是影响既有公路交通安全、制约新建川藏铁路和川藏高速公路建设的重要因素，有效防治山地灾害是保障川藏交通安全的重要手段。本章主要介绍道路山地灾害防治思路、对策和泥石流、滑坡、堰塞湖这三类灾害防治的新技术及道路灾害监测预警技术。对于常规的技术方法，可参见相关技术规范，不再赘述。

9.1　交通廊道山地灾害防治关键问题

灾害防治工程是保障川藏交通廊道畅通的必要措施。巨型冰川泥石流、冰湖溃决泥石流、高位远程滑坡等山地灾害不仅影响川藏铁路的高质量建设，而且影响后期的运行维护。在目前灾害防治技术的基础上，还需要针对川藏交通廊道灾害发育与成灾特征，预测川藏铁路、川藏高速公路沿线重大山地灾害的暴发规模、影响范围和危害特点，确定山地灾害的危险性，科学、合理进行重大工程的选线、选址，最大限度地规避灾害风险；并研发重大山地灾害工程防治关键技术，保障工程建设与运行安全，成为川藏交通廊道灾害防治的关键（崔鹏，2009）。有效防治道路灾害，需解决以下几个关键科学问题：

1. 潜在山地灾害（链）判识

灾害点的准确判识，尤其是灾害可能规模、强度、危害范围等判识是减灾的前提和重要基础。大型山地灾害受其规模、局部地形条件的控制和影响，往往堵江形成堰塞湖和溃决洪水，以灾害链的形式加剧灾害损失。如果对灾害认识不清，就无法提出切实可行的防灾减灾方案，实施的防灾减灾措施必然缺乏针对性，轻则造成人力物力的浪费，重则导致大量的人员伤亡。目前，山地灾害（链）研究集中在以单灾种灾害形成机理为基础，归纳、分析典型灾害（链）类型与模式，定性描述灾害链的形成条件、演进过程与成灾特征。对灾害链动力过程的研究尚处于起步阶段，不能实现预测功能，灾害链的形成机理、定量描述和动力模拟的认知程度不能满足防灾、减灾的需求。除了对灾害链本身的研究之外，加强山区重大工程地质勘查工作是影响工程建设与运营安全潜在山地灾害判识的基础，勘查工作的准确性与完备性直接决定了对潜在灾害时空分布特征及危险性判识的效果。

2. 交通工程结构体易损性定量评估

现阶段对于山地灾害危险性的评估多是半定量方法，基于动力过程的定量评估取得了良好进展，建立了危险性评估模型与方法，评估结果能直接服务工程设计。但还没有建立不同类型交通工程结构体在灾害作用下的易损性计算方法。而考虑工程自身强度与脆弱性，定量计算工程不同受灾情况下的破坏程度（即道路工程的易损性评估），进行可用于工程防灾设计的定量风险评估是交通工程与灾害防治协同设计的基础。因此，在潜在灾害判识的基础上，开展科学有效的灾害危险性定量化评估与工程易损性评估，是保障工程选点和道路减灾选线科学合理、工程建设与运营安全的有效手段。

3. 基于形成—运动—成灾全过程的山地灾害防治原理

灾害的形成、演化、运动与成灾过程，是一个较大空间尺度的过程，虽然灾害的成灾或者对道路工程造成危害的区域通常表现在路域范围，但仅在这个范围采取防治措施常常是治标不治本，对灾害进行全流域的防治措施才是长治久安的科学应对办法。而复合型灾害从形成机理到成灾模式更为复杂，其危害范围与时间跨度也更大，目前对复合型灾害的控制方法还相对较少。在全球气候变化的条件下，极端天气事件导致复合型灾害增多，急需找到有效的复合型灾害链防控手段，控制不同灾种的发生与转变过程，中断灾害链的链生过程，减少复合灾害的叠加效应，达到对复合链生灾害的防控目的。

4. 特大型山地灾害新型防治技术研发与应用

目前，对常规大中规模灾害有较成熟的工程防治技术，并形成完整的技术规范，能够较好地支撑工程减灾。但是，川藏交通廊道是高地震风险区和气候变化敏感区，在地震内动力和气候变化外动力耦合作用下，存在未来发生巨灾的可能性。对于巨型和特大型灾害，目前灾害防治技术规范还没有涵盖，需要研究新的技术和方法应对可能暴发的特大灾害，保障道路工程的安全。同时，在潜在山地灾害（链）判识与风险评估的基础上，如何在交通廊道的设计规划中充分考虑未来大灾巨灾的影响，将灾害风险防范设计纳入交通廊道设计，进行整体规划、同步施工、共同管理、协同运营的交通廊道灾害防治技术新模式？也是值得研究的课题。

5. 道路沿线山地灾害形成的关键监测指标和预警阈值

目前，川藏交通廊道特别是西藏地区山地灾害监测预警基础薄弱、难度较大。一方面，已经实施的公路铁路系统的监测预警工程相对欠缺，仅对个别重要灾点开展监测，体系性不好；已布设的相关监测预警点相对零散，资料序列长度和系统性不足，难以准确确定预警阈值，重要区段或全线的灾害综合监测预警管理更是空白。另一方面，该区点多、线长，气候条件和自然地理环境恶劣，交通网络不发达，通信条件差，使得监测方案相对简单，设备运行效率较低。因此，应在全线-重点路段-重要灾点3个层面上系统制定监测预警方案，充分利用新技术，并结合历史数据分析，确定不同类型区和不同灾害的监测关键指标和灾害发生的临界条件，形成完善的监测和预警体系。

9.2 道路山地灾害防治对策

山地灾害防治的总体原则是因地制宜，全面规划，以防为主，防治结合，工程措施和非工程措施相结合进行综合治理（Cui et al., 2007）。川藏公路、川藏铁路沿线的山地灾害防治对策主要体现在3个方面：一是灾害形成条件调控；二是运动与转化过程调控，对于不同的山地灾害，其防治对策的侧重点也不一样；三是对不同类型道路工程采取不同防治策略。

1. 灾害形成环境条件调控

泥石流形成条件调控，主要是采用坡面和沟道的调水措施，实现水土分离，减弱泥石流形成的水动力条件；采用稳坡固沟措施，防治沟坡失稳，减少沟道侵蚀搬运和松散土体供给，达到减少泥石流发生概率或减小泥石流规模的目的。

滑坡形成条件控制主要是通过工程措施，如地面和地下排水、有效削弱水对滑动面（带）岩、土的浸润作用、软化作用与渗透压力，防止滑动带（面）上的抗剪能力的降低，达到控制滑坡形成的目的。

2. 运动过程与应力调控

泥石流运动与转化过程调控是通过拦挡措施调控泥石流的运动过程和流体性质，从而有效削减泥石流的规模和破坏能力。采用拦沙坝，拦挡一定量的固体物质，减小泥石流的规模和流速；采用梯级拦沙坝的不同开孔，对不同大小的石块分级拦挡，改变泥石流物质组成，实现对泥石流流变性质的调控。在泥石流运动过程末端，通过排泄和导流措施调控泥石流的流动方向和范围，减少或避免泥石流的冲毁和淤埋危害；采用排泄槽安全排泄泥石流；采用导流堤和停淤场，使得泥石流安全地淤积在划定区域。

滑坡调控分为起动调控和应力调控。起动调控是通过滑坡前部实施抗滑挡墙、抗滑桩工程，中、下部预应力锚索（杆）加固，使滑体与滑床紧密联结，能有效控制滑坡起动。通过地面和地下排水措施，排泄滑动面水分，提高滑动面的抗滑能力。应力调控是通过滑体中后部削坡减载，滑体前缘压脚，达到使滑坡下滑力减小、抗滑力增加的目的。通过钻孔向滑动面（带）灌入粗粒物质或快速固结浆液，使得滑动面固结硬化，提高滑动面摩阻和抗滑能力。

3. 线路工程灾害防治措施

1）既有线路工程减灾

既有线路工程遭受山地灾害危害的主要原因是由于线路布置不合理和相应的保护工程设施不完善因灾导致行车困难或线路中断，如桥涵设计跨度、孔径不足，桥下纵坡不够等造成淤桥堵涵等。减灾体系主要采取以"治"为主的原则，对山地灾害进行综合治理。对于沿线大型、特大型的山地灾害，仅仅在路域范围内采用工程措施，很难根治灾害，不能解决根本问题，只能使线路临时保持通畅。因此，必须从灾害形成条件入手，从根本上控制灾害的发生、发展，采取适当的结构工程及相应的生物工程措施，进行综合整治，达到长期防灾减灾要求，保证交通线路的通畅。

2）改建线路工程减灾

当改建线路工程通过灾害危险区时，通过灾害详勘，分析线路通行区灾害的形成机制、主导因素和激发因素，深入研究灾害暴发的规模及对道路的危害程度，厘清灾害治理的需求和目标，在线路的改建设计、施工阶段就可选用合适的布线方案搭配相应的防护措施，以确保线路的安全。另外，在工程建设中要充分考虑建设活动对环境的影响，避免出现大规模生态破坏、不合理弃渣处置等现象，最大可能地减少工程扰动，防止人为因素引发的灾害。

3) 拟建线路工程减灾

对于拟建线路工程的山地灾害主要采取以"防"为主的措施，通过避灾选线和局部工程的防灾设计实现工程防灾的目的。川藏铁路、高速公路建设可结合线路的设计采用灵活自由的措施，通过考察沿线山地灾害形成环境条件，评估灾害活动性，确定灾害的性质、规模、破坏能力等参数，进行灾害危险性分区，科学评估影响线路工程的山地灾害。根据危险性分区结果，指导灾害影响范围的线路布设，并将防灾减灾规划纳入道路工程建设规划中，将灾害防治的思想贯彻在线路的勘察、设计、施工、运营各个阶段，并突出各阶段防灾重点，确保工程建设后不遭受重大山地灾害的危害。对于通过选线仍不能绕避的山地灾害，可采取一定的治理工程控制灾害危害能力，通过工程的防灾设计保障工程安全。

4) 防灾工程与线路工程协同设计

有些经济条件受限的既有线路，在建设期间对灾害预防考虑不足，一旦发生灾害，需要对灾害进行相应的工程治理，增加了工程运营成本。对于受到潜在山地灾害影响的线路工程，如果提高其自身在施工与运营时的设计标准，充分考虑灾害风险防范，尽管其工程成本有所提高，但可以在很大程度上保证安全性。因此，应在设计阶段重视潜在灾害的防灾工作，进行防灾减灾工程与线路工程的协同设计，在降低线路工程总体成本的同时，实现灾害提前预防，保证工程施工与运营安全。

4. 交通干线山地灾害的监测预警

川藏交通廊道沿线山地灾害点多、线长，应针对不同的灾害对象实施不同等级的监测，可根据灾害体的危险状况、规模大小、威胁对象及线路防灾规划要求，进行适当归类，以便采取合理的监测措施。选择灾害规模大、危害和威胁程度高的灾害点进行重点监测。川藏交通廊道山地灾害监测预警的主要技术要点包括：数据收集与管理平台建设、重点监测对象遴选、因地制宜的监测设备选择与布设、监测数据预处理、监测数据分析与预警等级确定、远程监测数据传输、山地灾害监测预警系统等。

1) 监测预警工作的管理体系

为了有效实施监测预警工作和运行监测预警系统，可成立道路（川藏铁路或川藏公路）全线监测预警与减灾指挥中心或中心控制站，总体负责全线的监测预警与防灾减灾，进行信息汇集、综合分析和灾情会商，发布重大道路险情信息，制定应急处置与应急抢险方案。为了便于发挥地方政府的协同减灾作用，可分设两个省级（四川、西藏）交通灾害应急管理分中心（或一级站），负责省（区）界内的信息集成、警报发布、重大险情处置以及与地方政府分的沟通协同。再按路段分设监测预警站（或基本站），依托道班或车站建站，分别负责各自辖区路段和重要灾点的日常监测、管理和维护，核实汇集每个观测点的信息，上报险情，组织应急抢险。重要灾点设置综合性观测点，作为灾害监测的基层网络节点，并负责核实流域上下游和沿线两侧观测点的信息。监测预警运行过程应层层相扣、各司其职、无缝连接。

2）WEB-GIS 系统的构建与管理

WEB-GIS 系统是整个监测预警工作运行的核心内容，是灾情预警、专家会商、预案制定、灾情应对的基础。其作用在于：基于山地灾害激发因子的实时监测数据，利用山地灾害判识模型，结合灾害形成的环境背景条件，判断山地灾害是否暴发；基于山地灾害发生后的实时监测数据，结合灾害点威胁的承灾体（主要包括公路、车站等其他重要工程设施等），进行灾害的时间、规模、威胁范围及可能造成危害分析并预测灾害风险，确定预警级别，发布预警信息。

3）应急处置对策

在减灾专家、业务主管和路政长官的协同下，制定临灾预案和应急处置对策，做到临灾不慌、救灾不乱、恢复有序。灾害发生前后，各相关部门应履行职责，通过各种手段，保障灾情信息畅通、及时预警、交通信息的实时通告、救灾行动的快速响应、社会安定的绝对保障。

9.3 特大泥石流防治关键技术

针对特大泥石流沟内松散固体物源十分丰富，暴发规模巨大，危害严重的特点，提出泥石流沿程物质分配原理与防治体系，主要是通过在泥石流的形成、流通、堆积区段，修建相应的蓄水引水工程、拦挡支护工程、排导引渡工程、停淤工程，控制泥石流的发生、发展过程，减轻其危害。

泥石流排导工程。主要是利用已有的自然沟道或人工排导结构将泥石流排入下游非危害区。排导工程包括排导槽、排导沟、渡槽等，一般布设在泥石流流通区与堆积区。

泥石流停淤工程。主要是利用泥石流运动与堆积原理，将其引入预定的平坦开阔洼地，使泥石流固体物质减速停淤，削减泥石流下游固体物质总量及洪峰流量，减小下游排导工程压力与淤积量。虽然停淤场占用大量空间，但是只要规划布局合理，可以将停淤场改造为良田，实现土地的合理利用。

泥石流拦挡工程。除了在短期内拦截大量泥沙，改变泥石流性质与减少泥石流下泄规模外，可以长期控制或提高沟床局部的侵蚀基准面，防止沟床下切，达到稳定岸坡，抑制泥石流形成与发展的效果。常见的拦挡工程有拦沙坝、栅格坝、桩林和钢索网格等。为了便于在交通困难的山区施工，也采用新型的组装式和框架式的拦沙坝等工程结构。

9.3.1 泥石流沿程物质分配原理

基于主河输移控制的理念，提出泥石流沿程物质分配原理与防治体系，主要内容有：①最大限度利用主河输移能力，体现以疏为主的理念，根据主河输移能力确定排导工程可以向主河排泄泥石流的峰值流量；②如果泥石流物质能全部被主河向下游输移，则仅采用排导工程进行泥石流的防治；③在排导工程的基础上，如果尚有泥石流物质不能被主河向下游输移，则采用排导工程加拦挡工程或者停淤工程进行泥石流的防治；④如果在排导工程和拦挡工程或者停淤工程的基础上，还有泥石流物质不能完全消耗，则采用排导工程、拦挡工程和停淤工程组合进行泥石流的防治。

泥石流洪峰流量是各类工程防治措施规划设计的关键参数之一，将泥石流洪峰流量进行沿程分配，贯彻基于主河输移控制的泥石流防治工程体系规划设计的具体步骤如图9.1所示（陈晓清和崔鹏，2008；Chen et al.，2015）：

第一步：依据历史泥石流灾害洪痕调查或小流域水文计算，确定泥石流防治设计标准下泥石流峰值流量 Q_{Total}。

第二步：基于主河的输移能力，确定通过泥石流排导工程可以向主河排泄泥石流的峰值流量 $Q_{Drainage}$。

第三步：当 $Q_{Total} \leq Q_{Drainage}$，即设计标准下泥石流峰值流量 Q_{Total} 小于等于通过泥石流排导工程可以向主河排泄泥石流的峰值流量 $Q_{Drainage}$ 时，也即泥石流物质能全部经排导工程通过主河向下游输移时，则只采用排导工程进行泥石流防治。

第四步：当 $Q_{Drainage} < Q_{Total} \leq Q_{Drainage} + Q_{Block}$，即设计标准下泥石流峰值流量 Q_{Total} 小于等于通过泥石流排导槽可以向主河排泄泥石流的峰值流量 $Q_{Drainage}$ 加上通过稳定和拦挡削减泥石流峰值流量 Q_{Block} 时，也即泥石流物质能通过排导工程和拦挡工程完全消耗时，则采用排导工程加拦挡工程组合进行泥石流防治。

第五步：当 $Q_{Drainage} < Q_{Total} \leq Q_{Drainage} + Q_{Deposit}$，即设计标准下泥石流峰值流量 Q_{Total} 小于等于通过泥石流排导槽可以向主河排泄泥石流的峰值流量 $Q_{Drainage}$ 加上通过停淤可接受泥石流峰值流量 $Q_{Deposit}$ 时，也即泥石流物质能通过排导工程和停淤工程完全消耗时，则采用排导工程加停淤工程组合进行泥石流防治。

第六步：当 $Q_{Total} > Q_{Drainage} + Q_{Block}$ 或 $Q_{Total} > Q_{Drainage} + Q_{Deposit}$，即设计标准下泥石流峰值流量 Q_{Total} 大于通过泥石流排导槽可以向主河排泄泥石流的峰值流量 $Q_{Drainage}$ 加上通过稳定和拦挡

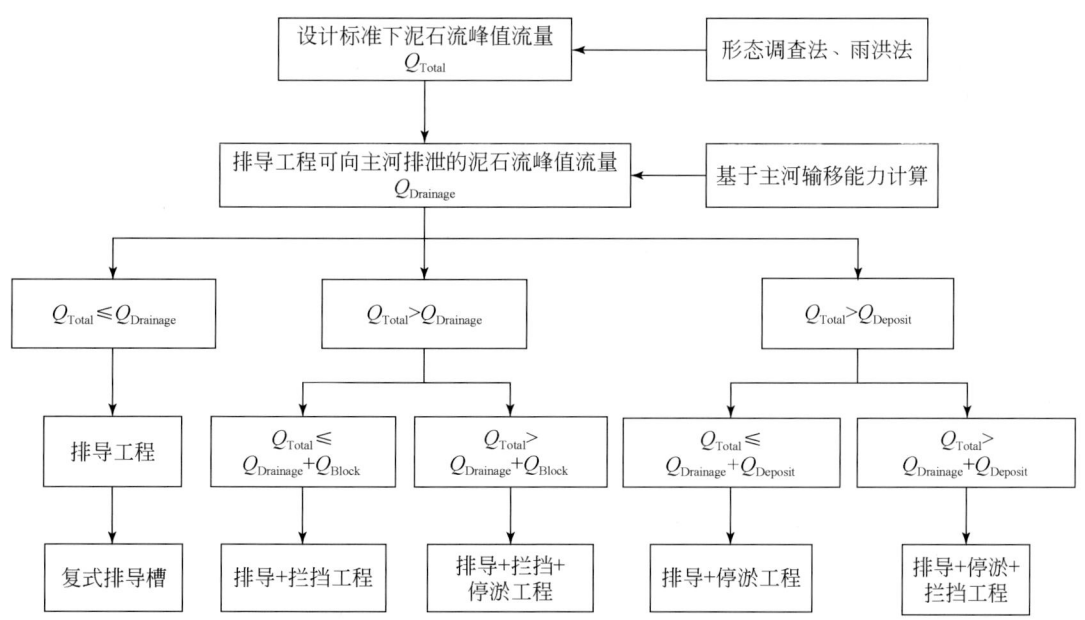

图9.1 主河输移控制的泥石流防治工程体系规划设计示意图

或采用停淤工程削减泥石流峰值流量 Q_{Block} 或 $Q_{Deposit}$ 时,也即泥石流物质不能通过排导工程和拦挡工程或排导工程和停淤工程完全消耗时,则同时采用排导、拦挡、停淤三大工程进行泥石流防治。

9.3.2 全流域泥石流防治技术体系

泥石流全流域防治技术体系的具体工程实现方法主要涵盖以下 4 个方面:山坡整治措施、稳坡固沟措施、拦沙调沙措施、排导措施(图 9.2)。

图 9.2 全流域泥石流系统防治示意图

1. 山坡整治措施

山坡整治的主要措施有:截流措施、植被修复措施和水土保持措施。

(1)截流措施:主要有截流沟和导流渠,一般适宜修建在泥石流形成区和清水区。它可以使暴雨径流汇集在冲沟内,然后将它导入松散固体物质少且比较稳定的沟谷,以减轻形成区侵蚀作用和径流对沟床物质的冲刷。

(2) 植被修复措施：通过修复和重建坡面植被，起到减轻土壤侵蚀，调节坡面产汇流，使之向着不利于泥石流形成的方向发展。

(3) 水土保持措施：水土保持措施能起到保持水土，减少形成泥石流的物质供给的作用。泥石流治理中常用的水土保持措施主要有坡改梯、坡面水系、等高植物篱等。

2. 稳坡固沟措施

稳坡固沟措施是以控制侵蚀基准和消能为核心，主要通过谷坊和阶梯-深潭系统起到消能和保护坡脚，防止沟道侵蚀的作用。

(1) 谷坊工程：修建在泥石流形成区支毛小沟中的小型拦沙坝群（坝高一般在 3~5m），主要起消散能量、稳定沟坡、防止沟道侵蚀的作用。

(2) 植物谷坊：是用活的植物修建的谷坊，其作用与结构体谷坊相同。植物谷坊除起到稳定沟坡，控制溯源侵蚀的作用以外，还具有改善生态，造价低廉，使用寿命长等特点。植物谷坊特别适用于湿润和半湿润区的冲沟治理，与结构体谷坊和拦沙坝在空间上关联配置，能发挥更好的作用。

(3) 人工阶梯-深潭系统：通过人工构建阶梯-深潭系统，稳定沟床，增加水流阻力，消耗流体能量，从而防止沟床侵蚀冲刷为泥石流形成提供固体物质，也能高效率地消耗水流或者上游泥石流的能量，起到预防泥石流形成或减小泥石流规模的作用。

3. 拦沙调沙措施

拦沙调沙措施主要是修建在泥石流流通段的各种类型拦沙坝，其作用是防止下切，稳定沟床和岸坡，对防治岸坡滑坡崩塌继续发展有明显效果，同时可起到拦蓄部分泥沙和平缓纵坡的作用。梯级开孔坝还可以起到分级拦蓄泥石流中泥沙石块的作用，改变泥石流的组成和流体性质。通过拦沙坝的调节，能有效地减弱泥石流的流速、规模和破坏能力。

4. 排导措施

排导措施是修建在泥石流下游堆积区的防治工程，目的是将泥石流按照人为意愿进行排泄、导流和停淤。防止泥石流对下游居民区、厂矿企业、道路交通等造成危害，这是减轻灾害和利用冲积扇的重要工程措施，主要包括：

(1) 排导槽：是控制泥石流的重要工程，它可防止泥石流在冲积扇上漫流泛滥成灾。目前，大部分泥石流治理，都设有排导槽工程。

(2) 导流堤：是改变泥石流流向，把泥石流导向不能成灾的划定区域的工程。其目的是保护居民、道路、工厂、基础设施、农田及需要利用和开发的地段。

(3) 渡槽：是为了保护公路铁路和交通安全修建在路面上方的泥石流排泄槽。主要布设在泥石流出山口较路面高的路段，渡槽上接泥石流沟道，通过路上方把泥石流排泄到谷坡或者河道，从而保护了道路设施免受危害，保障了交通。

(4) 停淤场：是在堆积扇或邻近开阔地段上修建的泥石流停积区，是停淤泥石流物质的场所。它可以减轻泥石流对下游工程的压力和负担，有助于保护受灾对象。停淤场一般和导流堤配合使用。

9.3.3 通戈顶沟泥石流防治工程

1. 流域概况

通戈顶沟位于川藏公路沿线巴塘西南约5km处巴曲的左岸,地处巴曲河高山河谷地貌区。流域面积为5.625km²,最高点海拔为4671m,最低点海拔为2508m,相对高差为2163m(图9.3)。该区地处川、藏、滇"歹"字形构造体系,新构造运动强烈,地震烈度为Ⅷ度,每年有1~2次小规模的地震,1989年4月发生6.5级的大规模地震。流域出露的基岩为下二叠统上段的绢云母石英片岩夹大理岩,实测岩层产状90°∠80°。流域所在的巴塘县县城气象站资料显示,该区多年平均气温为12.5℃,多年平均降水量为474.4mm,84%的降水集中于6~9月的夏季。自1952年9月开始建立气象观测站以来,观测到的年最大降水量为1998年的828.8mm,月最大降水量为1998年8月的305.0mm,日最大降水量为1992年6月28日的41.5mm,区内河谷区植被以灌丛为主,覆盖率可达70%以上。

图9.3 通戈顶沟流域图

2. 泥石流基本特征

1)泥石流的形成特征

该沟泥石流的暴发受物源和暴雨的综合控制,物源主要是中上游车日滑坡滑动和沿途边坡失稳提供的大量物质,水源为夏季的大气降水。1998年8月28~31日,4日的降雨分别为33.7mm、15.5mm、32.3mm和20.5mm,暴发了大规模泥石流。2000年7月6~9日降雨量分别为14.1mm、36.8mm、1.9mm和38.1mm,9日又暴发了规模较大的泥石流。

2)泥石流颗粒组成与容重

(1)泥石流颗粒组。

该沟泥石流堆积物中,大于2mm的砾石含量达73.4%,而小于0.005mm的黏粒组分仅为1.9%。形成区土样为表土层坡积物,故黏粒较多,而砾石较少。堆积区实测最大颗粒粒径为300cm×290cm×250cm。

(2) 泥石流的容重。

依据颗粒分析资料,采用基于黏土颗粒含量的泥石流容重计算方法(陈宁生等,2003),结合野外现场泥石流浆体配制,得知1998年泥石流最大容重为$2.2t/m^3$,2000年泥石流最大容重达$2.0t/m^3$,一般年份泥石流容重在$1.8t/m^3$左右,这明泥石流的性质为高容重、高阻力。实施沟道拦挡固沟稳坡工程和排导工程后,泥石流流通和堆积的状态将发生很大改变,容重将随之降低,综合考虑到泥石流暴发频率、沟道状况等因素后,确定的100年、50年及20年一遇泥石流设计容重依次为$2.0t/m^3$、$1.9t/m^3$及$1.8t/m^3$。

3. 泥石流流速与流量

采用基于弯道超高的泥石流流速流量计算方法(何杰和陈宁生,2001),确定泥石流流速和流量。

1) 泥石流流速

在实际设计中,泥石流流速宜用流通区的断面泥石流流速。该沟流通区的流速采用弯道超高流速公式,在洪痕与测量数据分析的基础上计算得到。

计算结果为断面A:1998年泥石流流速为$6.7m/s$,2000年泥石流流速为$5.5m/s$;断面B:1998年泥石流流速为$8.9m/s$,2000年泥石流流速为$7.6m/s$;断面C:1998年泥石流流速$6.0m/s$,2000年泥石流流速$5.2m/s$(图9.3)。

2) 泥石流流量

泥石流流量采用以弯道超高为基础的形态调查法计算并与洪水计算相结合进行验算。

(1) 实测泥石流流量。

实测断面A:1998年泥石流流量$107.6m^3/s$,2000年泥石流流量$53.4m^3/s$;

实测断面B:1998年泥石流流量$118.7m^3/s$,2000年泥石流流量$69.8m^3/s$;

实测断面C:1998年泥石流流量$128.3m^3/s$,2000年泥石流流量$47.4m^3/s$。

实测1998年泥石流使沟床下切1.38m(A~C断面)。

(2) 洪水与泥石流流量计算。

①洪水计算。

根据巴塘县气象局及原义敦县气象站水文及降水观测资料,参考《四川省中小流域暴雨洪水计算手册》[①]的暴雨资料,计算设计暴雨频率及洪峰流量,即假定暴雨和洪水同频率出现,再用其推荐的公式计算洪峰流量(表9.1)。

表9.1 通戈顶沟设计洪峰流量计算成果表

暴发频率 $P/\%$	5	2	1
洪峰流量 $Q_B/(m^3/s)$	14.9	17.4	19.3

②泥石流流量计算。

泥石流流量采用配方法计算,结果见表9.2。

---

① 四川省水利电力厅,1984,四川省中小流域暴雨洪水计算手册。

表 9.2　通戈顶沟泥石流峰值流量表

频率 $P/\%$	φ	K	$Q_c/(m^3/s)$
5	0.89	1.3	36.61
2	1.13	1.4	51.89
1	1.43	1.5	70.35

通过以上的计算和实际1998年和2000年泥石流流量对比，可知2000年泥石流约100年一遇，1998年的泥石流则大于300年一遇。

4. 工程总体设计方案

通过泥石流和道路的关系分析，可知通戈顶沟的泥石流为黏性泥石流，其规模属大中型；主河巴曲输沙能力较强，主河淤高问题不突出；道路为国道三级路面，初步定线拟从泥石流堆积扇缘穿越。在上述基本参数计算的基础上，采用动量分区确定泥石流的危险度，得出公路经过区为高危险度区，选定道路穿越扇缘区的泥石流防治模式。

依据泥石流防治规范，对于三级公路，其防治标准最高只能采用50年一遇（2%）设计，100年一遇（1%）校核，这远远不能达到防治百年一遇以上规模泥石流的需求。因此，采用全流域泥石流防治技术体系，尽量利用主河巴曲输沙能力较强的特点，采用以排导为主，因地制宜，逐级拦砂、固沟和消能的防治原则，以较低的标准防治超标准大规模泥石流。考虑到受主河巴曲洪水位影响路面标高、泥石流较高频率、峰值流量较大、容重较大、粗大颗粒较多的特点，并考虑弯道超高、安全超高、沟道堵塞等因素，确定了通戈顶沟泥石流防治工程方案。具体采用渡槽、宽浅式排导槽、公路桥、4座固沟护岸坝、一座"八"字墙、一段嵌入堆积物的"喇叭口"、数个防冲肋板协同调控的措施。同时，充分注意弯道超高和沟床比降特征，优化设计流量，完成工程设计。工程布设见图9.4。

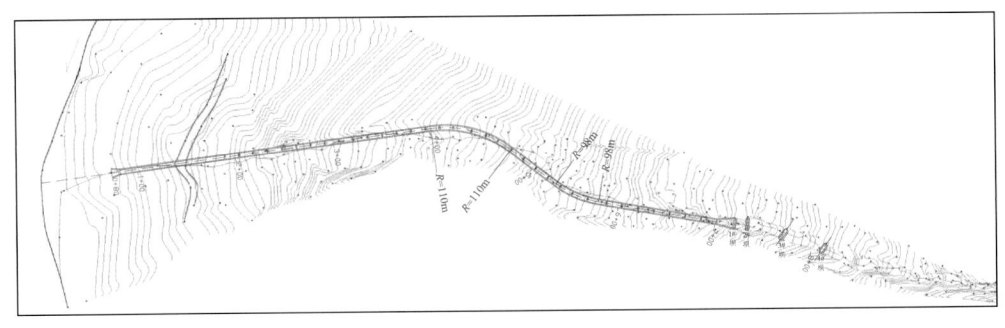

图 9.4　通戈顶沟泥石流防治工程布局图

1）固沟护岸工程

在泥石流堆积区顶部布设4座低坝，其主要功能是固定沟床中松散的泥石流堆积物，抬高侵蚀基准，防止沟床下切；同时，这些低坝还兼有稳定岸坡，防止岸坡坍塌堵沟和减缓沟床比降，展宽沟床，拦蓄少量泥石流中固体物质，降低容重，减小流量的作用。

2）排导工程

利用导流堤使泥石流归槽进入人工开挖的排导槽内，将泥石流由现堆积扇区输向公路外侧的巴曲河中，如图9.5（a）所示。

3）渡槽工程

在泥石流排导槽与公路交叉的地段采用渡槽工程使泥石流安全地从公路的顶部输移，如图9.5（b）所示。

(a) 排导槽　　　　　　　　　　　　　　(b) 渡槽

图 9.5　泥石流排导工程

从工程后的实际效果和观测数据看，采用泥石流防治工程对全流域进行治理后，有效地控制了泥石流灾害的发生频率、降低了泥石流的规模、保护了从下游通过的公路，取得预期的治理目标。

9.4　道路滑坡超前诊断与处置技术

一般遵循"以防为主、防治结合"的原则，采用绕避和治理两种方法防治道路滑坡。首先需要查清滑坡的地形、地质和水文条件，确定滑坡的性质及其所在的发展阶段，了解产生滑坡的主、次原因及其相互间的联系，结合公路、铁路的重要程度、施工条件及其他情况综合考虑，选取合适滑坡防治的方法。在选线规划时尽量绕过滑坡区段，从源头上避灾；难以避绕者在边坡开挖前做好预案，科学设计，预先处置，避免滑坡发生；滑坡治理后，针对滑坡预警的重要指标进行人工巡查，对边坡支护工程进行定期检测，掌握动态变化，确保治理工程可靠性。在总结归纳常规滑坡处置技术的基础上，重点介绍边坡超前诊断新理论和预处治技术，并结合具体滑坡工程案例，说明道路滑坡防治新技术的可靠性和应用步骤。

9.4.1　滑坡超前诊断原理与方法

边坡危险性的超前诊断是指在高切坡形成之前，首先对其进行危险性判别，若判定该高切坡属于危险性边坡（不稳定边坡），特别是在施工过程中或施工后不久就可能发生变形破坏的高切坡，则在高切坡形成之前先进行支护结构设计和施工，待支护工程完成后，再进行边坡开挖（何思明，2006；李岩，2011）。采用这种设计思想后，可完全避免人工开挖边坡诱发滑坡的情况出现，从根本上解决因施工开挖切坡诱发滑坡这一困扰西藏公路建设多年的技术难题。

滑坡超前诊断与处置主要包括3个方面内容：

(1) 滑坡超前诊断与处治实施（勘察、超前诊断、处治设计、施工）；

(2) 滑坡超前诊断与处治典型示范工程监测及信息反馈；

(3) 滑坡超前诊断与处治理论与方法的验证与修正、完善。

针对诸如地震、降雨、高寒冻融等不同成因的边坡灾害，分析其失稳破坏的内在力学机理，给出导致坡体失稳的临界地震加速度、临界降雨强度等临界外荷载指标及临界位移指标，用以判断边坡当前的稳定性状态，实现超前诊断目的（何思明等，2011b）。

对地震导致坡体失稳的临界地震加速度可表示为

$$a_c = \frac{1}{(\sin\theta\tan\varphi+\cos\theta)}\left[\frac{c}{\rho_s D}+g\cos\theta(\tan\varphi-\tan\theta)-\left(\frac{\rho_w}{\rho_s}\right)\left(\frac{QA}{Tb}\right)\left(\frac{\tan\varphi}{\tan\theta}\right)g\right] \tag{9.1}$$

降雨导致坡体失稳的临界降雨强度可表示为

$$I_{cr} = T\left(\frac{b}{A}\right)\sin\theta\left(\frac{\rho_s}{\rho_w}\right)\left[\left(1-\frac{\tan\theta}{\tan\varphi}\right)+\frac{c}{\rho_w gD\cos\theta\tan\varphi}\right] \tag{9.2}$$

式中，θ 为坡体倾角，(°)；b 为无限边坡宽度，m；D 为无限边坡厚度，m；c 为有效黏聚力，Pa；T 为导水系数，无量纲；φ 为有效内摩擦角，(°)；ρ_s、ρ_w 分别为坡体和水的密度，kg/m³；g 为重力加速度，m/s²。

降雨作用下后缘裂缝岩质滑坡失稳的临界裂缝深度为

$$h_{\min} = 0.75\left(\frac{K_{IC}}{\gamma_w}\right)^{\frac{2}{3}} \tag{9.3}$$

式中，K_{IC} 为岩体裂缝韧性指标；γ_w 为水的重度；其他符号意义同前。采用这种设计思想有非常明显的优点，具体表现在：

(1) 可完全避免因人工开挖边坡而诱发滑坡，造成人员、财产的损失，具有非常明显的社会效益；

(2) 可减少开挖卸荷、雨水入渗对边坡土体抗剪强度的影响。因此，在进行超前处治结构设计时，可采用原状土体的抗剪强度指标进行计算，大大降低支护结构的投资，具有显著的经济效益；

(3) 采用超前处治可减少因高切坡失稳对边坡周围环境的破坏，具有较好的生态效益；

(4) 采用超前处治技术，可大大加快工程建设速度，能够避免因滑坡影响工程进度的情况发生（何思明等，2007，2008，2011a）。

滑坡超前诊断与处置能够避免因开挖不当导致滑坡的情况发生，若这种新的思想能在我国西藏、西部山区乃至全国推广，将会从根本上改变公路建设投资偏高，建设周期过长的不利局面，极大地推进川藏交通廊道的建设，对于推进西藏经济可持续发展具有重要的科学意义和实用价值。

9.4.2 道路边坡处置技术

1. 设置抗滑构筑物

设置挡土墙、抗滑桩等是一种被实践证明效果较好的滑坡防治工程措施。在滑坡体中、前部打若干排锚索，锚固段位于滑动面以下稳定地层中，地面用梁或锚墩作反力装置给滑体施加一个预应力来稳定滑坡，具体措施包括：预应力锚索、锚索桩、普通砂浆锚杆、锚杆-树根桩、土锚钉等。格构梁锚固是利用现浇钢筋混凝土或预应力混凝土进行坡面防护，利用锚杆或锚索固定，并在其中植入植被的一种滑坡综合防护措施，它将整个护坡与柔性支撑有机结合在一起。

2. 改善滑体土石性质

对滑体采用物理和化学的方法，对滑体土石性质进行改善，从而提高其摩擦系数等。目前，一般采用疏导排水、注浆及注浆加筋法、焙烧法等物理化学方法对滑坡进行整治。由于川藏交通廊道沿线滑坡成因复杂、影响因素多，因此常常需要上述几种方法同时使用、综合治理，方能达到治理滑坡的目的。

3. 减载与反压技术

减载与反压技术主要是运用刷方减重的方法清除滑坡后缘的滑体（即减重），同时在滑体前缘进行填方反压，增加滑体的阻滑力，即通常所谓的砍头压脚，减缓边坡的总坡度，削方减载。这种方法是经济有效的防治滑坡措施，技术上简单易行且对滑坡体防治效果好，所以得到了广泛应用并积累了丰富的经验。对其合理应用则需先准确判定主滑、牵引和抗滑段的位置。对厚度大、主滑段和牵引段滑面较陡的滑坡体，其治理效果更加明显。

9.4.3 高切坡超前诊断与处治工程案例

1. 川藏公路 G317 线岗托—江达段高切坡治理工程

边坡工程位于川藏公路 G317 线岗托—江达 K987+300 ~ K987+800，边坡最大切坡高度近 30m，长度大约为 60m。

1）地形地貌

工程边坡地形深切，南高北低、山高沟深、地势陡峻、沟床纵坡降大、水流汇集。边坡最低海拔为 3745.08m，最高海拔为 3780.43m，自然坡角为 45°，局部因边坡开挖坡度达 60°，场地地貌属河流阶地地貌。

2）地层岩性

据工程地质测绘调查及钻探结果表明：场地地层主要为第四系松散堆积层（Q）和燕山期中酸性岩浆岩，第四系松散堆积物以角砾、碎石夹土、块石夹土、卵石夹土等块石土为主，岩浆岩主要为花岗岩。现将地层岩性由老至新分述如下：

(1) 第四系漂石土（Q）。

褐灰色，主要由花岗岩风化碎块石、弧石及黏性土组成。粗颗粒粒径为200~800mm，含量约占总质量的50%~60%，最大粒径达3m，分布不均，结构松散，稍湿状。该层分布于整个场地。钻探揭露最大厚度11.62~28.23m。

(2) 燕山期中酸性岩层（γ53）。

花岗岩：灰色，由石英、斜长石、角闪石、辉石及黑云母等矿物组成，中粒结构，整体块状结构，强风化花岗岩岩心破碎，质软，强度低，层厚0.24~0.70m；弱风化花岗岩由石英、斜长石、角闪石、辉石及云母等矿物组成，中粒结构，整体块状结构，质地坚硬，完整性较好，强度高，竖向裂隙发育。

3) 构造及地震

勘察区域断裂构造发育，地震活动较为频繁。根据中国地震局编制的《中国地震动峰值加速度区划图》[《中国地震动参数区划图（GB 18306—2015）》附录A] 及《中国地震动反应谱特征周期区划图》[《中国地震动参数区划图（GB 18306—2015）》附录B] 划分（中华人民共和国国家质量监督检验检疫总局和中国国家标准化管理委员会，2015），设计基本地震加速度值为$0.15g$，设计地震分组为第二组，勘察区段地震设防烈度为Ⅷ度。

4) 水文地质条件

(1) 地表水。

干流曲折，水量充沛，支流错综，峡谷段坡陡流急，大部分支流为季节性间断河流，多为暴雨时流量大，流速急，暴雨后一段时间，水流逐步变缓而致断流。

(2) 地下水。

沿线地下水主要为碎石土中的孔隙型潜水及基岩风化裂隙水，受大气降水下渗及冲沟内水流补给为主，以地下径流或下溢泉等方式排泄。该地下水具有补给量小、渗透性较好、储水量小的特点。场地位于自然斜坡处，大气降水后形成地表径流由高处向低洼处排泄，在场地内见一下溢泉，现场量测水温4℃，水量0.01L/s，为松散孔隙水，主要由上部基岩风化裂隙水、山上积雪融水补给，为相对独立含水体。钻探施工完毕后，对各钻孔作水文观测和简易提水试验，发现钻探深度范围内无地下水。

5) 工程治理方案

根据本段边坡的特点，采用3级支护措施进行整治：第一级边坡采用预应力锚索桩支护；第二级边坡采用预应力锚索地梁支护；第三级边坡采用喷锚支护。每级之间设置2.0m宽的平台，并在平台上设置拦水坎排水，同时在边坡周围设置截水沟，将坡面径流引入坡体两侧冲沟排走。总设计平面图见图9.6，整治效果见图9.7。

2. 超前诊断与处治工程监测及信息反馈

1) 监测工作的任务和目的

为了保证边坡在治理过程中及治理后的安全，必须对边坡坡体进行监测，了解边坡变形情况，以便在发现异常情况时及时处理。因此，对地表变形及抗滑结构内力变化特征等进行监测和分析，了解滑体在治理前后及治理施工过程中的动态变化过程，达到检验边坡整治效

第 9 章 道路灾害防治对策与关键技术

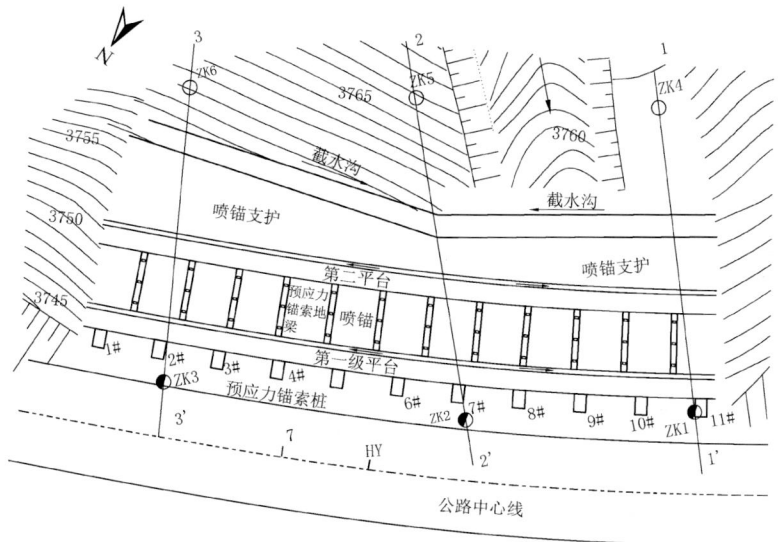

图 9.6　G317 线岗托—江达段高切坡超前支护工程平面图（单位：m）

本段高切坡采用预应力锚索桩、预应力锚索地梁、喷锚联合支护；第一级坡面采用预应力锚索桩，桩身高出公路路面标高为 5.0m，桩间距为 5.0cm，桩基埋入基岩深度为 2.0m，桩与桩之间采用喷锚支护；第二级边坡采用预应力锚索地梁支护，坡比为 1∶0.5，高度为 10m，设置 3 根预应力锚索，地梁之间采用喷锚支护；第三级边坡采用喷锚支护，坡比为 1∶0.5；每级边坡之间设置 2.0m 宽的平台，并在平台上设置拦水坎，并引入两侧截水沟中；在边坡顶部距坡口线 2.0m 外设置截水沟，拦截地表径流；边坡施工严格按照超前支护的方法进行施工，从上向下逐级开挖逐级支护，施工过程中应注意坡面平顺美观；地形若与实际有出入，以现场实际放线为准；未尽事宜参见设计说明和其他设计图及相关技术规范

图 9.7　G317 线岗托—江达段高切坡超前支护工程整治效果图

果和边坡整治后在正常使用条件下的运行效果等,及时发现问题,及时解决,确保整治工程的有效性。并可总结经验,为西藏地区边坡治理方案的研究提供可靠的参考数据。

2) 监测阶段的划分

将滑坡监测工作分为施工期监测、竣工初步验收后一个水文年的治理效果监测两个阶段进行:

施工期监测:施工期间进行的监测,自正式施工开始,施工结束为止。目的在于了解和把握施工期间滑坡体的变形特征,以及工程结构施工对滑坡体变形的影响,可根据监测结果,检验设计是否合理,必要时可适当修改设计,进行动态施工,保证防护结构安全。

竣工初步验收后一个水文年的治理效果监测:在施工完成并初步验收后,一个水文年内对滑坡体、抗滑结构等进行监测。目的在于了解竣工后一个水文年内滑坡体的变形发展规律,检验滑坡整治效果,并能及时发现问题,及时进行解决,保证滑坡整治效果,并能为抗滑结构优化设计提供参考。

3) 监测工作方案

(1) 地表位移监测。

地面监测的目的是为了准确及时地了解和掌握滑坡区地表的变形情况,拟采用横视准线法监测。此法可监测滑坡整治施工过程中,滑坡体是否因施工扰动而产生变形或位移;在滑坡治理后,通过对滑坡体进行地表变形监测也可检验滑坡整治效果。

横向视准线法观测:是在滑坡两侧边界外的稳定斜坡上,分别设置镜桩和照准桩,利用经纬仪定期观测斜坡表面上的观测桩偏离置镜桩与照准桩之间的视准线的距离,来确定斜坡的位移变化状况。

横向视准线的布设:由置镜桩、照准桩、观测桩、护桩和水准基点桩组成。

①置镜桩:是一条视准线的基桩。桩位根据斜坡的地形、地质情况而定。一般距潜在滑体周界15~30m,大体接近变形体地面高程,观测与照准桩距离50m以上。

②照准桩:桩规格,桩体选择,布置要求与置镜桩相同。只是桩顶露出地面0.4m,用红白油漆将桩分成四份,其中线与桩顶中心的十字线处于同一视线上,并与置镜桩保持良好的通视,形成观测其他变形桩的基准线。

③观测桩:它是斜坡变形运动的标志,置于斜坡表面,仰、俯角不超过30°。观测方法是由经纬仪在置镜桩处,通过照准桩观测滑坡体上各观测桩的位移情况。

④水准基点桩(可由置镜桩代替):对观测点的高程变化进行水准测量,了解斜坡位移后的高程变化情况。

横向视准线法观测的数据,能够直观地显示出斜坡土体变化情况。野外观测后及时对原始资料进行整理,将水平位移、垂直位移值填记在"横向视准线观测报表"中,并绘制历时位移曲线图。若发现斜坡变形可能带来危险时,必须立即报告,防止发生恶性事故。

(2) 预应力锚索的监测。

根据预应力锚索特点及监测目的,对滑坡下部滑体的有代表性的预应力锚索桩上的锚索进行长期监测。预应力锚索内力监测采用在预应力锚索头部设置锚索测力计的方法,监测锚索在长期荷载作用下的预应力损失特性和变化规律。

根据结构要求,锚索计安装在张拉端,安装时钢绞线从锚索计中心穿过,测力计处于钢垫座和工作锚之间。安装过程中应随时对锚索计进行监测,并从中间锚索开始向周围锚索逐步加载以避免锚索计的偏心受力或过载。锚索测力计采用 JDMSJ-202 型锚索测力计,振弦式频率测定仪选用 XPO2 型频率测定仪。被测锚索荷载计算公式:

$$P = K\Delta F + b\Delta T + B \tag{9.4}$$

式中,P 为被测锚索荷载值,kN;K 为仪器标定系数,kN/F;ΔF 为锚索测力计三弦实时测量频率模数的平均值相对于基准模数的平均值的变化量,F;b 为锚索测力计的温度修正系数,kN/℃;ΔT 为锚索测力计的温度实时测量值相对于基准值的变化,℃;B 为锚索测力计的计算修正值,kN。

4)监测结果

(1)地表变形监测结果。

地表变形监测采用 PENTAX 110、SOKKIA C32 Ⅱ 进行监测,工程竣工后,共进行了三次测量,第一次测量时间:2005 年 6 月 13 日;第二次测量时间:2005 年 8 月 16 日;第三次测量时间:2005 年 11 月 11 日。监测结果见表 9.3。

表 9.3 高切坡超前支护地表变形监测表   (单位:mm)

位置	测点序号	第一次测量与第二次测量		第二次测量与第三次测量	
		X(位移量)	Y(位移量)	X(位移量)	Y(位移量)
第一级平台	1	−0.003	0.001	−0.001	0
	2	−0.002	0.001	0	0
	3	−0.005	0.002	−0.003	0.001
	4	−0.007	0.003	−0.006	0.002
	5	−0.001	0	0	0
	6	−0.006	0.001	−0.004	0
第二级平台	7	−0.002	0	0	0
	8	−0.004	0.002	−0.003	0.001
	9	−0.004	0.002	−0.003	0.002
	10	−0.008	0.003	−0.005	0.001
	11	−0.003	0.001	−0.001	0
	12	−0.005	0.003	−0.004	0.001
第三级平台	13	−0.007	0.004	−0.005	0.002
	14	−0.001	0	0	0
	15	−0.002	0.001	0	0.001
	16	−0.006	0.001	−0.004	0.001

边坡经过超前支护整治,效果显著。从工后各级平台地表变形监测来看,整治后地表变形非常小,最大的变形也仅有 6mm,说明边坡得到了有效防护。

(2)预应力锚索内力监测结果。

锚索内力监测共布置 5 个锚索测力计,锚索测力计型号:MJ-101 型振弦式锚索测力计，CTY-202 振弦测试仪，锚索测力计布置在 7 号地梁 3 根：编号为 M-1、M-2、M-3，在 6 号抗滑桩布置 2 根：编号为 M-4、M-5。锚索采用 7 根 $\varphi15$ 钢绞线（1860MPa），锚具用 OVM15-7 型，锚索设计荷载 900kN，锁定荷载 800kN。工程竣工后共进行了 3 次监测，第一次测量时间：2005 年 6 月 13 日；第二次测量时间：2005 年 8 月 16 日；第三次测量时间：2005 年 11 月 11 日。锚索内力监测结果见表 9.4。

表 9.4 高切坡超前支护锚索内力监测结果

位置	测点序号	第一次测量/kN	第二次测量/kN	第三次测量/kN
M1	1	815	811	806
M2	2	818	813	805
M3	3	820	814	808
M4	4	813	808	796
M5	5	821	816	809

从工后锚索内力监测结果看，锚索预应力损失较少，说明高切坡经过整治后，没有大的变形迹象发生，进一步证明该高切坡得到了有效防护。

9.5 堰塞湖防治关键技术

堰塞湖会造成上游的淹没灾害和下游的冲刷灾害，特别是天然堵塞坝大多由松散堆积物组成，在溃决过程中冲刷速率较大，形成大规模的溃决洪水，对下游村镇、城镇、公路、铁路等基础设施产生严重的危害。本节主要介绍堰塞湖上游水位调控技术、防止堰塞湖一次性整体溃决技术、堰塞湖人工可控排泄方法。

9.5.1 堰塞湖上游水位调控技术

对于坝体相对稳定、存活时间比较长的堰塞湖，在进行监测的同时，可通过对堰塞湖上游水位短期调控，降低溃坝风险。目前所采用的堰塞湖上游水位调控技术，主要采用虹吸法或泵水法降低湖内水位和溃决风险。

1. 采用虹吸管降低上游水位

虹吸管是一种跨越挡水建筑物并将水流引向下游某个低于上游水位的严格密封性输水管道（图 9.8）。由于虹吸管道在上游水位以上部分均高于正常运行压坡线，在管道正常输水过程中处于负压运用状态，故在启动前应设法将虹吸管道内的压强降低至某个能使水库内水体在大气压强与管道内压强的压强差作用下跨越挡水建筑物的压强数值，则上游水体能从上游沿虹吸管道流向下游（朱诗鳌，2008）。

2. 采用水泵抽排降低上游水位

在堰塞湖蓄水量不多的情况下，可考虑设置抽水泵进行排水（图 9.9）。水泵抽排优

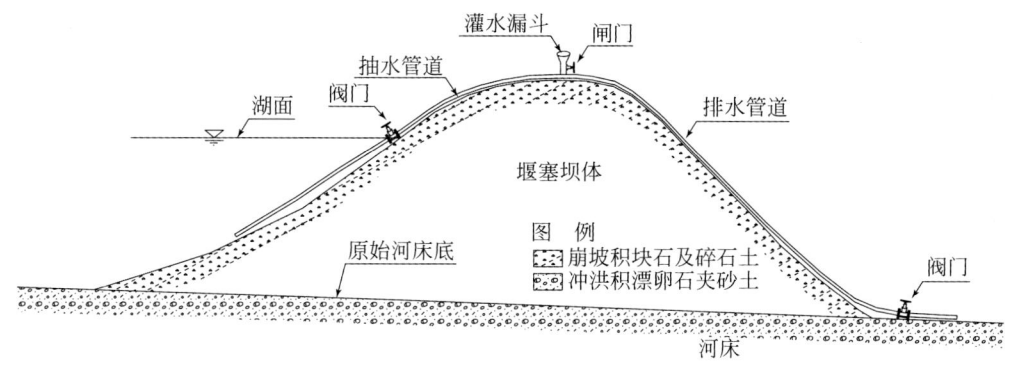

图 9.8　采用虹吸管降低上游水位

点是扬程固定，对于泄水量控制方便，多台水泵可并联交替运行，也可分段投入运行。但在水位降低后仍应与其他工程措施配合实施。安置水泵对堰塞湖进行强排水，需依据堰塞湖的来水量和坝体的承重，适当安置流量和扬程水泵。若水泵抽水产生了地基侵蚀问题，应判断侵蚀的可能范围，对其进行加固，以防止侵蚀进一步扩大，危及坝体安全。

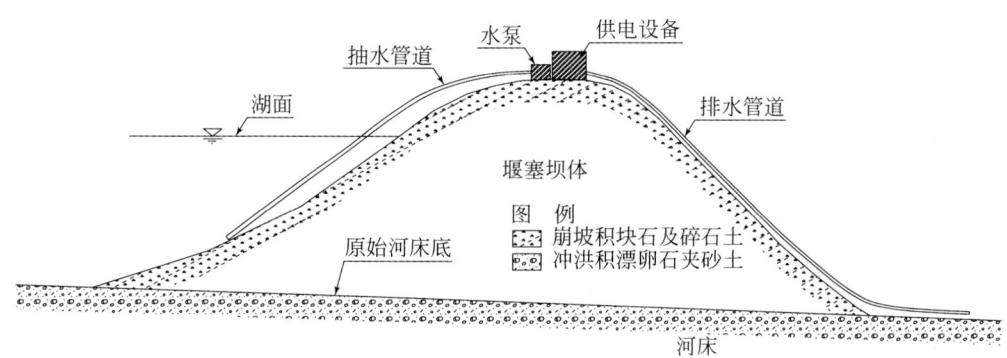

图 9.9　采用水泵抽排降低上游水位

9.5.2　防止堰塞湖一次性整体溃决技术

若判断堰塞湖的近期稳定性差，则需要采取主动减灾排险技术防止其发生快速溃决，避免对下游造成巨大的人员伤亡和财产损失。所谓主动减灾排险技术，并非是一味阻止堰塞湖的溃决，而是将堰塞湖的溃决流量和影响控制在许可范围之内。对于交通条件便利、易于机械化施工的堰塞湖，可调动机械设备进场，通过小型爆破和机械施工等手段，开挖临时泄流槽或排水涵管（洞）来降低湖内水位，减少溃决的风险。

1. 开挖泄流槽

在堰塞湖岸开挖泄流槽（或明渠、溢洪道、泄洪道）是处理堰塞湖的常用方法，在堰塞体顶部合适位置开凿泄水渠道，通过溯源冲刷，逐步扩大过流断面加速泄流，降低溃坝水头、水量与流量，削弱水流破坏力，达到减灾目的。泄流槽通常是将湖水排泄到堰塞体下游的原河道，也可考虑排泄到相邻河道或相邻河道的水库中（要具有这种地形条件，同时在所泄湖水对相邻河道或相邻河道的水库不带来危害的情况下才予以考虑）。由于堰塞体地质条件的差异，这种处理可能会造成两种结果：一种可能是湖水通过渠道下泄后，逐渐把堰塞体全部冲溃；另一种比较理想的状态是，湖水通过渠道进行深槽冲刷，大部分堰塞体未被冲塌，避免了突溃灾害，最终形成相对稳定的新河道。这种方式适用于有一定的处理时间，具备大型机械施工条件，溃决风险重大的堰塞湖。对于这种处理，还要结合一系列非工程措施，以确保下游群众安全。在采用泄流槽（明渠）排泄堰塞湖水时，由于堰塞坝组成物质松散，一般不容许快速大流量溢流，以防范加速冲刷造成溃决流量增加失控。在设计泄洪道时要注意选在垭口处，以减少开挖量，同时还要注意土质问题。如果是土料，开挖较容易，但防冲刷措施就较困难。如果是岩石，开挖较难，甚至要爆破，但能防冲刷。

2. 爆破工程

交通困难、机械设备无法到达，是堰塞湖应急排险的最大难题。采用爆破方式炸开缺口泄流就成了这一类堰塞湖应急排险的有效手段。对于具有危险性的堰塞湖，采用堰坝拆除快速施工爆破技术，实现堰塞湖的分洪时间由不可控变为可控，避免下游人民生命财产受到威胁。采用爆破方式应急排险，适用于两岸山体较稳定、堰塞体方量小、不具备大型机械施工条件或时间紧迫、来不及施工除险，同时对下游威胁较大的堰塞湖。在进行爆破除险时，一定要及时通知下游群众避险，同时也要防范新的地质灾害发生。

3. 堰塞坝加固技术

若判断堰塞坝近期不会发生溃决，并且上游水位也在控制范围之内，在采取必要的工程加固以后，大坝有足够的安全度的情形，可以采取加固技术稳固堰塞坝，可将这些堰塞体或堰塞湖永久保留，并改造成永久性的水坝和水库，并对堰塞湖进行资源化利用，变害为利。

堰塞湖开发利用的关键技术之一就是堰塞体的加固处理技术。堰塞体作为永久挡蓄水建筑物，必须具备足够的稳定性和防渗性能，以保证其安全和开发利用效益。进行堰塞体的加固设计，要对堰塞体开展调查与勘探工作，根据调查与勘探及其试验成果，制定加固、治理设计方案，通过现场试验研究，确定出具体的加固实施方案。加固设计主要集中在提高堰塞体整体稳定性和改善堰塞体防渗性能上，要考虑堰塞体的整体结构（断面形式、高度，上、下游边坡坡度）、堰塞体与周边山体的衔接、堰塞体与相关水工建筑物的衔接及加固工艺的确定等（李鹏云等，2008；何宁等，2008）。

9.5.3 堰塞湖人工可控排泄方法

目前，国内外关于堰塞湖处置技术的文献较少，普遍采用在堰塞坝体上开挖泄流槽的方法（付湘宁，2008）。以往的泄流槽的槽型主要为防止堰塞坝快速溃决，而采用宽-浅型泄流槽，这种槽型在汶川地震中也被广泛采用（陈五一和唐朝阳，2008）。从唐家山堰塞湖、小岗剑堰塞湖等应急处置结果来看，常出现"排泄初期排泄效率偏低、后期排泄流量过大难于控制"的不利状况。为了避免这种不利状况，针对不需保留的碎石土类型堰塞坝，需要一种安全而快速地排泄堰塞湖库水的处置方法。为此，借鉴水电工程大坝截流的相关技术和方法，提出一种堰塞湖人工可控排泄方法（陈晓清等，2010，2011），快速降低堰塞湖风险，从而最大程度降低上游淹没区的损失和下游威胁区的风险。

1. 堰塞湖人工可控排泄方法初步设计

堰塞湖人工可控排泄方法涉及堰塞湖库水排泄的3个阶段，实现库水排泄初期的高效率和后期排泄流量的有效控制（赵万玉等，2010，2011）。具体步骤如下：

在堰塞湖坝体上相对低洼的凹槽部位开挖泄流槽，以工程量最小、初期过流和下切能力最大为目标，确定并优化泄流槽的纵断面和横断面形式。

在堰塞湖库水排泄中期，对影响下切侵蚀发展的泄流槽中巨石采取人工爆破或机械清除等方式，保证排泄流量的稳定增长。

在堰塞湖库水排泄快速增加时，针对泄流槽的下切侵蚀过于快速的情况，当泄流槽中的库水排泄流量达到设定阀值时，向泄流槽中放入人工结构体来稳定沟床，控制沟床的快速下切侵蚀，发挥控流作用，防止产生超过下游防护标准的洪水而危害下游区域。泄流量阀值依据下游重要设施防洪的设计标准或校核标准来确定。

按照《堰塞湖风险等级划分标准》（SL 450—2009）（中华人民共和国水利部，2009）中堰塞湖库容大小划分，堰塞湖可分为大中型堰塞湖（库容≥100万 m^3）和小型堰塞湖（库容小于100万 m^3）。泄流槽横断面的优化：针对小型堰塞湖，其泄流槽的横断面为三角形断面，横断面的横向坡比为 1∶2.0～1∶1.5（图9.10）；针对大中型堰塞湖，其泄流槽的横断面为梯形-三角形的复式断面，横断面的横向坡比为 1∶2.0～1∶1.5（图9.11）。泄流槽纵断面的优化：针对小型堰塞湖，其泄流槽的纵断面为直线型，纵断面的比降大于等于原始河道的比降（图9.12）；针对大中型堰塞湖，其泄流槽的纵断面为折线型，纵断面的每一段比降均大于等于原始河道的比降，为防止快速冲刷，其中最陡坡段比降小于等于于3%（图9.13）。

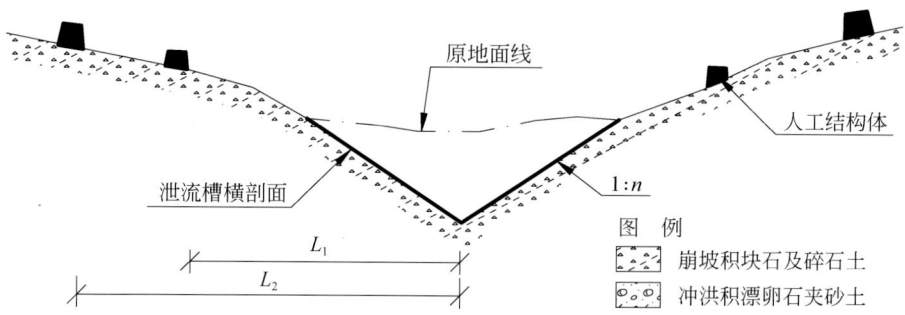

图 9.10 横断面为三角形断面的泄流槽横断面示意图

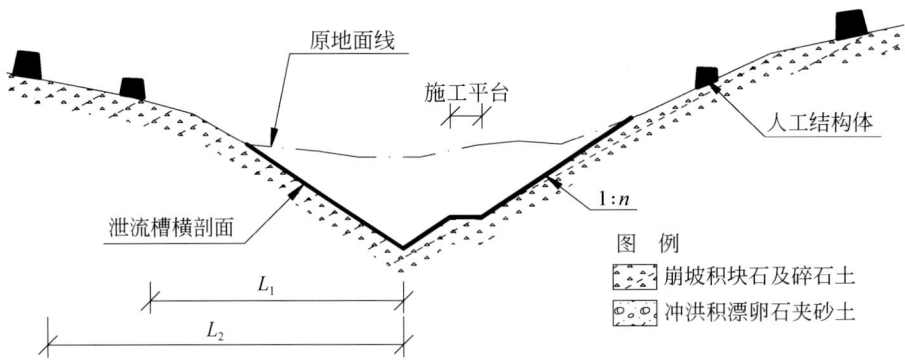

图 9.11　横断面为梯形-三角形复式断面的泄流槽横断面示意图

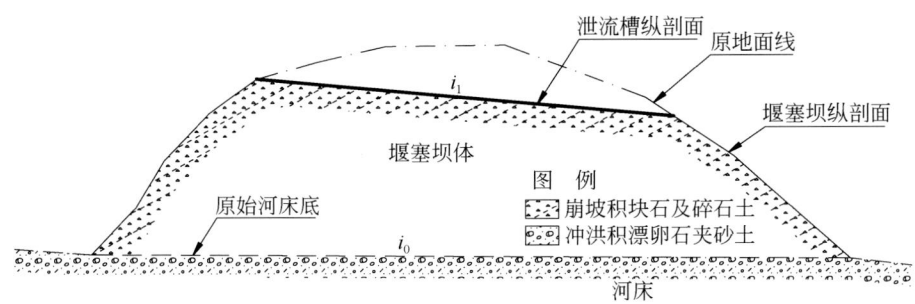

图 9.12　纵断面为直线型的泄流槽纵断面示意图

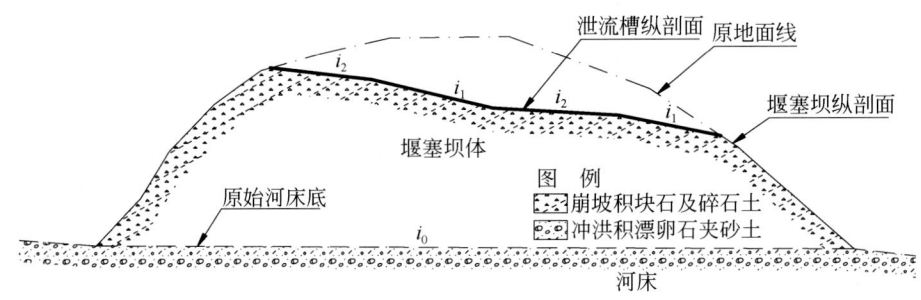

图 9.13　纵断面为折线型的泄流槽纵断面示意图

泄流槽进口部位设有铅丝笼防护，铅丝笼尺寸可以是 2.0m×0.5m×0.5m，笼内装填粒径为 50~200mm 的砾石，或铅丝笼尺寸为 4.0m×1.0m×1.0m，笼内装填粒径为 100~400mm 的砾石。铅丝笼在泄流槽进口两侧呈倒八字形（图 9.14），与泄流槽槽体连接，即泄流槽进口两侧的铅丝笼间距沿堰塞湖库水流向逐渐变小，也即泄流槽进口两侧的铅丝笼间距向靠近泄流槽槽体方向逐渐变小，与泄流槽槽体相连接处间距最小。

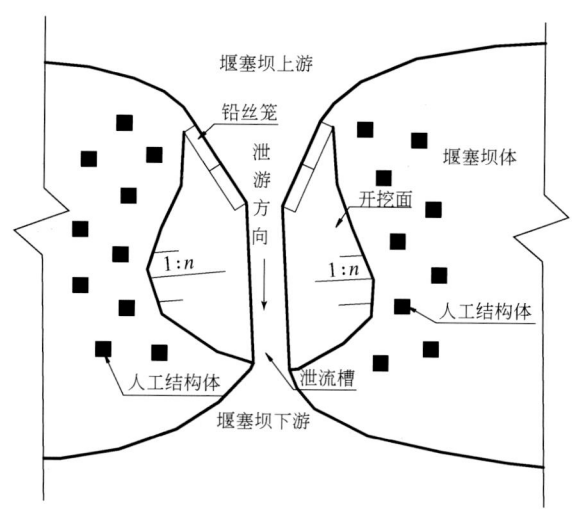

图 9.14　铅丝笼与泄流槽槽体连接的俯视图

人工结构体可以是正四面体的钢筋混凝土块体或其他新型人工结构体。通过观测确定排泄流量达到设定阀值时，人工结构体可以通过机械被抛掷入泄流槽中，或者被堆放在泄流槽两侧距离泄流槽中心一定距离（L_1 和 L_2）处（图 9.14、图 9.15），利用排泄库水的侧蚀使人工结构体自动坠入泄流槽，发挥控流作用。其中距离 L_1 和 L_2 是泄流槽排泄库水流量达到设定阀值时，对应的泄流槽侧蚀所达到的位置。人工结构体可以在泄流槽中单个使用，为了取得更好的控流效果，也可以串联使用。充分利用人工结构体与泄流槽底床的相互作用，防止泄流槽过于快速冲刷下切产生超过下游防护标准的洪水而危害下游区域。

人工可控泄流方法充分利用库水溢流的冲刷下切能力降低堰塞湖风险，并利用人工结构体的抗冲刷能力控制排泄流量，能够避免传统方法处置堰塞湖易出现"初期排泄效率低、后期排泄太快而难于控制"的现象，大大提高堰塞湖应急排泄效率，达到安全、快速排泄堰塞湖库水的目的，从而快速降低堰塞湖风险，最大程度降低上游淹没区的损失和下游威胁区的风险。人工可控泄流的堰塞湖处置方法适用于碎石土类型堰塞坝的堰塞湖处置。

2. 堰塞湖泄流槽的水力最佳断面

堰塞湖泄流槽的水力最佳断面是指在纵坡 I、糙率系数 n 和设计排泄洪水流量 Q 一定时，过流断面面积 A 最小或水力半径 R 最大的断面，即以最小的过流面积通过设计排泄洪水流量的断面，也可表述为在过流面积相同条件下，能通过流量最大的断面条件（游勇和柳金峰，1999；游勇等，2006；You et al.，2011；韩征等，2012）。为了寻求表达最佳水力断面的统一表达式，引入泄流槽断面形态参数指标，断面形态参数 M 定义为断面湿周 P 与水力半径 R 之比，即

$$M = \frac{P}{R} \tag{9.5}$$

断面形态参数 M 也可表达为

$$M = \frac{P}{R} = \frac{P^2}{A} = \frac{A}{R^2} \tag{9.6}$$

泄流槽过流断面面积和相应的过流流量用断面形态参数表示为

$$A = MR^2 \tag{9.7}$$

$$Q = MR^2 U \tag{9.8}$$

式中，P 为泄流槽断面湿周，m；A 为泄流槽断面面积，m^2；R 为泄流槽水力半径，m，且 $R=A/P$；U 为泄流槽内水流动平均流速，m/s；M 为泄流槽断面形态参数。

由式（9.8）可知，在相同过流面积条件下，水力半径越大表明 M 越小，排泄洪水流量越大，即水力条件越佳。因此，可以用断面形态参数 M 来表述堰塞坝泄流槽的水力最佳条件。

1）梯形泄流槽的水力最佳断面

图 9.15 为排导槽断面示意图。

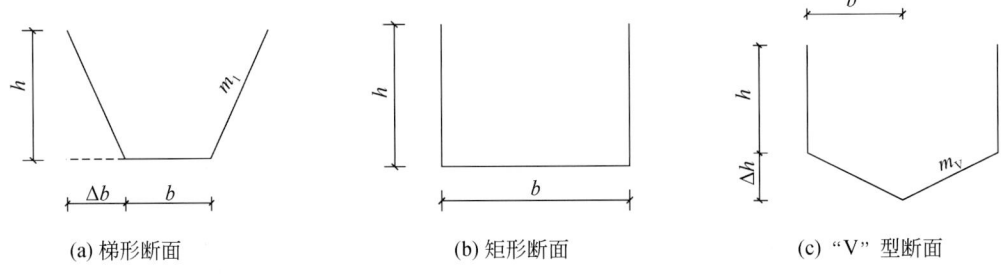

图 9.15 排导槽断面示意图

对梯形泄流槽 [图 9.15（a）]：

$$MR = P = b + 2\sqrt{1+m_t^2}\,h \tag{9.9}$$

$$MR^2 = A = h(b+m_t h) \tag{9.10}$$

其中，

$$m_t = \Delta b / h \tag{9.11}$$

由式（9.9）、式（9.10）消去 h 后，得

$$(2\sqrt{1+m_V^2}-1)b^2 - m_V MR b + m_V MR^2 = 0 \tag{9.12}$$

式（9.12）中 b 有解的条件为

$$(m_V MR)^2 - 4(2\sqrt{1+m_V^2}-1)m_V MR^2 \geq 0 \tag{9.13}$$

或

$$M \geq \frac{4(2\sqrt{1+m_V^2}-1)}{m_V} \tag{9.14}$$

通过分析推导得到梯形泄流槽水力最佳时：

$$M = 4(2\sqrt{1+m_t^2}-m_t) \tag{9.15}$$

将 $M=4(2\sqrt{1+m_t^2}-m_t)$ 代入式 (9.9)、式 (9.10) 联解，可得到水力最佳条件下的另一种表达式 $b/h=2(\sqrt{1+m_t^2}-m_t)$，这与传统水力学上梯形渠道水力最佳断面的结论是一致的。

2) 矩形泄流槽的水力最佳断面

对矩形泄流槽：

$$MR = P = b+2h \tag{9.16}$$

$$MR^2 = A = bh \tag{9.17}$$

利用相同方法，可得矩形泄流槽水力最佳时：

$$M = 8 \tag{9.18}$$

将 $M=8$ 代入式 (9.16)、式 (9.17) 联解，可得到水力最佳条件下的另一种表达式 $b/h=2$，这也与传统水力学上梯形渠道水力最佳断面的结论是一致的。

3) "V"型泄流槽的水力最佳断面

图 9.15 (c) 为"V"型槽断面示意图。对"V"型泄流槽：

$$MR = P = 2\left(h+\frac{\sqrt{1+m_V^2}}{m_V}b\right) \tag{9.19}$$

$$MR^2 = A = 2b\left(h+\frac{b}{2m_V}\right) \tag{9.20}$$

式中，m_V 为直墙 V 型泄流槽槽底边坡系数，$m_V=b/\Delta h$，其他符号见图 9.15。

由式 (9.19)、式 (9.20) 消去 h 后，得

$$(2\sqrt{1+m_V^2}-1)b^2 - m_V MRb + m_V MR^2 = 0 \tag{9.21}$$

式 (9.21) 中 b 有解的条件为

$$(m_V MR)^2 - 4(2\sqrt{1+m_V^2}-1)m_V MR^2 \geq 0 \tag{9.22}$$

或

$$M \geq \frac{4(2\sqrt{1+m_V^2}-1)}{m_V} \tag{9.23}$$

可得到"V"型泄流槽水力条件最佳时，有

$$M = \frac{4(2\sqrt{1+m_V^2}-1)}{m_V} \tag{9.24}$$

9.5.4 西藏江达白格滑坡堰塞湖应急排险

2018 年 10 月 11 日 7 时许，西藏自治区昌都市江达县波罗乡境内金沙江右岸（四川省白玉县绒盖乡对面）发生山体滑坡（东经 98°41′57″，北纬 31°4′56″）。滑坡阻断金沙江干流形成堰塞湖，上游水位快速升高，库容量快速增大，对上下游安全造成重大威胁（图 9.16）。据现场水文监测，自 10 月 12 日 17 时 30 分金沙江堰塞体自然溢流，过流量逐渐加大，形成了较大过流通道，水文部门初步推算 13 日 7 时左右，堰塞湖实际的最大下泄流量约 10000m³/s。10 月 13 日 9 时左右，金沙江白格堰塞湖右岸拢口已完全冲开，江水以

5000m³/s 左右的流量奔流而下，坝体出流量大于上游入流量，堰塞湖基本恢复常态，坝下水位平稳，溃坝隐患已消除。

2018年11月3日17时40分许，原"10·11"金沙江白格堰塞湖段因山体滑坡再次形成壅塞。2018年11月4日凌晨，水已经漫过江达县波罗乡通乡桥梁。截至4日5时，堰塞湖水位2903.94m，蓄水量约9000万m³。截至4日11时，金沙江堰塞体漫坝库容约3.7亿m³，呈上涨趋势。11月15日8时，溃口处出流量和入流量平衡，溃决结束，在上游遗留下0.79亿m³库容的小湖。

通过利用多期无人机遥感影像分析，若第二次堰塞坝自然溢流，高程将至2976m，估计总库容8亿m³。由于第二次滑坡形成的坝体高差大、总库容量巨大，发生溃决洪水风险高，将严重危及下游居民、水电基础设施安全。白格滑坡减灾的重点及难点在于在时间紧迫的状态下，如何制定合理的应急处置原则和方案，尽可能地降低水位，减轻湖水下泄对下游造成的冲刷。

应急管理部、四川省和西藏自治防汛抗旱指挥部及自然资源厅等相关部门非常重视，立即组成由应急管理部牵头、省区相关部门负责实施的应急排险指挥部及其相应的工作组，对白格滑坡堰塞湖进行勘察、监测、分析并制定排险方案，并由安能集团负责实施排险。白格滑坡堰塞湖排险处置取得了成功，为大江大河滑坡堰塞湖，尤其是二次滑坡堰塞湖的应急减灾积累了可借鉴的经验。

1. 滑坡堰塞湖应急处置原则

为了有效控制堰塞湖风险，需要采取一系列措施。一般常用的堰塞湖风险控制方法包括：应急调查、风险评估、监测系统、应急处置、应急处置后风险再评估、长期处置等。

根据《堰塞湖风险等级划分标准》（SL 450—2009）（中华人民共和国水利部，2009），按库容大小划分，两次白格滑坡堰塞湖均为大型堰塞湖，鉴于白格滑坡地处金沙江峡谷段，山高谷深，交通不便，因此在应急调查阶段，无人机遥感调查技术发挥了重要作用。四川省测绘地理信息局第一时间获取白格滑坡堰塞湖无人机影像，中科院成都山地所利用灾前、灾后高分辨率遥感影像，对滑坡堰塞湖进行灾害判识、风险评估、减灾措施建议及制定堰塞湖抢险处置方案。

针对两次白格滑坡堰塞湖处置过程，提出了如下应急处置原则：

（1）根据溃决流量的估算结果，确定堰塞湖泄流的危险区范围，对堰塞湖过流泄洪受威胁区域实施交通管制，此区域内的人员和车辆全部自行撤离。各部门制定相关政策，提醒沿江地区和已运行水电站做好相关防洪措施。

（2）对堰塞湖溃决进行风险分析，采用自然溢流、人工干预、人工干预+自然溢流3种方式中较优方案。

（3）若采用人工干预方式，需要根据现场的实际情况，设计人工泄流槽的开挖深度与宽度及施工开挖过程中是否需要采取的防护措施。

目前堰塞湖施工过程中的人工开挖没有规范指南可以遵循，针对白格滑坡第二次堰塞湖应急处置时间紧情况，具体采用以下原则：

①最短时间内尽可能挖得深，使得水位降低，最大限度降低风险标准。

如果开挖断面只宽不深，堰塞湖水位不能尽快下降。首先保证断面深度，其次考虑断面形态，表面形态和坡度做得好，对过流有较好的控制，可以参照 9.5.3 节方法或按照水利规范进行设计。

②控制侵蚀速率，溃口尽量不要溃得太快。侵蚀速率控制得好，下游的洪峰流量就小，损失就小；侵蚀速率控制控制得不好，下游洪峰流量大，风险就大。

③时间充足、理想状态下（即上游来流比较小，水位上涨比较慢，处置条件比较好，开挖条件比较好），在有可能的情况下，可以依据下游设施的防洪标准来设计泄洪的流量，根据泄洪流量反推开挖的断面和深度。

2. "10·11" 白格滑坡堰塞湖第一次处置

图 9.16 为白格滑坡体滑坡堰塞湖 2018 年 10 月 12 日灾后无人机影像图。滑坡区地层岩性为元古宇雄松群片麻岩，滑坡顶部高程约为 3732m，滑坡落差约为 850m，主滑方向为 81°，坡度为 29°~33°，纵向长度约为 1400m，最大宽度约为 620m，平均宽度约为 540m，面积为 52.6 万 m^2，最大厚度约为 100m，平均厚度约为 46m，体积约为 2450 万 m^3。滑坡高速运动受狭窄地形控制冲高，坝体呈右岸低，左岸高，最大冲高为 160m。

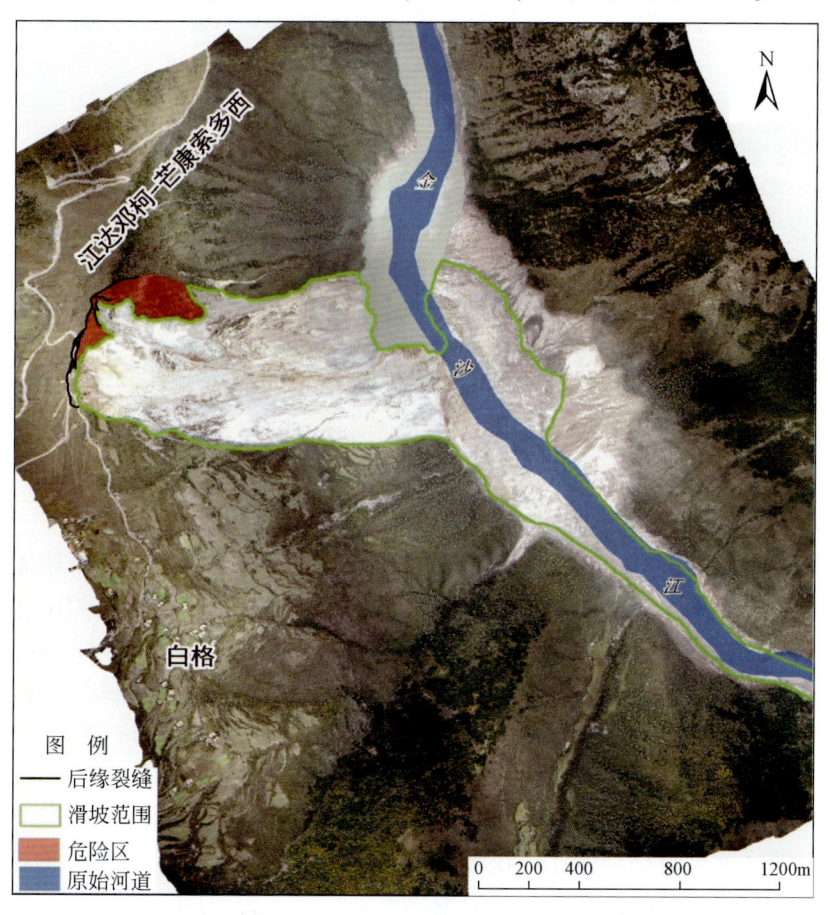

图 9.16 白格滑坡体滑坡堰塞湖灾后影像图（2018 年 10 月 12 日）

滑坡堆积在金沙江河道形成的堰塞体顺河长约为2100m，最大宽度为700m，平均宽度约为450m，堆积体最高点高程为3005m，堆积体下游尾端为2860m，最大厚度约为100m，平均厚度约为40m，堆积面积为78万m^2，估算体积约为3100万m^3。堰塞湖上下游比降（堰塞体）为2‰~3‰，截至无人机影像获取时（10月12日17时），堰塞湖回水长度为34km，湖面面积为7.7km^2，库容约为1.83亿m^3。

灾后无人机影像数据解译发现滑坡后缘出现裂缝两条，滑坡后缘和左侧存在3处不稳定坡体（图9.17）。

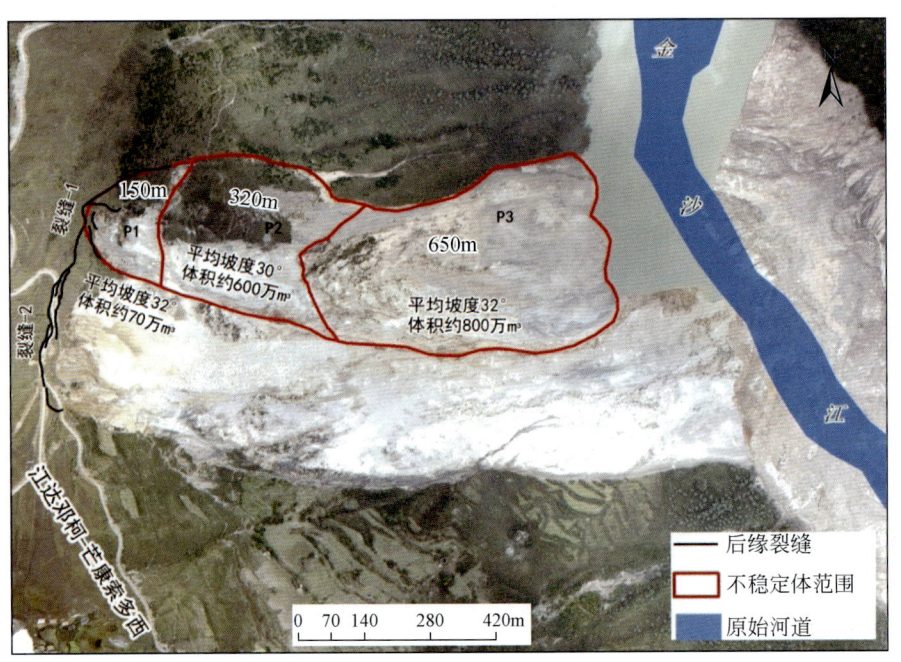

图9.17 滑坡后缘裂缝与潜在不稳定斜坡图

灾后无人机影像显示，滑坡体后缘出现的裂缝具有联通和扩展的趋势，P1和P2不稳定坡体后缘具有较为明显的拉裂痕迹与变形，在外力作用下存在失稳破坏、形成二次垮塌的可能。

堰塞湖于10月12日17时自然溢流，沿堰塞体垭口形成泄流槽，快速泄流，流量较高（下游叶巴滩峰值流量为7770m^3/s，至13日20时，入库流量为1700m^3/s，叶巴滩流量为2270m^3/s），水头高，强烈冲刷右岸堆积坝体，对不稳定坡体P3坡脚稳定性造成影响。自然泄流后，堰塞湖入库、出库流量趋于平衡，泄流冲刷和局地降雨等外部因素可能扰动不稳定坡体P3坡脚（图9.18），造成二次滑坡，也有可能牵引不稳定坡体P2和P1，导致失稳破坏，形成新的灾害。如不稳定坡体失稳滑坡，将堆积于现有堆积体之上，造成现有泄流槽堵塞，再次堵断金沙江，导致上游水位再次升高，威胁上下游安全。

鉴于金沙江堰塞湖自然泄流已超过上游来水量，暂时不需要人工干预措施。但根据无人机影像分析，滑体的不稳定块体仍然有滑塌或滑坡发生的可能，山地所会同四川省测绘地理信息局向四川省政府提交咨询报告，建议防范滑坡二次堵江的风险。

图 9.18　堰塞湖泄流冲刷不稳定坡体 P3 坡脚

3. "11·3" 白格滑坡堰塞湖第二次处置

1）滑坡体与堰塞湖特征

11 月 3 日下午 5 时 40 分许，原 "10·11" 金沙江白格堰塞湖段因山体滑坡再次形成壅塞。此次滑坡主要集中在上次滑坡的中上部（图 9.19），并基本包含在上次滑坡垮塌范围内，仅后缘 150m 长度范围又往后扩展约为 50m。根据最新影像显示，目前仅有小部分坡体属于潜在不稳定体。该不稳定体有多条环形裂缝，其中最远裂缝距离本次滑坡的后缘约为 50m。

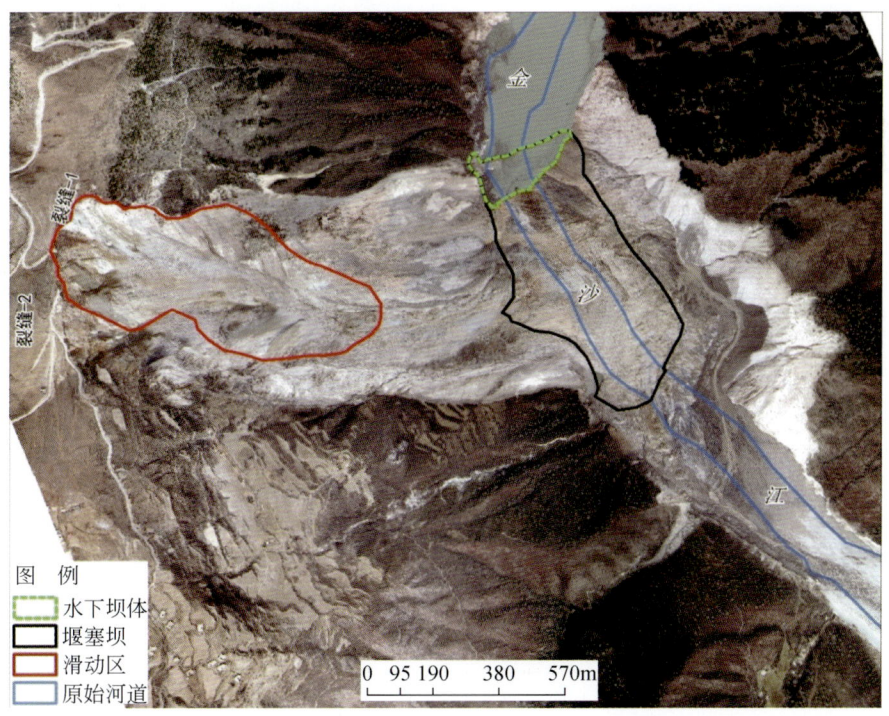

图 9.19　金沙江白格堰塞湖灾后无人机影像图（2018 年 11 月 5 日）

滑坡顶部高程约为3720m，距水面落差约为850m。滑坡纵向长度约为900m，最大宽度约为360m，平均宽度约为300m，面积为26万m²，最大厚度约为85m，平均厚度约为33m，体积约为850万m³（未包含坡面残留堆积物约为50万m³）。

在原堰塞体残留基础上，新增堰塞体体积约为1050万m³。现堰塞体最大长度为2100m，最大宽度为700m，平均宽度约为450m，堆积体最高点高程为3011m，坝顶横断面最低点高程为2976m（自然溢流高程），堆积体最大厚度约为106m，平均厚度约为40m，堆积面积为78万m²，估算体积约为3550万m³。根据2018年11月5日15时影像和DEM数据，堰塞湖水面高程约为2926m，自然溢流高差约为50m，估算堰塞湖总库容约为8亿m³。根据相关部门提供的水文数据，估计2018年11月14日左右形成自然溢流。

2) 堰塞湖自然溢流分析

2018年10月12日，堰塞湖自然溢流口高程为2932m，库容约为3亿m³，据10月16日无人机影像和DEM数据，溢流槽长度为2100m，水面平均宽度为85m，最大宽度为109m，平均比降为4‰。如果第二次堵塞体溃决发生自然溢流，其高程为2976m，估计总库容为8亿m³，自然溢流高程至新增堰塞体末端平均比降约为86‰，至堆积体末端平均比降约为46‰。与第一次自然溢流相比，第二次堵江自然溢流由于高差大、总库容量巨大，发生溃决洪水风险非常高，可能严重危及下游居民、水电基础设施安全。

3) 白格堰塞湖第二次溃决数值分析

通过数值计算手段，对比自然溃决与人工干预情景下堰塞湖溃决过程，分析其溃决过程中的流量。研究发现，堰塞湖溃决过程符合堰流过流规律，流量值多是基于宽顶堰堰流公式进行计算。溃决过程中坝体的侵蚀模型采用双曲线模型计算（Chen et al., 2014）。白格堰塞坝上游区域的水位库容曲线由20m精度的DEM计算得出。

$$Q = CB\sqrt{2g}(H-Z)^{3/2} = \Delta W/\Delta t + q_{in} \tag{9.25}$$

$$\dot{Z} = \nu(a+b\nu)^{-1}$$
$$\nu = k(\tau-\tau_c) \tag{9.26}$$

$$\tau = \gamma n^2 V^2 R^{-1/3} \approx \gamma n^2 V^2 h^{-1/3} \tag{9.27}$$

式中，Q为溃口过流流量，m³/s；C为堰流系数；B为堰流平均宽度，m；Z为溃口底部高程，m；H为堰塞湖面水位高程，m；g为重力加速度，取9.8m/s²；q为上游来流量，m³/s；W为堰塞湖库容，m³，是水位H的函数。对于侵蚀模型，$\dot{Z}$为溃口底部的侵蚀率，m/s；k，a和b为侵蚀模型中的系数；τ为溃口底部切应力；τ_c为溃口临界切应力。切应力通过溃口内部糙率由曼宁公式计算，γ为水的容重（9.8kN/m³）；n为曼宁糙率系数；R'为水力半径，以溃口内部水深h计算；V为溃口内部平均流速。表9.5为侵蚀模型选取的参数，图9.20为堰塞湖水位库容关系。

表9.5 侵蚀模型中所取参数

模型参数	所取值
a	1.1
b	0.0003

续表

模型参数	所取值
n	$0.025\mathrm{m}^{-1/3}\cdot\mathrm{s}$
k	100
V_c	2.4m/s
q	483m³/s

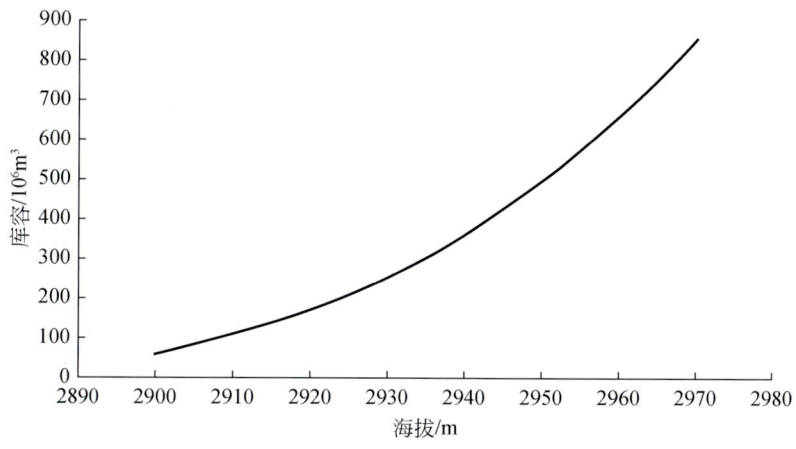

图 9.20　白格堰塞湖水位库容曲线

模拟结果（图 9.21）表明，人工干预下的溃决洪水峰值流量远低于自然溃决，大大减小金沙江下游洪水风险与灾害损失。因此，需要采取合理科学的堰塞湖应急处置。

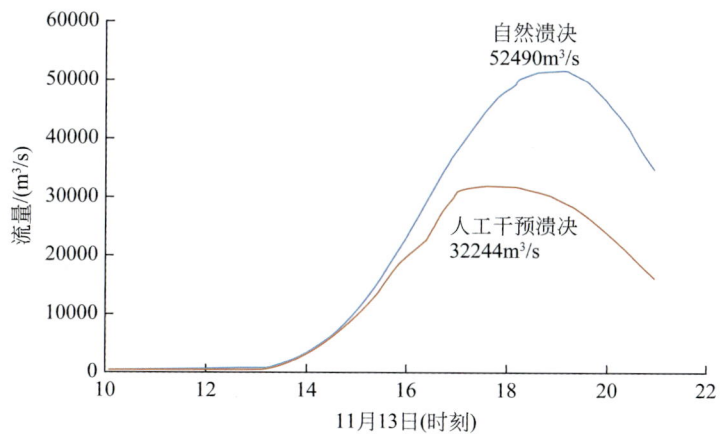

图 9.21　白格堰塞湖第二次溃决流量过程模拟

4）堰塞湖抢险处置方案

目前，堰塞湖水位和蓄水量已超过 2018 年 10 月 12 日自然溢流的指标，综合堰塞湖水位、坝高和上游水流量分析，估计 2018 年 11 月 14 日左右形成自然溢流泄洪。由于坝顶自然溢流高程较高（2976m），蓄水量大（约 8 亿 m³），自然溢流泄洪洪水灾害风险远高于第一次。为了避免渗流溃决和自然溢流泄洪洪水灾害，亟须制定科学有效的堰塞湖应急处置方案，力争在堰塞湖蓄水量 3.5 亿~5.0 亿 m³ 范围内进行有效处置。

（1）开挖泄洪方案。

根据灾后无人机影像和 DEM 数据分析，考虑原金沙江河道、第一次自然溢流道的河势，现堰塞体堆积地形和最小开挖方量，制定开挖泄洪槽建议方案。图 9.22 为建议最优开挖泄流槽平面布置图，表 9.6 为不同方案泄流槽开挖的方量估算结果，图 9.23 为开挖泄流槽的形态。开挖方案工程实施期间，需要密切关注坡体滚石和崩塌等次生灾害，确保施工人员安全。

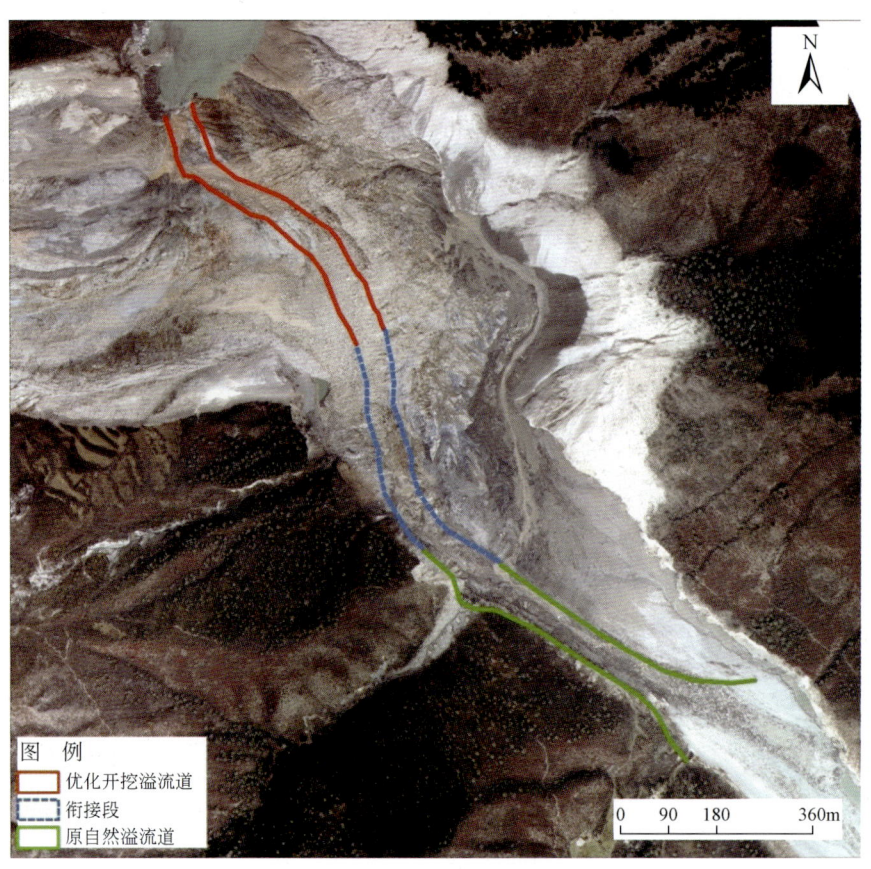

图 9.22　最优开挖泄流槽平面布置图

表 9.6　泄流槽开挖方量估算表

开挖渠道底宽/m	开挖渠道顶宽/m	开挖深度/m	溢流口高程/m	渠道坡度/‰	挖方量/万 m³
60	100	20	2956	4	40
60	120	30	2946	4	85
60	140	40	2936	4	150

注：开挖深度以顶部最低高程点（2976m）为基准。

图 9.23　开挖泄流槽立体图

（2）爆破方案。

在难以保障开挖方案现场施工人员安全的前提下，可考虑爆破，降低堰塞体堆积高程的方案。由于峡谷地形的约束，需要考虑爆破效果。建议沿上下游方向定向爆破，同时，需要注意爆破对边坡的影响，防止激发滑坡再次成灾（图 9.24）。

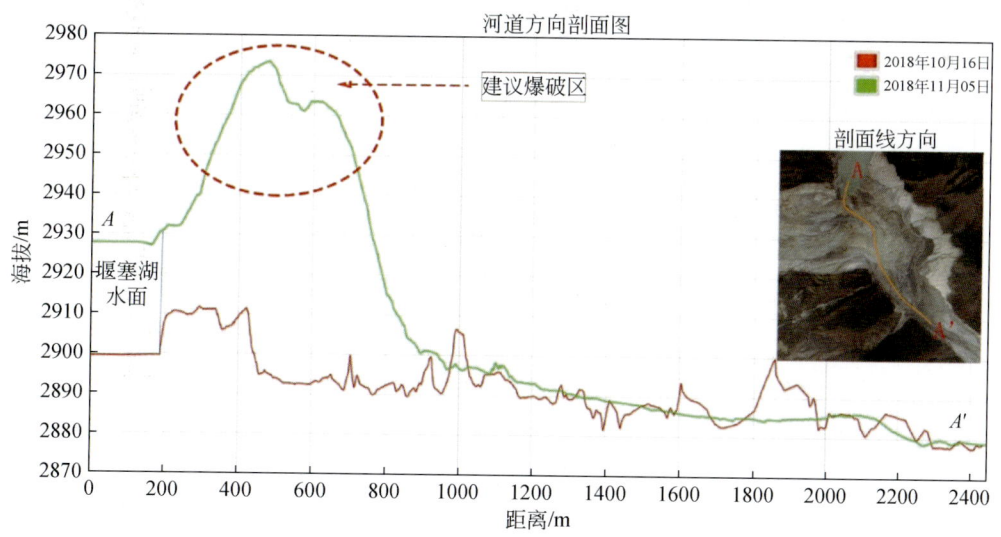

图 9.24　建议爆破区域示意图

（3）水冲方案。

在开挖、爆破方案难以实施，现场安全、电力供应能保障条件下，可采用大流量高扬程水泵，从堰塞湖抽水，以高含沙水流、稀性泥石流等方式快速冲刷拟开挖泄洪渠道。

现场指挥部和专家组可根据现场具体情况，综合考虑上述建议方案。

(4) 白格堰塞湖现场处置。

截至 2018 年 11 月 7 日，四川省和西藏自治区政府的得力组织下，已紧急调运了 10 台挖掘机、4 台装载机。其中，已有 4 台挖掘机、3 台装载机正在距离灾害现场最近的白玉县则巴村采取边行进、边开路的方法赶往江滩，余下机具也正在调运中。同时，积极采取"人防+技防"相结合的方式，继续加强雨情、水文、地质、地震等监测，特别是加大对山体塌方区域周边和堰塞湖坝体的监测，确保应急抢险作业安全。

灾害发生以来，当地已建立堰塞体上游岗拖水文站、白格堰塞湖点、下游巴塘站共 3 个实时水文监测点，截至 11 月 9 日现场设置预警观测点 9 个，其中，堰体四川侧边坡雷达 24 小时监测点 1 个，坝体流动观测哨 3 个（监测有无渗水），望远镜观测哨 3 个；堰体西藏侧望远镜观测哨 2 个。

截至 11 月 10 日 19 时，开挖泄流槽长度为 220m，最大顶宽为 42m，底宽为 3m，平均深度为 11.5m，坡度约为 1∶1.3，泄流槽顶高程为 2967m，泄流槽完成开挖量约为 26000m³，翻渣工程量约为 59000m³，累计完成土石方为 85000m³。

截至 11 月 12 日 10:50 泄流槽全线贯通过流。

图 9.25 为 11 月 13 日 16:00 泄洪后无人机影像数据。根据 DEM 数据进行计算，与 10 日 15:00 时对比，13 日 15:00 时和 16:00 时冲走的泥沙累计量分别为 132 万 m³ 和 159 万 m³，泄洪通道长度约 800m。泄洪通道各断面宽度如表 9.7 所示，深度在表 9.8 中列出。泄洪通道比降（E-E'）为 68‰。本次处置中最大泄洪流量为 3.1 万 m³/s，出现在 13 日 18 时，估计已冲刷为 300 万 m³ 左右，最终可能冲刷为 500 万 m³ 左右，残留约为 3000 万 m³。

表 9.7　泄洪通道宽度表　　　　　　　　　　（单位：m）

		13 日 15:00 时	13 日 16:00 时
B-B'	水面宽度	102	124
	河床宽度	158	176
C-C'	水面宽度	87	102
	河床宽度	133	153
D-D'	水面宽度	91	98
	河床宽度	110	176

表 9.8　泄洪通道平均深度表　　　　　　　　（单位：m）

	13 日 15:00 时	13 日 16:00 时
B-B'	28	29
C-C'	25	27
D-D'	32	41

图 9.25　白格堰塞湖泄洪后无人机影像（2018 年 11 月 13 日 16:00）

13 日泄流以来至 14 日 7 时，堰塞湖上游 3km 处水位较此前最高水位下降为 50.38m，堰塞湖蓄水量约较最大蓄水量减少为 4.92 亿 m^3。金沙江白格堰塞湖人工泄流后，过流洪水向下游推进，14 日上午已到达云南省境内。

2018 年 11 月 15 日 8 时，金沙江白格堰塞湖入库流量为 507m^3/s，出库流量为 529m^3/s，剩余库容为 0.79 亿 m^3，出入库水量基本平衡，水位基本稳定，险情缓解。

2018 年 11 月 16 日，云南省防汛抗旱指挥部发出《关于结束云南省防汛Ⅲ级应急响应的通知》（以下简称《通知》），决定 2018 年 11 月 16 日 10 时起，结束云南省防汛Ⅲ级应急响应。《通知》指出，金沙江白格堰塞湖溃坝洪水应急处置工作，通过上下努力，共同奋斗，科学应对，虽然灾情较重，但确保了无一人伤亡，应急处置工作取得圆满成功。

9.6　山地灾害监测预警关键技术

山地灾害预警的内容主要包括依据监测数据，确定预警阈值，判断预警级别，发出预警信息。就目前而言，国内外在灾害监测方面的方法和技术手段上并无太大差别，而预警方案则需要根据灾害的实际情况来设置。针对不同尺度的灾种，应根据相应的监测内容，确定恰当的预警阈值，设置不同的预警级别。

9.6.1 山地灾害预警技术与阈值确定

川藏交通廊道的滑坡、泥石流预报预警应分为两种尺度：线路区段尺度和单灾点尺度。

1. 基于天-空-地一体化的线-点结合灾害早期识别与监测预警技术

川藏交通廊道灾害点多线长，且大多地处高位，传统的人工调查排查在一些地区进行灾害隐患识别有很大局限。对该区域的重大灾害监测应做到通过早期识别、灾点排查和重点监测结合，才能真正做到点线结合，全面覆盖。可构建天-空-地一体化的"三查"体系进行重大地质灾害隐患的早期识别，再通过专业监测，在掌握地质灾害动态发展规律和特征的基础上，进行地质灾害的实时预警预报，以破解"隐患点在哪里""什么时候可能发生"这一灾害防治领域的难题（许强，2020）。

1) 光学遥感和 InSAR 技术，实现区域扫面性地质灾害隐患的普查

一般地表变形会导致光谱特性的变化，可利用光学遥感的颜色变化来有效识别地表变形，同时多时序遥感影像还可清楚反映灾害变形的动态演化过程和特征；合成孔径雷达干涉测量技术（InSAR）具有全天候、全天时工作的特点，尤其是具有大范围连续跟踪观测微小地表形变的能力，是识别和发现正在变形的灾害隐患的有效和重要手段。可充分利用高分辨率的光学遥感和 InSAR 技术，通过地形地貌识别出绝大多数滑坡、崩塌堆积体及泥石流沟，有助于在大尺度上判断灾害隐患的规模和危险性程度。

2) LiDAR 和无人机技术，实现高地质灾害风险区段和重大地质灾害隐患的详查

利用机载激光雷达测量技术（LiDAR）和无人机摄影测量可构建更高分辨率、更高精度的数字高程模型，利用去除植被后的真实地形很容易识别和发现古老滑坡、崩塌、泥石流等堆积体，以及历史上受地震、长期重力作用而发生明显开裂、移位的斜坡岩体，这些都是山区斜坡最脆弱的部位，也是最容易发生灾害的潜在隐患区，从而实现灾害风险区段划分和重大灾害的识别。

3) 现场调查和地面监测，实现重大地质灾害隐患的核查和参数监测

可通过现场调查，实现重大灾害隐患的复核。在制定监测方案时，首先应通过现场情况和资料查阅，从地质、水文角度认清灾害的基本特征、成灾模式和机制、目前所处的灾害发育阶段和关键影响因素等，进而在驱动力、内部破裂、外部变形及临滑前兆等几方面去开展，重点监测相关指标的量值和动态变化情况。

2. 线路区段滑坡、泥石流预报阈值确定和等级划分

区段尺度上，主要基于诱发因素对灾害进行提前预报。降雨是滑坡、泥石流等灾害最主要的诱发因子。因此，国内外普遍采用降雨来建立区域预报模型和确定预报阈值。如现在国际上常用的 I-D 模型，考虑了降雨历时与降雨强度之间的关系[式（9.28）]，比单因子预报方法（降雨强度、降雨量等）更为科学，且可通过不同百分比包线来反映灾害发生的概率和准确度，进而确定预警等级。另外，模型具有物理意义，可计算成不同历时需要

的降雨量，从而易与资料稀缺地区常用的降雨频率相结合，更易于确定预报等级。

$$I = \alpha D^{-\beta} \tag{9.28}$$

式中，α 和 β 为系数；D 为降雨历时，表示从一次降雨开始到灾害发生时刻的时间，h；I 为在这一段时间内的平均降雨强度，mm/h。

在交通干线全线范围内，利用一个地区的滑坡、泥石流易发区划或危险区划，在相关区段内布设一定数量的雨量站，利用监测雨量和预报阈值，通过确定降雨级别和灾害发生概率、规模之间的关系，便可建立滑坡、泥石流活动的激发雨量条件，进行灾害预警预报。就川藏交通廊道而言，灾害的发生与前期土体含水量等也有密切关系，另外由于受冻土、冻融和冰雪消融作用明显，温度变化对灾害的发生也有较大影响。因此，应进行系统分析研究，建立适宜于不同区段、多参数的预警模型和阈值。根据参数的评价结果，将激发条件分析归纳为某一量级的降雨量或温度变化，从而表示临界条件。由于川藏交通廊道监测资料缺乏，可借鉴有关经验公式和模型进行试算，进而利用监测资料进行验证，选择最优预报模型。常用的方法有：

(1) 灾害实地调查：对灾害进行详细的地质、地貌和灾情调查，结合降雨、温度监测资料，进行统计或机理分析，确定临界雨量或温度。

(2) 灾害与暴雨、温度等值线分析：根据监测资料编制暴雨或温度等值线，找出灾害所在区段内等值线均值，作为该区段临界条件初选值，再用典型灾害地质、地貌调查的暴雨、温度均值进行检验修订，确定最终临界阈值。

监测资料是灾害阈值确定的关键，结合川藏交通廊道的监测网络，进行详细资料收集，建立本区段的降雨（温度）预报模型，确定准确的阈值。川藏交通廊道山地灾害预报应遵循以下原则：

(1) 在实地监测内容和方法的基础上，选择合适、有效的预报预警模型；

(2) 在不同区段与重要单体灾点，采用不同的模型；

(3) 考虑到川藏交通廊道资料稀缺的特点，宜采用多种模型，进行多参数的综合评判来提高预报、预警的准确性；

(4) 模型建立后，应利用已发生的相似灾害监测资料，进行反演分析，检验模型的有效性，并确定相应的预报预警判据。

3. 重要灾点滑坡、泥石流监测和预警方法

对于单个滑坡灾点和泥石流流域而言，通过关键参数的准确监测与分析，可准确计算预警值，如滑坡的发育阶段受岩土力学性质的控制，其变形过程具有明显的阶段性特征，可分为3个阶段（图9.26）：

(1) 第一变形阶段：对应的是滑坡形成的蠕变变形阶段，由于变形时间可能很长，岩土变形较弱，地表无裂缝，仅大型滑坡后缘有很小的断续弧形裂缝，因此在滑坡监测预报上无实际意义。

(2) 第二变形阶段：对应的是滑坡形成的滑动挤压阶段，滑坡地表变形明显→很明显，后缘裂缝和周界日渐清楚，滑动面逐渐形成→完全贯通。此阶段有长有短，少则2~3年，多则十多年，是滑坡监测预报应重点关注时期。滑坡形成的位移历时分析应抓住这一阶段。

（3）第三变形阶段：对应的是滑坡形成的加速变形-剧滑阶段。此阶段滑坡地表变形剧烈，少则2~3天，多则十多天。对滑坡的临发预报和剧滑时间的预警非常重要，监测预警人员可抓住这个时机，对各方面（如位移、倾斜量等）的监测资料和滑坡体宏观现象进行综合分析，对滑坡发生的时间做出相对准确的预报预警。

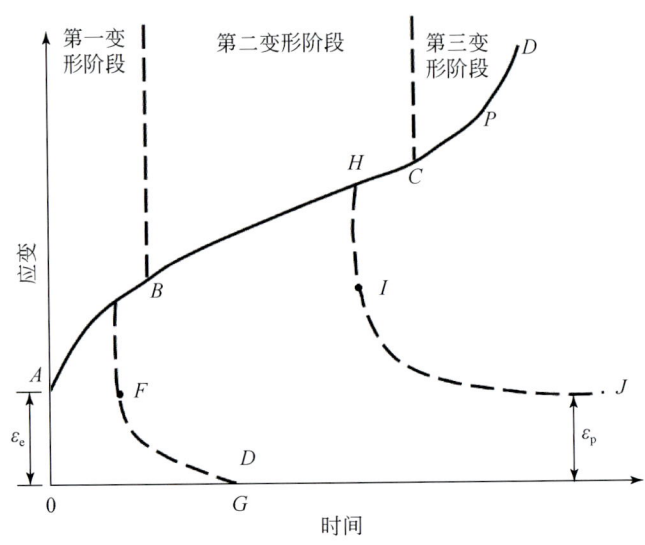

图 9.26　坡体变形曲线

对于道路沿线的泥石流，既可基于灾害发生激发因素和灾害形成过程参数进行提前预警，也可在监测到泥石流发生之后进行基于运动过程的即时预警（图9.27）。泥石流是一种流域行为，灾害发生与到达致灾位置往往存在一定的时间差，可通过对特定参数的监测，利用该时间差对泥石流进行预警。如东川泥石流观测站通过断线传感器、超声波泥位警报器等实现了对蒋家沟泥石流的成功预警（叶华祥，1988），成为此后常用的泥石流监测预警方法。

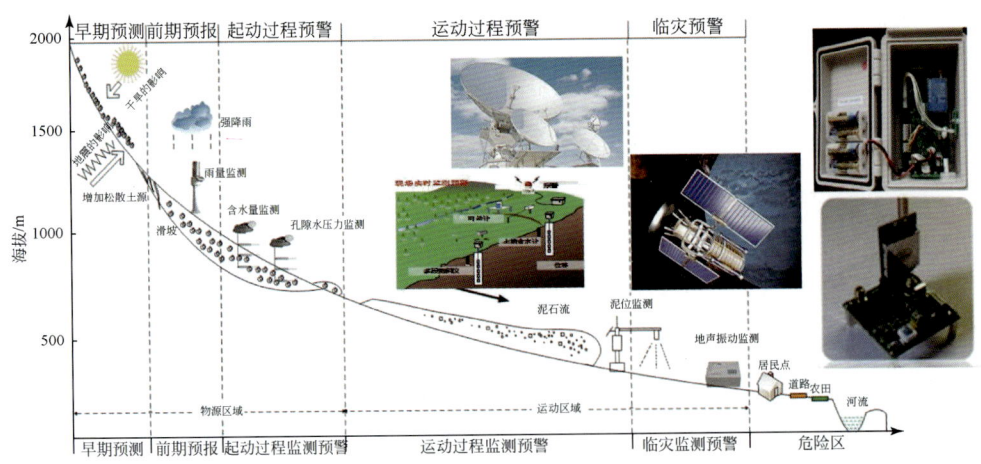

图 9.27　针对监测参数的单沟泥石流预警示意图

对于威胁道路、桥涵的泥石流，其灾变过程取决于泥石流在沟道和桥涵中能否安全过流，即暴发流量与桥涵、沟道安全过流流量之间的相对关系。而这些信息在固定沟道断面均可转化为泥位信息，在选定的过流断面上，可以直接根据泥位判断泥石流的规模。因此，可通过利用对上游实时监测到的泥石流泥位信息，计算其通过流量，从而发出预警信号，这种基于即时监测的预警方法具有判别直观、容易、准确等优点，但依赖于较高的技术支撑。

综上所述，交通工程全线的监测预警应根据不同的灾害诱发因子，在不同的区段选择不同的预警模型，确定相应的预警阈值，进而综合建库，统一管理。

9.6.2 山地灾害预警等级划分

从时间过程上来讲，山地灾害的预报预警等级可划分为预测级（中长期）、预报级（短期）及警报级（临灾预警）。对于滑坡和泥石流，各种级别对应的时长、空间尺度、参数指标获取方法见表9.9和表9.10。

表9.9 滑坡与崩塌预报等级表

预报等级	时间	空间	方法	指标	手段
中长期预报（预测级）	1年以上	区段，单体	调查评价	危险程度	危险程度区划和数据库
短期预报（预报级）	几天至1年	少量区段、主要单体	调查评价与监测	临界值	变形位移监测、地声等物理量监测
临灾预报（警报级）	几天以内	单体	监测	警戒值	变形位移监测、地声等物理量监测

表9.10 泥石流预报等级表

预报等级	时间	空间	方法	指标	手段
中长期预报（预测级）	1年以上	区段，单沟	调查评价	危险度	危险程度区划和数据库
短期预报（预报级）	几小时至1年	区段、单沟	调查评价与监测	临界值	流域、沟谷自然、地貌、地质、社会因素分析、暴雨监测
临灾预报（警报级）	几小时以内	单沟	监测	警戒值	降雨、泥位、地声、流速等监测仪器及其报警装置

川藏交通廊道区段性滑坡、崩塌变形破坏预报预测，主要属于上述预测级和部分预报级，宜在每年雨季前进行巡查并进行稳定性评价，提出预报报告。根据不同区段的临界模型和阈值，结合天气预报，对不同的区段进行危险性划分，确定不同的预警区。

考虑到川藏公路沿线灾害监测主要任务为保障交通安全，建议以24小时内灾害发生的可能性为指标来划分，分为高、中、低、微等级，分别对应红色、橙色、黄色和蓝色预警。各预警等级含义及防御措施示意见表9.11。

表 9.11　不同预警等级含义及防御措施

等级	预警色标	特征	应对措施
高	红色	发生群发性滑坡泥石流，灾害规模大	应全天候对灾害点进行监测，建立防御措施和体系、做好道路疏通等应急预案等
中	橙色	发生多起滑坡泥石流，规模中到大	应加强对灾害点的监测，对灾害危险区应开展预防应急措施
低	黄色	有零星滑坡泥石流发生，规模较小	提醒灾害易发区内的工作人员关注灾害动态，同时启动重要灾害隐患点的群测群防工作
微	蓝色	基本没有滑坡泥石流的发生	不采取措施

对于单个灾点而言，预警的针对性更强，也要依据监测内容，对资料进行详细分析，针对灾害自身的短临前兆参数和即时预警参数进行等级划分。短临前兆参数主要是指可能造成灾害的参数，如降雨和气温等，如针对灾害的降雨监测和临界雨量阈值设置情况，可划分预警等级（图 9.28）。

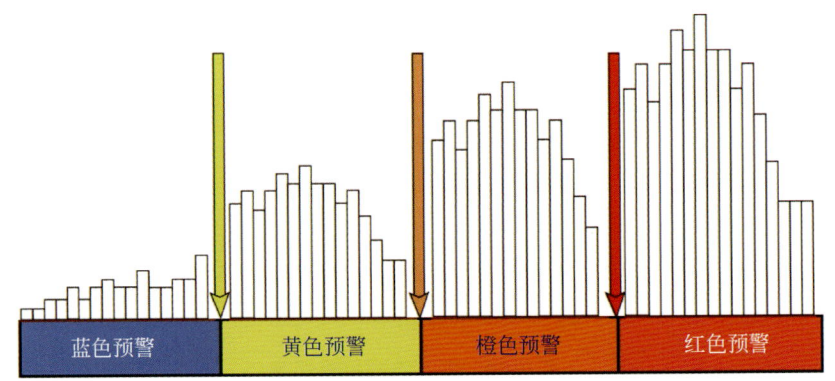

图 9.28　基于雨量的灾害预警等级示意图（据崔鹏等，2014）

即时预警参数是指可根据其做出灾害形成的判断，进而发出即时预警信息的判断，要求较短的时效性和很高的准确性，滑坡预警参数包括地表位移监测数据、地下倾斜监测数据和地声监测数据等，泥石流预警参数则包括水（泥）深、流速等。

川藏交通廊道的预警级别划分应进行区段和单体灾害相结合，区段预报起到提示作用，单体灾害给出准确监测结果。进而根据灾害的类型和特征，因地制宜地确定预警参数和阈值，划分预警级别。针对交通安全需求，根据行车安全管理制度，道路沿线灾害警报的提前量应以 1min 为单位，如监测泥石流在沟床流通的信息，根据捕获的信息发出警报信号，确保车辆停在危险区外或让车辆加速驶出危险区，指导人们避让、疏散以达到减少人员伤亡的目的（李朝安等，2011）。预警可划分为 4 个等级，分别对应提示性预警、形成性预警、非成灾性预警、成灾性预警四种类型（李朝安等，2011）。提示性预警是根据未来数天内可能达到灾害形成的降雨等条件，由公路铁路部门向经过危险区的列车、车辆和居民发布灾害可能发生的紧急公告；形成性预警是指通过灾害点巡视或实际监测数据，如降雨、土体含水量、位移等，获取灾害正在形成或已形成的信息，由有关部门发布公告；非成灾性预警是指通过滑坡、泥石流灾害点的发生参数监测（位移、泥位），获得灾害虽已形成，但其规模不足以酿成灾害的信息，由相关部门发布；成灾性预警是指通过灾害相关信息的监测，获得灾害的规模可造成损失的信息后，由相关部门向过往车辆及居民发布紧急公告。

各预警类型或等级的临界值也应由实际情况而定，即根据发生的概率、规模与承灾体的防灾能力，如泥石流流量与桥涵过流能力之间的关系等综合确定。灾害发生的时间越近、规模越大、致灾可能性越大，预警级别越高。

9.6.3 山地灾害预警信息发布

通过监测预警系统，将公路铁路等沿线山地灾害监测数据和预警信息实时发布，实现基于交通网络的灾害综合信息查询功能，且通过信息发布子系统向外发布。发布的内容主要包括监测信息、灾害概率、灾害规模、预警级别、准备转移通知、紧急撤离命令、道路管制通知等。信息发布必须按照防灾管理相关办法及相关会商结果实施。灾情信息和预警信息应在被核实后，由路局或其授权单位向滑坡泥石流危险区过往列车、车辆、当地居民发布，为各级管理部门采取的应急响应手段提供依据。

预警信息发布的对象应包括：
(1) 辖区行政部门；
(2) 行业及应急管理机构；
(3) 驾乘人员及相关受灾群众。

灾害预警信息首先应发送至监控中心值班处，值班人员即刻根据系统提示做出灾情核实，无误后发送至其他各相关人员。不同级别的预警信息应发送至不同部门，如低级（黄色）灾情信息只需发送至重要灾点监测值班人员，提示工作人员关注灾害动态，加速启动重要灾害隐患点的群测群防工作；中级（橙色）灾情信息应同时发送至地方管理部门和交通部门值班人员，即刻加强对灾害点的监测，对灾害危险区应开展预防应急措施，做好地方级防灾减灾预案。而高级（红色）灾情信息则还应上报至全线防灾指挥中心责任人，做好防灾减灾部署，执行全线减灾、救灾和道路抢险、恢复预案。

预警信息发布方式包括网络、电视、广播及手机等方式。根据不同的预警类型和预警级别选择不同的发布手段，如针对区域上的、危险性不大的灾害，可通过电视、广播等方式告知公众，提醒其做好防灾准备，谨慎驾驶；对于危险性较高的灾害，则应通过一切可用的通信方式，尤其是效率更高的手机短信与客户端方式，通知各级对象，做好防灾准备。

以山洪、泥石流为例，基于灾害形成模型和运动模型，结合无线传感器网络、无线传输设备、云计算和大数据平台及个性化预警信息发布中心，建成精细化的监测预警平台（图9.29）。通过程序开发，在 GIS 平台上建立数据库，将收集到的地形、地貌、降雨、土体属性等数据统一管理；结合现代数据传输（GPRS 和北斗卫星手段）和智能传输手段，可建立流域山洪泥石流监测预警系统。

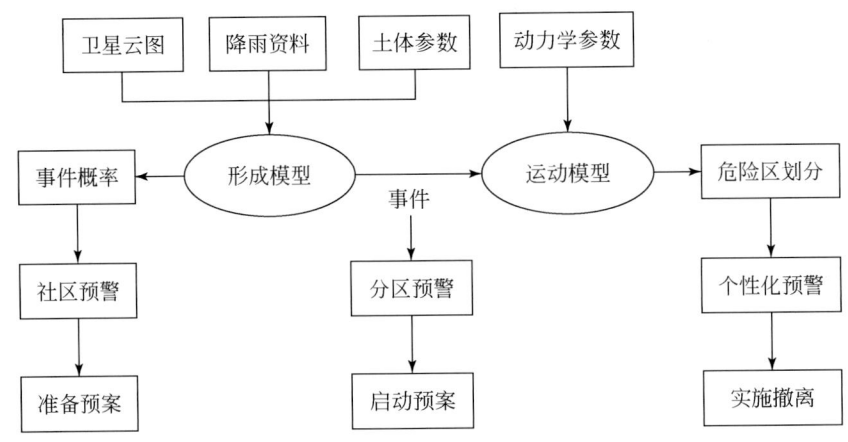

图 9.29 预警平台架构图

9.6.4 临灾预案与应急响应

1. 临灾预案的目标与原则

交通廊道山地灾害临灾预案的目标是减少人员伤亡，保障交通安全。为了实现这一目标，临灾预案的制定应遵循以下原则：

1) 注重全局，以人为本，兼顾交通

交通廊道沿线的城镇、居民点、厂矿企业、工程设施均为山地灾害的承灾体。因此，临灾预案的制定应充分考虑危险范围内成灾和致灾的各种因素，以人民生命财产为首要保护对象，减少人员伤亡为根本。同时，该区段山地灾害的特点是可能造成交通中断，由于川藏交通战略和经济地位极其重要，及时修复道路，恢复交通也是临灾预案应该考虑的重要问题。

2) 危险范围定量化、准确化

能否准确快速地给出危险范围是临灾预案成功与否的关键，要求定量化、准确化。

3) 安全区的绝对安全性和撤离路线的合理性

安全区是灾害发生时的临时避难场所，川藏交通廊道大部分位于深山峡谷区。因此，安全区的选择和设置要保证足够空间，同时绝对安全，不再遭受山地灾害的威胁；安全撤离路线的制定要兼顾安全性和合理性。

4) 医疗救护和道路抢险线路的最佳化

及时进行人员救护和道路抢险是减轻灾害及后续影响的重要手段。医疗救护和道路抢险的时间性极强，提前几分钟进行救治就可能挽救重伤人员的生命或控制伤情发展。同时，确保救护线路的通行，才能最大限度节省时间，达到救护和抢险效果。

2. 临灾预案内容

临灾预案是道路山地灾害风险防控的重要措施，科学合理的临灾预案可以有效地减少人员伤亡和车辆损失，并使受伤人员及时得到救治，交通及时得到恢复。山地灾害临灾预案是在根据灾害发生的可能性和规模，制定的应急避难措施、紧急救助方案和灾后恢复重建方案。临灾预案内容如图 9.30 所示，在灾害预警后启动实施。

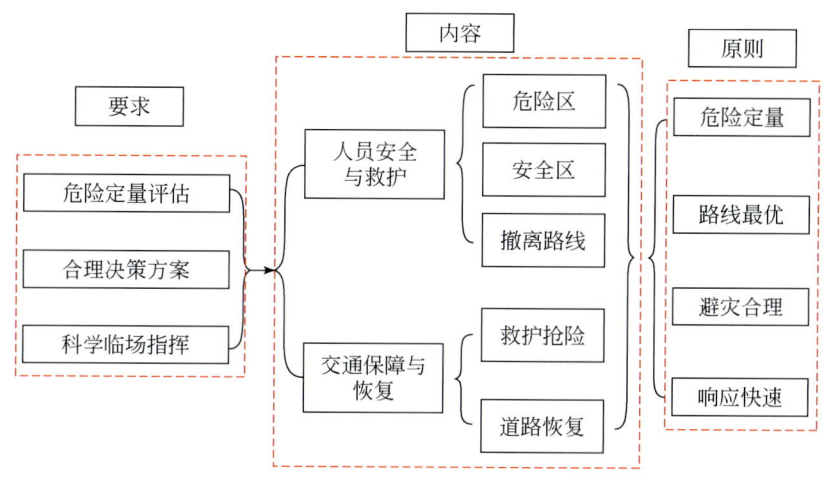

图 9.30　山地灾害临灾预案内容示意图

临灾预案的内容主要包括：安全区的划定，临灾撤离路线的选定，救灾范围的确定，救灾线路通行保障方案，医疗救护方案，道路修复方案等。

1）危险区和安全区的划定

危险范围定量化的最佳方法是基于灾害形成与运动的理论和准确的环境背景数据，对灾害的运动与危害进行数值计算，根据模拟结果确定威胁区域和威胁程度，对道路的破坏方式和程度，如淤埋深度、冲毁长度等，进而分别确定危险区和安全区。

2）临灾撤离路线的选定

危险范围定量化也可为临灾撤离路线提供科学依据。应根据安全区的位置选定临灾撤离路线，安排受灾群众有条不紊地撤离危险区。撤离路线的距离不宜过长、不应被山地灾害损毁中断、也要避免撤离时人流拥挤和堵塞造成的二次损失和救灾延误。

3）救灾范围的确定和医疗救护方案

根据确定的危险范围和即时灾情信息，确定救灾的空间范围、人员构成、救灾顺序等。根据受灾程度和受灾距离等信息，合理安排医疗救护方案，确定医疗救护的最佳路径和顺序，保障人民群众生命安全。

4）救灾线路通行保障方案

救灾线路通行保障方案同样也需要危险性区划的科学支持。对于川藏交通廊道而言，道路抢险工作同样重要。灾害发生后，往往因滑坡泥石流的冲击、侵蚀、淤积等作用造成道路断道、桥梁冲毁，严重破坏交通条件。另外，该区段车辆来往密集，灾害发生后往往造成交通阻塞，需要交通部门根据灾情信息，及时做出交通管理决策，确保救灾线路畅通。

5）道路修复方案

灾害导致断道后，主管部门应要快速做出抢通方案，及时调集相关资源，修复道路。

3. 灾害应急响应

山地灾害应急响应要遵循 8 个"快",即快启动、快调查、快核实、快定性、快论证、快决策、快实施、快总结(刘传正,2000)。

各级预警信息发布对象收到预警信息之后,都应做出应急处置对策,关注灾情发展,随时准备进入下一级戒备状态。如重要灾点现场责任人应快速核实信息,如情况属实灾情确定,即刻做好防灾、避灾准备,根据不同级别的预警信息做出不同决策,如对黄色预警信息,需加大监测、巡视力度,做好群测群防工作,对于橙色预警信息,则应尽快通知临近居民做好疏散准备,并及时反馈灾害发展信息;各车站、道班值班人员,收到信息后应随时做好道路避灾和行车管理预案准备,决策是否需交通管制等,并将决策信息即时通过各种方式发布于公众,避免人员伤亡和车辆损失;各级防灾中心责任人,应密切关注灾情发展,做好防灾减灾部署和救灾准备,如一级站(区段级)负责人应配合全线中心站指示,指令救援队伍、救援物资进入预备状态,指令道路疏通设备进入指定区域并做好即时准备等;红色预警信息还应及时发送至全线中心站负责人,立刻执行应急预案,根据灾情部署减灾救灾工作,并做好灾后重建工作。各受灾害威胁对象的联系人,在收到预警信息后也应做好防灾避灾准备和人员疏散工作等,确保受灾区段内生命财产安全。道路行车方面,在有可能发生灾害的路段,应设置广告牌或告示牌即时提醒车辆或列车,随时做好防灾减灾准备。各级部门具体任务见图 9.31。

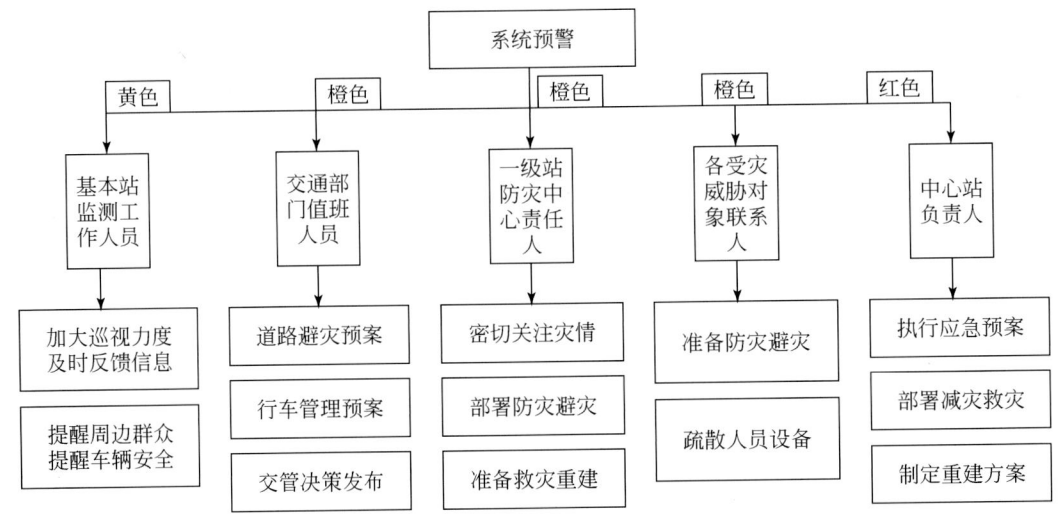

图 9.31 各级人员临灾应急任务及方案

同时,在日常生活中,各级负责人应积极做好山地灾害和监测预警技术的普及工作,如通过培训、专栏、电视、告示等多种形式,向危险区段居民和单位宣传普及滑坡、泥石流、堰塞湖等防灾减灾知识,增强防范意识。并鼓励、动员他们积极向监测预警点观测人员报告所在灾点位置的异常变化,如滑坡裂缝的变化情况等,做到专业监测预警和群众防范相结合,尽量提前控制灾害险情。

灾害处置完毕后,应快速总结,并将灾害情况反馈至预警系统,以提高监测准确性与改进防灾减灾预案。

9.6.5 川藏公路林芝地区道路灾害监测预警实例

本节以川藏公路林芝地区对道路影响严重的冰湖溃决型泥石流作为对象,以米堆沟和流域内部的光谢错冰湖为典型案例,说明监测预警系统的构建模式。

光谢错冰湖曾于 1988 年 7 月溃决,形成最大溃决流量为 1538m³/s 的洪水沿沟下泄,沿程演变为稀性泥石流,致使川藏公路多处被毁,路基全毁 21.57km,部分被毁 7km,由此拉开了道路地质灾害的序幕,每年公路部门都需投入大量资金进行整治改造。

1. 光谢错冰湖概况

光谢错是米堆沟内形成于近 500 年来小冰期中的终碛湖,湖长 680m,平均宽 400m,平均水深 10.2m,终碛堤高 45m,长 320m,顶宽 30~80m(图 9.32)。堤顶中、西两个溢流口标高 3818m,由黏粒到卵石混杂组成。冰湖通过终碛堤常年渗流,并在中段及西端有溢流口,溢流水头最高约 0.5m(图 9.33)。

图 9.32 光谢错侧碛体全景图

图 9.33 溃口处入流口及溃口出流口

2. 光谢错冰湖溃决灾势分析

1988年11月，冰湖一分为二，且不联通，面积相较于溃决前减少了8.41万 m^2，减少的比例为1980年冰湖面积的26.9%，相储水量减少601.83万 m^3，占溃决前储水量的86.1%；从1988年溃决后至2001年，冰湖面积持续减少，减少量为2.37万 m^2，减少比例为1988年面积的10.36%，储水量也相应减少，减少量为8.65万 m^3，占1988年溃决后的8.9%（杨瑞敏等，2012）。

但在2001之后，冰湖开始不断扩张：2001~2007年，面积增加为1.66万 m^2，年平均增长率为1.35%；2007~2009年，面积增加为0.4万 m^2，年平均增长率为0.89%；2009~2010年，面积增加为0.9万 m^2，增长率为4.00%。该湖南部与冰川相连，2001~2010年冰湖面积的年平均增长率为1.61%，扩张区域不断向冰川存在位置发展，指示冰川处于后退之中。冰湖储水量也不断增加：2001~2007年，储水量增加为16.12万 m^3，占2001年的18.3%，年平均增长率为2.69万 m^3/a；2007~2009年，储水量增加为2.07万 m^3，占2007年的2.0%，年平均增长率为1.04万 m^3/a；2009~2010年，储水量增加为6.32万 m^3，占2009年的5.9%。整个2001~2010年期间，储水量增加为24.56万 m^3，年平均增长率为2.73万 m^3/a（杨瑞敏等，2012）。

通过上述的分析，并结合近期实地调查，光谢错冰湖在雨水、冰雪融水掏蚀、地震和雪崩作用下，再次溃决发生灾害的可能性依然存在，对其进行持续监测和灾害预警是十分必要的。

1）监测预警方案

光谢错的溃决有两个主要诱发因素：

(1) 降水量异常：溃决前一年内（1987年8月—1988年7月）降水量1287mm，比年均降水量多出441mm；溃决前三月内（1988年5~7月）降水量比同期增加了41%，持续降雨导致湖水位上涨至40年来最高水位3818m。

(2) 持续高温：同年7月15日冰湖溃决前夕连续多日高温，日均温度达16.0~19.8℃。持续升温导致冰雪消融，特别是高温期间冰舌崩解坠入湖中，抬高水位，产生溢流侵蚀。同时，冰碛坝内埋藏冰消融，导致潜蚀并迅速发展成管涌，加剧了溃决过程。

由此可见，降雨持续增加和温度持续升高导致湖水位持续升高，是冰湖溃决的主要外在因素。因此，针对降水、温度与湖面水位等关键因子开展准确监测，构建科学高效的数据中心和预警系统，具体方案如下：

2）工作总体方案

光谢错监测预警工程总体架构分为3个部分：

(1) 现场监测系统，进行现场降水、温度、湖水位等数据采集；

(2) 通信系统，通过有效的通讯方式将现场数据传回数据中心；

(3) 灾害预警指挥平台，通过对现场数据进行分析，对灾害的发生做出预警，并且指挥调度救灾抢险。

3) 主要监测指标与平台建设

(1) 野外监测站。

野外监测站点包括雨量-气温自动监测站、冰湖水位监测站和视频监测站；用于野外环境的降水、气温、冰湖水位等参数的自动监测，具有数据智能采集、长期固态存储和远距离传输等功能。

(2) 数据中心。

整个监控包括数据监控和视频监控两大部分。采用 GPRS 无线数据和北斗通信系统进行降水、温度和水位等数据传输，采用宽带光纤传输视频数据。即时传送到数据平台，监控人员无须到达现场即可及时了解数据情况。

(3) 监测预警平台建设。

根据历史降雨、温度或湖水位数据，确定不同等级预警值，当监测值达到预警等级时，需专家会商或发布预警信息。因此监测预警平台包括数据存储、分析系统与预警系统，系统运行需要硬件系统支撑，具体包括服务器、网络设备、短信报警设备、控制台和会商室设备等。

据监测数据显示，目前光谢错的湖水位有所抬升，湖面有扩大趋势，但水位涨幅不大，近期尚不至于形成溃决风险。但值得注意的是：冰湖溃决的成因较多、过程复杂，是在降水、温度甚至地震等外部因素影响下，冰川消融、冰舌破裂和终碛坝自身稳定性降低最终破坏的过程。对降水、温度和湖水位等外部影响因素的监测仅能起到预测和警示灾害风险的作用，在目前冰湖溃决风险并不严重的情况下尚可满足监测需求。但在未来灾害危险性持续增大，或有更多线路工程通过（如滇藏铁路）的情况下，仍需结合高新技术进行更全面和更高精度的监测，如应用 InSAR 等技术对冰川和冰舌状态进行跟踪监测、运用地温计和力学设备对冰碛堤内温度和稳定性进行实时跟踪，从而获取更全面的外部环境信息和更详细的坝体内部稳定性数据，综合做出分析和决策。

参 考 文 献

陈宁生,崔鹏,刘中港,等.2003.基于黏土颗粒含量的泥石流重度计算.中国科学:技术科学,33(S1):164~174

陈五一,唐朝阳.2008.唐家山堰塞湖应急排险设计及综合整治设想.水力发电,34(11):10~14

陈晓清,崔鹏.2008.汶川地震区大型泥石流工程防治体系规划方法探索.水利学报,39(Z2):586~593

陈晓清,崔鹏,游勇,等.2010.一种人工调控排泄流量的堰塞湖处置方法及其应用:ZL200910216148.8

陈晓清,赵万玉,高全,等.2011.堰塞湖溃决人工结构体滞洪效果实验研究.山地学报,29(2):217~225

崔鹏.2009.我国泥石流防治进展.中国水土保持科学,7(5):7~13,31

崔鹏等.2014.长江上游山地灾害与水土流失地图集.北京:科学出版社

付湘宁.2008.国内外堰塞湖的治理与合理利用.水利水电快报,29(10):4~5

韩征,徐林荣,苏志满,等.2012.泥石流V型排导槽防淤设计方法及其应用研究.灾害学,27(2):19~23

何杰,陈宁生.2001.黏性泥石流弯道超高在流速计算中的应用.成都理工学院学报,28(4):425~428

何宁,娄炎,何斌.2008.堰塞体的加固与开发利用技术.中国水利,16:26~28

何思明.2006.高切坡超前支护桩与坡体共同作用分析.山地学报,24(5):574~579

何思明,李新坡,王成华,等.2007.高切坡超前支护锚杆作用机制研究.岩土力学,28(5):1050~1054

何思明,李新坡,等.2008.高切坡超前支护桩作用机制研究.四川大学学报:工程科学版,40(3):43~46
何思明,罗渝,何尽川.2011a.一种高切坡超前支护桩的作用机制.工程科学与技术,43(6):79~84
何思明,张晓曦,欧阳朝军.2011b.基于非线性破坏准则超前支护桩加固高切坡的静动稳定分析.工程力学,28(12):119~125
李朝安,胡卸文,王良.2011.山区铁路沿线泥石流泥位自动监测预警系统.自然灾害学报,20(5):74~81
李鹏云,周晓雁,邬全丰,等.2008.地震堰塞湖/坝的除险加固技术概述.长江科学院报,25(6):52~56
李岩.2011.西藏公路人工高切坡超前支护技术研究.重庆:重庆交通大学硕士研究生学位论文
刘传正.2000.地质灾害预警工程体系探讨.水文地质工程地质,27(4):1~4
许强.2020.对滑坡监测预警相关问题的认识与思考.工程地质学报,28(2):360~374
杨瑞敏,朱立平,王永杰,等.2012.西藏东南部米堆冰湖面积和水量变化及其对溃决灾害发生的影响.地理科学进展,31(9):1133~1140
叶华祥.1988.接触型铁路泥石流警报传感器及其监测断面位置的研究.铁道学报,(4):86~95
游勇,柳金峰.1999.泥石流排导槽水力最佳断面.山地学报,17(3):255~258
游勇,柳金峰,欧国强.2006.泥石流常用排导槽水力条件的比较.岩石力学与工程学报,25(1):1~6
赵万玉,陈晓清,高全.2010.地震堰塞湖人工排泄断面优化初探.灾害学,25(2):26~29
赵万玉,陈晓清,高全,等.2011.不同横断面泄流槽的地震堰塞湖溃决实验研究.泥沙研究,4:29~37
中华人民共和国国家质量监督检验检疫总局,中国国家标准化管理委员会.2015.中国地震动参数区划图(GB 18306—2015).北京:中国标准出版社
中华人民共和国水利部.2009.堰塞湖风险等级划分标准(SL 450—2009).北京:中国水利水电出版社
朱诗鳌.2008.坝工纵谈.北京:中国水利水电出版社

Chen X, Cui P, You Y, et al. 2015. Engineering measures for debris flow hazard mitigation in the Wenchuan earthquake area. Engineering Geology,194:73~85

Chen Z, Ma L, Yu S, et al. 2014. Back analysis of the draining process of the Tangjiashan barrier lake. Journal of Hydraulic Engineering,141:05014011

Cui P, Chen X Q, Liu S Q, et al. 2007. Techniques of debris flow prevention in national parks. Earth Science Frontiers,14(6):172~180

You Y, Pan H L, Liu J F, et al. 2011. The optimal cross-section design of the "Trapezoid-V" shaped drainage channel of viscous debris flow. Journal of Mountain Science,8:103~107